D0842348

Jürgen W. Falter
Hitlers Wähler

JÜRGEN W. FALTER

Hitlers Wähler

VERLAG C.H.BECK
MÜNCHEN

CIP-Titelaufnahme der Deutschen Bibliothek

Falter, Jürgen W.:
Hitlers Wähler / Jürgen W. Falter. – München : Beck, 1991
  ISBN 3 406 35232 4

ISBN 3 406 35232 4

© C.H. Beck'sche Verlagsbuchhandlung (Oscar Beck), München 1991
Gesamtherstellung: Kösel, Kempten
Printed in Germany

Inhaltsverzeichnis

1. Die Bedeutung der nationalsozialistischen Wahlerfolge für den Zusammenbruch der Weimarer Republik

2. Die Wahlentwicklung 1919–1933 und die Reaktion der Zeitgenossen

3. Zeitgenössische und moderne Erklärungsversuche der nationalsozialistischen Wahlerfolge

6. Zur Demographie und Konfession der NSDAP-Wählerschaft

7. Soziale Trägerschichten

8. Arbeitslosigkeit und Verschuldung

9. Der Einfluß von Presseklima und Parteiorganisation auf das Wachstum der NSDAP

10. Fazit und Ausblick

Vorwort

Als ich mich vor ziemlich genau zwölfeinhalb Jahren mit dem Thema dieses Buches zu beschäftigen begann, war mir nicht klar, wie lang die Forschungsreise werden würde, auf die ich mich damals begab. Drei bis maximal vier Jahre wollte ich mich mit der Wählerschaft der Nationalsozialisten befassen, um mich dann anderen Gebieten zuzuwenden. Daß es schließlich mehr als dreimal so lange dauerte, liegt an vielen Gründen. So wußte ich damals noch nicht, wie wenig gesichert unsere Kenntnisse über die NSDAP-Wähler waren und welch unendliche Mühe es kosten würde, die für eine fundierte Untersuchung notwendigen Daten zusammenzutragen, in eine verwertbare, sprich: computerlesbare Form zu bringen, und welche enormen methodischen und forschungspraktischen Probleme sich auftürmen würden. Mit der Eingabe und Korrektur möglichst vieler Wahl- und Sozialdaten über die Weimarer Republik war es nicht getan. Da gab es zwischen 1920 und 1933 eine nicht abreißende Kette von Verwaltungs- und Grenzreformen, die zeitraubende Anpassungen der Untersuchungseinheiten notwendig machten, um überhaupt diesen Zeitraum wahlanalytisch in den Griff zu bekommen, waren wichtige Informationen nicht für die Ebene der Stadt- und Landkreise, sondern nur der Finanzamts- und Arbeitsamtsbezirke oder der Dekanate verfügbar, hatte das Statistische Reichsamt auf eine Ausweisung der Wahlergebnisse von 1932 auf Gemeindebene verzichtet etc. Dennoch war die Faszination des Gegenstandes so groß, daß es mich nach Ausflügen in andere Forschungsbereiche immer wieder zum Thema zurücktrieb und schließlich auch zur Abfassung dieser Studie motivierte.

Denn gesicherte Erkenntnisse über die Wähler des Nationalsozialismus zu gewinnen ist auch heute noch aus mindestens zwei Gründen von Bedeutung: zum einen aus historischer „Neugier", um zu erfahren, welchen sozialen Schichten und politischen Lagern die 17 Millionen Wähler der NSDAP entstammten und was soviele Deutsche dazu getrieben hatte, für die bis dato unmenschlichste aller totalitären Parteien zu stimmen; zum anderen aus demokratietheoretischen Erwägungen, um Informationen über die Anfälligkeit und Resistenz bestimmter Wählergruppen gegenüber extremistischen Bewegungen und die Bedingungen politischer Stabilität und Instabilität von demokratischen Systemen in Krisenzeiten zu erlangen.

Ziel dieses Buches ist es darzustellen, wer die NSDAP wählte, wo und unter welchen Umständen sie besonders erfolgreich war und wie ihre enormen Wahlerfolge zwischen 1928 und 1933 am besten erklärt werden können. Sein Aufbau ist daher eher systematisch als chronologisch, seine Fragestellung richtet sich weniger auf eine Ablaufgeschichte der letzten Weimarer Reichstagswahlen als auf eine möglichst umfangreiche und exakte Rekonstruktion der Wählerbasis des Nationalsozialismus. Die Auseinandersetzung mit der einschlägigen Literatur und dem bisherigen Forschungsstand, die ich intensiv in vielen Aufsätzen zum Thema geleistet habe, erfolgt aus diesem Grunde nur insoweit, als sie unmittelbar diesem Erkenntnisziel dient.

Adressat ist nicht der wahlhistorische Fachmann, sondern in erster Linie der gebildete, historisch interessierte Leser. Dies bedingt eine bestimmte Darstellungs- und Argumentationsweise. Daß der Wahlhistoriker eine komplexe Realität nur unter Einsatz komplizierter Auswertungsverfahren adäquat erfassen kann, ist einleuchtend. Nur diese sind dem heutigen Forschungsstand angemessen. Um jedoch die Wählerbewegungen zur NSDAP in einer auch für „Nichtspezialisten" nachvollziehbaren Weise darzustellen, bietet das Buch in seinen Tabellen und Übersichten fast ausschließlich leicht verständliche Prozentverteilungen statt Korrelationskoeffizienten und (ebenfalls mit Prozentwerten arbeitende) Kontrastgruppenvergleiche statt multipler Regressionsanalysen. Für den wahlhistorischen Spezialisten findet sich die unumgängliche Statistik in einem gesonderten Tabellenanhang, der die Ergebnisse der multiplen Regressionsanalysen enthält. Um schließlich die Nachprüfung älterer Hypothesen und Forschungsergebnisse zu ermöglichen, ist es nötig, auch die Resultate einfacherer Zusammenhangsanalysen darzustellen. In den einzelnen Kapiteln soll daher stets vom Einfachen zum Komplexen, von der Untersuchung der Beziehung zweier Merkmale zur Analyse vielschichtiger Einflußkonstellationen vorangeschritten werden.

Viele Resultate dürften den Leser überraschen, andere bestätigen nur längst Bekanntes. Es ist unausweichlich, daß durch Untersuchungen wie die vorliegende eine Reihe älterer Annahmen durch angemessenere Auswertungsverfahren und Daten lediglich untermauert wird, so die Erkenntnis, daß vom Katholizismus oder dem sozialistischen Arbeitermilieu gegenüber der „Ansteckung" durch den Nationalsozialismus eine gleichsam immunisierende Wirkung ausging. Andere werden modifiziert. Dies gilt etwa für die vielfach unterstellte überdurchschnittliche Affinität von Frauen, Nichtwählern oder Landbewohnern zur NSDAP. Wieder andere werden als Legenden entlarvt. Das trifft beispielsweise für die gängigen Annahmen über die NSDAP-Anfälligkeit von Arbeitern und Angestellten zu, für die vielfach unterstellte Neigung von Arbeitslosen oder die gerne übersehene Tendenz auch vieler ehemaliger SPD-Wähler, den Nationalsozialisten die Stimme zu geben. Daß einige Ergebnisse in scheinbar abgeschwächter Schreibweise dargestellt werden, beruht nicht auf einer allgemeinen Unsicherheit gegenüber diesen Forschungsresultaten, sondern wird von mir als bewußtes Stilmittel benutzt, um auf Erkenntnisse hinzuweisen, die wegen der methodischen Eigentümlichkeiten der wahlhistorischen Forschung nicht über jeden Zweifel erhaben sein *können.* Dies gilt insbesondere für die Schätzung individuellen Wählerverhaltens aus Daten, die nur für territorial definierte Untersuchungseinheiten zur Verfügung stehen.

Manche als gesicherte Wahrheit gehandelte Hypothese gerät durch die vorgestellten Untersuchungsergebnisse ins Wanken, manches wissenschaftliche oder volkspädagogische Vorurteil wird erschüttert. Die NSDAP erweist sich so keineswegs als die reine Mittelschichtbewegung, als die sie fast ein halbes Jahrhundert lang gehandelt wurde. Vielmehr repräsentiert sie – stärker als jede andere große Partei jener Jahre – von ihrer Wählerbasis her gesehen eine Art „Volkspartei des Protests" oder, wie man angesichts des relativen Übergewichts vor allem der evangelischen Selbständigen unter ihren Wählern plakativ formulieren könnte, eine „Volkspartei mit Mittelstandsbauch".

Neben der Kontrolle der gängigen Annahmen und Theorien über die Wählerbasis des Nationalsozialismus wird auch Aspekten nachgegangen, die bisher von der historischen Wahlforschung noch nicht systematisch untersucht worden sind. Hierzu zählen etwa die Einbindung der Volksabstimmungen und der Reichspräsidentenwahlen, der Verschuldung des Mittelstandes und der Wahlsystemfrage in die Ursachenkette der nationalsozialistischen Wahlerfolge. Ferner werden erstmals einige Hypothesen überprüft, die in den letzten Jahren (vor allem von Richard Hamilton) als Alternativen zur „klassischen" Mittelschichttheorie entwickelt worden waren. Dazu gehören (a) die von einem „rechten" Presseklima auf die NSDAP-Erfolge ausgehenden Effekte, (b) der Einfluß der Organisationsentwicklung der Partei, dem durch die Verbindung von Wahl- und Mitgliedschaftsdaten nachgegangen wird, und (c) die Wirkung lokaler und regionaler politischer Traditionen. Vor allem letztere scheinen für den Wahlerfolg der NSDAP von beträchtlicher Bedeutung gewesen zu sein. Dies legt es nahe, die künftige Forschung – nun aber systematisch koordiniert und theoretisch angeleitet – wieder stärker auf die lokalen und regionalen Bedingungen des nationalsozialistischen Aufstiegs zu legen.

Natürlich kann eine Untersuchung wie die vorliegende nicht ohne vielfache Unterstützung durchgeführt und niedergeschrieben werden.

Mein Dank gilt zu allererst den Mitarbeitern und wissenschaftlichen Weggefährten. Besonders nennen möchte ich Hartmut Bömermann, Dirk Hänisch, Jan-Bernd Lohmöller, Torsten Schneider, Jürgen Winkler und Rainer Zitelmann sowie Manuela Dörnenburg, Bettina Husemann und Achim von Malotki. Sie alle haben in den vergangenen Jahren entweder am NS-Projekt, das von der Stiftung Volkswagenwerk und der Deutschen Forschungsgemeinschaft finanziell gefördert wurde, mitgearbeitet oder, als Beschäftigte an meinem Lehrstuhl, mich bei meinen Forschungen durch Rat, Tat und Kritik unterstützt. Ohne sie wäre das Buch in der vorliegenden Form vermutlich nicht (oder jedenfalls nicht zu diesem Zeitpunkt) fertig geworden. Mein Dank gilt ferner der Stiftung Volkswagenwerk und der Freien Universität Berlin, die mir durch die Gewährung eines großzügigen Akademiestipendiums und zweier regulärer Forschungssemester den nötigen Freiraum für die Durchführung der umfangreichen Berechnungen und die Abfassung des Manuskriptes boten. Ohne solche Förderung und regelmäßige Freistellungen von der Lehre wäre in der Massenuniversität Grundlagenforschung im historisch-sozialwissenschaftlichen Bereich kaum möglich.

Abkürzungsverzeichnis

1. Parteien

BVP	Bayerische Volkspartei
DDP	Deutsche Demokratische Partei (ab 1930 DStP)
DNVP	Deutschnationale Volkspartei
DStP	Deutsche Staatspartei
DVFP	Deutsch-Völkische Freiheitspartei
DVP	Deutsche Volkspartei
KPD	Kommunistische Partei Deutschlands
LIB	Liberale (DDP und DVP gemeinsam)
NICHTW	Nichtwähler
NSDAP	Nationalsozialistische Deutsche Arbeiterpartei
NSFB	Nationalsozialistische Freiheitsbewegung
NW	Nichtwähler
SPD	Sozialdemokratische Partei Deutschlands
USPD	Unabhängige Sozialdemokratische Partei Deutschlands
SONST	Sonstige Parteien (der jeweiligen Wahl bzw. Tabelle)
Z	Zentrum

2. Wahlen

1919	Wahlen zur Nationalversammlung am 19. Januar 1919
1920	Reichstagswahlen am 6. Juni 1920 etc.
1924 M	Wahlen zum Reichstag am 4. Mai 1924
1924 D	Wahlen zum Reichstag am 7. Dezember 1924
1928	Wahlen zum Reichstag am 20. Mai 1928
1930	Wahlen zum Reichstag am 14. September 1930
1932 J	Wahlen zum Reichstag am 31. Juli 1932
1932 N	Wahlen zum Reichstag am 6. November 1932
1933	Wahlen zum Reichstag am 5. März 1933
1925 I	Reichspräsidentenwahl vom 29. März 1925 (1. Wahlgang)
1925 II	Reichspräsidentenwahl vom 26. April 1925 (2. Wahlgang)
1932 I	Reichspräsidentenwahl vom 13. März 1932 (1. Wahlgang)
1932 II	Reichspräsidentenwahl vom 10. April 1932 (2. Wahlgang)

VE 1926   Volksentscheid 1926 (Fürstenenteignung)
VE 1929   Volksentscheid 1929 (Anti-Young-Plan)

1928/1930   Wahlpaar Mai 1928/September 1930
1930/1932J Wahlpaar September 1930/Juli 1932
1932J/32N   Wahlpaar Juli 1932/November 1932
1932N/1933 Wahlpaar November 1932/März 1933

3. Sonstige Abkürzungen

AGSt   Abgegebene gültige Stimmen
L   Land(kreis)
S   Stadt(kreis)
RPrW   Reichspräsidentenwahl
RTW   Reichstagswahl
VZ 1925   Volks- und Berufszählung 1925
VZ 1933   Volks- und Berufszählung 1933
Wahlkr   Wahlkreis
WBR   Wahlberechtigte
Wirtschafts-
abteilg. A   Land- und Forstwirtschaft
Wirtschafts-
abteilg. B   Industrie und Handwerk
Wirtschafts-
abteilg. C   Handel, Verkehr, öffentlicher Dienst, private Dienstleistun-
               gen und häusliche Dienste

1. Die Bedeutung der nationalsozialistischen Wahlerfolge für den Zusammenbruch der Weimarer Republik

1.1. Warum es wichtig ist, die Wahlerfolge der NSDAP zu untersuchen

Bei der Reichstagswahl 1928 entschieden sich insgesamt nur 810000 Wähler für die NSDAP, das entsprach ganzen 2,6 Prozent der damals abgegebenen gültigen Stimmen. Unter den heute geltenden Wahlrechtsregelungen wäre die „Hitlerbewegung", wie die Nationalsozialisten sich auch nannten[1], an der Fünfprozentklausel gescheitert. Nur zwei Jahre später konnte die NSDAP schon fast sechseinhalb Millionen Wähler oder 18,3 Prozent der Stimmen auf sich vereinigen, womit sie zur zweitstärksten Fraktion des Reichstags nach der SPD und vor den Kommunisten und dem Zentrum aufrückte. Anteilsmäßig war sie damit bedeutender als bei der Bundestagswahl 1987 FDP und Grüne zusammen. Und nochmals knappe zwei Jahre später votierten sogar 13,8 Millionen oder 37,4 Prozent der Wähler für die NSDAP. Sie war damit zur weitaus stärksten Partei des Reiches geworden; die SPD als nächstkleinere Partei verfügte nur über knapp acht Millionen, die KPD als drittstärkste Gruppe über rund 5,4 Millionen Stimmen. Auf diese Weise erzielte die NSDAP bei annähernd gleichgroßem Wahlkörper fast genauso viele Stimmen wie 45 Jahre später die SPD bei der Bundestagswahl 1987. Im März 1933 schließlich kam die NSDAP, wenn auch schon nicht mehr unter ganz regulären Umständen, sogar auf über 17 Millionen Stimmen, das sind mehr, als die Unionsparteien im Januar 1987 auf sich vereinigen konnten.

Keine andere Partei in der deutschen Geschichte hat in so kurzer Zeit einen derartigen Sprung in der Wählergunst von einer relativ erfolglosen, von den meisten Zeitgenossen nicht sonderlich ernstgenommenen Splitterpartei zur mit weitem Abstand stärksten politischen Kraft innerhalb und außerhalb des Reichstags geschafft. Schon allein diese Tatsache würde eine intensive wahlhistorische Untersuchung der Bedingungen der NSDAP-Wahlerfolge nahelegen. Wichtiger aber noch ist, daß ohne die geradezu kometenhaft verlaufenden Wahlerfolge der NSDAP es mit Sicherheit nicht zu der fälschlicherweise oft als nationalsozialistische

„Machtergreifung" apostrophierten Machtübertragung an Adolf Hitler im Januar 1933 gekommen wäre, einer unerwarteten, einsamen Entscheidung des Reichspräsidenten, der sich die eigentliche Machtergreifung erst in den folgenden Monaten anschloß.[2]

Besondere Bedeutung gewinnt die Erforschung der nationalsozialistischen Wahlerfolge aber nicht nur durch die fast schon paradox erscheinende Tatsache, daß der erste erfolgreiche Versuch einer parlamentarischen Demokratie auf deutschem Boden gerade durch das ureigenste Instrument jeder Demokratie, nämlich demokratische Abstimmungen und Wahlen, scheiterte, sondern vor allem auch durch das, was sich aus dem Scheitern der Weimarer Republik und der nationalsozialistischen „Machtergreifung" ergab, mit anderen Worten, was danach kam: die nationalsozialistische Diktatur des „Dritten Reiches" und deren monströse, historisch in ihrer Perfektion und beinahe fabrikmäßigen Durchführung bisher beispielloser Verbrechen. Wäre eine eher „wohlwollende Präsidialdiktatur", wie sie Reichskanzler von Papen und den ihn unterstützenden „nationalen" und industriellen Kreisen vorgeschwebt haben mag, nachgefolgt, ohne die Hekatomben von Toten des Zweiten Weltkrieges und die Millionen der durch Einsatzgruppen und Vergasung in den Vernichtungslagern Ermordeten, fühlten sich vermutlich sehr viel weniger Zeitgenossen und Nachgeborene von der Frage nach Hitlers Wählern bewegt, handelte es sich bei dem Problem, wer denn tatsächlich die NSDAP gewählt hat, wohl eher um eine innerwissenschaftliche Streitfrage. Seine Verknüpfung mit der Frage: „Wie konnte das alles geschehen?" Und, in die Zukunft gerichtet: „Wie kann Ähnliches verhindert werden?" Oder, auf die Gegenwart bezogen: „Wie fruchtbar ist der Schoß noch?" macht – ob es der Forscher nun will oder nicht – jede Form der Ursachenforschung in den Augen nicht nur der außer-, sondern auch der innerwissenschaftlichen Öffentlichkeit zugleich zu einem Akt der Schuldzuweisung, ja der moralischen Verurteilung. Dies verlangt vom primär erfahrungswissenschaftlichen Erkenntnisidealen verpflichteten Forscher besondere Sorgfalt in der Diagnose und Vorsicht bei der Interpretation seiner Ergebnisse. Daß im Falle der Untersuchung der nationalsozialistischen Wahlerfolge trotz eines alles andere als befriedigenden Kenntnisstandes bisher eher das Gegenteil der Fall war, verwundert daher besonders.

1.2. Wann hörte die Weimarer Republik zu existieren auf?

Die Wahlerfolge der NSDAP vor 1933 stellen zugleich Ursache und Symptom des sich beschleunigenden Zusammenbruchs der Weimarer

Republik dar, deren genaues Ende sich allerdings nicht mit eindeutiger Sicherheit bestimmen läßt.

So einleuchtend es erscheint, den 9. November 1918, d. h. den Tag ihrer Ausrufung, als Beginn der Weimarer Republik zu datieren, so schwierig ist es, ein vergleichbar exaktes Datum für ihren Untergang anzugeben. Fest steht lediglich, daß die erste deutsche Republik irgendwann zwischen 1930 und dem Frühjahr 1933 von einer parlamentarischen Demokratie in eine von der Verfassung nicht vorgesehene Präsidialdiktatur hinüberge-glitten – oder besser: hineinlaviert worden – ist. Wann genau dieses Er-eignis zu datieren ist und ob überhaupt eine Art Stichtag dafür angegeben werden kann, an dem die Weimarer Republik zu existieren aufhörte, ist ein Thema geradezu leidenschaftlicher wissenschaftlicher Kontroversen.

So wird beispielsweise von mehreren Interpreten der 27. 3. 1930, also jener Tag, an dem die von der SPD bis zur DVP reichende „Große Koalition" durch die erste Brüningsche Notverordnungsregierung abge-löst wurde, als Stichtag für das Ende der Weimarer Republik favorisiert.[3] In der Tat war Brüning zwar stets um eine parlamentarische Tolerie-rungsmehrheit für seinen innen- und außenpolitischen Revisionskurs bemüht, leitete aber selbst den stillen Verfassungswandel, der erst seinen Sturz ermöglichte, durch seine auf Notverordnungen gestützte, auf das Wohlwollen des Reichspräsidenten angewiesene Regierungstätigkeit ohne parlamentarische Basis ein und bewirkte dadurch – nicht gänzlich ungewollt, wie wir heute wissen – jenes Hinüberleiten in die Präsidial-diktatur, durch die letztlich die Voraussetzungen für die Ernennung Hitlers zum Reichskanzler geschaffen wurden.

Als weiterer möglicher Zeitpunkt des Untergangs der Weimarer Repu-blik findet in der Literatur ferner der 1. Juni 1932 Erwähnung, also jener Tag, an dem nach der Entlassung Brünings durch den Reichspräsidenten mit dem Zentrums-Dissidenten Franz von Papen erstmals ein Politiker zum Reichskanzler ernannt wurde, der einen klar antiparlamentarischen Kurs einschlug.

Auch der 30. 1. 1933, der Tag der Ernennung Adolf Hitlers zum Reichskanzler, wird gerne als Sterbedatum der Weimarer Republik ange-führt. Vordergründig könnte die Kanzlerschaft des Führers der weitaus größten im Reichstag vertretenen Partei im Vergleich zu der seiner beiden Vorgänger, Papen und Schleicher, geradezu als ein Schritt zurück in Richtung auf das von der Verfassung vorgesehene parlamentarische Regierungssystem gedeutet werden. Tatsächlich aber wurde damit der siechen Demokratie endgültig der Todesstoß versetzt. Ihr Staatsbegräbnis erfuhr sie spätestens mit der Verabschiedung des Ermächtigungsgesetzes am 23. März 1933, durch das wichtige Verfassungsartikel aufgehoben bzw. außer Kraft gesetzt wurden und das Parlament gewissermaßen selbst abdankte. Der Widerstand der SPD-Reichstagsfraktion gegen dieses Gesetz war ehrenvoll, mutig und für das demokratische Selbstverständnis der Bundesrepublik wichtig. Er war jedoch in erster Linie symbolisch bedeutsam, da selbst eine Ablehnung durch die Abgeordneten der beiden anderen ehemaligen Weimarer Koalitionsparteien, des Zentrums und der Deutschen Demokratischen Partei, angesichts der Besonderheiten der Reichsverfassung, nach der im Extremfall vier Neuntel der Reichstagsabgeordneten zu einer Verfassungsänderung ausreichten, die Verabschiedung des Gesetzes nicht zu verhindern vermocht hätte.[4]

Wann und wie auch immer die Weimarer Republik zu Grabe getragen wurde: Klar ist, daß das Abstimmungsverhalten der deutschen Wähler in diesem Prozeß eine maßgebliche, wenn auch sicherlich nicht die alleinentscheidende Rolle spielte.

Die letzten völlig freien Wahlen fanden auf Reichsebene im November 1932, auf Länderebene im Januar 1933 statt. Doch selbst die Wahl vom 5. März 1933 ist noch als zumindest „halbfreie Wahl" (Bracher) anzusehen, in der die Wähler trotz Machtergreifung und Reichstagsbrandverordnung, trotz der Verfolgungen, denen sich insbesondere (wenn auch keineswegs allein) Kommunisten und Sozialdemokraten ausgesetzt sahen, und trotz des erheblichen propagandistischen Meinungsdrucks der NSDAP auf dem Stimmzettel durchaus noch die Wahl zwischen allen politischen Richtungen hatten und diese im allgemeinen auch ordnungsgemäß, d. h. hier vor allem: in der Intimität einer Wahlkabine, ausüben konnten.[5]

Eine Analyse der NSDAP-Wahlerfolge sollte sich mithin nicht, wie häufig praktiziert, lediglich auf die Wahlen zwischen 1928 und November 1932, sondern auf die gesamte Endphase der Weimarer Republik inklusive der Märzwahl von 1933 beziehen. Denn gerade diese letzte unter den Bedingungen des Weimarer Mehrparteiensystems durchgeführte Reichstagswahl macht das gesamte Ausmaß, aber auch die unter halbwegs freien Umständen existierenden Grenzen der nationalsozialistischen Massenerfolge deutlich.

1.3. Welche Rolle spielten die Wahlen beim Zusammenbruch der Weimarer Republik?

Ebenso wie über das genaue Auflösungsdatum der Weimarer Republik herrscht nach wie vor Uneinigkeit darüber, woran konkret sie zugrundegegangen ist. Zwar hat sich unter den Historikern mittlerweile ein

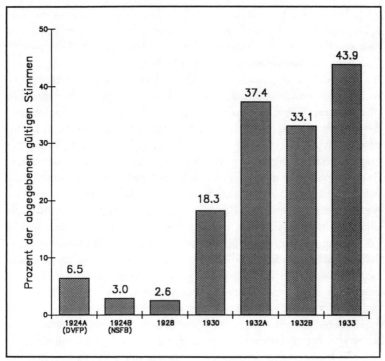

Der NSDAP-Anteil bei den Reichstagswahlen 1924–1933.

Konsens hinsichtlich der Zurückweisung einliniger, monokausaler Erklärungsstränge herausgebildet. Der Zusammenbruch der Weimarer Republik und der untrennbar damit verflochtene Aufstieg des Nationalsozialismus wird heute eigentlich von allen ernsthaften Interpreten als das Ergebnis des Zusammenspiels mehrerer Ursachen angesehen, über deren Stellenwert und Gewichtung jedoch weiterhin gestritten wird.

Als Ursachen werden in der Literatur u. a. angeführt: (a) Bestimmte institutionelle Rahmenbedingungen, z. B. die spezifische Weimarer Mischung repräsentativer und plebiszitärer Verfassungselemente oder das dem Geist der Verfassung widersprechende Zusammenspiel von Art. 48 WRV (Notverordnungsrecht) und Art. 25 WRV (Reichstagsauflösungsrecht) sowie das in der Verfassung festgelegte Proporz-Wahlsystem mit seiner Tendenz zur Parteienzersplitterung. Diese Rahmenbedingungen führten zu einer fortschreitenden Aushöhlung der parlamentarischen Demokratie und zu einem allmählichen Hinübergleiten des politischen Systems in eine Präsidialdiktatur. (b) Die ökonomische Entwicklung und ihre Folgen, also der Verlust von Geldvermögen und Ersparnissen durch die Inflation, von Arbeitsplätzen durch die Deflation, von landwirtschaftlichen Einkünften durch die Agrarkrise und die aus der wirtschaftlichen Not und Verzweiflung resultierende Radikalisierung der Wählerschaft. (c) Bestimmte außen- und innenpolitische Belastungen wie der nicht nur auf der Rechten als Diktat empfundene Versailler Friedensvertrag, die Dolchstoßlegende, die Tatsache und die Höhe der Reparationszahlungen an die Siegermächte, allesamt Belastungen, die in den innenpolitischen Auseinandersetzungen ein enormes Agitationspotential für die nationalistische Rechte lieferten. (d) Mentalitätsfaktoren aufgrund bestimmter sozialer Veränderungen wie Proletarisierungsfurcht bei Angestellten und Beamten, Angst vor Verlust der Selbständigkeit bei Angehörigen des Alten Mittelstandes (dieser hatte in seinem bäuerlichen Segment durch die Agrarkrise und in seinen in Handel und Gewerbe tätigen Teilen durch die allgemeine Wirtschaftskrise objektiv wie vor allem auch der eigenen Einschätzung nach sehr zu leiden). (e) Ideologische Faktoren wie spezifisch deutsche autoritäre und ethnozentrisch-völkische Denktraditionen, extremer Nationalismus und die obrigkeitsstaatliche und antirepublikanische Orientierung der gesellschaftlichen Eliten sowie, eng damit verknüpft, (f) massenpsychologisch zu erklärende Phänomene, wie sie etwa in der Figur der autoritären Persönlichkeit als weit verbreitetem Menschentypus für das Deutschland der damaligen Zeit gegeben sein könnten; schließlich gibt es (g) Erklärungen, die die agitatorischen Fähigkeiten und das Charisma Adolf Hitlers oder die Rolle der Kamarilla um den greisen Reichspräsidenten Paul von Hindenburg in den Vordergrund stellten (weder sein Vorgänger im Amte des Reichspräsidenten, Friedrich Ebert, noch sein Gegenkandidat von 1925, Wilhelm Marx, wären wohl auf die Idee gekommen, erklärte Republikgegner wie Franz von Papen, Kurt von Schleicher oder gar Adolf Hitler zum Reichskanzler zu ernennen).

In diesen verschiedenen Erklärungsansätzen wird die Rolle, die die Wahlen für die Auflösung der Weimarer Republik und den Aufstieg des Nationalsozialismus nach 1928 gespielt hatten, bestenfalls indirekt berücksichtigt. Tatsächlich ist ja Adolf Hitler nicht durch Wahlen an die Macht gekommen; vielmehr wurde ihm die Macht als Reichskanzler durch den Reichspräsidenten in einem Moment übertragen, als sein politischer Stern bereits wieder zu sinken schien. Letzteres macht die Vernachlässigung der Bedeutung der Massenbasis, die die NSDAP nach 1928 errang, zwar verständlich. Dennoch aber bleibt unbestreitbar, daß „die Ernennung Hitlers zum Reichskanzler ... die Massenhaftigkeit der NS-Bewegung voraus(setzt). Ihr Anhang war während der Endphase der Republik erheblich größer, als der aller anderen deutschen Parteien bis dahin gewesen war... Bemerkenswert ist nicht – wie häufig suggeriert wird –, daß Hitler in freien Wahlen nie die absolute Mehrheit erreichte, sondern daß er in den Reichstagswahlen 1932/33 mehr als doppelt so viele Mandate erzielte wie die zweitstärkste Partei, die SPD, und ein Mehrfaches gegenüber den anderen Parteien."[6]

Diese Bedeutung der nationalsozialistischen Wahlerfolge als notwendige, wenn auch sicherlich nicht hinreichende Bedingung der Hitlerschen Machtübernahme verlangt eine genauere Erforschung der Wählerschaft der NSDAP, ihrer sozialen und demographischen Zusammensetzung, ihrer parteipolitischen Herkunft und der Umstände und Grenzen ihrer Ausbreitung. Diese Studie versucht zum einen aus einer eher historischen, zum anderen aber auch aus einer stärker systematischen Perspektive hierzu einen Beitrag zu leisten. Die historische Fragestellung befaßt sich mit der Analyse eines bestimmten Segmentes der vielfältigen Voraussetzungen des Dritten Reiches und des Scheiterns der Weimarer Republik, jener Republik, die zwar nicht ohne Republikaner und Demokraten war, wie häufiger zu lesen steht, aber viel zu wenige überzeugte Anhänger und Verteidiger besaß. Die Frage ist hier eher eine nach dem „Wie": Wie, unter welchen Bedingungen konnte das alles geschehen? In stärker systematischer Perspektive ist darüber hinaus nach den verallgemeinerbaren Lehren aus derartigen, eher einer beschreibenden Sicht verpflichteten Antworten zu fragen: Warum ist die Entwicklung auf der Wählerebene so und nicht anders erfolgt? Welche über das Einzelereignis hinausgreifenden Erklärungen können wir anbieten?

Um letzteres zu leisten ist ersteres zu klären. Um die Haltbarkeit von Erklärungsversuchen zu den nationalsozialistischen Wahlerfolgen zu überprüfen, bedarf es notwendig der historischen Beschreibung, also der Beantwortung der Frage: Wer wählte die NSDAP? Und welche Gruppen und Kategorien von Personen erwiesen sich ihr gegenüber eher als resistent? Ich will, soweit möglich, in diesem Buch beide Perspektiven verfolgen und miteinander verbinden, wobei sich zeigen wird, daß ein derartiges Unterfangen mehr als fünfzig Jahre danach schwieriger ist, als dies vielen Beobachtern der damaligen Zeit, seien sie nun Zeitgenossen oder „Nachgeborene", bewußt zu sein scheint.

2. Die Wahlentwicklung 1919–1933 und die Reaktion der Zeitgenossen

2.1. Die Gründungsphase der Weimarer Republik und das erste Auftreten der NSDAP bei Reichstagswahlen

Die Wahl zur Nationalversammlung am 19. 1. 1919 war die erste reichsweite Wahl nach dem Weltkrieg.[7] Der letzte kaiserliche Reichstag war 1912 gewählt worden. Turnusmäßig hätte die nächste Reichstagswahl im Jahre 1917 stattfinden sollen; sie war aber wegen des Krieges auf einen späteren, noch unbestimmten Zeitpunkt verschoben worden. Bei rund 14,4 Millionen Wahlberechtigten – das Wahlalter lag im Kaiserreich bei 25 Jahren, Frauen waren noch nicht stimmberechtigt – und einer Wahlbeteiligung von knapp 85 Prozent erzielten 1912 die Sozialdemokraten 34,8 Prozent der gültigen Stimmen, die beiden liberalen Parteien zusammen knapp 26 Prozent, die katholische Zentrumspartei 16,4 Prozent und die konservativen Gruppierungen gemeinsam etwas über 12 Prozent; die restlichen Stimmen entfielen auf diverse nationale und regionale Minderheiten wie etwa die Polen, Dänen, Elsaß-Lothringer und die hannoveranischen Welfen, ferner eine antisemitische Gruppierung und einige weitere Splitterparteien. Zusammengenommen wurden die dem Hohenzollernreich kritisch oder sogar ablehnend gegenüberstehenden Parteien, d. h. die SPD, die Linksliberalen und das Zentrum, mit 63,5 Prozent der gültigen Stimmen von knapp zwei Dritteln der Wähler unterstützt.

Sieben Jahre später votierten bei der Wahl zur verfassunggebenden Nationalversammlung, trotz einer Spaltung der SPD in Mehrheitssozialisten und die weiter links stehenden Unabhängigen Sozialdemokraten, sogar mehr als drei Viertel der Wähler für die Parteien, die sich bereits während der letzten Kriegsjahre im sogenannten Interfraktionellen Ausschuß zusammengefunden hatten und als die Parteien der Weimarer Koalition die Grundlagen der neuen Republik bestimmen sollten (vgl. Tabelle 2.1). Wahlberechtigt waren nun nach Einführung des Frauenstimmrechts und der Senkung des Wahlalters auf 20 Jahre fast 37 Millionen Deutsche. Diese Wahl zur Nationalversammlung erfolgte nur wenige Wochen nach der Ausrufung der Republik durch den SPD-Politiker Scheidemann und der Abdankung Wilhelms II.; sie stand noch völlig

Tabelle 2.1: Die Stimmenanteile der wichtigsten Parteien 1919–1933

	19.1. 1919	6.6. 1920	4.5. 1924	7.12. 1924	20.5. 1928	14.9. 1930	31.7. 1932	6.11. 1932	5.3. 1933
KPD	–	2.1	12.6	9.0	10.6	13.1	14.5	16.9	12.3
USPD	7.6	17.9	0.8	0.3	0.1	0.0	–	–	–
SPD	37.9	21.7	20.5	26.0	29.8	24.5	21.6	20.4	18.3
DDP	18.6	8.3	5.7	6.3	4.9	3.8	1.0	1.0	0.9
Zentrum	15.9	13.6	13.4	13.6	12.1	11.8	12.5	11.9	11.2
BVP	3.8	4.2	3.2	3.8	3.1	3.0	3.7	3.4	2.7
DVP	4.4	13.9	9.2	10.1	8.7	4.7	1.2	1.9	1.1
DNVP	10.3	15.1	19.5	20.5	14.2	7.0	6.2	8.9	8.0
NSDAP	–	–	6.5	3.0	2.6	18.3	37.4	33.1	43.9
Sonstige	1.6	3.3	8.6	7.5	13.9	13.8	2.0	2.6	1.6
Wahlbetei-ligung	83.0	79.2	77.4	78.8	75.6	82.0	84.1	80.6	88.8

Parteiangaben in Prozent der abgegebenen gültigen Stimmen, Wahlbeteiligung in Prozent der Wahlberechtigten.
Einzelheiten wie Aufschlüsselung der „Sonstigen" etc. bei Falter u. a., Wahlen und Abstimmungen in der Weimarer Republik, München 1986, S. 41 ff. und 51 ff.

unter dem Eindruck der militärischen Niederlage des Kaiserreiches und der revolutionären Unruhen des Matrosenaufstandes sowie der spartakistisch inspirierten gewaltsamen Auseinandersetzungen in der Reichshauptstadt um die Gestaltung der Weimarer Republik als parlamentarische Demokratie oder sozialistische Räterepublik.

Geprägt war dieses den parlamentarischen Kurs der Mehrheitssozialisten (SPD) und der mit ihnen verbündeten Koalitionsparteien scheinbar so machtvoll bestätigende Wahlergebnis von der Besorgnis weiter Teile des Bürgertums über die noch ungeklärte politische Zukunft des Reiches und die Auseinandersetzungen innerhalb des Rates der Volksbeauftragten über den einzuschlagenden reformistischen oder revolutionären Kurs. Die Gegner der parlamentarischen Regierungsform, die USPD auf der Linken und die DNVP auf der Rechten, erreichten zusammen weniger als 20 Prozent der Stimmen.

Doch dauerte es noch nicht einmal 18 Monate, um die politische Landschaft erneut völlig zu verändern. Bei der Wahl zum 1. Reichstag der Weimarer Republik – die Nationalversammlung hatte zur Hauptaufgabe, eine neue Verfassung zu erarbeiten und zu verabschieden – verlor die SPD beinahe die Hälfte ihrer Wähler von 1919. Die DDP büßte sogar drei Fünftel ihrer Anhänger ein, und auch das katholische Zentrum gab außerhalb Bayerns jeden fünften Wähler von 1919 ab; überdies mußte es durch die Abspaltung der Bayerischen Volkspartei einen weiteren, erheblichen Aderlaß hinnehmen. Gewinner der Wahl waren die radikalen Flügelparteien, die ihren Anteil auf über 35 Prozent der gültigen Stimmen zu steigern vermochten. Der USPD gelang es, ihre Stimmenzahl sogar mehr als zu verdoppeln, und auch die republikfeindliche DNVP, ein Sammelbecken der konservativen und völkischen Kräfte des Kaiserreiches, konnte einen Zuwachs ihres Stimmenanteils von rund 50 Prozent verzeichnen. Die Weimarer Koalition lag mit nur 205 (statt bisher 329) Sitzen eindeutig unter der absoluten Mehrheit von (damals) 230 Reichstagsmandaten, einer Mehrheit, die sie während der gesamten Weimarer Republik nicht mehr zurückzuerobern vermochte.[8]

Es dürfte ein ganzes Bündel von Motiven gewesen sein, das für diese schnelle Abwendung großer Teile der Wählerschaft von den Parteien der Weimarer Koalition verantwortlich zu machen ist: Bei den bürgerlich-nationalen Wählern war es vermutlich die Enttäuschung über die Bedingungen des einhellig als Diktat angesehenen Versailler Vertrags mit seinen als ungerecht empfundenen Gebietsabtretungen[9], das Entsetzen über die schwindelerregenden, in ihrer konkreten Höhe noch völlig ungeklärten Reparationsforderungen der Alliierten und die Ablehnung der moralischen Verurteilung des Reiches als alleinigen Kriegsverursachers; daneben dürfte auch die Reaktion auf die revolutionären Unruhen in Sachsen, Bayern und an der Ruhr das bürgerliche Wahlverhalten bestimmt haben; bei den Anhängern der SPD dagegen war es vermutlich eher die Enttäuschung innerhalb weiter Teile der sozialistisch orientierten Arbeiterschaft über die in ihren Augen unvollendete Revolution, die Mißbilligung der militärischen Unterdrückung von Arbeiterunruhen und die Ablehnung der von vielen ihrer Anhänger als Verrat empfundenen Bündnispolitik der Mehrheitssozialdemokratie mit Teilen des bürgerlichen Lagers, der aus dem Kaiserreich übernommenen Ministerialbürokratie und vor allem des Militärs.

Verstärkten Zulauf fanden die extremistischen Parteien in der sogenannten Inflationswahl vom Mai 1924. Im Vergleich zu 1920 vermochte die „verfassungsoppositionelle" DNVP ihren Stimmenanteil um über ein Viertel zu steigern, obwohl auf der extremen Rechten unter dem Namen „Deutsch-Völkische Freiheitspartei", einem Wahlbündnis zwischen dem 1922 unter Führung A. v. Gräfes und R. Wulles abgespaltenen völkischen Flügel der DNVP und der erstmals sich an Parlamentswahlen beteiligenden NSDAP, eine neue, verfassungsfeindliche Gruppierung nochmals fast 2 Millionen Wähler zu mobilisieren vermochte. Mit ihrem antirepublikanischen, antisemitischen und antiklerikalen Programm erwies sich die unter dem Namen Deutsch-Völkische Freiheitsbewegung firmierende DNVP-Abspaltung hauptsächlich bei der nordostdeutschen Landbevölkerung und – darauf deutet die Zusammensetzung der Parteiführung hin – auch bei Großagrariern als erfolgreich. Dagegen lagen die Schwerpunkte der NSDAP Mitte der 20er Jahre vor allem in Bayern, wo es die Deutsch-Völkische Freiheitspartei bei der Maiwahl von 1924 in Franken auf immerhin 20,7 Prozent der gültigen Stimmen brachte. In der Dezemberwahl des gleichen Jahres ging der Stimmenanteil der Völkisch-Nationalsozialistischen Koalition von 6,5 auf 3 Prozent der gültigen Stimmen zurück; in ihrer Hochburg Franken betrug der Stimmenrückgang sogar 13,2 Prozentpunkte.

Daß bei den Wahlbündnissen vom Mai wie auch vom Dezember 1924, wo sich die beiden Parteien unter dem gemeinsamen Namen Nationalsozialistische Freiheitsbewegung wiederum zur Wahl stellten, die Völkischen gegenüber der NSDAP ein klares Übergewicht besaßen, mit anderen Worten die nach dem gescheiterten Bürgerbräuputsch erheblich geschwächte, ohne ihren in Landsberg inhaftierten Vorsitzenden agierende, in sich zersplitterte NSDAP nur die Rolle des Juniorpartners einnahm, belegt vor allem das numerische Verhältnis der Reichstagsabgeordneten beider Lager: Unter den 32 Reichstagsabgeordneten der gemeinsamen Liste vom Mai 1924 befanden sich nur neun NSDAP-Mitglieder, und auch von den 14 im Dezember 1924 in den Reichstag gewählten Abgeordneten stammten lediglich vier aus der NSDAP. Die im Laufe des Jahres 1924 begonnene Vereinigung beider Strömungen scheiterte jedoch bereits kurz nach der Dezemberwahl. Der aus der Landsberger Haft entlassene Hitler löste seine Gefolgschaft aus der Koalition heraus. Bei den nachfolgenden Landtagswahlen trat die NSDAP dann als eigene Partei auf. Wenn ich im folgenden auch im Zusammenhang mit den beiden Reichstagswahlen von 1924 manchmal das Kürzel „NSDAP“ benutze, so muß stets im Gedächtnis behalten werden, daß es sich dabei um eine mit der 1925 neubegründeten NSDAP bestenfalls teilidentische Vorgängerbewegung handelt, ein Umstand, der in der Literatur häufig zu wenig beachtet wird.[10]

Parallel zu diesen Erfolgen der DNVP und der DVFP gelang es einer Vielzahl von partikularistisch orientierten, politisch zumeist ebenfalls weit rechts von der Mitte angesiedelten Regional- und Interessenparteien im Mai 1924 ihre Stimmenzahl gegenüber 1920 fast zu verdreifachen; die Wählerschaft der in Gegnerschaft oder zumindest in bewußter Distanz zur Republik stehenden Parteien wuchs damit im Verlaufe der Inflation allein auf der Rechten um rund fünf Millionen. Dennoch bestimmte Erleichterung, ja geradezu Euphorie die Reaktion der nicht zu diesem Lager gehörenden Zeitgenossen, da viele von ihnen als Folge der Inflation einen erheblich stärkeren Rechtsruck erwartet hatten, als er dann tatsächlich eingetreten war. So schrieb beispielsweise die ROTE FAHNE, das Zentralorgan der KPD, von einem „Reinfall", die linksliberale VOSSISCHE ZEITUNG von einem „Mißerfolg der Völkischen".[11]

Auch auf der Linken fand eine Radikalisierung der Wählerschaft statt. Die USPD hatte sich über der Frage des Anschlusses an die Kommunistische Internationale gespalten. Auf der Ebene der Wähler profitierte von dieser Spaltung in erster Linie die KPD, die gegenüber 1920 über drei Millionen Stimmen hinzugewinnen und damit fast ebenso viele Reichstagsmandate erzielten konnte wie die Zentrumspartei. Dagegen scheint sich die Mitgliedschaft der USPD, von unbedeutenden Resten abgesehen, zu etwa gleichen Teilen auf die SPD und die KPD verteilt zu haben. Dies hatte vermutlich zur Folge, daß sich die sogenannte Parteibasis, d. h. die Mitgliedschaft der Mehrheitssozialdemokratie, stärker nach links orientierte, während die Wählerschaft mehr oder minder die gleiche blieb. Das linke Lager insgesamt büßte gegenüber 1920 rund 1,5 Millionen Stimmen ein: Bisher ist nicht geklärt, wem sie zugute gekommen sein könnten. Die häufig geäußerte Ansicht, daß nicht zuletzt auch die NSDAP bzw. – genauer – die Deutsch-Völkische Freiheitsbewegung und die DNVP von ehemaligen Protestwählern der USPD profitiert hätten, ist bisher nicht hinreichend belegt und stellt daher bestenfalls eine „informierte Spekulation" dar, die ich in einem der folgenden Kapitel überprüfen will, wenn wir uns mit den Wählerwanderungen zur NSDAP befassen.[12]

Nur sechs Monate später fanden schon wieder Reichstagswahlen statt, in denen jedoch – nachdem zwischenzeitlich die Reichsmark eingeführt und der Dawesplan zur Regelung der Reparationszahlungen in Kraft gesetzt worden waren – die beiden radikalen Flügelparteien mit Stimmeneinbußen von jeweils rund einer Million einen deutlichen Rückschlag zu verzeichnen hatten, während die republikbejahenden Parteien von der SPD bis zur DVP, aber auch die damals relativ gemäßigt agierende DNVP zum Teil erheblich an Stimmen gewinnen konnten. Der sozialdemokratische VORWÄRTS sprach in seiner Ausgabe vom 8. 12. 1924 von „katastrophale(n) Verluste(n) der Nationalsozialisten", die VOSSISCHE Zeitung gar von einem „Zusammenbruch der Völkischen"[13]. Optimismus begann sich auszubreiten. Die sogenannten goldenen 20er Jahre, die tatsächlich nur ein knappes Jahrfünft andauern sollten, kündigten sich an. Wie wir heute wissen, stellten sie letztlich nur eine Zwischenphase dar, die im Zeichen einer gewissen politischen Stabilität, vor allem aber allmählich wachsender wirtschaftlicher Prosperität stand.

2.2. Niedergang und Konsolidierung der NSDAP während der „Goldenen Jahre" der Weimarer Republik

Schon bald nach den Dezemberwahlen von 1924 wurden die Bürger erneut zur Urne gerufen. Ein Nachfolger für den im Februar 1925 verstorbenen ersten Reichspräsidenten der Weimarer Republik, Friedrich Ebert, der noch von der Nationalversammlung gewählt worden war, mußte gefunden werden. Nachdem im ersten Wahlgang keiner der angetretenen Kandidaten die erforderliche absolute Mehrheit erhalten hatte, einigten sich die Parteien der Weimarer Koalition für den zweiten Wahlgang auf den Zentrumspolitiker Wilhelm Marx, dem die Rechte, der sich auch die BVP anschloß, den bereits 78 Jahre alten ehemaligen Generalfeldmarschall Paul von Hindenburg, den beinahe schon legendären Sieger der Schlacht von Tannenberg, entgegenstellte. Der Führer der KPD, Ernst Thälmann, hielt seine Kandidatur aufrecht. Hindenburg gewann mit nur 900000 Stimmen Vorsprung vor Marx die Wahl, ein Datum, das nicht nur für die Endphase der Weimarer Republik entscheidende Bedeutung erlangen sollte, sondern bereits symbolhaft die nach 1928 einsetzende Polarisierung der Wählerschaft in eine im Kern antirepublikanische und antidemokratische Mehrheit und eine die Republik bejahende Minderheit vorwegnahm. Mit keinem Wahlereignis hängen auf der statistischen Ebene die Erfolge der Nationalsozialisten von 1932 und 1933 enger zusammen als mit der Hindenburg-Wahl von 1925, wie wir in Kapitel 5.6 sehen werden.

In der nächsten, am 20. Mai 1928 stattfindenden Reichstagswahl vermochte die SPD ihren Stimmenanteil nochmals kräftig zu steigern, während die übrigen gemäßigten Parteien, vor allem aber auch die DNVP, teilweise erhebliche Stimmeneinbußen zu verzeichnen hatten. Die Sozialdemokraten stellten nun wieder die mit Abstand stärkste Reichstagsfraktion. Ihr Mandatsanteil lag mehr als doppelt so hoch wie der der nächstschwächeren Partei, der DNVP. Die NSDAP, die erstmals bei Reichstagswahlen unter ihrem eigenen Namen auftrat, erhielt dagegen von nur 2 Prozent der Wahlberechtigten die Stimme, was sie zu einer der vielen Splitterparteien am rechten Rande des Weimarer Parteienspektrums abstempelte. Angesichts der Radikalität ihres Programmes und des martialischen Auftretens ihres Führers wurde sie von den weitaus meisten Beobachtern jener Zeit eher als eine der vielen exotischen Randerscheinungen der deutschen Parteienlandschaft wahrgenommen, wenn auch vielleicht als die radikalste und gewalttätigste unter ihnen. So wenig erwähnenswert schienen ihre Wahlerfolge, daß weder der VORWÄRTS noch die VOSSISCHE ZEITUNG oder die ROTE FAHNE in ihrer

Wahlberichterstattung ein Wort darüber verloren. Lediglich der von Goebbels redigierte nationalsozialistische ANGRIFF fand, die NSDAP habe „weit über Erwarten siegreich" abgeschnitten. Das wichtigste Ergebnis sei „die vollkommene Zerschmetterung der Graefe-Wulle-Leute"[14], also jener völkischen Konkurrenten, mit denen zusammen die NSDAP bei den Wahlen von 1924 – zunächst durchaus recht erfolgreich – koaliert hatte.[15]

Geprägt wurde die Reichstagswahl von 1928 allerdings nicht nur vom guten Abschneiden der SPD, sondern vor allem auch von der Zunahme der übrigen, in den üblichen Ergebnistabellen als „Sonstige" aufgeführten Parteien. Ihr Stimmenanteil verdoppelte sich nahezu und stieg von 7,5 Prozent im Dezember 1924 auf 13,9 Prozent 1928. Fast 4,3 Millionen Wähler gaben ihnen die Stimme, womit sie zusammengenommen auf der Wählerebene zur drittstärksten Kraft nach SPD und DNVP avancierten. Nichts belegt deutlicher die zunehmende Parteienzersplitterung bei einer insgesamt politische Stabilität nahelegenden Wahl. Diese Zersplitterung half vermutlich der NSDAP den Weg zum Wahlerfolg zu ebnen, weil diese Splitterparteien wahrscheinlich als „Zwischenwirte" auf dem Weg vor allem bürgerlicher Wähler von den liberalen und konservativen Parteien zum Nationalsozialismus fungierten. Unterstützung findet diese Vermutung, der ich ebenfalls in Kapitel 5 nachgehen will, in der Tatsache, daß es sich bei diesen Gruppierungen zum Teil um Abspaltungen von der DNVP und zum Teil um mittelständisch orientierte Gruppierungen wie die Wirtschaftspartei handelte.[16]

2.3. Aufstieg der NSDAP und Niedergang der Weimarer Republik nach 1928

Nach 1928 begann das Wahlgeschehen sich zu überschlagen. Die Wahl von 1930 stand bereits unter dem Einfluß der sich kontinuierlich verschärfenden Weltwirtschaftskrise und der wachsenden Arbeitslosigkeit. Zwar blieb die SPD stärkste Partei, sie mußte aber beträchtliche Anteilseinbußen hinnehmen, während es der KPD gelang, ihre Stimmenzahl um über 40 Prozent zu steigern. Bei weitem übertroffen wurde dieser Anstieg allerdings vom Zuwachs der NSDAP, die fast 6 Millionen neue Wähler hinzugewinnen und damit ihren Stimmenanteil von 1928 nahezu verzehnfachen konnte, ein zumindest in der deutschen Wahlgeschichte bisher einmaliger Vorgang. Sie zog damit als zweitstärkste Fraktion nach den Sozialdemokraten in den Reichstag ein. Statt 12 wies sie nun 107 Reichstagsabgeordnete auf, nur 36 weniger als die SPD und 30 mehr als die

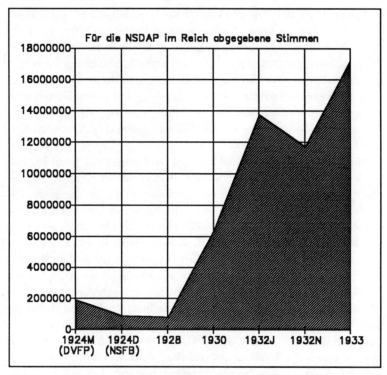

Für die NSDAP im Reich abgegebene Stimmen

Die Entwicklung der NSDAP-Stimmen bei den Reichstagswahlen 1924–1933.

drittstärkste Fraktion, die KPD. Alle zwischen den beiden Extremen des politischen Spektrums liegenden Gruppierungen mit Ausnahme der beiden katholischen Parteien[17] und der Klein- und Kleinstparteien verloren hingegen Stimmen, die DNVP und die DVP relativ stark, SPD und DDP etwas schwächer. Mit einem Schlag gehörten mindestens 225 der 577 Abgeordneten des Deutschen Reichstages republikfeindlichen bzw. verfassungsoppositionellen Gruppen an.

Das Erstaunen der Öffentlichkeit, aber auch vieler Politiker über den ungeheuren Aufschwung der NSDAP war beträchtlich. Der damalige Reichskanzler Brüning berichtet in seinen Memoiren, daß die Wahlresultate im Rundfunk „mit einem solchen Enthusiasmus für die Erfolge der Nationalsozialisten wiedergegeben wurden, daß man einschreiten mußte, um zu verhindern, daß das deutsche Volk durch die linksstehenden Angestellten des Rundfunks nicht noch in der Nacht in einen Nazirauschzustand versetzt wurde".[18] Hitler selbst soll am Wahlabend auf einen Gewinn von rund 100 Sitzen gehofft haben.[19] Der von Goebbels herausgegebene ANGRIFF dagegen kommentierte enthusiastisch, ein Wahler-folg sei „in diesem Ausmaß selbst von den kühnsten Optimisten nicht erwartet worden". Ähnlich auch der VÖLKISCHE BEOBACHTER, der geradezu hymnisch von einem „Sieg" sprach, „der einzig darsteht in der Entwicklung aller Parteien und Bewegungen dieser Erde".[20] Auch Goebbels selbst schwärmt in seinem Tagebuch unter dem Datum vom 15. 9. 1930: „Die ersten Wahlresultate. Phantastisch... ein unglaublicher Aufstieg..." Und in Bezug auf das Berliner Ergebnis: „360 000 Stimmen. Das hätte ich nicht erwartet."[21]

Nicht nur von der NSDAP-Führung, sondern vom ganzen In- und Ausland wurde der Erfolg der NSDAP als ein politischer Erdrutsch, ja als eine „Weltsensation" (Deutsche Allgemeine Zeitung) angesehen, als „...eines jener Ereignisse, die eine neue Wende in der deutschen Ge-schichte ankündigten"[22]. Das intellektuelle Sprachrohr der „Konservati-ven Revolution", DIE TAT, sprach in einer ersten Reaktion von einer wohl von niemandem zu diesem Zeitpunkt erwarteten „kalten Revolu-tion", während Arthur Dix in seiner 1930 publizierten Analyse über Wahlen und die Wandlungen der deutschen Volksgliederung sehr viel nüchterner „die allgemeine, große Überraschung des In- und Auslandes über den Wahlausfall (sic) vom 14. September 1930..." hervorhebt.[23] Lediglich das Zentralorgan der KPD, DIE ROTE FAHNE, nannte als Hauptergebnis der Wahl den „stürmischen, auf allen Fronten gleichzeiti-gen Vormarsch der Kommunistischen Partei in ganz Deutschland". Da-gegen stelle der 14. September für die Nationalsozialisten zwangsläufig den Höhepunkt dar: „Was nachher kommt, kann nur Niedergang und Abstieg sein."[24]

Weitere Zitate illustrieren die Betroffenheit, aber auch die häufig metaphorisch verbrämte Hilflosigkeit vieler Zeitgenossen: So charakteri-sierte der damalige Generalsekretär der Deutschen Demokratischen Par-tei, Werner Stephan, in einer wissenschaftlichen Analyse der Reichstags-wahl von 1930 die nationalsozialistische Wählerschaft mit einem, wie im Verlaufe dieser Untersuchung klar werden sollte, durchaus zutreffenden Bild: „Der große Strom, der am 14. September zusammenfloß, wird aus den verschiedensten Bächen gespeist"[25]. Der kommunistische Wahlana-lytiker Hans Jäger beschrieb den Erfolg der NSDAP, von dem nicht nur die Gegner, sondern auch ihre Anhänger überrascht worden seien, als „eine geradezu abnorme Sensation in der Geschichte des deutschen, ja des internationalen Parlamentarismus"[26]. Der sozialdemokratische Publizist Georg Decker sprach vom „unbekannten Volk", von der unbemerkt gebliebenen „enormen psychologischen Erschütterung" weiter Kreise[27]; und sein Parteifreund, der sozialdemokratische Reichstagsabgeordnete

Julius Leber wollte gar die Reichstagswahl vom 14. September nur als „nationalsozialistische(n) Faschingstrubel" begreifen. Seine tiefe Betroffenheit verbarg Leber nur unvollkommen hinter dem Aperçu: „Bei den bekannten Reichstagswahlen im Jahre 1907 entschied das politische Deutschland über das Schicksal der Hottentotten. Im Jahre des Heils 1930 aber haben die politischen Hottentotten über das Schicksal Deutschlands entschieden."

Man mag darüber streiten, ob tatsächlich bereits das politische Schicksal des Deutschen Reiches durch die Septemberwahl von 1930 „entschieden" worden ist oder ob nicht doch noch Alternativen zum nachfolgenden Weg in den Untergang denkbar und realisierbar gewesen wären. Unbestreitbar jedoch ist, daß das Vordringen der NSDAP in manchen Gegenden geradezu lawinenartigen Charakter aufwies und daß sie selbst in Kreisen, in denen sie zwei Jahre zuvor noch kaum in Erscheinung getreten war, völlig überraschend – sogar für die eigenen Funktionäre – zur stärksten Kraft avancierte. In fünf Landkreisen, nämlich in Westerstede, Varel Land, Oldenburg Land (alle Wahlkreis Weser-Ems) sowie dem ostfriesischen Wittmund und dem schleswig-holsteinischen Norderdithmarschen, stimmten über 50 Prozent der Wähler für sie. 1928 dagegen übertraf sie die 30-Prozent-Marke überhaupt nur in drei der rund 1200 Kreise, nämlich in Neustadt bei Coburg mit rund 36 Prozent, wiederum in Wittmund mit 34 und in Barntrup-Stadt mit gut 32 Prozent. Naturgemäß sahen 1930 ihre Wahlerfolge auf Gemeindebene noch deutlich eindrucksvoller aus als auf Kreisebene. So erreichte sie beispielsweise in Wiefelstede (Wahlkreis Weser-Ems) 67,8 Prozent, Schwesing (Schleswig-Holstein) 61,7 Prozent, Jade (Wahlkreis Weser-Ems) 59,9 Prozent oder Brünen (Wahlkreis Düsseldorf-West) 56,9 Prozent, um nur einige extreme Fälle herauszugreifen.[28]

Der Aufstieg der NSDAP zwischen 1928 und 1930 kam allerdings nicht aus heiterem Himmel. Er zeichnete sich bereits, wenn auch noch nicht in seiner vollen Stärke, in einer Serie von Landtags- und Kommunalwahlen ab, die zwischen den beiden Reichstagswahlen stattgefunden hatten. Sowohl im Vergleich zu den Landtagswahlen vor 1928 als auch im Zeitverlauf ist eine deutliche Zunahme der NSDAP-Stimmen praktisch von Wahl zu Wahl zu erkennen. So wuchs ihr Stimmenanteil in Mecklenburg-Schwerin von 1926 bis 1929 von 1,7 auf 4,1 Prozent, in Baden zwischen 1925 und 1929 von 1,4 auf 7 Prozent und in Thüringen zwischen 1927 und 1929 von ca. 1,6 auf 11,3 Prozent. In Sachsen gelang es der NSDAP sogar, ihren Stimmenanteil zwischen Mai 1929 und Juni 1930 beinahe zu verdreifachen. Berechnet man den Trend der zwischen 1928 und September 1930 anfallenden Reichstags- und Landtagswahlergebnisse, so wird deutlich, daß der Anstieg der NSDAP-Stimmenanteile in den verschiedenen Ländern des Reiches, in denen in diesem Zeitraum Landtagswahlen stattfanden, bemerkenswert exakt diesem Trend folgt. Die üblichen Abweichungen vom Trend sind minimal.[29] Anscheinend war es für die weitaus meisten Beobachter des politischen Geschehens jedoch nicht vorstellbar, daß sich der Trend über das sächsische Landtagswahlergebnis der NSDAP hinaus noch verlängern könnte; dies gilt selbst für die Parteistrategen der NSDAP, die organisatorisch wie personell erst einmal gar nicht auf einen solchen Wahlerfolg eingerichtet gewesen zu sein scheinen.[30] Man kann dennoch Reichskanzler Brüning nicht den Vorwurf ersparen, daß er zumindest ein erhebliches Anschwellen der NSDAP voraussehen konnte (und wohl auch in Kauf zu nehmen bereit war), als er am 18. Juli, also immerhin einen Monat nach der erwähnten sächsischen Landtagswahl und nach der Serie von ständig höher ausfallenden Landtagswahlergebnissen der NSDAP, den Reichstag durch den Reichspräsidenten auflösen ließ. Aus der Perspektive der Wählerbewegungen heraus erfolgte diese Reichstagsauflösung, was immer auch das dahinter stehende Kalkül war, zur Unzeit.

Nach der Reichstagswahl 1930 ging der Aufstieg der NSDAP praktisch ungebremst weiter. Daß er sich regional – bei sich zugleich dramatisch verschlechternder Wirtschaftslage – noch verstärkte, belegen die zwischen 1930 und Juli 1932 stattfindenden Landtagswahlen, bei denen die NSDAP stellenweise – namentlich in den nord- und ostdeutschen Landesteilen – weit überdurchschnittliche Steigerungsraten erzielen konnte, während sie in Süd- und Westdeutschland eher etwas unter dem allgemeinen Trend blieb.

2.4. Die beiden Reichstagswahlen von 1932: Die NSDAP wird stärkste Partei im Reichstag

Im Jahre 1932 erreichte die Wirtschaftskrise mit über 6 Millionen Arbeitslosen, von denen inzwischen viele als sogenannte Wohlfahrtserwerbslose auf das – damals noch sehr viel härter als heute ausfallende – Los von Sozialhilfeempfängern gesunken waren, und einem von Konkursen und Gehaltskürzungen erschütterten Mittelstand ihren Höhepunkt. In diesem Jahr fanden nicht nur im Juli und November zwei Reichstagswahlen statt, sondern auch die Reichspräsidentenwahlen mit zwei Wahlgängen sowie in einigen Ländern Landtagswahlen, unter ihnen Preußen, wo immerhin zwei Drittel der Reichsbevölkerung lebten. Zwar gelang es noch einmal in einer kuriosen Umkehrung der Koalitionen von 1925 durch eine gemeinsame Anstrengung aller die Republik tragenden Kräfte, die Wiederwahl des greisen Reichspräsidenten von Hindenburg im 2. Wahlgang zu sichern, doch wurde hierdurch der Aufstieg des Nationalsozialismus nicht gebremst. Gegenüber 1930 erreichte die „Hitlerbewegung" nochmals eine Verdoppelung ihres Stimmenanteils (absolut gesehen konnte die NSDAP ihre Stimmzahl wegen der höheren Wahlbeteiligung gegenüber 1930 sogar um 115 Prozent steigern), während sich die bürgerlichen Mittelparteien ebenso wie die partikularistisch orientierten Interessen- und Regionalparteien nahezu vollständig auflösten. Auf der Linken nahm die KPD im Vergleich zu 1930 um weitere 20 Prozent zu, was sich allerdings wegen der gestiegenen Wahlbeteiligung auf ihren Stimmenanteil nur geringfügig auswirkte. Im Gegenzug verlor die SPD in etwa dem gleichen Maße Wähler; schon von der zeitgenössischen wahlhistorischen Forschung wurde dies im Sinne eines ausschließlich blockintern verlaufenden Wähleraustauschs gedeutet.[31] Die beiden extremistischen Flügelparteien, NSDAP und KPD, verfügten jetzt über die absolute Mehrheit der Reichstagsmandate, wodurch es nun auch rein arithmetisch unmöglich wurde, die seit zwei Jahren regierenden Präsidialkabinette auf eine parlamentarische Basis zu stellen.

Im Juli 1932 lagen die „Rekordkreise" der NSDAP, also diejenigen Gebiete mit dem höchsten Stimmenanteil, nun vor allem in Mittelfranken, angeführt von Rothenburg ob der Tauber mit 83 Prozent und Uffenheim mit 81 Prozent der gültigen Stimmen – beides übrigens Kreise, in denen die DNVP bis 1928 Stimmenanteile bis zu 87 Prozent erzielt hatte. Am schwächsten schnitt die NSDAP in einigen ländlichen Zentrums- und BVP-Hochburgen ab, wo sie wie etwa im südoldenburgischen Vechta oder im niederbayerischen Landau an der Isar noch deutlich unter 10 Prozent der abgegebenen gültigen Stimmen blieb.[32] Von den Zeitgenossen wurde das Wahlergebnis je nach politischem Standort gefeiert oder heruntergespielt. So schreibt der VORWÄRTS, „der nationalsozialistische Vormarsch ist zum Stillstand gebracht worden". Ähnlich auch der Tenor der VOSSISCHEN ZEITUNG, die unter der Überschrift „Volksmehrheit gegen Diktatur" von der Enttäuschung der Nationalsozialisten berichtet, die „diesmal ... sehr nahe an die 50 Prozent heranzukommen hofften". Ein klein wenig Enttäuschung scheint auch bei Joseph Goebbels mitzuschwingen, wenn er das Wahlergebnis in seinem Tagebuch mit dem Ergebnis der Reichspräsidentenwahl verglich: „Wir haben eine Kleinigkeit gewonnen. Der Marxismus sehr ... Zur absoluten Mehrheit kommen wir so nicht."[33] Von den 608 Angeordneten des Deutschen Reichstages stellte die NSDAP allein 230. Sie war damit zur mit Abstand stärksten Fraktion vor der SPD avanciert, die es nur auf 133 Abgeordnete brachte. Zusammen mit den 89 Reichstagsabgeordneten der KPD war sie

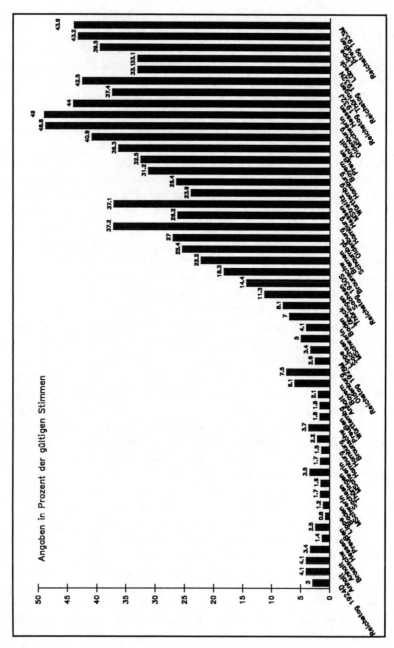

Die Entwicklung der NSDAP bei den Reichstags- und Landtagswahlen zwischen Dezember 1924 und März 1933.

nunmehr in der Lage, eine negative Sperrmajorität der Republikgegner zu bilden. Mit parlamentarischen Mitteln war Deutschland spätestens ab dem Juli 1932 nicht mehr zu regieren.

Zwar hatte die nationalkonservative DEUTSCHE ALLGEMEINE ZEITUNG am Tage nach der Juliwahl formuliert: „Die Wahl ist vorbei. Es wird für längere Zeit die letzte gewesen sein." Doch war angesichts dieses Wahlergebnisses die nächste Reichstagsauflösung durch den Reichspräsidenten schon programmiert. Die Neuwahlen im November 1932 führten bei einem Rückgang der Wahlbeteiligung um rund 1,4 Millionen Stimmen zu bemerkenswerten Stimmenverlusten der NSDAP – gegenüber der Juliwahl rund 2 Millionen Wähler –, während sich die KPD auf nunmehr 16,9 Prozent der gültigen Stimmen steigern konnte. Auch die DNVP erholte sich wieder leicht. Die übrigen Parteien blieben mehr oder weniger stabil oder verloren Stimmen, was sich jedoch wegen des Rückgangs der Wahlbeteiligung kaum in größeren Anteilsveränderungen niederschlug. Allgemein wurde das Ergebnis als Wahlniederlage Hitlers, ja als Anfang des NSDAP-Abstiegs interpretiert. So lautete ein Aufmacher des VORWÄRTS nach der Wahl: „Abwärts mit Hitler"; ähnlich sprach die VOSSISCHE ZEITUNG vom „Niedergang Hitlers", der dem 6. November „das charakteristische Gepräge" gebe, und die DEUTSCHE ALLGEMEINE ZEITUNG sah im Wahlergebnis eine „politische Mahnung an die Nationalsozialisten, weil der Zauber der Unwiderstehlichkeit gebrochen... ist".[34]

In der Tat war der Rückgang der Nationalsozialisten, die nach 1928 immer nur Stimmengewinne zu verbuchen gehabt hatten, bemerkenswert. Zwar blieb Rothenburg ob der Tauber auch jetzt wieder mit 76 Prozent der Stimmen NSDAP-Rekordkreis, doch schoben sich nun einige oberhessische Kreise wie etwa Schotten, Lauterbach und Alsfeld mit Stimmenanteilen zwischen 71 und 76 Prozent in die Spitzengruppe. Dem Wahlergebnis entsprechend fiel denn auch die Kommentierung im VÖLKISCHEN BEOBACHTER eher defensiv aus: „Die Wahlkampfhoffnungen der vereinigten Gegner des Nationalsozialismus von Papen bis Thälmann sind an der inneren Festigkeit und Geschlossenheit der Bewegung zusammengebrochen. Die NSDAP hat ihre Feuerprobe glänzend bestanden und damit den endgültigen Beweis erbracht, daß sie als der entscheidende Machtfaktor aus dem politischen Leben Deutschlands nicht mehr auszuschalten ist... Nur ein verschwindender Prozentsatz von Konjunkturrittern oder weltanschaulich noch nicht gefestigten Wählern ist den leeren Versprechungen des Herrn von Papen und den hinter ihm stehenden Splitterparteien gefolgt. Der Nationalsozialismus sieht in diesem Vorgang für sich nur einen inneren Gewinn, der sich in einer

Erholung seiner inneren Kampfkraft auswirken wird." Weitaus realistischer klingt im Vergleich dazu die Goebbelssche Tagebucheintragung vom 6. 11. 1932: „Jede neue Meldung (des Rundfunks) bringt eine neue Niederlage. Im Ergebnis haben wir vierunddreißig Mandate verloren... Wir haben eine Schlappe erlitten."[35]

2.5. „Machtergreifung" und Märzwahl 1933

Der anscheinend durch nichts aufzuhaltende Anstieg des Nationalsozialismus schien gebremst, während sich fern am Horizont erste Anzeichen einer leichten wirtschaftlichen Besserung abzuzeichnen begannen. Daß der Nationalsozialismus an Dynamik zu verlieren begann, belegen auch einige Landtagswahlergebnisse zwischen Juli 1932 und März 1933, in denen die NSDAP ihren Stimmenanteil im Vergleich zur Juliwahl nicht mehr nennenswert zu steigern vermochte. Begleitet wurde diese Stagnation von innerparteilichen Meinungsverschiedenheiten um die Koalitionsstrategie der Partei. Finanziell stand die NSDAP vor leeren Kassen, die Industriespenden flossen langsamer als erwartet, kurz: die Stimmung innerhalb der NSDAP war alles andere als optimistisch[36], worüber auch der mit letztem Propagandaeinsatz geführte Wahlkampf in dem Ländchen Lippe, der der NSDAP nochmals ein als großer Sieg gefeiertes Wahlergebnis von 39,5 Prozent einbrachte, nicht hinwegtäuschen darf. Da wurde – für viele zu diesem Zeitpunkt überraschend – Adolf Hitler vom Reichspräsidenten am 30. Januar 1933 mit der Kanzlerschaft betraut.

Die nun – vor allem nach dem Reichstagsbrand – einsetzende Verfolgung der politischen Linken, insbesondere der Kommunisten, und die mannigfachen Einschüchterungsversuche gegenüber den übrigen Parteien lassen, wie oben schon einmal angesprochen, die Märzwahl von 1933 nicht mehr als ganz freie Wahl erscheinen. Der zu einer Propagandaschlacht ohne Vorbild stilisierte Wahlkampf, für den jetzt der NSDAP auch der staatliche Rundfunk mit immerhin rund 5 Millionen Teilnehmern zur Verfügung stand, führte nochmals zu einer in der damaligen Zeit kaum noch für möglich gehaltenen Steigerung der Wahlbeteiligung auf 88,8 Prozent. Trotz des sozialen und politischen Drucks, der vor allem aus kleineren Gemeinden berichtet wird[37], gab es aber noch immer die Möglichkeit, auf dem Stimmzettel innerhalb des gesamten parteipolitischen Spektrums auszuwählen, was von den Bürgern, die Wahlergebnisse beweisen es, nochmals – zum letzten Mal vor der endgültigen Etablierung des Dritten Reiches – genutzt wurde. Es erscheint daher unverständlich, daß praktisch sämtliche vorliegenden Wahlanalysen über den Nationalsozialismus diese Wahl nicht berücksichtigen.[38] Umso notwendiger erscheint es, auch auf die Wählerbewegungen bei dieser letzten halbwegs freien Wahl der Weimarer Republik einzugehen.

Trotz eines beträchtlichen Stimmenzuwachses erzielte die NSDAP jedoch nicht die erwartete absolute Mehrheit. Nur mit Hilfe des deutschnationalen Koalitionspartners erreichte sie über 50 Prozent der Reichstagsmandate. Eine Mehrheit der Wahlberechtigten blieb selbst dieser Koalition versagt. Tatsächlich vermochte sie trotz der für sie überaus günstigen politischen Umstände „nur" 20 der insgesamt fast 45 Millionen Wahlberechtigten hinter sich zu vereinigen. Die Siegeshoffnungen, die sich etwa in den Tagebucheintragungen von Joseph Goebbels in Formulierungen niederschlugen wie: „Es wird ein ganz großer Sieg werden...; diesmal kann es kaum schiefgehen", werden anscheinend dennoch, wenn man seinen Tagebuchaufzeichnungen und öffentlichen Äußerungen trauen darf, erfüllt, ja übererfüllt. Die mit Sicherheit damals nicht für den unmittelbaren öffentlichen Gebrauch bestimmten privaten Aufzeichnungen von Goebbels schlagen einen geradezu emphatischen Ton an: „Dann kommen die ersten Resultate. Sieg über Sieg, phantastisch und unglaubhaft... der gloriose Triumph (ist) errungen. Er ist in seinen Ausmaßen überwältigender, als einer von uns das zu hoffen gewagt hatte... Unglaubliche Zahlen; wir sind wie in einem Rausch. Jede Stunde bringt eine neue, unwahrscheinliche Überraschung. Der Führer ist ganz gerührt vor Freude."[39] Auch Göring sprach, wie viele andere Kommentatoren, von einem „Sieg auf der ganzen Linie".[40]

Daß die Durchsetzung der NSDAP regional in der Tat beträchtlich war, illustrieren einige Kreisergebnisse. Wieder lagen die Kreise mit den höchsten Wahlerfolgen in Mittelfranken (Rothenburg mit 83, Neustadt/Aisch mit 79 Prozent), in Hessen (Schotten mit 83 Prozent) und jetzt auch in Ostpreußen (Neidenburg mit 81, Lyck mit 80 Prozent). In den „negativen Rekordkreisen" erreichte die NSDAP dagegen erneut nur wieder Stimmenanteile von knapp über zehn Prozent, so im südoldenburgischen Vechta mit 11,7, im niederrheinischen Bocholt mit 12,3, in Olpe im Sauerland mit 12,7 und im unterfränkischen Aschaffenburg L mit 16,5 Prozent. Auf Gemeindeebene war die Schwankung zwischen den höchsten und niedrigsten NSDAP-Ergebnissen naturgemäß noch erheblich größer: Gemeinden mit nahezu einhundertprozentigen NSDAP-Wahlerfolgen (etwa Viöl, Schwesing oder Hennstedt, alle in Schleswig-Holstein gelegen) standen solche mit äußerst niedrigen Prozentsätzen gegenüber, so beispielsweise Niederbrechen (Wahlkreis Hessen-Nassau) mit 2,8 Prozent, Niederfischbach (Wahlkreis Koblenz-Trier) mit 4,0 Prozent oder die Landgemeinde Lohne (Wahlkreis Weser-Ems) mit 4,5 Prozent.[41]

Die übrigen Parteien hielten, mit Ausnahme der KPD, weitgehend ihre bei den Reichstagswahlen vom November 1932 eingenommene Position. Diese Ergebnisse deuten darauf hin, daß das Wählerpotential der NSDAP mit dieser letzten Anstrengung zunächst einmal erschöpft war. Selbst nach der „Machtergreifung" waren Adolf Hitler und seine Gefolgsleute sichtlich nicht in der Lage, eine Mehrheit des deutschen Volkes oder auch nur der Wähler von 1933 hinter sich zu scharen. Auch gelang es der NSDAP bei keiner der zwischen 1930 und 1933 stattfindenden Landtagswahlen, eine absolute Mehrheit zu erzielen. Selbst eine relative Mehrheit der abgegebenen gültigen Stimmen erreichte sie während dieses Zeitraums nur in neun der siebzehn Reichsländer, nämlich in Anhalt, Hamburg, Hessen, Lippe, Mecklenburg-Schwerin, Oldenburg, Preußen, Thüringen und Baden-Württemberg. Übersehen werden darf darüber jedoch nicht, daß spätestens ab 1932 selbst bei großzügigster Auslegung des Begriffes die „demokratischen Parteien" keine Mehrheit der Wähler mehr repräsentierten. Zählt man die Stimmen von NSDAP, DNVP und KPD zusammen, so votierten am 5. März 1933 fast zwei Drittel der Wähler für diese trotz aller programmatischen Unterschiede erklärten Gegner der Weimarer Republik. Die republiktreuen Parteien, zu denen man 1933 allerdings weder das Zentrum noch gar die Bayerische Volkspartei mehr ohne Einschränkungen zählen konnte, wurden dagegen nur noch von einem knappen Drittel der Abstimmenden gewählt. 1919 dagegen unterstützten, wie wir gesehen haben, rund drei Viertel der Wählerschaft die Parteien der Weimarer Koalition.

Kaum ein anderer Vergleich belegt deutlicher den Niedergang und schließlichen Zusammenbruch des Weimarer Regierungssystems. Der Mangel an Loyalität gegenüber der Republik und an tieferen Bindungen an die sie tragenden Parteien setzte sie nahezu schutzlos den Unbilden der politischen und vor allem wirtschaftlichen Klimaschwankungen aus. So konnte jener eigendynamische Prozeß entstehen, der schließlich zur Etablierung des Dritten Reiches führte. In den ersten Jahren seiner Existenz scheint es diesem schließlich gelungen zu sein, jene grundsätzliche Zustimmung innerhalb der Bevölkerung zu erhalten, deren jedes Staatswesen bedarf, um auch ungünstigere Zeiten überstehen zu können.[42] Der Weimarer Republik war dies in den wenigen Jahren ihrer Existenz nicht vergönnt – zum Schaden nicht nur für Deutschland, sondern für ganz Europa, ja für große Teile der Menschheit. Wer die Bedingungen ihres Scheiterns aus der Perspektive der Wahlen und Wähler nachzeichnet, vermag festzustellen, welchen Schwankungen die grundsätzliche Loyalität zur Weimarer Republik unterlag und wie die allgemeine Zustimmung zu ihr nachließ. Aus dieser Perspektive stellt die Erforschung der Wählerschaft des Nationalsozialismus offenkundig nicht nur ein nach wie vor notwendiges historiographisches Anliegen, sondern auch ein nicht minder wichtiges demokratietheoretisches Bedürfnis dar.

3. Zeitgenössische und moderne Erklärungsversuche der nationalsozialistischen Wahlerfolge

3.1. Zeitgenössische Erklärungsversuche

Die meisten zeitgenössischen Rekonstruktionsversuche der parteipolitischen Herkunft oder sozialen Zusammensetzung der NSDAP-Wählerschaft stellen Beschreibungen (die richtig oder falsch sein können, dies wollen wir später untersuchen), aber noch keine Erklärungen dar. Sie geben – in zumeist spekulativer oder zumindest erfahrungswissenschaftlich ungenügend abgesicherter Weise – Auskunft darüber, woher die Wähler des Nationalsozialismus gekommen sind. Die Frage, warum bestimmte soziale Schichten oder Wählergruppen sich zwischen 1928 und 1933 überdurchschnittlich häufig dazu entschieden haben, NSDAP zu wählen, und warum dies für andere Kategorien von Wählern nicht gilt, wird dadurch jedoch nicht beantwortet. Erfahrungswissenschaftliche Erklärungen bedeuten vielmehr die Zurückführung solcher Ereignisse auf allgemeine Verhaltensgesetze, aus denen sich das zu erklärende Phänomen im Idealfall vollständig logisch ableiten läßt. Dies ist allerdings nur möglich, wenn von den angebotenen Erklärungen mehrere Bedingungen gleichzeitig erfüllt werden: So muß zunächst einmal gewährleistet sein, daß das, was man zu erklären beabsichtigt, auch tatsächlich gegeben ist (denn etwas, was nicht existiert, kann man nicht erklären). Ferner müssen die angeführten Gründe (die sozialen Regelmäßigkeiten) tatsächlich zutreffen (denn ein soziales Phänomen läßt sich nicht auf etwas, was es gar nicht gibt, ein Hirngespinst also, zurückführen). Und schließlich muß eine logische Ableitungsbeziehung zwischen dem zu erklärenden Ereignis und den angeführten Ursachen bestehen (da sonst nicht gewährleistet ist, daß die angeführten Ursachen tatsächlich für das zu erklärende Ereignis verantwortlich sind).[43]

Dies alles mag zunächst ein wenig abstrakt klingen, wird aber durch das folgende Beispiel möglicherweise klarer: Wenn ein zeitgenössischer Sozialforscher wie Hendrik de Man die von ihm unterstellte (wenn auch mitnichten bewiesene) hohe Anfälligkeit des Neuen Mittelstandes der Beamten und Angestellten gegenüber dem Nationalsozialismus durch die Tatsache zu erklären versucht, daß dieser durch wachsende Proletarisierungsfurcht in die Arme der NSDAP getrieben worden sei, so setzt er

stillschweigend voraus, daß (a) immer (oder doch wenigstens mit einer
gewissen, angebbaren Wahrscheinlichkeit) und überall (bzw. zumindest
unter bestimmten Bedingungen) Proletarisierungsfurcht die Wahl rechts-
extremer Parteien begünstigt, daß (b) die meisten der zur NSDAP überge-
wechselten Beamten und Angestellten von Proletarisierungsfurcht befallen gewesen seien und daß (c) dies der Hauptgrund für ihre Wahlentscheidung sei.[44] Eine derartige Erklärung der überdurchschnittlichen Anfälligkeit von Angestellten und Beamten gegenüber dem Nationalsozialismus
wäre natürlich sinnlos, falls entweder der Neue Mittelstand gar nicht in
dem vorausgesetzten Maße NSDAP gewählt hätte, falls der Neue Mittelstand gar nicht so stark von Proletarisierungsfurcht befallen gewesen wäre
oder falls die These, daß Proletarisierungsfurcht zu wachsendem Rechts-
extremismus führe, in der sozialen Wirklichkeit nicht zuträfe. Die Hauptaufgabe des historischen Wahlforschers besteht darin, solche Annahmen
möglichst genau und umfassend zu überprüfen, also im vorliegenden Falle
zuerst einmal die Wähler des Nationalsozialismus und die Umstände ihres
Wechsels zur NSDAP methodisch abgesichert zu beschreiben, bevor er
nach Erklärungen für die von ihm festgestellten Vorgänge sucht. Eine
andere, damit verwandte, aber nicht identische Aufgabe ist es nachzuprüfen, ob sich die von den vorliegenden Erklärungen unterstellten Verhaltensweisen und sozialen Gesetzmäßigkeiten tatsächlich nachweisen lassen.

Verständlicherweise setzen die zeitgenössischen Interpreten der nationalsozialistischen Wahlerfolge stets die Richtigkeit sowohl der von ihnen
unterstellten Wählerbewegungen und der sozialen Basis der NSDAP-
Wählerschaft als auch der angebotenen Erklärungsskizzen voraus. Wir
werden im Verlaufe dieser Untersuchung sehen, daß dies nicht immer
gerechtfertigt ist. Erfahrungsgemäß sind die Diagnose der sozialen Zusammensetzung und die Erklärung des rapiden Wachstums der Hitlerbewegung nach 1928 eng miteinander verknüpft. Von den Analytikern, die
einer Mittelschichtinterpretation anhängen, wird gern auf die Rolle der
vornehmlich im selbständigen Mittelstand konstatierten Verarmung
durch die Inflation oder auf die eher für die abhängige Mittelschicht der
Beamten und Angestellten zutreffende Proletarisierungsfurcht verwiesen.
Dagegen argumentieren die Wahlforscher, die stärker den Zustrom der
Jugend und die Mobilisierung bisheriger Nichtwähler zugunsten der
NSDAP betonen, eher mit den allgemeinen Einflüssen der Weltwirt-
schaftskrise, der Furcht vor Arbeitslosigkeit, den Auswirkungen von
Versailles oder den propagandistischen Fähigkeiten der Hitlerbewegung.

Ein speziell auf die Mittelschichten zugeschnittener, für die spätere
wissenschaftliche Beschäftigung mit den Wahlerfolgen der NSDAP

höchst einflußreicher Erklärungsversuch wurde von dem bekannten Soziologen Theodor Geiger bereits 1930 vorgelegt. Geiger geht davon aus, daß „der Nationalsozialismus ... seinen Wahlerfolg wesentlich dem Alten und Neuen Mittelstand verdankt". Seine „zeit-inadäquate Ideologie", die „noch immer auf den Voraussetzungen (fußt), die zur berufsständischen Zeit des Frühkapitalismus gültig waren", lasse den Alten Mittelstand (Handwerker und Kleinhandel) immer „deutlicher als ein Relikt einer anderen Epoche erscheinen, das es nach jedem Schritt der gesellschaftlichen Gesamtentwicklung noch schwerer hat, sich zu behaupten". Dadurch seien seine Angehörigen „zu ewig Unzufriedenen" geworden, die notwendigerweise von jedem politischen Regime enttäuscht werden müßten „und daher jeweils bei der nächsten Wahl nach der entgegengesetzten Richtung sich wandten". Das sei für den hohen Anteil „wandernder Stimmen" verantwortlich, von denen schließlich die NSDAP profitiert habe. Noch viel schlimmer aber stehe es mit dem neuen Mittelstand. Dieser sei als „der typische soziale Ort der standort-inadäquaten Ideologien" anzusehen. Objektiv befänden sich 90 Prozent aller Angestellten in einer proletarischen Lage, ein Zustand, gegen den sie sich subjektiv mit Vehemenz wehrten: „Es findet eine verzweifelte Selbstverschleierung der proletarischen Lage durch Hinweise auf imaginäre Aufstiegsmöglichkeiten statt... Die Angst vor Mindereinschätzung ist ein psychologisch entscheidendes Moment." Das sei von der NSDAP erkannt und propagandistisch geschickt ausgenutzt worden: „Es gibt kaum ein Element der inadäquaten Mittelstandsideologien, auf das die Phraseologie des NS. nicht einen Reim wüßte. Auf diese Reime fielen die Mittelstände herein, weil ihnen die nüchterne Prosa der Realpolitik wenig Trost und Erbauung bot."[45]

Von einem anderen Beobachter, Walther Scheunemann, stammt eine Erklärungsskizze der nationalsozialistischen Wahlerfolge, die sowohl Elemente der Mittelstandsthese als auch konkurrierender, andere Gruppen in die Überlegungen einbeziehender Positionen enthält: „Als Ursachen dieses Wahlergebnisses wurden gefunden: die starke propagandistische Tätigkeit der N.S.D.A.P.; die Unzufriedenheit mit der außenpolitischen Lage Deutschlands; die weltwirtschaftliche Krise, die vor allem auf Deutschland gewirkt hat und wirkt; die Tatsache, daß besonders die Angestellten, die Kleingewerbetreibenden und die Kleinbauern in Mitleidenschaft gezogen wurden; daß die Jugend, in allen Kreisen, sich der Aufstiegsmöglichkeit beraubt sieht; daß es sich im ganzen genommen um eine wachsende Revolutionierung des Mittelstandes handelt (der ja bisher der Wahlurne ferngeblieben war)... Wir sehen bereits jetzt durchaus heterogene Elemente im Nationalsozialismus vereinigt. Gewisse Kreise, die wirklich eine Verschmelzung nationaler und sozialistischer Ideen wollen. Diese wohl in der Hauptsache der Jugend entstammend."[46]

Soweit einige zeitgenössische Rekonstruktions- und Erklärungsversuche der nationalsozialistischen Wahlerfolge nach 1928. Auf einen begrifflichen Nenner gebracht unterteilen sich die hierbei vertretenen Ansichten in eine klare Mittelschichtposition und in eine Sichtweise, die man vielleicht am besten als Volkspartei-des-Protests-Position bezeichnen könnte. Während die eine von einer fast ausschließlichen Wahl der NSDAP durch die Mittelschichten ausgeht, beschreibt die andere die NSDAP als eine Sammlungsbewegung, von der alle Schichten, wenn auch in möglicherweise unterschiedlichem Ausmaße, erfaßt worden sind. Im folgenden Abschnitt werden wir uns mit den Ausformulierungen, die beide Varianten nach 1933 im sozialwissenschaftlichen Schrifttum erfahren haben, beschäftigen.

3.2. Neuere wissenschaftliche Erklärungsversuche: die klassen-, die massen- und die milieutheoretische Variante

In den fünfziger Jahren wurden von Sozialwissenschaftlern in Anknüpfung an die vorstehend skizzierten Interpretationen zwei Erklärungsversuche der nationalsozialistischen Wahlerfolge formuliert, die seitdem immer wieder teils implizit, teils explizit, teils alleine, teils in Kombination mit ergänzenden Überlegungen herangezogen werden, um die auch heute noch als frappierend empfundenen Wahlergebnisse der NSDAP begreifbar zu machen. Es handelt sich zum einen um die in den Grundzügen bereits von Theodor Geiger im Jahre 1930 vorgeschlagene klassen- oder schichttheoretische Betrachtungsweise, deren einflußreichste „moderne" Formulierung von dem amerikanischen Soziologen Seymour Martin Lipset (1960) stammt. Zum anderen geht es um den in Konkurrenz dazu stehenden, ebenfalls bereits in den Grundzügen in den (späten) dreißiger Jahren formulierten sogenannten massentheoretischen Erklärungsversuch, dessen wichtigste Ausformulierung von den in den USA tätigen Soziologen Reinhard Bendix (1952), William Kornhauser (1959) u. a. vorgelegt wurde.

3.2.1. Die klassentheoretische Position

Lipset[47] geht von der Grundannahme aus, jede wichtige soziale Schicht weise sowohl demokratische als auch extremistische politische Ausdrucksformen auf. Es gebe nicht nur einen linken und einen rechten

Extremismus, wie üblicherweise unterstellt, sondern auch einen solchen der Mitte. Linke Formen des Extremismus, die sozial von der Arbeiterklasse getragen würden, seien der Kommunismus und der Peronismus, rechtsextrem sei der traditionelle Autoritarismus der Oberschicht. Der Extremismus der Mitte schließlich, dessen soziale Basis die Mittelschicht darstelle, ist Lipsets Auffassung nach der Faschismus, unter den er auch den Nationalsozialismus rechnet.

Alle drei Extremismen ähnelten ihren demokratischen Pendants nicht nur in der sozialen Zusammensetzung ihrer Anhänger, sondern auch in den ideologischen Inhalten. Im demokratischen Spektrum nehme der Liberalismus die Mittelposition ein. Er werde hauptsächlich von kleinen Geschäftsleuten, Angestellten und kirchlich nicht gebundenen Angehörigen akademischer Berufe unterstützt. Inhaltlich zeichne sich der europäische Liberalismus durch die Betonung der Rolle des kleinen Unternehmertums, die Gegnerschaft zu starken Gewerkschaften und ökonomischen Gleichheitsforderungen, aber auch durch seine Opposition zur Großindustrie und durch die Ablehnung staatlicher Eingriffe und Bevormundung aus; überdies sei er antireligiös, antitraditionalistisch und antisozialistisch eingestellt.

Bis auf die Idee des starken Staates, die zu den antiliberalen Kernpunkten der faschistischen Ideologie gehöre, vertrete der Faschismus die gleichen weltanschaulichen Positionen wie der Liberalismus: Auch er lehne sowohl die Großindustrie als auch die Gewerkschaftsbewegung ab; auch er vertrete ein antisozialistisches, antitraditionalistisches und antireligiöses Programm. Darüber hinaus entsprächen sich die Anhänger der NSDAP und der liberalen Mittelklasseparteien tatsächlich in ihren sozialen Merkmalen weitgehend. Der Aufstieg des Nationalsozialismus nach 1928 sei infolgedessen vor allem auf den Zustrom von ehemaligen Wählern der Mittelparteien zurückzuführen.

Um diesen Abmarsch der Mittelschichten aus dem bürgerlich-liberalen ins nationalsozialistische Lager zu erklären, zieht Lipset unter Berufung auf den amerikanischen Soziologen Martin Trow[48] eine Modernisierungstheorie von Industriegesellschaften heran, in deren Mittelpunkt der Gedanke steht, daß sich die Entwicklung der westlichen Massengesellschaften durch die beiden säkularen Prozesse der Konzentration und der Zentralisierung auszeichne. Diesen Prozessen fielen in besonderem Maße die Handwerker und kleinen Geschäftsleute zum Opfer, die durch Großunternehmen zunehmend von Markt verdrängt würden. Die oben genannten liberalen Wertvorstellungen seien angesichts des unaufhaltsamen Modernisierungsprozesses der Industriegesellschaft ebenso objektiv „reaktionär" wie das Anliegen des Mittelstandes, seinen Platz in der Gesellschaft zu bewahren oder wiederherzustellen. Tatsächlich bedeuteten derartige Vorstellungen den (vergeblichen) Versuch, das Rad der Geschichte wieder zurückzudrehen. Der Faschismus habe sich aber erboten, genau dieses zu tun und dabei gleichzeitig die Bedeutung des großen Kapitals und der Arbeiterbewegung, zwischen denen sich der Mittelstand zerrieben fühle, wieder herabzustufen.

Daß es vor allem der kleine selbständige Mittelstand war, der unter dem Eindruck der Weltwirtschaftskrise bevorzugt zum Nationalsozialismus tendierte, versucht Lipset mit seiner an anderer Stelle entwickelten sozialpsychologischen These zu begründen, derzufolge ein geringer Bildungsstand und ein hoher Grad an Unsicherheit extremistische Einstellungen begünstigten.[49] Durch beides zeichneten sich besonders die Kleinunternehmer auf dem Lande und in kleineren Orten aus, wozu er auch die Bauern rechnet. Tendenziell treffe das jedoch für alle Selbständigen, auch die in der Stadt, zu. Selbständige neigten daher im allgemeinen stärker zur NSDAP als Angestellte, Beamte oder Freiberufler.

Den Beweis für seine theoretischen Überlegungen versucht Lipset mit Hilfe einer recht globalen, weiter unten zu diskutierenden statistischen Beweisführung sowie diverser expliziter und impliziter Hilfsannahmen zu führen, auf die wir hier jedoch nicht im einzelnen einzugehen brauchen.[50] Wichtig für unsere Zwecke ist seine Grundannahme, daß die früheren Wähler der liberalen Mittelschichtparteien und anderer mittelständisch geprägter politischer Gruppierungen die Hauptquelle der nationalsozialistischen Wahlerfolge darstellten. Lipset versucht dies u. a. durch den Hinweis plausibel zu machen, daß die liberalen bürgerlichen Mittelparteien, ähnlich wie die verschiedenen Regionalparteien, überwiegend von kleinen Geschäftsleuten, Angestellten und Beamten gestützt worden seien. Der Anstieg der Wahlbeteiligung dagegen habe 1930 noch nicht nennenswert zum Wahlerfolg der Nationalsozialisten beigetragen. Erst nachdem die NSDAP auch für die politisch Uninteressierten als politische Kraft deutlich sichtbar geworden sei, also erst nach ihrem Wahlerfolg von 1930, habe sie es vermocht, die (politisch apathischen) Nichtwähler zu mobilisieren. Die nochmalige dramatische Erhöhung ihrer Stimmenzahl im Juli 1932 führt Lipset implizit dann sowohl auf den nun einsetzenden Zustrom bisheriger Nichtwähler als auch auf den neuerlichen Gewinn von liberalen Mittelschichtwählern zurück. 1933 schließlich habe die NSDAP primär von der nochmaligen Mobilisierung bisheriger Nichtwähler profitieren können.

Zusammenfassend skizziert Lipset den idealtypischen NSDAP-Wähler von 1932 als selbständigen protestantischen Angehörigen des Mittelstandes, der entweder auf einem Bauernhof oder in einer kleinen Gemeinde lebte und früher einmal für eine Partei der Mitte oder für eine regionale Gruppierung gestimmt hatte, die sich sowohl gegen die Macht der Großindustrie als auch gegen den Einfluß der Gewerkschaften zur Wehr setzte. Daß es sich bei den überzeugten NSDAP-Anhängern um ökonomisch gescheiterte, sozial depossedierte, entwurzelte und vom Schicksal geprügelte Personen gehandelt habe, ändere nichts an ihrem Mittelklasse-Hintergrund, den man immer berücksichtigen müsse, um die Wahlerfolge des Nationalsozialismus verstehen zu können.[51]

3.2.2. Die massentheoretische Position

Während Lipset als Vertreter eines klassen- oder besser schichtungstheoretischen Erklärungsmodells argumentiert, daß die strukturell durch langfristige Modernisierungstrends bedrohte und aktuell durch die Agrar- und Wirtschaftskrise der Weimarer Republik zutiefst verunsicherte Mittelklasse für den Wahlerfolg Hitlers und seiner Partei verantwortlich zu machen sei, gehen die Vertreter der massentheoretischen Position davon aus, daß der plötzliche Anstieg des Nationalsozialismus nach 1928 durch eine statische, am Klassen- oder Schichtungskonzept orientierte Betrachtungsweise nicht angemessen erklärt werden könne.[52]

Alle massentheoretischen Erklärungen der nationalsozialistischen Wahlerfolge gehen von der Annahme aus, daß politische Bewegungen wie der Faschismus bevorzugt in Gesellschaften mit geringer sozialer Integration gedeihen, d. h. dort, wo die Individuen gewissermaßen atomisiert nebeneinander lebten oder ganze soziale Gruppen voneinander isoliert seien, wo die primären, auf die Familie, Freunde oder Arbeitskollegen bezogenen oder die sekundären, durch Vereins- und Organisationsmitgliedschaften bestimmten sozialen Beziehungen als Folge tiefgreifender gesellschaftlicher Krisen zusammengebrochen und früher vorhandene politische Bindungen und Verhaltensweisen als Konsequenz dieser Erschütterungen erheblich verändert worden seien.

Die Atomisierung und Extremisierung der Massen verläuft nach Ansicht der Massentheoretiker stufenweise. Zuerst werden die Individuen oder Gruppen durch gesellschaftliche Großkrisen wie den Zusammenbruch des Kaiserreichs und den Ersten Weltkrieg, die Revolution von 1918/19 oder die Inflation von 1922/23 aus ihren bestehenden politischen Bindungen gerissen. Dies sei vor allem bei Personen zu beobachten, deren politische Bindungen nicht durch soziale Mitgliedschaften wie die Angehörigkeit zu einer Gewerkschaft oder zur katholischen Kirche verstärkt werden. Daher verfielen marginal integrierte Wähler extremistischen Massenbewegungen besonders leicht. Sie sind reif für den zweiten Schritt, die Wahl einer extremistischen Partei. Dies trifft der Massentheorie zufolge insbesondere dann zu, wenn eine Fortdauer oder ein Wiederaufflackern der gesellschaftlichen Krisenerscheinungen, wie sie z. B. die Verelendung breiter Bevölkerungskreise im Gefolge der Agrar- und der allgemeinen Weltwirtschaftskrise darstellten, den Boden für extremistische Strömungen bereiten.

Der Grad der Integration in die soziale und politische Struktur des Reiches sollte demnach die Wähler der NSDAP von den Wählern der anderen, demokratischen Parteien unterscheiden. Es sollte ihnen der massentheoretischen Hypothese zufolge sowohl die traditionelle Bindung an die etablierten Parteien fehlen als auch die (aktive) Mitgliedschaft in Organisationen, wie sie die Kirchen, Berufsverbände und Vereine darstellen. Insbesondere sollten sich die apathischen und politisch noch nicht festgelegten jüngeren Wähler der neuen Bewegung als erste anschließen, da sie allgemein sozial isolierter und politisch ungebundener seien als ältere und politisch interessiertere Menschen.

Von allen Massentheoretikern hat Bendix die prägnantesten und daher am leichtesten überprüfbaren Hypothesen über die verschiedenen Wählerwellen zum Nationalsozialismus entwickelt.[53] Er ist, in striktem Gegensatz zu Lipset, der ihn deswegen auch scharf kritisierte, der Auffassung, die NSDAP habe 1930 in erster Linie von der Mobilisierung der Jungwähler und bisherigen Nichtwähler und in zweiter Linie von der Radikalisierung ehemaliger Rechtswähler profitiert. Erst später, im Juli 1932, seien in nennenswerter Zahl Mittelschichtwähler zur NSDAP gestoßen. Die NSDAP-Wählerschaft von 1930 sei also schichtungsmäßig kaum identifizierbar gewesen: Die Extremisierung der atomisierten unpolitischen Massen und die Ideologisierung konservativer Randwähler sei sehr viel wichtiger gewesen als die üblichen sozialstrukturellen Bestimmungsgründe des Wahlverhaltens. Denn auch unter den ehemaligen Nichtwählern seien Mittelschichtangehörige wohl kaum überrepräsentiert gewesen, da Wahlbeteiligungsraten bekanntlich bildungsabhängig seien und Bildung wiederum klassenspezifisch verteilt sei. Unter den Nichtwählern von 1928 sollten daher die Mittelschichtenwähler unterrepräsentiert gewesen sein. Folglich entstammten die Neuwähler von 1930, die sich 1928 der Wahl enthalten hätten, vermutlich allen sozialen Lagern. Analog gebe es auch keinen Grund anzunehmen, daß die Jungwähler, die 1930 erstmals abgestimmt hätten, hauptsächlich aus der Mittelklasse kämen. Im Juli 1932 hätten einerseits die gleichen Einflüsse wie 1930 weitergewirkt, indem der NSDAP weitere zwei Millionen Neuwähler zugeströmt seien. Andererseits sei es der NSDAP nun auch gelungen, verstärkt Zulauf von Mittelschichtangehörigen zu gewinnen. Auch die nationalistischen Rechtsparteien hätten nochmals rund 1,5 Millionen Stimmen an die NSDAP abgeben müssen, deren Stimmengewinn von 7,3 Millionen durch den Zufluß aus diesen drei Quellen praktisch vollständig erklärt werden könne.

Bendix betrachtet also im Gegensatz zu Lipset den Zustrom von mittelständischen Wählern als ein sekundäres, erst 1932 einsetzendes Phänomen. Die sich nach 1930 noch verschärfende ökonomische Krise habe zu einer Lockerung der traditionellen Parteibindungen geführt. Durch den wirtschaftlichen Druck, der auf allen gelastet habe, seien ältere Interessenkonflikte zwischen den verschiedenen Bevölkerungsgruppen, die sich durch politische Zersplitterung in eine Reihe kleinerer Interessenparteien mit oft gegensätzlicher Ausrichtung geäußert hätten, kurzfristig überlagert worden. Das Verlangen nach Bewältigung der Krise habe so zu einer vorübergehenden Einebnung der Gegensätze und schließlich zur Wahl der NSDAP durch weite, sozial heterogene Bevölkerungskreise geführt. Überdies habe eine Art Mitläufereffekt und nicht zuletzt die Werbewirksamkeit der disziplinierten und effektiven nationalsozialistischen Parteiorganisation der NSDAP zusätzliche Wähler in die Arme getrieben. Die Wahlen vom November 1932 und vom März 1933 werden von der Massentheorie ähnlich wie von der Klassentheorie nur am Rande behandelt, wobei sich beide Positionen darüber einig zu sein scheinen, daß die NSDAP-Verluste vom November 1932 durch den Rückgang der Wahlbeteiligung, d. h. durch den Abfluß politisch uninteressierter ehemaliger Nichtwähler, und durch die Rückgewinnung früherer konservativer Wähler durch die DNVP zu erklären sei. Einig sind sich auch beide Deutungsversuche darüber, daß die neuerlichen Stimmengewinne der NSDAP von 1933 auf den enormen Anstieg der Wahlbeteiligung zurückzuführen seien.

Will man, analog zu der berühmten Formulierung Lipsets, zusammenfassend das Bild skizzieren, das sich die massentheoretische Position vom idealtypischen NSDAP-Wähler macht, so läßt sich dieser als radikalisierter ehemaliger Anhänger der DNVP bzw. als früherer Nichtwähler oder Jungwähler ohne besondere sozialstrukturelle Merkmale beschreiben. Sozial und politisch isoliert bildete er zusammen mit anderen marginal integrierten, sozial entfremdeten Individuen eine unpolitische, durch die Wirtschaftskrise mobilisierte „Masse", die gleichsam wehrlos zu einer geradezu zwangsläufigen Beute des Nationalsozialismus wurde. Ihre spezifische, die Bewegung jedoch keineswegs prägende mittelständische Färbung erhielt die nationalsozialistische Wählerschaft nach dieser Auffassung erst ab der Juliwahl 1932.

3.2.3. Die Theorie des „politischen Konfessionalismus"

Gleichsam wie eine Ergänzung beider Erklärungsversuche liest sich die zu Beginn der siebziger Jahre von dem amerikanischen Politikwissenschaftler Walter Dean Burnham entworfene „Ansteckungstheorie", in der er die unterschiedliche Resistenz der verschiedenen politischen Lager oder Blöcke gegenüber dem nationalsozialistischen „Virus" zu begründen versucht.[54] Ausgangspunkt hierfür ist die Beobachtung, daß die Weimarer Republik trotz aller politischen Umwälzungen und Verschiebungen auf der Wählerebene von einer eminenten Stabilität der für ihr Parteiensystem charakteristischen Wählerblöcke gekennzeichnet war. Selbst zu Zeiten des stürmischen, scheinbar unaufhaltsamen Aufstiegs der NSDAP von einer obskuren, nur von wenigen Beobachtern ernstgenommenen Splitterpartei zur mit Abstand stärksten Gruppierung des Reichstags im Jahre 1932 verschob sich das relative Gewicht der drei traditionellen, schon im Kaiserreich existierenden politischen Lager kaum. Lediglich im „Nichtwählerlager" waren etwas stärkere Ausschläge zu beobachten. Erst 1933 gelang es dem von Burnham als „bürgerlich-protestantisches Lager" apostrophierten Konglomerat aus liberalen, konservativen, regionalen und interessenpolitisch orientierten Parteien, ein relatives Übergewicht über die anderen Lager zu erringen. Die durchaus dramatischen Veränderungen des Parteiensystems – auf der Linken eine allmähliche Abwendung von der SPD und eine Hinwendung der Wähler zur KPD, auf der Rechten der Aufstieg der NSDAP bei gleichzeitigem Rückgang der liberalen, konservativen und partikularistisch orientierten Gruppierungen – beruht nach Ansicht Burnhams auf Binnenwanderungen innerhalb der politischen Lager. Ein Austausch zwischen den Blöcken dagegen fand seiner Ansicht nach so gut wie nicht statt.

Der bürgerlich-protestantische Block weist von allen politischen Lagern traditionell die größte Instabilität des Wählerverhaltens auf. Die Existenz mehrerer konkurrierender Parteialternativen innerhalb dieses Lagers führte nach Ansicht Burnhams zu insgesamt weniger tiefsitzenden Parteibindungen als im katholischen und sozialistischen Block, wobei die Unterschiede zwischen den Liberalen, den Konservativen und den Interessenparteien im Hinblick auf die Parteiloyalitäten ihrer Anhänger relativ gering gewesen seien.[55] Die NSDAP gewann ihre Wähler denn auch Burnham zufolge vor allem von den anderen Parteien des protestantisch-bürgerlichen Lagers; 1933 hätten schätzungsweise rund 80 Prozent der Wähler dieses Blocks für die NSDAP gestimmt.

Letztlich seien die Klassen- und Konfessionsgrenzen der Weimarer Republik hinderlicher für die Ausbreitung der NSDAP gewesen als die traditionellen ideologischen Grenzen zwischen der sozialistischen Linken, der liberalen Mitte und der konservativen Rechten. Burnham versucht dieses Phänomen mit Hilfe seines Konzeptes des „politischen Konfessionalismus" zu erklären. Die katholischen und sozialistischen Parteien machten diesem Konzept zufolge ihre Wähler zu loyalen Anhängern, indem sie ihnen ein umfassendes Weltbild zur Verfügung stellten, eine Weltanschauung, die durch Befolgung des „wahren Glaubens" eine breite Verhaltensorientierung ermöglichte. Sozial abgestützt wurde dies durch die Einbindung der Wähler in eine hochentwickelte, eng vernetzte Subkultur, in ein sozialistisches oder katholisches sozialökologisches Milieu mit eigenen Vereinen, Zeitungen, Gewerkschaften und Parteien, das neben den notwendigen Interpretationen der politischen Vorgänge auch permanente Bestätigung und Verstärkung der jeweiligen Weltanschauung geboten habe. Dadurch sei ein fortdauerndes Engagement des einzelnen Wählers gegenüber „seiner" Parteiorganisation und ihren Zielen erzeugt worden, woraus wiederum die hohe Stabilität des sozialistischen und katholischen Lagers selbst in Krisenzeiten und die ausgeprägte Widerstandsfähigkeit der Angehörigen der jeweiligen Subkultur gegenüber der nationalsozialistischen Ansteckung resultiert hätten.

Dagegen habe das protestantisch-bürgerliche Lager eher aus losen Vereinigungen bestanden, die weder eine umfassende Weltsicht mit entsprechender Verhaltenssteuerung noch ein abstützendes soziales Milieu zur Verfügung stellen konnten, durch das die Wähler gleichsam permanent mobilisiert und im Sinne des Parteizwecks motiviert worden seien. Geringerer sozialer Zusammenhalt, weniger ausgeprägte Parteibindung und damit geringere Verhaltensstabilität sowie schwächere Immunität gegenüber extremistischen Kräften seien die Folgen gewesen. Mit dem Konzept des politischen Konfessionalismus lassen sich nach Auffassung Burnhams nicht nur die politischen Verhaltensdifferenzen zwischen dem linken und dem katholischen Lager auf der einen und dem nicht-katholischen Bürgerblock auf der anderen Seite erklären, sondern auch die von hoher Instabilität der Parteien begleitete außergewöhnliche Stabilität der Wählerblöcke sowie endlich auch die weitgehende Widerstandsfähigkeit des linken und des katholischen Elektorats gegenüber der nationalsozialistischen „Ansteckung" bei gleichzeitigem extremem „Befall" der „politically unchurched middle classes", wie Burnham die Angehörigen des protestantisch-bürgerlichen Lagers auch nennt.

Mit dem klassentheoretischen Erklärungsansatz teilt die Theorie des „politischen Konfessionalismus" die Hervorhebung des mittelständischen, „bürgerlich-protestantischen" Charakters der NSDAP-Wählerschaft, mit der massentheoretischen Position die Betonung der immunisierenden Funktion soziokultureller, milieuvermittelter Bindungen und die Überzeugung, daß auch die DNVP durchaus in nennenswertem Maße Anhänger an die NSDAP abgeben mußte. Dagegen spielen Jungwähler und ehemalige Nichtwähler bei Burnham für die Nachzeichnung der Wählerbewegungen zur NSDAP keine so entscheidende Rolle wie in der klassen- und der massentheoretischen Erklärungsvariante. Gemeinsam ist allen drei Deutungsversuchen eine gewisse Schwäche in der empirisch-statistischen Absicherung ihrer Aussagen zur parteipolitischen Herkunft und zum sozialstrukturellen Hintergrund der NSDAP-Zuwanderer. Bevor wir uns einer genaueren Überprüfung dieser Aussagen in den Kapiteln 5 bis 7 zuwenden, wollen wir einen Blick auf die Erkenntnis-möglichkeiten und Grenzen der historischen Wahlforschung werfen.

4. Aussagemöglichkeiten und Grenzen der historischen Wahlforschung über die Weimarer Republik

4.1. Welche Informationen stehen dem Wahlhistoriker zur Verfügung?

Es ist nicht leicht zu entscheiden, welche der dargestellten Erklärungen (am ehesten) zutreffen und welche (eher) nicht, welche Rekonstruktionen der Wählerwanderungen richtig sind und welche falsch, welche Annahmen über die soziale Zusammensetzung der NSDAP-Wählerschaft und die Anfälligkeit der verschiedenen gesellschaftlichen Gruppen gegenüber dem Nationalsozialismus der Realität entsprechen und welche sie verzerren. Dies liegt in erster Linie daran, daß dem historischen Wahlforscher keine Informationen zur Verfügung stehen, „die auf der Ebene des einzelnen Wählers eine Zuordnung von Wahlentscheidungen ... und ‚erklärenden' Merkmalen (dazu zählen sowohl soziodemographische Angaben wie Einstellungen und Überzeugungen) zulassen".[56] Die für das Kaiserreich und die Weimarer Republik vorliegenden Informationen sind lediglich in Form sogenannter Aggregatdaten[57] zugänglich, d. h. als gebietsmäßig aufbereitete offizielle Statistiken. Informationen über das Wahlverhalten sind daher beispielsweise nur in Form von Wahlergebnissen verfügbar, die auf der Ebene bestimmter Gebietskörperschaften – z. B. Gemeinden, Land- und Stadtkreise oder höhere Verwaltungsgliederungen – ausgewiesen sind. Das gleiche gilt für das Wahlverhalten „erklärende" Merkmale, also Volkszählungsdaten, Wirtschaftsstatistiken etc. Sie werden vom historischen Wahlforscher mit den Wahldaten in Beziehung gesetzt, um beispielsweise Informationen über das Wahlverhalten der verschiedenen sozialen Gruppen zu erhalten.[58]

Da Wählen aber eine individuelle Handlung darstellt, was sich auch in den oben skizzierten Erklärungsversuchen niederschlägt, die alle auf der Ebene des einzelnen Wählers bzw. sozialer Gruppen argumentieren, klaffen Untersuchungs- und Aussageebene bei der Analyse des Weimarer Wählerverhaltens häufig auseinander. Schwerwiegende Fehlschlüsse können die Folge sein, wenn dieses Grundfaktum bei der statistischen Bearbeitung der verfügbaren Daten und der Interpretation der Ergebnisse nicht berücksichtigt wird.

Auch ist es wichtig, die Wirkung möglicher alternativer Erklärungs-faktoren wie z. B. der Konfessionsverteilung oder der Gemeindegröße in die Überlegungen mit einzubeziehen, wenn man etwa den Zusammen-hang zwischen Berufsstruktur und NSDAP-Stimmenanteil feststellen will. Dies jedoch ist, vor allem wenn es sich um die Kontrolle mehrerer verschiedener Einflußfaktoren handelt, nur möglich, falls geeignete stati-stische Verfahren, sogenannte multivariate Analysetechniken wie etwa die multiple Regressionsanalyse[59], eingesetzt werden. Diese Verfahren stehen seit geraumer Zeit zur Verfügung. In wahlhistorischen Untersu-chungen jedoch werden sie nur selten eingesetzt. So wenden von den rund fünfzig bis 1980 erschienenen empirischen Studien über die NSDAP-Wählerschaft nur ganze fünf oder sechs derartige Verfahren an. Auch sind sich längst nicht alle wahlhistorischen Analysen über die Weimarer Repu-blik der oben angesprochenen Fehlschlußproblematik bewußt.[60]

4.2. Typische Fehler wahlhistorischer Untersuchungen über den Nationalsozialismus

In Untersuchungen über die Wähler des Nationalsozialismus treten insbe-sondere drei für historische Wahlstudien typische Arten von Fehlern häufig auf: (a) der Fehler der naiven Disaggregation, (b) der Fehler der willkürlichen Selektion und (c) der Fehler der unvollständigen Modellspe-zifikation. Derartige Fehler führen nicht selten zu recht „blauäugigen" Deutungen und gelegentlich auch krassen Fehlinterpretationen der ermit-telten wahlhistorischen Befunde.[61]

(a) Der Fehler der naiven Disaggregation rührt aus der Tatsache her, daß in Deutschland vor 1945 keine repräsentativen Meinungsumfragen durch-geführt worden sind, die es erlauben würden, Informationen über die soziale Zusammensetzung oder die parteipolitische Herkunft von NSDAP-Wählern direkt, d. h. auf der Ebene des einzelnen Wählers, zu erheben. Vielmehr stehen uns nur Daten über das Abschneiden der einzelnen Parteien und über sozialstatistische Merkmale in bestimmten, geographisch definierten Erhebungseinheiten wie zum Beispiel den Land-kreisen und kreisfreien Städten zur Verfügung, die erwähnten Aggregat-daten. Wir sind deshalb gezwungen, die uns interessierenden Merkmal-zusammenhänge auf der Individuenebene, zum Beispiel die Wahrschein-lichkeit, daß Arbeitslose der NSDAP ihre Stimme gaben, aus den verfüg-baren Informationen über die Gebietseinheiten zu schätzen, wenn wir uns nicht mit der Untersuchung von einzelnen Gemeinden oder Aussagen, die sich auf Aggregatbeziehungen beschränken, begnügen wollen.[62] Aus

diesem Grunde lassen sich streng genommen keine völlig zweifelsfreien Angaben darüber machen, wie etwa evangelische Selbständige auf dem Land oder in Mittelstädten abgestimmt haben, ein Ergebnis, das uns die moderne Umfrageforschung ohne große Umstände liefern könnte. Was die historische Wahlanalyse zunächst einmal zu geben vermag, sind Auskünfte über das Wahlverhalten in Gemeinden mit einem hohen Anteil an protestantischen Selbständigen an der Wohnbevölkerung etc. Dies ist jedoch nicht identisch mit dem Abstimmungsverhalten von Personen, die evangelisch und selbständig sind. Denn stellt man beispielsweise fest, daß bei der Reichstagswahl 1930 die NSDAP in derartigen Gemeinden sehr viel besser abgeschnitten hat als in Gemeinden mit einem niedrigen Prozentsatz von evangelischen Selbständigen, so könnten rein rechnerisch gesehen ebensogut die NSDAP-Stimmen in diesen Gemeinden auch von Angestellten und Beamten oder von Arbeitern gekommen sein. Ohne zusätzliche Informationen oder weiterreichende statistische Annahmen ist diese Frage nicht zu entscheiden. Das gleiche gilt für die Rekonstruktion von Wählerwanderungen. Die Tatsache, daß die NSDAP bei der Juliwahl 1932 dort besonders hohe Stimmengewinne erzielen konnte, wo die bürgerlichen Mittelparteien gegenüber 1930 besonders hohe Verluste hinnehmen mußten, erlaubt in einem Vielparteiensystem nur dann den Schluß, daß es vor allem die bürgerlichen Wähler waren, die 1932 zum Nationalsozialismus überliefen, wenn wiederum ganz bestimmte, anhand der verfügbaren Informationen nicht immer vollständig überprüfbare statistische Annahmen erfüllt sind. Ich werde weiter unten im Kapitel über die Wählerwanderungen (vgl. Kap. 5) näher darauf eingehen.

Der Fehler der naiven Disaggregation besteht darin, derartige Zusammenhänge zwischen politischen und sozialstatistischen Merkmalen, die auf der Ebene von Gebietseinheiten festgestellt werden, so zu interpretieren, als spiegelten sie notwendigerweise und ohne Verzerrung Zusammenhänge der Individualebene wider. Dies darf aber, wie gezeigt, nicht als selbstverständlich vorausgesetzt werden. Es können daraus folgenschwere Fehlschlüsse resultieren.[63] Dennoch wimmelt die wahlhistorische Literatur über die Weimarer Republik geradezu von Beispielen einer derartigen „naiven Disaggregation" und damit auch von teilweise gravierenden inhaltlichen Fehlschlüssen.[64]

Daß zwischen der statistischen Beziehung zwischen zwei Merkmalen auf der Individuen- und auf der Aggregatebene nicht nur erhebliche Größenordnungsunterschiede, sondern sogar Vorzeichendifferenzen bestehen können, hat eine Untersuchung über den Zusammenhang von Analphabetismus und Hautfarbe bzw. Einwandererstatus in den Vereinigten Staaten aus dem Jahre 1950 nachgewiesen. Es kann dabei als eine gut belegte Tatsache angesehen werden, daß die auf der Gebietsebene gemessenen Zusammenhänge im allgemeinen sehr viel größer sind als die entsprechenden individuellen Zusammenhänge. Weiter hat sich gezeigt, daß der Korrelationskoeffizient, mit dem diese Zusammenhänge gemessen wurden, in der Regel mit der Größe der verwendeten Gebietseinheiten wächst.[65] Aus diesem Grunde besteht eine der goldenen Regeln der historischen Wahlforschung darin, mit möglichst kleinen Untersuchungseinheiten zu arbeiten. In einer anderen Studie über die USA wurde gezeigt, daß „Korrelationen auf der County-Ebene nicht unbedingt parallel zu Korrelationen auf der Einzelstaaten-Ebene verlaufen".[66] Derartige Resultate legen den Schluß nahe, daß ohne zusätzliche statistische Analyse oder unterstützende empirische Erkenntnisse Korrelationen auf Gebietsebene, man spricht auch von ökologischen Korrelationen, als Ersatz für Individualkorrelationen nicht zu trauen ist. Der Kölner Soziologe Erwin K. Scheuch kommt aus diesen Gründen zu dem Schluß, eine Anzahl klassischer Untersuchungen habe sich eines solchen ökologischen Fehlschlusses schuldig gemacht; ihre Resultate müßten daher möglicherweise großenteils aufgegeben werden.[67] Dies gilt nebenbei gesagt auch für eine ganze Reihe von wahlhistorischen Untersuchungen über den Nationalsozialismus, wie ich an anderer Stelle zu zeigen versucht habe.[68]

Obwohl es statistische Verfahren gibt, mit deren Hilfe diese Art von Fehlschlüssen wenigstens teilweise in den Griff zu bekommen ist, bedienen sich nur wenige wahlhistorische Untersuchungen solcher Methoden. Ich werde in den nachfolgenden Kapiteln die jeweiligen Verfahren erläutern, ohne jedoch in eine Diskussion ihrer statistischen Grundlagen und Feinheiten eintreten zu können. Hierüber liegt eine Reihe sehr klarer und ausführlicher Veröffentlichungen sowohl im politologischen und soziologischen als auch im historischen Schrifttum vor, auf die der an Einzelheiten interessierte Leser zurückgreifen kann.[69]

(b) Der Fehler der „willkürlichen Selektion" tritt in zwei Formen auf: Er besteht entweder in der häufig anzutreffenden Praxis, Hypothesen über zurückliegendes Wählerverhalten, etwa über die immer wieder in der Literatur unterstellte Affinität von Arbeitslosen zur NSDAP, nicht anhand aller oder zumindest einer repräsentativen Auswahl von Erhebungseinheiten (Kreisen, Gemeinden etc.) zu überprüfen, sondern ihre Haltbarkeit anhand willkürlich herausgegriffener, oft extremer Beispiele zu illustrieren.[70] Oder er besteht darin, derartige Aussagen anhand von ausgewählten Kreisen oder Gemeinden überhaupt erst zu gewinnen, was natürlich völlig legitim ist, um dann aber die ermittelten Ergebnisse ohne zusätzliche empirische Untersuchung anderer Erhebungseinheiten zu verallgemeinern. Diese in der wahlhistorischen Literatur über den National-

sozialismus öfter praktizierte Verfahrensweise[71] kann jedoch bestenfalls explorativen, der Hypothesenfindung gewidmeten Zwecken dienen oder zur Untermalung der unterstellten Zusammenhänge beitragen. Ob die zugrundegelegten Hypothesen zutreffen, läßt sich mittels willkürlicher Selektion der Untersuchungseinheiten allein jedenfalls nicht entscheiden.

Methodisch ist das Verfahren der „willkürlichen Selektion" äußerst problematisch. Der Forscher greift aus der Gesamtheit aller Erhebungseinheiten einige als typisch empfundene oder besonders gut dokumentierte Fälle heraus, von denen aus er dann auf die übrigen, unberücksichtigt gebliebenen Erhebungseinheiten schließt.[72] Oft stellen die herausgegriffenen Einheiten Extremfälle des abhängigen Merkmals, also des Wahlverhaltens, oder, häufiger, eines unabhängigen Merkmals, also etwa der Berufs- oder Konfessionsstruktur, dar. So werden in wahlgeschichtlichen Untersuchungen häufig Gemeinden mit besonders hohem und besonders niedrigem Arbeiter- oder Arbeitslosenanteil in Hinsicht auf die NSDAP-Erfolge miteinander verglichen und die auf diesem Wege gewonnenen Erkenntnisse dann auf die übrigen, sozial weniger homogenen, zwischen den Extremen liegenden Untersuchungseinheiten verallgemeinert. Dieses Verfahren ist aus mehreren Gründen nicht unproblematisch: So wird nur selten geprüft, ob die herausgegriffenen Einheiten für das jeweilige Auswahlkriterium (im vorliegenden Falle: Arbeiter- oder Arbeitslosenanteil) repräsentativ sind oder ob es sich um statistische Ausreißer handelt, die als Basis von Verallgemeinerungen natürlich ungeeignet sind. Weiter wird im Falle des Schlusses von diesen Einzelbeispielen auf die Gesamtheit aller Erhebungseinheiten stillschweigend ein linearer Zusammenhang zwischen dem Arbeiter- bzw. Arbeitslosenanteil und den Wahlerfolgen der NSDAP unterstellt, obwohl oft genug nicht-lineare Zusammenhänge vorliegen.[73] Auch werden mögliche alternative Erklärungsmerkmale wie die Konfession oder zusätzlich wirksame Einflüsse wie die Gemeindegröße und die Bevölkerungsdichte fast nie bei dieser Art der Analyse berücksichtigt. Dies kann zu verzerrten Ergebnissen führen, denn es ist ja durchaus vorstellbar, daß beispielsweise katholische Bauern eine unterdurchschnittliche, evangelische Bauern dagegen eine überdurchschnittliche Affinität zur NSDAP aufwiesen oder daß Arbeiter in größeren Städten gegenüber dem Nationalsozialismus weitgehend resistent waren, während Arbeiter auf dem Lande und in kleinen Gemeinden stärker NSDAP wählten. Schließlich werden statistische Zusammenhänge durch den Extremgruppenvergleich nur sehr grob geschätzt. Ein geeignetes numerisches, quantitative Vergleiche erlaubendes Zusammenhangsmaß zwischen der abhängigen und der unabhängigen Variablen läßt sich auf diese Weise nicht bestimmen.

Ohne zusätzliche Informationen, die nur mittels einer systematischen statistischen Analyse gewonnen werden können, liefert das Verfahren der „willkürlichen Selektion" daher bestenfalls Hinweise auf bestehende Zusammenhänge, jedoch keine wissenschaftlich akzeptablen Belege. Insofern bedeutet der Verzicht auf eine Totalerhebung oder zumindest eine repräsentative, mit den Mitteln der Zufallsziehung gewonnene Auswahl der Gebietseinheiten und auf die Verwendung adäquater statistischer Verfahren wie etwa der Korrelations- oder der Regressionsanalyse eine Preisgabe von Erkenntnismöglichkeiten.[74] Wegen der Eigenart der verfügbaren Daten – es sei noch einmal daran erinnert, daß wir es in der historischen Wahlforschung meist mit Aggregat- und nicht mit Individualdaten zu tun haben – stellt allerdings die Verwendung solcher statistischer Verfahren und die Einbeziehung aller für die jeweilige Fragestellung relevanten Gebietseinheiten lediglich eine notwendige, nicht jedoch eine hinreichende Bedingung für die theoretische Fruchtbarkeit empirisch fundierter historischer Wahlanalysen dar.

(c) Der Fehler der unvollständigen Modellspezifikation entsteht dadurch, daß man wichtige Erklärungsfaktoren in seiner Untersuchung unberücksichtigt läßt. Dies ist so gut wie immer der Fall, wenn man seine Analyse auf den Zusammenhang von jeweils nur zwei Merkmalen beschränkt; man spricht hier von „bivariaten" Beziehungen. „In heutigen Arbeiten noch derartige ‚Analysen‘ zu präsentieren, ist nur unter dem Gesichtspunkt gerechtfertigt, direkte Vergleiche mit der älteren Literatur zu ermöglichen..."[75] Denn mit den Erhebungseinheiten des historischen Wahlforschers verhält es sich wie mit jedem einzelnen Wähler: Sie sind niemals nur (überwiegend) katholisch oder evangelisch, agrarisch oder industriell, konservativ oder liberal, sondern vielmehr evangelisch und ländlich und konservativ oder evangelisch und städtisch und liberal etc. Derartige Überlagerungen von Einflußfaktoren, die den Wahlerfolg bestimmter Parteien verstärken, abschwächen oder verhindern können, sollten wo immer möglich mit Hilfe angemessener statistischer Auswertungsverfahren, etwa der erwähnten multiplen Regressionsanalysen, untersucht werden.

Der Verzicht auf Untersuchungsstrategien, die gleichzeitig mehrere Erklärungsfaktoren berücksichtigen (man spricht hier von „multivariaten" Verfahren), vergrößert nämlich die Wahrscheinlichkeit, daß ökologische Fehlschlüsse auftreten und steigert gleichzeitig die Gefahr kausaler Fehlinterpretationen. Das Risiko ökologischer Fehlschlüsse wächst wie gezeigt durch die fehlende oder zumindest unvollständige statistische Kontrolle potentieller Störfaktoren, das sind Merkmale, die statistisch sowohl mit der Wahl der NSDAP als auch mit dem jeweils betrachteten unabhängigen Merkmal zusammenhängen; die Gefahr kausaler Fehlinterpretationen dagegen resultiert aus der Nichtberücksichtigung theoretisch fruchtbarer, d. h. für die NSDAP-Wahl erklärungsrelevanter Faktoren, was zu einer verzerrten Einschätzung der Erklärungsleistung der vom Modell berücksichtigten Merkmale führen kann.

Ersteres ist etwa bei dem erwähnten Beispiel einer hohen positiven (bzw. negativen) Korrelation auf Gebietsebene zwischen dem Anteil der Schwarzen (bzw. Immigranten) und dem Prozentsatz der Analphabeten der Fall. Nachdem weitere unabhängige Merkmale, insbesondere die Einschulungsquote, in das Erklärungsmodell aufgenommen wurden, entsprachen sich plötzlich die Zusammenhangsmaße der Aggregat- und der Individualebene viel besser, während sie vorher erheblich auseinanderklafften und im Falle der Einwanderer sogar ein unterschiedliches Vorzeichen aufwiesen. Dies ist darauf zurückzuführen, daß im Jahre 1930, auf das sich Robinsons Daten beziehen, die amerikanischen Schwarzen vor allem in Staaten wohnten, in denen der Schulbesuch von Schwarzen und Weißen traditionell niedrig lag, während die Immigranten sich bevorzugt im Nordosten und Norden der Vereinigten Staaten niederließen, wo der Schulbesuch aller Bevölkerungsgruppen relativ hoch war. Dadurch wurde in der einfachen Korrelation mit nur zwei Merkmalen der kombinierte Einfluß gemessen, den der Analphabetismus der beiden Minderheiten einerseits und die Qualität des Schulsystems andererseits auf die Analphabetismusrate der untersuchten Einzelstaaten ausübten.[76]

Letzteres läßt sich am Beispiel der Sozialvariablen „Anteil der Industriearbeiter" und „Gemeindegröße" illustrieren: je höher der Industriearbeiteranteil (bzw. je größer die Gemeinde), desto niedriger im Durchschnitt der NSDAP-Anteil; je größer aber die Gemeinde, desto höher meist auch der Anteil der Industriearbeiter. Der festgestellte negative Zusammenhang zwischen NSDAP und Gemeindegröße könnte daher durchaus eine sogenannte Scheinkorrelation[77] repräsentieren, die dann verschwindet, wenn man den möglicherweise dafür ursächlichen Arbeiteranteil statistisch kontrolliert. Falls diese Annahme zutrifft, sollte das aufgedeckt werden, wenn man die NSDAP-Wahlerfolge in großen Gemeinden mit hohem und niedrigem Arbeiteranteil miteinander vergleicht. In den großen Gemeinden mit hohem Arbeiteranteil sollte die NSDAP unterdurchschnittlich abschneiden, in großen Gemeinden mit einem niedrigen Arbeiteranteil dagegen sollte dies nicht der Fall sein. Werden derartige Drittvariablen nicht berücksichtigt, läuft man Gefahr, der Gemeindegröße einen kausalen Einfluß auf die NSDAP-Wahlerfolge zuzuschreiben, den sie eventuell gar nicht selbst ausübt, sondern der nur durch die Korrelation von Arbeiteranteil und Gemeindegröße zustandekommt.

4.3. Methodische Anforderungen an historische Wahluntersuchungen

Aus dem bisher Gesagten lassen sich einige methodische Gütekriterien ableiten, denen Untersuchungen über die Wählerschaft des Nationalsozialismus genügen müssen, um haltbare, d. h. empirisch abgesicherte, von anderen nachvollziehbare, mit erfahrungswissenschaftlichen Mitteln kritisierbare Ergebnisse zu erzielen. Dabei sollte man sich allerdings darüber im klaren sein, daß die Einhaltung derartiger Kriterien zwar eine notwendige, jedoch keineswegs eine hinreichende Bedingung für einen Erkenntnisfortschritt auf dem Gebiet der Erforschung der Wähler des Nationalsozialismus darstellt.[78] Neben methodischer Strenge ist stets auch historische Sensibilität und theoretische Phantasie gefragt, um den Nebel der Vermutungen und allzuhäufig unbewiesenen, nichtsdestoweniger aber mit Entschiedenheit vertretenen Überzeugungen über die Zusammensetzung der NSDAP-Wähler zu lichten.

1. Aggregat- und Individualkorrelationen pflegen, wie wir gesehen haben, umso weiter auseinanderzuklaffen, je größer die verwendeten Gebietseinheiten sind. Dabei gilt tendenziell, daß die Korrelationskoeffizienten desto höher ausfallen, je größer die Erhebungseinheiten sind.[79] Das bedeutet, daß die Verwendung kleiner Gebietseinheiten im allgemeinen genauere Rekonstruktionen von Individualbeziehungen erlaubt. Daher sollen in dieser Arbeit jeweils die kleinstmöglichen Erhebungseinheiten als Basis der Analyse dienen. Das sind bei einigen Fragestellungen, insbesondere der Untersuchung der Wählerwanderungen, die Gemeinden, bei der Mehrzahl der Fragestellungen sind es die Stadt- und Landkreise, wieder bei anderen die größeren Städte des Reichs. Daß nicht ausschließlich auf Gemeinden zurückgegriffen wird, liegt zum einen an der Tatsache, daß von der offiziellen Statistik für die beiden historisch besonders bedeutsamen Reichstagswahlen von 1932 und die Reichspräsidentenwahlen von 1925 und 1932 keine Gemeindeergebnisse ausgewiesen worden sind, zum anderen, daß reichsweit auf Gemeindeebene nur relativ wenige erklärungsrelevante Merkmale zur Verfügung stehen. Dagegen existiert für die Stadt- und Landkreise und stärker noch für die größeren Städte des Reiches eine Vielzahl von offiziellen Angaben, z. B. zur Berufsstruktur, Arbeitslosigkeit und Einkommensverteilung.

2. Der notwendige Rückgriff auf territorial definierte Erhebungseinheiten bringt eine Reihe von Problemen mit sich, die häufig nicht zur Kenntnis genommen oder zumindest nicht hinreichend gelöst werden. So sind die Untersuchungseinheiten unterschiedlich groß. Auf Gemeinde-

ebene schwankt die Zahl der Einwohner zwischen weniger als 2000 und mehr als einer Million. Auf der Kreisebene treten ähnliche Diskrepanzen auf. So weist die kleinste Kreiseinheit, der Stadtkreis Rodach bei Coburg in Oberfranken, bei der Reichstagswahl 1930 gerade 1820 Wahlberechtigte auf, während die größte Kreiseinheit, Hamburg, damals rund 855000 Wahlberechtigte hatte. Um nicht den zahlreichen kleinen, im allgemeinen ländlichen Erhebungseinheiten ein Übergewicht gegenüber den zwar weniger zahlreichen, dafür aber einwohnerstarken, dicht besiedelten Kreiseinheiten zu geben, ist es notwendig, die einzelnen Fälle mit der Zahl ihrer Wahlberechtigten oder der Einwohnerzahl zu gewichten.[80] Im gesamten Schrifttum über die Wähler des Nationalsozialismus ist mir jedoch neben den von mir und meinen Mitarbeitern durchgeführten Analysen nur eine einzige weitere Untersuchung bekannt, die entsprechende Gewichtungen durchführt.[81] Der Verzicht auf die Gewichtung unterschiedlich großer Erhebungseinheiten ist dort nicht problematisch, wo hinsichtlich der betrachteten Merkmale kein Unterschied zwischen eher ländlichen und eher städtischen Regionen besteht. Da aber, wie wir sehen werden, gerade die NSDAP-Wahlerfolge (und in noch stärkerem Maße die KPD-Anteile) mit der Einwohnerzahl und der Bevölkerungsdichte schwanken, ist die Gefahr, verzerrte Zusammenhänge zu ermitteln, hier besonders groß.

3. Ein weiteres gravierendes, meist gar nicht erkanntes und von nur wenigen Untersuchungen überhaupt angegangenes Problem historischer Wahlanalysen über die Weimarer Republik[82] stellen die mannigfachen Gebietsreformen dar, die sowohl auf der Gemeinde- als auch auf der Kreisebene praktisch ununterbrochen durchgeführt worden sind: Kleine Ortschaften wurden von größeren eingemeindet, neue Gemeinden wurden durch Zusammenlegung mehrerer Orte gebildet, Stadtkreise verloren ihre verwaltungsmäßige Unabhängigkeit und gingen in Landkreisen auf, alte Landkreise wurden zerstückelt und verschwanden von der Landkarte, neue Land- und Stadtkreise entstanden, Wahlkreisgrenzen wurden verschoben, ganze Stadtviertel umgemeindet usw. Um Vergleiche über die Zeit anstellen und Wahlresultate mit Volks- und Betriebszählungsergebnissen zusammenbringen zu können, die zu unterschiedlichen Zeitpunkten erhoben wurden, müssen Erhebungseinheiten geschaffen werden, die über die Zeit hinweg stabil sind. Die Basis der vorliegenden Untersuchung bilden daher auf der Kreisebene nicht die tatsächlichen (am Anfang der Weimarer Republik rund 1250, am Ende nur noch rund 1000) Stadt- und Landkreise des Deutschen Reiches, sondern 831 (bzw., je nach verwendetem Datensatz, 865) über die Zeit stabile Kreiseinheiten, die durch Zusammenlegung der am stärksten von den Gebietsreformen

betroffenen Stadt- und Landkreise gebildet wurden. Diese 831 (bzw. 865) Kreiseinheiten decken das gesamte Gebiet des Deutschen Reiches in den Grenzen von 1933 ab. Einem analogen Verfahren wurden die Ortschaften unseres Gemeindedatensatzes unterzogen, wobei hier jedoch die Gebietskonstanz sich jeweils nur auf benachbarte Wahlpaare bezieht, um nicht mit allzu großen Erhebungseinheiten arbeiten zu müssen, wodurch wieder ein Stück des Vorteils, viele kleinere Untersuchungsgemeinden zur Verfügung zu haben, verloren gehen würde.

4. Zusätzlich erschwert wird die historische Wahlanalyse über die Weimarer Republik, weil eine Reihe von historisch äußerst bedeutsamen Informationen von der offiziellen Statistik weder für Kreise noch für Gemeinden, sondern lediglich für eigenständige Verwaltungsgliederungen, die sich territorial nur teilweise mit den Gemeinden oder Kreisen decken, ausgewiesen ist. Dies gilt beispielsweise für die Arbeitslosenziffern, die in zeitlich aufgefächerter Form allein für die größeren Gemeinden und flächendeckend für die Zeit vor 1933 lediglich für die rund 350 Arbeitsamtsbezirke des Reiches vorliegen. Nicht viel anders verhält es sich mit den Angaben zur Verschuldung der Landwirtschaft, mit einer Reihe von Steuer- und Einkommensdaten und der Statistik der landwirtschaftlichen Einheitswerte, die vom Statistischen Reichsamt für bestimmte Jahre nur auf Finanzamtsebene ausgewiesen worden sind. Die theoretisch nicht minder interessante (katholische) Kirchgangsstatistik schließlich liegt ausschließlich für die Dekanate vor. Um mit diesen Informationen arbeiten zu können ist es notwendig, durch Zusammenlegung oder Aufteilung der einzelnen Arbeitsamts- und Finanzamtsbezirke die entsprechenden Verwaltungseinheiten an die Kreiseinheiten gebietsmäßig so anzupassen, daß die unvermeidlich dabei entstehenden Fehler (Überschneidungen) auf ein Minimum beschränkt werden.[83] Meines Wissens ist in dem dieser Untersuchung zugrundeliegenden Forschungsprojekt erstmals eine derartige Anpassung vorgenommen worden. Vorher standen diese Daten der historischen Wahlforschung nicht oder nur auf einer sehr hohen, für Analysezwecke nur wenig geeigneten Aggregationsebene (etwa der 13 Landesarbeitsamtsbezirke des Reiches) zur Verfügung.

5. Erhebliche Unterschiede treten in der wahlhistorischen Literatur hinsichtlich der Operationalisierung der abhängigen Variablen, im vorliegenden Falle also des Anteils und der Veränderung der NSDAP-Stimmen, auf. Generell empfiehlt es sich, nicht mit Absolutzahlen, sondern mit Anteilswerten zu rechnen.[84] Die günstigste Prozentuierungsbasis bilden die Wahlberechtigten. Zwar arbeiten immer noch viele Autoren mit Anteilswerten, die auf der Basis der abgegebenen gültigen Stimmen

berechnet werden. Dies ist jedoch aus zwei Gründen ungeschickt: einerseits weil damit die „Partei der Nichtwähler" (Würzburger) oder, anders ausgedrückt, die von Abstimmung zu Abstimmung unterschiedliche Wahlbeteiligung nicht erfaßt wird[85]; andererseits weil – nicht minder wichtig – in einem solchen Falle die Erklärung des Wahlverhaltens durch Sozialstrukturmerkmale zu verzerrten Schätzwerten führen kann. Letzteres wäre nur dann nicht der Fall, wenn alle sozialen Gruppen die gleiche Wahlbeteiligung aufwiesen, was erfahrungsgemäß weder in der Weimarer Republik noch in der Bundesrepublik der Fall ist.

6. Was für die abhängige Variable gilt, trifft auch für die unabhängigen Variablen, d. h. die konjunkturellen und sozialstrukturellen Erklärungsmerkmale zu. Erstaunlich ist, daß die vorliegenden Untersuchungen auf eine theoretische Reflexion über das Problem der geeigneten Merkmalsdefinition verzichten. Nirgendwo wird auch nur ansatzweise ausgeführt, warum für ein gegebenes Erklärungsmerkmal eine bestimmte Prozentuierungsbasis gewählt wurde und aus welchen Gründen abweichende Variablendefinitionen unberücksichtigt blieben. Dieses Problem ist viel schwerwiegender, als den meisten bewußt sein dürfte, da sich gravierende Differenzen bis ins Vorzeichen der ermittelten Beziehungen hinein ergeben können, sobald man eine gegebene Merkmalsdefinition auch nur geringfügig variiert. Derartige Variationen bedeuten substantielle Veränderungen der Untersuchungsmerkmale. Da es sich um Anteilsvariablen handelt, können sie sich sowohl auf den Zähler als auch auf den Nenner beziehen. Generell lassen sich folgende Regeln aufstellen: (a) Es erscheint wenig sinnvoll, einen Nenner zu wählen, der kleiner werden kann als der Zähler, wie man es beispielsweise bei bestimmten Definitionen der Arbeitslosigkeit findet. Letzterer sollte möglichst in ersterem mitenthalten sein, da sonst schwer interpretierbare Werte resultieren können.[86] (b) Zielt man auf Aussagen über das Wahlverhalten von Individuen oder sozialen Gruppen (im Gegensatz zu Gebietseinheiten), sollten die Bezugsbasen von abhängigen und unabhängigen Variablen, im vorliegenden Fall also beispielsweise von NSDAP-Stimmen und Arbeitslosenanteil, entweder identisch sein oder möglichst nahe beieinander liegen. Daraus läßt sich die Forderung ableiten, daß abhängige und unabhängige Variablen sich, wenn immer möglich, auf die Wahlberechtigten der jeweiligen Gebietseinheit beziehen sollten.[87] (c) Nur wo es um eine bestmögliche Vorhersage von Wahlergebnissen bzw. um Hypothesen über Zusammenhänge geht, die sich ausschließlich auf die Gebietsebene erstrecken, können unbedenklich auch stark voneinander abweichende Bezugsbasen gewählt werden. Beim Vergleich wahlhistorischer Ergebnisse sollte der Leser daher stets darauf achten, ob er wirklich Vergleichbares miteinander

vergleicht. Manches scheinbar abweichende Forschungsergebnis stellt in Wirklichkeit das Resultat unterschiedlicher Bezugsbasen der unabhängigen Merkmale dar.

7. Wie oben ausgeführt sollte die Analyse der Daten mit Hilfe statistischer Erklärungsmodelle erfolgen, die zugleich mehrere Einflußfaktoren in Rechnung stellen, um der Komplexität der sozialen Wirklichkeit zu genügen und die statistischen Grundlagen für eine kausale Argumentation zu geben. Hierbei sollte im Sinne einer zureichenden Modellspezifikation auch der möglichen Überlagerung und Beeinflussung von Merkmalen durch andere Merkmale Rechnung getragen werden. So interagieren beispielsweise, wie wir im Verlaufe der Analyse noch sehen werden, Konfession und Gemeindegröße als Einflußfaktoren der Wahlentscheidung zugunsten der NSDAP in bemerkenswerter Weise, verhalten sich Arbeiter, die in einem städtisch-industriellen Kontext leben, tendenziell anders gegenüber NSDAP, SPD und KPD als Arbeiter in Dörfern oder Kleinstädten, unterscheiden sich erwerbslose Arbeiter und erwerbslose Angestellte signifikant[88] in ihrer Anfälligkeit gegenüber dem Nationalsozialismus. Zur Erfüllung dieser Forderungen soll sowohl auf die Ergebnisse multipler Regressionsanalysen als auch anderer komplexer, kausalanalytisch orientierter statistischer Auswertungsverfahren zurückgegriffen werden.

Da sich dieses Buch aber nicht primär an den methodisch „ausgefuchsten" Wahlanalytiker, sondern an ein breiteres, historisch interessiertes Publikum wendet, soll die Darstellung der Ergebnisse in einer Form erfolgen, die auch dem mit komplexen Auswertungsverfahren unvertrauten Leser den Nachvollzug der Ergebnisse gestattet. Zu diesem Zwecke enthalten die Tabellen im Textteil statt Korrelations-, Regressions- und Pfadkoeffizienten überwiegend Prozentverteilungen in tabellarischer oder grafischer Aufbereitung, die sich dem Nichtstatistiker erfahrungsgemäß leichter erschließen als Betas, Faktorladungen oder Kovarianzmaße.[89] Ferner sollen, auch dies im Sinne einer möglichst umfassenden Nachvollziehbarkeit der vorgestellten Untersuchungsergebnisse, die einzelnen Fragestellungen jeweils vom Einfachen zum Komplexen voranschreitend abgehandelt werden, so daß immer zuerst zweiseitige, „bivariate" Zusammenhänge geschildert werden, von denen aus dann der Leser durch die Einführung dritter und weiterer Erklärungsfaktoren auch zur Betrachtung komplexerer Merkmalsüberlagerungen geführt werden soll.

Um dieses methodische Einleitungskapitel abzuschließen: Ziel der ganzen Studie ist es, möglichst genau und umfassend die parteipolitische Herkunft, die soziale Basis und die wirtschaftliche Lage der NSDAP-Wähler zwischen 1924 und 1933 zu ermitteln, um auf diese Weise Material zur Einschätzung der Leistungsfähigkeit der drei im vorangegangenen Kapitel dargestellten Erklärungsmodelle des nationalsozialistischen Wählerverhaltens zu erhalten und, in Kapitel 9, alternative Erklärungen zu testen. Die Zielsetzung der Untersuchung ist folglich zunächst einmal primär beschreibender Natur, was einen notwendigen Zwischenschritt auf dem mühsamen Weg der Erarbeitung theoretischen Wissens, also besserer, d. h. plausiblerer, statistisch hinreichend belegter Erklärungen für die nationalsozialistischen Wahlerfolge darstellt. Zunächst wollen wir uns auf diesem steinigen Wege zu einem besseren Verständnis der sturzflutartigen Stimmengewinne der NSDAP der schwierigen Frage nach der parteipolitischen Herkunft der NSDAP-Wähler zuwenden.

5. Wählerwanderungen zur NSDAP 1924–1933

5.1. Zeitgenössische Rekonstruktionsversuche: Woher kamen die Wähler der NSDAP?

Neben den im zweiten Kapitel skizzierten, je nach dem politischen Standort der Interpreten erstaunt, erschrocken oder triumphal ausfallenden Reaktionen der Zeitgenossen auf die Wahlerfolge der Nationalsozialisten wurden in der politischen und wissenschaftlichen Publizistik der ausgehenden Weimarer Republik die unterschiedlichsten Erklärungsversuche für dieses auch heute nur schwer begreifliche Phänomen angeboten. Welche Wählergruppen für den jähen Aufstieg der NSDAP verantwortlich gemacht wurden, hing dabei nicht nur von den sichtbaren Veränderungen der anderen Parteien, sondern auch vom politischen oder weltanschaulichen Standort des jeweiligen Beobachters ab. Auffällig ist, daß die meisten Zeitungskommentatoren dazu tendierten, die Veränderungen der Parteianteile auf Reichsebene mit den tatsächlichen Wählerbewegungen, die ja fast immer aus einem Geben und Nehmen bestehen, gleichzusetzen.

5.1.1. Vermutungen und Hypothesen über die Wechselwähler zur NSDAP

Woher die Wähler der NSDAP kamen, war schon früh Gegenstand zahlreicher, teilweise sehr widersprüchlicher Vermutungen. Allerdings finden sich nach der Maiwahl 1924, als die Nationalsozialisten in Verbindung mit der Deutsch-Völkischen Freiheitspartei (DFVP) quasi aus dem Stand fast zwei Millionen Stimmen gewinnen konnten, weder im VORWÄRTS noch in der VOSSISCHEN ZEITUNG oder im KPD-Organ DIE ROTE FAHNE Ausführungen darüber, wo die Wähler dieses Parteienbündnisses hergekommen sein könnten. Möglicherweise liegt das daran, daß bei dieser Wahl auch die diversen Mittelschichtgruppen über eine Million Stimmen hinzugewinnen konnten, während die drei Linksparteien gegenüber 1920 rund 1,8 Millionen Wähler verloren (vgl. Tabelle 5.1).

Dagegen sind sich VORWÄRTS und VOSSISCHE ZEITUNG bei der Interpretation des Ergebnisses der Dezemberwahl, bei der National-sozialisten und Völkische wieder um rund eine Million Stimmen zurück-

Tabelle 5.1.: Gewinn- und Verlustrechnung der Parteien 1924–1933

	Basis 1920	1920/ 1924M	1924M/ 1924D	1924D/ 1928	1928/ 1930	1930/ 1932J	1932J/ 1932N	1932N/ 1933
Linke[1]	11741	−1803	− 760	+1741	+ 743	+ 147	− 97	−1203
Kathol.	5018	− 157	+ 395	− 598	+ 529	+ 752	− 502	+ 62
Ev.-Bürg.	11437	+1128	+2692	− 604	−2654	−6359	+1230	− 526
Gült. Stimm.[2]	28196	+1085	+1030	+ 441	+4218	+1911	−1412	+3872
NSDAP[3]	0	+1918	−1010	− 98	+5600	+7369	−2042	+5540

Angaben in 1000 Stimmen.
[1] Linke: SPD, KPD, USPD; Kathol.: Zentrum, BVP; Ev.-Bürg.: alle übrigen Parteien.
[2] Gült. Stimm. = Differenz der abgegebenen gültigen Stimmen je Wahlpaar (= Saldo aus Erstwählern, Verstorbenen und der Veränderung der Wahlbeteiligung). Kleinere Abweichungen sind auf Rundungsfehler zurückzuführen.
[3] NSDAP: 1924M DVFP; 1924D NSFB.
Lesebeispiel: Die Linksparteien büßten bei der Maiwahl 1924 rund 1.8 Millionen ihrer etwa 11.7 Millionen Wähler von 1920 ein, die beiden katholischen Parteien knapp 160 Tausend etc.

gingen, weitgehend darüber einig, daß diese Verluste in erster Linie den Deutschnationalen zugute gekommen sein müssen, die gegenüber der Maiwahl nochmals eine halbe Million Wähler hinzugewinnen konnten. Zugleich wird aus der Bemerkung, daß ein „großer Teil der Deutschvölkischen ... in den Schoß der Deutschnationalen zurückgekehrt"[90] sei, erkennbar, woher nach Ansicht der VOSSISCHEN ZEITUNG die meisten Wähler der DVFP im Mai gekommen sind.

Mit weniger als einer Million Stimmen und dem gleichzeitigen Wiedererstarken der republikfreundlichen Parteien geriet die NSDAP schnell aus den Schlagzeilen der Wahlberichterstattung der Presse. Im Jahre 1928, wo sie nur noch von rund 800000 Wählern unterstützt wurde, war sie den meisten Zeitungen keine Kommentierung mehr wert. Dies änderte sich sehr schnell, als die NSDAP mit dem Einsetzen der Weltwirtschaftskrise ihren Stimmenanteil bei verschiedenen Regionalwahlen verdoppeln und verdreifachen und dann bei der Reichstagswahl im September 1930 mehr als fünfeinhalb Millionen neue Wähler hinzugewinnen konnte. Die SPD verlor knapp 600000 Stimmen, was allerdings bei weitem durch die Verluste der bürgerlichen Parteien, die über 2,6 Millionen betrugen, übertroffen wurde. Die Wahlkommentierung war von recht divergierenden Interpretationen geprägt. So behauptet beispielsweise der von

Joseph Goebbels herausgegebene ANGRIFF, es sei „dem Nationalsozialismus gelungen..., eine Bresche in die sozialdemokratische Anhängerschaft hinein zu schlagen"; überdies seien „über 2 Millionen Jungwähler" der NSDAP zugefallen.[91] Die zwei Tage vorher erschienene Kommentierung des sozialdemokratischen ABEND liest sich wie eine ergänzende Interpretation dazu: Unter der Überschrift „SPD verlor nur wandernde Stimmen" wird festgestellt, daß „ein beträchtlicher Teil der Wähler, die 1924 von der deutschnationalen Demagogie (Aufwertung nicht zu vergessen) gefangen waren und die 1928 den Deutschnationalen den Rücken gezeigt, aber bei keiner anderen Partei für sich einen Platz gefunden haben, jetzt nationalsozialistisch wählten".[92] Ganz ähnlich der Soziologe Theodor Geiger in seinem bekannten Aufsatz über die Panik im Mittelstand: „Vier Millionen Wähler... haben ihre politische Abstinenz aufgegeben. Sie sind zum großen Teil dem NS. zugelaufen."[93] Auf die Bedeutung ehemaliger bürgerlicher Wähler für den NSDAP-Erfolg weist DIE ROTE FAHNE hin: „Alle ‚traditionellen' bürgerlichen Parteien... haben eine katastrophale Niederlage erlitten... Die ehemaligen Wähler dieser Parteien wurden durch die Nationalsozialisten aufgefangen. Gleichzeitig gelang es der Hitlerpartei..., neue Wählerschichten zu erfassen."[94] Zu einem im Tenor ganz ähnlichen Ergebnis gelangt auch der damalige Generalsekretär der Deutschen Staatspartei, Werner Stephan, wenn er feststellt: „Gewiß sind Massen der sozialdemokratischen Zehn-Millionenpartei ins Wandern geraten, aber sie haben sich nur in einer Richtung bewegt, nach links hin. Es bleibt also dabei, daß der Aufstieg des Nationalsozialismus durch den Zusammenbruch der bürgerlichen Parteien herbeigeführt worden ist... Die Wirtschaftspartei und die Landvolkpartei sind in ganz besonderem Umfang zusammengehauen worden." Darüber hinaus sei „die Aktivierung der bisherigen Nichtwähler... bei den letzten Wahlen der Hitlerbewegung zugutegekommen".[95] Noch apodiktischer wird diese Position von Walther Scheunemann formuliert: „Die Gewinne der NSDAP (sind) nicht aus dem marxistischen Lager geflossen... Wir haben... nachweisen können, daß die Wählerschaft der N.S.D.A.P. zum größten Teil aus dem bürgerlichen Lager – sei es aus der alten Wählerschaft, sei es aus der Nichtwählerschaft oder endlich aus den Kreisen der Jungwähler – gekommen ist."[96] Mit einem angesichts der Materiallage und des Standes der empirischen Wahlanalyse geradezu erstaunlichen Anspruch, die tatsächlichen Wählerbewegungen zwischen den Parteien exakt rekonstruieren zu können, spezifiziert schließlich Hans Jäger in einem kommunistischen Periodikum die Wanderungen zum Nationalsozialismus: Von den Verlusten der bürgerlichen Parteien seien „rund 2 300 000 (der NSDAP zugekommen). Ferner 3 200 000 Stimmen der

Neuwähler, davon 50% Jungwähler."[97] Die Rolle der Jungwähler betont endlich auch, obgleich in der Formulierung etwas vorsichtiger und numerisch unbestimmter als Jäger, der nationalliberale Publizist und Sozialwissenschaftler Arthur Dix: Seiner Auffassung nach „dürfte kein Zweifel sein, daß die außerordentlich starke Zunahme der rechtsradikalen, aber auch das Wachstum der linksradikalen Stimmen sehr wesentlich auf die Jungwählerschaft zurückzuführen ist".[98]

Noch sehr viel drastischere Verluste mußten die evangelisch-bürgerlichen Parteien bei der Reichstagswahl vom Juli 1932 hinnehmen, als ihr Stimmenrückgang – bei wiederum gestiegener Wahlbeteiligung – über 6,3 Millionen betrug, während sich die NSDAP um weitere sieben Millionen Stimmen steigern konnte. Entsprechend einhellig fiel auch die Kommentierung der für dieses Ergebnis verantwortlichen Wählerbewegungen aus, so daß es genügt, stellvertretend für andere jeweils zwei Stimmen aus der politischen Publizistik und der zeitgenössischen Sozialwissenschaft zu zitieren. In einem Bericht zur Juliwahl 1932 betont DIE ROTE FAHNE, daß die Nationalsozialisten „die Mehrheit der Anhänger der alten bürgerlichen Parteien gesammelt (haben)".[99] Der Statistiker Griesmeier spricht sogar von den „fast restlos aus dem bürgerlichen Lager stammenden Nationalsozialisten".[100] Und der schon einmal zitierte linksliberale Politiker und Wahlanalytiker Werner Stephan bemerkt zur Juliwahl: „Was die Hitlerbewegung gewann, ist in erster Linie der bürgerlichen Mitte verloren gegangen."[101] Der parallel zum Aufstieg der NSDAP verlaufende, mit knapp 800 000 Stimmen allerdings sehr viel schwächer ausfallende Zugewinn der KPD vom Juli 1932 wurde von der VOSSISCHEN ZEITUNG damit erklärt, trotz der im Saldo so eindeutig ausgefallenen Gewinne der NSDAP sei „in einer Reihe von Fällen... ein deutliches Zurückströmen von nationalsozialistischen Stimmen zu der extremen Linken feststellbar".[102]

Dieser Trend hat nach Ansicht vieler Beobachter auch bei der Novemberwahl von 1932 angehalten, wo die Nationalsozialisten über zwei Millionen Stimmen verloren, während sich die Kommunisten noch einmal um 600 000 Stimmen steigern konnten. So glaubt die VOSSISCHE ZEITUNG feststellen zu können: „Die zwei Millionen, die gestern Hitler den Rücken kehrten, sind in ihre alte politische Heimat zurückgewandert, zurück zu den Deutschnationalen, zur Deutschen Volkspartei, auch zum Christlich-Sozialen Volksdienst und zu den Kommunisten. Viele mögen auch zu Hause geblieben sein." Zwar habe hauptsächlich die DNVP als „Auffangvorrichtung für enttäuschte Nationalsozialisten" gedient, doch sei auch davon auszugehen, „daß einige hunderttausend Hakenkreuzler diesmal wieder zu der Roten Fahne mit Hammer und Sichel geschworen haben".[103] Ganz anders der Kommentar der nationalkonservativen, der NSDAP zunehmend freundlicher gegenübertretenden DAZ (DEUTSCHE ALLGEMEINE ZEITUNG), die ohne Zeichen eines Zweifels feststellt: „Der Zuwachs der Kommunisten stammt ausschließlich aus den Reihen der Sozialdemokratie." Die NSDAP habe „die proletarischen Elemente behalten, nur bürgerliche Mitläufer an die nationalen Rechtsparteien oder an die Nichtwähler verloren".[104]

Dagegen besteht bei der Kommentierung der Märzwahl von 1933 weitgehende Einigkeit zwischen den Interpreten (die kommunistischen und sozialdemokratischen Blätter waren in der Zwischenzeit verboten worden). Die nochmaligen, 5,5 Millionen betragenden Zugewinne der NSDAP, die mit einem erheblichen Anstieg der Wahlbeteiligung von 80,6 auf 88,8 Prozent und einem neuerlichen Rückgang der evangelisch-bürgerlichen Parteien um rund 500 000 sowie nunmehr auch der linken Parteien um sogar 1,2 Millionen Stimmen Hand in Hand gingen, wurden vom nationalsozialistischen ANGRIFF („ungeahnte Massen bisheriger Nichtwähler") über die „rechte" DEUTSCHE ALLGEMEINE bis zur liberalen VOSSISCHEN ZEITUNG größtenteils auf den Anstieg der Wahlbeteiligung zurückgeführt: „Die ungeheuren Stimmenreserven (der Nichtwähler, J.F.) sind fast restlos den Nationalsozialisten zugutegekommen." Aber auch die Linke habe Federn lassen müssen: „Unzweifelhaft ist den Nationalsozialisten gestern zum ersten Mal ein wirklicher Einbruch in die Front der Linken gelungen ... Die Kommunisten haben 1,1 Millionen Stimmen verloren. Ein Durchrechnen des Gesamtresultats ergibt, daß diese Stimmen vielfach der Nationalsozialistischen Partei zugute gekommen sein müssen." Ähnlich der Statistiker Griesmeier: „Bei der Wahl vom 5. März 1933 sind, wie aus den Anteilsziffern mit Sicherheit geschlossen werden kann, erstmals frühere sozialistische Wähler in größerer Zahl zum Nationalsozialismus übergegangen."[105] Einen Tag danach modifiziert die VOSSISCHE ZEITUNG ihre Interpretation noch einmal geringfügig: „Eine nähere Prüfung der Wahlziffern ergibt, daß darüber hinaus fast alle Gruppen an die Liste 1 (NSDAP, J.F.) Stimmen abgegeben haben ... In der Tat ist die geopolitische Struktur des Wahlergebnisses von einer in früheren Jahren ungekannten Einheitlichkeit durch ganz Deutschland."[106]

Karl Dietrich Bracher betont zu Recht in seinem monumentalen Werk über die nationalsozialistische Machtergreifung, die Märzwahl von 1933 sei zwar „ein letztes Mal nach dem Brauch parlamentarisch-demokratischer Wahlentscheidungen veranstaltet" worden, auch „konnten noch einmal miteinander konkurrierende Parteien kandidieren und die Wählerschaft scheinbar vor politische Alternativen stellen". Doch werde angesichts des Terrors auf der Straße, der faktischen Bedeutungslosigkeit der

politischen Konkurrenten der NSDAP und der Verfolgung insbesondere
der Linksparteien der „Korrektheitsanspruch dieser letzten halbfreien
Wahl... erheblich eingeschränkt".[107]

Man kann Bracher in seiner Diagnose folgen, ohne deswegen notwendigerweise seine Schlußfolgerung zu teilen, daß es aus den von ihm
aufgeführten Gründen „kaum verständlich (sei), wie Darstellungen, Statistiken und Beurteilungen bis heute die Wahlen vom 5. März 1933 noch in
die Kontinuität der Weimarer Wahlentscheidungen einordnen können...".[108] Denn ganz unzweifelhaft steht diese Wahl von den beteiligten
Parteien, von den formalen Regelungen ihrer Durchführung und vom
Wählerverhalten her gesehen in mehr als bloß chronologischer Kontinuität zu den vorangegangenen Wahlen. Trotz aller Einschränkungen handelte es sich keineswegs um eine Wahl nach Muster der späteren Volksabstimmungen des etablierten „Dritten Reiches" oder der Volkskammer-
wahlen der DDR vor dem Zusammenbruch des dortigen Regimes[109]: So
räumt Bracher selbst ein, daß „allem Terror und selbst einzelnen greifba-
ren Wahlfälschungen zum Trotz... es der NSDAP auch dieses Mal bei
weitem nicht (gelang), eine Mehrheit unter der aufgepeitschten und zu
höchster Wahlbeteiligung mobilisierten Bevölkerung zu erringen...
Auch die überschwenglichsten Kommentare der nationalsozialistischen
Propaganda konnten nicht darüber hinwegtäuschen. Die Partei hatte nicht
den Wähleranteil erreichen können, den die Sozialisten 1919 oder die
CDU seit 1953 unter demokratischen Verhältnissen und mit demokratischen Konsequenzen auf sich vereinigt haben."[110] Trotz aller Einschränkungen fanden aus historischer Sicht durchaus untersuchenswerte Wahl-
handlungen statt, ja, unter demokratietheoretischen Aspekten dürften die
Wählerbewegungen der „letzten Mehrparteien-Wahl" (Bracher) von 1933
sogar einen ganz besonders interessanten Testfall für die Analyse der
Anfälligkeit und Resistenz bestimmter Bevölkerungsgruppen gegenüber
extremistischen Bewegungen darstellen. Es wäre deshalb geradezu ein
wahlhistorischer Schwabenstreich, sie nicht in die Untersuchung mit
einzubeziehen.

5.1.2. Weimarer Kommentatoren über den Beitrag der Jung- und
      Nichtwähler zu den Wahlerfolgen der NSDAP

Eine besondere Rolle spielt in vielen zeitgenössischen Erklärungsversuchen der NSDAP-Wahlerfolge die hypothetisch unterstellte hohe Anfälligkeit von Jung- und Nichtwählern gegenüber dem Nationalsozialismus.
So betont der spätere Herausgeber des Berliner Tagesspiegel, der Journalist Erik Reger, in der VOSSISCHEN ZEITUNG, außer den beiden

extremen Parteien – gemeint sind natürlich die KPD und die NSDAP – sei
es keiner politischen Kraft gelungen, „die Jugend in größerem Maße an
sich zu fesseln". Die junge Generation werde „von jungen Parteien
angelockt".[111] Dies gilt nach Ansicht des liberalen Publizisten Kurt Hirche
vor allem auch für die studentische Jugend, die schon vor 1930 bewiesen
habe, daß „die nationalsozialistische Entwicklung an den Hochschulen
eine weiterreichende Wirkung erzielte als in der Gesamtmasse des Volkes". Nach den Septemberwahlen von 1930 habe sich dieser Trend weiter
verstärkt: „Während der Reichsdurchschnitt der Partei 30 Prozent aller
Wählerstimmen erreicht, ist der Durchschnitt an allen deutschen Hochschulen zusammen 50 bis 60 Prozent der Wählerstimmen. Und zwar sind
dies nicht nur Wähler, sondern zugleich auch Mitglieder der Partei."[112]
Und auch die KPD-Zeitschrift KOMMUNISTISCHE INTERNATIO-
NALE stellt in einem Artikel über das Eindringen des „Faschismus" in die
Reihen der Jugend in Deutschland fest, daß im September 1930 „die
Jugend in gewaltigem Umfange antikapitalistisch, antiparlamentarisch
wählte". Damit könnte sowohl die Wahl der NSDAP als auch der KPD
gemeint sein. Nach Auffassung des französischen Journalisten René Lauret tendierte die Weimarer Jugend in der Tat in etwa dem gleichen
Ausmaße zu beiden politischen Extremen. Diese Ansicht schlägt sich in
der Formulierung nieder, daß sich die „Jugend zum Großteil keineswegs
um die Fahne Hitlers schart: eine ebenso große Masse zieht die rote Fahne
vor... Unwillkürlich kommt man auf den Gedanken, daß die Bewegungen in Deutschland ebenso leicht im Faschismus wie im Bolschewismus
endigen können."[113] Von einer Verwandtschaft der Extreme glaubt auch
der psychoanalytisch argumentierende Fritz Wittels ausgehen zu müssen:
„... der Radikalismus ist mit seiner Parteirichtung schwach verlötet ...
die radikalen Parteien (gehören) zueinander... Wegen dieser Zugehörigkeit der Extreme der leichte Übergang vom Hakenkreuz zum Sowjet-
stern, von extremer Freiheit zur Diktatur usw. Radikalismus ist Selbst-
zweck, die psychische Repräsentanz kann gewechselt werden."[114] Mit
ganz ähnlichen Formulierungen beschreibt endlich der schon früher zu
Wort gekommene Hendrik de Man „die psychologische Ähnlichkeit zwischen dem sogenannten Radikalismus ... bei kommunistischen Industriearbeitern und bei nationalfascistischen Angestellten", den er darin begründet sieht, „daß beide Schichten im Gegensatz zum (seiner Ansicht nach sozialdemokratisch wählenden, J.F.) Industrieproletariat im Hinblick auf die
Geistigkeit der Arbeitsfunktion eine Unterschicht darstellen. Wie dem Nationalfascismus die Bürokulis, so stoßen dem Kommunismus die Maschi-
nenkulis, die ungelernten Handlanger und Schwerarbeiter, die Gelegen-
heitsarbeiter und die zur chronischen Arbeitslosigkeit Verdammten zu."[115]

Neben den radikalisierten Jungwählern werden auch die vorübergehenden und habituellen Wechsel- und Nichtwähler zu den wichtigsten
Trägern des nationalsozialistischen Aufschwungs gezählt. So weist Ludwig Stahl im Juni 1931 in der katholischen Zeitschrift Hochland auf die
Bedeutung beider Gruppen für das Anwachsen von KPD und NSDAP
hin: „Die fluktuierenden Wähler... (und offenbar auch immer noch die

*Tabelle 5.2: Die Hypothesen des klassen-, des massen- und des konfessions-
theoretischen Erklärungsversuchs über die Gewinne und Verluste der NSDAP
1928–1933*

Wahl-paar	Der klassentheoretische Erklärungsversuch nach Lipset u. a.	Der massentheoretische Erklärungsversuch nach Bendix u. a.	Der konfessionstheoretische Erklärungsansatz nach Burnham
1928/ 1930	NSDAP-Aufstieg Folge des Rückgangs der liberalen Parteien und der Regionalparteien, nicht jedoch der DNVP.	NSDAP-Aufstieg Folge des Anstiegs der Wahlbeteiligung, der DNVP-Verluste und der Jungwählerpräferenzen.	NSDAP-Aufstieg Folge des Anstiegs der Wahlbeteiligung und der Verluste der bürgerlichen, konservativen, liberalen Parteien
1930/ 1932J	NSDAP-Aufstieg Folge des weiteren Rückgangs der Mittelparteien und vermutlich des Zustroms bisheriger Nichtwähler, nicht jedoch von DNVP-Wählern.	NSDAP-Aufstieg Folge des weiteren Wahlbeteiligungsanstiegs und des Verlustes d. Rechtsparteien. Nun auch Verluste der Mittelklasseparteien an NSDAP.	NSDAP-Aufstieg Folge des weiteren Wahlbeteiligungsanstiegs und des Verlustes der nichtkonfessionellen bürgerlichen Parteien; Z/BVP und SPD/KPD immun.
1932J/ 1932N	Keine Aussagen bei Lipset.	NSDAP-Verluste Folge der Rückgangs der Wahlbeteiligung und des Wiedererstarkens der DNVP.	Über die Novemberwahl keine expliziten Aussagen bei Burnham.
1932N/ 1933	NSDAP-Gewinne Folge der gestiegenen Wahlbeteiligung. Keine weitergehenden Aussagen über andere Quellen.	NSDAP-Gewinne Folge der gestiegenen Wahlbeteiligung. Keine weiteren Aussagen über mögliche andere Quellen.	NSDAP-Gewinne Folge der gestiegenen Wahlbeteiligung. Keine weiteren Aussagen über mögliche andere Quellen.

bisherigen Nichtwähler) sind bei allen Wahlen des letzten Jahres ...zu den radikalsten Flügelparteien abgeflossen, und zwar offensichtlich die fluktuierenden Elemente des Proletariats zu den Kommunisten, die der bürgerlichen Schichten zur nationalsozialistischen Bewegung."[116] Einen überaus hohen Anteil von bisherigen Nicht- und Jungwählern unter den NSDAP-Zuwanderern rechnet auch Hans Jäger in seiner Analyse der Reichstagswahl 1930 aus. Er kommt – wenn auch aufgrund recht anfechtbarer Berechnungen – zu dem Schluß, von den rund 6,5 Millionen NSDAP-Stimmen müßten über 4 Millionen von ehemaligen Nichtwählern und von Jungwählern stammen.[117] Wir werden sehen, daß diese Schätzung vermutlich viel zu hoch gegriffen ist, hier soll sie lediglich Zeugnis von einer zeitgenössischen Interpretation geben, in deren Zentrum nicht die Mittelschichten oder Wechselwähler von anderen Parteien, sondern die eher Unpolitischen stehen, die nach Ansicht ihrer Verfechter dem Nationalsozialismus durch die Wirtschaftskrise in die Arme getrieben worden sind.

Soweit die zeitgenössischen Kommentare und Analysen über die parteipolitische Herkunft der NSDAP-Wähler, eine Sammlung, die sich – wenn auch um den Preis beträchtlicher Wiederholungen – fast beliebig erweitern ließe. In ihr sind in eher impressionistischer, unsystematischer Form bereits alle jene Hypothesen über die verschiedenen Zuwanderungswellen zur NSDAP enthalten, die wenig später in den dargestellten sozial- und geschichtswissenschaftlichen Rekonstruktions- und Erklärungsversuchen der nationalsozialistischen Wahlerfolge entwickelt worden sind. Ich will die drei wichtigsten dieser Hypothesen noch einmal in Tabellenform zusammengefaßt wiedergeben, um so einen Ausgangspunkt für die nachstehenden empirischen Rekonstruktionsversuche der Wählerbewegungen zum Nationalsozialismus und damit zur Überprüfung dieser (und weiterer) Annahmen zu gewinnen (vgl. Tabelle 5.2).

5.2. Methodische Probleme der Analyse von Wählerwanderungen

In vielen Kommentaren, nicht nur zeitgenössischen, sondern auch modernen, werden die Verschiebungen der Parteien auf Reichs- oder Bundesebene so interpretiert, als repräsentierten sie umkehrbar eindeutig die tatsächlich stattgefundenen Wählerwanderungen. Verliert beispielsweise bei einer Wahl in einem Dreiparteiensystem – bei unverändertem Stimmenanteil der dritten Partei – die Partei A einen bestimmten Prozentsatz an Stimmen, während die Partei B in etwa den gleichen Betrag hinzugewinnt, wird dies häufig als Indikator eindeutiger, ausschließlich von A zu B verlaufender Wählerwanderungen interpretiert. Dabei wird jedoch übersehen, daß Wahlergebnisse immer saldierte Werte repräsentieren, hinter denen sich beträchtliche, ja oft millionenfache unsichtbare Wählerfluktuationen verbergen können. Theoretisch wäre es sogar möglich, daß bei zwei aufeinanderfolgenden Wahlen sich die Stimmenanteile der Parteien gar nicht verändern und dennoch erhebliche Umschichtungen und Wanderungen in der Wählerschaft stattfinden. Durch solche verdeckten, gewissermaßen unterirdisch verlaufenden, sich im Wahlergebnis niemals vollständig äußernden Verschiebungen zwischen den Parteien und durch die von Wahl zu Wahl stets recht beträchtlichen Veränderungen des Wahlkörpers wird die Untersuchung der parteipolitischen Herkunft von Wählern einer bestimmten Partei außerordentlich erschwert, wenn nicht, vor allem bei kleineren Gruppierungen und den Nicht- und Erstwählern, faktisch unmöglich gemacht.

Wie Gewinn- und Verlustrechnungen aus verschiedenen Ländern immer wieder beweisen, schlagen sich die verdeckten Verschiebungen zwischen den Parteien und die Veränderungen des Wahlkörpers von einer Wahl zur anderen immer nur zu einem Bruchteil im Wahlergebnis nieder. Die sichtbaren Nettoveränderungen sind durchweg erheblich kleiner als die unsichtbaren, sich gegenseitig teilweise wieder ausgleichenden Bruttoveränderungen zwischen zwei Wahlen.[118] Die in journalistischen und leider auch in vielen wahlhistorischen Analysen[119] anzutreffende Neigung, die sich im Resultat einer Wahl zeigenden Verschiebungen zwischen den Parteien so zu interpretieren, als handele es sich um Bruttoveränderungen, ist daher methodisch höchst bedenklich. Wählerbewegungen anhand von Globalergebnissen einer Reichs- oder Bundestagstagswahl analysieren zu wollen, führt mit hoher Wahrscheinlichkeit zu gravierenden Fehlinterpretationen. Selbst wo dies nicht der Fall sein sollte, stellen derartige Deutungen eher Beispiele von außergewöhnlicher Hellsichtigkeit als von wissenschaftlich fundierter Wahlanalyse dar. Die Frage, die sich immer wieder bei der Lektüre derartiger Deutungsversuche stellt ist: „Woher weiß der Autor das?" Denn wo derartige Spekulationen faktisch einigermaßen zutreffen, tun sie dies trotz und nicht wegen der verwendeten Vorgehensweise, da die Interpretation von Globalergebnissen selbst als Instrument der Hypothesengewinnung ein wenig taugliches Mittel darstellen dürfte.

Um dieses harsche Urteil zu begründen, will ich im folgenden näher auf die weder leicht noch vollständig zu lösenden Probleme der Analyse historischer Wählerwanderungen eingehen. Es kann zwischen drei Quellen von Bruttoverschiebungen unterschieden werden: (a) Veränderungen des Wahlkörpers; (b) Veränderungen in der Wahlbeteiligung und (c) Wechsel der gewählten Partei.

(a) Veränderungen des Wahlkörpers kommen durch Tod, das Nachrücken von Jungwählern, durch Emigration und Immigration sowie durch den Entzug bzw. die Wiedererlangung des Wahlrechtes im Gefolge von Straftaten etc. zustande.[120] Sie betragen typischerweise, je nach den Geburten- und Sterbeziffern, der geographischen Mobilität und der Länge der Wahlperioden pro Jahr zwischen zwei und vier Prozent des Gesamtelektorats.[121] Für die Weimarer Republik kommt Heinrich Striefler zu dem Ergebnis, durch Tod bzw. Hineinwachsen ins Wahlalter habe sich die Zusammensetzung der Wahlberechtigten zwischen 1928 und 1930 um mehr als 10 Prozent und zwischen September 1930 und Juli 1932 nochmals um etwas weniger als 10 Prozent verändert.[122] Bei Landtags- und Gemeinderatswahlen ist diese Ziffer wegen der starken Binnenwanderungen im allgemeinen höher als bei Reichs- und Bundestagswahlen. Da es Unterschiede zwischen den Parteien in ihrer Attraktivität für Jungwähler und Ältere gibt, ist der biologisch bedingte Umschlag parteipolitisch nicht neutral, sondern bei knappen Mehrheitsverhältnissen für das Wahlergebnis manchmal sogar von entscheidender Bedeutung. So hat die CDU/CSU jahrelang mehr Stimmen durch den Tod älterer Anhänger verloren, als sie durch den Zugewinn von Jungwählern ersetzen konnte. Das gleiche gilt für eine Reihe von konservativen Parteien in West- und Nordeuropa.

(b) Veränderungen in der Wahlbeteiligung setzen sich ebenfalls aus mehreren Elementen zusammen: 1. Wähler, die bei der herangezogenen Vergleichswahl nicht gewählt haben, aber bei der untersuchten Wahl abgestimmt haben; 2. Wahlberechtigte, die zwar bei der Vergleichswahl, nicht aber bei der analysierten Wahl ihre Stimme abgegeben haben; 3. Jung-„wähler", die darauf verzichten, von ihrem frisch erworbenen Recht Gebrauch zu machen; und 4. Personen, die weder bei der zum Vergleich herangezogenen noch bei der untersuchten Wahl abgestimmt haben. Es dürfte einsichtig sein, daß die aus diesen Quellen resultierenden Bruttoverschiebungen der Wahlbeteiligung gewöhnlich erheblich über den in der Wahlstatistik ausgewiesenen Saldoziffern liegen.[123] Mangels ausreichender wahlstatistischer Informationen ist es in der historischen Wahlforschung jedoch, wie weiter unten gezeigt wird, im allgemeinen nicht möglich, den Einfluß der Wahlbeteiligung in derart differenzierter Form zu untersuchen.

(c) Dies gilt in noch höherem Maße für die unbereinigte Zahl der *Wechselwähler*, die sich aus der Ab- und Zuwanderung von Wählern, die sowohl bei den Vergleichswahlen als auch bei den untersuchten Wahlen

abgestimmt haben, zusammensetzt. Es hat sich gezeigt, daß selbst bei sogenannten Erdrutschwahlen im allgemeinen die Gewinner und Verlierer gegenseitig Wähler austauschen, wenn auch in sehr asymmetrischer Weise. Dieses Ergebnis hat vielfach Bestätigung gefunden, sowohl über verschiedene Wahltypen innerhalb eines Landes als auch über verschiedene politische Systeme und historische Perioden hinweg. Es ist daher anzunehmen, daß in der Weimarer Republik zwischen den einzelnen Parteien erheblich stärkere Austauschbeziehungen auf der Wählerebene stattgefunden haben, als das die Wahlergebnisse vermuten lassen.

Daß die hier vorgetragenen Einwände sich auf eine stärkere Argumentationsbasis als auf rein logische Möglichkeiten stützen, mögen folgende, aus verschiedenen empirischen Gewinn- und Verlustrechnungen gewonnenen Ergebnisse illustrieren: So ändert sich die Zusammensetzung des Wahlkörpers von Wahl zu Wahl, normale Legislaturperioden vorausgesetzt, allein um 10–15 Prozent durch den biologisch und geographisch bedingten Zu- und Abgang von Wahlberechtigten, wie ja auch die bereits weiter oben erwähnte Berechnung von Striefler für die Reichstagswahlen von 1920 bis 1933 zeigt. Von den Nichtwählern einer gegebenen Wahl besteht im allgemeinen etwa die Hälfte aus sogenannten Dauernichtwählern, die andere Hälfte aus Gelegenheitsnichtwählern und verhinderten Wahlwilligen. Diese letztere Hälfte, die zwischen 5 und 15 Prozent der Wahlberechtigten umfaßt, fluktuiert demzufolge von Wahl zu Wahl, während die Dauernichtwähler nur schwer zu mobilisieren sind. Da diese Resultate regional, national und international immer wieder bestätigt worden sind, besteht wenig Grund, für die Weimarer Zeit von gänzlich unterschiedlichen Zahlen oder Zuständen auszugehen. Wir wissen ferner, daß sich in der Bundesrepublik im Durchschnitt zwischen 10 und 20 Prozent der Wähler bei aufeinanderfolgenden Wahlen gleichen Typs für eine andere Partei als in der Vergangenheit entscheiden. Bei so starken parteipolitischen Umschichtungen wie denen der ausklingenden Weimarer Republik liegt dieser Prozentsatz vermutlich höher. Doch sind selbst dann aufgrund der erwähnten Erfahrungen keine eindeutigen, nur in eine Richtung verlaufenden Wählerwanderungen zu erwarten. Insgesamt liegen die durchschnittlichen Bruttoveränderungen bei „normalen", alltäglichen Wahlen gewöhnlich zwischen 25 und 33 Prozent, die im Wahlresultat sichtbaren Nettoveränderungen hingegen nur zwischen 10 und 15 Prozent der Wahlberechtigten. Diese Größenordnungsverhältnisse sollten klarmachen, daß Globalsalden eine denkbar ungeeignete Basis von Wahlanalysen darstellen, wenn man nicht gesicherte flankierende Erkenntnisse besitzt.

Brutto- und Nettoveränderungen dürfen folglich nicht unkritisch

Diese Karte entnahm
ich dem Buch

Wir unterrichten Sie künftig gern regelmäßig über unser Verlagsprogramm. Bitte geben Sie uns umseitig Ihre Adresse bekannt.

Ihr Buchhändler wird Ihnen gern jedes Buch unseres Verlags liefern.

Verlag C. H. Beck München

POSTKARTE

Bitte freimachen

Verlag C. H. Beck
Vertrieb / Werbung Allg. Verlag
Postfach 40 03 40

D-8000 München 40

Länderschlüssel

Postleitzahl

Name (beginnend mit dem Familiennamen)

Name

Beruf

Straße

Ort

Datum

Unterschrift

P 2321

Tabelle 5.3: Wanderungstabelle der Zu- und Abnahme der Parteien zwischen September 1930 und Juli 1932

RTW 1932J											
1930	NSDAP	DNVP	DVP	Z/BVP	DStP	SPD	KPD	AND	NICHTW	TOTE	SUM[1]
NSDAP	?										6,4
DNVP											2,5
DVP											1,7
Z/BVP											5,2
DStP											1,3
SPD											8,6
KPD											4,6
AND											4,8
NICHTW											8.0
JUNGW[2]											2,3
Mill.[1]	13,8	2,3	0,4	5,9	0,4	8,0	5,4	0,7	7,3[3]	1,1	45

[1] Randsumme (= Reichsergebnis 1930 bzw. Juli 1932) in Millionen.
[2] Nach Heinrich Striefler, Deutsche Wahlen in Bildern und Zahlen, S. 16. JUNGW = Wähler, die im Juli 1932 erstmals stimmberechtigt waren.
[3] Nichtwähler einschl. ungültige Stimmen. Zahlenangaben in Millionen; Zahlenwerte auf- bzw. abgerundet.
Lesebeispiel: Die NSDAP erhielt 1930 rund 6.4 Millionen, im Juli 1932 etwa 13.8 Millionen Stimmen. Wieviel NSDAP-Wähler von 1930 auch im Juli 1932 für diese Partei gestimmt haben, wieviele für andere Parteien und wieviele aus dem Wahlkörper durch Tod, Wegzug etc. ausgeschieden sind, läßt sich allein anhand der Randsummen nicht bestimmen.

gleichgesetzt werden. Die vorstehend abgedruckte Wanderungstabelle soll dies nochmals verdeutlichen (vgl. Tabelle 5.3). Sie illustriert, worum es bei Wahlanalysen anhand von Aggregatdaten geht. Bekannt sind aufgrund der amtlichen Wahlstatistik für jede Gebietseinheit (Gemeinde, Kreis, Wahlkreis oder das gesamte Reich) lediglich die Randsummen, d. h. die Anteile oder Absolutstimmen der verschiedenen politischen Parteien,

der Nichtwähler etc., nicht jedoch die in den inneren Zellen der Fluktuationstabelle enthaltenen Informationen über stabiles Wahlverhalten und
die Zu- oder Abwanderungen von Wählern der einzelnen Parteien.[124] Aus
diesen Randsummen müssen mangels weitergehender Informationen
über das Wanderungsverhalten der Wählerschaft die einzelnen Zellbesetzungen geschätzt werden. Dies erfolgt, indem man die gemeinsame
Veränderung von Parteienzu- und abnahmen in den verwendeten Untersuchungseinheiten mittels geeigneter statistischer Verfahren miteinander
in Zusammenhang setzt und aus den derart gewonnenen Kennziffern, die
im allgemeinen Prozentverteilungen, Korrelations- oder Regressionskoeffizienten sowie bedingte Wahrscheinlichkeiten darstellen, die tatsächlichen Fluktuationen zu rekonstruieren versucht.[125]

Die größte Schwierigkeit für den historischen Wahlforscher liegt nun
darin, daß mathematisch gesehen bei gegebenen Randsummen eine gegen
Unendlich strebende Menge unterschiedlicher Zellbesetzungen denkbar
ist. Auf Tabelle 5.3 bezogen liegt es, auch wenn es eher unwahrscheinlich
ist, folglich im Bereich des arithmetisch Möglichen, daß entweder keiner
oder (mit Ausnahme der Verstorbenen) jeder der 6,4 Millionen NSDAP-
Wähler von 1930 im Juli 1932 der NSDAP die Stimme gegeben hat. Und
selbst wenn tatsächlich jeder NSDAP-Wähler von 1930 im Juli 1932
wiederum NSDAP gewählt haben sollte, ist damit noch nichts über die
Herkunft der rund 7,4 Millionen NSDAP-Zuwanderer ausgesagt. Diese
könnten theoretisch sowohl von Parteien stammen, die schwere Stimmeneinbußen hinnehmen mußten, wie gewöhnlich gemutmaßt wird, also
etwa von den liberalen und interessenorientierten Gruppierungen, als
auch von Parteien, die wie die SPD oder die DNVP im Saldo weitgehend
stabil geblieben sind. Denn letztere könnten ja durchaus zwar einen Teil
ihrer Wählerschaft an die Nationalsozialisten verloren haben, diese Verluste aber durch Zuwanderungen von ehemaligen liberalen oder sonstigen
Wählern wieder ausgeglichen haben. Aus den Globalergebnissen auf
Reichsebene ist dies wie gesagt weder zu beweisen noch auszuschließen.
Da jedoch seit einigen Jahren auch auf Kreis- und Gemeindeebene Wahlresultate flächendeckend für statistische Auswertungen zur Verfügung
stehen, ist es möglich, beispielsweise den Zusammenhang zwischen den
NSDAP-Gewinnen und der Stimmentwicklung der übrigen Gruppierun-
gen zu berechnen, was uns dann unter bestimmten Umständen den
Schluß von der Gebiets- auf die Individual- oder besser Gruppenebene
gestattet. Hiervon später mehr, wenn wir uns mit der Anfälligkeit von
Nichtwählern gegenüber der NSDAP beschäftigen.

5.3. Wahlbeteiligungsanstieg und NSDAP-Wachstum

Zwischen 1928 und 1933 verzeichnete die NSDAP einen Stimmenanstieg von rund 0,8 auf mehr als 17 Millionen. Gleichzeitig nahm die Zahl der abgegebenen gültigen Stimmen von 30,8 auf 39,3 Millionen zu, während die Zahl der Wahlberechtigten um etwa 3,5 Millionen und die Wahlbeteiligung um rund 13 Prozentpunkte,[126] von 75,6 auf 88,8 Prozent, wuchs. Die Parallelität dieser Ereignisse hat, wie wir gesehen haben, schon früh viele Beobachter dazu verleitet, das Anwachsen der Wahlbeteiligung, der gültigen Stimmen oder der Zahl der neu ins Elektorat eintretenden Wähler als eine wichtige, wenn nicht als die überhaupt bedeutsamste Ursache der enormen Stimmengewinne der NSDAP zu betrachten. Nicht nur viele zeitgenössische Journalisten und Wissenschaftler wie Theodor Geiger, Hans Neisser, Otto Dix oder Hans Jäger, sondern auch Nachkriegsforscher wie Samuel Pratt, Reinhard Bendix, Alfred Milatz, Karl O'Lessker oder Alexander Weber schrieben das plötzliche Anschwellen der NSDAP-Wählerschaft in erheblichem, ja teilweise sogar in überwiegendem Maße der Mobilisierung neuer oder politisch bisher inaktiver Wähler zu.[127] Dagegen hielt der amerikanische Soziologe Seymour Martin Lipset, der Schöpfer des häufig zitierten Diktums vom Faschismus als Extremismus der Mitte, die Nichtwähler für viel zu apathisch und politisch uninformiert, als daß sie schon 1930 in der Lage gewesen wären, die NSDAP als eine sinnvolle parteipolitische Alternative wahrzunehmen. Er ist der Überzeugung, daß erst im Juli 1932 ein nennenswerter Teil bisheriger Nichtwähler zur NSDAP gestoßen sei.

Walter Dean Burnham hingegen bleibt in seinen Aussagen über den möglichen Beitrag von Nichtwählern zu den Wahlerfolgen der Nationalsozialisten recht vage, wenn er konstatiert, daß „vermutlich das relative Ausmaß des Einbruchs von Nationalsozialisten in die „Partei der Nichtwähler" nicht viel größer gewesen sein dürfte als in die aktiven Wähler der bürgerlichen, konservativen, partikularistischen und interessenorientierten Parteien – zumindest nicht vor den unter besonderen Bedingungen durchgeführten Wahlen vom März 1933".[128]

Daß die hierzu vorliegenden Forschungsergebnisse alles andere als einheitlich sind, ist angesichts der teilweise beträchtlichen Quellen- und Datenprobleme nicht weiter verwunderlich. Bereits die begriffliche Durchdringung des Komplexes „Wahlbeteiligung, Jung- und Nichtwähler" ist schwierig. So repräsentiert beispielsweise die zu Eingang dieses Abschnitts genannte Zahl von 3,5 Millionen zusätzlichen Wahlberechtigten einen saldierten Wert, der sich aus der Differenz zwischen dem

Tabelle 5.4: Die Veränderungen des Wahlkörpers 1920 bis 1933

	1920/ 1924M	1924M/ 1924D	1924D/ 1928	1928/ 1930	1930/ 1932J	1932J/ 1932N	1932N/ 1933
Erstwähler[1]	+4700	+ 800	+4200	+3200	+2300	+ 500	+ 500
Verstorbene[1]	−2200	− 200	−2000	−1400	−1100	− 300	− 200
Wahlbeteil.[2]	−1179	+ 381	−1775	+2327	+ 683	−1567	+3609
Wähler[3]	+1246	+ 994	+ 646	+4060	+1936	−1404	+3900

[1] Erstwähler und Verstorbene nach Striefler, Deutsche Wahlen in Bildern und Zahlen, S. 16. Aufgrund der nur recht groben Schätzungen Strieflers treten über das gewohnte Maß hinausreichende Rundungsfehler auf.
[2] Wahlbeteil. = Differenz aus (Wahlberechtigte minus abgegebene Stimmen der jeweils zweiten Wahl) und (Wahlberechtigte minus abgegebene Stimmen der jeweils ersten Wahl jedes Wahlpaares).
[3] Wähler = Differenz der abgegebenen (inklusive der ungültigen) Stimmen.
Lesebeispiel: Im Mai 1924 durften rund 4.7 Millionen Bürger erstmals wählen, 2.2 Millionen Wahlberechtigte von 1920 schieden durch Tod aus dem Wahlkörper aus; gleichzeitig ging die Wahlbeteiligung um etwa 1.2 Millionen zurück, so daß die Zahl der Wähler insgesamt trotz der vielen Erstwähler nur um 1.25 Millionen zunahm.

Zustrom von rund 6,5 Millionen erstmals Wahlberechtigten und dem durch Tod bedingten Ausscheiden von etwa drei Millionen (zumeist älteren) Wählern zusammensetzt (vgl. Tabelle 5.4). Im September 1930 und im Juli 1932 lag deshalb die Zahl der erstmals Wahlberechtigten deutlich höher als die Zahl der politisch Inaktiven von 1928 (bzw. 1930), die 1930 (bzw. 1932) wieder zur Wahl gingen.[129] Und auch über den gesamten Fünfjahreszeitraum betrachtet dürfte sich der Zuwachs der gültigen Stimmen zu schätzungsweise drei Fünfteln aus Erstwählern und nur zu zwei Fünfteln aus ehemaligen Nichtwählern rekrutiert haben.[130] Da eine Trennung von Erst- und bisherigen Nichtwählern auf Gemeinde- und Kreisebene anhand der verfügbaren Daten jedoch bestenfalls näherungsweise möglich ist – zur Verfügung steht in der amtlichen Wahlstatistik des Deutschen Reiches für diese Gebietseinheiten jeweils nur die in Tabelle 5.4 aufgeschlüsselte Saldoziffer aus Erstwählern, Verstorbenen und Veränderung der Wahlbeteiligung – haben wir es mit einem statistisch nicht eindeutig zu lösenden Problem zu tun. Empirisch belegbare Aussagen sind daher ohne zusätzliche Annahmen oder Informationen nur über den Effekt steigender oder fallender Wahlbeteiligung möglich, nicht jedoch über die jeweilige Rolle von Erst- oder Nichtwählern.[131]

5.3.1. Der einfache, statistisch unbereinigte Zusammenhang von Wahlbeteiligungsanstieg und NSDAP-Gewinnen

Wir wollen uns im folgenden zunächst dem einfachen, bivariaten Zusammenhang zwischen Wahlbeteiligung und NSDAP-Wahlerfolgen zuwenden. Selbst dann läßt sich die Beziehung zwischen beiden Merkmalen aus mindestens fünf verschiedenen Blickwinkeln untersuchen:

(a) Erstens kann man für jede Wahl den statistischen Zusammenhang zwischen dem NSDAP-Stimmenanteil und der prozentualen Höhe der Wahlbeteiligung berechnen. Eine positive Korrelation zeigt in diesem Falle an, daß die NSDAP im Durchschnitt dort relativ viele Stimmen gewinnen konnte, wo die Wahlbeteiligung hoch ausfiel, und sich mit einem unterdurchschnittlichen Stimmenanteil zufrieden geben mußte, wo sich im Verhältnis weniger Bürger an der Wahl beteiligten. Eine negative Korrelation würde auf einen inversen Zusammenhang zwischen NSDAP-Wahlerfolgen und Wahlbeteiligung hindeuten. Eine Nullkorrelation schließlich würde bedeuten, daß zwischen Wahlbeteiligung und NSDAP-Wahlerfolgen kein systematischer Zusammenhang bestand.

(b) Eine zweite Möglichkeit besteht darin, die Wahlbeteiligungsraten der jeweils ersten Wahl eines Wahlpaares mit den NSDAP-Stimmenanteilen der jeweiligen Folgewahl in Beziehung zu setzen. Die Interpretation entspricht weitgehend der des vorstehenden Falles: Eine positive Korrelation zeigt an, daß die NSDAP dort tendenziell überdurchschnittliche Wahlerfolge erzielen konnte, wo bei der Vorwahl relativ viele Wähler abgestimmt hatten, eine negative, daß sie in Gegenden hoher Wahlbeteiligung im Schnitt eher schlechte Resultate bzw. in Gebieten mit niedriger Wahlbeteiligung eher überdurchschnittliche Ergebnisse erreichte.

(c) Ein dritter und vierter Zugang zum Problem besteht darin, sogenannte Veränderungsvariablen, d. h. den Unterschied der NSDAP-Stimmen oder der Wahlbeteiligung zwischen der ersten und der zweiten Wahl jedes Wahlpaares zu untersuchen. So kann man beispielsweise den Zusammenhang zwischen der Veränderung des NSDAP-Stimmenanteils von 1928 auf 1930 und der prozentualen Wahlbeteiligung des Jahres 1928 analysieren. Eine positive Korrelation würde bedeuten, daß der NSDAP-Anstieg im Mittel dort überdurchschnittlich war, wo die Wahlbeteiligung 1928 hoch lag, eine negative Korrelation das Gegenteil. Die umgekehrte Perspektive würde den Anstieg bzw. Rückgang der Wahlbeteiligung bei aufeinanderfolgenden Wahlen mit dem NSDAP-Stimmenanteil der jeweils zweiten Wahl jedes Wahlpaares in Beziehung setzen. Ein positives Vorzeichen würde anzeigen, daß der Wahlerfolg der NSDAP im Mittel dort höher ausfiel, wo die Wahlbeteiligung überdurchschnittlich zunahm.

Tabelle 5.5: Der Zusammenhang zwischen der Veränderung des NSDAP-Stimmenanteils und der Veränderung der Wahlbeteiligung 1924–1933

Wahlpaar	Veränderung Wahlbeteiligung				NSDAP gesamt	Korre-lation
	1	2	3	4		
Veränderung NSDAP-Anteil	(Prozentpunktdifferenzen)					
1920/24M (−)	4.5	4.9	4.9	5.8	5.0	−13
1924M/24D (+)	−1.8	−2.5	−2.6	−3.9	−2.7	−21
1924D/28 (−)	−0.1	−0.5	−0.8	0.0	−0.4	02
1928/30 (+)	12.2	13.3	12.8	13.4	12.9	−02
1930/32J (+)	13.3	15.2	15.8	23.3	16.2	46
1932J/32N (−)	−3.8	−4.5	−5.0	−5.0	−4.6	27
1932N/33 (+)	9.5	11.1	13.5	17.3	12.2	74
N^1	207	208	208	208		

[1] N = Anzahl der Kreise.
Wahlen 1920–1930: Gemeindedatensatz, ca. 4000 Fälle; Wahlen 1930–1933: Kreis-datensatz, 831 Fälle. Veränderungsklassen 1 bis 4 = Quartile, jeweils von niedri-gem nach hohem Wahlbeteiligungsanstieg bzw. -rückgang angeordnet. Die Plus- und Minuszeichen hinter der jeweiligen Wahlpaarangabe zeigen an, ob die Wahl-beteiligung insgesamt angestiegen oder gefallen ist. Korrelation = Produkt-Moment-Korrelationskoeffizient (× 100).
Lesebeispiel: Zwischen November 1932 und März 1933 nahm die NSDAP im 1. Quartil, das sind die 207 Kreiseinheiten mit dem geringsten Wahlbeteiligungsan-stieg, um 9.5 Prozentpunkte zu, während sie im 4. Quartil, d.h. in den 207 Kreiseinheiten mit dem höchsten Wahlbeteiligungsanstieg, um 17.3 Punkte an-stieg.

(d) Die fünfte und letzte Perspektive schließlich beschäftigt sich mit der Korrelation der Veränderungsraten beider Merkmale, also der Prozent-punktdifferenz des NSDAP-Stimmenanteils und der Prozentpunktdiffe-renz der Wahlbeteiligungsziffern von Wahl zu Wahl. Eine derartige Vorgehensweise setzt voraus, daß man beide Merkmale auf die jeweilige Zahl der Wahlberechtigten relativiert.

Theoretisch machen alle fünf Betrachtungsweisen, je nach Fragestel-lung, einen Sinn.[132] Unterstellt man jedoch eine ursächliche Beziehung zwischen der Veränderung der Wahlbeteiligung und der Entwicklung des NSDAP-Stimmenanteils, wie dies in vielen Erklärungsversuchen der Fall ist, so ist die Korrelation von Veränderungsvariablen sicherlich die am besten geeignete Betrachtungsweise. Zugleich stellt sie aber auch den technisch mit Abstand am schwierigsten zu interpretierenden Fall dar, was in der wahlhistorischen Literatur durchaus schon zu einiger Verwirrung geführt hat.[133] Ich werde deshalb im folgenden vor allem auf Prozentveränderungstabellen zurückgreifen, die sich dem statistischen Laien intuitiv leichter erschließen als Korrelationskoeffizienten.

Bis 1928 gab es bestenfalls einen geringen systematischen Zusammenhang zwischen der Veränderung der Wahlbeteiligung und dem Anstieg oder Rückgang der NSDAP- bzw. DVFP- und NSFB-Stimmen (vgl. Tabelle 5.5). Soweit überhaupt eine Beziehung zu beobachten ist, verläuft sie, wie das Vorzeichen der Korrelationskoeffizienten anzeigt, negativ. Im Mai 1924 konnte die Deutsch-Völkische Freiheitspartei dort geringfügig mehr Stimmen gewinnen, wo die Wahlbeteiligung gegenüber der Reichstagswahl vom Juni 1920 überdurchschnittlich abnahm, und analog ging sie zwischen Mai und Dezember 1924 dort eher zurück, wo der Anstieg der Wahlbeteiligung über dem Reichsdurchschnitt lag. Zwischen Dezember 1924 und Mai 1928 schließlich ist überhaupt keine Beziehung zwischen der Entwicklung beider Merkmale erkennbar.

Historisch interessanter und, wie wir gesehen haben, theoretisch sehr viel umstrittener ist denn auch das Verhältnis von Wahlbeteiligungsanstieg und NSDAP-Zunahme nach 1928. Überraschenderweise ergibt sich jedoch auch hier zunächst keine lineare Beziehung: Die NSDAP gewinnt 1930 im Vergleich zu 1928 in Gebieten mit hohem und niedrigem Wahlbeteiligungsanstieg praktisch gleichviel Stimmen hinzu. Im 1. Quartil, d. h. dem Viertel der Gemeinden mit dem niedrigsten Anstieg der Wahlbeteiligung (maximal 3 Prozent), betrug der Stimmenzuwachs der Nationalsozialisten 12,2 Prozentpunkte, während er im 4. Quartil, also dem Viertel der Gemeinden, in dem die Wahlbeteiligung um zehn Prozent und mehr zunahm, 13,4 Prozentpunkte ausmachte. Das scheint zunächst einmal die Theorie Lipsets zu bestätigen, der ja davon ausging, daß erst im Juli 1932 bisherige Nichtwähler in nennenswerter Zahl zur NSDAP geströmt seien.

Tatsächlich beträgt die Differenz des NSDAP-Anstiegs zwischen dem 1. und dem 4. Veränderungsquartil der Wahlbeteiligung im Juli 1932 genau zehn Prozentpunkte, d. h. in Stadt- und Landkreisen mit dem größten Anstieg der Wahlbeteiligung[134] vermochte sich die NSDAP von September 1930 bis Juli 1932 um sage und schreibe 23,3 Prozentpunkte zu steigern, während sie im untersten Quartil „lediglich" um 13,3 Prozentpunkte zunahm. Allerdings erreicht der entsprechende Korrelationskoeffizient mit r = 0.46 nur eine mittlere Höhe, so daß man vielleicht besser von einem schwachen bis mittelstarken statistischen Zusammenhang reden sollte. Anders als für die Reichstagswahl 1930 gilt für die Juliwahl von 1932 jedoch die Regel, daß der Zuwachs der NSDAP-Stimmen im

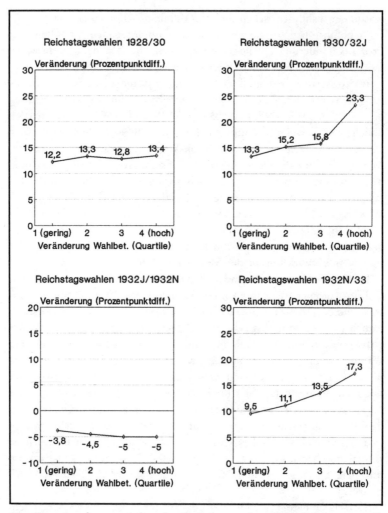

Der Zusammenhang zwischen der Veränderung der NSDAP-Stimmenanteile und der Veränderung der Wahlbeteiligung. Grafik zu Tabelle 5.5.

Durchschnitt umso stärker ausfällt, je höher der Anstieg der Wahlbeteiligung ist.

Erheblich ausgeprägter ist diese Tendenz noch bei der Märzwahl 1933, wo ein ausgesprochen enger Zusammenhang zwischen dem Anwachsen der Wahlbeteiligung und dem Anstieg der NSDAP-Stimmen zu beobachten ist: In Kreisen mit einer über dem Durchschnitt liegenden Zunahme der abgegebenen gültigen Stimmen steigt der NSDAP-Anteil tendenziell ebenfalls überdurchschnittlich stark an, während er in Kreisen mit einem geringeren Beteiligungszuwachs eher unterdurchschnittliche Steigerungsraten aufweist. Aus Tabelle 5.5 geht hervor, daß die Zunahme des NSDAP-Stimmenanteils im untersten Wahlbeteiligungs-Quartil im Mittel lediglich 9,5 Prozentpunkte betrug, im obersten Wahlbeteiligungs-Quartil dagegen machte sie immerhin 17,3 Prozentpunkte aus. Daß es sich dabei um einen relativ engen Zusammenhang handelt, belegt das nachstehende Streudiagramm, in dem die 831 Kreiseinheiten unseres Datensatzes nach der Veränderung der Wahlbeteiligung und dem Anstieg der NSDAP-Stimmen zwischen November 1932 und März 1933 abgebildet sind. Jeder der 831 Punkte des Diagramms entspricht einem Stadt- oder Landkreis bzw. einer Kreiseinheit. Aus der Lage und Dichte der Punkt-

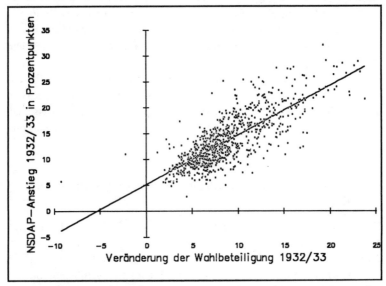

Der Anstieg der Wahlbeteiligung und das Wachstum der NSDAP zwischen November 1932 und März 1933. Grafik zu den Tabellen 5.5 und 5.6.

wolke ist der enge statistische Zusammenhang zwischen beiden Merkmalen klar erkennbar. Er entspricht einem selbst für Aggregatanalysen recht hohen Korrelationskoeffizienten von r = 0.74. Deutlich wird auch, daß die Wahlbeteiligung insgesamt in nur zwei Kreiseinheiten zurückging und daß die NSDAP überall Wähler dazugewinnen konnte, wobei die Spannweite ihrer Stimmengewinne allerdings beträchtlich ist. Im niedrigsten Fall nimmt sie gegenüber 1932 um rund zwei Prozentpunkte zu, im höchsten Fall um über dreißig Prozentpunkte. Dies bedeutet, daß die

NSDAP 1933 (wie übrigens auch im Juli 1932) selbst in denjenigen Stadt-
und Landkreisen Stimmengewinne aufzuweisen hatte, in denen zwischen
der ersten und zweiten Wahl des jeweiligen Wahlpaares die Wahlbeteiligung entgegen dem allgemeinen Trend gleichblieb oder zurückging.

Im November 1932 endlich besteht ebenfalls eine positive, aber recht
schwache statistische Beziehung zwischen der Veränderung der Wahlbeteiligung und der NSDAP-Stimmenentwicklung: Je stärker die Wahlbeteiligung zurückgeht, desto höher fallen im Durchschnitt auch die
NSDAP-Verluste aus. Dabei ist die Spannweite zwischen dem 1. und 4.
Quartil mit 1,2 Prozentpunkten allerdings sehr klein. Und auch hier ist zu
beobachten, daß die NSDAP selbst dort noch Stimmenverluste hinnehmen mußte, wo entgegen dem Reichstrend die Wahlbeteiligungsziffern
stabil blieben oder in die Höhe gingen.[135] Substantiell sollte dieses Phänomen als Indiz für eine allgemeine Bewegung – man spricht in der
angelsächsischen Wahlforschung auch von Swing – zur NSDAP hin oder
von der NSDAP weg interpretiert werden, eine Bewegung, die nicht
alleine auf Schwankungen der Wahlbeteiligung zurückgeführt werden
kann, sondern (auch) durch andere Faktoren erklärt werden muß. Festzuhalten bleibt an dieser Stelle, daß auf der einfachen, nur zwei Faktoren
berücksichtigenden Zusammenhangsebene die Auffassung Lipsets, daß
die NSDAP erst im Juli 1932 von der gestiegenen Wahlbeteiligung
profitieren konnte, zunächst bestätigt zu werden scheint.

5.3.2. Der Einfluß der Wahlbeteiligung in unterschiedlichen sozialen Kontexten

Ob dieser (Nicht-) Zusammenhang in allen sozialen Kontexten gilt, ist
damit freilich noch nicht geklärt. Denn aus einer Vielzahl von Untersuchungen wissen wir, daß nicht nur die Stärke und Entwicklung der
NSDAP-Wahlerfolge, sondern auch die Höhe der Wahlbeteiligung in
einem gewissen Ausmaße mit der sozialen Zusammensetzung der geographischen Untersuchungseinheiten schwanken. Das gleiche ist durchaus
auch für den Zusammenhang beider Merkmale denkbar. Um diese Möglichkeit zu überprüfen wollen wir im folgenden die 831 Kreiseinheiten
nach dem Grade ihrer Verstädterung und ihrer konfessionellen Zusammensetzung aufteilen. Bei dem dafür eingesetzten Verfahren, dem sogenannten Kontrastgruppenvergleich, wird die Gesamtheit aller untersuchten Gebietseinheiten (im vorliegenden Falle also der 831 Kreiseinheiten
des Deutschen Reiches) in mehreren aufeinanderfolgenden Schritten so
zerlegt, daß in sich immer homogenere, untereinander aber umso schärfer
kontrastierende Untermengen von Kreisen, die sogenannten Kontrast-

gruppen, entstehen. Aufteilungskriterien sind dabei die je nach Fragestellung interessierenden Sozialmerkmale, im vorliegenden Falle die Urbanisierung und der Konfessionsanteil. Es handelt sich bei diesen beiden Merkmalen um Einflußfaktoren, auf deren Bedeutung für die nationalsozialistischen Wahlerfolge im einschlägigen Schrifttum immer wieder hingewiesen worden ist. In späteren Kapiteln werden wir weitere Merkmale wie etwa den Arbeiteranteil oder die dominierende Wirtschaftsabteilung in derartigen Kontrastgruppenvergleichen berücksichtigen.

Im ersten Aufteilungsschritt werden die 831 Kreiseinheiten in 244 eher städtische und 587 eher ländliche Gebiete zerlegt. Aufteilungskriterium ist dabei, ob über 50 Prozent der Bewohner eines Kreises in Gemeinden mit mehr oder weniger als 5000 Einwohnern leben. Im zweiten Aufteilungsschritt werden dann die stärker urbanisierten und die eher ländlichen Kreiseinheiten nach dem dominierenden Konfessionsanteil zerlegt. Auf diese Weise ergeben sich jeweils drei eher urbane und eher ländliche Kreistypen mit überwiegend katholischer, überwiegend nicht-katholischer und konfessionell gemischter Bevölkerung. Ein Kreis gilt dabei als überwiegend katholisch bzw. nicht-katholisch[136], wenn mehr als zwei Drittel seiner Bevölkerung katholisch bzw. nicht-katholisch sind. Für die daraus resultierenden sechs Kreiskategorien wird sodann der statistische Zusammenhang zwischen dem Anstieg der Wahlbeteiligung und der Zunahme der NSDAP berechnet. Unser Hauptaugenmerk gilt dabei dem Wahlpaar 1928/1930, da nur hierüber tiefergreifende Divergenzen zwischen der massen- und der klassentheoretischen Sichtweise bestehen.

Übersicht 5.1 belegt, daß 1930 der Anstieg der Wahlbeteiligung und die Zunahme der NSDAP-Stimmen weder auf Reichsebene noch innerhalb der beiden Kontrastgruppen der ersten Aufteilungsebene einen systematischen Zusammenhang aufwiesen, daß aber auf der zweiten Aufteilungsebene sehr wohl positive statistische Beziehungen zwischen den beiden Merkmalen auftreten. So nimmt der NSDAP-Anteil sowohl in den 210 katholisch-ländlichen und den 47 katholisch-städtischen Kreisen als auch in den 156 Kreisen der überwiegend evangelisch-städtischen Kontrastgruppe tendenziell mit wachsendem Wahlbeteiligungsanstieg zu. Die Prozentsatzdifferenz, damit ist hier der Abstand zwischen dem mittleren NSDAP-Wachstum im ersten und vierten Quartil des Wahlbeteiligungsanstiegs gemeint, beträgt in der städtisch-katholischen Kontrastgruppe 3,2 Prozentpunkte, in den evangelisch-städtischen Untersuchungseinheiten 3 und in den ländlich-katholischen Kreisen 2,7 Prozentpunkte. Da der Zusammenhang überdies in diesen drei Kontrastgruppen auch in den beiden mittleren Quartilen jeweils linear verläuft, resultiert daraus ein

Übersicht 5.1: Der Zusammenhang zwischen dem Anstieg der Wahlbeteiligung und dem NSDAP-Wachstum 1928/1930 in Gebieten unterschiedlicher sozialer Zusammensetzung

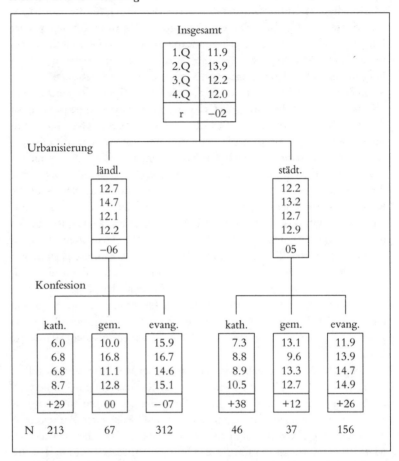

Eintragungen: Prozentpunktdifferenzen des NSDAP-Wachstums nach Wahlbeteiligungsanstiegs-Quartilen. Definition wie in Tabelle 5.5. N = Zahl der Kreise je Verzweigung des Kontrastgruppenvergleichs. Korrelationskoeffizient = r × 100. *Lesehilfe:* In katholisch-ländlichen Kreisen nahm die NSDAP dort, wo der Wahlbeteiligungsanstieg niedrig ausfiel (= 1. Quartil), um 6.0 Prozentpunkte zu, im 4. Quartil dieser Kontrastgruppe, also in katholisch-ländlichen Kreisen mit einem hohen Wahlbeteiligungsanstieg, betrug der NSDAP-Anstieg dagegen 8.7 Punkte. Das statistische Zusammenhangsmaß (Korrelationskoeffizient) beträgt r = 0.29.

positiver Korrelationskoeffizient, der eine zwar schwache, aber doch deutlich erkennbare statistische Beziehung im Sinne der Massenhypothese anzeigt: Zumindest in diesen drei sozialen Kontexten entwickeln sich zwischen 1928 und 1930 die Wahlbeteiligung und die Stimmenanteile der NSDAP mehr oder minder gleichmäßig. Sollte also doch Bendix mit seiner – später widerrufenen – Ansicht recht gehabt haben, daß es vor allem die Unpolitischen gewesen sind, die bei der Reichstagswahl 1930 den Aufstieg der NSDAP von einer kleinen Splittergruppe zur zweitstärksten Kraft im Reichstag ermöglichten? Noch haben wir zu wenig Informationen erarbeitet, um darauf eine sichere Antwort geben zu können. Doch zeigt der Blick in die unterschiedlichen sozialen Kontexte, daß eine derartige Antwort vermutlich differenzierter ausfallen muß, als von beiden Erklärungsversuchen unterstellt wird.

Allgemein belegt Übersicht 5.1, daß sich unterhalb eines scheinbar eindeutigen reichsweiten Trends sehr wohl regionale Abweichungen verbergen können, die von der sozialen und demographischen Zusammensetzung der Stadt- und Landkreise abhängen. Sie weisen auf je nach sozialem Kontext unterschiedliche Mobilisierungspotentiale früherer Nichtwähler und Erstwähler zugunsten des Nationalsozialismus hin.[137] Überdies machen die festgestellten Mobilisierungsdifferenzen zwischen den verschiedenen Kontrastgruppen deutlich, daß die unbesehene Übertragung lokal- oder regionalspezifischer Erkenntnisse und Zusammenhänge auf die Reichsebene nicht nur allgemein riskant ist, sondern auch zu gravierenden Fehlschlüssen führen kann.[138] Dies gilt selbstverständlich auch für den umgekehrten Schluß von reichsweit ermittelten statistischen Zusammenhängen auf bestimmte regionale oder lokale Gegebenheiten. Beide Betrachtungsweisen haben ihren jeweils eigenen Wert; sie können sich nicht gegenseitig ersetzen, sondern nur sinnvoll ergänzen.

5.3.3. Haben möglicherweise alle Parteien von der steigenden Wahlbeteiligung profitiert?

Die Differenzierung nach unterschiedlichen sozialen Kontexten bedeutete schon einen ersten Schritt in Richtung multivariater Analyseverfahren, die das Zusammenspiel mehrerer erklärungsrelevanter Faktoren berücksichtigen. Bevor wir uns dieser Betrachtungsweise endgültig zuwenden, soll in einer Art Zwischenschritt zunächst noch die Möglichkeit untersucht werden, daß die Mobilisierung neuer Wähler dort ganz allgemein höher ausfiel, wo die NSDAP überdurchschnittlich viele Stimmen hinzugewinnen konnte. Die oben berichteten, überwiegend positiven Zusammenhänge zwischen NSDAP-Anstieg und Zunahme der Wahlbeteiligung stellten in diesem Falle zwar höchstwahrscheinlich ein Resultat der organisatorischen und propagandistischen Aktivitäten der Nationalsozialisten oder eine Reaktion auf die vorausgesehenen Wahlerfolge der NSDAP dar. Sie sollten aber dennoch nicht im Sinne einer stärkeren Tendenz frisch mobilisierter Wähler, bevorzugt der NSDAP die Stimme zu geben, interpretiert werden. Denn wegen der insgesamt stärkeren Politisierung aller Wahlberechtigten einer Gemeinde oder eines Kreises wären in diesem Falle ja möglicherweise Anhänger und Gegner des Nationalsozialismus gleichermaßen mobilisiert worden, wovon auch andere Parteien als die NSDAP profitiert haben könnten. Um diese Möglichkeit auszuschließen, ist es notwendig, sich die Zusammenhänge zwischen der Veränderung der Wahlbeteiligung und den Wahlergebnissen der anderen Parteien anzuschauen. Dies erfolgt in Tabelle 5.6, die angesichts des Exkurscharakters dieses Zwischenschritts ausnahmsweise einmal nur Korrelationskoeffizienten enthält.

Da sowohl die Parteianteile als auch naturgemäß die Wahlbeteiligungsvariable auf der Ebene aller Wahlberechtigten der jeweiligen Untersuchungseinheiten prozentuiert worden sind, läßt sich die Annahme eines allgemeinen Mobilisierungseffektes, von dem nicht nur die Nationalsozialisten, sondern auch andere Parteien profitieren konnten, anhand unserer Daten überprüfen. Tatsächlich deuten die in Tabelle 5.6 berichteten Zusammenhänge darauf hin, daß diese Hypothese nicht ganz abwegig ist: In den weitaus meisten Fällen hängen die Veränderungsraten der Wahlbeteiligung und der Parteianteile in der von der Mobilisierungshypothese vorausgesagten Richtung, nämlich positiv, zusammen. Insgesamt liegen nur drei bedeutsamere Ausnahmen vor: die Veränderung des Anteils der

Tabelle 5.6: Der Zusammenhang zwischen der Veränderung der Wahlbeteiligung und der Entwicklung der Stimmenanteile der Parteien

	NSDAP	DNVP	DVP	DDP	SONST	ZENTR	SPD	KPD
1928/30	−02	28	13	39	11	25	40	31
1930/32J	46	09	03	11	−19	14	07	15
1932J/32N	27	28	17	−02	21	46	−15	42
1932N/33	74	12	10	−14	−21	10	24	04

Korrelationskoeffizienten × 100. Kreisdaten; 831 mit der Wahlberechtigtenzahl gewichtete Fälle.
Lesebeispiel: Je höher der Wahlbeteiligungsanstieg im Jahre 1930, desto geringer im Durchschnitt die DNVP-Verluste gegenüber 1928, desto stärker auch im Mittel die Zentrums- und KPD-Gewinne.

verschiedenen Splitterparteien[139] im Juli 1932 und März 1933 sowie der Rückgang der SPD-Stimmen im November 1932. Die Parteien, die noch in der Lage waren, Stimmen (wenn auch nicht notwendigerweise Wähleranteile) hinzuzugewinnen, also beispielsweise die KPD bis einschließlich November 1932 und die hier mit der Bayerischen Volkspartei zusammengelegte katholische Zentrumspartei, taten dies dort, wo die Wahlbeteiligung überproportional anstieg, gleichfalls in überdurchschnittlicher Weise. Analog gingen Parteien, die nach 1928 Stimmenverluste hinnehmen mußten, dort tendenziell weniger stark zurück, wo die Wahlbeteiligungszunahme über dem Reichsmittel lag. Aufgrund dieser Ergebnisse läßt sich tatsächlich von einem generellen Mobilisierungseffekt, der zwischen 1928 und 1933 nicht nur die Nationalsozialisten, sondern auch andere Parteien begünstigt zu haben scheint, sprechen. Allerdings ist, wie ebenfalls aus Tabelle 5.6 entnommen werden kann, im Juli 1932 und im März 1933 der ermittelte statistische Zusammenhang des Wahlbeteiligungsanstiegs mit der Zunahme der NSDAP deutlich stärker als mit der Veränderung der anderen Parteien.

5.3.4. Die Veränderung von Wahlbeteiligung und NSDAP-Stimmen unter Berücksichtigung der anderen Parteien

Ein wichtiges Resultat von Tabelle 5.6 ist die Erkenntnis, daß zumindest auf der einfachen Zusammenhangsebene vermutlich nicht nur die Veränderung des NSDAP-Stimmentanteils, sondern auch die Entwicklung der Wahlresultate der übrigen Parteien von der Zu- und Abnahme der Wahlbeteiligung beeinflußt worden ist.[140] Dies macht es notwendig, auch komplexere statistische Auswertungsverfahren heranzuziehen, die es uns erlauben, die Auswirkung der Wahlbeteiligungsschwankungen auf die Veränderung der NSDAP-Anteile unter Berücksichtigung der Entwicklung ausgewählter anderer Parteien zu untersuchen. Wir werden hierzu erneut auf die Darstellungsweise des Kontrastgruppenvergleichs – um ein eigenes Analyseverfahren handelt es sich streng genommen nicht – zurückgreifen (vgl. Übersicht 5.2). Das zu erklärende Merkmal ist wiederum die Veränderung des NSDAP-Anteils, die wir in Abhängigkeit von der Entwicklung der Stimmenanteile anderer politischer Gruppierungen untersuchen wollen. Die Resultate dieses Kontrastgruppenvergleiches überprüfen wir dann anhand der im Anhang abgedruckten Ergebnisse einer multiplen Regressionsanalyse (vgl. Anhang, Tabelle A4 und A5).

Analog zum Kontrastgruppenvergleich in Übersicht 5.1 untergliedern wir in einem ersten Aufteilungsschritt die 831 Kreiseinheiten unseres

Übersicht 5.2: Die Gewinne und Verluste der NSDAP zwischen 1928 und 1933 im Kontrastgruppenvergleich

ALLE KREISE

1928–30:	13
1930–32]:	16
1932]–N:	–5
1932N–33:	12

Veränderung der Wahlbeteiligung

nied.	mittel	hoch
13	13	16
14	16	21
–4	–5	–8
10	12	15

Veränderung der DNVP

nied.	hoch	nied.	hoch	nied.	hoch
10	16	11	16	12	12
13	14	15	18	18	19
–3	–5	–3	–7	–4	–5
10	9	12	11	17	16

Veränderung der DDP/DVP

nied.	hoch	nied.	hoch	nied.	hoch	nied.	hoch	nied.	hoch	nied.	hoch
8	12	15	17	9	14	15	18	10	15	15	19
11	15	13	16	13	17	18	16	19	18	20	25
–2	–4	–4	–5	–3	–4	–6	–7	–4	–5	–7	–8
10	10	9	8	13	12	11	11	18	16	15	14

Veränderung der Splitterparteien

1 nied.	2 nied.	3 hoch	4 nied.	5 hoch	6 hoch	7 hoch	8 hoch	9 nied.	10 nied.	11 hoch	12 hoch	13 nied.	14 hoch	15 hoch	16 hoch	17 nied.	18 hoch	19 hoch	20 hoch	21 hoch	22 nied.	23 hoch	24 hoch
9	6	13	9	19	12	18	16	9	6	11	16	16	14	21	17	10	10	17	13	18	15	23	18
7	15	13	19	12	15	15	22	8	18	23	15	16	23	16	18	12	24	14	26	19	24	24	26
–2	–1	–4	–3	–4	–6	–5	–6	–4	–2	–3	–3	–7	–6	–6	–6	–4	–3	–4	–5	–8	–5	–9	–9
11	10	10	11	9	9	8	9	13	13	12	12	11	11	11	13	18	16	16	16	15	15	13	13

Datensatzes nach der Veränderung der Wahlbeteiligung in drei gleichgroße Klassen von Kreisen, sogenannte Terzile, für die wir jeweils die
durchschnittliche NSDAP-Stimmenentwicklung berechnen. Wie schon
in den vorangegangenen Abschnitten zeigt sich auch hier, daß im Jahre
1930 im Reichsmittel keine lineare Beziehung zwischen dem Anstieg der
Wahlbeteiligung und dem Zuwachs der nationalsozialistischen Stimmen
bestand. Für die folgenden drei Wahlpaare wiederholt sich das gleiche
Muster wie in der Korrelationsanalyse und im Quartilsvergleich: Ein
Anstieg der Wahlbeteiligung führt im Durchschnitt aller Kreise zu einem
Stimmenzuwachs der NSDAP (im Juli 1932 und März 1933 beträgt die
NSDAP-Anteilsdifferenz zwischen den beiden Kontrastgruppen mit dem
niedrigsten und dem höchsten Wahlbeteiligungsanstieg jeweils sechs
Prozentpunkte). Ein Rückgang der abgegebenen gültigen Stimmen be-
wirkt, wenn auch deutlich abgeschwächt, das Gegenteil: In den Kreisen
mit der stärksten Abnahme der Wahlbeteiligung verliert die NSDAP im
November 1932 tendenziell mehr Stimmen als in Kreisen mit einer
geringeren Abnahme der Wahlbeteiligung.

Im zweiten Schritt des Kontrastgruppenvergleichs in Übersicht 5.2
werden die drei Kreiskategorien der ersten Aufteilungsebene danach
aufgegliedert, ob sie eine über oder unter dem Durchschnitt liegende
Veränderung des DNVP-Stimmenanteils aufweisen. Es entstehen auf
diese Weise sechs neue Kontrastgruppen, in denen wir wiederum die
Entwicklung der NSDAP-Wahlerfolge messen. Hier ist eine klare statistische Beziehung zwischen DNVP-Rückgang und NSDAP-Anstieg zu
beobachten, der wir jedoch erst im folgenden Abschnitt nachgehen
wollen. Uns interessiert zunächst einmal nur, ob sich das auf der ersten
Verzweigungsebene angetroffene Muster auch nach Kontrolle der Entwicklung der übrigen Parteien erhält. Dies ist augenscheinlich auf der
zweiten Aufteilungsstufe der Fall: Die Unterschiede zwischen den Wahlbeteiligungsklassen bleiben – mit nur einer nennenswerten Ausnahme –
auch innerhalb der sechs DNVP-Veränderungsgruppen bestehen. In den
drei Kontrastgruppen mit unterdurchschnittlichem DNVP-Zuwachs beträgt im Juli 1932 die NSDAP-Zunahme rund 13, 15 und 18 Prozentpunkte, innerhalb der Kontrastgruppen mit überdurchschnittlichem
DNVP-Zuwachs liegt sie bei 14, 18 und 21 Prozentpunkten. Analoge
Verhältnisse gelten für die Märzwahl 1933 und, wenn auch natürlich mit
umgekehrtem Vorzeichen, für die Novemberwahl 1932.[141]

Auf der dritten Gliederungsebene unterteilen wir die sechs DNVP-
Untergruppen nach dem Kriterium einer über- oder unterdurchschnittlichen Veränderung der Stimmenanteile von DDP und DVP, die wir hier
trotz aller Unterschiede zwischen beiden Parteien der Einfachheit und

besseren Übersichtlichkeit wegen zu einer „liberalen" Wählergruppierung zusammenfassen. Daraus resultieren zwölf neue Kontrastgruppen,
für die wir wiederum den durchschnittlichen NSDAP-Stimmenanstieg
und -Rückgang berechnen. Auch hier ergeben sich für die ersten beiden
Wahlpaare klar erkennbare, wenn auch deutlich schwächer ausgeprägte
Zusammenhänge zwischen den Verlusten der liberalen Parteien und den
nationalsozialistischen Gewinnen, mit denen wir uns im nachfolgenden
Kapitel näher befassen wollen. An dieser Stelle ist für uns vor allem die
Tatsache von Bedeutung, daß auch auf der dritten Aufteilungsebene bei
allen vier Wahlpaaren die positive Beziehung zwischen der Entwicklung
der Wahlbeteiligung und der NSDAP-Stimmen erhalten bleibt. Dies gilt
bemerkenswerterweise auch für die Wahlen von 1930.

Auf der vierten und letzten Aufgliederungsebene schließlich werden
die zwölf Kontrastgruppen der dritten Stufe nach einem über- oder
unterdurchschnittlichen Wechsel der Wähleranteile der Splitterparteien,
d. h. der diversen partikularistischen und interessenorientierten Gruppen
und Grüppchen, aufgeteilt. Diese Gruppierungen konnten bei der Reichstagswahl 1930 entgegen dem allgemein für die bürgerlich-protestantischen Parteien geltenden Trend Stimmen gewinnen, verloren aber nur
zwei Jahre später vier Fünftel ihrer Anhänger. Wiederum ergeben sich
recht klare Beziehungen zwischen der Wahlentwicklung dieser Splittergruppen und den nationalsozialistischen Stimmenveränderungen, die uns
weiter unten noch eingehender beschäftigen werden.

Von primärem Interesse ist auch hier wieder das Verhältnis von
NSDAP-Entwicklung und Wahlbeteiligungsveränderung. Wir sind nun
in der Lage, diese Beziehung nach Kontrolle des möglichen Einflusses
aller anderen im Kontrastgruppenmodell enthaltenen Veränderungsfaktoren zu analysieren. Dies erfolgt durch den Vergleich derjenigen Untergruppen, die sich zwar hinsichtlich der Wahlbeteiligungsentwicklung,
nicht aber in Bezug auf die Veränderung der anderen Merkmale des
Kontrastgruppenbaums unterscheiden. Wir müssen also im folgenden auf
Prozentpunktdifferenzen der NSDAP-Entwicklung in den Kontrastgruppen Nr. 1, 9 und 17 oder 2, 10 und 18 bis hin zu den Gruppen 8, 16 und
24 achten. Vom Modell gefordert ist eine lineare Zunahme der NSDAP-
Differenzen über die drei Wahlbeteiligungsklassen hinweg. Tatsächlich
tritt für das Wahlpaar 1928/1930 auch auf der vierten Verzweigungsebene
des Kontrastgruppenbaums ein zwar nach wie vor kleiner, aber konsistenter positiver Zusammenhang zwischen der Zunahme der Wahlbeteiligung und dem Anstieg der NSDAP auf. Diese Beziehung wird im Juli
1932 stärker und erreicht ihren Höhepunkt im März 1933. Im November
1932 schließlich zeigt sich der erwartete umgekehrte Zusammenhang

zwischen den beiden Merkmalen: Wo der Rückgang der Wahlbeteiligung überdurchschnittlich ausfiel, verlor die NSDAP im Mittel überproportional viele Stimmen, wo der Rückgang der Wahlbeteiligung nicht so stark war, hielten sich auch die Stimmenverluste der NSDAP in Grenzen.

Alles in allem verläuft das Beziehungsmuster erstaunlich konsistent. Abweichungen vom allgemeinen Trend sind die Ausnahme, ausgesprochene Ausreißer treten so gut wie nicht auf. Da aber die Festlegung der Schnittpunkte der Kategorien beim Kontrastgruppenvergleich von entscheidender Bedeutung für die erzielten Ergebnisse sein kann – so ist es beispielsweise nicht auszuschließen, daß die erwähnten Abweichungen vom Trend von der Wahl der Schnittpunkte beeinflußt sind –, erscheint es geboten, die beobachteten Zusammenhänge in einem weiteren Schritt mit Hilfe geeigneter Analyseverfahren nochmals zu bestätigen. Hierfür bietet sich eine multiple Regressionsanalyse der im Kontrastgruppenbaum enthaltenen Einflußfaktoren an, die die Variablen des Kontrastgruppenvergleichs als das behandelt, was sie in Wirklichkeit sind, nämlich als quantitative, kontinuierliche Merkmale, die von uns für die Zwecke des Kontrastgruppenvergleichs künstlich in Kategorien mit zwei oder drei Ausprägungen zerlegt wurden. Durch die multiple Regressionsanalyse werden die Resultate des Kontrastgruppenvergleichs weiter untermauert. Tatsächlich muß man schon für das Wahlpaar 1928/1930 von einem zwar nach wie vor kleinen, aber doch eindeutigen Einfluß des Anstiegs der Wahlbeteiligung auf die Entwicklung der NSDAP-Stimmen ausgehen.[142] Wo die Wahlbeteiligung überdurchschnittlich anstieg, nahm – unter Berücksichtigung der Veränderung von DNVP, DVP/DDP und der Splitterparteien – auch der Stimmenanteil der NSDAP im Schnitt überproportional zu. In weitaus stärkerem Maße gilt dies allerdings für die Wahlpaare 1930/1932J und 1932N/1933 sowie, wenn auch in umgekehrter Richtung, für das Wahlpaar 1932J/1932N.[143]

Damit finden auf der Aggregatebene weder Lipset noch Bendix volle Bestätigung. Zwar scheint Lipsets Vermutung, daß zwischen der Entwicklung der NSDAP und dem Anstieg der Wahlbeteiligung im Jahre 1930 keine theoretisch signifikante Beziehung nachzuweisen sei, den hier erarbeiteten Resultaten immer noch besser gerecht zu werden als die Position von Bendix, der ja von einer starken und eindeutigen Beziehung beider Merkmale ausging, wenn er behauptete, daß ehemalige Nichtwähler und erstmals Wahlberechtigte die wichtigste Quelle der nationalsozialistischen Wahlerfolge von 1930 bildeten. Wir werden im folgenden aber auch sehen, daß die Hypothese Lipsets, es habe 1930 kaum Wählerwanderungen von den Deutschnationalen zur NSDAP gegeben, nicht zutrifft.

5.3.5. Waren vor allem frühere Nichtwähler für den Anstieg der
NSDAP-Stimmen verantwortlich?

Bevor wir uns jedoch den Abwanderungen von anderen Parteien zur
NSDAP zuwenden, müssen wir uns in einem weiteren, letzten Schritt
dieses Abschnitts mit der Frage auseinandersetzen, ob denn die herausgearbeiteten, ausdrücklich nur für die Ebene der Stadt- und Landkreise
geltenden statistischen Beziehungen zwischen dem Anstieg der Wahlbeteiligung und der Zunahme der Nationalsozialisten die wirklich stattgefundenen Bewegungen vom Nichtwählerlager zur NSDAP hinreichend
genau beschreiben. Tatsächlich handelt es sich zunächst einmal nur um
Indikatoren von Wählerwanderungen, die unter keinen Umständen unge-
prüft mit den dahinterstehenden, aber eben nicht notwendigerweise damit
deckungsgleichen individuellen Verhaltensweisen gleichgesetzt werden
dürfen. Hinter einem negativen Korrelations- oder Regressionskoeffizienten können sich schließlich Hunderttausende von Wählern verbergen,
die in eine vom Vorzeichen der Koeffizienten abweichende, entgegenge-
setzte Richtung gewechselt haben mögen. Zwar gibt es durchaus statistische Verfahren, die es unter ganz bestimmten, genau definierten Umständen erlauben, von territorialen auf individuelle Zusammenhänge zu
schließen. Aber diese Verfahren, deren bekanntestes, am häufigsten einge-
setztes die sogenannte ökologische Regressionsanalyse ist, sind nicht ohne
Risiko, da man aufgrund der verfügbaren Informationen im allgemeinen
nicht genau wissen kann, ob wirklich alle Voraussetzungen für eine
Anwendung dieser Schätzmethode gegeben sind. Andererseits ermöglicht sie im Falle des Vorliegens dieser Voraussetzungen sehr genaue
Schätzungen der tatsächlich erfolgten Wählerwanderungen. Sollten die
dem Verfahren zugrundeliegenden Annahmen nicht alle zutreffen, stellen
die mit seiner Hilfe gewonnenen Ergebnisse meiner Auffassung nach
dennoch die bestmögliche Grundlage für eine Rekonstruktion der zwischen den einzelnen Wahlen stattgefundenen Wählerbewegungen dar.[144]
Allerdings sollte man seine substantiellen Interpretationen wegen der
niemals vollständig auszuschließenden Risiken derartiger Schätzverfah-
ren auf Größenordnungsvergleiche beschränken. In Verbindung mit den
im vorangegangenen Abschnitt herausgearbeiteten Resultaten auf Kreis-
und Gemeindebene sollten diese dann hinreichend genaue Erkenntnisse
über den Zustrom von Wechselwählern und bisherigen Nichtwählern zur
NSDAP liefern, mit deren Hilfe es möglich sein wird, die Hypothesen
Lipsets, Burnhams und Bendix' zu überprüfen.

Bei der Untersuchung von Wechselwahlverhalten lassen sich drei
Perspektiven unterscheiden, die sich für den hier verfolgten Zweck in

Tabelle 5.7: Der Beitrag ehemaliger Nicht- und Erstwähler zu den Wahlerfolgen der NSDAP

Perspektive	1928/30	1930/32J	1932J/32N	1932N/33
(a) NW zu NSDAP	14%	19%	2%	42%
(b) NW in %NSDAP	24%	12%	1%	22%
(c) NSDAP zu NW	11%	0%	6%	2%

Die Prozentwerte repräsentieren sogenannte Übergangswahrscheinlichkeiten, die unter Kontrolle von Konfession und Urbanisierung mit Hilfe ökologischer Regressionsanalysen ermittelt wurden. Kreisdatensatz, 831 mit der Einwohnerzahl gewichtete Fälle.
Lesebeispiel: Rund 14 Prozent der Nichtwähler von 1928 wählten 1930 NSDAP. Sie stellten damit etwa ein Viertel der NSDAP-Wähler dieser Wahl. Ca. jeder zehnte NSDAP-Wähler von 1928 ging 1930 nicht zur Wahl.

Form folgender Fragen kleiden lassen: (a) Welcher Prozentsatz bisheriger Nichtwähler wechselte beim jeweils betrachteten Wahlpaar zur NSDAP? (b) Wie hoch ist der Prozentsatz ehemaliger Nichtwähler unter den Wählern der NSDAP bei einer gegebenen Wahl? (c) Welcher Prozentsatz ehemaliger NSDAP-Wähler der jeweils ersten Wahl eines bestimmten Wahlpaares enthielt sich bei der darauffolgenden Wahl der Stimme.[145]
Tabelle 5.7 enthält Informationen zu allen drei Fragestellungen. Angesichts der auf Kreisebene ermittelten Korrelationsergebnisse vielleicht etwas überraschend ergibt sich als Ergebnis der ökologischen Regressionsanalyse, daß die NSDAP nicht erst im Juli 1932 oder im März 1933, sondern schon im September 1930 von der steigenden Wahlbeteiligung profitieren konnte. Während jeder dieser drei Wahlen stimmte nach unseren Ergebnissen ein erheblicher Prozentsatz ehemaliger Nichtwähler[146] für die Nationalsozialisten. Wie wir weiter unten sehen werden, konnte die NSDAP vermutlich zu jedem dieser drei Zeitpunkte stärkeren Nutzen aus dem Anstieg der Wahlbeteiligung ziehen als irgend eine der anderen Parteien. Aber erst im März 1933 stellten bisherige Nichtwähler das größte Kontingent der NSDAP-Zuwanderer.
Aus Tabelle 5.7 geht weiter hervor, daß bei der Reichstagswahl 1930 die Affinität der Nichtwähler von 1928 zur NSDAP etwa gleich groß war wie die des Durchschnitts aller Wahlberechtigten. Im Juli 1932 lag die Tendenz der Nichtwähler von 1930, NSDAP zu wählen, geringfügig über der des Gesamtelektorats. Erst im März 1933 gab es einen deutlich überproportionalen Wechsel vom Nichtwählerlager zur NSDAP. Neben dem Wahlpaar 1928/1930 ist für den Wahlforscher die Novemberwahl 1932 von besonderem Interesse, da die NSDAP hier über zwei Millionen Stimmen verlor,

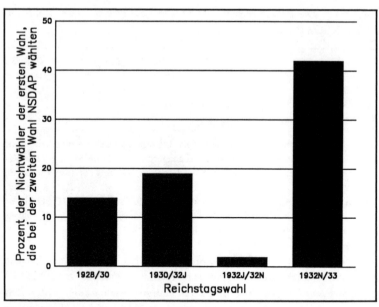

Der Beitrag der Nichtwähler zum Wahlerfolg der NSDAP. Grafik zu Tabelle 5.7.

während gleichzeitig etwa 1,4 Millionen Wähler der Wahlkabine fernblieben. Dieser parallele Rückgang hat ja nicht wenige Beobachter dazu bewogen, die Stimmenverluste der NSDAP allein oder in weit überwiegendem Maße durch die Verringerung der Wahlbeteiligung zu erklären. In der Tat scheint die Hitlerbewegung bei dieser Wahl überdurchschnittlich viele Stimmen an das Nichtwählerlager verloren zu haben. Allerdings waren unseren Ergebnissen zufolge die NSDAP-Abwanderer für nur rund die Hälfte des Wahlbeteiligungsrückgangs verantwortlich. Überdies konnten auch die meisten politischen Konkurrenten der NSDAP von den Stimmenverlusten der Nationalsozialisten profitieren, so daß von einer zwischen NSDAP und Nichtwählerlager verlaufenden Einbahnstraße keine Rede sein kann.

Was bedeuten diese Ergebnisse für die oben erwähnten Theorien? Kann eine von ihnen in Bezug auf die Nichtwähler nunmehr als bestätigt angesehen werden, während die anderen als obsolet zu gelten haben? Oder gibt es einen „relativen Sieger"? Weder die massen- noch die klassentheoretische Position scheinen im Hinblick auf die Nichtwähler von den Daten vollständig getragen oder total widerlegt zu werden. Bendix ist darin zuzustimmen, daß die NSDAP bereits bei der Reichstagswahl 1930 von der gestiegenen Wahlbeteiligung profitieren konnte. Keineswegs aber handelte es sich dabei um die einzige oder auch nur um die wichtigste Quelle des NSDAP-Aufstiegs, da nur rund ein Viertel der damaligen NSDAP-Wähler sich 1928 der Stimme enthalten zu haben scheinen. Am nächsten kommen der historischen Realität nach den hier vorgestellten Ergebnissen Walter Dean Burnham und W. Philips Shiveley mit ihrer Vermutung, 1930 sei die Unterstützung der Nationalsozialisten durch frühere Nichtwähler bestenfalls durchschnittlich gewesen. Alles in allem ist der Beitrag der Wahlbeteiligung für die nationalsozialistischen Wahlerfolge sehr viel komplexer und differenzierter, als dies von den vorgestellten Erklärungsversuchen vorgesehen wird. Einfache Theorien scheinen nicht immer dazu geeignet zu sein, komplizierte Phänomene angemessen zu erklären.

5.4. Der Zustrom von Wählern anderer Parteien zur NSDAP

Neben Meinungsverschiedenheiten über die Rolle der Nichtwähler besteht zwischen der klassen-, der massen- und der konfessionstheoretischen Erklärungsvariante Uneinigkeit über die Wählerwanderungen von den konservativen und liberalen Parteien zur NSDAP. So ist Lipset davon überzeugt, daß 1930 vor allem die liberalen Mittelklasseparteien Wähler an die Nationalsozialisten abgeben mußten, während Bendix neben dem Zustrom von Unpolitischen aller Couleur zunächst eher von Stimmenverlusten der Deutschnationalen an die NSDAP ausging. Nach Burnham dagegen sind die Wählerbewegungen zu den Nationalsozialisten von allen protestantisch-bürgerlichen Parteien ausgegangen, also sowohl von den Liberalen als auch von den Deutschnationalen und den verschiedenen Splittergruppen; blockübergreifende Wanderungen dagegen habe es in der Weimarer Republik kaum gegeben.

Burnham stützt sich unter anderem auf die von vielen Beobachtern als typisch für die Weimarer Republik hervorgehobene enorme Parteienzersplitterung und Stimmenfluktuation zwischen den Parteien bei gleichzeitiger hoher Stabilität der einzelnen Wählerblöcke. Schon beim Übergang vom Parteiensystem des Kaiserreichs zu dem der Weimarer Republik zeigte sich – wie wir gesehen haben – trotz militärischer Niederlage, Revolution, Friedensschluß von Versailles und gravierenden Änderungen im Wahlrecht und Wahlsystem jene in der nachfolgenden Abbildung dargestellte bemerkenswerte Blockstabilität, die darauf hindeutet, daß sich ungeachtet der enormen Schwankungen des Wählerverhaltens auf der Partei- und Richtungsebene das Weimarer Elektorat zumindest im Aggregat primär an sozialstrukturell und konfessionell bestimmten

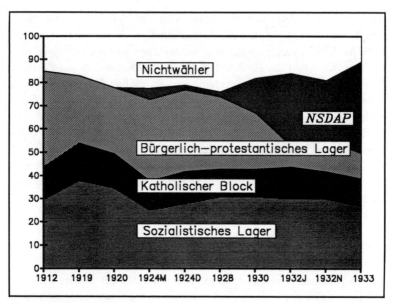

Die Entwicklung der politischen Lager zwischen 1912 und 1933.

Grenzziehungen zwischen den Parteiblöcken orientiert zu haben scheint. So verlor zwar bei der Wahl zur Nationalversammlung von 1919 der bürgerlich-protestantische Block gegenüber 1912 an Bedeutung, während das linke Wählerlager deutlich zuzulegen vermochte. Doch schon 1920, bei der Wahl zum ersten Reichstag der Republik, wurde die alte Gewichtsverteilung zwischen den drei Parteiblöcken nahezu wieder hergestellt. Daran sollte sich dann bis 1933 nur noch wenig ändern.

Zuerst bei der Linken, dann vor allem im bürgerlich-protestantischen Lager zeichnete sich unterhalb der Blockebene jedoch schon früh mit bedrohlich wachsender Tendenz jene Zersplitterung des ohnehin schon traditionell stark fragmentierten Parteiensystems ab, welche die Republik von Weimar immer mehr als unregierbar erscheinen ließ. Dabei waren allerdings die Kräfteverschiebungen innerhalb des bürgerlich-protestantischen Blocks erheblich stärker als innerhalb des linken Lagers. So wächst innerhalb des linken Lagers – bei gleichzeitiger relativer Stabilität der SPD – der Anteil der KPD an den Wahlberechtigten zwischen 1920 und November 1932 von 1,7 auf 13,6 Prozent, fällt während des gleichen Zeitraums innerhalb des bürgerlich-protestantischen Parteienkonglomerats der Anteil der beiden liberalen Parteien an den Wahlberechtigten von knapp 18 auf zuletzt wenig über 2 Prozent und der der Deutschnationalen von 12 auf rund 7 Prozent, während der NSDAP zwischen Mai 1924 und

November 1932 eine Verfünffachung ihres Anteils an den Wahlberechtigten gelingt. Lediglich innerhalb des katholischen Lagers fanden trotz immer wiederkehrender Abspaltungsversuche einzelner Gruppen so gut wie keine nennenswerten Kräfteverschiebungen statt.[147]

Angesichts der enormen Fluktuation innerhalb des bürgerlich-protestantischen Lagers wurde bereits von den meisten zeitgenössischen Interpreten der nationalsozialistischen Wahlerfolge davon ausgegangen, das Hauptreservoir der NSDAP-Zuwanderung sei bei den vorwiegend mittelständisch geprägten Angehörigen des bürgerlich-protestantischen Wählerblocks sowie bei den ehemaligen Nichtwählern und gerade ins Wahlalter gekommenen Neuwählern zu lokalisieren, während die beiden sozialistischen Teilkulturen und das katholische Lager so gut wie keine Anhänger an die NSDAP verloren hätten. In letzterem scheinen auch Burnham, Lipset und Bendix übereinzustimmen, deren Dissens sich eher auf den unterschiedlichen Beitrag der verschiedenen Gruppierungen des bürgerlich-protestantischen Lagers und den Zeitpunkt der Mobilisierung von Nichtwählern bezieht.

5.4.1. Einfache Zusammenhangsanalyse

Zunächst wollen wir diesen Hypothesen wieder mit Hilfe einfacher, immer nur zwei Merkmale gleichzeitig ins Auge fassender Prozentverteilungen und Zusammenhangsmaße nachgehen, um dann schrittweise zu immer komplexeren Auswertungsverfahren vorzustoßen. Dieses schrittweise Vorgehen von der bivariaten zur multivariaten Betrachtungsweise erfolgt nicht primär aus didaktischen Gründen, wie man vermuten könnte, sondern mit der Zielsetzung, durch die Erarbeitung von Informationen aus unterschiedlichen Blickwinkeln sowohl Material zur Überprüfung früherer, auf der einfachen Zusammenhangsebene verbleibender Studien wie etwa der häufig zitierten Untersuchung Pratts aus dem Jahre 1948 zur Verfügung zu stellen, als auch die im folgenden aufgestellten Aussagen plausibler abzustützen, als dies mit hochkomplexen, aber nur schwierig nachvollziehbaren statistischen Methoden möglich wäre.

Die Tabellen 5.8 A und 5.8 B geben die Ergebnisse von Prozentauszählungen für eine ganze Reihe von Veränderungskonstellationen wieder, die entweder in den drei oben diskutierten sozialwissenschaftlichen Erklärungsversuchen angesprochen werden oder in der einschlägigen historischen Literatur und zeitgenössischen Publizistik auftreten. Wiederum wird, wie schon in Tabelle 5.5, die Gesamtzahl aller Kreiseinheiten nach der Veränderung der als „Spender" in Frage kommenden Parteien, also der DNVP, der beiden liberalen Gruppierungen, der Splitterparteien, aber auch der SPD, des Zentrums und der KPD, für jede Partei und für jedes Wahlpaar getrennt zu vier Veränderungsklassen zusammengefaßt, die definitionsgemäß jeweils ein Viertel aller Untersuchungseinheiten enthalten. Innerhalb dieser Klassen oder Quartile wird dann für jedes Wahlpaar die durchschnittliche Veränderung der abhängigen Variablen, im vorliegenden Falle also des NSDAP-Anteils, in Prozentpunkten berechnet. Ein statistischer Zusammenhang liegt dann vor, wenn die Entwicklung der NSDAP entweder parallel oder umgekehrt proportional zur Veränderung der jeweils betrachteten Partei verläuft. Bleiben dagegen die NSDAP-Werte von Quartil zu Quartil konstant oder schwanken sie unsystematisch zwischen den vier Veränderungsklassen, liegt kein linearer Zusammenhang zwischen den beiden Merkmalen vor.

Letzteres gilt beispielsweise im Falle des Wahlpaares 1928/1930 für das Verhältnis von KPD- und NSDAP-Entwicklung (vgl. Tabelle 5.8 A). Dagegen ist im gleichen Zeitraum eine klare, eindeutige Beziehung zwischen den Verlusten der DNVP, aber auch der DVP und der Wirtschaftspartei auf der einen und der NSDAP auf der anderen Seite erkennbar. So beträgt das durchschnittliche Wachstum der Nationalsozialisten in dem Viertel der Kreise, in dem die DNVP zwischen 1928 und 1930 relativ am meisten Stimmen einbüßte, 17,5 Prozentpunkte, während sie in den Kreiseinheiten mit den geringsten DNVP-Verlusten im Mittel nur 8,7 Prozentpunkte hinzuzugewinnen vermochte. In einer ähnlichen Größenordnung bewegt sich das Verhältnis von NSDAP-Gewinnen und Stimmenverlusten der DVP. Dagegen besteht kein so klarer linearer Zusammenhang mit dem Rückgang der linksliberalen DDP/DStP oder der SPD, obwohl auch hier eine entsprechende, wenn auch merklich schwächere statistische Beziehung nachweisbar ist. Zwischen der Entwicklung der verschiedenen partikularistischen und interessenorientierten Splitterparteien und dem Aufstieg der NSDAP schließlich besteht 1930 noch kein systematischer Zusammenhang.

Dies sollte sich im Juli 1932 sowohl im Falle der Sonstigen als auch erstaunlicherweise der SPD gründlich ändern. Insbesondere zwischen dem drastischen Rückgang der verschiedenen Splitterparteien – sie büßten zwischen September 1930 und Juli 1932 rund 4 Millionen oder 85 Prozent ihrer Wähler ein – und den Gewinnen der NSDAP besteht ein enger statistischer Zusammenhang: In den Kreisen mit den niedrigsten Stimmenverlusten der Splitterparteien stieg der NSDAP-Anteil in diesem Zeitraum „nur" um 12,9 Prozentpunkte, in den Kreisen mit dem stärksten Rückgang dieser Parteien lag er dagegen bei 24,4 Punkten. Daß auch zwischen den sich auf rund 600 000 Wähler belaufenden SPD-Verlusten und den NSDAP-Gewinnen ein statistischer Zusammenhang besteht,

Tabelle 5.8A: Die Veränderung des NSDAP-Stimmenanteils zwischen 1928 und 1933 in Abhängigkeit von der Veränderung des Anteils anderer Parteien

Wahlpaar		Veränderung der in den Zeilen aufgeführten Parteien				Korre-lation
		Quartile				
		1	2	3	4	(× 100)
		Veränderung des NSDAP-Anteils				
1928/30						
KPD	(+)	12.9	14.2	13.5	11.5	−09
SPD	(−)	11.6	12.0	13.4	13.8	−17
DDP	(−)	11.8	11.5	14.0	13.7	−18
Z	(+)	15.0	14.0	13.6	10.1	−33
BVP	(+)	10.5	11.9	8.8	5.6	−44
DVP	(−)	8.2	11.2	14.2	15.2	−41
DNVP	(−)	8.7	11.4	13.8	17.5	−49
SONST	(+)	13.9	12.4	12.8	12.9	−04
1930/32J						
KPD	(+)	16.9	16.5	17.1	14.2	−17
SPD	(−)	13.6	14.5	17.6	20.0	−31
DDP	(−)	15.8	16.7	16.6	14.8	−10
Z	(+)	18.7	21.8	17.4	12.3	−39
BVP	(+)	13.7	19.9	10.2	8.2	−30
DVP	(−)	13.6	14.7	18.0	16.3	−12
DNVP	(−)	17.3	15.0	15.3	17.1	−10
SONST	(−)	12.9	13.8	17.7	24.4	−65
1932N/33						
KPD	(−)	11.4	12.6	12.6	12.1	−06
SPD	(−)	11.2	12.1	12.6	13.4	−19
DDP	(−)	10.8	12.8	13.6	13.0	−19
Z	(+)	13.5	12.9	11.5	11.3	−22
BVP	(−)	11.2	12.4	16.5	21.0	−60
DVP	(−)	12.7	13.3	11.9	11.5	13
DNVP	(−)	11.5	12.2	12.2	13.2	−10
SONST	(−)	11.3	11.6	12.2	14.4	−31

Kreisdatensatz, 831 Fälle. Veränderungsklassen 1 bis 4 = Quartile, jeweils von niedrigem nach hohem Parteianstieg bzw. -rückgang angeordnet. Die Plus- und Minuszeichen hinter der jeweiligen Wahlpaarangabe zeigen an, ob der Anteil der fraglichen Partei an den Wahlberechtigten gestiegen oder gefallen ist.

Lesebeispiel: Zwischen Mai 1928 und September 1930 nahm die NSDAP im 1. DNVP-Quartil, das sind die 207 Kreiseinheiten mit dem geringsten Rückgang der DNVP, um 8.7 Prozentpunkte zu, während sie im 4. Quartil, d. h. in den 207 Kreiseinheiten mit den höchsten DNVP-Verlusten, um 17.5 Punkte anstieg.

Tabelle 5.8B: Die Veränderung des Anteils anderer Parteien in Abhängigkeit von der Veränderung des NSDAP-Stimmenanteils zwischen Juli und November 1932

		Veränderung der NSDAP Quartile				Korre-lation (× 100)
		1	2	3	4	
		Veränderung des Anteils der in den Zeilen aufgeführten Parteien				
KPD	(+)	1.5	1.2	1.6	1.4	−01
SPD	(−)	−1.7	−1.7	−2.0	−1.3	−06
DDP	(−)	−0.1	−0.0	−0.1	−0.1	17
Z	(−)	−1.5	−1.2	−0.5	−0.3	−36
BVP	(−)	−2.4	−2.3	−1.9	−1.2	−37
DVP	(+)	0.1	0.5	0.6	0.6	−27
DNVP	(+)	0.8	1.2	1.9	3.1	−60
SONST	(+)	0.0	0.1	0.2	0.5	−32

Lesebeispiel: In den 207 Kreisen mit dem geringsten Rückgang der NSDAP-Stimmen betrug der DNVP-Anstieg nur 0.8 Prozentpunkte, in den 208 Kreisen mit den höchsten NSDAP-Verlusten dagegen 3.1 Prozentpunkte.

wird manchen Leser überraschen. Mögliche Stimmenwanderungen von den Sozialdemokraten zu den Nationalsozialisten wurden, wie wir gesehen haben, von keiner der drei diskutierten Erklärungsansätze in Betracht gezogen, wohl aber von einem Teil der zeitgenössischen Publizistik. Angesichts der zwar nicht sehr starken, aber doch eindeutig verlaufenden statistischen Beziehung zwischen der SPD- und der NSDAP-Entwicklung werden wir uns im folgenden daher auch mit der Möglichkeit von Wählerfluktuationen zwischen diesen beiden Parteien beschäftigen müssen.

Im November 1932 weisen die Veränderungsraten der NSDAP, die damals bekanntlich rund zwei Millionen Stimmen verlor, den stärksten statistischen Zusammenhang mit den Wählergewinnen der DNVP, der DVP und der Sonstigen auf (vgl. Tabelle 5.8B). Von besonderem Interesse ist aber auch das in der Literatur kaum jemals analysierte Verhältnis von NSDAP- und Zentrums- bzw. BVP-Verlusten im November 1932. Die beiden katholischen Parteien verlieren bei dieser Wahl entgegen dem allgemein für die „bürgerlichen" Parteien zu beobachtenden Trend zusammen rund 400000 Stimmen, von denen möglicherweise ein größerer Teil den Nationalsozialisten zugute gekommen ist; denn der NSDAP-Rückgang fällt im Schnitt umso geringer aus, je höher sich die Verluste der katholischen Parteien belaufen. Auch dies sollte als Merkposten für die ökologische Regressionsanalyse der Parteiwanderungen im Gedächtnis behalten werden.

Im März 1933 schließlich ist ein bemerkenswert starker Zusammenhang zwischen den Stimmenverlusten der Bayerischen Volkspartei und den Gewinnen der Nationalsozialisten festzustellen (vgl. Tabelle 5.8 A). In den Kreisen mit dem höchsten BVP-Rückgang gegenüber der Vorwahl gelingt es der NSDAP ihren Anteil im Schnitt um rund 21 Prozentpunkte zu steigern, während der NSDAP-Anstieg in den Kreisen mit dem niedrigsten BVP-Rückgang bei nur 11,2 Prozentpunkten lag. Für die außerhalb Bayerns kandidierende Zentrumspartei dagegen, die ihre Stimmenzahl gegenüber der Novemberwahl – anders als ihre bayerischen Schwesterpartei – geringfügig zu steigern vermochte, läßt sich keine derartige Beziehung beobachten. Für sie gilt, daß der NSDAP-Anstieg der Tendenz nach umso geringer ausfiel, je mehr das Zentrum an Stimmen gewinnen konnte. An zweiter Stelle hinter der BVP rangieren den Veränderungskoeffizienten nach die verbliebenen Splitterparteien, die gegenüber November 1932 nochmals ein Drittel ihrer Wähler verloren, sowie erneut die SPD, die allerdings gegenüber November 1932 kaum noch zurückging. Dies legt den Gedanken nahe, daß die NSDAP zwar dort überproportional Stimmen gewinnen konnte, wo die SPD überdurchschnittlich verlor, daß aber dafür möglicherweise die Verluste anderer Parteien verantwortlich waren. Um dies zu überprüfen bedarf es komplexerer statistischer Auswertungsverfahren als der einfachen Zusammenhangsanalyse von Tabelle 5.8.

5.4.2. Das Zusammenwirken der verschiedenen Parteigewinne und -verluste

Wir wollen hierfür zunächst wieder die Verteilungen des Kontrastgruppenvergleichs von Übersicht 5.2 verwenden, wo ja nicht nur der Zusammenhang zwischen Nichtwähler- und NSDAP-Anteilsveränderungen dargestellt, sondern auch die Veränderung von DNVP, Liberalen und Splitterparteien mit der Entwicklung der nationalsozialistischen Wahlerfolge in Beziehung gesetzt wird. Wiederum ergeben sich bemerkenswerte, weder von der Massen- noch von der Klassentheorie vorgesehene statistische Zusammenhänge. Wo im September 1930 und Juli 1932 die Deutschnationalen besonders viele Stimmen verloren, fiel in allen drei Wahlbeteiligungsklassen das Wachstum der NSDAP überdurchschnittlich aus. Umgekehrt gilt, daß in Gebieten mit einem unterproportionalen DNVP-Rückgang auch die NSDAP-Zunahme unter dem Reichsdurchschnitt lag. Ein analoger, wenn auch aufgrund der Stimmenentwicklung beider Parteien genau umgekehrt verlaufender Zusammenhang tritt zwischen der Juli- und Novemberwahl des Jahres 1932 auf: Wo die DNVP überdurchschnittlich starke Stimmengewinne verzeichnen konnte, fielen die Verluste der NSDAP höher aus als im Reichsmittel. Und auch bei der Märzwahl 1933 wiederholt sich ein entsprechendes Muster: Wo die DNVP überproportional viele Stimmen gewinnen konnte, wuchs die NSDAP etwas schwächer, während in Kreisen mit Stimmenverlusten oder einem unterdurchschnittlichen Wachstum der DNVP der nationalsozialistische Zuwachs durchweg etwas höher lag. Insgesamt betrachtet scheint der statistische Zusammenhang zwischen den DNVP-Verlusten und NSDAP-Gewinnen zumindest beim Wahlpaar 1928/30 die Annahme zu unterstützen, daß neben Nichtwählern vor allem ehemalige DNVP-Wähler zur NSDAP geströmt seien.

Andererseits ergibt sich bei den ersten beiden Wahlpaaren für die beiden liberalen Parteien ein Lipsets Version der Klassentheorie tragender positiver Zusammenhang mit der Wahlentwicklung der NSDAP: Wo der (kombinierte) Stimmenanteil von Links- und Rechtsliberalen überdurchschnittlich zurückging, konnten die Nationalsozialisten überproportional hinzugewinnen. Allerdings fällt diese statistische Beziehung beim Wahlpaar 1928/1930 mit einer durchschnittlichen Differenz des NSDAP-Anstiegs zwischen den benachbarten Kontrastgruppen von 3,7 Prozentpunkten etwas niedriger aus als die mittlere Gewinnmarge der NSDAP zwischen den DNVP-Kontrastgruppen, die 1930 immerhin 5,3 Prozentpunkte betrug. Beim folgenden Wahlpaar ist dieser Wert für Liberale und Konservative mit 4,2 bzw. 4,3 Prozentpunkten dann praktisch gleich. Ähnlich wie 1930 tritt zwischen Juli und November 1932 ein in der Richtung wie bei der DNVP verlaufender, in der Größenordnung aber deutlich schwächerer Zusammenhang zwischen dem Stimmenrückgang der NSDAP und dem leichten Wiedererstarken der Liberalen auf. Und auch 1933 ähneln sich die statistischen Beziehungen zwischen der nationalsozialistischen Stimmenentwicklung auf der einen und der Veränderung der liberalen und deutschnationalen Wähleranteile auf der anderen Seite, die nun in der Richtung allerdings eher entgegengesetzt zur Austauschhypothese verlaufen: Wo die beiden liberalen Parteien überproportional viele Stimmen verlieren, fällt der NSDAP-Anstieg wie schon im Falle der DNVP eher leicht unterdurchschnittlich aus.

Die statistische Beziehung zwischen der Stimmenentwicklung der verschiedenen Splitterparteien und den Wahlerfolgen der NSDAP schließlich verläuft recht eindeutig: In Kreisen, in denen 1930 die Splitterparteien gegenüber 1928 überproportional Stimmen hinzugewinnen konnten, blieben die NSDAP-Zugewinne tendenziell unter dem Reichsdurchschnitt. Wo hingegen die Stimmengewinne der verschiedenen partikularistischen oder interessenorientierten Gruppierungen schwächer ausfielen, vermochten die Nationalsozialisten überdurchschnittlich stark hinzuzugewinnen. Im Juli 1932 verloren die Splitterparteien auf einen Schlag vier Fünftel ihrer Anhänger der Vorwahl. Davon scheint besonders die NSDAP profitiert zu haben. Wo diese Parteien stark an Stimmen verloren, konnte sie weit überdurchschnittliche Gewinne verbuchen, die mit einer durchschnittlichen Differenz zwischen den benachbarten Kontrastgruppen von 6,7 Prozentpunkten sehr ausgeprägt waren. Im November 1932 und März 1933 dagegen tritt im Kontrastgruppenvergleich keine nennenswerte systematische Beziehung mehr zwischen der Veränderung der Splitterparteien und der Wahlentwicklung der NSDAP auf.

Diese prozentualen Zusammenhänge werden von der multiplen Regressionsanalyse weitestgehend bestätigt. In der Tat übt bei der Reichstagswahl 1930 die Stimmenentwicklung der DNVP vor den Verlusten der beiden liberalen Parteien und weit vor dem Anstieg der Wahlbeteiligung den stärksten Einfluß auf den NSDAP-Zuwachs aus. Im Juli 1932 sind es die immensen Verluste der verschiedenen Splittergruppen, die den engsten Zusammenhang mit den NSDAP-Zugewinnen aufweisen. Sie sind für mindestens 60 Prozent der Erklärungsleistung des Regressionsmodells verantwortlich, während der Einfluß der DNVP-Entwicklung ebenso wie jener der Veränderung der Liberalen und der Wahlbeteiligung hier deutlich niedriger liegt. Im November 1932 sind es die Rückgewinne der Deutschnationalen und der Rückgang der Wahlbeteiligung, die das NSDAP-Abschneiden mit Abstand am stärksten beeinflussen. Und im März 1933 schließlich ist es der Wahlbeteiligungsanstieg, der am engsten mit der Stimmenentwicklung der NSDAP zusammenhängt.[148]

· Auf der Ebene der Stadt- und Landkreise wird folglich weder die massen- noch die klassentheoretische Erklärungsvariante voll bestätigt (oder zurückgewiesen). Am nächsten scheint wiederum Walter Dean Burnham mit seinen – allerdings recht unpräzise formulierten – Annahmen über den Zustrom zur NSDAP der historischen Realität zu kommen. Zwar konnte die NSDAP 1930 in Gebieten mit einem überproportionalen Anstieg der Wahlbeteiligung in der Tat, wie von Bendix vermutet, leicht überdurchschnittliche Stimmengewinne verbuchen. Doch handelt es sich dabei (auf der Aggregatebene) keineswegs um die bedeutsamste Quelle des NSDAP-Anstiegs. Andererseits kann die These Lipsets, bei dieser Wahl gebe es keine oder zumindest keine nennenswerten Zusammenhänge zwischen den Verlusten der DNVP und den Gewinnen der NSDAP, als klar widerlegt angesehen werden. Der Stimmenrückgang der beiden liberalen Parteien dagegen hängt durchaus in der von der Klassentheorie unterstellten Weise mit dem NSDAP-Anstieg zusammen, doch handelt es sich entgegen Lipsets These zumindest auf Kreis- und Gemeindeebene nicht um die stärkste Quelle des nationalsozialistischen Wachstums. Auch läßt sich der ebenfalls von Lipset und wohl auch von Burnham unterstellte Zusammenhang zwischen dem Rückgang der verschiedenen Splitterparteien und dem Anstieg der NSDAP erst für die Juliwahl 1932 und nicht schon für die Reichstagswahl 1930 nachweisen, so daß auch hier sowohl die klassen- als auch die konfessionstheoretische Erklärungsvariante auf einer unzutreffenden Rekonstruktion der tatsächlichen Verhältnisse beruhen. Dagegen werden ab Juli 1932 die – nahezu deckungsgleichen – Annahmen von Lipset, Bendix und Burnham über die Beziehung zwischen NSDAP-Wachstum und Verlusten der anderen Parteien auf Gebietsebene von den Daten mehr oder minder bestätigt.

5.4.3. Aus welchen politischen Lagern stammten die Wähler der NSDAP?

Noch bleibt zu fragen, ob diese Beziehungen den Wählerbewegungen auf der Individualebene entsprechen, die wiederum mittels ökologischer Regressionsanalysen ermittelt wurden. 1930 scheint jeder dritte DNVP-Wähler, jeder vierte DDP- oder DVP-Wähler, jeder siebte Nichtwähler und jeder zehnte SPD-Wähler von 1928 zur NSDAP gewechselt zu haben (vgl. Tabelle 5.9A). Unter den NSDAP-Zuwanderern dieser Wahl stellten damit ehemalige Nichtwähler und DNVP-Wähler vor den Wählern der beiden liberalen Parteien das stärkste Kontingent. Im Juli 1932 stieß unseren Ergebnissen zufolge jeder zweite Wähler der Splitterparteien, jeder dritte Wähler der Liberalen und der Deutschnationalen, jeder fünfte Nichtwähler sowie jeder siebte SPD-Wähler von 1930 zu den Nationalsozialisten. Dies würde bedeuten, daß bei dieser Wahl ehemalige Anhänger der Splitterparteien für rund 30 Prozent der NSDAP-Gewinne verantwortlich waren. Es ist nicht auszuschließen, ja sogar wahrscheinlich, daß sich darunter viele ehemalige DNVP-Wähler befanden, die nach 1924 und insbesondere nach 1928 zwar ihre Partei verlassen hatten, sich aber zunächst erst einmal einer der vielen Interessen- und Regionalparteien anschlossen, bevor sie zur NSDAP überwechselten. Wir werden uns mit dieser Möglichkeit im folgenden Abschnitt noch eingehender beschäftigen. Wechselwähler von den Deutschnationalen und den Liberalen machten schätzungsweise zwischen 10 und 13 Prozent der NSDAP-Zuwanderer dieser Wahl aus, SPD-Abgänge sogar mehr als 15 Prozent. Aber auch das Zentrum und die BVP, ja sogar die KPD scheinen, wenngleich in

Tabelle 5.9: Die parteipolitische Herkunft und Zusammensetzung der NSDAP-Wählerschaft

A) Von 100 Wählern der nachstehenden Parteien wechselten zwischen der jeweils 1. und 2. Wahl zur NSDAP:

	KPD	SPD	Z/BVP	LIB	DNVP	SONST	NSDAP	Nichtw
1920/24M	7	3	4	8	8	6	–	3
1924M/24D	3	1	2	2	3	3	13	1
1924D/28	2	1	2	3	1	3	8	2
1928/30	5	10	9	26	31	11	38	14
1930/32J	5	16	10	36	33	49	85	19
1932J/32N	4	6	6	4	0	11	76	2
1932N/33	9	6	3	23	34	33	92	42

B) Von 100 NSDAP-Wählern der jeweils zweiten Wahl jedes Wahlpaares hatten bei der ersten Wahl für eine der folgenden Parteien gestimmt:

	KPD	SPD	Z/BVP	LIB	DNVP	SONST	NSDAP	Nichtw
1920/24M	3	12	12	25	20	18	–	11
1924M/24D	11	6	11	11	16	11	26	8
1924D/28	8	13	10	18	12	11	8	20
1928/30	3	14	8	18	22	8	5	24
1930/32J	2	10	4	8	6	18	40	12
1932J/32N	2	4	3	0	0	1	89	1
1932N/33	3	2	1	6	1	2	63	22

C) Von 100 NSDAP-Wählern der jeweils ersten Wahl jedes Wahlpaares haben bei der folgenden Wahl für eine der nachstehenden Parteien gestimmt:

	KPD	SPD	Z/BVP	LIB	DNVP	SONST	NSDAP	Nichtw
1920/24M	–	–	–	–	–	–	–	–
1924M/24D	8	13	9	14	27	9	13	7
1924D/28	5	17	13	12	9	18	8	19
1928/30	9	12	9	5	3	13	38	11
1930/32J	2	2	4	1	5	0	85	0
1932J/32N	3	5	4	1	3	1	76	6
1932N/33	2	1	1	1	3	0	92	2

Prozentwerte, mit Hilfe sog. ökologischer Regressionen berechnet. Kleinere Abweichungen in den Zeilensummen von 100 sind das Resultat von Rundungsfehlern.

Lesebeispiel: (A) Schätzungsweise jeder sechste SPD-Wähler von 1930 hat im Juli 1932 seine Stimme der NSDAP gegeben; (B) von den NSDAP-Wählern der Juliwahl 1932 hatten 1930 folglich rund 10 Prozent für die SPD gestimmt; (C) im Gegenzug haben etwa 2 Prozent der NSDAP-Wähler von 1930 im Juli 1932 SPD gewählt etc.

etwas geringerem Maße als die anderen Parteien, im Juli 1932 Wähler an die NSDAP verloren, aber auch, wie Tabelle 5.9C belegt, im Gegenzug wieder zurückgewonnen zu haben.

Es mag überraschen, daß selbst bei der Novemberwahl von 1932, als die NSDAP jeden siebten ihrer Anhänger der Juliwahl wieder verlor, Wähler von den übrigen Parteien zu den Nationalsozialisten gestoßen sind. Aber es entspricht den Erkenntnissen der modernen Wahlforschung, daß selbst bei eindeutig erscheinenden Verlusten einer Partei unter der Oberfläche – wenn auch asymmetrisch verlaufende – Bewegungen in die Gegenrichtung auftreten. Relativ starke, nicht vollständig von entsprechenden Gegenbewegungen aufgefangene Verluste an die NSDAP haben wohl in der Tat auch die beiden katholischen Parteien erlitten, was den oben geschilderten Prozentverteilungen und Korrelationsbeziehungen entspräche (vgl. Tabelle 5.8 A und 5.8 B). Dagegen konnten die übrigen Parteien, vor allem die Deutschnationalen und das Nichtwählerlager, im Saldo von den NSDAP-Verlusten profitieren. 1933 schließlich entstammten die weitaus meisten, nämlich rund 60 Prozent der NSDAP-Zuwanderer, dem Nichtwählerlager, obwohl auch die – nun allerdings schon arg dezimierten – anderen Parteien zum Teil nochmals einen kräftigen Aderlaß zugunsten der Nationalsozialisten zu verzeichnen hatten.

Was bedeuten diese Ergebnisse für die weiter oben behandelten theoretischen Erklärungsversuche? Wird irgendeiner von ihnen voll bestätigt oder widerlegt? Auch auf der Ebene der individuellen Wählerwanderungen behält Bendix und mit ihm die Massentheorie recht, wenn er von einer Tendenz ehemaliger Nichtwähler und DNVP-Anhänger ausgeht, bereits im Jahre 1930 NSDAP zu wählen. Doch stellen die ehemaligen Nichtwähler keineswegs die Hauptquelle der ersten NSDAP-Anstiegswelle dar. Nur jeder vierte NSDAP-Wähler von 1930 scheint sich 1928 der Stimme enthalten zu haben. Lipset und die von ihm vertretene klassentheoretische Erklärung der NSDAP-Wahlerfolge dagegen schätzt die Rolle ehemaliger liberaler Wähler sehr viel korrekter ein als Bendix. Aber auch sie stellten nach den hier durchgeführten Berechnungen nur rund jeden fünften NSDAP-Wähler von 1930. Mit seinen Annahmen über die relative Immunität von DNVP- und Nichtwählern gegenüber der nationalsozialistischen Ansteckung im Jahre 1930 behält unseren Ergebnissen zufolge Lipset hingegen auch auf der individuellen Aussagenebene Unrecht. Die Splitterparteien schließlich verloren entgegen Lipsets Vorstellung erst im Juli 1932 in nennenswertem Maße Wähler an die NSDAP. Beide Thesen, die massen- wie die klassentheoretische, werden demzufolge der Komplexität der Wählerwanderungen nur unvollkommen gerecht.

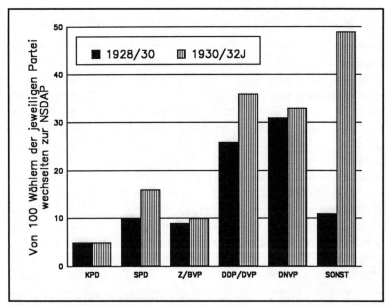

Wählerwanderungen von den wichtigsten Parteien zur NSDAP. Grafik zu Tabelle 5.9.

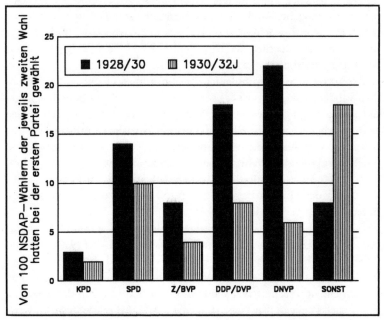

Die parteipolitische Herkunft der NSDAP-Wähler. Grafik zu Tabelle 5.9.

5.4.4. Stabilität der Blöcke, Instabilität der einzelnen Parteien?

Und wie steht es mit Burnhams These, daß die Wählerwanderungen primär blockintern verlaufen seien, daß mithin die Wähler des Nationalsozialimus mehr oder minder ausschließlich dem evangelisch-bürgerlichen Lager entstammten? In Tabelle 5.10A werden die Haltequoten der verschiedenen hier untersuchten politischen Teilkulturen berichtet. Sie beschreiben den Prozentsatz der Angehörigen der verschiedenen politischen Lager, der bei jedem der untersuchten Wahlpaare blockintern seine Stimme abgegeben hat. Es zeigt sich, daß nicht ganz überraschend das sozialistische und das katholische Lager die höchsten Haltequoten aufweisen. Sie sind unseren Berechnungen zufolge in der Lage, von Wahl zu Wahl knapp zwei Drittel ihrer Wähler zu halten, eine Zahl, die etwas niedriger liegt als die Stammwähleranteile der großen Parteien in der Bundesrepublik. Dagegen übt das sogenannte bürgerlich-protestantische Lager nach 1924 nur noch eine relativ geringe Bindewirkung aus: Im Durchschnitt aller Wahlen stimmt nur jeweils ein Drittel seiner Anhänger für eine andere bürgerlich-protestantische Gruppierung, wobei die erste deutliche Zäsur bereits nach 1924, die zweite zwischen 1930 und Juli 1932 zu beobachten ist. Besonders gering sind innerhalb dieses Lagers die durchschnittlichen Haltequoten der liberalen Parteien und der diversen interessenbezogenen und partikularistischen Gruppierungen, während die DNVP trotz beträchtlicher Fluktuationen zwischen 1928 und Juli 1932 im Schnitt eine deutlich stabilere Stammwählerschaft aufweist als die übrigen Parteien dieses Lagers (vgl. Tabelle 5.10).

Betrachtet man als komplementäres Phänomen die blockübergreifenden Wanderungen, so weist das sozialistische vor dem katholischen Lager die augenscheinlich niedrigsten Werte auf. Bezieht man jedoch in den evangelisch-bürgerlichen Block die Nationalsozialisten mit ein, wie dies Burnham vorschlägt, dann sind bei diesem Wählerlager die geringsten blockübergreifenden Wählerwanderungen zu beobachten. Burnham erfährt durch dieses Resultat eine weitere Bestätigung, auch wenn er den Austausch der übrigen Lager mit dem Nationalsozialismus vermutlich unterschätzt (vgl. Tabelle 5.10B).

Dieser Wähleraustausch der übrigen politischen Lager und Teilkulturen mit der NSDAP nach 1928 war stark asymmetrischer Natur, wie aus Tabelle 5.10 hervorgeht. Das wird besonders deutlich, wenn man die Netto-Fluktuationen[149] zur NSDAP in Tabelle 5.10C analysiert, wo nun nicht mehr nur der relative, sondern der absolute Beitrag der einzelnen politischen Lager zu den Wahlerfolgen der NSDAP wiedergegeben wird. Hier zeigt sich, daß in der Summe aller Wahlpaare die Nichtwähler mit

Tabelle 5.10: *Veränderungen zwischen den Parteiblöcken*

Wahlpaar	20–24M	24M–B	24D–28	28–30	30–32J	32J–B	32N–33	$\emptyset^6$
	(A) Haltequoten von Wahl zu Wahl[4]							
Linker Block	40	66	72	65	61	67	71	63
Kathol. Block	50	70	55	66	65	63	74	63
Ev.-Bürgerl.[1]	25	60	44	35	11	34	33	35
	(B) Blockübergreifende Wählerwanderungen**							
Linker Block	39	19	18	22	22	18	19	22
Kathol. Block	33	20	32	30	30	28	20	28
Ev.-Bürgerl.[2]	34	17	25	41	66	37	51	39
Nichtwähler	42	43	22	50	43	19	59	40
Bürgerbl.[3]	34	16	23	19	19	17	9	20
	(C) Netto-Fluktuationen zur NSDAP[5]							(Σ)
SPD/KPD	.71	−.65	−.10	2.18	3.10	−.92	1.32	5.64
Z/BVP	.60	−.19	−.02	.90	.70	−.40	.12	1.71
DDP/DVP	1.26	−.44	.12	2.50	2.37	−.25	.19	5.75
DNVP	1.00	−.96	.02	3.35	1.23	−.93	1.57	5.28
Sonstige[2]	.90	−.22	−.12	.96	5.40	.02	.99	7.93
Nichtwähler	.53	−.14	.06	3.42	3.36	−1.52	7.86	13.57

Individualbeziehungen geschätzt mit Hilfe sogenannter ökologischer Regressionen auf Gemeindeebene (1920–1930) bzw. Kreisebene (1930–1933).
[1] DDP, DVP, DNVP und Sonstige (ohne NSDAP).
[2] DDP, DVP, DNVP und Sonstige (ohne NSDAP).
[3] DDP, DVP, DNVP und Sonstige (inklusive NSDAP).
[4] in Prozent der Parteianhänger der jeweils ersten Wahl jedes Wahlpaares
[5] in Prozent der Gesamtwählerschaft.
[6] $\emptyset$ = durchschnittliche Haltequoten bzw. Wählerwanderungen über alle Reichstagswahlen.
Lesebeispiel: (A) 70% der Z/BVP-Wähler der Maiwahl 1924 haben auch im Dezember wieder für Z oder BVP gestimmt; (B) 41% der Wähler der evangelisch-bürgerlichen Parteien von 1928 haben im Jahre 1930 für Parteien gestimmt, die nicht dem evangelisch-bürgerlichen Block angehörten; (C) 1933 hat das Nichtwählerlager mit fast 8% aller Wahlberechtigten den mit Abstand stärksten Beitrag zu den nationalsozialistischen Wahlerfolgen geleistet etc.

fast 14 Punkten den mit Abstand stärksten Beitrag zu den nationalsozialistischen Wahlerfolgen leisteten. In erster Linie ist dies auf den enormen Wahlbeteiligungsanstieg bei der Märzwahl von 1933 zurückzuführen. Von erheblicher Bedeutung ist auch der Beitrag der Interessen- und Regionalparteien des bürgerlich-protestantischen Lagers. Überraschen dürfte ferner, daß die Nettofluktuation vom sozialistischen Lager zur NSDAP praktisch genauso hoch ausfiel wie die des liberalen und des deutschnationalen Wählerblocks, was natürlich auch auf die Tatsache zurückzuführen ist, daß die beiden sozialistischen Parteien zusammengenommen mehr Wähler auf sich vereinigen konnten als das katholische Lager oder die Liberalen und Deutschnationalen allein.[150] Die mit großem Abstand geringste Nettofluktuationsrate zur NSDAP hin hatte schließlich das katholische Lager zu verzeichnen. Dies macht folgendes Rechenbeispiel deutlich, dessen Zahlen man aber wiederum nicht zum Nennwert, sondern nur größenordnungsmäßig interpretieren sollte: Über drei Millionen Wähler sind unseren Berechnungen zufolge zwischen 1928 und 1933 von der SPD zur NSDAP gewandert, rund eine Million nahm den entgegengesetzten Weg. Der Nettogewinn der NSDAP von der SPD betrug mithin etwas über zwei Millionen Stimmen. Im Falle der KPD dürfte der Nettogewinn der NSDAP rund 350000 und im Falle der beiden katholischen Parteien knapp 600000 Stimmen ausgemacht haben. Von einem erhöhten Wähleraustausch zwischen den beiden extremistischen Flügelparteien des Weimarer Systems, der KPD und der NSDAP, kann aufgrund der hier vorgestellten Ergebnisse folglich kaum gesprochen werden.

Zusammenaddiert ergeben diese Resultate, daß die Nettoverluste des sozialistischen Lagers an die NSDAP zwischen 1928 und 1933 sowohl absolut als auch relativ, d.h. auf die jeweilige Blockstärke bezogen, erheblich über denen des katholischen Lagers lagen. Dies würde auf eine rund doppelt so hohe („saldierte", d.h. rückwanderungsbereinigte) Anfälligkeit des sozialistischen Lagers gegenüber dem Nationalsozialismus hindeuten. Im Vergleich zum bürgerlich-protestantischen Lager und zu den Nichtwählern allerdings sind diese Wählerbewegungen zum Nationalsozialismus eher gering. Von den liberalen, konservativen und interessenorientierten Parteien gelang es der NSDAP zwischen 1928 und 1933 im Saldo nach unseren statistischen Schätzungen rund 7,5 Millionen Wähler und aus dem Nichtwählerlager nochmals fast 6 Millionen Stimmen zu sich herüberzuziehen.

Für unsere Fragestellung bleibt festzuhalten, daß in der Tat in der Weimarer Republik blockinternes Wählen sehr viel häufiger auftritt als blockübergreifende Stimmabgabe. Im Falle des sozialistischen und des katholischen Wählerlagers liegt die blockinterne Stimmabgabe rund dreimal höher als das blockübergreifende Wahlverhalten, wobei allerdings zu bedenken ist, daß im letzteren Falle vom Wähler ein echter Richtungs- oder Lagerwechsel vorgenommen werden mußte, während im ersteren Falle entweder die gleiche oder doch die ideologisch unmittelbar benachbarte Partei gewählt werden konnte. Bezieht man die NSDAP in den bürgerlich-protestantischen Block mit ein, wie dies Burnham vorschlägt, so gilt das eben Gesagte auch für dieses politische Lager. Arbeitet man allerdings mit kleineren politischen Einheiten, so zeigt sich, daß innerhalb einer sehr kurzen Zeitspanne das liberale Segment nach 1924 fast vollständig und die deutschnational-konservative Teilkultur zu einem beträchtlichen Teil aufgerieben wurden bzw. ihre Anhänger an die neue Sammlungsbewegung des bürgerlich-protestantischen Lagers, die NSDAP, abtreten mußten. Von der Wahlperspektive her betrachtet war es vor allem die Fragmentierung des bürgerlich-protestantischen Lagers und damit das Fehlen einer expliziten, sozial verbindlichen Wahlnorm, wodurch der Vormarsch des Nationalsozialismus begünstigt wurde. Auch in dieser Hinsicht entbehrt Burnhams Theorie des politischen Konfessionalismus nicht der empirischen Plausibilität.

Als vorläufiges Fazit dieses Kapitels läßt sich konstatieren, daß die Wählerbewegungen zum Nationalsozialismus erheblich differenzierter verlaufen sind, als gemeinhin unterstellt wird. Die Anhängerschaft keiner Partei erwies sich als völlig immun gegenüber den Versprechungen und der Agitation der Hitlerbewegung. Im Vergleich zum bürgerlich-protestantischen und zum Nichtwählerlager allerdings sind die relativen Verluste sowohl des sozialistischen als auch des katholischen Lagers eher gering. Was die Anfälligkeit der verschiedenen politischen Lager gegenüber dem Nationalsozialismus angeht, wird Burnhams Resistenzhypothese folglich durch die hier vorgestellten Ergebnisse weitgehend bestätigt, auch wenn der gern übersehene Anteil des sozialistischen Lagers am Netto-Gesamtgewinn der NSDAP durchaus eine nennenswerte Größe darstellt und sich auch die beiden katholischen Parteien als nicht vollständig immun gegenüber der NSDAP erwiesen. Aus der Warte der Parteiwanderungen stellt sich die NSDAP als eine Bewegung mit vielen Ursprüngen und Wählerzuflüssen dar, von deren Agitation sich mehr als nur ein politisches Lager angezogen fühlte.

5.5. Zwischenstationen auf dem Wege zur NSDAP

Im vorangegangenen Abschnitt wurde die Möglichkeit angesprochen, daß ehemalige Wähler der DNVP nicht unmittelbar, sondern sozusagen zeitverzögert, auf dem Umweg über bestimmte Splitterparteien, zur NSDAP gestoßen seien. Diese Möglichkeit gilt natürlich auch für die Wähler anderer Parteien. So ist es durchaus denkbar, daß frühere Anhänger der beiden liberalen Parteien, die ja während der ersten Wahlen der

Tabelle 5.11: NSDAP und mögliche „Zwischenwirte"

| | Veränderung der NSDAP 1928–33 (Quartile) | | | | Korre- |
	1.	2.	3.	4.	lation
DNVP					
1920	5.2	9.4	15.1	23.0	67
1924M	8.5	12.1	18.0	27.7	65
1928	6.8	8.7	11.8	19.9	54
1930	4.5	4.6	6.2	9.5	36
DVP					
1920	8.6	11.8	12.9	11.1	20
1924M	5.3	8.1	7.9	6.2	11
1928	5.1	7.7	7.5	5.7	11
1930	3.0	4.6	4.1	2.7	−01
DDP					
1920	4.9	7.6	7.1	6.7	18
1924M	3.8	5.1	4.4	3.9	05
1928	3.5	4.3	3.5	3.0	−06
1930	3.0	3.6	2.9	2.5	−04
SPD					
1920	13.1	17.4	20.8	18.6	24
1924M	11.5	17.5	19.4	15.4	19
1928	18.5	23.6	26.6	20.7	12
1930	16.0	21.7	24.1	18.7	14
SONST					
1924M	2.3	2.3	2.4	3.7	20
1928	7.8	9.6	12.7	13.8	33
1930	8.5	10.7	13.2	15.3	40
NICHTW					
1924M	26.0	23.7	21.4	22.6	−15
1928	26.0	24.7	24.2	27.3	08
1930	18.9	17.5	17.7	21.3	17
PRÄSID 25					
HIND	25.6	35.5	43.6	53.4	77
THÄLM	5.4	6.4	4.5	2.5	−24
MARX	43.0	35.0	31.4	24.2	−56
VOLKSENTSCH					
1926 Ja	40.1	40.9	35.4	22.9	−39
1929 Ja	5.7	10.1	19.0	29.3	74

Weimarer Republik mit 22,2 bzw. 14,9 Prozent der gültigen Stimmen zusammen noch eine beachtliche Stärke aufweisen konnten, auf solchen Umwegen – etwa über das Nichtwählerlager oder die DNVP – nach 1928 zur NSDAP gestoßen sind. Empirisch würde dies bedeuten, daß zwischen den jeweiligen Spenderparteien und der NSDAP bei direkt aufeinanderfolgenden Wahlen keine (oder nur eine schwache) statistische Beziehung bestünde, wohl aber bei weiter auseinanderliegenden Wahlen. Um dieser Möglichkeit eines Wähleraustauschs über sogenannte Zwischenwirte nachzugehen, ist es nötig, die Analyse über die jeweils aufeinander folgenden Wahlpaare hinaus auszudehnen. Ein positiver statistischer Zusammenhang würde dann bedeuten, daß die Nationalsozialisten zwischen 1928 und 1933 dort besonders viele Stimmen dazugewinnen konnten, wo beispielsweise die Deutschnationalen oder die Liberalen zehn Jahre zuvor überdurchschnittlich erfolgreich gewesen waren. Zusätzliche Evidenz läßt sich durch eine Betrachtung der jeweiligen Hochburgen gewinnen: Wenn zumindest ein Teil der früheren Hochburgen dieser Parteien ab 1930 zu Hochburgen der NSDAP geworden sein sollte, wäre dies ein weiterer Beleg für die Zwischenwirthypothese. Zunächst wollen wir prüfen, ob die vermuteten statistischen Zusammenhänge über die Zeit überhaupt vorliegen.

In der Tat lassen sich solche Beziehungen nachweisen. So lag beispielsweise der DNVP-Anteil in dem Viertel der Kreise, in dem die NSDAP zwischen 1928 und 1933 die niedrigste Wachstumsrate aufzuweisen hatte, bei der Reichstagswahl 1920 nur bei 5,2 Prozent, während er in den Kreisen mit dem höchsten NSDAP-Wachstum 23 Prozent (der Wahlberechtigten) betrug (vgl. Tabelle 5.11). Schon 1928 ist diese Differenz der DNVP-Anteile zwischen dem niedrigsten und höchsten NSDAP-Anstiegsquartil nicht mehr ganz so stark ausgeprägt, 1930 ist sie nahezu verschwunden. Eine ähnliche Entwicklung ist im Falle der beiden liberalen Parteien und der SPD zu beobachten, wobei die statistische Beziehung mit dem NSDAP-Anstieg allerdings bei weitem nicht so stark ausgeprägt ist wie bei der DNVP, was sich auch in den deutlich niedrigeren Korrelationskoeffizienten, die in der letzten Spalte von Tabelle 5.11 wiedergegeben sind, niederschlägt. Überdies verläuft hier der statistische Zusammenhang, wie unschwer aus den einzelnen Prozentverteilungen zwischen den NSDAP-Veränderungsklassen zu erkennen ist, nicht vollständig

Lesebeispiel zu Tabelle 5.11: In dem Viertel der Kreise mit den geringsten NSDAP-Wachstumsraten 1928 bis 1933 wählten bei der Reichstagswahl 1920 nur 5.2 Prozent der damals Wahlberechtigten die DNVP, in dem Viertel der Kreise mit dem höchsten NSDAP-Wachstum dagegen rund 23 Prozent.

linear. Bei den „Sonstigen", d. h. den verschiedenen Regional- und Interessenparteien, erfolgt die Entwicklung genau umgekehrt. Hier steigt der
Zusammenhang mit dem NSDAP-Wachstum bis 1930 deutlich an. Je
mehr Wähler diese Gruppen bei den Reichstagswahlen von 1928 und 1930
an sich zu binden vermochten, desto stärker nahm im Schnitt die NSDAP
bis 1933 zu. Dieses Ergebnis qualifiziert die Interessen- und Regionalparteien geradezu als eine Art Durchlauferhitzer oder Katalysator zur
NSDAP.

Der Zusammenhang wird noch sehr viel deutlicher, wenn man sich
nicht wie in Tabelle 5.11 alle 831 Kreiseinheiten, sondern nur die jeweiligen Hochburgen und Diasporagebiete der Parteien anschaut. Unter
„Hochburg" und „Diaspora" sollen hier jene 15 Prozent der Kreise
verstanden werden, in denen im Mittel der beiden Reichstagswahlen von
1920 und Mai 1924 die jeweils betrachtete Partei ihre höchsten bzw.
niedrigsten Wahlergebnisse erzielen konnte.[151] Innerhalb der verschiedenen Parteihochburgen und Diasporagebiete verlief nämlich der Anstieg
der NSDAP zwischen 1928 und 1933 recht uneinheitlich (vgl. Tabelle
5.12). Bei einigen Parteien fiel er in den Hochburgen, bei anderen in den
Diasporagebieten stärker aus. Ersteres gilt für die Hochburgen der Liberalen, der Deutschnationalen und, möglicherweise etwas überraschend, der
SPD. Letzteres trifft vor allem für die Zentrums- und BVP-Diasporage-
biete sowie, wenn auch deutlich abgeschwächt, für die Diasporagebiete
der Linksextremen zu. Belief sich der NSDAP-Zuwachs während dieses
Fünfjahreszeitraums reichsweit auf rund 37 Prozentpunkte, so lag er in
den DNVP-Hochburgen bei immerhin 51, in den SPD-Hochburgen bei
39 und in den Hochburgen der Liberalen bei 38 Prozentpunkten. Dagegen
betrug er in den KPD- und USPD-Hochburgen nur 33 und in den Hochburgen des politischen Katholizismus sogar nur 27 Prozentpunkten.[152]

Die stärkste Resistenz gegenüber dem Nationalsozialismus vor 1933
wiesen folglich die Zentrums- und BVP-Hochburgen auf, die sich nicht
nur – mit Ausnahme von 1933 – durch weit unterdurchschnittliche
NSDAP-Zuwachsraten, sondern auch durch eine bemerkenswerte Stabilität der Zentrumsstimmen auszeichneten. Auch die linksextremen Ausgangshochburgen unterschieden sich von den Hochburgen der übrigen
Parteien durch Stabilität bzw. leichtes Wachstum der KPD, was aber
insgesamt von sehr viel höheren Zuwächsen der NSDAP begleitet wurde.
Für die Möglichkeit, daß die NSDAP dort, wo die KPD besonders stark
war, einen verstärkten, möglicherweise durch die Furcht vor dem Kommunismus gespeisten Zulauf von ehemaligen Anhängern der bürgerlich-
protestantischen Parteien oder auch aus dem Nichtwählerlager erhielt,
findet sich in den verfügbaren Daten allerdings keine Unterstützung.

Tabelle 5.12: Die Entwicklung der NSDAP in den Hochburgen (HB) und Diasporagebieten (DI) anderer Parteien

	USPD/KPD		SPD		LIB		Z/BVP		DNVP		NSDAP		REICH
RTW	HB	DI	HB	DI	HB	DI	HB	DI	HB	DI	HB	DI	
1924M	5	4	6	3	6	3	2	7	6	4	8	2	5
1924D	2	2	3	1	3	1	1	4	4	1	4	1	2
1928	2	2	2	2	2	1	1	2	2	2	4	1	2
1930	14	14	17	8	17	7	8	19	20	9	26	5	15
1932J	29	31	36	21	35	17	16	42	44	17	46	16	31
1932N	24	27	31	18	29	15	13	36	38	15	40	13	26
1933	35	43	41	35	40	32	28	49	53	32	52	30	39

Lesebeispiel: In den DNVP-Hochburgen von 1920/24M erzielte die NSDAP zwischen 1924 und 1928 mit 6 bzw. 4 bzw. 2 Prozent jeweils in etwa durchschnittliche, ab 1930 dann mit 20 bis 53 Prozent deutlich überdurchschnittliche Wahlerfolge. Ähnliche Verteilungen lassen sich in den Diasporagebieten des Zentrums und der Bayerischen Volkspartei beobachten. Angaben in Prozent der Wahlberechtigten. Es handelt sich gemäß der Definition von Hochburg und Diasporagebiet um jeweils 124 Kreise mit den (im Mittel der beiden Reichstagswahlen von 1920 und Mai 1924) besten und schlechtesten Resultaten einer Partei.

Tabelle 5.13: Persistenz und Veränderung der Parteihochburgen zwischen 1920/24 und 1933

	1924D	1928	1930	1932J	1932N	1933	N¹
KPD/USPD	71	72	71	73	75	77	124
SPD	74	73	71	69	71	69	124
LIB	73	75	61	49	54	51	124
Z/BVP	90	85	86	86	86	83	124
DNVP	84	77	63	56	57	52	124
NSDAP	33	40	100	52	51	51	124
N2	124	124	124	124	124	124	

N1 = Zahl der Ausgangshochburgen 1920/24M
N2 = Zahl der zeitpunktspezifischen Hochburgen 1924D . . . 1933
Angaben in Prozent der zeitspezifischen Hochburgen.
Lesebeispiel: 69 Prozent der SPD-Hochburgen von 1933 waren auch schon im Mittel der beiden Reichstagswahlen von 1920 und 1924M sozialdemokratische Hochburgen; dagegen waren nur 51 Prozent der NSDAP-Hochburgen von 1933 auch schon 1930 Hochburgen dieser Partei.

Berechnet man den Anteil der Hochburgen einer Partei, der schon 1920/24M Hochburg derselben Partei war, erhält man Auskunft über die Dauerhaftigkeit und Veränderung der Parteihochburgen. Die höchste Persistenz weisen Zentrum und BVP vor der KPD und, wenn auch mit einigem Abstand, der SPD auf. So waren beispielsweise im Jahre 1932 rund 86 Prozent der Zentrumshochburgen auch schon am Anfang der Weimarer Republik Hochburgen dieser Partei, dagegen nur rund 70 Prozent der SPD-Hochburgen. Einen starken Hochburgenwechsel weisen hingegen sowohl die Liberalen als auch die Deutschnationalen auf, die im Jahre 1933 nur noch in 50 Prozent der Fälle eine Identität ihrer Hochburgen mit denen von 1920/24M aufweisen konnten (vgl. Tabelle 5.13).

Dabei scheint in einigen Fällen eine Art Hochburgenwechsel zu den Nationalsozialisten vorgekommen zu sein, der allerdings nicht nur die „Verliererparteien", also in erster Linie die Liberalen und die DNVP, betrifft, sondern auch die SPD, die Nichtwähler und die Splitterparteien. Besonders deutlich wird dies im Falle der DNVP, von deren 124 Ausgangshochburgen im Jahre 1933 über die Hälfte als NSDAP-Hochburgen figurierten. Wenn man vom Repräsentanzwechsel eines Milieus sprechen möchte, dann hier. Dagegen ist ein entsprechender Hochburgenwechsel zwischen Liberalen und NSDAP auf der Analyseebene der Stadt- und Landkreise nicht mit der gleichen Eindeutigkeit nachzuweisen. Dies

Tabelle 5.14: Die Herkunft der NSDAP-Hochburgen 1924M–1933

NSDAP	USPD/KPD	SPD	LIB	Z/BVP	DNVP	NSDAP	REST	NICHTW
1924M	18	18	20	3	24	41	7	12
1924D	19	18	21	0	33	41	10	8
1928	19	13	21	4	13	50	9	22
1930	16	11	29	0	45	124	11	14
1932J	10	15	21	0	50	64	21	19
1932N	9	19	19	0	44	63	18	20
1933	4	8	11	0	65	63	24	17
Übereinst.	16	11	29	0	45	124	11	14

Angaben: Absolutzahlen. „Übereinst." = Zahl der gemeinsam in einem Kreis gelegenen Ausgangshochburgen der NSDAP und der jeweils im Tabellenkopf angegeben „Partei". So gab es 45 Kreiseinheiten, in denen sich die Ausgangshochburgen von NSDAP und DNVP überschnitten.
Lesehilfe: Von den 124 Hochburgen der NSDAP im Jahre 1933 waren elf „Ausgangshochburgen" der Liberalen, 65 der Deutschnationalen, acht der SPD etc.

schließt natürlich nicht aus, daß nicht regional auf der Ebene von Gemeinden oder Teilgemeinden ein solcher Hochburgenwechsel auch im Falle der Liberalen stattgefunden hat, wie dies für einige Oldenburger Landkreise nachgewiesen worden ist.[153] Auch aus der Hochburgenperspektive ergeben sich also Indizien für eine relativ weitgehende Übernahme der DNVP-Anhänger durch die NSDAP, während die vermutete Beziehung zwischen früheren Wählern der beiden liberalen Parteien und dem Aufstieg der NSDAP bestenfalls relativ schwach und unausgeprägt ist (vgl. Tabelle 5.14).

5.6. Die Hindenburg-Wahl von 1925 und das Referendum gegen den Young-Plan als Vorbereitungsetappen auf dem Weg zu den NSDAP-Wahlerfolgen

Die mit Abstand stärkste Beziehung zu allen zurückliegenden Parteianteilen und Wahlereignissen weist Tabelle 5.11 zufolge der NSDAP-Anstieg mit den Wahlerfolgen Hindenburgs bei der Reichspräsidentenwahl 1925 und den Ja-Stimmen zum Referendum gegen den Young-Plan von 1929 auf. So beträgt die Differenz der Hindenburg-Stimmen zwischen der höchsten und niedrigsten NSDAP-Veränderungsklasse 27,8 Prozentpunkte. Sie liegt damit deutlich höher als bei jeder anderen in Tabelle 5.11 untersuchten Konstellation. Im Falle des Referendums gegen den Young-Plan fällt sie mit 23,6 Prozentpunkten ebenfalls sehr hoch aus. Dies bedeutet mit anderen Worten, daß die NSDAP nach 1928 vor allem dort überproportional an Stimmen zunahm, wo 1925 Paul von Hindenburg und 1929 die Koalition gegen den Young-Plan ihre größten Erfolge hatten. Beide Ereignisse scheinen als eine Art Kristallisationspunkt der gegen das parlamentarische System von Weimar gerichteten Kräfte gedient zu haben, als eine Mobilisierungsetappe auf dem Weg immer breiterer Wählerschichten zum Nationalsozialismus. Umso erstaunlicher ist es, daß beide Ereignisse bisher von der historischen Wahlforschung noch nicht hinreichend untersucht worden sind.

Insbesondere die beiden Reichspräsidentenwahlen von 1925 und 1932 gehören zu den faszinierendsten und historisch bedeutsamsten Wahlen der deutschen Geschichte. Wahlhistorisch faszinierend sind sie wegen der nahezu totalen Umkehrung der Wählerkoalition, die Paul von Hindenburg 1925 ins Amt brachte und 1932 zu seiner Wiederwahl beitrug. Geschichtlich überaus bedeutsam sind sie darüber hinaus wegen der Rolle des greisen Reichspräsidenten am Vorabend der Machtergreifung, als er überraschend Adolf Hitler zum Reichskanzler ernannte, dessen Stern viele zeitgenössische Beobachter bereits wieder im Sinken sahen. Es ist unwahrscheinlich, daß sein Gegenkandidat von 1925, der rheinische Katholik Wilhelm Marx, Reichskanzler Brüning im Mai 1932 fallen gelassen und an seiner Stelle den Zentrums-Dissidenten Franz von Papen zum Nachfolger ernannt hätte, wie Paul von Hindenburg das tat. Mit einem anderen, der Weimarer Republik und dem parlamentarischen Regierungssystem stärker verbundenen Reichspräsidenten wäre der Gang der Geschichte vermutlich anders verlaufen, als er dies ab 1932 tat.

Doch so reizvoll solche Spekulationen sein mögen: Sie sind nun einmal mit den Mitteln der Erfahrungswissenschaft nicht beweisbar und fallen damit als Aussagemöglichkeit für den historischen Forscher aus. Auch interessiert uns hier in erster Linie nicht die Politik Hindenburgs und der ihn umgebenden Kamarilla, sondern die vorbereitende Funktion der Reichspräsidentenwahlen von 1925 und des Anti-Young-Plan-Referendums von 1929 für die späteren nationalsozialistischen Wahlerfolge. Zu diesem Zwecke sind in Übersicht 5.3 die Korrelationsbeziehungen zwischen diesen Ereignissen in Form eines Flußdiagramms dargestellt. Diese Korrelationen zählen zu den höchsten im Rahmen des NS-Wahlprojektes überhaupt gemessenen statistischen Zusammenhängen. Sie zeigen eine klare Entwicklungslinie von den DNVP-Wahlerfolgen im Mai 1924 über die Stimmabgabe für den Präsidentschaftskandidaten der Deutschnationalen und Nationalliberalen, Jarres, im 1. Wahlgang der Reichspräsidentenwahlen von 1925 zu Paul von Hindenburg im 2. Wahlgang dieser Wahl und von diesem über die Anti-Young-Plan-Stimmen von 1929 zu Adolf Hitler im April 1932. Dies bedeutet, daß die angeführten Wahlereignisse auf der Kreisebene statistisch überaus eng zusammenhängen: Wo die DNVP bei der Maiwahl von 1924, die beiden konservativen Präsidentschaftskandidaten im darauf folgenden Jahr oder das Referendum gegen den Young-Plan im Dezember 1929 überdurchschnittlich viel Unterstützung fanden, wurden auch Adolf Hitler und seine Bewegung im Jahre 1932 überproportional häufig gewählt. Wo hingegen die Stimmen für Hindenburg, die Deutschnationalen und das Anti-Young-Plan-Referendum unter dem Reichsdurchschnitt lagen, fiel die Stimmabgabe für die Nationalsozialisten nach 1928 tendenziell ebenfalls unterdurchschnittlich aus. In Prozentwerten ausgedrückt bedeutet dies, daß für Hitler beim 2. Wahlgang der Reichspräsidentenwahl von 1932 in denjenigen 20 Prozent der Kreiseinheiten, in denen Hindenburg 1925 am schlechtesten abgeschnitten hatte, nur 18,9 Prozent der Wahlberechtigten stimmten, während es in dem Fünftel der Kreise mit den höchsten Hindenburg-Stimmenanteilen von 1925 mehr als 45 Prozent waren.

Zumindest territorial gesehen fand zwischen Hindenburg und Hitler

Übersicht 5.3: Die Korrelationsbeziehungen zwischen den Hindenburg-, Anti-Young-Plan- und Hitlerstimmen 1925–1932

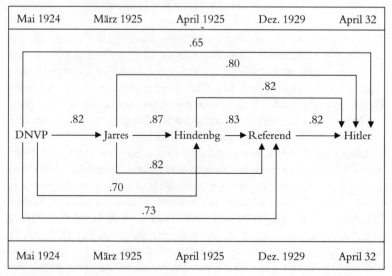

Zahlenangaben: Korrelationskoeffizienten. Kreisdaten, mit der Zahl der Wahlberechtigten gewichtet.

Lesebeispiel: Adolf Hitler war bei der Reichspräsidentenwahl 1932 dort stark, wo Hindenburg 1925 seine größten Wahlerfolge erzielen konnte, wo es 1929 besonders viele Zustimmungen zum Young-Plan-Referendum gegeben hatte und wo im Mai 1924 die DNVP überdurchschnittlich gut abschneiden konnte.

während dieser Sieben-Jahres-Periode ein nahezu kompletter Wähleraustausch statt. Regionen, die 1925 mehrheitlich für den Zentrums-Politiker Wilhelm Marx gestimmt hatten, votierten 1932 überwiegend für Hindenburg; Kreise, in denen Hindenburg 1925 überdurchschnittlich erfolgreich war, unterstützten dagegen 1932 größtenteils Adolf Hitler. Tatsächlich ist wohl die Reichspräsidentenwahl von 1925 als eine erste erfolgreiche Mobilisierung der konservativen und völkischen, überwiegend verfassungsoppositionell oder sogar republikfeindlich eingestellten Kräfte zu interpretieren, die beim Anti-Young-Plan-Referendum von 1929, wenn auch deutlich weniger erfolgreich, einen neuerlichen Kristallisationspunkt suchten und wenig später unter dem katalytischen Einfluß der Weltwirtschaftskrise ihre politische Heimat in der nationalsozialistischen Sammlungsbewegung fanden.

5.7. Hätte ein anderes Wahlsystem den Aufstieg der NSDAP verhindern können? Ein Exkurs

Als eine wichtige, wenn nicht sogar ausschlaggebende Ursache für das Scheitern der Weimarer Republik ist vor allem in den fünfziger und sechziger Jahren immer wieder ihr Wahlsystem und die dadurch begünstigte Parteienzersplitterung angeführt worden. Mit einem anderen, stärker mehrheitsbildenden Wahlsystem wären weniger, dafür aber stärkere, zur Mitte hin orientierte Parteien in den Reichstag gewählt worden, die leichter in der Lage gewesen wären, stabile, regierungsfähige Parlamentsmehrheiten zu finden. Extremistische Gruppierungen wären entweder gar nicht in den Reichstag gekommen oder doch so lange klein geblieben, daß sie keine Gefahr für die noch junge Weimarer Demokratie bedeutet hätten. Diese Auffassung ist mit besonderem Nachdruck von dem Kölner Politologen Ferdinand Hermens (und einigen seiner Schüler) vertreten worden, der als Lehre aus dem Scheitern der Weimarer Republik immer wieder die Einführung eines Mehrheitswahlsystems in der Bundesrepublik forderte, das auch in politisch instabileren Zeiten Regierungsfähigkeit gewährleiste. Wir wollen zum Abschluß dieses Kapitels der Frage nachgehen, ob tatsächlich ein anderes Wahlsystem der Demokratie von Weimar die Stabilität und Regierungsfähigkeit garantiert hätte, die nötig gewesen wären, um die Wirtschaftskrise einigermaßen unbeschadet zu überstehen.

In der Weimarer Reichsverfassung wurde – im Gegensatz zum Bonner Grundgesetz – festgelegt, daß Wahlen „nach den Grundsätzen der Verhältniswahl" durchzuführen seien. Zu diesem Zwecke teilte man das Reichsgebiet in (ab 1920) 35 Großwahlkreise ein; die Mandate wurden nach dem Verhältnis der für die Parteien abgegebenen Stimmen auf starre, d. h. vom Wähler nicht veränderbare Parteilisten verteilt. Auf jeweils 60000 Stimmen entfiel ein Mandat. Verbleibende Stimmen wurden in den gewöhnlich aus zwei benachbarten Wahlkreisen bestehenden Wahlkreisverbänden und die dabei auftretenden Reststimmen endlich auf Reichsebene verrechnet, wobei jeweils wieder 60000 Stimmen ein Mandat einbrachten. Voraussetzung für die jeweilige Reststimmenverwertung war auf der ersten Ebene, daß eine Partei in mindestens einem Wahlkreis ein Mandat, d. h. also 60000 Stimmen erringen konnte, und auf der zweiten, der Wahlkreisverbandsebene, daß sie in wenigstens einem Wahlkreisverband nochmals mindestens 30000 Reststimmen erzielte. Auf der dritten, der Reichsebene schließlich entfiel wiederum auf je 60000 Reststimmen ein Sitz; für das letzte noch zu erringende Mandat genügten dann nur noch 30000 Stimmen.

So kompliziert und erschöpfend diese Art der Reststimmenverwertung erscheinen mag – Ziel war eine höchstmögliche Verteilungsgerechtigkeit, durch die keine Partei benachteiligt werden sollte –, so wenig vermochte sie doch einen absolut gleichen Verrechnungswert der einzelnen Stimmen zu garantieren. Bei jeder Wahl gab es Parteien, die trotz eines reichsweiten Stimmengewinns von weit über 60000 keinen Sitz erhielten. Regelmäßig fielen auf diese Weise rund 1 Million Reststimmen unter den Tisch. Ferner schwankte die Gesamtstärke der Weimarer Reichstage durch dieses Verfahren je nach Wahlbeteiligung und Wahlberechtigtenzahlen beträchtlich. Die niedrigste Abgeordnetenzahl betrug 459 bei der Reichstagswahl 1920, die höchste 647 bei der Reichstagswahl 1933.

Auch war es eine – oft übersehene – Folge des Weimarer Wahlsystems, daß größere Parteien im allgemeinen gegenüber den kleinen Parteien durch die Art der Reststimmenverwertung bevorzugt wurden. So benötigte beispielsweise im Jahre 1930 die SPD im Durchschnitt nur knapp 60000 Stimmen für ein Mandat, die Deutsche Staatspartei (die frühere DDP) hingegen mehr als 66000. Dieser Nachteil konnte durch Listenverbindungen zwischen kleineren Parteien ausgeglichen werden. So genügten etwa der Deutsch-Hannoverschen Partei im Jahre 1930 für ihre drei Reichstagsmandate nur durchschnittlich 48000 Stimmen.

Diese Eigentümlichkeiten des Weimarer Wahlsystems, die bei der Wahl zur Nationalversammlung 1919 noch nicht galten, übten allerdings keinesfalls die Funktion einer Sperrklausel aus. Dies belegt die enorme Zersplitterung des Weimarer Parteiensystems. Vielmehr wurde durch dieses Wahlsystem auch die Wahl kleinster Parteien begünstigt, da diese – im Gegensatz zum Kaiserreich – durch die Einführung der fast reinen Verhältniswahl eine realistische Chance besaßen, in den Reichstag einzuziehen. Waren 1919 nur neun Parteien bzw. Listenverbindungen in der Nationalversammlung vertreten, so stieg diese Zahl auf 15 im 5. Reichstag 1930, um dann wieder auf elf bei der Wahl 1933 zu sinken.

Es ist argumentiert worden, im Falle der Existenz einer Fünf-Prozent-Sperrklausel, wie sie in der Bundesrepublik seit 1953 Geltung besitzt, hätten 1919 lediglich fünf und selbst bei der sogenannten Inflationswahl von 1924 nur maximal sieben Listen den Sprung ins Parlament geschafft. Es wäre dann 1928, so das Argument weiter, keine Große, an ihren inneren Widersprüchen früher oder später doch zerbrechende Koalition für die Regierungsbildung notwendig gewesen. Vielmehr hätten die Parteien der Weimarer Koalition (SPD, Zentrum und DDP/DStP) eine zwar kleine, aber tragfähige Mandatsmehrheit besessen. Präsidialkabinette à la Brüning wären – zumindest vor 1932 – dann unnötig gewesen, und die NSDAP wäre, eine normale Legislaturperiode vorausgesetzt, womit in diesem Falle wohl zu rechnen war, frühestens 1932 wieder in den Reichstag gelangt, falls sie es als eigene Partei nach acht Jahren ohne Parlamentssitz überhaupt noch gegeben hätte. Denn 1928 wäre sie klar an der Sperrklausel gescheitert.[154]

Dies ist ein nicht uninteressantes Gedankenexperiment, das zunächst jedoch der Modifikation bedarf, da es eine Direktmandatsregelung, wie sie ja alternativ vom Bundeswahlgesetz als Voraussetzung des Einzugs einer Partei in den Bundestag vorgesehen ist, „anderen Parteien ermöglicht hätte, die Fünfprozenthürde zu umgehen (in der Weimarer Republik gab es erstaunliche regionale Hochburgen)".[155] Eine solche Spekulation – um mehr handelt es sich nicht, solange nicht nachgewiesen ist, daß die ihr zugrundeliegende Hypothese zutrifft – erscheint dennoch als berechtigt, wird doch durch sie erhellt, wie sehr der Zerfall der Weimarer Republik nicht nur vom Verhalten ihrer Politiker und äußeren Ereignissen wie der Weltwirtschaftskrise, sondern auch von institutionellen Rahmenbedingungen begünstigt worden ist.

5.7.1. Was hätte eine Fünfprozentklausel nach heutigem Muster bewirkt?

Wir wollen in diesem Abschnitt überprüfen, ob tatsächlich bei einem anderen Wahlsystem oder wenigstens einer Fünf-Prozent-Klausel wie in der Bundesrepublik sich die Mandatsverteilung der verschiedenen Weimarer Reichstage so grundlegend verändert hätte, daß stabile Regierungsmehrheiten und „normale", d. h. über vier Jahre verlaufende Legislaturperioden möglich gewesen wären, wie dies Ferdinand Hermens und andere[156] unterstellt haben. Hierzu wollen wir – neben dem Effekt einer Fünf-Prozent-Sperrklausel – mit den Mitteln der historischen Wahlstatistik untersuchen, wie sich unter bestimmten Bedingungen ein relatives Mehrheitswahlsystem nach englischem Muster und ein System der absoluten Mehrheitswahl mit Stichwahlentscheidung, wie es im Kaiserreich praktiziert wurde, ausgewirkt hätten.

Das in der Bundesrepublik geltende Wahlsystem ist im Kern eine Variante der Verhältniswahl und steht damit dem Weimarer Wahlverfahren sehr viel näher als dem englischen oder romanischen Mehrheitswahlsystem. Der möglichen Parteienzersplitterung nach Weimarer Muster wird in der seit 1953 geltenden Fassung des Bundeswahlgesetzes durch Einführung einer in der Praxis bisher recht wirksamen Sperrklausel vorzubeugen versucht. Danach ziehen nur Parteien in den Bundestag ein, denen es gelingt, im Bundesdurchschnitt mindestens fünf Prozent der gültigen Stimmen oder in drei Wahlkreisen Direktmandate zu erzielen.

Tabelle 5.15: Die wahrscheinliche Mandatsverteilung in den Weimarer Reichstagen im Falle einer Fünf-Prozent-Sperrklausel

Wahl	KPD	SPD	DDP	Z/BVP	DVP	DNVP	REST	NSDAP	Koalit.
1919	–	40.3	19.8	21.0	0	11.0	8.0	–	71.1
1920	0	22.9	8.8	18.8	14.7	16.0	18.9	–	50.5
1924M	13.9	22.6	6.3	18.3	10.2	21.5	0	7.2	47.2
1924D	10.0	29.1	7.1	19.5	11.3	23.0	0	0	55.7
1928	13.5	37.8	0	19.3	11.0	18.0	0	0	57.1
1930	16.9	31.5	0	19.0	0	9.0	0	23.6	50.5
1932J	15.1	22.6	0	16.9	0	6.5	0	38.9	39.7
1932N	17.9	21.6	0	16.2	0	9.4	0	37.8	34.9
1933	12.8	19.0	0	14.4	0	8.3	0	44.5	33.4

Lesebeispiel: Falls es in der Weimarer Republik eine Fünf-Prozent-Sperrklausel wie in der Bundesrepublik gegeben hätte, wären der Weimarer Koalition 1930 knapp über die Hälfte aller Reichstagsmandate zugefallen, im Juli 1932 dagegen hätte sie nur noch etwa 40 Prozent der Sitze erhalten etc.

Die 1953 einsetzende, bis Anfang der achtziger Jahre andauernde Konzentration des im Bundestag vertretenen Parteienspektrums und insbesondere die relative Bedeutungslosigkeit kleiner radikaler Splittergruppen wird in der wissenschaftlichen Literatur nicht zuletzt auf die eindämmende Wirkung der Sperrklausel zurückgeführt. Wir wollen uns hier auf die Fünf-Prozent-Sperre ohne die im Bundeswahlgesetz alternativ enthaltene Drei-Mandate-Klausel konzentrieren. Diese Beschränkung erfolgt aus rein pragmatischen Gründen, um den Darstellungsaufwand gering zu halten.[157]

Schon die – allerdings niemals ernsthaft erwogene oder gar politisch durchsetzbare – Einführung einer reichsweiten Fünf-Prozent-Klausel hätte für etwas mehr politische Stabilität und regierungsfähigere Mehrheiten in der Weimarer Republik gesorgt. Noch 1930 hätten die Parteien der Weimarer Koalition, zu der die Bayerische Volkspartei hinzugerechnet wurde, im Falle gleichbleibenden Wahlverhaltens eine knappe Mandatsmehrheit besessen. Diese Mandatsmehrheit wäre im Falle strategischen Wahlverhaltens vermutlich sogar noch etwas größer geworden, falls zumindest eine Mehrheit der DDP-Wähler, deren Partei ja schon 1928 nicht mehr der Einzug ins Parlament geglückt wäre, für eine der beiden anderen Partner der Weimarer Koalition votiert hätte. Im Falle einer Alternativklausel nach Art der Drei-Mandate-Regelung des Bundeswahlgesetzes wäre es wegen der erwähnten regionalen Hochburgen allerdings auch noch anderen Gruppierungen gelungen, Abgeordnete in den Reichstag zu entsenden, wodurch die Weimarer Koalition sowohl 1920 als auch insbesondere 1930 unter die absolute Mehrheit gedrückt worden wäre (vgl. Tabelle 5.15).

5.7.2. Hätte ein System der Mehrheitswahl nach englischem oder französischem Muster die NSDAP-Erfolge verhindert?

Das vor allem im angelsächsischen Raum anzutreffende System der relativen Mehrheitswahl geht von der Einteilung des gesamten Wahlgebiets in einige hundert Einmann-Wahlkreise aus, in denen derjenige Kandidat gewählt ist, der in der Lage ist, eine relative Stimmenmehrheit zu erringen, d. h. der mehr Stimmen auf sich vereinigen kann als der nächstschwächere Mitbewerber. Bei vier Wahlkreiskandidaten genügen folglich 25 Prozent der gültigen Stimmen (plus eine), um gewählt zu werden. Die übrigen 74,99 Prozent der im Wahlkreis abgegebenen Stimmen fallen unter den Tisch. Dies führt in der Praxis zu einer sehr hohen informellen Sperrklausel, von der vor allem Parteien ohne ausgeprägte regionale Hochburgen wie beispielsweise die britischen Liberalen oder die Allianz benachteiligt werden, die regelmäßig nur mit einer Handvoll Abgeordneter in das britische Unterhaus einziehen, obwohl sie schon bis zu 20 Prozent aller im Wahlgebiet abgegebenen Stimmen erhalten haben. Dagegen wird die auf Gesamtgebietsebene stimmenstärkste Partei in der Regel mit einem kräftigen Mandatsbonus belohnt, der es ihr im allgemeinen ermöglicht, alleine, d. h. ohne Koalitionspartner die Regierung zu bilden.

Im sogenannten romanischen, im Kaiserreich im Prinzip bis 1918 praktizierten System der absoluten Mehrheitswahl mit Stichwahlentscheid im 2. Wahlgang wird das Wahlgebiet ebenfalls in einige hundert (im Kaiserreich knapp 400) Einmannwahlkreise gegliedert, in denen im 1. Wahlgang nur derjenige Bewerber gewählt ist, dem es gelingt, eine absolute Mehrheit, d. h. mehr als 50 Prozent der abgegebenen gültigen Stimmen auf sich zu vereinigen. In den Wahlkreisen, in denen dies keinem der Kandidaten glückt, wird dann in einem zweiten Wahlgang mit relativer Stimmenmehrheit entschieden, welcher Bewerber gewählt ist. Hierbei sind Koalitionen zwischen den politischen Richtungen und Wahlempfehlungen für einen bestimmten Bewerber üblich. Dadurch erhalten auch Minderheitenkandidaten eine Chance. Die informelle Sperrklausel, die auch hier existiert, liegt deshalb deutlich niedriger als im Falle der relativen Mehrheitswahl.

Um mit erfahrungswissenschaftlichen Mitteln die mögliche Wirkung dieser Wahlverfahren abschätzen zu können, ist es wie in jedem (Quasi-) Experiment unumgänglich, einige Vorentscheidungen über das wahrscheinliche Verhalten der Wähler, die Einteilung des Reiches in Einmannwahlkreise etc. zu treffen. Eines der schwierigsten, niemals zu aller Zufriedenheit lösbaren Probleme ist in der politischen Realität die Einteilung des Wahlgebiets in Wahlkreise, da durch den Zuschnitt der einzelnen Wahlkreise leicht einzelne Parteien oder Kandidaten begünstigt oder benachteiligt werden können. In der Tat handelt es sich hier um eine der am häufigsten genutzten Manipulationsmöglichkeiten des Mehrheitswahlsystems. So wurde die SPD im Kaiserreich eklatant gegenüber anderen Parteien benachteiligt, weil trotz der enormen Binnenwanderung und Verstädterung zwischen 1870 und 1917 keine Neueinteilung der Wahlkreise vorgenommen wurde. Auf diese Weise benötigten die naturgemäß eher in den dicht besiedelten, während des Kaiserreiches überaus stark expandierenden Industriezentren erfolgreichen Sozialdemokraten zur Erringung eines Reichstagsmandates im Durchschnitt erheblich mehr Stimmen als beispielsweise die Konservativen, deren Hochburgen vor allem in den dünn besiedelten Agrargebieten des Ostens lagen. Bei der Reichstagswahl 1907 genügten beispielsweise den Konservativen im Schnitt ganze 17 700 Stimmen für ein Reichstagsmandat, während die im übrigen auch durch Wahlabsprachen in eine Minderheitsposition gedrängte SPD hierfür im Durchschnitt 75.800 Stimmen benötigte. Zählwert und Erfolgswert klafften nicht nur bei dieser Wahl in einer Weise auseinander, daß die Ersetzung dieses als extrem ungerecht empfundenen Wahlverfahrens durch eine möglichst reine Form der Verhältniswahl zu einer der sozialdemokratischen Grundforderungen erhoben wurde, deren Einlösung in der Revolution 1918/19 höchste Priorität genoß.

Was in der Realität nur unvollkommen gelöst zu werden vermag, stellt für die wahlhistorische Simulation, die Existenz geeigneter Datensätze vorausgesetzt, ein relativ leicht zu bewältigendes Problem dar. Ideales Ziel jeder Wahlkreiseinteilung unter Mehrheitswahlsystembedingungen ist die vollständige politische Neutralität der Grenzziehungen. Zählwert und durchschnittlicher Erfolgwert der Stimmen sollten sich bei allen Parteien entsprechen. Dies erreicht man in der Wahlsimulation bei ungleich großen Kreiseinheiten dadurch, daß man die Fälle mit der Zahl der Wahlberechtigten gewichtet. Auf diese Weise geht beispielsweise Hamburg ebenso in die Berechnung mit dem ihm zustehenden Gewicht ein wie die kleinste Kreiseinheit, Rodach in Oberfranken. Überdies werden politische Verzerrungen, die durch den ja anhand von Verwaltungsgrenzen zustandegekommenen Schnitt der 831 Kreiseinheiten unseres Datensatzes verursacht werden könnten, weitestgehend neutralisiert. Und durch die Relativierung der Mandatszahlen sind die anhand der 831 Kreiseinheiten gewonnenen Resultate auf jede beliebige Zahl von Wahlkreisen anwendbar, so daß hier die Notwendigkeit zur weiteren Zusammenfassung entfällt.

Weitaus schwieriger ist die Entscheidung über das wahrscheinliche Verhalten der Wähler unter geänderten Wahlsystembedingungen. Denn es ist davon auszugehen, daß Anhänger kleinerer, weniger aussichtsreicher Parteien angesichts der ungewissen Erfolgschancen der von ihnen bevorzugten Gruppierungen tendenziell „strategisch" abstimmen, d. h. ihre Stimme dem nächstkleineren Übel, also beispielsweise der SPD statt der USPD oder der DDP, der BVP statt dem Bayerischen Bauernbund oder der DNVP statt der NSDAP geben. Tatsächlich ist dieser eingebaute Trend zur Mitte eines der wichtigsten Argumente der Hermens-Schule für den mäßigenden Einfluß mehrheitsbildender Wahlsysteme. Darüber, wie die Wähler konkret auf die Veränderung des Wahlsystems reagiert hätten, läßt sich zwar trefflich streiten, aber mit erfahrungswissenschaftlichen Mitteln kaum entscheiden. Relativ leichte Einigung dürfte sich dagegen darüber erzielen lassen, daß eine Änderung des Wahlsystems wohl kaum zu generellen politischen Richtungswechseln der Wahlberechtigten geführt hätte. Allen anderen Vorentscheidungen über die möglichen Reaktionen von Wählern haftet notwendigerweise ein Element der Willkür an, das durch noch so plausible Begründungen nicht zu beseitigen ist.

Aus diesem Grunde wollen wir unseren Berechnungen drei unterschiedliche Verhaltensmöglichkeiten zugrundelegen, nämlich eine neutrale, eine für die Hermens-Position eher günstige und eine eher ungünstige Alternative. Die für die Argumentation der Hermens-Schule eher ungünstige, da keinen Trend zur Mäßigung voraussetzende Alternative geht davon aus, daß sich die Wähler auch im Falle eines relativen oder absoluten Mehrheitswahlsystems oder der Einführung einer Fünf-Prozent-Sperrklausel so verhalten hätten, wie sie es unter dem gegebenen (fast) reinen Verhältniswahlsystem taten. In einem zweiten Schritt wollen wir dann den für die Hermens-Position wesentlich günstigeren Fall untersuchen, daß die Anhänger der Weimarer Koalition in jedem Wahlkreis für den jeweils aussichtsreichsten Kandidaten der Koalition gestimmt hätten, während die Wähler der KPD und NSDAP unverändert zu diesen beiden Parteien gestanden hätten, um endlich dann im dritten Schritt auch mögliche Koalitionsbildungen auf der Rechten zu berücksichtigen.

Tabelle 5.16 enthält die prozentuale Sitzverteilung bei relativer Mehrheitswahl nach englischem Muster für (a) den Fall, daß die Wähler weiter so abgestimmt hätten wie bisher, (b) unter der Annahme, daß sich die Wähler der Weimarer Koalitionsparteien auf jeweils einen Kandidaten geeinigt hätten und (c) unter der Voraussetzung, daß zusätzlich auch die DNVP und die verschiedenen, politisch zumeist rechtsorientierten Split-

Tabelle 5.16: *Die wahrscheinliche Sitzverteilung im Weimarer Reichstag bei relativer Mehrheitswahl nach englischem Muster*

(a) bei unverändertem Wahlverhalten der Wahlberechtigten

Wahl	KPD	SPD	DDP	Z/BVP	DVP	DNVP	REST	NSDAP	Koal.
1920	0.2	29.9	0.4	26.2	5.6	13.8	24.0	–	56.1
1924M	10.4	31.8	0	25.5	0.4	24.9	5.2	1.9	57.2
1924D	2.3	47.8	0	25.9	0.5	19.8	3.7	0.1	73.7
1928	3.7	58.3	0	24.2	0.1	8.6	5.1	0.1	82.5
1930	10.4	46.2	0	24.4	0	2.6	1.5	11.6	70.6
1932J	4.9	4.4	0	22.4	0	0	0.1	68.3	26.7
1932N	10.6	7.9	0	22.7	0	0	0.3	58.6	30.6
1933	1.7	0.2	0	11.0	0	0	0.0	87.0	11.2

b) bei strategischem Wahlverhalten der Anhänger der Weimarer Koalitionsparteien

Wahl	KPD	DVP	DNVP	REST	NSDAP	KOALITION
1920	0	2.2	6.0	16.3	–	70.2
1924M	1.9	0	9.9	3.2	0.2	80.5
1924D	0,5	0.1	7.3	2.2	0.1	85.4
1928	1.5	0.1	3.8	2.5	0.1	89.3
1930	3.5	0	1.9	3.5	4.8	86.3
1932J	1.6	0	0	0	48.0	50.4
1932N	5.6	0	0	0.1	44.5	49.7
1933	1.7	0	0	0	71.3	27.0

c) bei strategischem Wahlverhalten der Anhänger der Weimarer Koalitionsparteien und der Rechtsparteien

Wahl	LINKS	RECHTS	MITTE
1920	1.1	5.0	93.9
1924M	0.4	25.3	74.3
1924D	0.3	14.3	85.5
1928	0.2	12.5	87.3
1930	1.4	30.6	68.0
1932J	1.1	62.9	35.9
1932N	3.0	59.3	37.7
1933	0.6	79.9	19.5

Links: KPD (1920: KPD + USPD); Rechts: NSDAP, DNVP, Splitterparteien; Mitte: SPD, DDP/DStP, Z, BVP, DVP.
Angaben jeweils in Prozent der Reichstagsmandate.

tergruppen mit der NSDAP entsprechende Wahlabsprachen getroffen
hätten. Dem entspricht logisch die relative Sitzverteilung für die absolute
Mehrheitswahl mit Stichwahlentscheid im 2. Wahlgang, wenn man von
einem im 1. Wahlgang wiederum gleichen Wahlverhalten ausgeht, auf das
im 2. Wahlgang ein Zusammengehen der Anhänger der Weimarer Koalitionsparteien oder der verschiedenen Rechtsparteien folgt. Es zeigt sich,
daß unter den Bedingungen der relativen Mehrheitswahl und gleichbleibenden Wahlverhaltens die Weimarer Koalitionsparteien bis zur Septemberwahl 1930 eine komfortable, ja streckenweise geradezu erdrückende
Mehrheit besessen hätten, die im Juli 1932 jäh von der NSDAP abgelöst
worden wäre, falls es in diesem Jahr zu – bei normalen Legislaturperioden
turnusmäßig anstehenden – Neuwahlen gekommen wäre.[158] Bei strategischem Wahlverhalten der Anhänger der Weimarer Koalition hingegen
hätten sowohl im Falle absoluter Mehrheitswahl mit Stichwahlentscheid
als auch im Falle eines Wahlsystems nach englischem Vorbild selbst noch
im Juli 1932 SPD, Zentrum, BVP[159] und DStP über eine zwar knappe,
aber ausreichende Mehrheit der Reichstagsmandate verfügt, die es ihnen
ermöglicht hätte, die Reichsregierung ohne Rückgriff auf den Reichspräsidenten zu bilden und Gesetze auf parlamentarischem Wege zu verabschieden. Hätten sich jedoch auch die Nationalsozialisten zusammen mit
den Deutschnationalen und den verbliebenen Wählern der verschiedenen
Splitterparteien zu entsprechenden Wahlkreiskoalitionen zusammenge-
schlossen, wäre ähnlich wie im Falle gleichbleibenden Wahlverhaltens
schon im Juli 1932 eine klare Reichstagsmehrheit von fast 63 Prozent aus
Nationalsozialisten und den mit ihnen verbündeten Parteien entstanden.

Diese Ergebnisse zeigen, daß eindeutige Antworten auf die Frage, ob
ein anderes, stärker mehrheitsbildendes Wahlsystem den Aufstieg des
Nationalsozialismus verhindert oder zumindest eingedämmt hätte, aus
der Sicht der historischen Wahlforschung nicht möglich sind. Sie hängen
in erster Linie von den getroffenen Vorentscheidungen ab: Welches
Wahlsystem man präferiert, das relative oder das absolute Mehrheitswahlsystem, und insbesondere, welche Reaktionen der Wählerschaft auf
ein geändertes Wahlsystem man unterstellt. Dies jedoch ist nur in hypo-
thetischer Form möglich. Unbestreitbar ist wohl, daß in den frühen und
mittleren Jahren der Weimarer Republik ein Mehrheitswahlsystem, ja
schon eine Fünf-Prozent-Klausel für höhere politische Stabilität und
regierungsfähigere Mehrheiten gesorgt hätte. Weniger Regierungsumbil-
dungen und Reichstagsauflösungen wären die Folge gewesen. Die Legislaturperioden hätten sich dann wohl eher über normale, vier Jahre umfassende Perioden erstreckt, so daß die gegen Ende der Weimarer Republik
so weit verbreitete antiparlamentarische Haltung und die Verdrossenheit

mit den „Systemparteien" vielleicht geringer ausgefallen wären. Insoweit ist in der Tat die, wissenschaftstheoretisch gesprochen, bedingte Prognose, die ja auch in die Vergangenheit gerichtet sein kann, statthaft, daß ein anderes Wahlsystem den Aufstieg des Nationalsozialismus bis zu einem gewissen Zeitpunkt vielleicht nicht unbedingt verhindern, aber doch abbremsen geholfen hätte. Damit läßt sich das Weimarer System der annähernd reinen Verhältniswahl zwar weder als eine notwendige noch gar als eine hinreichende, wohl aber als begünstigende Bedingung des Aufstiegs des Nationalsozialismus bezeichnen. Da jedoch andere Umstände, durch die der Nationalsozialismus gefördert wurde, etwa die Agrar- und Wirtschaftskrise, der Vertrag von Versailles oder die Hyperinflation, nicht vom Wahlsystem abhängig waren, ist nicht auszuschließen, daß die NSDAP bereits im Jahre 1932 zusammen mit ihren potentiellen Verbündeten eine absolute Mandatsmehrheit errungen hätte, wodurch der Weimarer Republik noch früher der Todesstoß versetzt worden wäre, als dies dann tatsächlich erfolgt ist. Insofern sind auch erfahrungswissenschaftlich untermauerte Überlegungen über die möglichen Auswirkungen eines anderen Wahlsystems auf den Gang der Weimarer Geschichte angesichts des ihnen notwendig anhaftenden spekulativen Elementes historisch weniger fruchtbar, als man vielleicht vermuten könnte; dies läßt sie jedoch aus demokratietheoretischer Sicht weder als illegitim noch als müßig erscheinen, da sie den Blick für eine der vielen Funktionsbedingungen von Massendemokratien zu schärfen vermögen. Vielleicht haben wir es hier mit einer der wenigen Instanzen zu tun, wo man tatsächlich etwas aus der Geschichte lernen kann, auch wenn man aus prinzipiellen erkenntnistheoretischen Gründen niemals in der Lage sein wird, die uns nach wie vor bewegende Frage nach dem „Was wäre geschehen, wenn..." zufriedenstellend zu beantworten.

6. Zur Demographie und Konfession der NSDAP-Wählerschaft

6.1. Geschlecht

6.1.1. Waren vor allem die Frauen für die Wahlerfolge der NSDAP verantwortlich?

Erhebliche Mitverantwortung für den raschen Aufstieg der NSDAP nach 1928 wird sowohl im allgemeinen Vorurteil als auch in manchen wissenschaftlichen Abhandlungen[160] den Frauen angelastet. Es gehört zu den zählebigsten Stereotypen deutscher Stammtische, daß Hitler und seiner Bewegung schon früh weibliche Wähler geradezu in hellen Scharen zugeströmt seien. Dies wird gerne mit ihrem im Grunde apolitischen Charakter und ihrer generell niedrigen Parteibindung begründet. Sie seien daher gegenüber radikalen Strömungen generell anfälliger gewesen als die Männer, die ja schon wesentlich länger das allgemeine Wahlrecht besaßen und daher mehr Zeit gefunden hätten, sich in das traditionelle Parteiensystem zu integrieren. Männer hätten deswegen im Durchschnitt ihren angestammten Parteien, die viele Jahre für sie so etwas wie eine politische Heimat bedeuteten, erheblich länger die Treue gehalten.[161]

Diese auch heute noch gelegentlich anzutreffende Meinung[162] vertritt schon, unter Berufung auf die wesensmäßig Andersartigkeit der Frau, der belgische Sozialist Hendrik de Man in seiner 1932 publizierten Schrift über „Sozialismus und Nationalfascismus", in der er den NSDAP-Wahlerfolg von 1930 als Resultat eines „starken Zustroms aus der weiblichen Wählerschaft" charakterisiert; dieser könne in erster Linie durch die für Frauen verführerische „Ideologie des ‚starken Mannes', das Prestige der Uniform, der militärischen Haltung und schneidigen Sprache, die starke Betonung des Gefühlsmäßigen usw." erklärt werden.[163] Ganz ähnlich äußert sich auch der Soziologe Theodor Geiger: „Die stärkere Gefühlsbetontheit der Frau neigt stets mehr zum Radikalismus (gemeint sind hier sowohl die NSDAP als auch die KPD, J.F.) als die kühler überlegende männliche Art."[164] Zu einem etwas differenzierteren Schluß kommt unter Berufung auf im Prinzip die gleichen geschlechtsspezifischen Argumente der Soziologe Heinrich Striefler in seiner unmittelbar nach dem Kriege veröffentlichten Studie über die Wähler des Nationalsozialismus, wenn er

von den Frauen behauptet: „Sie sind ihrer ganzen Natur nach weniger
durch verstandesmäßige Argumente zu erfassen, als durch gefühlsmä-
ßige... (Sie) sind...in ihrem Gehabe mehr auf das Erhaltende und
Pflegende gerichtet, also mehr auf das Häusliche und auf das Familienle-
ben..." Daher könne „von den Frauen angenommen werden, daß sie
mehr den Parteien ihre Stimme geben, von denen sie eine Erhaltung des
Familien- und auch des allgemeinen religiösen Lebens erwarten", also in
erster Linie den christlichen und konservativen Parteien. Was sich zunächst wie ein klarer Widerspruch zu Geiger und de Man liest, wird jedoch
von Striefler sogleich durch die Feststellung wieder abgeschwächt, daß
„in den evangelischen Gebieten... seit 1930 auch die NSDAP den Frauen
als christliche Partei erschienen (ist)."[165]

Aus heutiger Perspektive erstaunt es vielleicht, daß gerade Sozialwissenschaftler wie Theodor Geiger, Heinrich Striefler oder auch Hendrik de
Man sich nicht stärker soziologischer, sondern eher anthropologischer,
die angeblichen wesensmäßigen Unterschiede von Männern und Frauen
betonender Argumente bedienen, um die vermutete höhere Anfälligkeit
weiblicher Wähler gegenüber dem Nationalsozialismus plausibel zu machen. Denn gerade in der Weimarer Republik wurde eine ganze Anzahl
von Untersuchungen über die Berufstätigkeit, die soziale Lage und auch
die politische Partizipation von Frauen veröffentlicht[166], aus denen man
stichhaltigere Argumente für Wahlverhaltens- und Beteiligungsdifferen-
zen von Männern und Frauen gewinnen konnte als aus Vermutungen über
die Andersartigkeit der Frau.

So lag beispielsweise 1925 die Erwerbsquote von Männern immer noch
rund doppelt so hoch wie die von Frauen, betrug der Frauenlohn bei den
Hilfs- und Facharbeitern nur rund zwei Drittel des Lohns vergleichbarer
Männertätigkeiten, lagen auch die Verdienste der weiblichen Angestellten
mit typischerweise 130 bis 180 Mark im Monat weit unter denen der
männlichen Angestellten.[167] Erhebliche Unterschiede gab es weiter bei
der Stellung im Beruf und der formalen Bildung. So waren zum Beispiel
über ein Drittel der erwerbstätigen Frauen, aber nur rund 6% der erwerbstätigen Männer sogenannte Mithelfende Familienangehörige, weitere 11
Prozent der weiblichen Beschäftigten waren Hausgestellte, ein Berufs-
zweig, bei dem es so gut wie keine Männer gab. Innerhalb der übrigen
Berufe waren Frauen folglich unterrepräsentiert. Sehr unterschiedlich war
ferner die Berufstätigkeit von Ehefrauen innerhalb der einzelnen sozialen
Schichten: Nur 10% der Ehefrauen von Angestellten und Beamten, 22%
der Ehefrauen von Arbeitern, aber über 50% der Ehefrauen von Selbständigen waren nach der Statistik erwerbstätig. Diese weibliche Berufstätigkeit stellte jedoch häufig keine eigenständige, sondern eine von der

beruflichen Tätigkeit des Mannes abgeleitete Beschäftigung dar. Denn fast die Hälfte der erwerbstätigen Frauen war im Agrarsektor, und hier wiederum hauptsächlich in bäuerlichen Familienbetrieben, beschäftigt, jeweils ein Viertel im sekundären (Handwerk und Industrie) und tertiären (Dienstleistungs-) Sektor. Viele Frauen waren mithin im Betrieb der eigenen Familie tätig, wodurch das patriarchalische Rollenverständnis und die Abhängigkeit vom Mann eher noch verstärkt worden sein dürften. Unterrepräsentiert waren Frauen nicht nur in qualifizierten Positionen, sondern auch an den Universitäten, wo sie – bei einem Bevölkerungsanteil von knapp 52 Prozent – nur 10 bis 15 Prozent der Studenten ausmachten, während sie an den Höheren Schulen im Durchschnitt immerhin noch etwas mehr als ein Drittel der Schüler und knapp ein Viertel der Abiturienten stellten.[168]

Frauen waren folglich in der Weimarer Republik trotz eines schon damals sich abzeichnenden säkularen Anpassungsprozesses an die schulische Qualifikation und berufliche Rolle der Männer noch sehr viel stärker als heute auf das sprichwörtliche Dreigestirn von „Kirche, Küche und Kinder" beschränkt. Es würde daher nicht verwundern, wenn Frauen damals sowohl in geringerem Maße an Politik interessiert gewesen wären und sich seltener an Wahlen beteiligt hätten als auch im Durchschnitt religiöser, nationaler und konservativer abgestimmt hätten als die Männer, wie ein zeitgenössischer Beobachter einmal anmerkte.[169] Daß daraus eine überdurchschnittliche Affinität zu den Nationalsozialisten herrühren sollte, erscheint nur dann plausibel, wenn man sich die im Zusammenhang mit den Parteiwanderungen vorgestellte Argumentation von der Radikalisierung der Unpolitischen zugunsten der NSDAP zueigen macht, was, wie wir in einem früheren Kapitel gesehen haben, zumindest Geiger und de Man nicht tun.

Tatsächlich gehen denn auch andere zeitgenössische Beobachter von einer im Vergleich zu den Männern zunächst eher größeren Resistenz weiblicher Wähler gegenüber dem Nationalsozialismus aus. Dies tut beispielsweise der in anderem Zusammenhang bereits zitierte Josef Griesmeier, der den Stand der politischen Statistik in dieser Frage noch 1933 dahingehend zusammenfaßt, „daß die Frauen die konfessionellen und sodann die mehr konservativ gerichteten Parteien bevorzugen und die sog. radikalen Parteien aller Lager in höherem Maße ablehnen als die Männer"[170]. Die gleiche Position vertritt in einer Untersuchung über das Frauenwahlrecht in Deutschland der Soziologe Hans Beyer: „Der Abscheu vor den Kampfmethoden des Nationalsozialismus und der Zweifel an seinem ‚positiven Christentum' hat eine erhebliche Benachteiligung der Hitlerpartei bei den Frauenstimmen hervorgerufen..."[171] Der über-

wältigende Erfolg bei den Reichstagswahlen von 1930 – Beyer bemüht
hier ein „Gesetz von der Anziehungskraft der großen Zahlen" – habe diese
Widerstände in der Folgezeit dann aber schnell abbauen geholfen: „... die
Wahlen des Jahres 1931 und 1932 haben die Benachteiligung der
N.S.D.A.P. in den evangelischen Gebieten beseitigt: nach allen vorliegenden Einzelergebnissen setzte sich die Wählerschaft (des Nationalsozialismus, J.F.) ziemlich gleichmäßig aus Männern und Frauen zusammen."[172]

6.1.2. Die Ergebnisse der amtlichen Sonderauszählungen nach dem Geschlecht

So uneinig wie die Zeitgenossen waren sich auch viele Beobachter nach
dem Kriege, selbst wenn für die meisten Historiker, bei denen ja, wie oben
ausgeführt, das Wahlgeschehen häufig nur am Rande abgehandelt wird,
geschlechtsspezifische Unterschiede in der Unterstützung Adolf Hitlers
keine Rolle zu spielen scheinen. Wie kann oder konnte es zu derartig
unterschiedlichen Einschätzungen bei Zeitgenossen und heutigen Beobachtern kommen? Wissen wir heute mehr als vor sechzig Jahren? Oder
setzen uns die modernen statistischen Auswertungsverfahren und Möglichkeiten der Datenverarbeitung in die Lage, genauere Informationen
über die unterschiedliche Affinität von Männern und Frauen zur NSDAP
zu ermitteln als noch vor zwanzig oder dreißig Jahren? Streng genommen
ist beides nicht der Fall. Schon in den zwanziger Jahren wurden, ausgelöst
durch die Einführung des Frauenwahlrechts und die Senkung des Wahlalters, nach Geschlecht getrennte Sonderauszählungen der Stimmabgabe
vorgenommen, die im Gegensatz zur heutigen amtlichen Repräsentativstatistik allerdings weder flächendeckend noch im statistischen Sinne
repräsentativ waren. So sind beispielsweise im Mai 1924 Ortschaften, in
denen die DVFP überdurchschnittlich gut abschnitt, unter den Auszäh-
lungsgemeinden weit überrepräsentiert, so daß die DVFP mit einem viel
zu hohen Prozentsatz an Stimmen erscheint. Doch sind die Sonderauszählungen nach dem Geschlecht bis zur Reichspräsidentenwahl 1932 sowohl
territorial hinreichend breit gestreut als auch in einer ausreichend großen
Zahl von Gemeinden ganz unterschiedlichen Typs durchgeführt worden.
Aus diesem Grunde lassen sich ihre Ergebnisse – zumindest was die
Größenordnung der geschlechtsspezifischen Differenzen angeht – durchaus verallgemeinern. Für die drei letzten Reichstagswahlen der Weimarer
Republik gibt es hingegen nur noch vereinzelt Sonderauszählungen nach
dem Geschlecht. In der Wirtschaftskrise erschienen derartige Unternehmungen, die ja stets mit zusätzlichem Material- und Personalbedarf
verbunden waren, vielfach als unnötiger Luxus, oder sie scheiterten selbst

bei gutem Willen aller Beteiligten am Geldmangel. Doch sind selbst hier noch die Erhebungsgemeinden zumindest konfessionell so gut durchgemischt, ist die Tendenz der Resultate so eindeutig, daß auch die Heranziehung dieser verstreuten Sonderauszählungen vertretbar erscheint.

Die Benutzung dieser Sonderauszählungen nach dem Geschlecht hätte eigentlich schon den Zeitgenossen und erst recht den Beobachtern nach dem Krieg zeigen müssen, daß Frauen sich im Durchschnitt weniger als Männer an der Wahl beteiligten, eher religiös, national oder konservativ orientierte Parteien wählten und extremistischen Gruppen von links und rechts anfangs ihre Stimme versagten (vgl. Tabelle 6.1). Dies deutet darauf hin, daß die Verluste von DVP und DNVP bei Frauen anteilsmäßig etwas niedriger lagen als bei Männern. SPD und DDP/DStP wurden von Männern und Frauen etwa gleichstark gewählt, dagegen überwogen bei der KPD eindeutig die Männerstimmen. Auch die NSDAP wurde zwischen 1924 und 1930 von Frauen deutlich seltener gewählt als von Männern. Selbst bei den Reichspräsidentenwahlen von 1932 ist diese Tendenz noch zu beobachten, wie die Abbildung auf S. 142 belegt.[173] Doch zeichnet sich nach 1930 eine allmähliche Angleichung der Wahl Hitlers durch Männer und Frauen ab. Bei den Reichstagswahlen des Jahres 1932 treten reichsweit, soweit man das aufgrund der vorliegenden Sonderauszählungen beurteilen kann, kaum noch Unterschiede in der NSDAP-Anfälligkeit von Männern und Frauen auf (vgl. Tabelle 6.2). Allerdings bestehen nach wie vor regionale und vor allem konfessionelle Differenzen. Während in den katholischen Städten und Landkreisen bis 1933 die NSDAP – wenn auch mit abnehmender Tendenz – durchweg stärker von Männern als von Frauen gewählt wurde, überholten in den überwiegend protestantischen Städten, in denen noch Sonderauszählungen stattfanden (u. a. Bremen, Magdeburg, Leipzig und Wiesbaden), die weiblichen die männlichen Wähler bereits 1932 leicht, 1933 dann deutlich in ihrer NSDAP-Sympathie. Im Reichsdurchschnitt überflügelten die Frauen die Männer hierin vermutlich erst im Jahre 1933, was nicht zuletzt der Mobilisierung bisheriger Nichtwähler zuzuschreiben sein dürfte, unter denen Frauen erfahrungsgemäß besonders häufig vertreten waren.[174] Von den Adolf Hitler in hellen Scharen zuströmenden weiblichen Wählern, von denen immer wieder einmal zu lesen ist, kann aber angesichts dieser Ergebnisse keine Rede sein.

Sehr viele Mißverständnisse und scheinbare Widersprüche sind darauf zurückzuführen, daß unterschiedliche Autoren unbemerkt von verschiedenartigen Dingen reden, wenn sie die größere Anfälligkeit oder höhere Resistenz von Frauen gegenüber dem Nationalsozialismus betonen. So kann man wie im vorangegangenen Abschnitt und in den Tabellen 6.1

Tabelle 6.1: Die Wahl der Parteien 1924–1932 nach dem Geschlecht der Wähler (Angaben: Punktwert nach dem sogenannten Tingstenindex)

WAHL	KPD	SPD	DDP	ZBVP	DVP	SONST	DNVP	NSDAP	WBT	%Fälle
1924M	69	94	96	154	112	96	115	96	–	6,9
1924D	68	90	97	149	115	99	118	85	–	6,2
1928	76	96	100	154	110	94	131	71	89	20,6
1930	75	100	100	159	125	112	140	88	93	16,8

Tingstenindex: 100 x Prozentsatz der von Frauen für eine bestimmte Partei abgegebenen gültigen Stimmen/Prozentsatz der von Männern für diese Partei abgegebenen gültigen Stimmen. Wählen prozentual gleichviel Frauen wie Männer eine gegebene Partei, so beträgt der Tingstenindex 100. Werte über 100 bedeuten eine Überrepräsentation von Frauen, Werte unter 100 eine Überrepräsentation von Männern.
%Fälle = Prozentanteil der unter die Getrenntauszählung fallenden Stimmberechtigten an allen Stimmberechtigten des Deutschen Reiches.

Tabelle 6.2: Einzelne Auszählungen nach dem Geschlecht der Wähler für die Reichstagswahlen 1932 und 1933

	Juli 1932			Novemb. 1932			März 1933		
	M	F	T	M	F	T	M	F	T
Regensburg	23	17	74	20	15	75	33	29	87
Bayerisches Land★	30	26	86	28	24	85	37	33	89
Konstanz	32	26	81	26	22	84	36	33	91
Augsburg	25	21	84	25	22	88	33	31	94
Bayerische Städte★	29	26	88	27	25	91	36	35	96
Köln	26	23	86	22	19	88	34	33	97
Ludwigshafen	–	–		29	28	97	35	35	101
Kathol. Gebiete★★	–	–	–	30	24	80	–	–	–
Wiesbaden	43	44	102	36	37	102	45	47	105
Dinkelsbühl	–	–	–	54	56	103	59	62	105
Ansbach	–	–	–	48	50	105	51	55	109
Bremen	30	31	103	21	21	101	31	34	112
Magdeburg	36	39	107	31	34	109	38	43	114
Leipzig	–	–	–	–	–	–	34	39	114

Quelle: Tingsten 1937, S. 52–58. Werte gerundet.
Angaben: NSDAP-Anteil bei Männern und Frauen in Prozent der von der jeweiligen Gruppe abgegebenen gültigen Stimmen und Tingstenindex (T).
★ nur bestimmte Gebiete und Gemeinden Bayerns.
★★ einige Gemeinden der Wahlkreise Westfalen Nord, Franken (Stadt Dinkelsbühl) und Baden.

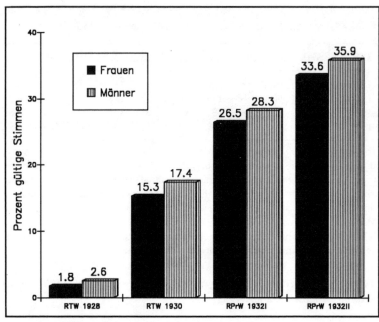

Die Wahl der NSDAP bzw. Adolf Hitlers durch Männer und Frauen bei Reichstags- und Reichspräsidentenwahlen. Grafik zu Tabelle 6.1 und 6.2.

und 6.2 sowie in der dazugehörigen Abbildung den Prozentsatz der von weiblichen und männlichen Wählern abgegebenen NSDAP-Stimmen miteinander vergleichen. Dies ist sicherlich das geeignetste statische Maß für die relative Anfälligkeit beider Geschlechter. Oder man kann in umgekehrter Perspektive, wie Dahrendorf das beispielsweise in seinem Buch über „Gesellschaft und Demokratie in Deutschland" tut, den Anteil der Frauen unter den NSDAP-Wählern betrachten.[175] Dabei wird jedoch leicht übersehen, daß es in der Weimarer Republik erheblich mehr weibliche als männliche Wahlberechtigte gab, wodurch rein rechnerisch Frauen auch dann einen höheren Anteil unter den NSDAP-Wählern stellen konnten als Männer, wenn sie tatsächlich seltener für die Nationalsozialisten stimmten als diese. Ferner spielen bei dieser Art der Betrachtung Unterschiede in der Wahlbeteiligung von Männern und Frauen eine möglicherweise entscheidende Rolle.[176]

Endlich kann man auch den unterschiedlichen Zuwachs, den die NSDAP zwischen 1928 und 1933 bei weiblichen und männlichen Wählern erzielen konnte, analysieren. Hier zeigt sich dann, daß man in der Tat von einem überproportionalen Zuwachs der NSDAP unter den weiblichen

Wählern zwischen 1928 und 1930 und wohl auch bei den danach folgenden Reichstagswahlen ausgehen muß. Allerdings erfolgte dieser Zuwachs
auf der Basis einer ursprünglich insgesamt recht geringen Tendenz weiblicher Wähler, für die NSDAP zu stimmen, als diese noch eine exotische
Splitterpartei war. Daher gelang es der NSDAP und Adolf Hitler trotz
dieses überproportionalen Anstiegs bis zur Reichspräsidentenwahl 1932
weder unter den weiblichen Wählern noch gar unter den weiblichen
Stimmberechtigten, die gleichen Ausschöpfungsquoten zu erzielen wie
unter den Männern. Der Versuch, den schnellen Aufstieg der NSDAP
zwischen 1928 und 1930 rechnerisch vor allem auf den Zustrom weiblicher Wähler zurückführen, wie dies etwa Geiger oder de Man tun, muß
angesichts dieser Ergebnisse als verfehlt erscheinen. Andererseits hat
jedoch die zunehmende Tendenz weiblicher Wähler, der Hitlerbewegung
ihre Stimme zu geben, durchaus zu einer Beschleunigung des Aufstiegs
der NSDAP zu einer Massenpartei beigetragen.

6.1.3. Das Wahlverhalten von Männern und Frauen in unterschiedlichen sozialen Kontexten

Normalerweise würde die statistische Behandlung der geschlechtsspezifischen Unterschiede der NSDAP-Wahl hier enden müssen, da damit die
Aussagekraft der amtlichen Statistik weitestgehend erschöpft ist und die
Thematik den üblichen Aggregatdatenanalysen mangels ausreichender
Variation der unabhängigen Variablen – es wohnen praktisch überall
anteilsmäßig gleichviele Frauen und Männer – nicht zugänglich ist. Doch
wurden im Rahmen des NSDAP-Wahlprojektes in den vergangenen
Jahren alle von der Statistik des Deutschen Reiches zwischen 1920 und
1932 ausgewiesenen Sonderauszählungen nach dem Geschlecht in ma-
schinenlesbarer Form erfaßt, so daß jetzt erstmals für bestimmte Wahlen
differenziertere Analysen etwa über das unterschiedliche Wahlverhalten
von Männern und Frauen in Gemeinden unterschiedlicher Konfessions-
und Sozialstruktur möglich sind.[177] Die entsprechenden Informationen
für die NSDAP sind in Übersicht 6.1 enthalten.

Die Aufgliederung nach Konfession und Gemeindegröße belegt, daß
unabhängig von der Konfessionszusammensetzung und der Einwohner-
bzw. Stimmberechtigtenzahl bis einschließlich 1930 die NSDAP stets von
relativ mehr Männern als Frauen gewählt worden ist. Lediglich in den
größeren evangelischen Gemeinden ist hier bereits eine tendenzielle Angleichung des Wahlverhaltens beider Geschlechter zu beobachten. Besonders groß ist die Differenz der NSDAP-Wahl von Männern und Frauen in
den katholischen Gemeinden, und hier wiederum besonders ausgeprägt in

Übersicht 6.1: Die Wahl der NSDAP und Adolf Hitlers durch Männer und
Frauen in Gemeinden unterschiedlicher Konfession und Einwohnerzahl

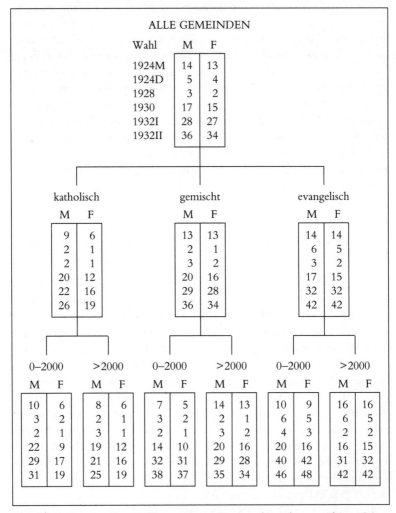

Angaben in Prozent der von Frauen bzw. Männern abgegebenen gültigen Stimmen der jeweiligen Wahl. Konfessionsanteil 1924–1930 approximiert durch den
Anteil der Zentrumsstimmen; Gemeindegröße durch die Zahl der abgegebenen
gültigen Stimmen.
Lesebeispiel: In den katholischen Kleingemeinden entfielen 1930 rund 22 Prozent
der von Männern und rund 9 Prozent der von Frauen abgegebenen Stimmen auf
die NSDAP.

den kleineren Ortschaften. Es zeigt sich aber auch, daß die noch bei der Reichspräsidentenwahl von 1932 reichsweit festzustellende leichte Unterrepräsentation der NSDAP bei Frauen lediglich für die katholischen Gebiete zutrifft, und zwar unabhängig von der Gemeindegröße. Vor allem in den katholischen Kleingemeinden ist auch noch zu diesem Zeitpunkt ein sehr starkes Männerübergewicht zugunsten von Hitler feststellbar. Der Tingsten-Index, d. h. das Verhältnis von Frauen- zu Männerstimmen, liegt in dieser Gemeindeklasse bei nur 61 Punkten, während er beispielsweise in den überwiegend evangelischen Kleingemeinden, in denen bereits etwas mehr Frauen als Männer Hitler die Stimme gaben, rund 105 Indexpunkte beträgt. Natürlich ist dieser niedrige Indexwert in den katholischen Kleingemeinden in erster Linie auf die starke Bindung katholischer Frauen an das Zentrum und die Bayerische Volkspartei zurückzuführen, deren Wahlempfehlung für Hindenburg sie sichtlich weitgehend befolgten.

Zusammenfassend ist angesichts dieser Ergebnisse daher zunächst einmal Gabriele Bremme zuzustimmen, die in ihrer 1956 erschienenen Untersuchung über „Die politische Rolle der Frau" bemerkt: „Von einer Bevorzugung der NSDAP seitens der Frauen – die den Frauen von der Öffentlichkeit des öfteren zur Last gelegt worden ist – kann jedoch bis 1930, ja teilweise bis 1932 keine Rede sein… Die NSDAP war bis in die dreißiger Jahre eine ausgesprochene Männerpartei."[178] Im Tenor ähnlich äußert sich auch Karl Dietrich Bracher, der bei seiner Behandlung der Reichspräsidentenwahlen von 1932 sogar von „Legenden vom Radikalismus der weiblichen Wähler" spricht[179]. Da aber, wie wir gesehen haben, nach 1930 die anfänglich größere Resistenz der Frauen gegenüber dem Nationalsozialismus schnell nachließ und schon 1932 nur noch auf die überwiegend katholischen Gebiete des Reiches beschränkt war, scheint für die Folge Herbert Tingsten zumindest der Tendenz nach recht zu behalten. In seiner berühmten historisch-statistischen Untersuchung über Wahlbeteiligung und Wahlverhalten glaubt er im Zusammenhang mit der Reichstagswahl 1933 Indizien dafür anzutreffen, „daß die sogenannte nationale Koalition (aus Nationalsozialisten und Deutschnationaler Partei) unter den Männern keine Mehrheit gewinnen konnte; ihre knappe Reichstagsmehrheit (55 Prozent) ist der starken Unterstützung durch weibliche Wähler zu verdanken".[180] Bezogen auf die Ausgangsfrage nach der größeren oder geringeren Affinität von Frauen zum Nationalsozialismus kann die Antwort also, je nach untersuchter Perspektive und Zeitpunkt, nur „sowohl als auch" lauten: Bis 1930 zeigten sich Frauen tatsächlich gegenüber dem Nationalsozialismus resistenter als Männer. Bei katholischen Frauen scheint diese relative Anfälligkeit – denn eine absolute Resistenz gab es auch hier nicht – sogar bis 1933 angehalten zu haben. Doch ist sie in evangelischen Regionen schon 1932 zunächst einem Gleichstand mit den Männern und dann sogar einer größeren Anfälligkeit gewichen, so daß im Reichsdurchschnitt 1933 die NSDAP anteilsmäßig bei Frauen etwas erfolgreicher war als bei Männern. Im Saldo konnten Adolf Hitler und seine Bewegung zwischen 1930 und 1933 daher in der Tat einen etwas stärkeren Zustrom von Frauen als von Männern verzeichnen. Doch liegen die Werte so eng beieinander, daß die Betonung der Rolle des einen gegenüber dem anderen Geschlecht ungerechtfertigt wäre. Wieder einmal stellt sich die historische Realität differenzierter und komplexer dar, als dies mit der einfachen Formel eines „Entweder-Oder" ausgedrückt werden kann.

6.2. Alter

Der Nationalsozialismus wurde von praktisch allen zeitgenössischen Beobachtern als eine Bewegung charakterisiert, die sich von ihren Mitbewerbern durch die Jugend ihrer Aktivisten und Gefolgsleute unterscheide. In der Tat wurde sein Erscheinungsbild auf der Straße unübersehbar von den außerordentlich jungen SA-Trupps bestimmt, zeigten die Wahlen zu den Studentenausschüssen schon früh eine überraschend starke Anfälligkeit zumindest der studentischen Jugend gegenüber der NSDAP. Und auch die Parteimitglieder waren im Schnitt sehr viel jünger als die Mitglieder der anderen Parteien oder die Gesamtbevölkerung. So waren knapp 60 Prozent der zwischen 1925 und 1930 neu in die Partei eintretenden Mitglieder unter 30 Jahre alt, lag das Durchschnittsalter aller Parteimitglieder zwischen 1925 und 1933 bei 31 Jahren.[181] Ein erheblicher Teil ihrer unbestreitbaren politischen Dynamik, ihres Aktivismus, aber auch ihrer Gewalttätigkeit ist sicherlich auf diese „Jugendlichkeit" der NSDAP zurückzuführen.

Aber kann dies tatsächlich als Indiz für eine prozentual vergleichbare Anfälligkeit jüngerer Wähler gegenüber der NSDAP gewertet werden? Dagegen spricht zunächst einmal die simple Tatsache, daß im Falle einer analog zur Mitgliederschaft verlaufenden Altersverteilung der NSDAP-Wähler rund zehn der damals siebzehn Millionen NSDAP-Anhänger von 1933 jünger als 30 Jahre gewesen wären. Dadurch wären für die anderen Parteien (einschließlich der Nichtwähler, unter denen jüngere Wahlberechtigte praktisch immer überrepräsentiert waren) kaum noch Jungwähler übrig geblieben, da es insgesamt im Deutschen Reich damals nur rund 12,3 Millionen Wahlberechtigte in der Altersgruppe zwischen 20 und 30 Jahren gab. Selbst ein etwas geringerer Anteil als 60 Prozent ist unwahrscheinlich, denn auch dann wäre es mathematisch nur schwer möglich, die gleichzeitigen Wahlerfolge der KPD, die ja von ihrer Mitgliederzusammensetzung her gesehen ebenfalls eine relativ jugendliche Bewegung war, oder der beiden katholischen Parteien mit ihren engen Verbindungen zu den verschiedenen katholischen Jugendorganisationen zu erklären. Im Lichte dieser Überlegungen ist eher ein Anteil junger Wähler innerhalb der nationalsozialistischen Wählerschaft zu erwarten, der beträchtlich niedriger als unter den Mitgliedern von NSDAP, SA oder SS liegt.[182] Oder anders formuliert: Die jüngeren Wähler dürften durchschnittlich erheblich weniger NSDAP gewählt haben, als das die Zusammensetzung der Parteimitglieder oder das äußere Erscheinungsbild des Nationalsozialismus vielleicht vermuten lassen. Dies ist zunächst ebenso Spekulation wie der Analogieschluß von den Mitgliedern auf die Wähler, der im Falle des Geschlechts – nur zwischen fünf und acht Prozent der NSDAP-Neumitglieder waren vor der Machtergreifung Frauen – zu geradezu grotesken Verzerrungen führen würde. Solange keine besseren Informationen vorliegen, kann man hinsichtlich der Alterszusammensetzung der NSDAP-Wähler nur Heinrich Zurkuhlen zustimmen, der schon 1932 feststellte: „In Ermanglung statistischer Tatsachen ist die oft vertretene Auffassung vom Radikalismus der Jungwähler nichts weiter als eine unbewiesene und unbeweisbare Behauptung".[183]

Leider liegen, anders als für das Geschlecht, in der uns interessierenden Periode für das Wahlverhalten keine Sonderauszählungen nach dem Alter vor, wenn man einmal von einigen vereinzelten Auszählungen nach der Wahlbeteiligung der Altersgruppen absieht. Es verwundert daher nicht, daß bis heute das Problem kaum jemals ernsthaft statistisch untersucht worden ist.[184] Eine weit überdurchschnittliche Anfälligkeit der jungen Wähler gegenüber der NSDAP wird bis heute einfach als gegeben unterstellt oder mit Hilfe von Plausibilitätsargumenten und Analogieschlüssen zu begründen versucht. Ein Grund für diese Forschungslücke könnte an der Tatsache liegen, daß der bis vor einigen Jahren einzige öffentlich zugängliche Datensatz mit Wahl- und Sozialdaten der Weimarer Republik keine Altersvariablen enthält. Ein weiterer Grund dürfte darin bestehen, daß die üblichen Korrelationsstudien bei der Beantwortung der Frage nach der Alterszusammensetzung der NSDAP-Wählerschaft nur sehr bedingt weiter helfen können, da die Altersverteilung der Kreise und Gemeinden ähnlich wie schon im Falle des Geschlechts nur eine recht geringe Variation aufweist.

Die erwähnten Sonderauszählungen nach der Wahlbeteiligung, die vor allem anläßlich der Reichstagswahl vom Mai 1924 durchgeführt worden sind, belegen die fast überall gültige, auch heute noch zutreffende Erkenntnis, daß sich die jüngsten und ältesten Jahrgänge deutlich seltener an Wahlen beteiligen als die mittleren Altersgruppen. Über die Gründe dafür ist viel geschrieben worden. Bei den älteren, oft alleinstehenden Wählern sind es vermutlich in erster Linie gesundheitliche Probleme und die zunehmende gesellschaftliche Vereinsamung, bei den jüngeren Altersgruppen das insgesamt recht niedrige politische Interesse und das noch nicht voll entwickelte parteipolitische Engagement. Aus den ganz wenigen während der Durchbruchsphase des Nationalsozialismus durchgeführten Sonderauszählungen der Wahlbeteiligung nach dem Alter scheint aber auch hervorzugehen, daß in der allerjüngsten Jahrgangsgruppe die Wahlbeteiligung 1930 überdurchschnittlich stark angestiegen ist, was etwa von Herbert Tingsten als ein – wenn auch schwaches – Indiz für den erhöhten Politisierungsgrad der Neuwähler zwischen 1928 und 1930 gewertet wird.[185]

6.2.1. Die einfache Zusammenhangsanalyse liefert keine klaren Befunde

Im Rahmen des Kreisdatensatzes, auf dem die meisten der hier vorgestellten Berechnungen beruhen, sind auch einige Altersvariablen aus den Volkszählungen von 1925 und 1933 enthalten. Im folgenden wollen wir zunächst wieder auf der einfachen, jeweils nur zwei Merkmale gleichzeitig erfassenden Zusammenhangsebene ermitteln, welche statistischen Beziehungen zwischen den einzelnen Alterskategorien und der Wahl der NSDAP bestehen (vgl. Tabelle 6.3). Danach wollen wir prüfen, ob die festgestellten Zusammenhänge auch nach Kontrolle möglicher Drittfaktoren erhalten bleiben.

In der Rückschau wird allzu leicht übersehen, daß die weitaus meisten Wähler der Weimarer Republik ihre schulische und politische Bildung noch im Kaiserreich, d. h. unter dem Vorzeichen eines strikt patriarchalischen Rollenverständnisses („Politik ist Männersache") erworben haben. 1920 wurde der Jahrgang 1900 wahlberechtigt, der praktisch seine gesamte Jugend noch im Kaiserreich verbracht hatte. Erst 1930, als der Jahrgang 1910 ins Wahlalter kam, betrat die erste Generation die politische Arena, die überwiegend in der Weimarer Republik ausgebildet worden war. Die drei Altersklassen, mit denen wir im folgenden arbeiten, entstammen der Volkszählung vom Juni 1933. Die in Tabelle 6.3 als „Jung" bezeichnete Altersgruppe umfaßt die 20- bis unter 25-Jährigen, die Kategorie „Alt" Personen, die zum Zeitpunkt der Volkszählung 65 Jahre oder älter waren, so daß zur Mittelgruppe alle Wahlberechtigten zwischen 25 und 65 Jahren zählen.[186] Die Angehörigen der „Jung"-Kategorie sind allesamt erst nach der Reichstagswahl 1928 ins Wahlalter gekommen,

Tabelle 6.3: NSDAP-Wachstum und Alter

Merkmal/	Quartil				Durch-	Korre-
Wahl	1	2	3	4	schnitt	lation
Jung						
1928/30	13.5	13.8	12.7	10.7	12.9	−12
1930/32J	16.1	17.5	16.5	13.9	17.2	−06
1932J/32N	−4.6	−4.7	−4.9	−3.7	−4.4	06
1932N/33	11.0	11.9	13.8	13.7	11.9	24
Mittel						
1928/30	14.0	12.8	12.6	12.1	12.9	−18
1930/32J	18.9	17.5	15.2	13.1	17.2	−30
1932J/32N	−5.1	−4.7	−4.2	−4.2	−4.4	20
1932N/33	14.5	12.7	11.2	10.6	11.9	−37
Alt						
1928/30	11.8	11.5	14.3	16.4	12.9	35
1930/32J	13.0	15.4	20.0	22.1	17.2	47
1932J/32N	−4.0	−4.2	−5.3	−5.9	−4.4	−33
1932N/33	11.1	12.5	12.9	14.3	11.9	30

„Jung" = 20–25 Jahre; „Alt" = 65 Jahre und mehr; „Mittel" = Rest. Stichtag: Juni 1933 (Volkszählung).
Lesebeispiel: In dem Viertel der Kreise mit dem niedrigsten Jungwähleranteil nahm die NSDAP zwischen 1928 und 1930 um 13.5 Prozentpunkte zu, während das NSDAP-Wachstum im Viertel der Kreise mit dem höchsten Jungwähleranteil 10.7 Prozentpunkte betrug.

davon die ältesten beiden Jahrgänge bis zur Reichstagswahl 1930, die beiden mittleren bis zur Juliwahl 1932 und der jüngste Jahrgang sogar erst zur Novemberwahl 1932 oder Märzwahl 1933. Eingeschult wurden die Angehörigen dieser Altersgruppe zwar noch im Ersten Weltkrieg, ihre intellektuelle und politische Bildung erfuhren sie jedoch vor allem in der Weimarer Republik. Die „Alt"-Kategorie umfaßt die vor 1869 geborenen Jahrgänge, von denen manche schulisch und politisch noch vor der Gründung des Wilhelminischen Reiches, die Mehrzahl aber während des ersten Jahrzehnts des Kaiserreichs sozialisiert worden waren. Die Wähler dieser Alterskategorie gehören fast ausnahmslos einer der seltenen „Friedensgenerationen" der deutschen Geschichte an, d. h. es blieb ihnen der Einsatz während des Ersten Weltkrieges erspart. An seinem Beginn waren sie schon älter als 45 und am Kriegsende sogar bereits über 50 Jahre alt. Die weitaus meisten Wähler der mittleren Alterskategorie schließlich – darunter alle, die 30 Jahre und älter waren – hatten ihre gesamte Ausbildung und

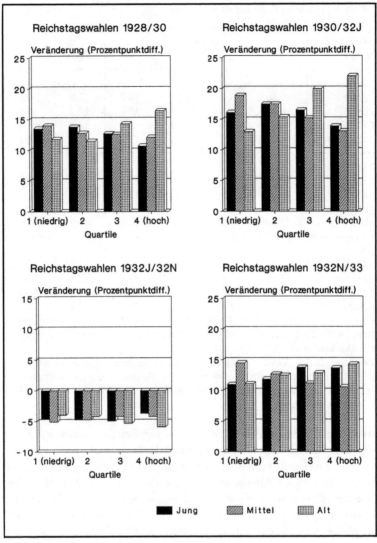

NSDAP-Wachstum und Alter. Grafik zu Tabelle 6.3.

damit auch die primären, prägenden politischen Erfahrungen im Kaiserreich erhalten, die Mehrheit davon sogar schwerpunktmäßig vor der
Jahrhundertwende.[187]

Angesichts dieser Generationenfolge erscheint es ohne zusätzliche Evidenz als nicht sehr plausibel, daß ausgerechnet die unter den Vorzeichen
einer parlamentarischen Demokratie Erzogenen die Hauptstütze des Na-

tionalsozialismus ausgemacht haben sollten. In der Tat läßt sich auf der in
Tabelle 6.3 dargestellten einfachen Zusammenhangsebene keine entspre-
chende statistische Beziehung nachweisen. Eher liegt ein gegenteiliger
Zusammenhang vor, da im Schnitt der NSDAP-Stimmenzuwachs im
September 1930 und Juli 1932 umso niedriger lag, je höher der Anteil der
Jungwähler an der Bevölkerung war. Erst bei der Märzwahl 1933, als die
Wahlbeteiligung noch einmal um rund zehn Prozent wuchs, laufen
NSDAP-Anstieg und Jungwähleranteil parallel. Nicht viel anders sieht
der Zusammenhang zwischen dem NSDAP-Zuwachs und dem Anteil
der mittleren Altersgruppen aus. Im Gegensatz dazu läßt sich sowohl 1930
und 1932 als auch 1933 eine klare, mittelstark ausgeprägte statistische
Beziehung zwischen dem Anteil älterer Wähler und dem NSDAP-Wachstum nachweisen: Wo relativ viele ältere Wahlberechtigte lebten, stieg der
Anteil der NSDAP-Stimmen zwischen den Reichstagswahlen von 1928
und 1930 um 16,4 Prozentpunkte; in dem Viertel der Kreise mit dem
niedrigsten „Altwähleranteil" dagegen betrug das NSDAP-Wachstum
bei diesem Wahlpaar nur 11,8 Prozent.

Waren am Ende eher die Älteren als die Jüngeren für die Wahlerfolge
des Nationalsozialismus verantwortlich? Die Frage an dieser Stelle der
Analyse zu bejahen würde mit einiger Sicherheit in einen statistischen
Fehlschluß münden. Zumindest müssen erst einmal eventuelle konkurrierende Einflußfaktoren in die Betrachtung mit einbezogen werden, bevor
man genauere Aussagen macht. So lebten in der Weimarer Republik
beispielsweise in katholischen Gegenden überdurchschnittlich viele, in
Städten dagegen eher weniger Jungwähler, während die älteren Stimmberechtigten etwas häufiger in protestantischen und ländlichen Regionen
wohnten. Zu prüfen ist daher, ob es sich bei den festgestellten statistischen
Beziehungen um Scheinzusammenhänge handelt, hinter denen sich der
Einfluß anderer, erklärungskräftigerer Faktoren verbirgt. Ist letzteres der
Fall, sollten die in Tabelle 6.3 wiedergegebenen einfachen statistischen
Beziehungen nach Kontrolle dieser konkurrierenden Faktoren ver-
schwinden oder zumindest deutlich kleiner werden.

6.2.2. Vor allem ältere Wähler scheinen die NSDAP unterstützt zu haben

Übersicht 6.2 enthält, wiederum in Form eines Kontrastgruppenvergleichs, die hierfür notwendigen Informationen. In der ersten Aufteilungsstufe haben wir zu diesem Zwecke drei gleichgroße Konfessionsklassen gebildet, in denen die Kreise mit überwiegend evangelischer und
katholischer sowie, als Mittelkategorie, die Kreise mit konfessionell ge-

mischter Bevölkerung enthalten sind. In der nächsten Verzweigung des Kontrastgruppenbaums werden die Kreise der drei Konfessionsklassen nach dem Grad ihrer Verstädterung aufgeteilt. Innerhalb dieser Kreistypen vergleichen wir dann den NSDAP-Anteil in den Untersuchungseinheiten mit einem über- und unterdurchschnittlichen Anteil junger Wähler.

Es zeigt sich auch nach Berücksichtigung von Konfession und Urbanisierung zunächst einmal kein systematischer positiver Zusammenhang zwischen dem Anteil der Jungwähler und dem Anstieg der NSDAP-Stimmen. Dies gilt auf Reichsebene auch dann noch, wenn man andere Merkmale in die Auszählungen einbezieht, multiple Regressionen statt Kontrastgruppenvergleichen rechnet oder als zu erklärendes Merkmal nicht den Anstieg der NSDAP von Wahl zu Wahl, sondern für den Gesamtzeitraum zwischen 1928 und 1933 untersucht.[188] Bildet man jedoch nach dem Grad der Verstädterung zwei Gruppen von Kreisen, die man getrennt untersucht, um eventuelle unterschiedliche Verhaltensweisen von Jungwählern in Stadt und Land aufzuspüren, so zeigt sich in der multiplen Regressionsanalyse für die urbanisierte Kreisgruppe (nicht aber für die eindeutig dörflich strukturierten Gebiete) ein schwacher, aber konsistenter positiver Zusammenhang zwischen dem Anteil der Jungwähler und dem NSDAP-Wachstum zwischen 1928 und 1933.[189] Dieser Zusammenhang bleibt auch dann erhalten, wenn man nicht den Gesamtanstieg der nationalsozialistischen Stimmenanteile während dieser Periode, sondern die einzelnen Wahlpaare getrennt untersucht. Aufgrund dieser differenzierten Resultate ist nicht auszuschließen, daß tatsächlich in den eher städtischen Regionen des Reiches ein leicht über dem Durchschnitt liegender Zustrom jüngerer Wähler zur NSDAP stattgefunden hat, der statistisch mit den verfügbaren Daten und Auswertungsverfahren weder auf der Ebene aller Kreise noch auf der Ebene der ländlichen Regionen nachzuweisen ist.[190]

Dagegen bleibt die positive Beziehung zwischen NSDAP-Anstieg und Anteil älterer Wähler erhalten. Dies gilt sowohl für die Ebene aller Kreise als auch für überwiegend städtische und ländliche Gebiete. Untersucht man mit Hilfe regressionsanalytischer Verfahren den Zusammenhang zwischen dem Prozentsatz der Wähler über 65 und dem Stimmenanstieg der NSDAP *innerhalb* der konfessionell definierten Kreisgruppen, so ergibt sich das bemerkenswerte Ergebnis, daß die im Reichsdurchschnitt geltende positive statistische Beziehung in ausgeprägter Form nur in den überwiegend protestantischen und, abgeschwächt, in den konfessionell gemischten Kreisen auftritt, während in überwiegend katholischen Kreisen bestenfalls ein sehr schwacher Zusammenhang auftritt. Das letzte

Übersicht 6.2: Der Einfluß des Alters auf den Anstieg der NSDAP-Stimmen: Ein Kontrastgruppenvergleich

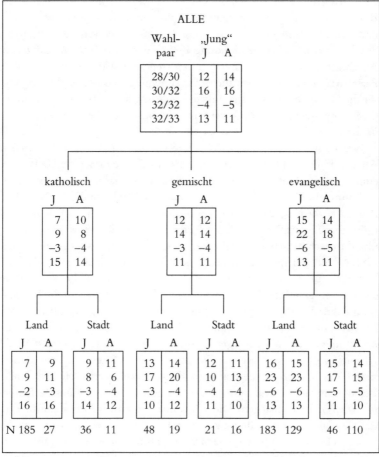

"Jung" J = Kreise mit einem über dem Reichsdurchschnitt liegenden Anteil an Jungwählern; A = Kreise mit einem unter dem Reichsdurchschnitt liegenden Anteil an Jungwählern. Werte in den Zellen: Zunahme bzw. Abnahme der NSDAP zwischen zwei Wahlen in Prozentpunkten. N = Anzahl der Kreise.
Lesebeispiel: In den katholisch-ländlichen Kreisen betrug der Anstieg der NSDAP zwischen 1928 und 1930 sieben Prozent, falls Jungwähler überrepräsentiert, und neun Prozent, falls sie unterrepräsentiert waren.

Resultat entspricht – im Gegensatz zum generellen Befund – den theoretischen Erwartungen, nachdem katholische Wähler sich bis 1933 stärker den Parteien des politischen Katholizismus, also dem Zentrum und der Bayerischen Volkspartei, verbunden fühlten als dem Nationalsozialismus und vor allem die älteren Katholiken mit ihrer erfahrungsgemäß überdurchschnittlichen Kirchenbindung ähnlich wie die im vorangegangenen Abschnitt untersuchten Frauen zu den treuesten Wählern dieser beiden Parteien zählten. Insofern ist dieses Ergebnis geradezu als eine Bestätigung für die Gültigkeit der durchgeführten Messungen zu verstehen. Im Kontrastgruppenvergleich von Übersicht 6.2 schlägt sich dies allerdings nicht nieder.

Wenn wir die Resultate unserer Untersuchungen über den Einfluß der Altersverteilung in den Kreisen auf das Abschneiden der NSDAP noch einmal zusammenfassen, so bleibt festzuhalten, daß zwar ein positiver Zusammenhang zwischen dem Anteil älterer Wähler und dem NSDAP-Zuwachs vorliegt, der in der Regressionsanalyse auch nach Kontrolle möglicher Störeinflüsse wirksam bleibt, daß aber für die Annahme einer überdurchschnittlichen Anfälligkeit von Jungwählern gegenüber der NSDAP auf Reichsebene keine statistische Unterstützung zu finden ist. Lediglich für die städtischen Kreise läßt sich ein derartiger, wenn auch schwach ausgeprägter Zusammenhang nachweisen. Dies legt die Vermutung nahe, daß die Gruppe der Jungwähler insgesamt ihre Stimme der NSDAP nicht überdurchschnittlich häufig gegeben hat, daß aber in bestimmten Gebieten entgegen dem Reichstrend durchaus eine stärkere Affinität von Jungwählern zum Nationalsozialismus gegeben war. Doch lassen sich derartige auf das individuelle Wählerverhalten abzielende Behauptungen mit den verfügbaren Daten und Auswertungsverfahren nicht zweifelsfrei belegen. Die Annahme einer überdurchschnittlichen Anfälligkeit von Jungwählern gegenüber dem Nationalsozialismus bleibt daher so lange unbewiesen, wie nicht mit Hilfe von Sonderauszählungen nach Art der amtlichen Repräsentativstatistik, die möglicherweise noch in irgendwelchen Archiven auf ihre Entdeckung warten, vielleicht einmal später andere, positive Zusammenhänge nachgewiesen werden können. Die hier vorgelegten Ergebnisse jedenfalls deuten im Reichsdurchschnitt eher auf das Gegenteil einer solchen Annahme hin.

6.3. Die regionale Ausbreitung der NSDAP

Die NSDAP breitete sich regional bei Wahlen höchst unterschiedlich aus. Im Mai 1924 erzielte die Koalition aus Völkischen und Nationalsozialisten bei einem Reichsdurchschnitt von 6,5 Prozent der gültigen Stimmen in den Wahlkreisen Mecklenburg und Franken über 20 Prozent, in Oberbayern-Schwaben immerhin noch 17 Prozent und in Niederbayern rund zehn Prozent. Dagegen erreichte sie in den Wahlkreisen Liegnitz, Westfalen-Süd, Koblenz-Trier und Köln-Aachen weniger als zwei Prozent. Die Hochburgen der DVFP lagen mithin in Gebieten konfessionell unterschiedlicher, sozialökonomisch jedoch recht ähnlicher Struktur, nämlich in evangelischen und katholischen Agrarregionen. Dagegen war ihre Diaspora sozial und konfessionell stärker gemischt, obwohl auch hier wieder die katholisch-agrarischen Gebiete überwogen. Trotz starken Stimmenrückgangs in ihren Hochburgen, vor allem in Ober- und Niederbayern, wies die NSFB im Dezember 1924 bei einem Stimmenanteil von nurmehr 3 Prozent auf Reichsebene sozial eine recht ähnliche Hoch- und Tiefburgenstruktur[191] auf wie ein halbes Jahr zuvor. In den katholischen Gebieten verlor sie jedoch überproportional an Stimmen, so daß jetzt ihre Hochburgen in überwiegend protestantischen Regionen lagen. Ihre besten Wahlergebnisse erzielte sie mit fünf bis knapp zwölf Prozent wiederum in den Wahlkreisen Mecklenburg und Franken sowie Ostpreußen und Thüringen, die schlechtesten Resultate mit weniger als einem Prozent in den Wahlkreisen Köln-Aachen, Düsseldorf-West, Westfalen-Süd und Westfalen-Nord.

Die Aufkündigung des Wahlbündnisses mit den Völkischen zog bei der nächsten Reichstagswahl eine neuerliche Verschiebung der Hoch- und Tiefburgen nach sich. Am stärksten erwies sich die NSDAP im Mai 1928 in den Wahlkreisen Franken, Oberbayern, Pfalz und Weser-Ems mit Stimmenanteilen zwischen fünf und etwas über acht Prozent, am schwächsten fielen ihre Wahlergebnisse mit rund einem Prozent in Ostpreußen, Frankfurt/Oder, Oppeln, Westfalen-Nord und Köln-Aachen aus. Der Schwerpunkt der NSDAP lag bei dieser Wahl mit anderen Worten im links- und rechtsrheinischen Bayern, ihre Diaspora dagegen östlich der Elbe und westlich des Rheins.

Wie unterschiedlich der Stimmenanstieg der NSDAP nach 1928 verlief, zeigt ein Blick auf die Hochburgen und Diasporagebiete der Partei in den Jahren 1930 und 1932. So erzielte sie in den Wahlkreisen Schleswig-Holstein, Pommern, Breslau, Südhannover-Braunschweig und Chemnitz-Zwickau Stimmergebnisse zwischen 24 und 28 Prozent, während sie in Württemberg, Oppeln, Niederbayern, Westfalen-Nord und Berlin nur von zehn bis zwölf Prozent gewählt wurde. Ihre Hochburgen lagen 1930 folglich vor allem in den ostelbischen Gebieten, ihre Diaspora dagegen in den süddeutschen Agrargebieten und den industrialisierten und urbanisierten Regionen des Reiches. Diese Tendenz verstärkte sich bei der

Tabelle 6.4: Die regionale Verteilung der NSDAP-Stimmen 1924 bis 1933

	NORDWEST-DEUTSCHLAND 9%		NORDOST-DEUTSCHLAND 8%		
1924M	6	(10)	8	(13)	1924M
1924D	3	(10)	5	(17)	1924D
1928	3	(12)	1	(4)	1928
1930	18	(11)	18	(9)	1930
1932J	37	(10)	38	(9)	1932J
1932N	30	(10)	31	(9)	1932N
1933	41	(10)	47	(9)	1933
	WESTLICHE MITTE 26%		ÖSTLICHE MITTE 36%		
1924M	3	(14)	5	(33)	1924M
1924D	1	(13)	2	(35)	1924D
1928	2	(21)	2	(29)	1928
1930	14	(24)	15	(38)	1930
1932J	27	(23)	34	(39)	1932J
1932N	23	(23)	29	(39)	1932N
1933	34	(23)	40	(37)	1933
	SÜDDEUTSCHLAND 21%				
1924M	7	(30)			
1924D	3	(25)			
1928	3	(34)			
1930	13	(18)			
1932J	28	(19)			
1932N	24	(19)			
1933	38	(21)			

Zahl vor der Klammer: NSDAP-Stimmen in Prozent der Wahlberechtigten; Zahlen in Klammern: Anteil der NSDAP-Wähler der Region an allen NSDAP-Wählern. Zahlenwerte unter der Regionenbezeichnung: Anteil der Wahlberechtigten der Region an allen Wahlberechtigten des Deutschen Reiches.
Nordwestdeutschland = Wahlkr. Schleswig-Holstein (13), Weser-Ems (14), Ost-Hannover (15), Hamburg (34); Nordostdeutschland = Wahlkr. Mecklenburg (35), Pommern (6), Ostpreußen (1); Westliche Mitte = Wahlkr. Südhannover-Braunschweig (16), Westfalen-Nord (17), Westfalen-Süd (18), Hessen-Nassau (19), Köln-Aachen (20), Koblenz-Trier (21), Düsseldorf-Ost (22), Düsseldorf-West (23); Östliche Mitte = Wahlkr. Magdeburg (10), Thüringen (12), Merseburg (11), Leipzig (29), Chemnitz-Zwickau (30), Potsdam I (4), Potsam II (3), Berlin (2), Dresden-Bautzen (28), Frankfurt/Oder (5), Liegnitz (8), Breslau (7), Oppeln (9); Süddeutschland = Wahlkr. Hessen-Darmstadt (33), Pfalz (27), Baden (32), Württemberg (31), Franken (26), Niederbayern (25), Oberbayern-Schwaben (24).

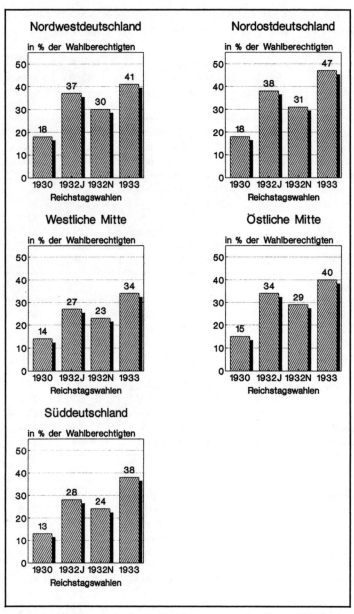

Die regionale Verteilung der NSDAP-Stimmen. Grafik zu Tabelle 6.4.

Tabelle 6.5: Gemeinden und Kreise mit besonders hohen NSDAP-Stimmenanteilen bei der Reichstagswahl vom Mai 1924, Dezember 1924 und Mai 1928

Gemeinde	Wahlkr.	NSDAP	Kreis	Wahlkr.	NSDAP
Mai 1924					
Bad Sülze	35	40.1	Kulmbach S	26	34.7
Altdorf	26	40.0	Neustadt/Co	26	33.9
Gunzenhausen	26	39.9	Woldegk S	35	33.0
Selbitz	26	39.4	Bayreuth S	26	32.9
Windsheim	26	38.4	Ansbach S	26	32.7
Gadderbaum	17	36.4	Hof S	26	32.1
Tanna	12	35.7	Coburg S	26	32.0
Grevesmühlen	35	34.9	Weißenburg	26	31.2
Kulmbach S	26	34.7	Stargard S	35	31.2
Neustadt/Co S	26	33.9	Naila	26	28.3
Dezember 1924					
Bad Sülze	35	36.5	Kulmbach S	26	24.6
Michelau	26	33.5	Schötmar L	17	23.4
Ribnitz	35	28.0	Stargard S	35	22.4
Beerfelden	33	27.4	Neustadt/Co S	26	21.0
Bialla	1	25.9	Wismar L	35	18.7
Kulmbach	26	24.6	Weißenburg S	26	18.5
Kreuz	5	24.0	Rostock L	35	17.8
Borkum	14	24.0	Schneidemühl S	5	17.7
Krojanke	5	23.9	Wismar S	35	17.5
Neidenburg	1	23.8	Wittmund	14	17.1
Mai 1928					
Wiefelstede	14	41.0	Neustadt (Cob.)	26	28.4
Hatten	14	32.6	Barntrup S	17	25.6
Albersdorf	13	32.1	Kulmbach S	26	21.8
Neustadt (Cob.)	26	28.4	Coburg S	26	19.8
Südermeldorf	13	28.2	Wittmund	14	19.2
Barntrup	17	25.6	Oldenburg L	14	16.4
Berneck	26	25.5	Bayreuth S	26	16.3
Eberbach	32	24.0	Westerstede	14	15.9
Steinbach-Hall.	12	23.3	Elsfleth	14	15.1
Neustadt/Aisch	26	23.0	Varel L	14	13.8

Die Ergebnisse beziehen sich auf Wahlberechtigte.

Tabelle 6.6: Gemeinden und Kreise mit besonders hohen bzw. niedrigen NSDAP-Stimmenanteilen bei der Reichstagswahl 1930

		„Hochburgen"			„Diaspora"	
	Gemeinde	Wahlkr.	NSDAP	Gemeinde	Wahlkr.	NSDAP
Sept.	Wiefelstede	14	67.8	Lohne	14	0.3
1930	Schwesing	13	61.7	Bönnigheim	31	0.5
	Jade	14	60.0	Clarholz	17	0.6
	Brünen	23	56.9	Bakum	14	0.6
	Nümbrecht	20	55.2	Eickelborn	18	0.6
	Schwei	14	52.5	Salzkotten	17	0.7
	Viöl	13	51.5	Sandowitz	9	0.8
	Dötlingen	14	50.3	Börger	14	0.8
	Altenheim	32	47.8	Epe	17	0.8
	Großengottern	12	47.5	Coesfeld	17	0.9
	Kreis			Kreis		
	Coburg S	26	41.6	Hümmling	14	0.9
	Westerstede	14	41.2	Warendorf	17	1.8
	Oldenburg L	14	40.6	Vechta	14	2.0
	Varel L	14	39.1	Büren	17	2.2
	Neustadt/Co S	26	37.4	Landau/Isar	25	2.3
	Brieg L	7	37.2	Aschendorf	14	2.4
	N.-Dithmarschen	13	36.6	Riedlingen	31	2.5
	Wildeshausen	14	36.4	Ellwangen	31	2.7
	Kulmbach S	26	35.5	Waldsee	31	2.8
	Bayreuth S	26	35.2	Neckarsulm	31	2.9

Die Ergebnisse beziehen sich auf Wahlberechtigte.

Lesebeispiel: Bei den Reichstagswahlen 1930 erzielte die NSDAP auf Gemeindeebene ihre größten Wahlerfolge in den Gemeinden Wiefelstede, Schwesing und Jade, die niedrigsten Wahlergebnisse erreichte sie in den Gemeinden Lohne, Bönnigheim und Clarholz. Auf Kreisebene waren die „Spitzenkreise" Coburg-Stadt, Westerstede und Oldenburg-Land, während Hümmling, Warendorf und Vechta die Kreise mit den niedrigsten NSDAP-Ergebnissen im ganzen Deutschen Reich waren.

Juliwahl 1932 noch, wo die NSDAP in Schleswig-Holstein merklich über und in Osthannover, Frankfurt/Oder, Pommern und Liegnitz etwas unter 50 Prozent der Stimmen erreichen konnte, während ihr Stimmenanteil in den Wahlkreisen Köln-Aachen, Niederbayern, Berlin, Westfalen-Nord und -Süd, Düsseldorf-West und Oberbayern-Schwaben deutlich unter 30

Tabelle 6.7: Kreise mit besonders hohen bzw. niedrigen NSDAP-Stimmenanteilen bei den Reichstagswahlen vom Juli und November 1932

	„Hochburgen"			„Diaspora"		
	Kreis	Wahlkr.	NSDAP	Kreis	Wahlkr.	NSDAP
JULI	Rothenburg T.	26	75.7	Hümmling	14	5.1
1932	Uffenheim	26	72.9	Büren	17	6.5
	Schotten	33	70.0	Landau	25	7.3
	Neustadt/Aisch	26	68.4	Aschaffenburg L	26	7.3
	Alsfeld	33	66.3	Vechta	14	7.5
	Ansbach L	26	66.2	Olpe	18	8.2
	Westerstede	14	66.2	Fulda L	19	8.3
	Lauterbach	33	65.7	Obernburg	26	8.4
	Gunzenhausen	26	64.9	Bogen	25	8.5
	Dinkelsbühl	26	63.2	Bocholt	17	8.6
Nov.	Rothenburg T.	26	68.6	Büren	17	4.3
1932	Schotten	33	65.6	Landau/Isar	25	5.0
	Lauterbach	33	63.3	Bocholt	17	5.7
	Alsfeld	33	61.4	Vechta	14	5.7
	Uffenheim	26	59.8	Aschendorf	14	6.3
	Neustadt/Aisch	26	58.8	Coesfeld	17	6.4
	Dinkelsbühl L	26	58.4	Bogen	25	6.4
	Frankenberg	19	58.1	Meppen	14	6.5
	Ziegenhain	19	58.1	Olpe	18	6.9
	Westerstede	14	57.9	Grafenau	25	7.0

Die Ergebnisse beziehen sich auf Wahlberechtigte.

Prozent lag. Diese Schwerpunkte veränderten sich bis zum März 1933 dann nicht mehr wesentlich.

Faßt man die 35 Wahlkreise des Deutschen Reiches zu größeren regionalen Einheiten zusammen, wie dies in Tabelle 6.4 erfolgt ist, die in etwa die äußere Form des Deutschen Reiches nachbildet, so zeigt sich sehr deutlich die regionale Verschiebung der nationalsozialistischen Wahlerfolge zwischen 1928 und 1933. Das Zentrum der NSDAP-Erfolge verlagerte sich zunehmend von Süden nach Norden und vor allem Nordosten, wo 1933 fast die Hälfte der Wahlberechtigten NSDAP wählte, während es im Westen des Reiches nur rund ein Drittel war. Man darf wegen der unterschiedlichen Zahl der Wahlberechtigten die relative Anfälligkeit der einzelnen Regionen jedoch nicht mit der geographischen Verteilung der NSDAP-Wählerschaft gleichsetzen. Prozentual die meisten nationalsozialistischen Wähler, fast 40 Prozent, kamen nämlich, wie ebenfalls aus

Tabelle 6.8: *Gemeinden und Kreise mit besonders hohen beziehungsweise niedrigen NSDAP-Stimmenanteilen bei der Reichstagswahl 1933*

„Hochburgen"			„Diaspora"		
Gemeinde	Wahlkr.	NSDAP	Gemeinde	Wahlkr.	NSDAP
Viöl	13	88.2	Niederbrechen	19	2.8
Schwesing	13	85.5	Niederfischbach	21	4.0
Hennstedt	13	83.9	Lohne Lg.	14	4.5
Südermeldorf-G.	14	83.8	Wenden	18	4.5
Schwei	14	80.3	Hauenstein	27	4.6
Albersdorf	13	79.8	Bakum	14	5.9
Rothenburg	26	79.1	Steinfeld	14	6.6
Tellingstedt	13	78.7	Rimpar	26	7.6
Wiefelstede	14	77.9	Dinklage	14	7.8
Ihringen	32	76.2	Mesum	14	8.2
Kreis					
Rothenburg T. L	26	79.1	Vechta	14	11.7
Schotten	33	75.8	Bocholt S	17	12.3
Uffenheim	26	74.1	Olpe	18	12.7
Neustadt/Aisch	26	73.4	Aschaffenburg L	26	16.5
Lauterbach	33	72.0	Merzig-Wadern	21	16.6
Ziegenhain	19	70.8	Büren	17	17.0
Neidenburg	1	70.8	Aschendorf-Hümm.	14	17.5
Alsfeld	33	70.5	Bergheim	20	17.7
Lyck	1	69.9	Obernburg	26	18.5
Ansbach L	26	69.9	Arnsberg	18	18.7

Die Ergebnisse beziehen sich auf Wahlberechtigte.

Tabelle 6.4 abzulesen ist, aus den dichtbesiedelten mitteldeutschen Wahlkreisen, während aus den erheblich dünner besiedelten nordwestlichen und nordöstlichen Wahlkreisen nur jeweils knapp 10 Prozent stammten. Was aber auch aus dieser Tabelle hervorgeht, ist eine Ende 1932/Anfang 1933 erfolgende tendenzielle Angleichung der NSDAP-Wahlerfolge innerhalb der einzelnen Regionen an den Reichsdurchschnitt. Lediglich in der Region „Westliche Mitte" ist nach wie vor eine im Verhältnis zum Anteil der Wahlberechtigten dieses Gebiets ausgeprägte Unterrepräsentation der NSDAP zu erkennen, während in Süddeutschland die Nationalsozialisten nach der Novemberwahl 1932 überproportional an Boden gut machen konnten.

In den Tabellen 6.5 bis 6.8 sind für die einzelnen Reichstagswahlen jeweils die zehn Kreise und Gemeinden mit den höchsten und niedrigsten NSDAP-Stimmenanteilen aufgelistet. Es zeigt sich, daß das im Jahre 1924 zur Wahl stehende Bündnis aus Völkischen und Nationalsozialisten auf regionaler und vor allem lokaler Ebene erstaunlich hohe Wähleranteile zu mobilisieren vermochte, so in den fränkischen Kreisen Kulmbach, Neustadt bei Coburg, Bayreuth, Ansbach, Hof und Coburg-Stadt sowie Weißenburg, in denen die DVFP von jeweils über 30 Prozent der Wahlberechtigten gewählt wurde. Ähnlich starke Unterstützung fand sie ansonsten nur noch in einigen mecklenburgischen Kreisen und Ortschaften wie den Stadtkreisen Woldegk und Stargard und den Gemeinden Grevesmühlen und Bad Sülze. Dies waren entweder – in Mecklenburg – Hochburgen der Völkischen oder – in Franken – der NSDAP. Im Dezember 1924 fielen einige der fränkischen Hochburgen aus. An ihre Stelle traten weitere mecklenburgische und nun auch ostpreußische Kreise und Gemeinden.[192] Nach den Dezemberwahlen von 1924 zerfiel dieses Bündnis rasch. Dreieinhalb Jahre später, bei den Reichstagswahlen von 1928, kandidierten die Nationalsozialisten erstmals alleine, was – bei insgesamt recht niedrigen Stimmenanteilen – wiederum zu einer Verlagerung der Hochburgen führte. So übertraf die NSDAP die 30-Prozent-Marke überhaupt nur in drei der rund 1200 Kreise, nämlich in Neustadt bei Coburg mit rund 36 Prozent, im ostfriesischen Wittmund mit 34 und im westfälischen Barntrup-Stadt mit gut 32 Prozent.

Wie schon zu Beginn dieses Buches ausgeführt hatte das Vordringen der NSDAP nach 1928 in manchen Gegenden geradezu lawinenartigen Charakter. Selbst in Kreisen, in denen sie zwei Jahre zuvor noch kaum in Erscheinung getreten war, stieg sie – sogar für die eigenen Funktionäre überraschend – zur stärksten Kraft auf. So gelang es ihr bei der Reichstagswahl 1930 in zehn Prozent aller Stadt- und Landkreise über 30 Prozent der gültigen Stimmen zu erzielen. Auf Gemeindebene erzielte sie naturgemäß noch deutlich eindrucksvollere Wahlerfolge als auf Kreisebene, wie Tabelle 6.6 beweist.[193]

Bei der Juliwahl von 1932 erzielte die NSDAP dann schon in jedem vierten Kreis mehr als 50 Prozent der Stimmen, während sie in nur einem Prozent der Kreise einen Stimmenanteil von weniger als zehn Prozent auf sich vereinen konnte.[194]

Umso stärker schlug sich auf der lokalen und regionalen Ebene der Einbruch der NSDAP im November 1932 nieder: Ihr Stimmenanteil lag nur noch in 12 Prozent aller Stadt- und Landkreise über 50 Prozent. Wie stark im März 1933 schließlich die regionale Durchsetzung der NSDAP war, belegen wiederum die Ausschöpfungsquoten nach Kreisklassen: So überstieg der Stimmenanteil der NSDAP bei dieser Wahl in immerhin 39

Prozent der Stadt- und Landkreise 50 Prozent. Wieder lagen die Kreise mit den höchsten Wahlerfolgen in Mittelfranken, in Hessen und jetzt auch in Ostpreußen; die Kreise mit den niedrigsten NSDAP-Anteilen waren erneut in Südoldenburg, im katholischen Rheinland, im Sauerland und in Unterfranken zu finden.

Betrachtet man die soziale und wirtschaftliche Struktur dieser Kreise und Gemeinden, so fällt auf, daß die NSDAP nach 1928 ihre größten Erfolge vor allem in agrarischen Regionen mit evangelischer Bevölkerungsmehrheit und in überwiegend protestantischen Kleingemeinden erreichte, während sie in katholischen Agrargebieten und Gemeinden mit hohem Katholikenanteil in der Diaspora stand. Wir wollen im folgenden den Einfluß dieser beiden Merkmale zunächst getrennt und dann in ihrem Zusammenspiel untersuchen.

6.4. Ortsgröße und Nationalsozialismus

Schon früh waren sich die zeitgenössischen Beobachter darüber einig, daß die NSDAP vor allem eine Partei des flachen Landes und der Kleinstädte sei. So stellt im Zusammenhang mit der Reichstagswahl 1930 der wahlanalytisch weit überdurchschnittlich bewanderte damalige Direktor des Hessischen Landesstatistischen Amtes, Erwin Lind, fest: „Die Nationalsozialisten charakterisieren sich in Hessen als überwiegend ländliche Partei..."[195] Ähnlich auch der Generalsekretär der DStP, Werner Stephan, in seiner Analyse der gleichen Wahl: „Eines lehrt schon die erste Durchsicht: Die größten Erfolge errang der Nationalsozialismus bei den Landbewohnern."[196] Konkreter wird der Soziologe Rudolf Heberle in seiner klassischen Schleswig-Holstein-Studie, die auch heute noch eine der lesenswertesten Untersuchungen über die Bedingungen der nationalsozialistischen Wahlerfolge darstellt, wenn man sich ihrer regionalen und zeitlichen Begrenzung (sie endet mit der Juliwahl 1932) bewußt bleibt: „Die NSDAP hat... bei den Wahlen im Juli 1932 in zahlreichen ländlichen Orten 70% bis 100% der Stimmen erreicht. Und zwar zeigt sich, daß im allgemeinen ihr Stimmenanteil um so mehr wuchs, je kleiner die Zahl der Stimmberechtigten war."[197] Dagegen hätten „die größeren Städte und die Industriezentren, in denen die Arbeiterschaft einen starken Prozentsatz der Bevölkerung stellt, ... sich als völlig immun gegenüber der nationalsozialistischen Agitation erwiesen", so eine andere zeitgenössische Quelle, die liberale VOSSISCHE ZEITUNG, in einem Kommentar zur Juliwahl 1932.[198]

Mit Hilfe des für die Zwecke dieses Buches erstellten Gemeindedatensatzes ist es möglich, für die drei Reichstagswahlen von 1928, 1930 und 1933 genauere, nicht auf einzelne Regionen beschränkte Aussagen über den Zusammenhang von Gemeindegröße und NSDAP-Wahlerfolgen zu treffen. Hinsichtlich der beiden Reichstagswahlen von 1932, für die reichsweit keine Wahlergebnisse auf Gemeindeebene ausgewiesen worden sind, muß man entweder auf die Ergebnisse ökologischer Regressionsanalysen oder auf andere Ersatzverfahren[199] zurückgreifen. Wie ein Vergleich der Resultate solcher ökologischer Regressionsanalysen mit den aus der amtlichen Statistik errechneten Verteilungen der Reichstagswahlen, über die offizielles Material vorliegt, zeigt, sind die ökologischen Regressionsanalysen im Falle des Merkmals „Ortsgröße" von großer Exaktheit.[200]

Die nachstehenden Abbildungen geben den durchschnittlichen Stimmenanteil der NSDAP in den einzelnen Ortsgrößenklassen für die Reichstagswahlen 1928 bis 1933 wieder. Es zeigt sich, daß entgegen der landläufigen Meinung weder 1928 noch 1930 nennenswerte Unterschiede zwischen den verschiedenen Gemeindegrößenklassen in der Affinität zur NSDAP bestanden. Noch 1930 war die NSDAP von der Gemeindegröße her gesehen eine bemerkenswert ausgeglichene Partei. Dies änderte sich im Juli 1932, als der nationalsozialistische Stimmenanteil mit rund 33% der gültigen Stimmen in Großstädten erstmals deutlich, wenn auch keineswegs dramatisch unter dem Reichsdurchschnitt von 37% lag, während er mit knapp 42% am höchsten in der Größenklasse zwischen 2000 und 5000 Einwohnern ausfiel. Die Differenzierung zwischen Dörfern und Kleingemeinden auf der einen, Klein-, Mittel- und Großstädten auf der anderen Seite setzt folglich erst bei den Reichstagswahlen von 1932 und nicht schon 1930 ein. Von einer völligen oder auch nur weitgehenden Immunität der Großstadtbewohner gegenüber dem Nationalsozialismus im Zusammenhang mit der Juliwahl von 1932 zu reden, wie dies die VOSSISCHE ZEITUNG tat, ist angesichts der in den beiden Abbildungen dieses Abschnitts wiedergegebenen Befunde geradezu abwegig.

Bedingt durch das schnellere Wachstum der NSDAP auf dem Lande nach 1930, von dem 1933 schließlich auch einige katholische Gebiete erfaßt wurden, entwickelte sie sich dann tatsächlich zu einer immer stärker ländlich geprägten Partei. Doch selbst 1933 betrug die Überrepräsentation der ländlichen und die Unterrepräsentation der großstädtischen NSDAP-Wähler gegenüber dem Reichsdurchschnitt nur jeweils rund sechs Prozentpunkte. Erstaunlich gering sind die Unterschiede zwischen den Groß-, Mittel- und Kleinstädten. Man sollte sich deshalb davor hüten, die vorhandenen Asymmetrien überzuinterpretieren. Auch 1933 war die NSDAP noch von allen größeren Parteien der Weimarer Republik, sieht

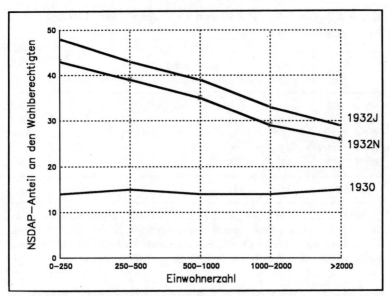

Die Wahl der NSDAP in den kleineren Gemeinden Hessens und Badens bei den Reichstagswahlen 1930 und 1932. Grafik zu Tabelle 6.9.

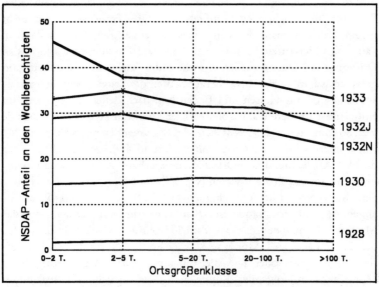

Die Wahl der NSDAP 1928 bis 1933 auf Reichsebene nach der Einwohnerzahl der Gemeinden. Grafik zu Tabelle 6.10.

Tabelle 6.9: Der NSDAP-Stimmenanteil in den kleineren Gemeinden Hessen-Darmstadts und Badens

| | Gemeindegröße | | | | | |
	< 250	250–500	500–1000	1000–2000	> 2000	r
RTW 1928	2	2	2	2	1	−03
RTW 1930	14	15	14	14	15	−05
RTW 1932J	48	43	39	33	29	−17
RTW 1932N	43	39	35	29	26	−19
RTW 1933★	47	46	44	41	36	−25
Anzahl	334	684	729	392	314	

Quelle: Eigene Berechnungen anhand zweier Datensätze mit den Wahlergebnissen sämtlicher Gemeinden Badens und Hessens zwischen 1925 und 1933. ★1933: Nur Baden, da in Hessen für die Kleinstgemeinden keine Wahlergebnisse mehr ausgewiesen worden sind. Angaben in Prozent der jeweils Wahlberechtigten.

man einmal von der DNVP ab, welche nach 1924 einen erheblichen Teil ihrer ländlichen Basis verloren hatte, die über die verschiedenen Gemeindekategorien hinweg am gleichmäßigsten erfolgreiche Partei!

Dies bedeutet keineswegs, daß der behauptete Unterschied in der NSDAP-Anfälligkeit zwischen den Gemeindegrößenklassen in einzelnen Regionen nicht schon 1930 aufgetreten wäre. Ferner ist damit nicht gesagt, daß unterhalb der von reichsweit angelegten Untersuchungen kaum zu unterschreitenden Grenze von 2000 Einwohnern, also in den Dörfern und Kleinstgemeinden, nicht andere Größeneinflüsse wirksam gewesen wären als darüber. Hierauf deuten die Ergebnisse von Sonderauszählungen aus Hessen und Baden hin, nach denen die NSDAP im Mittel umso größere Wahlerfolge erzielen konnte, je kleiner die Gemeinde war. So stimmten in den hessischen Kleinstgemeinden mit weniger als 500 Einwohnern schon 1932 durchschnittlich rund 70 Prozent der Wähler für die NSDAP, während es in Ortschaften zwischen 1000 und 2000 Einwohnern nur rund 44 Prozent waren (vgl. Tabelle 6.9). Dies könnte als Indiz einer besonders starken Empfänglichkeit von Bauern und ihrer Familienangehörigen für den Nationalsozialismus interpretiert werden. Denn das Merkmal „Gemeindegröße" stellt zunächst einmal nur einen Indikator für den Einfluß anderer Faktoren wie etwa einen hohen Anteil von Beschäftigten im Agrar- oder Dienstleistungssektor dar. Wir werden dieser Möglichkeit im folgenden Kapitel nachgehen. Auch kann sich hinter niedrigen Einwohnerzahlen ein besonders hoher Prozentsatz von Katholiken oder Protestanten verbergen, während größere Gemeinden im allgemeinen konfessionell stärker durchmischt sind. Auch dies werden wir im folgenden zu überprüfen haben.

Es kann nicht ausgeschlossen werden, daß Gemeindegröße nicht nur einen Indikator für bestimmte Soziallagen, sondern auch einen genuinen, unabhängigen Einflußfaktor des Wahlverhaltens bildet. So unterscheiden sich die sozialen Beziehungen und Kommunikationserfahrungen in Kleinstgemeinden erheblich von denen in größeren Gemeinden, variiert das Ausmaß der sozialen Kontrolle und der Dominanz eines bestimmten soziopolitischen Milieus ebenso mit der Einwohnerzahl wie die Chance, auf politisch Andersdenkende zu treffen. Dadurch kann der Einfluß anderer Faktoren verstärkt, geschwächt oder neutralisiert werden. Diese Möglichkeit macht es nötig, im Verlaufe der weiteren Untersuchung dem Zusammenspiel von Gemeindegröße und anderen potentiellen Einflußmerkmalen nachzugehen. Sinnvoll ist dies natürlich zu allererst einmal im Hinblick auf solche Faktoren, die selbst mit der Ortsgröße zusammenhängen. Denkbar ist aber auch, daß von der Einwohnerzahl prinzipiell unabhängige Merkmale wie beispielsweise die Konfession oder die soziale Schicht je nach Ortsgröße für das Wahlverhalten eine andere Bedeutung annehmen können. Bevor wir im Zusammenhang mit der Behandlung solcher Faktoren dieser Möglichkeit nachgehen, wollen wir die bisherige Betrachtungsweise wechseln und fragen, woher die NSDAP-Wähler schwerpunktmäßig gekommen sind, aus kleinen, mittleren oder großen Ortschaften.

Bisher haben wir uns in diesem Abschnitt ja ausschließlich damit beschäftigt, in welchem Ausmaß die Bewohner von Gemeinden unterschiedlicher Größe NSDAP gewählt haben. Dies ist nicht deckungsgleich mit der Frage, wie sich die NSDAP-Wählerschaft im Hinblick auf die Gemeindegröße zusammensetzt. Die Antwort darauf hängt nicht nur von der relativen NSDAP-Anfälligkeit der Bewohner von Gemeinden einer bestimmten Größenordnung, sondern auch von der Zahl der für die NSDAP insgesamt abgegebenen Stimmen und dem Anteil der Wähler am Gesamtelektorat ab, die in diesen Gemeinden leben. Tabelle 6.10 zeigt, daß 1930 nur gut 40 Prozent der NSDAP-Wähler aus Gemeinden mit weniger als 5000 Einwohnern stammten, ein knappes Drittel kam aus den Großstädten des Reiches. Und selbst 1933 setzte sich die NSDAP-Wählerschaft zu immer noch mehr als 50 Prozent aus Bewohnern von Gemeinden mit mehr als 5000 Einwohnern zusammen. Über die Hälfte davon wohnte in Großstädten. Großstadtbewohner waren folglich innerhalb der NSDAP zwar in der Tat unterrepräsentiert, doch betrug diese Unterrepräsentation im Vergleich zum Anteil der in dieser Größenkategorie beheimateten Wahlberechtigten weniger als vier Prozentpunkte. Zu dra-

Tabelle 6.10: Die NSDAP-Wähler nach der Gemeindegröße

(a) Von 100 Wahlberechtigten der nachstehenden Ortsgrößenklasse haben NSDAP gewählt...			
	0–5000	5–20000	20–100000	über 100000
RTW 1928	1.8	2.0	2.3	2.0
RTW 1930	14.6	15.8	15.7	14.4
RTW 1932J	(34)	(32)	(29)	(28)
RTW 1932N	(31)	(26)	(25)	(23)
RTW 1933	43.8	37.3	36.6	33.3

(b) Von 100 NSDAP-Wählern kamen aus Gemeinden mit			
	0–5000	5–20000	20–100000	über 100000
RTW 1928	39.2	13.6	15.7	31.4
RTW 1930	41.2	13.4	14.5	30.9
RTW 1932J	(45)	(13)	(13)	(28)
RTW 1932N	(47)	(12)	(13)	(27)
RTW 1933	47.2	12.2	13.1	27.5
Alle★	42.0	12.7	14.1	31.3

★ Wahlberechtigte je Gemeindegrößeklasse (Mittelwert 1928–1933).
Eingeklammerte Werte: mit Hilfe ökologischer Regressionen geschätzt.
Lesebeispiel: (a) Im Jahre 1930 stimmten knapp 15 Prozent aller Wahlberechtigten der Gemeinden mit weniger als 5000 Einwohnern für die NSDAP; in den Großstädten waren es bei der gleichen Wahl rund 14 Prozent. (b) Von 100 NSDAP-Wählern der Reichstagswahl 1930 kamen 41.2 Prozent aus Gemeinden unter 5000 Einwohnern und rund 31 Prozent aus Großstädten.

matisierenden Verallgemeinerungen über die Ländlichkeit der NSDAP oder die Resistenz von Großstädtern besteht daher wahrlich kein Anlaß. Auch von der demographischen Herkunft ihrer Wähler her betrachtet war die NSDAP selbst 1933 noch eine ziemlich ausgeglichene Partei, obwohl es durchaus bemerkenswerte Unterschiede in der Empfänglichkeit der verschiedenen sozialen Gruppen für den Nationalsozialismus gab, wie wir im folgenden sehen werden.

6.5. Konfession und NSDAP-Wahl

6.5.1. Die konfessionelle Spaltung des Wahlverhaltens

Am Ende der Weimarer Republik waren rund 63 Prozent der Reichsbevölkerung evangelisch, ein knappes Drittel war katholisch, der Anteil der jüdischen Bevölkerung betrug 0,8 Prozent; etwa vier Prozent gehörten einer anderen oder gar keiner Religionsgemeinschaft an. Gegenüber dem Kaiserreich bedeutete dies eine durch die Abtretung überwiegend katholischer Gebiete bedingte leichte Verschiebung des Größenverhältnisses der beiden großen Konfessionen, das noch 1910 mit 62% Protestanten und 37% Katholiken etwas ausgeglichener war als nach dem Versailler Vertrag. Der katholische Bevölkerungsteil befand sich also in einer klaren Minderheitensituation. Im Vergleich zur Bundesrepublik zeichnete sich die Weimarer Republik durch eine sehr hohe Homogenität der konfessionellen Siedlungsgebiete aus. Von den 831 Kreiseinheiten unseres Datensatzes waren über ein Viertel nahezu lupenrein protestantisch (weniger als drei Prozent Nicht-Protestanten), 365 wiesen einen Protestantenanteil von über 90 Prozent auf. 15 Prozent waren fast ausschließlich katholisch (weniger als drei Prozent Nicht-Katholiken). Nur jeder siebte Kreis ist mit einem Katholiken- bzw. Protestantenanteil von mindestens 25 und höchstens 75 Prozent als konfessionell gemischt einzustufen.

Die katholischen Siedlungsgebiete lagen, wie die Konfessionskarte des Deutschen Reiches belegt, vornehmlich im Westen und Süden des Reiches sowie in Oberschlesien. Kleinere katholische Dominanzgebiete fanden sich außerdem in Südoldenburg, Teilen Hessens, Badens und Württembergs, Ostpreußens (Ermland) und Thüringens (Eichsfeld). Fast ganz Nord- und Mitteldeutschland sowie große Teile Ostdeutschlands hingegen waren zu mehr als 90 Prozent evangelisch. Hinzu kamen einige beinahe vollständig evangelische Gebiete in Bayern (Mittel- und Oberfranken, Pfalz), Württemberg, Baden und Hessen. Die größeren Städte schließlich wiesen häufig eine nennenswerte Minderheit der jeweils anderen Konfession bzw. auch Andersgläubiger und nicht konfessionell Gebundener auf.

Politische Bedeutung erlangte die konfessionelle Spaltung des Reiches vor allem im Verlaufe des sogenannten Kulturkampfes während der siebziger und achtziger Jahre des 19. Jahrhunderts, als sich die Zentrumspartei als „politischer Aktionsausschuß" der katholischen Minderheit etablierte. Als rein katholische Partei erlangte das Zentrum im Kaiserreich außerhalb der katholischen Dominanzgebiete keine Bedeutung. Innerhalb der überwiegend katholischen Wahlkreise erwies es sich aber als sichere

Tabelle 6.11: Die Wahlerfolge der wichtigsten Reichstagsparteien nach dem Katholikenanteil

	insge-samt	Katholikenenanteil				Korrela-tion
		1. Quart.	2. Quart.	3. Quart.	4. Quart.	
KPD						
1920	1.6	2.3	1.5	1.5	1.3	−07
1924D	6.8	7.2	8.0	7.0	4.1	−20
1928	7.7	7.6	10.1	7.5	3.7	−26
1932J	12.0	11.4	13.5	12.6	8.0	−17
SPD						
1920	17.0	19.0	20.0	16.5	8.2	−46
1924D	20.2	24.3	24.6	18.2	8.2	−65
1928	22.2	26.0	27.5	19.4	9.8	−66
1932J	18.0	21.4	23.1	15.0	7.7	−67
DDP						
1920	6.7	7.0	8.1	6.2	2.7	−45
1924D	4.9	4.9	6.6	4.6	1.9	−47
1928	3.6	3.5	5.1	3.1	1.5	−46
1932J	0.8	0.8	1.3	0.6	0.3	−35
Z/BVP						
1920	14.0	0.4	2.4	21.4	45.6	92
1924D	13.5	0.6	2.7	20.6	42.9	92
1928	11.3	0.5	2.4	17.6	35.1	92
1932J	13.0	0.8	3.1	20.0	39.5	93
1933	12.3	0.7	3.1	19.4	35.9	93
DVP						
1920	10.9	13.1	13.6	10.2	3.2	−55
1924D	7.8	10.3	8.8	7.6	2.3	−51
1928	6.5	7.6	7.8	6.2	2.2	−49
1932J	1.0	1.1	1.1	0.9	0.6	−27
DNVP						
1920	11.7	19.4	13.6	8.4	2.4	−58
1924D	15.8	22.4	20.0	11.8	5.6	−57
1928	10.7	13.9	13.3	8.4	4.5	−43
1932J	4.9	6.3	6.2	3.9	2.7	−46

	insge-samt	Katholikenenanteil				Korrela-tion
		1. Quart.	2. Quart.	3. Quart.	4. Quart.	
SONST*						
1920	16.7	18.8	20.2	13.8	11.8	-35
1924D	6.0	7.1	5.7	4.6	8.3	04
1928	10.4	14.7	8.7	8.5	12.1	-05
1932J	2.5	2.9	2.1	2.3	3.5	09
Quartilsgrenzen		0-3.8	3.8-18	18-83	83-100	

Kreisdaten; * einschl. USPD; ohne DVFP, NSFB, NSDAP.
Lesebeispiel: Im Juli 1932 wurde die SPD in dem Viertel der Kreise mit überwiegend evangelischer Bevölkerung (1. Quartil) von 21.4 Prozent der Wahlberechtigten gewählt, in überwiegend katholischen Kreisen (4. Quartil) dagegen nur von 7.7 Prozent.

Mehrheitspartei, deren Stellung trotz unübersehbarer Erosionserscheinungen vor dem Ersten Weltkrieg nahezu unerschütterlich schien. Trotz des von Grund auf geänderten Wahlsystems und der Ausdehnung des Wahlrechts auf Frauen und jüngere Altersgruppen blieb diese Dominanz des Zentrums in den katholischen Gebieten des Reiches (und seine Mißerfolge in der katholischen Diaspora) auch in der Weimarer Republik bis 1933 erhalten (vgl. Tabelle 6.11). Erreichte es in den katholischen Diasporagebieten nur Wähleranteile unter einem Prozent, so betrug sein Stimmenanteil in den katholischen Regionen im Juli 1932 durchschnittlich 39,5 Prozent.

Andere Parteien hatten es in den überwiegend katholischen Kreisen dagegen schwer. Keiner der großen Gruppierungen gelang es in den katholischen Gebieten, überdurchschnittliche Wahlresultate zu erzielen. Die Konfession trennt klar zwischen den beiden katholischen Parteien auf der einen und den übrigen Parteien auf der anderen Seite, wobei die Beziehung im Falle der KPD allerdings nur recht schwach ist. Umso stärker ist sie im Falle der SPD, deren Anteil an den Wahlberechtigten in den katholischen Kreisen nur etwa ein Drittel ihrer Wahlergebnisse in den nichtkatholischen Gebieten ausmachte. Diese konfessionelle Trennlinie behält ihren Einfluß für die beiden katholischen Parteien trotz gewisser Erosionserscheinungen bis zum Ende der Weimarer Republik bei. Im Prinzip gilt dies auch für die SPD und die KPD sowie die dezidiert evangelisch-konservativ orientierte DNVP. Lediglich für die beiden nahezu vollständig von ihren Wählern verlassenen liberalen Parteien scheint der konfessionelle Faktor zwischen 1928 und 1932 signifikant an Bedeutung zu verlieren.

Insgesamt zeigten sich Zentrum und Bayerische Volkspartei also von bemerkenswerter Stabilität. Keine andere Partei der Weimarer Republik hatte so geringe Schwankungen der Wahlberechtigtenanteile aufzuweisen wie die beiden katholischen Schwestergruppierungen. Daß diese Stabilität nicht nur auf Reichsebene, sondern auch innerhalb der einzelnen Konfessionsklassen zu beobachten ist, geht ebenfalls aus Tabelle 6.11 hervor. Lediglich in den (fast) rein katholischen Kreisen erlitt der politische Katholizismus zwischen Dezember 1924 und Mai 1928 einen Einbruch, den er in der Folgezeit nicht mehr wettmachen konnte. Es war die gleiche Gruppe von Kreisen, in denen Zentrum und BVP zwischen Juli 1932 und März 1933 noch einmal überdurchschnittlich Wähleranteile verloren, während sie in der katholischen Diaspora und den konfessionell gemischten Kreiseinheiten trotz der nationalsozialistischen Sturmflut ihre Stellung ohne größere Einbußen zu halten vermochten.

Von der historischen Regionalforschung wird diese angesichts der Entwicklung der meisten anderen Parteien um so verblüffendere Stabilität der beiden katholischen Gruppierungen vor allem auf ihre starke Milieuverwurzelung zurückgeführt.[201] In der Tat hatte sich im Verlaufe des 19. Jahrhunderts in den katholischen Traditionsgebieten Deutschlands eine regelrechte, nach außen weithin abgeschottete katholische Subkultur mit eigenen Vereinen für jeden Lebenszweck, eigenen Moralvorstellungen und einer eigenen, auf die Unterstützung der katholischen Partei(en) gerichteten Wahlnorm herausgebildet, gegen die der einzelne – nicht nur bildlich gesprochen – nur unter Androhung der Exkommunikation aus dem Milieu verstoßen konnte. Diese während des Kulturkampfes entstandene, in periodischen Abständen durch die Auseinandersetzung zwischen zunächst protestantischem, dann laizistischem Staat und katholischer Minderheit immer wieder bestärkte explizite Wahlnorm bestimmte das politische Verhalten der weitaus meisten praktizierenden Katholiken bis weit in die Weimarer Republik, ja teilweise bis in die Bundesrepublik hinein. Über Jahrzehnte hinweg war es die selbstverständliche Pflicht jedes bekennenden Katholiken, nicht nach regionalen oder funktionalen, klassen- oder schichtorientierten Gesichtspunkten, sondern nach Maßgabe der konfessionellen Zugehörigkeit zu wählen, und das konnte eben nur bedeuten: unabhängig von Herkunft, Stand oder Einkommen seine Stimme der Zentrumspartei oder, wenn man in Bayern lebte, der Bayerischen Volkspartei zu geben. So gelang es dem politischen Katholizismus noch bei den letzten Wahlen der Weimarer Republik, über 40 Prozent der katholischen Wahlberechtigten (und damit eine klare Mehrheit der praktizierenden Katholiken) hinter sich zu scharen.[202] Andere Parteien hatten bei den Angehörigen des katholischen Sozialmilieus angesichts dieser

Tabelle 6.12: Die Wahl Hindenburgs und seiner jeweiligen Gegenkandidaten bei den Reichspräsidentenwahlen 1925 und 1932 nach dem Katholikenanteil

	insge-samt	Katholikenanteil (Quartile)				Pearson's r
		1. Quart.	2. Quart.	3. Quart.	4. Quart.	
1925						
Hindbg.	37.1	48.4	41.2	31.6	22.3	−63
Marx	35.0	25.6	33.8	39.6	41.5	42
1932						
Hindbg.	43.9	36.1	40.8	46.2	58.2	64
Hitler	30.5	40.1	32.4	27.6	17.9	−64
Quartilsgrenzen		0–15	15–76	76–93	93–100	

Kreisdaten; Fälle gewichtet mit der durchschnittlichen Wahlberechtigtenzahl 1928–1933. Lesebeispiel analog zu Tabelle 6.13.

traditionellen Bindung des katholischen Sozialmilieus an das Zentrum nur relativ geringe Chancen. Neue politische Bewegungen wie der Nationalsozialismus hatten es bei praktizierenden Katholiken von vornherein schwer. Sie mußten in den katholischen Regionen ihre Anhänger in erster Linie unter den entkirchlichten Katholiken suchen.

Wie stark ein großer Teil der kirchentreuen Katholiken den Wahlempfehlungen der Vertreter des politischen Katholizismus zu folgen bereit war, belegt die Umkehrung der Wählerkoalition, die 1925 Hindenburg zum Reichspräsidenten wählte und 1932 seine Wiederwahl ermöglichte. Im zweiten Wahlgang der Reichspräsidentenwahl von 1925 war Paul von Hindenburg, der Sieger der Schlacht von Tannenberg und nationale Heros der politischen Rechten, als Gegenkandidat des Zentrumsführers Wilhelm Marx, der von den Parteien der Weimarer Koalition ins Rennen geschickt wurde, aufgestellt worden. Mit dem relativ knappen Vorsprung von 900000 Stimmen wurde Hindenburg gewählt. Wie aus Tabelle 6.12 abzulesen ist, siegte er eindeutig als Kandidat des evangelischen Deutschlands, wo er einen über doppelt so hohen Prozentsatz an Stimmen erhielt wie in den katholischen Gebieten, während der rheinische Katholik Marx seine größten Wahlerfolge in überwiegend katholischen Kreisen erzielen konnte.[203]

Sieben Jahre später war Hindenburg der Kandidat der Weimarer Koalitionsparteien. Sein Konkurrent, Adolf Hitler, erhielt im großen und ganzen die Unterstützung der gleichen Kräfte, die 1925 den alten Feldmarschall aufs Schild gehoben hatten. Wieder gewann Hindenburg, diesmal

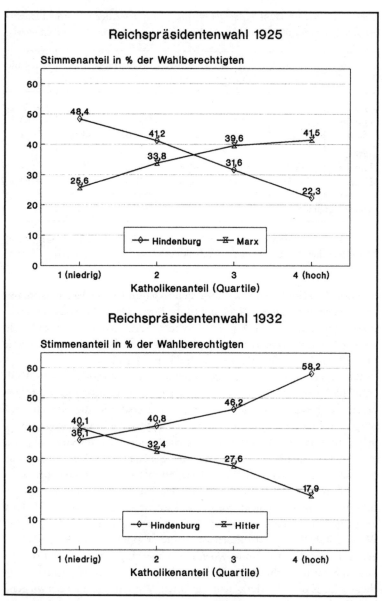

Die Wahl Hindenburgs und seiner jeweiligen Gegenkandidaten bei den Reichspräsidentenwahlen 1925 und 1932 nach dem Katholikenanteil. Grafik zu
Tabelle 6.12.

jedoch erreichte er eine absolute Mehrheit der abgegebenen gültigen Stimmen. Es handelte sich um den letzten großen Wahlerfolg der Weimarer Koalition vor der nationalsozialistischen Machtübernahme. Daß es sich um einen Pyrrhussieg handelte, beweist die Entlassung Brünings durch Hindenburg unmittelbar nach dessen Wiederwahl und die Ernennung Adolf Hitlers zum Reichskanzler im Januar 1933. Für uns interessant ist die Tatsache, daß in einer weitgehenden Umkehrung der Wählerkoalitionen nunmehr Hindenburg dort seine besten Wahlerfolge erzielen konnte, wo er sieben Jahre vorher noch am schwächsten abgeschnitten und sein Gegenkandidat Marx dominiert hatte: in den katholischen Regionen. In den evangelischen Gebieten des Reiches blieb Hindenburg, der doch eigentlich eher die Symbolfigur des konservativen Protestantismus war, bezeichnenderweise weit hinter seinem Gesamtergebnis zurück. Adolf Hitler dagegen erwies sich am stärksten in den ehemaligen (überwiegend evangelischen) Hindenburg-Hochburgen, während er in den (vorwiegend katholischen) Kreisen, in denen Hindenburg 1925 am schwächsten abgeschnitten hatte, im Durchschnitt die niedrigsten Stimmenanteile erzielte.

6.5.2. Hitler war vor allem in evangelischen Gebieten erfolgreich

Der Blick auf die Stabilität des „Zentrumsturms", der erst Ende 1932 größere Sprünge zu zeigen begann, und die Hervorhebung der unterschiedlichen Wählerkoalitionen der beiden Reichspräsidentenwahlen sollen nicht nur dazu dienen, die vor 1933 relativ starke Immunität der meisten katholischen Regionen gegenüber dem Nationalsozialismus zu illustrieren, sondern auch die bemerkenswerte Treue vieler praktizierender Katholiken gegenüber den vom Milieu ausgegebenen Wahlempfehlungen zu demonstrieren. Tabelle 6.13, in der wir in komplementärer Perspektive zu den beiden vorangegangenen Tabellen die Kreise nach dem Protestantenanteil aufgeteilt haben[204], zeigt sehr deutlich, daß sich nicht nur Adolf Hitler, sondern die gesamte NSDAP in Kreisen mit einem niedrigen Protestanten- und dementsprechend hohen Katholikenanteil bis einschließlich 1933 im Durchschnitt erheblich schwerer tat als in Gebieten mit einer evangelischen Bevölkerungsmehrheit. Ab der Reichstagswahl 1930 gilt die geradezu eherne Regel, daß der Prozentsatz der NSDAP-Stimmen in Kreisen mit einer evangelischen Bevölkerungsmehrheit sehr viel größer ausfiel als in Kreisen mit einem höheren Katholikenanteil. Anders ausgedrückt: Bei allen Reichstagswahlen nach 1928 ist ein klar positiver, äußerst starker statistischer Zusammenhang zwischen dem Anteil evangelischer Wähler und den Wahlerfolgen der Nationalsoziali-

Tabelle 6.13: Der Zusammenhang zwischen Protestantenanteil und NSDAP-Wahl 1924–1933

| | insge-samt | Protestantenenanteil (Quartile) | | | | Pearson's r |
		1. Quart.	2. Quart.	3. Quart.	4. Quart.	
Wahl						
1924M★	5.0	4.0	3.8	5.7	6.9	24
1924D+	2.3	1.5	1.6	2.6	4.0	32
1928	2.0	1.8	1.8	2.0	2.4	09
1930	14.9	9.1	13.8	16.3	19.4	55
1932J	31.0	17.5	27.1	35.2	43.1	76
1932N	26.5	14.9	23.6	29.5	36.9	70
1933	38.7	30.7	34.3	40.9	50.7	61
Quartilsgrenzen		0–15	15–76	76–93	93–100	

Kreisdaten; Fälle gewichtet mit der durchschnittlichen Wahlberechtigtenzahl 1928–1933. Angaben in Prozent der Wahlberechtigten.
★ Deutsch-Völkische Freiheitspartei (DVFP)
+ Nationalsozialistische Freiheitsbewegung (NSFB)
Lesebeispiel: Im Juli 1932 wurde die NSDAP in den fast rein evangelischen Kreisen im Schnitt von 43.1 Prozent der Wahlberechtigten gewählt, in den fast rein katholischen Kreisen hingegen nur von 17.5 Prozent.

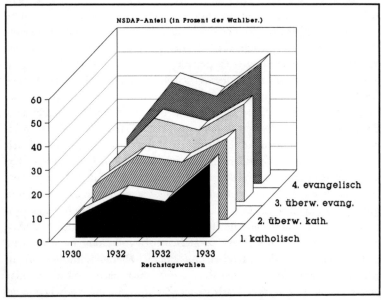

Konfession und NSDAP-Wahl. Grafik zu Tabelle 6.13.

sten zu beobachten. Am stärksten ausgeprägt ist dies bei der Juliwahl 1932, wo zwischen dem Viertel der Kreise mit dem geringsten und dem Viertel der Kreise mit dem höchsten Protestantenanteil ein Unterschied im NSDAP-Wahlergebnis von 25,6 Prozentpunkten (!) vorliegt. Wir werden später sehen, daß kein anderes Sozialmerkmal die nationalsozialistischen Wahlerfolge so stark beeinflußt hat wie die Konfession. Bei in etwa gleicher Ausgangslage im Jahre 1928 gelang es der NSDAP in den (fast) rein evangelischen Kreisen, ihren Wähleranteil bis zum Juli 1932 um rund 41 Prozentpunkte zu steigern, während ihr Anstieg in den überwiegend katholischen Gebieten nur etwa 16 Prozentpunkte betrug. Obwohl der NSDAP bei der Reichstagswahl 1933 dann in den überwiegend katholischen Kreisen eine etwas über dem Durchschnitt liegende Stimmenzunahme (bei gleichzeitigem leichtem Rückgang der Zentrums- bzw. BVP-Stimmen) gelang, war der Unterschied zwischen den protestantischen Hochburgen mit über 50 Prozent NSDAP-Stimmen und den Diasporagebieten mit „nur" rund 30 Prozent NSDAP-Anteil immer noch beträchtlich.

6.5.3. Protestanten waren im Schnitt doppelt so anfällig gegenüber der NSDAP wie Katholiken

Was implizieren diese Aggregatbeziehungen für das individuelle Wählerverhalten? Natürlich stehen uns mangels zeitgenössischer repräsentativer Meinungsumfragen keine direkten Erkenntnisse über das Wahlverhalten von Katholiken oder Protestanten oder gar über die politischen Präferenzen von praktizierenden und nicht-praktizierenden Katholiken zur Verfügung. Doch bietet sich das Merkmal „Konfession" besonders gut für den Versuch an, mit Hilfe des statistischen Verfahrens der ökologischen Regressionsanalyse das individuelle Wählerverhalten zu rekonstruieren, da wie oben ausgeführt im Hinblick auf die Konfessionsverteilung äußerst homogene Gebietseinheiten vorliegen und überdies der statistische Zusammenhang zwischen dem Katholiken- oder Protestantenanteil und den Wahlerfolgen der NSDAP oder des Zentrums hinreichend eng war, um den immer riskanten Schluß von der Gebiets- auf die Individualebene zu rechtfertigen. Die nachfolgende Abbildung belegt, daß noch 1928 Katholiken und Nichtkatholiken gegenüber der NSDAP in etwa gleich anfällig oder resistent waren (die in der Grafik wiedergegebenen Unterschiede zwischen beiden Gruppen resultieren in erster Linie aus Auf- und Abrundungen); schon 1930 stimmte dann ein rund doppelt so hoher Anteil von Nichtkatholiken wie von Katholiken für die Hitlerbewegung. Dieser Unterschied zwischen den Konfessionsgruppen verstärkte sich noch ein-

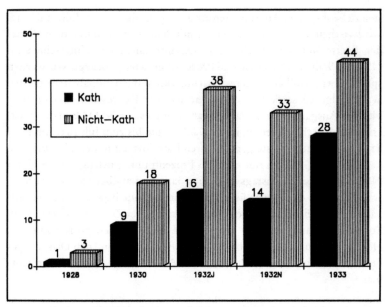

Die Wahl der NSDAP durch Katholiken und Nicht-Katholiken bei den Reichstagswahlen 1928 bis 1933. Grafik zu Tabelle 6.16.

mal im Juli 1932, als unseren Berechnungen nach 38 Prozent der wahlbe-rechtigten Nichtkatholiken gegenüber nur 16 Prozent der wahlberechtig-ten Katholiken NSDAP wählten. Auf die konfessionelle Zusammenset-zung der NSDAP-Wählerschaft umgerechnet würde dies bedeuten, daß bei dieser Wahl nur rund 17 Prozent der NSDAP-Wähler katholisch, 83 Prozent dagegen nicht-katholisch gewesen wären. Die Differenz zwi-schen Katholiken und Nichtkatholiken verringerte sich erstmals im No-vember 1932 nennenswert, als die NSDAP-Wahl der nicht-katholischen Wähler um fünf, die der katholischen Wahlberechtigten dagegen nur um zwei Prozentpunkte gegenüber der Vorwahl zurückging. Im März 1933 schließlich stieg der Prozentsatz der NSDAP-Wähler innerhalb des katho-lischen Bevölkerungsteils um 14 Prozentpunkte, d. h. er verdoppelte sich gegenüber November 1932, während er bei den nichtkatholischen Wäh-lern nur um 11 Prozentpunkte zunahm. Der Abstand zwischen Katholi-ken und Nichtkatholiken ging folglich von 22 Punkten im Juli 1932 über 19 Punkte im November 1932 auf „nur" noch 16 Punkte im März 1933 zurück.

In den letzten Monaten der Weimarer Republik scheint folglich die ursprünglich relativ große Resistenz des katholischen Bevölkerungsteils gegenüber dem Nationalsozialismus geringer geworden zu sein. Doch war sie selbst zu diesem Zeitpunkt noch sehr viel stärker ausgeprägt als die des nichtkatholischen und insbesondere des evangelischen Bevölkerungsteils.[205] Während 1933 ungefähr jeder zweite nichtkatholische Wähler für die NSDAP stimmte, gab nur jeder dritte Katholik, der sich an der Wahl beteiligte, Adolf Hitler und seiner Bewegung die Stimme. Selbst 1933 war folglich nur ein knappes Viertel der NSDAP-Wähler katholisch, der Rest war evangelisch, andersgläubig oder gehörte keiner Konfession an. Hätten damals nur Protestanten im Deutschen Reich gelebt, wäre es – gleiches Wahlverhalten einmal unterstellt – der NSDAP bereits im Sommer 1932 gelungen, eine (wenn auch knappe) absolute Mehrheit der Reichstagsmandate zu erringen. Hätte es dagegen nur Katholiken gegeben, wäre es wohl nie zu einer nationalsozialistischen Machtübernahme gekommen, da dann die NSDAP über den Status einer Minderheitspartei nicht so leicht hinausgelangt wäre. Natürlich beinhalten derartige Hochrechnungen immer ein stark spekulatives Element, da sie gewissermaßen die Kontinuität von Verhaltensweisen unter geänderten Randbedingungen voraussetzen, doch mögen sie an dieser Stelle zum Zwecke der Verdeutlichung der Rolle, welche die Konfession speziell für die Empfänglichkeit bzw. Immunität gegenüber dem Nationalsozialismus spielte, legitimiert sein.

6.5.4. Auch im Zusammenspiel mit anderen Einflußfaktoren behält die Konfession ihre Bedeutung

Bevor wir uns abschließend der Frage zuwenden, worauf die beträchtlich größere Immunität der Katholiken gegenüber dem Nationalsozialismus zurückzuführen ist, müssen wir noch klären, ob diese Resistenz nicht in Wirklichkeit vielleicht durch andere Faktoren als die Konfession selbst verursacht worden ist. Denn es wäre ja durchaus denkbar, daß beispielsweise die Landbevölkerung insgesamt sich gegenüber dem Nationalsozialismus als besonders anfällig erwiesen hätte und Landgebiete wiederum überwiegend evangelisch gewesen wären, während die Bewohner von Industrieregionen, die (wie etwa Oberschlesien oder das Ruhrgebiet) aus historischen Zufällen heraus möglicherweise vorwiegend katholisch geprägt waren, im Durchschnitt eher unempfindlich gegen den Nationalsozialismus gewesen wären. Konfession und NSDAP-Anteil würden dann in der vorgeführten Weise miteinander variieren; verantwortlich für diese statistische Beziehung wären jedoch andere, versteckte Faktoren, die selbst wieder historisch mehr oder minder zufällig mit der Konfession korrelierten. Man würde in einem solchen Falle von einer kausalen Scheinbeziehung oder, etwas irreführend, von einer Scheinkorrelation sprechen.[206]

6.14: Der Zusammenhang zwischen der Konfessionsausprägung der Kreise und anderen Sozialmerkmalen

Sozialmerkmal	Reichs-mittel	Konfessionsfärbung der Kreise			Korrela-tion
		Evangel.	Gemischt	Kathol.	
% Stadtbevölk.	54	54	65	41	−12
% Agrarsektor	29	28	22	40	17
% Indust./Handw.	42	42	49	35	−12
% Dienstleistg.	24	25	23	21	−15
% Selbständige	27	26	24	36	26
% Beamte	4	4	4	4	−09
% Angestellte	8	9	9	7	−15
% Arbeiter	27	28	26	24	−24
% Rentner/Pens.	15	16	15	14	−22
% elo. Angest.	2	2	3	2	−17
% elo. Arbeiter	13	13	16	10	−11

Kreisdaten (N = 831); „Stadtbevölkerung" = Prozentsatz der Bevölkerung eines Kreises, der in Gemeinden mit mehr als 5000 Einwohnern lebt; „elo. Angest." = erwerbslose Angestellte; „elo. Arbeiter" = erwerbslose Arbeiter.
Lesebeispiel: In den überwiegend evangelischen Kreisen beträgt der Anteil der Stadtbevölkerung 54 Prozent, in den überwiegend katholischen Kreisen dagegen liegt er bei nur 41 Prozent der Wohnbevölkerung.

Eine Voraussetzung hierfür wäre, daß sich die überwiegend katholischen und evangelischen Gebiete in ihrer sozialen Zusammensetzung in signifikanter Weise unterschieden, daß also beispielsweise in katholischen Kreisen sehr viel mehr Arbeiter oder Angestellte wohnten als in evangelischen, daß protestantische Regionen im Durchschnitt deutlich ländlicher waren als katholische etc. Tabelle 6.14 belegt jedoch, daß dies nicht der Fall ist. Überwiegend katholische, konfessionell gemischte und vorwiegend evangelische Kreise unterscheiden sich in ihrer sozialen Zusammensetzung im allgemeinen nur wenig. Die Abweichungen vom Reichsdurchschnitt sind durchweg relativ gering, ja in einigen Fällen sogar vernachlässigbar. Der durch den Korrelationskoeffizienten gemessene statistische Zusammenhang zwischen Katholikenanteil und der Ausprägung der verschiedenen Sozialmerkmale ist zu schwach, um die Annahme, daß es sich bei der festgestellten Beziehung zwischen dem Prozentsatz der Nichtkatholiken bzw. Protestanten und den Wahlerfolgen der NSDAP um eine Scheinbeziehung handeln könne, zu stützen. Wir werden im Verlaufe der folgenden Kapitel sehen, daß die immunisierende Wirkung des Katholizismus gegenüber dem Nationalsozialismus unter den verschiedenartig-

sten Bedingungen erhalten bleibt, ja daß der auf der einfachen Zusammenhangsebene feststellbare Einfluß anderer Faktoren wie etwa der Arbeitslosigkeit, der Landwirtschaft oder der Schichtzugehörigkeit auf die Wahlerfolge des Nationalsozialismus vielfach tendenziell sogar verschwindet,
wenn man die Konfession statistisch kontrolliert.

Der einzige nennenswerte Unterschied zwischen den katholischen und
nichtkatholischen Kreisen existiert im Hinblick auf den Prozentsatz der
im Agrarsektor beschäftigten Personen und, damit zusammenhängend,
dem höheren Selbständigen- und Mithelfendenanteil sowie dem geringeren Prozentsatz von Einwohnern in Gemeinden mit mehr als 5000 Einwohnern in den katholischen Gebieten. Dies legt es nahe, den gemeinsamen Einfluß der Merkmale Verstädterung und Konfessionsausprägung
auf die nationalsozialistischen Wahlerfolge zu untersuchen. Mit dem
Zusammenhang von Agrarstruktur und NSDAP-Wahl werden wir uns,
auch unter Kontrolle des Konfessionsfaktors, dann im nächsten Kapitel
beschäftigen. Aus Abschnitt 6.4 wissen wir, daß die NSDAP nach 1928
und insbesondere nach 1930 im Durchschnitt umso bessere Wahlergebnisse erzielen konnte, je kleiner die Gemeinde war, in der gewählt wurde.
Auf Kreisebene bestand ein analoger, bis 1933 sogar noch an Stärke
zunehmender negativer statistischer Zusammenhang zwischen dem Grad
der Urbanisierung und den nationalsozialistischen Wahlerfolgen. Tabelle
6.15 ermöglicht es nachzuprüfen, ob dieser Zusammenhang gleichermaßen für evangelische wie für katholische Kreise gilt. In dieser Tabelle
werden der Grad der Verstädterung und der Konfessionsanteil der Kreise
miteinander kombiniert, um mögliche Überlagerungseffekte dieser beiden Merkmale feststellen zu können.

Sie belegt, daß durch die Einführung des Merkmals „Urbanisierung"
der Effekt der Konfessionsverteilung auf das Abschneiden der NSDAP
keineswegs verschwindet. Gleichgültig ob die Kreise überwiegend ländlich oder eher städtisch sind: Wo der Katholikenanteil hoch ist, hat es die
NSDAP sehr viel schwerer als dort, wo er niedrig (und damit der
Prozentsatz der Protestanten hoch) ist. In den konfessionellen Mischgebieten liegt der Anteil der NSDAP-Stimmen unabhängig von der Verstädterungsrate ausnahmslos zwischen dem der überwiegend katholischen und nichtkatholischen Kreise. Dies gilt auch dann, wenn man
andere Urbanisierungsmaße wie etwa die Bevölkerungsdichte oder die
durchschnittliche Gemeindegröße eines Kreises in der Analyse berücksichtigt. Den stärksten Anstieg hatte die NSDAP zwischen 1928 und Juli
1932 mit 15,8 (1930) bzw. 23,1 Prozentpunkten (1932J) auf dem evangelischen Lande zu verzeichnen, während in den katholischen Landgebieten
ihr Anstieg nur 13 bzw. 18,7 Prozentpunkte betrug. Dafür fiel aber dann

Tabelle 6.15 : Der Anteil der NSDAP-Stimmen in Abhängigkeit vom Verstädterungsgrad und dem Katholikenanteil der Kreise

durchschnittlicher	Katholikenanteil			
Verstädterungsgrad	0–25%	25–75%	75–100%	gesamt
Reichstagswahl 1928				
vorwiegend ländlich	2.0	2.2	1.2	1.8
vorwiegend städtisch	2.0	1.9	2.9	2.1
gesamt	2.0	2.0	1.7	2.0
Reichstagswahl 1930				
vorwiegend ländlich	17.8	14.6	8.1	14.8
vorwiegend städtisch	15.9	14.5	12.1	14.9
gesamt	16.9	14.5	9.4	14.8
Reichstagswahl 1932J				
vorwiegend ländlich	40.9	33.0	17.1	33.5
vorwiegend städtisch	31.6	27.1	19.3	28.4
gesamt	36.6	28.9	17.8	31.0
Reichstagswahl 1932N				
vorwiegend ländlich	34.9	29.7	14.7	28.8
vorwiegend städtisch	26.7	23.2	15.9	24.1
gesamt	31.1	25.1	15.1	26.5
Reichstagswahl 1933				
vorwiegend ländlich	48.2	40.9	31.0	42.6
vorwiegend städtisch	37.1	33.9	29.1	34.9
gesamt	43.0	35.9	30.4	38.8
Anzahl der Kreise				
vorwiegend ländlich	301	90	196	587
vorwiegend städtisch	142	54	44	240
gesamt	443	144	240	827

Angaben in Prozent der jeweils Wahlberechtigten. „Vorwiegend ländlich" = weniger als 50% der Kreisbewohner leben in Gemeinden mit mehr als 5000 Einwohnern; „vorwiegend städtisch" = mehr als 50% der Kreisbewohner leben in Gemeinden mit mehr als 5000 Einwohnern.
Lesebeispiel: Im Juli 1932 stimmten in den ländlichen Kreisen 33.5 Prozent der Wahlberechtigten für die NSDAP, in den überwiegend katholischen Kreisen 17.8 Prozent; in den katholisch-ländlichen Kreisen waren es 17.1 Prozent.

auch der Rückgang der NSDAP-Stimmen bei der Novemberwahl 1932 in den katholischen Landgebieten mit 2,4 Prozentpunkten deutlich niedriger aus als im Reichsdurchschnitt (4,7 Prozentpunkte) oder gar in den evangelischen Landgebieten (6 Prozentpunkte). Im März 1933 schließlich hatten die katholischen Landgebiete mit 16,3 Punkten einen klar über dem Reichsdurchschnitt von 12,3 Prozentpunkten liegenden Anstieg der NSDAP-Anteile zu verzeichnen, ein weiteres Indiz dafür, daß es der NSDAP ab der zweiten Jahreshälfte 1932 gelang, nun auch in Teilgebieten des katholischen Deutschlands verstärkt Fuß zu fassen.

Aber auch die Urbanisierungsrate selbst scheint einen von der Konfession unabhängigen Einfluß auf die nationalsozialistischen Wahlerfolge ausgeübt zu haben. Hierfür spricht, daß bei allen hier betrachteten Wahlen mit Ausnahme der Reichstagswahl 1928 der Unterschied der NSDAP-Anteile zwischen evangelischen und katholischen Kreisen auf dem Land sehr viel stärker war als in der Stadt. Im Juli 1932 beispielsweise beträgt diese Differenz in den eher ländlichen Kreisen 23,9 Prozentpunkte, in den eher städtischen Gebieten liegt sie dagegen bei 12 Prozentpunkten. Allerdings verläuft dieser kombinierte Effekt von Konfession und Urbanisierung (oder auch Gemeindegröße) auf den NSDAP-Anteil komplexer, als es die einfache, die Beziehung von nur jeweils zwei Merkmalen gleichzeitig betrachtende Analyse zunächst vermuten läßt. Denn die niedrigsten NSDAP-Anteile sind – mit Ausnahme der Wahl von 1933 – in den katholischen Landgebieten und Kleingemeinden anzutreffen, während die evangelischen Landgebiete durchweg die größten Wahlerfolge der NSDAP aufzuweisen haben. Zwischen diesen beiden Extremen liegen die stärker urbanisierten katholischen und evangelischen Kreise.

Tabelle 6.16 gibt die Wahrscheinlichkeit wieder, mit der katholische und evangelische (genauer müßte es wiederum heißen: nicht-katholische) Stadt- und Landbewohner bei den verschiedenen Reichstagswahlen ab 1928 für die NSDAP stimmten. Es handelt sich hier also um die Schätzung individuellen Wählerverhaltens, nicht um Auszählungen auf Gemeinde- oder Kreisebene. Es zeigt sich, daß es die NSDAP bei der katholischen Bevölkerung bis zum November 1932 bei Wahlen sehr schwer hatte – sehr viel schwerer zumindest als bei der nicht-katholischen Stadt- und Landbevölkerung. So stimmte bei den beiden Wahlen von 1932 nur rund jeder siebte katholische Wahlberechtigte für die NSDAP, und selbst im März 1933 entschied sich unseren Ergebnissen zufolge nur knapp jeder dritte katholische Landbewohner und sogar nur jeder vierte katholische Stadtbewohner für die Nationalsozialisten. Zugleich wird aus diesen Ergebnissen deutlich, daß die NSDAP im November 1932 bei Katholiken deutlich weniger Stimmen einbüßte als bei den Nicht-Katholiken und daß sie

Tabelle 6.16: Die Wahl der NSDAP nach der Konfession und der Herkunft der Wahlberechtigten – Ergebnisse einer ökologischen Regressionsanalyse

	1928	1930	1932J	1932N	1933
Katholiken insgesamt	*2*	*9*	*15*	*14*	*28*
Katholiken in der Stadt	3	11	16	14	26
Katholiken auf dem Land	1	7	15	14	31
Andere insgesamt	*2*	*18*	*39*	*33*	*44*
Andere in der Stadt	2	16	32	27	37
Andere auf dem Land	2	19	46	40	53
Alle Wahlberechtigte n	2	15	31	26	39

Angaben in Prozent der jeweils Wahlberechtigten. Schätzwerte anhand von ökologischen Regressionen auf Kreisdatenbasis ermittelt.
Lesebeispiel: Schätzungsweise jeder sechste Katholik aus eher städtischen Kreisen wählte im Juli 1932 NSDAP, von den Protestanten aus stärker ländlichen Kreisen dagegen stimmte rund die Hälfte für die NSDAP.

zwischen November 1932 und März 1933 bei katholischen Landbewohnern prozentual rund doppelt so viele Stimmen hinzugewinnen konnte wie bei den katholischen Stadtbewohnern. Ihre größten Erfolge aber konnte die Hitlerbewegung bei der protestantischen Landbevölkerung erzielen, wo sie schon im Juli 1932 von fast jedem zweiten Wahlberechtigten gewählt worden zu sein scheint. Die nicht-katholischen Städter erwiesen sich im Vergleich dazu als erheblich resistenter. Von ihnen entschied sich, falls unsere statistischen Schätzungen zutreffen, im Juli 1932 nur jeder dritte, im November 1932 sogar nur jeder vierte Wahlberechtigte für die NSDAP. Trotz dieser relativen Resistenz zeigten sich die nicht-katholischen Stadtbewohner aber immer noch erheblich anfälliger gegenüber dem Nationalsozialismus als die katholischen Stadt- und Landbewohner.

Weitgehende Unterstützung erfahren die Schätzresultate der ökologischen Regressionsanalyse durch eine Auszählung der NSDAP-Stimmen in den badischen und hessischen Klein- und Kleinstgemeinden nach Ortsgröße und Konfession (vgl. Tabelle 6.17). Bei allen Reichstagswahlen ab 1930 ist in diesen beiden Ländern die NSDAP in den überwiegend evangelischen Orten im Schnitt deutlich stärker als in den konfessionell gemischten Gemeinden, und in diesen wiederum ist sie stärker als in den überwiegend katholischen Ortschaften. In den evangelischen Kleinstgemeinden mit weniger als 500 Einwohnern erreicht sie im Juli 1932 und im März 1933 im Mittel über 70 Prozent der Wähler, während sie in den katholischen Kleinstgemeinden auch 1933 nur um die 40 Prozent der

Tabelle 6.17: Der NSDAP-Anteil in den kleineren Gemeinden Hessen-Darmstadts und Badens nach der überwiegenden Konfession

	< 250	250–500	500–1000	1000–2000	> 2000	r
	(a) überwiegend evangelische Gemeinden					
RTW 1928	3	3	3	2	2	−02
RTW 1930	23	23	20	19	19	01
RTW 1932J	72	63	56	46	38	−28
RTW 1932N	67	58	52	42	34	−30
RTW 1933*	73	71	64	55	45	−30
Anzahl	164	338	356	181	133	
	(b) konfessionell gemischte Gemeinden					
RTW 1928	4	3	4	4	1	−12
RTW 1930	8	16	19	15	14	−37
RTW 1932J	36	46	37	33	27	−56
RTW 1932N	28	41	36	30	23	−50
RTW 1933*	44	51	47	40	33	−64
Anzahl	6	21	31	20	37	
	(c) überwiegend katholische Gemeinden					
RTW 1928	0.3	0.6	0.5	0.5	1	11
RTW 1930	6	6	7	9	11	14
RTW 1932J	23	21	19	20	23	13
RTW 1932N	19	17	16	17	19	10
RTW 1933*	42	37	35	34	32	−18
Anzahl	164	325	348	191	144	

Quelle: Eigene Berechnungen anhand zweier kombinierter Datensätze mit den Wahlergebnissen sämtlicher Gemeinden Badens und Hessens. Angaben in Prozent der Wahlberechtigten.
* RTW 1933: Nur Baden, da für die Kleinstgemeinden Hessens bei dieser Wahl keine gesonderten Wahlergebnisse mehr ausgewiesen worden sind.
Überwiegend evangelisch: Gemeinden mit weniger als 33 Prozent Katholiken; überwiegend katholisch: Gemeinden mit mehr als 66 Prozent Katholiken; konfessionell gemischte Orte = restliche Gemeinden.

Wahlberechtigten hinter sich vereinigen kann. Zugleich zeigen diese Resultate, daß bei Reichstagswahlen die NSDAP den Durchbruch auf dem Lande – auch auf dem evangelischen – 1930 bestenfalls tendenziell, auf breiter Front jedoch (zumindest in diesen beiden Reichsländern) erst im Juli 1932 schaffte.[207] Anderslautende Aussagen in der wahlhistorischen

Literatur lassen sich anhand unserer Datensätze nicht bzw. nur eingeschränkt bestätigen.

6.5.5. Katholizismus als Resistenzfaktor

Zwischen Konfession und Verstädterung bzw. Gemeindegröße scheint
vor 1933 hinsichtlich der NSDAP-Stimmen statistisch gesehen folglich
keine additive, sondern eine sogenannte interaktive Beziehung zu bestehen, wobei auf dem Lande die Wirkung des Konfessionsfaktors gewissermaßen verstärkt, in der Stadt dagegen abgeschwächt wird. Dies läßt sich
durchaus als Unterstützung des oben skizzierten Milieuansatzes interpretieren. Denn das sozialmoralische Milieu setzt, um Verhalten so nachhaltig beeinflussen zu können, wie dies sichtlich innerhalb der katholischen
Subkultur erfolgt ist, nicht nur eine erkennbare, für alle Milieuangehöri-
gen verbindliche Wahlnorm, sondern auch das Vorhandensein eines
dichten Geflechts alltäglicher sozialer Kontakte mit anderen Mitgliedern
des Milieus voraus, mit Arbeitskollegen, Familienangehörigen und
Freunden, im Verein, im Wirtshaus und im kirchlichen Bereich, Kontakte, durch die im Verlaufe sozialer Beeinflussungsprozesse die entsprechenden Milieunormen vermittelt, im psychologischen Sinne verstärkt
und qua sozialer Kontrolle überwacht werden. Diese Voraussetzungen
sind vermutlich stärker auf dem Lande als in der Stadt, eher in klein- und
mittelstädtischen als in großstädtischen Kontexten erfüllt. In stärker
urbanisierten Gebieten mit ihrer größeren sozialen Anonymität und,
daraus resultierend, ihrer geringeren sozialen Kontrolle ist die Chance, auf
politisch Andersdenkende zu treffen, konkurrierenden Informationsange-
boten ausgesetzt zu sein, sicherlich größer als auf dem Lande. Abweichungen von der Milieunorm fallen leichter, so daß die insgesamt etwas
geringere Bindekraft des politischen Katholizismus in den überwiegend
katholischen städtischen Kreisen vor der sogenannten Machtergreifung
nicht unplausibel erscheint.[208]

Andererseits sollte nicht übersehen werden, daß die zwischen eher
städtischen und eher ländlichen Gebieten festgestellten Unterschiede in
der NSDAP-Wahl sich weniger auf katholische als auf konfessionell
gemischte und insbesondere auf evangelische Kreise beziehen. Im Lichte
des soeben Ausgeführten läßt sich dies auf zweierlei Weise interpretieren:
Entweder gab es auf dem evangelischen Lande eine Art Wahlnorm
zugunsten des Nationalsozialismus, die im städtischen Kontext aus den
geschilderten Gründen weniger wirksam war, oder es gab innerhalb der
städtisch-protestantischen Kreise konkurrierende, nicht durch den Katholizismus, sondern durch andere Faktoren wie etwa das Industriearbeiter-

milieu geförderte Wahlnormen, durch die die gewissermaßen natürliche, durchschnittliche Anfälligkeit der Wähler gegenüber dem Nationalsozialismus – ähnlich wie durch den Katholizismus – tendenziell vermindert wurde. Beiden Möglichkeiten wollen wir im folgenden Kapitel nachgehen.

Die Ergebnisse dieses Abschnitts jedenfalls sprechen zunächst einmal dafür, daß es sich im Falle der Konfessionszugehörigkeit vermutlich um einen „genuinen", von anderen Größen weitestgehend unabhängigen Einflußfaktor handelt, der für das Wahlverhalten gegenüber der NSDAP bis ins Jahr 1933 hinein von ausschlaggebender Bedeutung war.

Es ist allerdings denkbar, daß die festgestellte relative Resistenz des katholischen Bevölkerungsteils auf diejenigen beschränkt blieb, die der kirchlichen Wahlnorm folgten und Zentrum oder Bayerische Volkspartei wählten, also in erster Linie auf die praktizierenden Katholiken. Die bloßen Taufscheinkatholiken dagegen könnten, um diesen Gedanken weiterzuspinnen, genauso NSDAP-anfällig gewesen sein wie der protestantische Teil der Bevölkerung. Um dieser These nachzugehen, wurde in Tabelle 6.18 für die Kreise des Deutschen Reiches nochmals eine Art korrigierter NSDAP-Anteil berechnet, der sich nur auf die nicht das

Tabelle 6.18: Die Wahlerfolge der NSDAP in Gebieten unterschiedlicher Konfessionsstruktur bei den nicht Zentrum oder BVP wählenden Wahlberechtigten

	Katholikenanteil (Quartile)				Mittel in protest. Kreisen*
	1. Quart.	2. Quart.	3. Quart.	4. Quart.	
Wahl					
1928	2.2	2.0	2.6	2.0	2.4
1930	18.0	16.2	18.1	13.5	19.4
1932J	40.7	34.1	36.0	28.2	43.1
1932N	34.7	28.7	30.6	23.0	36.9
1933	47.0	40.7	45.0	47.6	50.7
Quartils-grenzen	0–3.8	3.8–18.1	18.1–83.4	83.4–100	

Angaben in Prozent der nicht Zentrum oder BVP wählenden Wahlberechtigten der jeweiligen Konfessionskategorie.
* Werte nach Tabelle 6.13, 4. Quartil.
Lesebeispiel: Während in den (fast) rein evangelischen Kreisen bei der Juliwahl 1932 rund 43 Prozent der Wahlberechtigten der NSDAP die Stimme gaben, waren es von den weder Zentrum noch Bayerische Volkspartei wählenden Wahlberechtigten der überwiegend katholischen Kreise (4. Quartil) nur 28.2 Prozent.

Zentrum oder die BVP wählenden Wahlberechtigten der jeweiligen konfessionell definierten Kreisgruppe bezieht. Sollte die Vermutung zutreffen, daß lediglich die Befolgung der katholischen Wahlnorm gegenüber der NSDAP resistent machte, nicht jedoch generell die Zugehörigkeit zum katholischen Milieu oder die Herkunft aus überwiegend katholischen Gebieten, dürfte zwischen der NSDAP-Anfälligkeit der so definierten „Restkatholiken" und der Protestanten kein nennenswerter Unterschied bestehen. Tatsächlich aber treten bei sämtlichen hier betrachteten Reichstagswahlen, vor allem aber bei den beiden Reichstagswahlen von 1932 sowohl im 3. als auch vor allem im 4. Katholikenquartil nach wie vor Unterschiede zum 4. Protestantenquartil von Tabelle 6.14 auf. Dies legt den Schluß nahe, daß innerhalb des katholischen Milieus nicht nur eine positive, das Zentrum und die BVP begünstigende, sondern auch eine negative, gegen die Wahl der NSDAP gerichtete Verhaltensnorm vorlag, von der selbst auf Wähler, die sich der positiven Wahlnorm des katholischen Milieus nicht (mehr) verpflichtet fühlten, eine gewisse Ausstrahlung ausgegangen zu sein scheint. Sie könnte sie dazu bewegt haben, weniger stark NSDAP zu wählen als ihre evangelischen Mitbürger. Bei der Märzwahl 1933 scheint dieser Einfluß allerdings erheblich nachgelassen zu haben, ohne daß davon, wie wir gesehen haben, die Einhaltung der positiven Wahlnorm in gleicher Weise beeinträchtigt worden wäre.

6.5.6. Als guter Katholik kann man nicht NSDAP wählen: Die Haltung des Episkopats

Daß eine primär mit weltanschaulich-religiösen und weniger politischen Argumenten begründete negative Wahlnorm zumindest in Teilen des katholischen Deutschland explizit verkündet wurde, belegt das nachstehende Zitat aus einem Aufruf der Bischöfe von Mainz, Freiburg und Rottenburg aus dem Frühjahr 1931: „Deshalb müssen wir Bischöfe... vor dem Nationalsozialismus warnen, weil und solange er Anschauungen verfolgt und verbreitet, die mit der katholischen Lehre unvereinbar sind. Es kann deshalb dem Katholiken nicht erlaubt sein, diese Anschauungen als wahr anzunehmen und sie in Wort und Tat zu bekennen."[209] Noch deutlicher wurde der Mainzer Generalvikar Mayer auf eine Anfrage der NSDAP-Gauleitung Hessen hin: „Kann ein Katholik eingeschriebenes Mitglied der Hitlerpartei sein? Kann ein katholischer Pfarrer gestatten, daß Mitglieder dieser Partei kooperativ an kirchlichen Beerdigungen oder sonstigen Veranstaltungen teilnehmen? Kann ein Katholik, der sich zu den Grundsätzen dieser Partei bekennt, zu den hl. Sakramenten zugelassen werden? Wir müssen dies verneinen."[210] Zwar wurde diese harte Mainzer

Linie von der Fuldaer Bischofskonferenz nicht übernommen, doch kann
sie durchaus als Beleg für die klar erkennbare, vielfach öffentlich geäußerte Gegnerschaft der Amtskirche gegenüber dem Nationalsozialismus
gewertet werden. Auf vielen Kundgebungen wurde vor der Bildung einer
vereinigten deutschen Nationalkirche gewarnt, wie sie in vielen Äußerungen führender Nationalsozialisten gefordert wurde.

Für eine solche Forderung schien Absatz 24 des nationalsozialistischen
Grundsatzprogramms eine Handhabe zu bieten, in dem festgelegt wurde:
„Wir fordern die Freiheit aller religiösen Bekenntnisse im Staat, soweit sie
nicht dessen Bestand gefährden oder gegen das Sittlichkeits- und Moral-
gefühl der germanischen Rasse verstoßen. Die Partei als solche vertritt den
Standpunkt eines positiven Christentums, ohne sich konfessionell an ein
bestimmtes Bekenntnis zu binden." In ihrer Ablehnung des Nationalsozialismus wurde die katholische Amtskirche zweifellos von manchmal
geradezu rabiat antikatholischen Stellungnahmen nationalsozialistischer
Ideologen bestärkt. So stellte etwa der Wirtschaftstheoretiker der
NSDAP, Gottfried Feder, in einer auf die katholische Kirche gemünzten
Äußerung fest: „Leute, auch wenn sie deutsch geboren werden, die ... ihre
politischen Befehle vom Ausland empfangen und befolgen, gehören nicht
zur deutschen Schicksalsgemeinschaft, sie können also auch nicht staats-
bürgerliche Rechte ausüben, wie ein Jude ... Gewiß wird dereinst auch das
deutsche Volk eine Form finden für seine Gotteserkenntnis, sein Gotterle-
ben, wie es sein nordisches Blutsteil verlangt." Wie diese Form aussehen
könnte, verdeutlichen die Anmerkungen des nationalsozialistischen Ideologen Rudolf Jung („Der nationale Sozialismus"): „Wenn wir von einer
deutschen Volkskirche reden, so denken wir dabei an eine Verschmelzung
der beiden in Deutschland ausgebreiteten Kirchen. Sie müßte im Lossagen
vom römischen Zentralismus, dem internationalen Geist und dem Alten
Testament, diesen wesentlich jüdischen Dingen, bestehen und das Werk
deutscher Priester sein ...". Noch drastischer bezog hierzu der Blut- und-
Boden-Ideologe Alfred Rosenberg Stellung: „Das nordische Abendland
muß zum Entscheidungskampf und zur Ausschaltung der römischen
Kirche als artfremd ausholen." Und aus der Sicht eines evangelischen
Nationalsozialisten der Theologe Hermann Kremers: „Als deutsche Pro-
testanten sagen wir offen, daß wir uns einen romfreien Katholizismus als
Nachbarn wünschen. Die römische Form des Katholizismus bringt seine
Bekenner in einen dauernden Zwiespalt zwischen Religion und Deutsch-
empfinden ... Will der Politiker Hitler seine Partei vom ‚antirömischen
Affekt' lösen, so wird seine Sache Schaden nehmen, jedenfalls an
Schwung und Zugkraft verlieren. Denn zwei Drittel seiner Anhänger sind
eben doch Protestanten!"[211]

Es verwundert nicht, daß die große Mehrzahl der katholischen Amts-
träger gegen den Nationalsozialismus eingestellt war, selbst wenn sich
natürlich auch unter diesen Nationalsozialisten finden lassen. Es kann
nach diesen Zitaten, die sich nahezu beliebig vermehren ließen, wohl
kaum noch ein Zweifel bestehen, daß es auf Seiten des politischen
Katholizismus in der Tat eine zwar nicht von allen, aber doch der großen
Mehrzahl der praktizierenden Katholiken befolgte, gegen den Nationalsozialismus gerichtete negative Wahlnorm gab. Innerhalb der protestantischen Bevölkerungsmehrheit dagegen gab es weder eine direkte Entspre-
chung zum politischen Katholizismus noch ein einheitliches, einer bestimmten positiven Wahlnorm verpflichtetes sozialmoralisches Milieu.
Eine negative Wahlnorm bestand allenfalls hinsichtlich der beiden katholischen Parteien und der Kommunisten, nicht jedoch hinsichtlich der
Nationalsozialisten.[212] Faktisch zerfiel das protestantische Deutschland in
eine Reihe konkurrierender politischer Teilkulturen, die jedoch ohne
vergleichbare Bindekraft waren wie die katholische Subkultur. Am ehesten entsprach noch die zunächst nationalkonservativ orientierte, nach
1928 aber immer stärker antisemitische und antiparlamentarische Züge
entwickelnde und damit weltanschaulich der NSDAP sich bis zur Ununu-
terscheidbarkeit annähernde DNVP der Vorstellung einer evangelischen
„Milieupartei“. Doch war sie weder ohne parteipolitische Konkurrenz
innerhalb des protestantisch-bürgerlichen Lagers, noch erstreckte sie sich
auf das gesamte evangelische Deutschland. Ein evangelischer Wähler
konnte sehr viel leichter die Partei wechseln als ein katholischer, da damit
kein Verstoß gegen allgemein anerkannte politische Verhaltensmaximen
oder gar ein Austritt aus dem Milieu verbunden war. Mangels einer
expliziten Wahlnorm blieb ein Parteiwechsel praktisch ohne persönliche
Konsequenzen, kein Wunder, daß sich das protestantisch-bürgerliche
Lager im Vergleich zum katholischen Lager und zum sozialistischen
Arbeitermilieu, mit dem wir uns im folgenden Kapitel näher beschäftigen
werden, durch eine beträchtliche Parteienzersplitterung, eine überdurchschnittliche Bereitschaft zur Wechselwahl und eine insgesamt sehr viel
geringere Resistenz gegenüber dem Nationalsozialismus auszeichnete.
Dies erkannte schon der bereits früher zu Wort gekommene liberale
Publizist Erik Reger, der noch vor der Septemberwahl 1930 in der
VOSSISCHEN ZEITUNG schrieb: „Der Nationalsozialismus ist eine
vorwiegend von Protestanten gespeiste Bewegung, obgleich die Beziehungen der evangelischen Kirche zu ihm noch nicht ganz geklärt sind. Sie
haben nicht, wie die Katholiken, ein Organ, das eine verbindliche Stellungnahme veröffentlichen könnte. Sie haben den Grundsatz der Gewis-
sensfreiheit. Ihre Pfarrer dürfen Sozialdemokraten und Nationalsoziali-

sten sein. Aber die Unduldsamkeit, womit jene beim geringsten Konflikt verfolgt, und die Duldsamkeit, womit diese bei den gröbsten Exzessen geschont werden, kommt einer öffentlichen Stellungnahme gleich. Indem die evangelische Kirche den Anschluß an den Nationalsozialismus betreibt, hofft sie, die Kirchenaustrittsbewegung aufzuhalten."[213]

Daran änderte auch die Tatsache nichts, daß manche Landeskirchen eine politische Einflußnahme der Kirche offiziell ganz ablehnten, so der damalige kurmärkische Generalsuperintendent Otto Dibelius in einem Aufruf zur Reichstagswahl 1930: „Für diese Wahlen wird die evangelische Kirche keine Losungen ausgeben. Sie steht jenseits des Parteigetriebes. Sie läßt jedem evangelischen Christen die Freiheit, nach seiner gewissenhaften Überzeugung zu entscheiden."[214] Denn daneben gab es eine nicht zu übersehende weltanschauliche Nähe starker Strömungen der evangelischen Kirche zum Nationalsozialismus, der von nicht wenigen evangelischen Theologen als eine Art nationale Erneuerungsbewegung gepriesen wurde. Ganz deutlich wird dies in der folgenden, nicht untypischen Äußerung eines nationalsozialistischen Dompfarrers im DEUTSCHEN PFARRERBLATT: „Hakenkreuz und Christuskreuz sind keine Gegensätze. Dies offenbart uns die Aufgabe des Opfers und jenes die Gabe des Ursprungs."[215] Andere, wohl weniger nationalsozialistisch als vielmehr realpolitisch eingestellte kirchliche Würdenträger versuchten nach dem überraschenden Wahlerfolg der NSDAP bei den Septemberwahlen von 1930 diese gewissermaßen für die evangelische Sache zu vereinnahmen, womit sie jedoch – vermutlich ungewollt – eher vorhandene Widerstände gegen den Nationalsozialismus abgebaut als gestärkt haben dürften. Um noch einmal Otto Dibelius zu zitieren: „Die Nationalsozialisten als stärkste Rechtspartei haben es sowohl durch ihr Programm wie durch ihre praktische Haltung in Türingen gezeigt, daß sie ein festes positives Verhältnis zum Christentum, unter Zurückstellung konfessioneller Unterschiede, haben. Wir dürfen erwarten, daß sie diesem ihren Grundsatz im neuen Reichstag treu bleiben werden..."[216] Bestärkt wurde die Hinwendung vieler evangelischer Geistlicher zum Nationalsozialismus nicht nur durch den damals teilweise noch außerordentlich virulenten Gegensatz zum Katholizismus, sondern auch durch die landeskirchliche, obrigkeitsverbundene Tradition des deutschen Protestantismus, die anders als die „ultramontan" organisierte und orientierte katholische Kirche in keinem Gegensatz zur nationalsozialistischen Forderung nach einem deutschen Christentum zu stehen schien, wie aus dem folgenden Zitat eines evangelischen Theologen deutlich wird: „Die evangelische Kirche wird die Erwartungen der Romkirche nicht erfüllen und nicht zu einem Kreuzzug wider den Nationalsozialismus aufrufen. Auch vor dem Gedan-

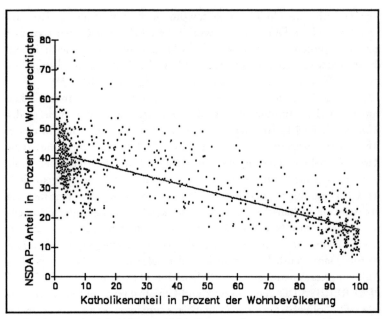

Katholikenanteil und NSDAP-Wahlerfolg bei der Reichstagswahl vom Juli 1932. Grafik zu den Tabellen 6.13 und 6.15.

ken einer Deutschkirche braucht der Protestantismus nicht zu erschrekken, denn er selbst ist ja Volkskirche innerhalb der Grenzen des Deutschtums."[217]

Was nimmt es wunder, daß angesichts dieser Gegebenheiten „ein erheblicher Teil der evangelischen Theologiestudenten unter den Augen der Professoren mit dem Hakenkreuzabzeichen ins Kolleg (läuft). Die Kandidaten im Predigerseminar ebenso."[218] Während es dem katholischen Klerus vor 1933 strikt untersagt war, für den Nationalsozialismus öffentlich einzutreten oder gar die Parteimitgliedschaft zu erwerben (in manchen Bistümern wurde, wie oben gezeigt, die Mitgliedschaft in der NSDAP sogar für normale Gläubige als unvereinbar mit der Angehörigkeit zur katholischen Kirche erklärt und mit der Exkommunikation bedroht[219]), gaben viele evangelische Pfarrer ihre Sympathie für die NSDAP offen zu erkennen. Nicht wenige schlossen sich zwischen 1930 und 1933 der Partei an, was durchaus eine nicht zu unterschätzende Vorbildwirkung auf das Kirchenvolk ausgeübt haben dürfte. Dies läßt vermuten, daß innerhalb weiter, vor allem ländlicher protestantischer Kreise in der Tat nach 1930 ein für den Nationalsozialismus günstiges politisches Klima geherrscht haben dürfte, das die massenhaften Konversionen von den protestantisch-bürgerlichen Parteien zur NSDAP begreiflich macht.

Die Ergebnisse diese Unterkapitels sprechen dafür, daß es sich im Falle der Konfessionszugehörigkeit wohl tatsächlich um einen „genuinen", von anderen Größen weitestgehend unabhängigen Einflußfaktor handelt, der für das Wahlverhalten gegenüber der NSDAP bis ins Jahr 1933 von ausschlaggebender Bedeutung war. Der Katholizismus erwies sich dabei als starker Resistenzfaktor.[220] Allerdings streuen die Kreise mit gleichem oder ähnlichem Katholikenanteil trotz des insgesamt sehr engen (negativen) statistischen Zusammenhangs mit den NSDAP-Wahlerfolgen immer noch beträchtlich um den jeweiligen Mittelwert (vgl. das vorstehende Streudiagramm). Dies ist ein Indiz dafür, daß neben der Konfession auch noch andere Faktoren das NSDAP-Wahlergebnis beeinflußt haben. Mit dem Einfluß von Schicht und Beruf wollen wir uns im nachfolgenden Kapitel näher befassen.

7. Soziale Trägerschichten

7.1. Zeitgenössische Interpretationen

Viel stärker als an der konfessionellen waren die zeitgenössischen Interpreten an der beruflichen und schichtungsmäßigen Zusammensetzung der NSDAP interessiert. Dabei wurden vor allem von sozialwissenschaftlicher Seite immer wieder der Mittelstand, das Kleinbürgertum oder die sogenannten Stehkragenproletarier, also die kleinen und mittleren Angestellten und Beamten, als „Material und soziale Grundlage" des Nationalsozialismus herausgehoben[221]. Hierfür schien ja auch zunächst einmal die Evidenz des Augenscheins zu sprechen. Waren denn nicht die linken Parteien im Saldo trotz aller blockinternen Verschiebungen von der SPD zur KPD nahezu stabil geblieben, während die liberalen, konservativen und partikularistisch orientierten Gruppierungen nach 1928 einen ganz erheblichen Rückgang an Wählerstimmen hinnehmen mußten? Und waren die Parteien des bürgerlich-protestantischen Blocks nicht überwiegend Mittelstandsparteien? War es dann nicht plausibel davon auszugehen, daß die Wahlerfolge der NSDAP tatsächlich das Ergebnis einer Radikalisierung der Mittelschichten darstellten, wie es der amerikanische Soziologe Lipset gut 25 Jahre später formulierte? Die Zeitgenossen müssen von der Parallelität des Aufstiegs der Nationalsozialisten und des Niedergangs der bürgerlich-protestantischen Gruppierungen so beeindruckt gewesen sein, daß sie gleichsam automatisch von den Veränderungen der Parteilager auf die dahinter stehenden, aber eben nicht damit identischen Wählerwanderungen und von der Politik und dem Führungspersonal der einzelnen Parteien auf deren soziale Zusammensetzung schlossen. Überdies tendierten gerade die an Wahlen interessierten Sozialwissenschaftler dazu, gesellschaftliche Vorgänge aus einer vom Marxismus inspirierten, klassentheoretischen Perspektive zu interpretieren, was es ihnen sichtlich nahelegte, den Nationalsozialismus als Mittelschichtphänomen zu deuten, während die Immunität der Arbeiterschaft anscheinend als selbstevident angesehen wurde. Die im vorangegangenen Kapitel belegte weitgehende Resistenz des katholischen Wählerlagers dagegen war kaum Gegenstand zeitgenössischer sozialwissenschaftlicher Reflexion.

Im historischen Rückblick erscheint der Chor der Mittelschichttheoretiker als geradezu überwältigend. Abweichende Meinungen treten kaum in Erscheinung. Theodor Geiger, einer der geistigen Väter der Mittelschichthypothese, ist sich schon 1930 ganz sicher: „Niemand zweifelt daran, dass der Nationalsozialismus (NS.) seinen Wahlerfolg wesentlich dem Alten und Neuen Mittelstand verdankt... Aus dem Bauerntum (kommen) an die 25 v. H. NS.-Wähler."[222] Im gleichen Heft schätzt Hans Neisser, auf den sich Geiger bei seinen Interpretationen (mit einer nennenswerten Ausnahme) stützt, daß „unter den NS. die Angestellten und Beamten sehr viel stärker vertreten sein (werden) als der selbständige Mittelstand. Man muß damit rechnen, daß sie (die Nationalsozialisten bei der Reichstagswahl 1930, J. F.) ein Drittel der Stimmen der Angestellten und Beamten zu erlangen wußten."[223] Eine Mittelstandsposition vertritt auch der nationalliberale Publizist Arthur Dix, der davon überzeugt ist, daß 1930 „ein sehr großes Kontingent der rechtsradikalen Wählerschaft aus den 6 Millionen Angestellten, Vertretern der akademischen freien Berufe und unteren Beamtenschaft"[224] stammte. Mit geradezu apodiktischer Schärfe fällt Hendrik de Man das Urteil: „Alle soziologischen Untersuchungen über die Zusammensetzung der nationalfascistischen Wählerschaft in Deutschland kommen zu dem selben Ergebnis: Diese Schichten gehören im wesentlichen zum proletarisierten oder mit Proletarisierung bedrohten sogenannten Mittelstand." Die NSDAP stelle „eine typische Bewegung von Mittelständlern und Stehkragenproletariern" dar.[225]

Wie sehr gerade sozialwissenschaftlich vorgebildete Beobachter von der Richtigkeit ihrer Mittelschicht-Diagnose überzeugt waren, belegt auch das folgende Zitat: Es sei „nachgerade eine Banalität", daß „der eigentliche Träger des Nationalsozialismus" im Mittelstand zu suchen sei, so der Soziologe Svend Riemer. Die NSDAP finde „tatsächlich in denjenigen Schichten ihren soziologischen Träger..., die klassenmäßig nicht eindeutig gebunden sind: in Beamtentum und Angestelltenschaft, und im Pfründnertum des Kleingewerbes und der nicht rentablen Landwirtschaft..."[226] Der sozialdemokratische Politiker Carl Mierendorff gelangt zu dem Ergebnis: „Der Nationalsozialismus ist eine soziale Bewegung des alten und neuen Mittelstandes... und der Bauern."[227] Ähnlich äußerte sich noch 1933 der sozialistische Theoretiker Rudolf Küstermeier: „... in dieser mächtigen und in ihrem schnellen Aufschwung beispiellos darstehenden Bewegung treffen ja mittelständische Kräfte in einem Umfang zusammen, wie das niemals und nirgends vorher möglich gewesen ist."[228]

Einige weitere Zitate aus den unterschiedlichsten publizistischen Quellen unterstreichen diese Dominanz der Mittelschichtinterpretation noch zusätzlich. So benennt Ludwig Stahl in der katholischen Zeitschrift HOCHLAND als „ursprüngliche Klassenbasis" des Nationalsozialismus „den proletarisierten Mittelstand"[229], spricht der Journalist Julius Elbau in der VOSSISCHEN ZEITUNG von den in der Nachkriegszeit verarmten Mittelschichten, die buchstäblich alles verloren hätten, „was ihrem Leben Inhalt und Stolz gegeben hatte". Die Wirtschaftskrise habe dann die „geistigen und moralischen Widerstandskräfte" des Mittelstandes derart gelähmt, daß Hitler zum Zuge gekommen sei.[230] Entsprechend hebt auch der kommunistische Wahlanalytiker Erkner den maßgebenden Anteil der agrarischen Bevölkerung und der Angestellten und Beamten an den nationalsozialistischen Erfolgen hervor, wohingegen (in Berlin) der Anteil an Arbeiterstimmen gering sei.[231]

Überhaupt seien Arbeiter gegenüber dem Nationalsozialismus allenfalls in verschwindend geringem Maße anfällig gewesen. Darüber sind sich die wissenschaftlichen Wahlanalysen und -kommentare jener Tage weitestgehend einig. Neben dem oben schon erwähnten, in einem eher sozialdemokratisch orientierten Gewerkschaftsperiodikum publizierenden Hans Neisser, der von ca. 15 bis 20 Prozent Arbeiterwählern innerhalb der NSDAP ausgeht, vertritt eigentlich nur noch der für eine kommunistische Zeitschrift schreibende Hans Jäger die Überzeugung, daß ein nennenswerter Prozentsatz von Arbeitern 1930 nationalsozialistisch gewählt haben dürfte (er setzt, wenn auch auf Grund ähnlich gewagter Berechnungsverfahren wie Neisser, den Arbeiteranteil innerhalb der NSDAP-Wähler mit mehr als 20 Prozent an). Doch weder Neisser noch Jäger bezweifeln die unvergleichlich größere Anfälligkeit der Mittelschichten für den Nationalsozialismus. Sie differenzieren lediglich etwas stärker als andere Interpreten.

Angesichts dieser beeindruckenden Dominanz der Mittelstandsinterpretation nehmen sich die wenigen abweichenden Meinungen, die in der zeitgenössischen Publizistik und Wissenschaft zu Wort kamen, nahezu verloren aus. Gegen die Überzeugung von der besonderen Anfälligkeit der sogenannten Stehkragenproletarier wendet sich nach meiner Kenntnis nur ein einziger wissenschaftlicher Interpret der damaligen Zeit, der Jurist und Sozialwissenschaftler Heinz Herz.[232] Er ermittelt nicht nur für die Arbeiter, sondern auch für die Angestellten und Beamten in überwiegend evangelischen Gebieten des Reiches eine positive Korrelation mit den Stimmen der sozialistischen Parteien (und eine negative Korrelation mit den Stimmen der bürgerlichen Gruppen einschließlich der NSDAP), was er folgendermaßen kommentiert: „Dieses Ergebnis ist für die Gruppe der Angestellten und Beamten überraschend ... Namentlich von den Angestellten wird vielfach behauptet, daß sie bei der letzten Wahl (1930, J. F.) das Hauptkontingent der nationalsozialistischen Stimmen gestellt hätten. Die hier gewonnenen Koeffizienten zeigen jedoch ganz eindeutig, daß die Angestellten und Beamten stärker sozialistisch als bürgerlich wählen, was auch verständlich wird, wenn man bedenkt, daß die große Mehrzahl der in diesen Gruppen befindlichen Erwerbstätigen den untersten, in ihrer Lebenshaltung proletarischen Angestellten- und Beamtenkategorien angehört."[233] Derartige Stimmen wirken jedoch eher wie die des sprichwörtlichen Rufers in der Menge. Sie gehen im stimmächtigen Chor der Mittelstandstheoretiker unter (und wurden entsprechend selten auch von den späteren Interpreten der nationalsozialistischen Wahlerfolge bemerkt oder aufgegriffen).

Erstaunlich wenig Aussagen zur sozialen Zusammensetzung der NSDAP-Wählerschaft finden sich in der Tagespresse, und wenn hierzu Stellung bezogen wird, dann eher im Sinne eines Sowohl-als-auch, d. h. einer größeren Komplexität der NSDAP-Wählerschaft, als von den wissenschaftlichen Mittelstandstheoretikern gemeinhin unterstellt wurde. So räumt Georg Decker, ein sozialdemokratischer Wahlanalytiker, in seiner Kommentierung des Reichstagswahlergebnisses von 1930 ebenso „Erfolge der Nationalsozialisten bei proletarischen Wählern" ein[234] wie das Zentralorgan der KPD, DIE ROTE FAHNE: „Gleichzeitig gelang es der Hitlerpartei..., neue Wählerschichten zu erfassen. Da Deutschland in seiner erdrückenden Mehrheit aus Werktätigen zusammengesetzt ist, entstammen selbstverständlich auch die heutigen Wähler der Faschisten in der Mehrzahl dem werktätigen Volk... Millionen Werktätiger stimmten für die Nazis..."[235] Ließe sich diese Passage noch im Sinne der Mobilisierung der schon häufiger erwähnten Stehkragenproletarier deuten, so ist dies beim Kommentar der ROTEN FAHNE zur Juliwahl 1932 nicht mehr möglich: „Die nationalsozialistische Demagogie gegen Versailles und die Weimarer Republik hat auch einen gewissen Teil rückständiger Arbeiterschichten, vor allem Arbeitslose, angezogen."[236] Dagegen vertritt die VOSSISCHE ZEITUNG die Auffassung, „die größeren Städte und die Industriezentren, in denen die Arbeiterschaft einen starken Prozentsatz der Bevölkerung stellt, haben sich als völlig immun gegenüber der nationalsozialistischen Agitation erwiesen".[237] Daß zumindest letzteres in dieser Ausschließlichkeit unrichtig ist, haben wir im vorangegangenen Kapitel gesehen. Doch wer hat in Bezug auf die Anfälligkeit der verschiedenen sozialen Schichten recht? Die zeitgenössische sozialwissenschaftliche Mehrheitsmeinung, derzufolge die NSDAP eine fast lupenreine Mittelstandsbewegung darstellte, oder die wenigen abweichenden Kommentare vor allem der Tagespresse, die von einer stärkeren sozialen

Durchmischung der nationalsozialistischen Wählerschaft (und damit auch von einer gewissen Affinität von Arbeiterwählern zur Hitlerbewegung) ausgingen? Und welche Teile des Mittelstandes erwiesen sich als anfälliger, die Selbständigen oder die Angestellten und Beamten?

7.2. Die Anfälligkeit von Arbeitern gegenüber dem Nationalsozialismus

Bevor wir uns diesen Fragen auf den nun schon bekannten Wegen nähern wollen, ist zunächst festzuhalten, daß bereits in der Weimarer Republik weder alle Arbeiter „links" wählten, noch alle Wähler der beiden Arbeiterparteien SPD und KPD zwangsläufig Arbeiter gewesen sein müssen. Ersteres ergibt sich durch den einfachen Größenvergleich des Anteils der Arbeiter an den Wahlberechtigten mit den auf die Arbeiterparteien entfallenden Stimmen, letzteres durch die interne Zusammensetzung zumindest der SPD, die sich bereits seit der Jahrhundertwende zu verbürgerlichen begann. Laut Volkszählung 1933 waren etwa 28 Prozent der Wahlberechtigten Arbeiter, kamen folglich unter Hinzurechnung der Familienangehörigen und Rentner rund 45 Prozent der Wahlberechtigten aus der Arbeiterschaft, weitere 5 Prozent gehörten der Oberschicht und Oberen Mittelschicht an, den Rest bildeten Angehörige der sogenannten Alten, d. h. selbständigen, und der sogenannten Neuen, d. h. unselbständigen Mittelschicht.[238] Die Arbeiterschaft stellte mithin fast die Hälfte aller Wahlberechtigten und war damit vor der Alten Mittelschicht die weitaus größte Sozialgruppe des Elektorats. Die beiden „klassischen" Arbeiterparteien der Weimarer Republik, KPD und SPD, erreichten zusammen in der Regel aber nur rund 30 Prozent (1933: 27%) der Wahlberechtigten. Mindestens ein Drittel der wahlberechtigten Angehörigen von Arbeiterhaushalten muß folglich für andere Parteien gestimmt oder sich der Stimme enthalten haben.[239] Es erscheint angesichts dieser Ausgangslage als nicht unwahrscheinlich, daß auch die nicht-sozialistischen Parteien in nennenswertem Maße aus der Arbeiterschaft Stimmen erhalten haben, eine Möglichkeit, die von den meisten zeitgenössischen und selbst noch von vielen heutigen Beobachtern gern übersehen wird.[240]

Dabei ist es durchaus plausibel, daß Arbeiter auch schon damals unterschiedlich abgestimmt haben. Denn ebensowenig wie die beiden mittelständischen Teilgruppen bildete die Arbeiterschaft in der Statistik der Weimarer Republik eine sozial homogene Schicht oder gar Klasse, die sich durch gemeinsame Lebensumstände, Mentalitätsfaktoren oder Verhaltensweisen als zusammengehörig ausgezeichnet hätte. Vielmehr war ihr kleinster gemeinsamer Nenner versicherungsrechtlicher Natur. Als Arbeiter wurde gezählt, wer seine Sozialversicherungsbeiträge bei der Invalidenversicherung entrichtete, nicht, wer sich selbst als Arbeiter oder Angehöriger einer bestimmten Klasse sah oder nach soziologischen Gesichtspunkten zu dieser gerechnet wurde. Entsprechend unscharf ist denn auch die Kategorie „Arbeiter", mit der wir dennoch notgedrungen im folgenden arbeiten werden, soweit wir nicht zu weiteren Differenzierungen in der Lage sind.

Die Spannweite der Lebensumstände und Arbeitsverhältnisse, die sich hinter dem Sammelbegriff „Arbeiter" verbarg, war groß. So zählte der ostpreußische oder pommersche Deputats-Landarbeiter, der einen Stundenverdienst von 10 Pfennigen oder noch weniger erhielt, ebenso zu dieser Gruppe wie der Betriebshandwerker oder hochspezialisierte Facharbeiter, der in den industriellen Ballungsgebieten leicht das Zehnfache davon verdiente. Analog ist der seit 30 Jahren im gleichen württembergischen Familienunternehmen beschäftigte Vorarbeiter ebenso „Arbeiter" im Sinne der Berufszählung wie der jugendliche Hilfsarbeiter in einer oberschlesischen Eisenhütte, der Heimarbeiter aus dem Erzgebirge oder die Hausgehilfin im Berlin-Zehlendorfer Villenhaushalt. Der eine hat sozusagen alltäglichen Kontakt mit „seiner" Gewerkschaft und den Arbeiterparteien, der andere hat von beiden kaum etwas gehört und richtet seine Wahlabsicht eher nach den politischen Präferenzen des Gutsverwalters oder des Inhabers des Kleinbetriebs aus, mit denen er zusammen in die Schule gegangen, möglicherweise auch Mitglied im Schützenverein oder im Sportklub ist. Zu erwarten, daß die Arbeiterschaft als ganze ein auch nur einigermaßen homogenes Wahlverhalten an den Tag gelegt habe, erscheint angesichts dieser Ausgangslage eher unwahrscheinlich.

Auch sollte nicht übersehen werden, daß nur eine Minderheit der Weimarer Arbeiterschaft dem klassischen Industriearbeitermilieu angehörte. 17 Prozent der erwerbstätigen Arbeiter waren 1933 in land- oder forstwirtschaftlichen Betrieben beschäftigt, weitere 17 Prozent im sogenannten Dienstleistungssektor, so daß auf den Produktionssektor, zu dem auch die Handwerksbetriebe zählten, überhaupt nur zwei Drittel der (beschäftigten) Arbeiter entfielen. Setzt man – zugegebenermaßen etwas willkürlich – die Grenze zwischen Handwerks- und Industriebetrieben bei zehn Beschäftigten an, so zeigt sich, daß zum Zeitpunkt der Berufs- und Betriebszählung 1933 über 40 Prozent der Arbeiter in Handwerksbetrieben tätig waren, weitere 15 Prozent arbeiteten in industriellen Kleinbetrieben mit weniger als 50 Beschäftigten. Selbst innerhalb des sekundären Wirtschaftssektors war folglich nur eine Minderheit der Arbeiter in mittleren und größeren Betrieben tätig, bezogen auf alle Arbeiter waren es sogar nur rund 30 Prozent. Auf ausgesprochene Großbetriebe mit mehr als 1000 Beschäftigten entfielen sogar weniger als zehn Prozent.[241] Auch lebte noch immer eine knappe Mehrheit der deutschen Arbeiter in kleineren Gemeinden und Städten mit weniger als 10000 Einwohnern, nur jeder vierte Arbeiter kam aus einer Großstadt.[242] „Das großstädtische Proletariat, in dem man gemeinhin die typische Erscheinungsform der modernen Industriearbeiterschaft sieht, bildete mithin im Deutschland der Weimarer Republik nur eine Minderheit der Arbeiterschaft. Das war nicht nur ein wirtschaftlicher und sozialer, sondern zugleich auch ein bewußtseinsprägender Tatbestand, der sich im politischen Verhalten der Arbeiter niederschlagen mußte."[243]

7.2.1. Der statistisch unbereinigte Einfluß des Arbeiteranteils auf das Abschneiden der NSDAP

In der Tat enthält Tabelle 7.1, in der die 831 Kreiseinheiten unseres Datensatzes nach dem jeweiligen Anteil der Berufsangehörigen an den Wahlberechtigten zu vier gleichgroßen Gruppen zusammengefaßt und die durchschnittlichen NSDAP-Anteile in diesen Gruppen wiedergegeben sind, einige zunächst einmal geradezu verblüffend wirkende statistische Zusammenhänge. So hat beispielsweise der Arbeiteranteil weder 1930 noch 1932 die Wahlerfolge der NSDAP statistisch in nennenswertem Maße beeinflußt. Der Korrelationskoeffizient, durch den systematische, linear verlaufende statistische Beziehungen zwischen zwei Merkmalen gemessen werden, zeigt sogar einen eindeutigen Nicht-Zusammenhang an. Und wirklich sind die Unterschiede im Wahlergebnis der NSDAP zwischen den Kreisen mit niedrigem und hohem Arbeiteranteil minimal. Bei der Reichstagswahl 1930 betragen sie nur ganze 0,3 Prozentpunkte, im Juli 1932 sind es dann immerhin schon 1,3 Punkte. Erst bei der Märzwahl von 1933 ist überhaupt eine etwas größere Differenz zu berichten, wobei der Korrelationskoeffizient aber immer noch extrem niedrig ist. Obwohl der durchschnittliche Arbeiteranteil in den Kreisen des vierten Quartils um fast 30 Prozentpunkte höher liegt als in den Kreiseinheiten des ersten Quartils, beträgt die NSDAP-Differenz nur magere 4,1 Punkte. Der immer wieder behauptete klare negative Zusammenhang zwischen Arbeiter- und NSDAP-Stimmenanteil – "je höher der Prozentsatz der Arbeiter, desto geringer der NSDAP-Wahlerfolg" – läßt sich folglich mit unseren Daten und der hier gewählten Definition des Merkmals „Arbeiteranteil" zunächst nicht belegen.[244]

Vor der Märzwahl 1933 ist also auf Reichsebene der Arbeiteranteil für den NSDAP-Wahlerfolg ohne große Bedeutung. Erst wenn man sich die

Tabelle 7.1: Die NSDAP-Stimmenanteile in Kreisen mit einem unterschiedlichen Prozentsatz an Arbeitern

| | Arbeiteranteil (Quartile) | | | | Korre- |
	1	2	3	4	lation
(a) Arbeiter	% NSDAP				
insgesamt					
1928	2.3	2.0	2.1	1.7	−08
1930	14.5	15.5	15.2	14.2	−01
1932J	31.7	31.4	31.0	30.4	−02
1932N	27.7	26.5	26.3	26.0	−02
1933	41.4	39.4	38.4	37.3	−12
Quartilsbreite	9–27	27–32	32–38	38–62	
(b) erwerbstätige	% NSDAP				
Arbeiter					
1928	2.1	2.2	1.7	1.8	−05
1930	15.2	14.1	14.5	16.0	06
1932J	30.4	28.6	31.8	34.6	17
1932N	25.9	24.6	27.1	29.3	15
1933	37.4	36.2	40.4	42.2	20
Quartilsbreite	2–19	19–23	23–28	28–47	
(c) erwerbslose	% NSDAP				
Arbeiter					
1928	1.9	1.8	2.3	1.8	−05
1930	14.1	15.1	16.4	14.2	−09
1932J	33.5	32.7	33.8	28.4	−24
1932N	28.5	28.0	29.1	24.1	−22
1933	45.2	42.2	40.7	34.9	−43
Quartilsbreite	1.5–5	5–8	8–12	12–29	

Arbeiteranteil nach Volks- und Berufszählung 1933. Gewichtete Kreisdaten. Angaben in Prozent der Wahlberechtigten jedes Quartils. „Quartilsbreite": Spannweite des Arbeiteranteils je Quartil.
Lesebeispiel: Bei der Reichstagswahl 1930 stimmten in dem Viertel der Kreise mit dem niedrigsten Arbeiteranteil (1. Quartil) 14.5 Prozent der Wahlberechtigten für die NSDAP, in dem Viertel mit dem höchsten Arbeiteranteil 14.2 Prozent.

Veränderungen über die Zeit ansieht, wird ein klareres Muster erkennbar: Der Anstieg der NSDAP von 1930 bis Juli 1932 und von November 1932 bis März 1933 fällt etwas niedriger aus, wenn prozentual mehr Arbeiter im Kreis wohnen. Allerdings sind auch diese Unterschiede weder besonders ausgeprägt, noch gelten sie für das erste der hier betrachteten Wahlpaare. Auf der Ebene aller Kreise läßt sich somit der immer wieder behauptete klar negative Zusammenhang zwischen Arbeiteranteil und NSDAP-Wahlerfolgen nicht nachweisen. Eine Aufgliederung der Arbeiterschaft nach erwerbslosen und erwerbstätigen Arbeitern belegt sogar eine – allerdings wiederum nicht sehr ausgeprägte – positive statistische Beziehung zwischen dem Prozentsatz der erwerbstätigen Arbeiter in den Kreisen und den Wahlerfolgen der NSDAP: Je höher der Prozentsatz erwerbstätiger Arbeiter, desto tendenziell besser nach 1928 das Abschneiden der NSDAP. Dagegen hängen der Anteil der (1933) erwerbslosen Arbeiter und der NSDAP-Stimmen spätestens ab Juli 1932 negativ miteinander zusammen. Wo es besonders viele arbeitslose Arbeiter gab, konnte die NSDAP folglich im Mittel nur unterdurchschnittliche Resultate erzielen. Das ist ein sicherlich ebenfalls recht unerwartetes Ergebnis, mit dem wir uns in einem der nächsten Kapitel noch eingehender auseinandersetzen werden.

Anderslautende Befunde in der wahlhistorischen Literatur beruhen entweder auf der unbesehenen Verallgemeinerung lokal, regional und zeitlich begrenzter Ergebnisse oder auf der Verwendung unterschiedlich definierter Untersuchungsmerkmale. Es ist unmittelbar einsichtig, daß das, was für Schleswig-Holstein oder Northeim am Harz gilt, noch lange nicht für Franken oder Göttingen zutreffen muß.[245] Weniger geläufig ist, daß sich in Aggregatdatenanalysen bereits aus kleineren Veränderungen der gewählten Merkmalsdefinition gravierende Unterschiede in den ermittelten statistischen Zusammenhängen ergeben können, die sich mitunter selbst auf das Vorzeichen der gemessenen Beziehungen erstrecken.[246] Erstaunlicherweise fehlt es bislang nahezu vollständig an einer theoretischen Reflexion dieses statistischen Phänomens. Nirgendwo wird auch nur ansatzweise ausgeführt, was die Forscher zu den gewählten Merkmalsdefinitionen bewegt hat.

Dabei handelt es sich eher um ein substantielles als um ein statistisches Problem. Die historische Wahlforschung hat es sozusagen mit zwei Seiten einer Art Erklärungsgleichung zu tun, deren eine, die sogenannte abhängige (das ist die zu erklärende) Variable, in unserem Falle die NSDAP, sinnvollerweise als Anteil der jeweils untersuchten Partei an den Wahlberechtigten definiert ist. Andernfalls geriete man in Gefahr, die Nichtwähler und die Schwankungen der Wahlbeteiligung unberücksichtigt zu

Übersicht 7.1: Die möglichen Prozentuierungsbasen von sozialstruktuellen Anteilsvariablen und ihre numerischen Konsequenzen

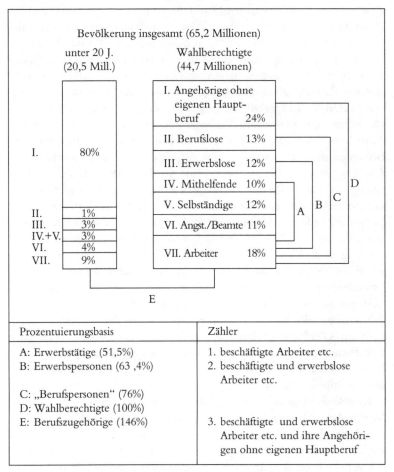

Werte lt. Volks- und Berufszählung 1933.

Lesebeispiel: Unter den rund 45 Millionen Wahlberechtigten von 1933 waren 18 Prozent Arbeiter, 24 Prozent Hausfrauen etc. Unter den 20.5 Millionen noch nicht Wahlberechtigten waren 9 Prozent Arbeiter, 4 Prozent Angestellte und Beamte etc. Bei einer Prozentuierung auf Erwerbstätige (Kategorien IV–VII) läßt man knapp die Hälfte aller Wahlberechtigten außer acht, bei einer Prozentuierung auf Erwerbspersonen ein gutes Drittel etc.

lassen. Komplizierter ist auf der anderen Seite dieser Gleichung die Definition der unabhängigen oder erklärenden Merkmale, also im vorliegenden Falle des Arbeiteranteils. Aus Übersicht 7.1 wird deutlich, daß das Definitionsproblem sowohl den Zähler als auch den Nenner der jeweiligen Anteilsvariablen betrifft. Auf den Zähler bezogen: Wer ist „Arbeiter"? Nur der erwerbstätige (Kategorie VII), oder auch der erwerbslose (Kategorie III)? Die vorangegangenen Auszählungen belegen, daß jeweils ganz andere statistische Zusammenhänge zwischen „dem" Arbeiteranteil und den NSDAP-Wahlergebnissen resultieren können. Betrachtet man erwerbstätige und erwerbslose Arbeiter gemeinsam, so ergeben sich mit Ausnahme von 1933 keine systematischen statistischen Beziehungen. Behandelt man sie getrennt, so ist der Zusammenhang zwischen dem Anteil der erwerbstätigen Arbeiter und den NSDAP-Stimmen schwach positiv, während er für die erwerbslosen Arbeiter durchgehend, und zwar mit deutlich wachsender Tendenz bis 1933, negativ ist. Von erheblicher Bedeutung ist ferner die Entscheidung, auf welcher Basis man das Merkmal „Arbeiteranteil" berechnet? Aufgrund aller Erwerbstätigen (Prozentuierungsbasis A), wie es in den meisten Untersuchungen zur Wählerschaft des Nationalsozialismus geschieht? Damit schlösse man neben den Erwerbslosen auch alle wahlberechtigten Angehörigen ohne Hauptberuf (Kategorie I) und alle im Ruhestand lebenden Personen (Kategorie II), d. h. knapp 50 Prozent aller Wahlberechtigten, aus der Prozentuierungsbasis aus. Gleichzeitig würde der Arbeiteranteil eines Kreises oder einer Gemeinde entschieden zu hoch geschätzt, da am Ende der Weimarer Republik jeder sechste Arbeiter noch nicht zwanzig und damit auch noch nicht wahlberechtigt war.

Es stellt sich jedem historischen Wahlforscher mithin die Frage, welche Merkmalsdefinitionen für seine Fragestellung geeignet und welche theoretisch weniger sinnvoll sind. Dies ist wie gesagt kein rein statistisches Problem. Vielmehr legt die Entscheidung für eine bestimmte Definition der verwendeten Anteilsvariablen zugleich die substantielle Bedeutung der Untersuchungsmerkmale fest. Wenn im folgenden als Bezugsbasis der verschiedenen Sozialmerkmale entweder die Zahl der Wahlberechtigten oder, wo es wie im Falle der Konfession nicht anders geht, der Einwohner der jeweiligen Untersuchungseinheit gewählt wird, so sind hierfür die nachstehenden Überlegungen ausschlaggebend: (a) Es erscheint mathematisch sinnvoll, die Untersuchungsmerkmale als Anteilsvariablen und nicht als Quoten zu definieren. Anteilsvariablen aber müssen auf einen Nenner bezogen sein, der nicht kleiner ist als der Zähler, sondern letzteren in ersterem mitenthält. (b) Da die weitaus meisten wahlhistorischen Untersuchungen Aussagen über das Wahlverhalten von

Tabelle 7.2: Die durchschnittlichen NSDAP-Anteile in Kreisen mit einem unterschiedlichen Prozentsatz an Arbeitern in den drei Wirtschaftsabteilungen

	Arbeiteranteil (Quartile)				Korrelation
	1	2	3	4	
Arbeiter in der Landwirtschaft	% NSDAP				
1928	2.1	1.9	2.0	1.6	−10
1930	14.3	13.9	14.8	17.5	24
1932J	27.5	29.7	33.9	38.3	36
1932N	23.4	25.6	29.1	32.5	33
1933	34.2	37.7	42.3	47.6	48
Quartilsbreite	0–1.7	1.7–6%	6–11%	11–47	
Arbeiter in Handwerk und Industrie	% NSDAP				
1928	1.7	2.1	2.2	1.8	−06
1930	15.4	16.0	15.3	13.6	−16
1932J	34.9	32.9	31.0	28.7	−22
1932N	29.7	28.1	26.4	24.5	−20
1933	46.2	41.7	38.1	35.0	−39
Quartilsbreite	4–14%	14–23%	23–34%	34–68	
Arbeiter im Dienstleistungssektor	% NSDAP				
1928	2.1	1.9	2.0	1.9	−04
1930	11.7	15.6	14.9	15.3	08
1932J	29.1	35.2	31.0	29.6	−13
1932N	25.4	30.3	26.4	25.0	−15
1933	41.3	43.4	38.1	36.3	−25
Quartilsbreite	0–2.8	2.8–4	4–7%	7–23	

Daten aus der Volks- und Berufszählung 1925. Interpretation analog zu Tabelle 7.1.

Individuen oder sozialen Gruppen (im Gegensatz zu Gebietseinheiten) machen wollen, sollten überdies die Bezugsbasen von abhängigen und unabhängigen Variablen, im vorliegenden Falle also von NSDAP-Stimmen und Arbeiteranteilen, entweder identisch sein oder möglichst nahe beieinander liegen. (c) Nur wo es um optimale Prognose oder um die Überprüfung von Annahmen geht, die sich ausdrücklich auf die Gebietsebene beziehen, können unbedenklich auch stark divergierende Bezugs-

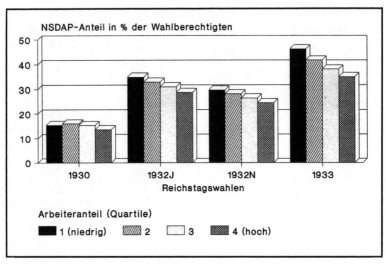

*Der NSDAP-Anteil und der Anteil der Arbeiter in Industrie und Handwerk.
Grafik zu Tabelle 7.2.*

basen gewählt werden. (d) Um nicht bei der Prozentuierung auf Wahlberechtigte zu viele Arbeiter, Angestellte etc. auszuweisen, erscheint es außerdem geboten, die Daten der Berufszählung, soweit möglich, auf das Wahlalter hin zu bereinigen.[247]

Hinter der sozialstatistischen Kategorie „Arbeiter" kann sich, wie oben ausgeführt, durchaus Unterschiedliches verbergen. Landarbeiter leben unter anderen Lebensbedingungen als Industriearbeiter, und diese unterscheiden sich wiederum häufig von Arbeitern bei Bahn, Post oder in kommunalen Versorgungsunternehmen. Wenn wir zwischen Arbeitern unterscheiden, die in der Land- und Forstwirtschaft, solchen, die in Industrie und Handwerk und Arbeitern, die in den sogenannten Dienstleistungsberufen, also Handel und Verkehr, Verwaltung, Gesundheitswesen und in den „häuslichen Diensten" tätig sind, so ergeben sich nicht nur deutliche Unterschiede zwischen den verschiedenen Wirtschaftsabteilungen, sondern auch erheblich klarere Beziehungen zwischen dem jeweiligen Prozentsatz der Arbeiter und dem NSDAP-Anteil.[248] So gilt schon ab der Reichstagswahl 1930, daß die NSDAP im Durchschnitt umso besser abschnitt, je höher der Anteil der in der Landwirtschaft tätigen Arbeiter lag, und daß sie umso schlechtere Wahlergebnisse erzielte, je höher der Prozentsatz der dem sekundären und tertiären Wirtschaftssektor zuzurechnenden Arbeiter war (vgl. Tabelle 7.2). Ferner gilt, daß die nationalsozialistischen Stimmen in Kreisen mit einem hohen Arbeiteranteil im primären Sektor zwischen 1928 und 1933 um rund 10 Prozentpunkte stärker stiegen als in der Kreiskategorie mit dem niedrigsten Anteil an landwirtschaftlichen Arbeitern. Bei einer etwas anderen Aufteilung und daraus resultierenden homogeneren Kreiseinheiten ist der Abstand zwischen der niedrigsten und höchsten Kreiskategorie sogar noch erheblich größer.[249]

Genau umgekehrt verhält es sich mit den Arbeitern im sekundären Sektor. Im 4. Quartil, wo zwischen 34 und 68 Prozent der Bevölkerung selbst oder als Familienangehörige ohne eigenen Hauptberuf der Industriearbeiterschaft angehörten, betrug der NSDAP-Anstieg zwischen 1928 und 1933 rund 33 Prozentpunkte. In Kreisen mit weniger als 14 Prozent Arbeitern des produzierenden Gewerbes lag er hingegen im Durchschnitt bei rund 44,5 Prozentpunkten. Der Tendenz nach ähnlich, wenn auch bei weitem nicht so stark ausgeprägt, verhält es sich mit dem Zusammenhang zwischen dem Anteil der im Dienstleistungssektor tätigen Arbeiter und dem Prozentsatz der NSDAP-Stimmen. Damit löst sich nun auch das auf den ersten Blick sicher manchen Leser verblüffende Ergebnis auf, daß zwischen dem Arbeiteranteil insgesamt und den NSDAP-Stimmen vor 1933 kein systematischer statistischer Zusammenhang nachgewiesen werden konnte: Dieser Effekt beruhte u. a. auf der Überlagerung zweier gegenläufiger Beziehungen, nämlich einer positiven zwischen dem Landarbeiteranteil und den NSDAP-Stimmen und einer negativen zwischen dem Prozentsatz der Industrie- und Gewerbearbeiter sowie der im Dienstleistungssektor beschäftigten Arbeiter und den nationalsozialistischen Wahlerfolgen. Wir wollen aus diesem Grunde im weiteren Verlauf der Untersuchung derartige Differenzierungen im Auge behalten und möglichst zwischen verschiedenen Arbeitertypen unterscheiden.

Gliedern wir die Arbeiterschaft des sekundären Wirtschaftssektors nochmals weiter auf, indem wir zwischen Industriearbeitern im engeren Sinne und Arbeitern in primär handwerklich geprägten Branchen unterscheiden, so ergeben sich weitere interessante Differenzierungen. Im Gegensatz zu den in Tabelle 7.2 untersuchten Arbeiterkategorien handelt es sich dabei nicht um sogenannte Berufszugehörige der Volks- und Betriebszählung 1925, die sowohl erwerbstätige als auch erwerbslose Arbeiter einschließlich ihrer Familienangehörigen ohne eigenen Hauptberuf umfaßten, sondern entsprechend der Volkszählungssystematik von 1933 ausschließlich um erwerbstätige Arbeiter. Es treten für alle Wahlen zwischen 1928 und 1933 schwach negative statistische Beziehungen zwischen dem Prozentsatz der erwerbstätigen Industriearbeiter und den NSDAP-Stimmen auf, während zwischen dem Anteil der in handwerk-

Tabelle 7.3: Der Zusammenhang zwischen dem Anteil von Arbeitern in Industrie und Handwerk und dem Prozentsatz der NSDAP-Stimmen

	Arbeiteranteil (Quartile)				Korre-lation
	1	2	3	4	
Arbeiter in der Industrie	% NSDAP				
1928	1.5	2.4	2.2	1.8	−11
1930	15.1	16.1	15.3	13.8	−15
1932J	34.0	34.2	30.9	28.9	−21
1932N	29.4	29.1	26.1	24.6	−20
1933	44.9	42.3	37.7	35.9	−26
Arbeiter im Handwerk	% NSDAP				
1928	1.6	1.9	1.9	2.2	11
1930	14.2	15.3	15.1	14.6	−00
1932J	31.4	31.5	30.3	31.4	01
1932N	26.7	26.9	25.7	26.7	01
1933	40.3	39.2	37.5	38.2	−05

Industriearbeiter: Beschäftigte Arbeiter in den Branchen Bergbau, Eisen- und Stahlgewinnung, Metallerzeugung, Chemie- und Asbestindustrie. Aufteilungskriterium: die durchschnittliche Betriebsgröße je Branche beträgt reichsweit mindestens 20 Beschäftigte. Zusätzlich wurden diejenigen beschäftigten Arbeiter in den nicht eindeutig zuordnungsfähigen Branchen Industrie der Steine und Erden, Maschinen-, Fahrzeug- und Apparatebau, Textilindustrie, Papierindustrie und Vervielfältigungsgewerbe als Industriearbeiter gezählt, wenn die durchschnittliche Betriebsgröße je Branche im jeweiligen Kreis mehr als 10 Beschäftigte betrug. Bei einer kleineren durchschnittlichen Betriebsgröße wurden die beschäftigten Arbeiter der betreffenden Branchen zu den Handwerksarbeitern gezählt.
Handwerksarbeiter: Beschäftigte Arbeiter in Metallverarbeitung, Elektroindustrie, Optik, Holzverarbeitung, Musik- und Spielwarenindustrie, Nahrungs-, Bekleidungs-, Bau- und Baunebengewerbe. Aufteilungskriterium: die durchschnittliche Betriebsgröße je Branche beträgt reichsweit weniger als 10 Beschäftigte. Zusätzlich wurden beschäftigte Arbeiter von weiteren Branchen berücksichtigt; siehe dazu die Bemerkungen unter Industriearbeiter. Prozentuierungsbasis: Wahlberechtigte. Bei der Prozentuierungsbasis „Beschäftigte in den jeweiligen Branchen" ergeben sich minimale Ergebnisdifferenzen, jedoch keinerlei substantielle Veränderungen.
Lesebeispiel: Im Juli 1932 stimmten in Gebieten mit wenig Arbeitern im Handwerk (1. Quartil) 31.4 Prozent der Wahlberechtigten für die NSDAP, in Gebieten mit vielen Arbeitern im Handwerk (4. Quartil) ebenfalls 31.4 Prozent. Es besteht also kein systematischer Zusammenhang zwischen den beiden Merkmalen, was sich auch im Korrelationskoeffizienten von r = 0.01 niederschlägt.

lich geprägten Branchen tätigen Arbeiter und den nationalsozialistischen Wahlerfolgen so gut wie keine linearen statistischen Beziehungen bestehen (vgl. Tabelle 7.3). Dies bedeutet, daß der Anteil der NSDAP-Stimmen mit einem steigenden Prozentsatz von Industriearbeitern im Durchschnitt leicht abnimmt, während er unabhängig vom Anteil der zum handwerklichen und gemischten Bereich gehörenden Arbeiter schwankt.[250]

Die positive statistische Beziehung zwischen dem Landarbeiteranteil und dem Prozentsatz der NSDAP-Stimmen könnte durchaus durch den mit dem Landarbeiteranteil steigenden Prozentsatz der im Agrarsektor tätigen Bevölkerung verursacht sein: Wo es viele Landarbeiter gibt, leben auch viele Bauern und entsprechend weniger Angehörige des sekundären und tertiären Wirtschaftssektors; und in Kreisen mit einem hohen Prozentsatz von Arbeitern in Dienstleistungsunternehmen liegt im allgemeinen auch der Anteil der Angestellten und Beamten über dem Durchschnitt. Um derartige Störeinflüsse zu kontrollieren, werden die Kreise zweifach aufgeteilt, indem zunächst nach der jeweils dominierenden Wirtschaftsabteilung und dann, in einem zweiten Schritt, nach dem Anteil der Arbeiter innerhalb der so gebildeten drei Gruppen klassifiziert wird (vgl. Tabelle 7.4). Durch diese Einbeziehung eines zweiten potentiellen Einflußfaktors bewegen wir uns bereits von der einfachen zur komplexeren Zusammenhangsanalyse. Aus Tabelle 7.4 geht nun klar hervor, daß der Effekt des Arbeiteranteils nach Kontrolle des dominierenden Wirtschaftssektors lediglich in den Kreisen mit einem relativen Übergewicht des Dienstleistungssektors verschwindet, in den beiden übrigen Kreisgruppen dagegen bleibt er erhalten. Sowohl in den überwiegend landwirtschaftlich als auch in den von Industrie und Handwerk geprägten Kreisen besteht damit ein deutlicher statistischer Zusammenhang zwischen dem Prozentsatz der Arbeiter und dem Wahlerfolg der NSDAP. Für die überwiegend agrarischen Kreise gilt dabei, daß der Stimmenanteil der Nationalsozialisten im Mittel umso höher ausfällt, je größer der Prozentsatz der Arbeiter ist. In den überwiegend von der Industrie oder vom Handwerk geprägten Gebieten verhält es sich umgekehrt. So lag 1933 der NSDAP-Anteil in den vorwiegend agrarischen Gebieten mit einem hohen Arbeiteranteil bei fast 50 Prozent, in den Industriegebieten dagegen betrug er im Falle eines hohen Arbeiteranteils im Durchschnitt nur 33 Prozent. In den Dienstleistungszentren dagegen spielte der Arbeiteranteil für das Abschneiden der NSDAP keine bedeutende Rolle.

Als vorläufiges Fazit der einfachen Zusammenhangsanalyse lassen sich somit folgende vier Punkte festhalten: (a) Zwischen dem Anteil der Arbeiter insgesamt und den NSDAP-Wahlerfolgen besteht entgegen der

Tabelle 7.4: Die durchschnittlichen NSDAP-Anteile in Abhängigkeit von der dominierenden Wirtschaftsabteilung und vom Arbeiteranteil

dominierender Wirtschaftssektor	Arbeiteranteil★				Korrelation
	0–30	30–40	40–50	>50	
Landwirtschaft	% NSDAP				
1928	2	2	1	4	−14
1930	12	17	19	24	35
1932J	31	37	38	45	22
1932N	27	32	32	39	18
1933	43	47	46	55	13
Anzahl der Kreise	205	152	37	1	
Handwerk/Industrie	% NSDAP				
1928	1	2	2	1	−16
1930	12	15	14	13	−13
1932J	36	31	31	27	−16
1932N	34	27	26	23	−17
1933	43	38	37	33	−23
Anzahl der Kreise	5	119	172	55	
Dienstleistung	% NSDAP				
1928	2	3	1	−	−18
1930	16	16	16	−	−04
1932J	28	29	29	−	02
1932N	24	24	24	−	02
1933	35	36	35	−	−02
Anzahl der Kreise	25	50	10	0	

Kreisdaten (831 mit der Einwohnerzahl gewichtete Kreiseinheiten).
Dominierende Wirtschaftabteilung: Wirtschaftsabteilung mit der relativen Mehrheit der Berufszugehörigen im Kreis lt. VZ 1925.
★ Anteil der Arbeiter und der arbeitslosen Arbeiter. Prozentuierungsbasis: Erwerbstätige + Arbeitslose + Berufslose.
Lesebeispiel: Im Jahre 1930 erreichte die NSDAP in vorwiegend landwirtschaftlich geprägten Kreisen mit wenig Arbeitern 31 Prozent und 38 bzw. 45 Prozent in den Kreisen mit vielen Arbeitern. Dies entspricht einem Korrelationskoeffizienten von r = 0.22.

überlieferten Ansicht kein eindeutiger statistischer Zusammenhang, beide Merkmale schwanken unabhängig voneinander.[251] (b) Zwischen dem Anteil der erwerbstätigen Arbeiter und den NSDAP-Ergebnissen liegt sogar ein schwach positiver, zwischen dem Prozentsatz der erwerbslosen Arbeiter und den nationalsozialistischen Wahlerfolgen dagegen ein negativer Zusammenhang vor, der allerdings erst 1933 eine etwas stärkere Ausprägung erlangt. (c) Der Landarbeiteranteil hängt mit den NSDAP-Stimmen klar positiv zusammen; dagegen variiert der Anteil der aus der Wirtschaftsabteilung Industrie und Gewerbe und dem Dienstleistungssektor stammenden Arbeiter mit den nationalsozialistischen Wahlerfolgen negativ, wenn auch recht schwach. (d) Diese negative Beziehung scheint innerhalb des sekundären Wirtschaftssektors nur für die Industriearbeiterschaft zu gelten, während zwischen den Wahlerfolgen der NSDAP und dem Prozentsatz der in typisch handwerklichen Berufen tätigen Arbeiter keine erkennbare statistische Beziehung festgestellt werden konnte.[252] Gemeinsam ist den meisten im vorstehenden Abschnitt gemessenen Beziehungen, daß sie zumindest bis einschließlich 1932 sehr niedrig sind, d. h. bestenfalls schwache, häufig sogar kaum noch sinnvoll interpretierbare Zusammenhänge zwischen dem Arbeiter- und dem NSDAP-Anteil repräsentieren. Aus der einfachen, nur zwei Merkmale gleichzeitig berücksichtigenden Zusammenhangsanalyse eine besonders ausgeprägte Resistenz der Arbeiterschaft im allgemeinen oder der Industriearbeiter im besonderen gegenüber dem Nationalsozialismus herauslesen zu wollen, erscheint daher empirisch nicht begründet. Ob sich eindeutigere Zusammenhänge ergeben, wenn man die Überlagerung des Arbeiteranteils durch weitere Einflußgrößen wie etwa die Konfession oder die Urbanisierung kontrolliert, soll im folgenden Abschnitt geprüft werden.

7.2.2. Der Einfluß des Arbeiteranteils auf das Abschneiden der NSDAP nach Kontrolle von Konfession und Urbanisierung

Sozialmerkmale treten bei Individuen wie bei Kreisen natürlich niemals isoliert, sondern stets in Kombination mit einer Vielzahl anderer Merkmale auf. So ist kein Wähler nur evangelisch oder katholisch, sondern gleichzeitig auch Arbeiter oder Beamter, Klein- oder Großstädter, ledig oder verheiratet etc. Das Gleiche trifft analog für Gebietseinheiten zu, die ja in erster Linie durch solche Individualmerkmale beschrieben werden: Es gibt keine Arbeitergemeinden oder -kreise an sich, sondern überwiegend katholische oder evangelische, städtische oder ländliche, von Arbeitslosigkeit stärker oder schwächer betroffene etc. Daß die Überlagerung solcher Merkmale (und damit die potentielle Verstärkung oder

Abschwächung der von ihnen ausgehenden sozialen Einflüsse) zu einer Steigerung oder Verminderung des NSDAP-Stimmenanteils führen können, hat schon die Kombination zweier Sozialmerkmale wie etwa der Konfession und der Gemeindegrößenklasse im vorangegangenen Kapitel gezeigt. Ob es einen Unterschied für das Wahlergebnis der NSDAP macht, wenn ein hoher Arbeiter- und ein hoher Katholikenanteil zusammentreffen, und ob es von Bedeutung ist, wenn es sich dabei eher um einen städtischen oder ländlichen Kontext handelt, wollen wir nachfolgend untersuchen.

Um die Wirkung des Arbeiteranteils auf das Abschneiden der NSDAP in Wechselbeziehung mit anderen Einflußfaktoren analysieren zu können, bieten sich verschiedene Untersuchungsstrategien an. Statistisch am geeignetsten hierfür ist sicherlich das Verfahren der multiplen Regressionsanalyse, das jedoch den Nachteil hat, von statistischen Laien nur schwer nachvollzogen werden zu können. Intuitiv erheblich plausibler, auch für den statistisch nicht vorgebildeten Leser leicht verständlich ist der sogenannte Kontrastgruppenvergleich, zumal er nichts anderes als eine Ausweitung des einfachen Prozentvergleichs darstellt, wie er etwa in den Tabellen 7.1–7.4 betrieben worden ist. Hierzu werden die Kreise des Deutschen Reiches in mehreren aufeinanderfolgenden Schritten nach verschiedenen, potentiell erklärungskräftigen Merkmalen so aufgegliedert, daß in sich immer einheitlichere, untereinander aber um so schärfer unterschiedene Untergruppen, die sogenannten Kontrastgruppen, entstehen. Für jede Kontrastgruppe wird dann der durchschnittliche NSDAP-Anteil berechnet und mit dem der anderen Kontrastgruppen verglichen.

Im ersten Schritt des nachstehenden Kontrastgruppenvergleichs (vgl. Übersicht 7.2) werden die 831 Kreiseinheiten unseres Datensatzes in eher städtische und eher ländliche Einheiten zerlegt; Aufteilungskriterium ist hierbei, ob die Mehrzahl der Einwohner eines Kreises in Gemeinden mit mehr oder weniger als 5000 Einwohnern lebt. So grob dieses Aufteilungskriterium erscheinen mag, so differenzierungsfähig erweist es sich, wie wir im letzten Kapitel gesehen haben, im Hinblick auf die NSDAP-Anteile. Im zweiten Aufteilungsschritt werden dann die stärker urbanen und die weitgehend ländlichen Kreiseinheiten der ersten Verzweigung des Kontrastgruppenbaumes nach ihrem Konfessionsanteil zerlegt. Man erhält auf diese Weise jeweils drei eher städtische und ländliche Kreistypen mit überwiegend katholischer, überwiegend nicht-katholischer und konfessionell gemischter Bevölkerung.[253]

Auf der dritten Verzweigungsebene wird dann der Arbeiteranteil in die Analyse mit einbezogen. Aufteilungskriterium ist hierbei, ob der Arbeiteranteil eines Kreises über oder unter dem Reichsdurchschnitt liegt. Auf diese Weise erhalten wir zwölf Kreistypen, die sich von überwiegend katholischen und städtischen Arbeitergebieten bis zu überwiegend evangelischen, eher ländlich strukturierten Kreisen mit wenig Arbeitern erstrecken. Im vierten und letzten Aufteilungsschritt endlich werden die auf der vorangegangenen Ebene ermittelten zwölf Kreistypen noch einmal nach dem dominierenden Wirtschaftssektor unterteilt; in der städtischen Verzweigung sind das der industriell-gewerbliche und der Dienstleistungssektor, im eher ländlichen Zweig des Kontrastgruppenbaums der Landwirtschafts- und der industriell-gewerbliche Sektor. Ausschlaggebend ist dabei, welchem der drei Sektoren die relative Mehrheit der Berufszugehörigen eines Kreises angehört. Man erhält so insgesamt 24 Kontrastgruppen, von denen jedoch eine keinen und eine weitere nur einen einzigen Kreis enthält, da der jeweilige Typus zur damaligen Zeit im Deutschen Reich entweder nicht existierte oder nur mit einem einzigen Fall besetzt war.

Der nachstehende Kontrastgruppenvergleich stellt mithin eine vollständige Kombination der im vorangegangenen und in diesem Kapitel behandelten Kreismerkmale dar. Statistisch entsprechen die im Kontrastgruppenvergleich ermittelten Prozentverteilungen im allgemeinen den Resultaten der erwähnten multiplen Regressionsanalyse, deren Ergebnisse wir zur Überprüfung der vorgefundenen Zusammenhänge ebenfalls gelegentlich heranziehen wollen. Der Kontrastgruppenvergleich erlaubt eine Reihe von Gegenüberstellungen, durch die das Zusammenspiel der einzelnen Merkmale, aber auch die Veränderung der sozialen Wählerbasis der NSDAP (auf Gebietsebene) über die Zeit erkennbar wird. Der gängigste Vergleich ist der zwischen den Kontrastgruppen einer gegebenen Wahl; es läßt sich dadurch feststellen, welche Kombination von Gebietsmerkmalen eine Partei am stärksten begünstigt oder benachteiligt hat und welchen Einfluß der Arbeiteranteil innerhalb konfessionell und demographisch weitgehend gleichstrukturierter Kreise auf die Wahlerfolge der NSDAP ausgeübt hat. Eine weitere Vergleichsperspektive ergibt sich schließlich durch die Analyse der Veränderung der sozialstrukturellen Wählerbasis einer Partei über die Zeit. Auch auf sie wollen wir im folgenden eingehen.

Die ersten beiden Aufteilungsstufen sind hier von geringerem Interesse, da wir uns mit dem Einfluß von Konfession und Urbanisierung bereits im letzten Kapitel beschäftigt haben. Hervorzuheben bleibt, daß trotz etwas anderer Aufteilungsgrenzen der Einfluß beider Merkmale auf das Abschneiden der NSDAP praktisch unverändert erhalten bleibt.[254] Auf der dritten Verzweigungsebene sind wir in der Lage, den Einfluß eines über- bzw. unterdurchschnittlichen Arbeiteranteils auf das Ab-

Übersicht 7.2: Ein Kontrastgruppenvergleich der Wähleranteile der NSDAP 1930 bis 1933 (Angaben in Prozent der Wahlberechtigten)

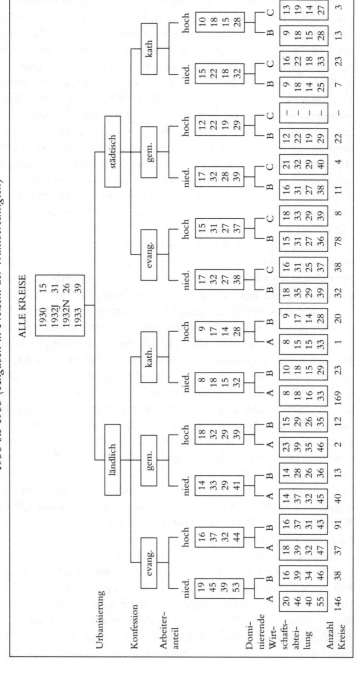

schneiden der NSDAP nach Kontrolle des Effektes von Urbanisierung und Konfession zu bestimmen. Dies tun wir, indem wir nach Konfession und Verstädterungsrate getrennt Gebiete mit einem hohen und niedrigen Arbeiteranteil miteinander vergleichen. In den katholischen und gemischt-konfessionellen städtischen, vor allem aber in den evangelisch-ländlichen Regionen geht mit einem überdurchschnittlichen Arbeiteranteil tendenziell ein unterdurchschnittlicher Prozentsatz von NSDAP-Stimmen Hand in Hand. In den katholischen, den gemischt-konfessionellen ländlichen und den evangelischen Stadtkreisen dagegen schwankt der NSDAP-Stimmenanteil nur sehr geringfügig mit dem Arbeiteranteil; in diesen Kontrastgruppen bleibt folglich die für die Reichsebene insgesamt festgestellte statistische Unabhängigkeit beider Merkmale erhalten. Aber auch in den übrigen Kontrastgruppen ist der prozentuale Einfluß des Arbeiteranteils auf das Wahlergebnis der NSDAP im Mittel relativ niedrig. Am stärksten ist er noch in den ländlich-evangelischen und den gemischt-konfessionellen städtischen Bezirken, wo die NSDAP bei der Juliwahl 1932 im Falle eines überdurchschnittlichen Arbeiteranteils um zwölf bzw. zehn Prozentpunkte schlechter abschnitt als bei einem unter dem Reichsdurchschnitt liegenden Arbeiteranteil. Im Vergleich zur Konfession und zur Urbanisierung aber ist der Kontrasteffekt der Arbeitervariablen im Mittel recht schwach ausgeprägt.

Entsprechend sind die höchsten NSDAP-Anteile zwischen Juli 1932 und März 1933 mit 46 bis 55 Prozent in evangelisch-ländlichen Agrarregionen mit unterdurchschnittlichem Arbeiteranteil zu finden, während die niedrigsten NSDAP-Anteile im Juli 1932 mit nur 15 Prozent in katholisch-ländlichen Agrarregionen mit einem überdurchschnittlichen Arbeiteranteil liegen; 1933 sind es mit einem NSDAP-Anteil von gerade 25 Prozent die katholisch-städtischen Industriegebiete mit überdurchschnittlichem Arbeiteranteil. Den stärksten Anstieg zwischen 1928 und 1933 erfuhr die NSDAP in den Gebieten, in denen sie auch absolut die höchsten Wähleranteile zu mobilisieren vermochte, nämlich in den evangelischen Agrarregionen mit einem geringen Prozentsatz an Arbeitern. Den höchsten Anstieg zwischen November 1932 und März 1933 dagegen erzielte sie, wenn man einmal von dem vereinzelten katholisch-agrarischen Landkreis mit hohem Arbeiteranteil absieht, mit 17 Prozentpunkten in katholischen Agrarregionen mit einem geringen Anteil an Arbeitern. Auch dies ist als Hinweis darauf zu werten, daß nach der Machtergreifung die Resistenz in bestimmten katholische Gebieten nachzulassen begann.

Daß dennoch auch nach Kontrolle dieser beiden Einflußfaktoren in der Summe eine – wenngleich nicht sehr starke – negative Beziehung zwischen dem Arbeiteranteil und dem Prozentsatz der NSDAP-Stimmen besteht, belegt eine zusätzlich durchgeführte multiple Regressionsanalyse (vgl. Anhang, Tabelle A 6). Mit ihrer Hilfe wird es möglich, den Einfluß eines unabhängigen Merkmals, im vorliegenden Falle also des Arbeiteranteils, auf ein abhängiges Merkmal, den NSDAP-Anteil, unter Kontrolle des Einflusses, der von anderen Faktoren auf den NSDAP-Anteil ausgeübt wird, quantitativ zu bestimmen. Damit wird das Ergebnis der einfachen, nur zwei Merkmale gleichzeitig berücksichtigenden Zusammenhangsanalyse (vgl. Tabellen 7.1 bis 7.3) insoweit ergänzt, als bei Berücksichtigung des gleichzeitigen Einflusses von Konfession und Urbanisierung[255] die NSDAP der Tendenz nach zwischen 1930 und 1933 dort tatsächlich etwas schwächer abschnitt, wo überdurchschnittlich viele Arbeiter lebten. Für die Reichstagswahl vom Juli 1932 etwa bedeutet das, daß der NSDAP-Anteil bei statistischer Kontrolle der Konfession und der Urbanisierung im Mittel aller Kreise um 1,2 Prozentpunkte abnahm, wenn der Arbeiteranteil um 10 Prozentpunkte anstieg. Dieses Ergebnis ist gar nicht so weit entfernt von den oben ermittelten NSDAP-Differenzen zwischen den entsprechenden Kontrastgruppen. Zugleich belegt es aber auch eindrucksvoll, daß der „Arbeiteranteil an sich" in der Weimarer Republik im Vergleich zur Konfession (und ab 1932 auch zur Urbanisierung) nur von sozusagen drittrangiger Bedeutung war. Er hat einen wesentlich geringeren Trenneffekt hinsichtlich der NSDAP ausgeübt, als man aufgrund der zeitgenössischen, aber auch vieler heutiger Interpretationen meinen könnte.

7.2.3. Die Beziehung zwischen Arbeiteranteil und NSDAP-
       Wahlerfolgen in überwiegend ländlichen und städtischen Kreisen

In den Prozentauszählungen und Korrelationsrechnungen von Abschnitt 7.2.1. hatten wir festgestellt, daß der NSDAP-Anteil durch den Prozentsatz der Landarbeiter positiv, durch den Prozentsatz der Arbeiter in Industrie und Handwerk hingegen negativ beeinflußt wird, wobei die negative Beziehung innerhalb des gewerblichen Sektors in erster Linie auf die Industriearbeiter zurückzugehen scheint. In diesem Abschnitt soll der Frage nachgegangen werden, ob diese Beziehungen auch dann erhalten bleiben, wenn man industrialisierte und agrarische Kreise getrennt analysiert. Dies gibt uns Gelegenheit, zwischen ländlichen Regionen, in denen die Landarbeiter in der Mehrheit sind, und solchen Landkreisen, in denen die nicht im Agrarsektor beschäftigten Arbeiter ein Übergewicht haben, zu unterscheiden; ferner können wir innerhalb der stärker urbanisierten Regionen nochmals zwischen Städten unterschiedlicher Größe differenzieren (vgl. Übersicht 7.3).

Übersicht 7.3: Der Einfluß des Arbeiter- und Landarbeiteranteils auf die NSDAP-Wahlerfolge in den ländlichen Regionen des Reiches (Angaben in Prozent der Wahlberechtigten)

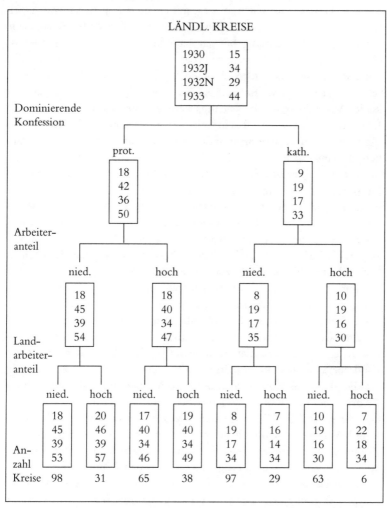

Arbeiteranteil/Landarbeiteranteil laut Volks- und Berufszählung 1925 (Berufszugehörige; Basis: Wohnbevölkerung). Beim Arbeiteranteil bedeutet „HOCH" einen überdurchschnittlichen, „NIED" einen unterdurchschnittlichen Arbeiteranteil unter den Wahlberechtigten eines Kreises; beim Landarbeiteranteil zeigt „HOCH" eine Mehrheit der landwirtschaftlichen, „NIED" eine Mehrheit der nicht-landwirtschaftlichen Arbeiter unter allen Arbeitern an.

Wenden wir uns zunächst den überwiegend dörflichen Gebieten zu, die ja nicht zwangsläufig agrarisch strukturiert sein müssen. Gerade in der Weimarer Republik gab es viele kleine Industriegemeinden, etwa in Sachsen, Hessen oder Württemberg, mit einem hohen Anteil von Arbeitern des sekundären Sektors. Diese Gebiete umfassen, abweichend von den in Übersicht 7.2 maßgeblichen Aufteilungskriterien, jene 427 Kreiseinheiten, in denen mindestens 75 Prozent der Bevölkerung in Gemeinden unter 5000 Einwohnern leben. Es handelt sich folglich in Übersicht 7.3 um sehr viel „ländlichere" Kreise, was bei einem Vergleich der Ergebnisse beider Auszählungen berücksichtigt werden sollte. Auch werden in dieser Übersicht der besseren Überschaubarkeit wegen die 427 Kreise in Hinsicht auf die Konfession nicht in drei, sondern nur in zwei Kontrastgruppen, die eine mit mehrheitlich katholischer, die andere mit überwiegend nicht-katholischer Bevölkerung, unterteilt. Die unterschiedlichen Aufteilungskriterien von Übersicht 7.2 und 7.3 haben jedoch keine entscheidende Bedeutung für die Differenzierungsfähigkeit der einzelnen Merkmale bezüglich des NSDAP-Anteils. Auf dem katholischen Land hatte, wie in Übersicht 7.2 zu sehen war, der Arbeiteranteil vor 1933 so gut wie keinen Einfluß auf das Abschneiden der NSDAP, während in den evangelischen Landgebieten der Prozentsatz der NSDAP-Stimmen in den Kreisen mit weniger Arbeitern in den Jahren 1932 und 1933 deutlich höher ausfiel als in den Kreisen mit einem über dem Reichsdurchschnitt liegenden Arbeiteranteil. Das gleiche Muster tritt in Übersicht 7.3 zutage.

Überraschend gering und uneinheitlich verläuft angesichts der Resultate der einfachen Prozentauszählungen (vgl. Tabelle 7.2) der Einfluß des Landarbeiteranteils auf der dritten Verzweigungsebene von Übersicht 7.3: Es ist für das Abschneiden der NSDAP nahezu gleichgültig, ob die Mehrheit der im Kreis ansässigen Arbeiter im Agrarsektor oder im nichtlandwirtschaftlichen Bereich beschäftigt ist. Erst nach der Machtergreifung bildet sich ein einheitliches Muster im Sinne der durch die einfache Zusammenhangsanalyse geweckten Erwartungen heraus, wobei jedoch auch dann noch die Unterschiede zwischen den Kontrastgruppen vergleichsweise niedrig ausfallen. Die im Abschnitt 7.2.1. aufgedeckte statistische Beziehung zwischen dem Landarbeiter- und dem NSDAP-Anteil scheint das klassische Resultat einer durch Konfession und Urbanisierung verursachten Scheinkorrelation darzustellen, die für die Reichstagswahlen 1930 und 1932 nach Kontrolle dieser Faktoren der Tendenz nach verschwindet.

Zwei Dinge sollten im Zusammenhang mit der „Landstichprobe" im Auge behalten werden: Zum einen sind die Prozentpunktdifferenzen zwischen den Kontrastgruppen der zweiten und dritten Aufteilungsstufe im Lichte der Resistenzhypothese noch immer relativ gering, wenn man sie mit der Konfession oder anderen erklärungsstarken Merkmalen wie etwa der hier nicht gesondert ausgewiesenen politischen Tradition eines Gebietes vergleicht[256]. Zum anderen schlägt im ländlichen Bereich der Konfessionsfaktor sowohl im Vergleich zum Reichsdurchschnitt als auch insbesondere zu den Städten überaus stark durch. Gleichgültig, ob viele oder wenige Arbeiter, ob ein Übergewicht von Landarbeitern oder nicht in der Landwirtschaft tätigen Arbeitern: In den katholischen Landkreisen des Reiches hatte es die NSDAP sehr viel schwerer als in den überwiegend evangelischen Landkreisen. Eine Differenz des durchschnittlichen NSDAP-Anteils von über 29 Prozentpunkten bei der Juliwahl 1932 zwischen katholischen und evangelischen Landgebieten mit unterdurchschnittlichem Arbeiteranteil stellt alle übrigen, durch andere Aufteilungskriterien bedingten Kontrastgruppenunterschiede innerhalb des „Landbaumes" von Übersicht 7.3 weit in den Schatten. Die durch den Arbeiteranteil entstehenden Unterschiede betragen stets nur einen Bruchteil davon.

Im Vergleich zu den ländlichen Kreisen ist der Einfluß der Konfession in den 183 Stadtregionen unseres Datensatzes[257] deutlich geringer, während der des Arbeiteranteils in etwa gleichstark ausfällt (vgl. Übersicht 7.4). Dabei sollte allerdings im Auge behalten werden, daß unabhängig von der Ausprägung des Arbeiteranteils bei der Juliwahl 1932 die NSDAP in den evangelischen Landregionen rund ein Drittel mehr Stimmen gewinnen konnte als in den evangelischen Stadtregionen. Im katholischen Sektor dagegen tritt erst 1933 ein derartiges – allerdings sehr viel schwächer ausgeprägtes – Stadt-Land-Gefälle auf.

Eine eindeutige Beziehung zwischen Arbeiteranteil und NSDAP-Ergebnissen ist vor allem in den Städten des protestantischen Sektors zu beobachten. In den überwiegend katholischen Stadtregionen dagegen stoßen wir im Zusammenhang mit den NSDAP-Wahlerfolgen wieder auf das vertraute Bild einer – zumindest tendenziellen – Überlagerung der Wirkung anderer potentieller Einflußfaktoren durch das konfessionell geprägte Wahlverhalten vieler Katholiken.[258] Neben der Konfession und dem Arbeiteranteil scheint auch die Einwohnerzahl das Wahlergebnis der NSDAP beeinflußt zu haben, wie Übersicht 7.4 zu entnehmen ist: In den Großstädten fiel das NSDAP-Ergebnis vor allem in überwiegend evangelischen Gebieten um fünf bis sieben Prozentpunkte niedriger aus als in den Mittel- und Kleinstädten. In den mehrheitlich katholischen Städten dagegen liegt die Differenz zwischen den großstädtischen und den klein- und mittelstädtischen Kreiseinheiten bei nur zwei Prozentpunkten.

Während reichsweit, wie wir gesehen haben, der Arbeiteranteil in

*Übersicht 7.4: Der Einfluß von Stadtgröße und Arbeiteranteil auf die Wahler-
gebnisse der NSDAP in den Städten des Deutschen Reiches – Ein Kontrastgruppenvergleich (Angaben in Prozent der Wahlberechtigten)*

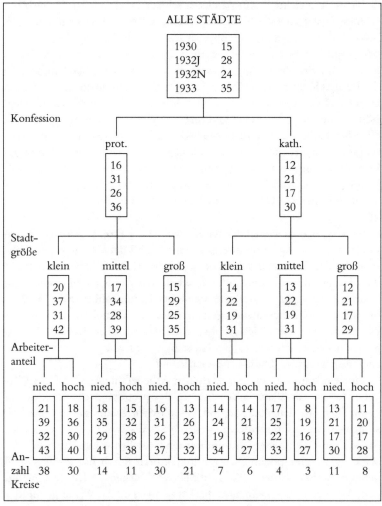

Arbeiteranteil nach Volks- und Berufszählung 1925 (Berufszugehörige in Prozent
der Gesamtbevölkerung). „NIED" zeigt einen unter-, „HOCH" einen überdurchschnittlichen Arbeiteranteil an. Schnittkriterium für den Arbeiteranteil ist der
gruppenspezifische Mittelwert. Stadtgröße „KLEIN" 20000 bis 50000 Einwohner, „MITTEL" 50000 bis 100000 Einwohner, „GROSS" über 100000 Einwohner. Konfession: „PROT" über 50 Prozent der Einwohner sind Nicht-Katholiken,
„KATH" über 50 Prozent Katholiken.
Lesebeispiel: analog zu Übersicht 6.2.

seiner Einwirkung auf die NSDAP-Wahlerfolge erst abgeschlagen an dritter Stelle hinter den von der Konfession und der Urbanisierung ausgehenden Effekten rangiert, übt er sowohl in den ländlichen als auch in den städtischen Kreisen mit evangelischer Bevölkerungsmehrheit einen durchaus eigenständigen, wenn auch wiederum gegenüber der Konfession sekundären Effekt aus. Daß dieser Einfluß sich aus zwei unterschiedlichen Teileffekten zusammensetzt, wird deutlich, wenn man zwischen dem Anteil der beschäftigten und unbeschäftigten Arbeiter unterscheidet: Während letzterer vor allem in den Städten einen bemerkenswerten, nur wenig hinter dem Konfessionseinfluß zurückbleibenden Immunisierungseffekt gegenüber der NSDAP ausübt, spielt ersterer bestenfalls eine marginale Rolle. Anscheinend weist das Merkmal Arbeitslosigkeit sehr viel stärker auf die Existenz eines gegenüber dem Nationalsozialismus zumindest partiell resistenten Arbeitermilieus hin als der Prozentsatz der erwerbstätigen Industrie-, Handwerks- und Dienstleistungsarbeiter. Das von vielen Autoren[259] bemühte sozialistische Arbeitermilieu scheint zumindest in unserem Datensatz folglich weitgehend auf die protestantischen Stadtregionen beschränkt und eher durch einen hohen Arbeitslosen- als durch einen überdurchschnittlichen Arbeiteranteil gekennzeichnet gewesen zu sein. Daß selbst unter derartigen NSDAP-widrigen Umständen die Nationalsozialisten in ansonsten gleichstrukturierten katholischen Kreisen 1932 um fast zehn Prozentpunkte schlechter abschnitten als in den sogenannten linken Arbeitergebieten, belegt noch einmal deutlich, wieviel stärker im Saldo die Immunisierung durch das traditionell katholische Milieu war. Anscheinend tritt das „sozialistische Arbeitermilieu" in unserem Datensatz sehr viel weniger flächenmäßig geschlossen und im Verhalten homogen auf, als dies bei den katholischen Traditionsgebieten der Fall ist. Die vorliegende empirische Evidenz zugunsten eines immunisierenden Effektes des katholischen Milieus ist jedenfalls ungleich größer, obwohl auch hier die Resistenz gegenüber dem Nationalsozialismus, wie im vorangegangenen Kapitel gezeigt, 1933 in ihrer Wirkung deutlich nachläßt. Sowohl im katholischen als auch, stärker noch, im traditionell linken Arbeitermilieu scheint es zwischen 1930 und 1933 sehr viel mehr „Ansteckungsfälle" gegeben zu haben, als die Theorie vorsieht.

7.2.4. Wie häufig haben Arbeiter NSDAP gewählt?

Die vorstehenden Aussagen beziehen sich zunächst einmal nur auf die Gebietsebene. Sie besagen, daß die NSDAP in Kreisen mit einem hohen Industriearbeiteranteil etwas schlechter abschnitt als in Kreisen, in denen der Industriearbeiteranteil unter dem Durchschnitt lag. Häufig werden derartige Aussagen so interpretiert, als bildeten sie direkt die (leicht unterdurchschnittliche) Anfälligkeit von Industriearbeitern gegenüber der NSDAP ab. In Wirklichkeit jedoch geben sie lediglich Auskunft über das statistische Verhältnis zweier Anteilsmerkmale auf Gebietsebene. Ob Industriearbeiter tatsächlich seltener NSDAP gewählt haben als Handwerks- oder Landarbeiter oder die Angehörigen anderer Berufsgruppen, geht daraus nicht hervor. Derartige Schlüsse von der territorialen auf die individuelle Ebene sind, wie wir zu zeigen versucht haben, stets mit einem erheblichen Fehlerrisiko verbunden, weswegen es methodisch ja auch unzulässig ist, auf der Kreis- oder Gemeindeebene nachgewiesene Zusammenhänge im Sinne von Individualbeziehungen zu interpretieren. Man sollte daher stets sehr genau zwischen den Aussageebenen unterscheiden.

Nun sind praktisch alle im Zusammenhang mit den nationalsozialistischen Wahlerfolgen aufgestellten Radikalisierungs- und Resistenzhypothesen in Form von Individualaussagen formuliert worden. Mittelschichtangehörige (und nicht: die Bewohner von überwiegend mittelständisch geprägten Stadtvierteln) neigen nach Ansicht Lipsets oder Geigers zum Faschismus; Arbeiter (und nicht: die Einwohner von Arbeitergemeinden) erweisen sich ihm gegenüber als immun. Mit Hilfe von Zusammenhängen, die sich ausschließlich auf die territoriale Ebene beziehen, lassen sich solche Vermutungen weder bestätigen noch schlüssig widerlegen. Was man benötigt, sind streng genommen Individualdaten, wie sie uns die Umfrageforschung zur Verfügung stellt, also Informationen über das Wahlverhalten von Arbeitern und Angestellten, von Frauen und Männern, älteren und jüngeren Wahlberechtigten. Solche Daten liegen jedoch für die Weimarer Republik nicht vor. Repräsentativbefragungen mit politischem Inhalt wurden in Deutschland erst nach dem Zweiten Weltkrieg eingeführt.[260] Wer die Stichhaltigkeit der wichtigsten Erklärungsansätze der nationalsozialistischen Wahlerfolge überprüfen will, muß daher versuchen, mit Hilfe geeigneter statistischer Verfahren, und hier bietet sich wiederum die sogenannte ökologische Regressionsanalyse an, das Wahlverhalten der Arbeiter aus den verfügbaren Informationen über den Zusammenhang von Arbeiter- und NSDAP-Anteil zu bestimmen. Wem diese Verfahren wegen ihrer relativ strikten statistischen Verteilungsannahmen zu riskant vorkommen oder – mangels statistischer Vorkenntnisse – als nicht nachvollziehbar erscheinen, dem bleibt nichts anderes übrig, als auf eine empirische Auseinandersetzung mit derartigen individualistisch formulierten Anfälligkeits- oder Resistenzhypothesen ebenso zu verzichten wie auf ihre substantielle Anwendung. Erinnert sei daran, daß die mit Hilfe der ökologischen Regressionsanalyse ermittelten Prozentwerte „gültige", d. h. realitätsgerechte Schätzungen darstellen, falls die Voraussetzungen des Verfahrens erfüllt sind, was wir jedoch nicht immer mit Sicherheit feststellen können. Falls nicht alle Voraussetzungen zutreffen, liefern sie erfahrungsgemäß immer noch recht brauchbare Hinweise auf Einflußrelationen. Sie sind daher auch dann noch den bivariaten, auf zwei Merkmale beschränkten Zusammenhangsanalysen in der Regel an Aussagekraft überlegen. Wegen der nie ganz zu beseitigenden Risiken sollte man allerdings seine ökologischen Schätzergebnisse stets vorsichtig interpretieren und sich bei ihrer Kommentierung auf die Herausarbeitung von Größenordnungsunterschieden beschränken. Die ermittelten Prozentwerte beim Nennwert zu nehmen und selbst kleinere Prozentsatzdifferenzen von, sagen wir, weniger als fünf, ja zehn Punkten als Beleg für substantielle Unterschiede zu betrachten erscheint angesichts der Sensibilität des Instrumentariums gegenüber selbst geringfügigen Modelländerungen oder Verletzungen der Verteilungsvoraussetzungen als verfehlt.[261]

Tabelle 7.5 gibt, zunächst für die Arbeiterschaft insgesamt, die mit Hilfe ökologischer Regressionsanalysen geschätzte NSDAP-Anfälligkeit von Arbeitern und Nichtarbeitern wieder. Sollten diese Schätzwerte zutreffen, und gerade im Falle der Arbeiter konvergieren die Resultate mehrerer mit unterschiedlichen Regressionsmodellen und Gewichtungsprozeduren errechneten Schätzgleichungen[262], so hätten nach 1928 stets prozentual etwas weniger Arbeiter als Nichtarbeiter für die NSDAP gestimmt, doch wären die Affinitätsunterschiede von Arbeitern und Nichtarbeitern gegenüber der NSDAP vergleichsweise gering gewesen. So stimmte unseren Schätzergebnissen zufolge im März 1933 vermutlich jeder dritte wahlberechtigte Arbeiter für die NSDAP, was erheblich näher am Durchschnitt aller Wahlberechtigten von 39 Prozent lag, als man aufgrund der verschiedenen Resistenzvermutungen und der im historischen Schrifttum vorherrschenden Interpretationsmuster vermuten würde. Um diese relativ knappe Unterrepräsentation von Arbeitern unter den NSDAP-Wählern nochmals mit Hilfe eines einzigen Zahlenwertes zu verdeutlichen, enthält Tabelle 7.5 zusätzlich einen Index der relativen, auf alle NSDAP-Wähler bezogenen Affinität von Arbeitern zur NSDAP. Ein Indexwert von 100 bedeutet, daß die nationalsozialistisch wählenden Arbeiter genau wie der Durchschnitt aller Wahlberechtigten abgestimmt hätten; ein Indexwert unter 100 steht für eine unter- und ein Indexwert über 100 für eine überdurchschnittliche NSDAP-Wahl durch Arbeiter. Es zeigt sich, daß der Indexwert nach 1928 zwischen 85 und 89 Punkten schwankt, was zwar in der Tat auf eine unterdurchschnittliche, aber keineswegs gravierend vom Reichsdurchschnitt abweichende Anfälligkeit von Arbeitern gegenüber der NSDAP hindeutet.

Tabelle 7.5: Die Anfälligkeit von Arbeitern gegenüber der NSDAP bei den Reichstagswahlen 1928–1933 (in Prozent der wahlberechtigten Arbeiter bzw. Nicht-Arbeiter)

Wahl	NSDAP insgesamt	Arbeiter	Andere	Affini-tätsindex
1928	2	2	2	100
1930	15	13	16	87
1932J	31	27	34	87
1932N	27	24	29	89
1933	39	33	44	85

Angaben in Prozent der jeweils Wahlberechtigten; Werte berechnet mittels multipler ökologischer Regression mit statistischer Kontrolle des möglichen Effekts von Konfession und Urbanisierung. Affinitätsindex = Prozentsatz aller Arbeiter, die NSDAP gewählt haben / Prozentsatz aller NSDAP-Wähler × 100.
Lesebeispiel: Im Juli 1932 hat etwa jeder vierte wahlberechtigte Arbeiter und jeder dritte „Nicht-Arbeiter" seine Stimme der NSDAP gegeben.

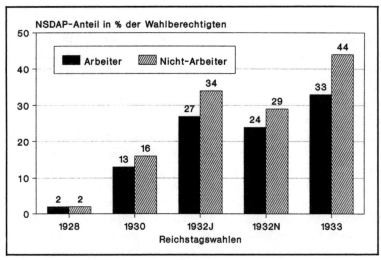

Die Anfälligkeit von Arbeitern gegenüber der NSDAP. Grafik zu Tabelle 7.5.

Tabelle 7.6: Der Anteil von Arbeitern unter den Wählern und Mitgliedern der NSDAP 1928–1933

	1928	1930	1932J	1932N	1933
Wähler	32	27	28	29	27
Mitglieder	38	35	36	36	31

Wähler = Prozentsatz der (erwerbstätigen und erwerbslosen) Arbeiter unter den NSDAP-Wählern. Mitgliederwerte nach Kater, The Nazi Party, S. 250 f.

Wenn wir unterstellen, daß diese Schätzwerte wenigstens größenordnungsmäßig zutreffen[263], so würde dies bedeuten, daß ab Juli 1932 mehr Arbeiter NSDAP gewählt hätten, als jeweils der KPD oder der SPD ihre Stimme gaben.[264] Ferner würde es implizieren, daß – bei einem Arbeiteranteil unter den Wahlberechtigten von etwas über 28 Prozent – regelmäßig mehr als ein Viertel der NSDAP-Wähler zumindest der versicherungsrechtlichen Definition nach Arbeiter waren (vgl. Tabelle 7.6); welche unterschiedlichen Arbeitertypen sich dahinter verbergen, wollen wir im nächsten, diesen Punkt abschließend erörternden Abschnitt näher untersuchen. Bezieht man die aus der Arbeiterschaft stammenden Rentner, Hausfrauen und sonstigen wahlberechtigten Familienangehörigen ohne eigenen Hauptberuf in die Betrachtung mit ein, so liegt der Anteil der NSDAP-Wähler, die aus Arbeiterhaushalten kommen, vermutlich sogar zwischen einem Drittel und vierzig Prozent. Eine Arbeiterpartei wurde die NSDAP dadurch natürlich nicht, aber sie war ebensowenig eine reine Mittelschichtpartei. Stärker als jede andere politische Gruppierung am Ende der Weimarer Republik trug sie nicht nur von ihren sozialstrukturellen Gebietskorrelaten, sondern auch von der sozialen Zusammensetzung ihrer Anhänger her tendenziell Volksparteicharakter.[265] Sie war, wie schon Siegmund Neumann in seiner bekannten zeitgenössischen parteisoziologischen Studie herausstreicht, eine Massenintegrationspartei, die versuchte, in allen sozialen Lagern Anhänger zu gewinnen.[266]

Darauf deuten nicht zuletzt auch die Ergebnisse der neueren Mitgliederuntersuchungen über die NSDAP hin. Schon in der parteioffiziellen, ausschließlich für den internen Dienstgebrauch erstellten Mitgliederstatistik der NSDAP aus dem Jahre 1935 war für den Zeitraum zwischen der Septemberwahl 1930 und der Märzwahl 1933 je nach Stichtag ein Arbeiteranteil unter den NSDAP-Mitgliedern zwischen 28 und 33 Prozent ausgewiesen worden. Unter den in den Jahren 1930 bis 1932 neu zur Partei stoßenden Mitgliedern liegt der Arbeiteranteil den Auszählungen des deutsch-kanadischen NS-Forschers Michael Kater zufolge sogar bei knapp 36 Prozent[267], ein Ergebnis, das von ersten Auswertungen einer wesentlich breiter angelegten eigenen Stichprobe des Verfassers (J. F.) aus der erhalten gebliebenen Mitgliederkartei der NSDAP im Berlin Document Center weitestgehend bestätigt wird.[268] Schon in den Jahren 1925 bis 1929 entstammten zwischen 35 und 40 Prozent der jeweiligen NSDAP-Neumitglieder der Arbeiterschaft, wie zwei andere, mit unterschiedlicher Zielsetzung und Auswertungsstrategie vorgehende Mitgliederuntersuchungen der NSDAP belegen.[269] Der NSDAP ist es also schon relativ früh gelungen, neben Mittelschichtangehörigen auch Arbeiter in durchaus nennenswertem Maße für sich zu gewinnen. Dies gilt sowohl für die Ebene der Mitglieder als auch, wie gezeigt, der Wähler. Mitgliedschafts- und Wählerstudien ergänzen sich hier zu einem Gesamtbild, das zunächst einmal im Lichte der Mittelschichthypothese eine Reihe von Anomalien enthält, mit deren Konsequenzen wir uns am Ende dieses Kapitels auseinandersetzen wollen.

7.2.5. Die Arbeiter waren eine der Hauptzielgruppen der NSDAP-Propaganda

Daß es der NSDAP im hier untersuchten Zeitraum augenscheinlich gelungen ist, auch einen größeren Prozentsatz von Arbeitern an sich zu binden, erscheint etwas weniger verwunderlich, wenn man sich einmal vergegenwärtigt, welche sozialen Schichten sie mit welchen Mitteln anzusprechen versuchte. In den Anfangsjahren nach der Wiederbegründung waren dies zweifellos in erster Linie die Arbeiter, worauf schon die Namensgebung der Partei hindeutet. Später, etwa ab 1928, richtete sich die Wahlpropaganda immer mehr an alle Schichten des Volkes. Keineswegs stellt dieses Jahr eine grundlegende Abkehr von der Arbeiterschaft als einer der Hauptzielgruppen der Partei dar, wie dies der britische Historiker Peter Stachura vermutet, der in der Reichstagswahl von 1928 geradezu einen Wendepunkt der nationalsozialistischen Wahlagitation sieht.[270] Noch im November 1928 betonte beispielsweise Hitler, die NSDAP sei „keine Bewegung einer bestimmten Klasse oder eines bestimmten Standes oder Berufes"; sie sei vielmehr „im höchsten Sinne des Wortes eine deutsche Volkspartei. Alle Schichten der Nation will sie erfassen, alle Berufsgruppen dabei umschließen, will an jeden Deutschen herankommen, der nur guten Willens ist..."[271] Daß sie dabei zwischen 1928 und 1933 besondere Anstrengungen unternahm, um Arbeiter für ihre Zwecke zu gewinnen, ist von Anhängern der Mittelschichthypothese gerne übersehen worden. Aber eine Analyse nationalsozialistischen Wahlkampfmaterials für die Reichstagswahl 1930 belegt schlagend, daß „die Nazis in der Tat erhebliche Mühen auf sich nahmen, um ihre Propaganda an die Arbeiter heranzutragen", ja, die in Flugblättern zur Wahl am zweithäufigsten angesprochene Gruppe nach den Beamten „waren die Arbeiter, weit vor dem Mittelstand, den Bauern oder dem Bürgertum".[272] Schon Carl Mierendorff, ein sozialdemokratischer Politiker und Publizist, beobachtete, daß sich die NSDAP während des Reichstagswahlkampfes 1930 zugleich als antimarxistische und „sozialistische" Arbeiterpartei präsentierte. „Hauptadressat der Propaganda war – trotz einer verstärkten Bauernpropaganda – die Arbeiterschaft... Arbeiter wurden gezielt vor den Fabriktoren angesprochen, Arbeitslose vor den Arbeitsämtern. Wie die KPD bot die NSDAP erstmals eigene Arbeitslosenversammlungen an. Die Bildersprache der Plakate knüpfte verstärkt an sozialistische Bildtraditionen an."[273] Entsprechend häufig wurden arbeiterspezifische Probleme wie etwa die Arbeitslosigkeit oder das Lohnniveau in den Mittelpunkt gerückt. Die Gewerkschaften wurden entweder gar nicht oder doch eher in neutraler Weise erwähnt. Unübersehbar war die Ähnlichkeit der nationalsozialistischen Agitation mit dem Vokabular der beiden marxistischen Parteien, was sich beispielsweise in der häufigen Verwendung von Schlagworten wie „Masse" oder „reaktionär" niederschlägt. Daß die NSDAP alles andere als einen nur auf bürgerliche Zielgruppen hin orientierten Wahlkampf führte, belegen auch die häufigen verbalen Attacken gegen die „Hochfinanz", die Kapitalisten und den Kapitalismus, gegen das Ausbeutertum und exzessive Profite.

Auch in den beiden Wahlkämpfen von 1932 gerieten die Arbeiter keineswegs aus dem Blickfeld der Partei. Für die Juliwahl wurde von der Reichspropagandaleitung ein Bildplakat in Auftrag gegeben, das sich mit den Worten „Wir Arbeiter sind erwacht, wir wählen Nationalsozialisten, Liste 2" gezielt an die städtische Arbeiterschaft richtete.[274] Daneben wurden die Parteigenossen und vor allem die SA-Angehörigen von der Reichspropagandaleitung der Partei dazu angehalten, „anständige marxistische Arbeiter" durch „zähe, zielbewußte Kleinarbeit" von der Sache der NSDAP zu überzeugen.[275] Geradezu sozialkämpferische Akzente setzte die NSDAP schließlich im Reichstagswahlkampf vom November 1932. Unter dem Schlagwort „Arbeit und Brot!" versuchte sie, sich als Partei des sozialen Fortschritts zu profilieren. Hauptforderung sollte nach dem Willen der Reichspropagandaleitung die „Beseitigung der Arbeitslosigkeit bis zum letzten Arbeitslosen zum vollen Lohn" sein.[276] Mehrere Wahlplakate sprachen wiederum direkt die Arbeiter an, die von den Mitgliedern der „Bonzen- und Herrenklubs seit 14 Jahren verraten und betrogen" worden seien. „Heute gilt der Ruf: Hoch das erwachende

Arbeitertum! Deine Stimme, Arbeitsgenosse, gehört den Todfeinden der Reaktion, gehört dem Nationalsozialismus. Du wählst diesmal den deutschen Arbeiterführer Adolf Hitler, Liste 1", so eines von mehreren ausschließlich an Arbeiter adressierten Textplakaten zur Novemberwahl.[277]

Der Berliner Politikwissenschaftler Gerhard Paul belegt in seiner soeben publizierten umfänglichen Propagandaanalyse der NSDAP, daß „die NS-Propaganda der ‚Kampfzeit'... weniger dogmatisch (war), als bislang angenommen wurde. Praktiziert wurde, was Erfolg versprach." Für Hitler und Goebbels besaß „aus ihrem gemeinsamen Verständnis der NSDAP als nationaler ‚sozialistischer' Arbeiterpartei... die (Wieder-)Eroberung bzw. Re-Nationalisierung der nach 1918 abtrünnig gewordenen Arbeiterschaft oberste Priorität. Dem entsprach der Formenkanon der Propaganda, das visuelle und verbale Repertoire... und die Attackierung der die Masse organisierenden Sozialdemokratie als Hauptgegner".[278] Paul weist nach, daß die Methoden und das Instrumentarium der nationalsozialistischen Propaganda vor 1933 zu einem großen Teil aus „Entlehnungen aus dem propagandistischen Waffenarsenal der beiden Weimarer Linksparteien" bestanden. „Die Nazis stahlen der Linken nicht nur das Rot ihrer Fahnen und Plakate, sondern übernahmen auch deren Parolen, Schlagworte und Allegorien, die sie nur in einen anderen politischen Sinnzusammenhang stellten und ihnen dadurch neue Bedeutungen verliehen... Diese ‚Entwendungen aus der Kommune' begründeten das Image der NSDAP als revolutionär-‚sozialistischer' Arbeiterpartei..."[279] Daß sich ein Teil der Arbeiterschaft vom „diffusen Sozialismus" der NSDAP und von der visuellen Monumentalisierung und Heroisierung des Arbeiters in der Plakatwerbung der Partei angesprochen fühlte, ist nicht verwunderlich. Verwunderlich ist eher, daß diese bis 1933 von der nationalsozialistischen Wahlkampfführung niemals aus den Augen gelassene Zielgruppe, zu der nach 1928 zunehmend auch andere Adressatenkreise stießen, ohne sie dabei je zu verdrängen, so lange übersehen werden konnte.

Nun sind, wie mehrfach schon hervorgehoben, Arbeiter durchaus keine homogene Sozialgruppe mit gleichen politischen oder wirtschaftlichen Interessen. Wenn wir uns in der bisherigen Diskussion dennoch hauptsächlich auf die „Arbeiterschaft" konzentriert haben, dann aus zwei Gründen: zum einen, weil die meisten Resistenzannahmen und Anfälligkeitstheorien ebenfalls nur undifferenziert von dem „Arbeiter" ausgehen, auch wenn vielleicht im einen oder anderen Fall unausgesprochen das Bild des „typischen", der Arbeiterbewegung verbundenen Industriearbeiters aus städtischen Ballungsgebieten im Hintergrund gestanden haben mag;

zum anderen, weil in der Volks- und Berufszählungsstatistik zunächst einmal nicht nach verschiedenen Arbeiterkategorien unterschieden, sondern die Berufszugehörigkeit nach versicherungsrechtlichen Kriterien bestimmt wird. „Arbeiter" ist jeder, der in die Reichsinvalidenversicherung einzahlt, gleichgültig, was seine konkrete Tätigkeit sein mag. Wir haben jedoch bei der einfachen Zusammenhangsanalyse auf Kreisebene recht unterschiedliche statistische Beziehungen zwischen dem Anteil der Arbeiter in den verschiedenen Wirtschaftssektoren und den NSDAP-Wahlerfolgen feststellen können: Wo viele Landarbeiter wohnten, konnte die NSDAP im Mittel überdurchschnittliche Wahlerfolge verzeichnen, wo es viele Industriearbeiter gab, fielen die NSDAP-Wahlerfolge dagegen eher unterdurchschnittlich stark aus. Wir wollen im folgenden überprüfen, ob sich auf der individuellen Ebene ebenfalls diese Unterschiede zeigen oder ob wie im Falle der Einbeziehung anderer Einflußfaktoren der NSDAP-Wahl in die statistische Analyse die festgestellten Unterschiede zwischen den Arbeiterkategorien tendenziell verschwinden. Zu fragen ist also, ob Landarbeiter tatsächlich signifikant häufiger NSDAP gewählt haben als Industriearbeiter oder ob es sich hierbei um eine Scheinkorrelation handelt, für die in erster Linie die Konfession und die Urbanisierung verantwortlich sind.

Tabelle 7.7 gibt die (wiederum mit Hilfe multipler ökologischer Regressionsanalysen geschätzten) Anteile der NSDAP-Wähler an den Wahlberechtigten der unterschiedlichen Arbeiterkategorien wieder. Es zeigt sich, daß Landarbeiter deutlich häufiger NSDAP gewählt haben als die sonstigen Arbeiter. Tatsächlich lag ihre Affinität zum Nationalsozialis-

Tabelle 7.7: Die NSDAP-Wahl der Landarbeiter und sonstigen Arbeiter 1928–1933

Wahl	Land-arbeiter	Industrie- und sonst. Arbeiter*	Andere (Nicht-arbeiter)	NSDAP insgesamt
1928	3	2	2	2
1930	19	12	16	15
1932J	37	24	33	31
1932N	30	21	28	26
1933	40	32	44	39
Alle	7	23	70	

(Angaben in Prozent der Wahlberechtigten der jeweiligen Berufskategorie)
* inkl. Hausangestellte

mus nach unseren statistischen Schätzergebnissen bei allen Reichstagswahlen ab 1928 leicht bis deutlich über dem Durchschnitt aller Wähler,
während das Wahlverhalten der sonstigen Arbeiter unterdurchschnittlich
war. Doch bewegten sie sich damit nicht so stark unter dem Reichsdurchschnitt, wie das von der Mittelstandsthese stillschweigend immer vorausgesetzt wurde.

7.3. Die Angestellten

7.3.1. Angestellte galten immer schon als besonders anfällig gegenüber der NSDAP

Bezieht sich schon der Begriff des Arbeiters infolge seiner rein versiche-
rungstechnischen Definition auf recht unterschiedliche Einkommensver-
hältnisse und Lebenslagen, so gilt dies in weit stärkerem Maße noch für die
rund vier Millionen Angestellten. 1933 betrug der Angestelltenanteil an
den Erwerbspersonen knapp 13 Prozent; unter den Wahlberechtigten
machte er – die Angehörigen ohne eigenen Hauptberuf nicht mitgezählt –
rund acht Prozent aus. 61 Prozent der Angestellten waren männlich;
wahlberechtigt waren rund 86 Prozent, wobei unter den noch nicht
wahlberechtigten Angestellten Frauen bei weitem überwogen: Rund jede
fünfte Angestellte war jünger als 20 Jahre. Insgesamt waren Angestellte
verhältnismäßig jung, nur 25 Prozent von ihnen waren älter als 40 Jahre.
Fast zwei Drittel aller Angestellten waren im tertiären Wirtschaftssektor,
also in Handel, Verkehr, in der staatlichen Verwaltung oder in privaten
Dienstleistungsunternehmen beschäftigt, zwei Drittel davon wiederum in
Handels- und Verkehrsunternehmen.[280]

Ausschlaggebend für den Angestelltenstatus war weder die Berufsbe-
zeichnung noch die Gestaltung des Arbeitsvertrags oder die Vorbildung.
Angestellter war vielmehr, wer – teilweise historisch bedingt – der
Versicherungspflicht in der Reichsanstalt für Angestelltenversicherung
unterlag. Vom einfachen kaufmännischen Kommissionsgehilfen bis zum
Geschäftsführer eines Weltunternehmens wie AEG oder IG Farben, vom
Klein- bis zum Großverdiener reichte die Palette der Angestelltenbe-
rufe[281], vom Kreuzberger Hinterhof bis zur Grunewaldvilla erstreckten
sich die Wohn- und Lebensverhältnisse. Ein kleiner Teil der Angestellten
gehörte deshalb zur Oberschicht, größere Teile waren dem Mittelstand
zuzurechnen, der größte Teil aber unterschied sich den objektiven Lebens-
umständen nach nicht allzusehr von der Arbeiterschaft. Theodor Geiger
ging davon aus, daß nur ein Viertel bis maximal ein Drittel der männlichen und zwischen einem Zwanzigstel und einem Sechstel der weiblichen

Angestellten hinsichtlich ihrer tatsächlichen Wirtschaftslage zum Mittelstand gerechnet werden konnten. Die Grenze zwischen Mittel- und
Unterschicht zog er bei einem monatlichen Einkommen von DM 250.–
bis DM 300.–, nach heutigen Preisen sind das etwa DM 1000.– bis DM
1200.– im Monat. Dies war ein Einkommen, das auch von vielen Facharbeitern erreicht, ja nicht selten überschritten wurde. Wenn man bedenkt,
daß rund 80 Prozent der Angestelltengehälter am Ende der Weimarer
Republik unter dieser Einkommensschwelle lagen[282], so wird klar, daß
die Angestellten weder von ihrer Qualifikations- und Tätigkeitsart noch
von ihrer Wirtschaftslage her so eindeutig die Mittelschicht repräsentierten, wie dies durch die eine oder andere typisierende Zurechnung gerne
unterstellt wird.[283]

„In der Tat kann (innerhalb der Angestelltenschaft, J. F.) weder von
einer Verwandtschaft des Lebensstandards noch von einer standesübli-
chen Lebensauffassung, noch von gemeinsamem Bildungsgut die Rede
sein."[284] Gemeinsam – so Geiger – sei den Angestellten allenfalls die
Neuheit ihres Status, da nur etwa 20 Prozent der Weimarer Angestellten
schon in der zweiten Generation Angehörige der Neuen Mittelschicht
waren. Rund ein Viertel von ihnen entstammte einer anderen zeitgenössischen Untersuchung zufolge der Arbeiterschaft, ein weiteres knappes
Viertel der Beamtenschaft, ein gutes Drittel schließlich kam aus dem
Alten Mittelstand.[285] Die Folge dieser Neuheit und des Auseinanderklaf-
fens von objektiver Wirtschaftslage und dem Selbstverständnis, daß man
als Angestellter aufgrund der qualifizierteren Tätigkeit und der den
Arbeitern nicht in gleichem Maße gegebenen prinzipiellen Aufstiegschan-
cen etwas „Besseres" darstelle, sei ideologische Unsicherheit, ja „falsche",
da standortinadäquate Ideologie. Durch die politische, vor allem aber die
wirtschaftliche Entwicklung nach 1928 sei die Proletarisierungsfurcht der
Angestellten, ihre immer schon vorhandene „Angst vor Mindereinschätzung" derart gewachsen, daß bei ihnen die von der NSDAP propagierte
„absonderliche Gedankenmißgeburt eines ständischen Sozialismus den
stärksten Widerhall (findet)".[286] Gerade bei den Angestellten habe man es,
so Theodor Geiger weiter, „wahrscheinlich mit echt revolutionären Strömungen zu tun, die sich nur infolge einer Unklarheit über den eigenen
Standort in ein falsches Bett ergossen haben. Der ungeheure Druck, mit
dem die Wirtschaftskrise den Arbeitnehmer belastet, treibt ihn zum
Rabiatismus: den Arbeiter zu den Kommunisten, den ideologisch fehl-
orientierten Angestellten zum Nationalsozialismus."[287]

Tatsächlich wurde diese These, die Geiger allerdings zwei Jahre später
wieder etwas abschwächte[288], von der historischen Forschung schnell
akzeptiert und zur Basis für eigene Erklärungsversuche verwendet.[289]

Empirische Untersuchungen zu dieser Frage wurden allerdings kaum durchgeführt. Die Studien, auf die man sich berief, waren ungeeignet, da hauptsächlich spekulativ argumentierend oder statistisch inadäquat.[290] Erst seit Anfang der siebziger Jahre liegen wahlhistorische Untersuchungen vor, die strengeren methodologischen Maßstäben genügen. Ihre Resultate jedoch deuteten keineswegs auf eine besonders starke Affinität der Angestellten zum Nationalsozialismus hin, was Dirk Hänisch in seiner theoretisch gut informierten und statistisch ausgefeilten Analyse der nationalsozialistischen Wahlerfolge zu dem Fazit gelangen ließ: „Insgesamt ergibt sich ein Zusammenhang, der nicht auf eine breite Unterstützung der Angestelltenschaft für die NSDAP hindeutet."[291]

7.3.2. Wo viele Angestellte lebten, hatte es die NSDAP vergleichsweise schwer

Unsere Daten scheinen diesen Befund – zunächst auf der Ebene der einfachen, später aber auch der komplexeren Zusammenhangsanalyse – zu bestätigen, ja ab Juli 1932 ist der statistische Zusammenhang zwischen dem Anteil der Angestellten und dem Wahlerfolg der NSDAP sogar negativ; 1930 dagegen bestand noch keine systematische Beziehung zwischen beiden Merkmalen. 1932 und verstärkt 1933 gilt folglich, wie aus Tabelle 7.8 abzulesen ist, daß der NSDAP-Anteil im Durchschnitt umso niedriger ausfiel, je mehr Angestellte in den Untersuchungseinheiten wohnten. Mit über neun Prozentpunkten ist dabei die NSDAP-Differenz zwischen dem Viertel der Kreise mit dem niedrigsten und dem höchsten Angestelltenanteil 1933 mehr als doppelt so hoch wie im Falle der Arbeiter. Entsprechend höher fallen auch die (im Vorzeichen daher natürlich negativen) Korrelationskoeffizienten aus.

Sollten also entgegen der Auffassung der weitaus meisten Historiker Angestellte tatsächlich nicht nur seltener NSDAP gewählt haben, als immer vermutet, sondern womöglich sogar weniger anfällig gegenüber dem Nationalsozialismus gewesen sein als der Durchschnitt der Arbeiter? Anhand der Resultate der einfachen, ja stets nur zwei Merkmale gleichzeitig ins Auge fassenden Zusammenhangsanalyse läßt sich eine so weit reichende Aussage natürlich nicht belegen. Dazu gibt es zu viele potentielle Störfaktoren. Beispielsweise könnte es sich um einen simplen Stadteffekt handeln, nachdem über die Hälfte der erwerbstätigen und fast zwei Drittel der erwerbslosen Angestellten 1933 in Städten mit mehr als 100 000 Einwohnern lebten, wo sie etwa ein Viertel aller Erwerbspersonen (gegenüber nur knapp 13% im Gesamtreich) stellten. Allein ein Sechstel aller Angestellten wohnte in Berlin, wo es die Nationalsozialisten bekanntlich

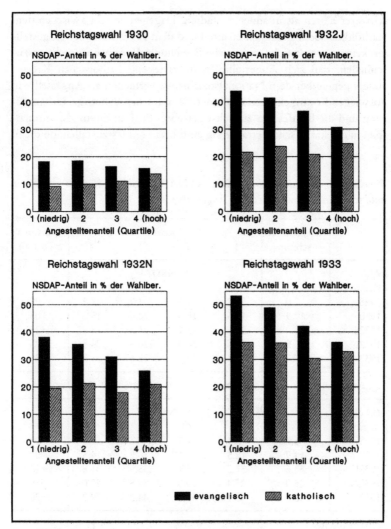

Der NSDAP-Anteil und der Anteil der Angestellten in evangelischen und katholischen Kreisen. Grafik zu Tabelle 7.8.

schwerer hatten als in anderen Städten. Dagegen besteht zwischen dem Katholiken- oder Protestantenanteil und dem Prozentsatz der Angestellten keine systematische statistische Beziehung. Dennoch ist nicht auszuschließen, daß sich Angestellte in überwiegend katholischen Kreisen anders gegenüber dem Nationalsozialismus verhielten als Angestellte in vorwiegend evangelischen Regionen. Wir werden daher die Urbanisierung und die Konfession zunächst getrennt, dann in ihrem Zusammenspiel in die statistische Betrachtung einführen, um festzustellen, ob die in

Tabelle 7.8: Die durchschnittlichen NSDAP-Anteile in Kreisen mit einem unterschiedlichen Prozentsatz an Angestellten

	Reichsdurch- schnitt	Quartil				Pearson's r (× 100)
		1	2	3	4	
Alle Kreise		% NSDAP				
1928	2.0	2.2	1.6	1.7	2.2	08
1930	14.9	13.5	15.3	14.6	15.2	03
1932J	31.0	32.6	35.1	31.5	28.7	−23
1932N	26.5	28.6	30.2	26.8	24.3	−25
1933	38.7	44.5	44.3	38.6	35.2	−38
Quartilsbreite		2–6%	6–8%	8–12%	12–33%	
Ländliche Regionen		% NSDAP				
1928	1.9	2.4	1.7	1.7	1.8	−08
1930	14.9	12.5	15.1	16.3	14.5	−02
1932J	33.6	31.2	35.4	35.9	31.8	−13
1932N	28.9	27.4	30.8	30.8	27.0	−16
1933	42.6	43.9	45.4	44.3	39.2	−28
Quartilsbreite		2–6%	6–7%	7–9%	9–21%	
Städt. Regionen		% NSDAP				
1928	2.1	1.4	2.1	2.3	2.2	13
1930	14.9	13.0	14.4	16.6	14.7	10
1932J	28.4	26.8	27.5	31.1	27.5	00
1932N	24.1	22.9	23.4	27.0	22.6	−03
1933	34.9	33.3	34.4	37.2	34.1	01
Quartilsbreite		7–14%	14–17%	17–19%	19–33%	

	Reichsdurch-schnitt	Quartil 1	2	3	4	Pearson's r (× 100)
Evangel. Gebiete		% NSDAP				
1928	2.1	2.3	1.9	2.1	2.1	−04
1930	16.8	18.2	18.5	16.4	15.7	−23
1932J	36.1	44.1	41.6	36.7	30.7	−58
1932N	30.7	38.1	35.5	31.0	25.9	−55
1933	42.5	53.3	48.9	42.1	36.3	−65
Quartilsbreite		2–7%	7–11	11–18%	18–33%	
Kathol. Gebiete		% NSDAP				
1928	1.8	1.9	1.5	1.2	2.1	28
1930	12.0	9.0	9.9	11.0	13.6	42
1932J	23.3	21.6	23.7	20.8	24.7	15
1932N	20.1	19.4	21.3	17.9	20.9	07
1933	33.1	36.2	36.0	30.4	32.8	−09
Quartilsbreite		2–5%	5–7%	7–11%	11–24%	

Merkmalsdefinitionen und Lesebeispiel analog zu Tabelle 6.15 bzw. Übersicht 7.4.

Tabelle 7.8 gemessenen, ab 1932 überraschenderweise negativ ausfallenden Zusammenhänge zwischen Angestellten- und NSDAP-Anteil auch in demographisch und konfessionell unterschiedlich zusammengesetzten Kontexten erhalten bleiben.[292]

Aus Tabelle 7.8 geht hervor, daß – mit einer Ausnahme, den überwiegend katholischen Kreisen – auch nach einer entsprechenden Aufteilung unserer Erhebungseinheiten die für alle Kreise gemessenen statistischen Zusammenhänge erhalten bleiben, ja sogar eher noch eine stärkere (negative) Ausprägung annehmen. So besteht in den überwiegend ländlichen Regionen durchgängig ein – relativ schwacher – negativer Zusammenhang zwischen Angestellten- und NSDAP-Anteil, der sich 1933 schließlich sogar noch etwas verstärkt. In den eher städtischen Kreisen ist die Beziehung zwischen beiden Merkmalen nur schwach, wobei lediglich 1928 und 1930 ein positiver Zusammenhang festzustellen ist. Dieser verläuft allerdings nicht ganz linear; auch bewegt er sich an der Grenze der substantiellen Interpretierbarkeit. Dagegen ist das statistische Beziehungsmuster in den überwiegend evangelischen Kreisen, worunter wir hier alle Gebietseinheiten mit einer nicht-katholischen Bevölkerungsmehrheit verstehen, erstaunlich einheitlich: Hier gilt ganz eindeutig und bis 1933 mit zunehmender Tendenz, daß der NSDAP-Anteil im Schnitt umso niedriger ausfällt, je höher der Prozentsatz der Angestellten an den Wahlberechtigten ist. Im Juli 1932 beispielsweise erhält die NSDAP in dem Viertel der Kreise mit dem niedrigsten Angestelltenanteil über 13 Prozentpunkte mehr Stimmen als in den Gebietseinheiten mit dem höchsten Angestelltenanteil! Lediglich in den überwiegend katholischen Kreisen dominiert abweichend vom allgemeinen Trend bis zum Juli 1932 ein etwas anderes Verteilungsmuster. Hier besteht zunächst ein positiver, 1930 sogar recht deutlich ausgeprägter Zusammenhang zwischen den beiden Merkmalen. Die Kreise mit dem geringsten Angestelltenanteil weisen bei dieser Wahl einen um drei Prozentpunkte unter dem Durchschnitt aller katholischen Gebiete liegenden NSDAP-Anteil auf, während die Kreise mit dem höchsten Angestelltenanteil um knapp zwei Prozentpunkte über diesem Durchschnitt liegen. Der Zusammenhang schwächt sich im Juli 1932 dann allerdings beträchtlich ab, wobei er im Gegensatz zur Septemberwahl von 1930 nun schon nicht mehr linear verläuft, um dann im November 1932 zunächst gegen Null zu tendieren und im März 1933 schließlich sogar schwach negativ zu werden.

Diese angesichts der vorliegenden historischen Interpretationen[293] sehr überraschenden statistischen Beziehungen bleiben auch dann erhalten, wenn man nicht, wie in Tabelle 7.8 geschehen, die Stärke der NSDAP bei einer bestimmten Wahl, sondern ihren Anstieg von einer Wahl zur nächsten untersucht, was unschwer aus der gleichen Tabelle abzulesen ist. Bevor wir hieraus weiterreichende Folgerungen ziehen, sollten wir noch einen Blick auf das Zusammenspiel von Konfession und Urbanisierung werfen (vgl. Übersicht 7.5). Es handelt sich wieder um einen der inzwischen geläufigen Kontrastgruppenvergleiche, mit dessen Hilfe es möglich wird, den Zusammenhang zwischen Angestellten- und NSDAP-Anteil in eher städtischen und ländlichen Kreiseinheiten mit katholischer oder nicht-katholischer Bevölkerungsmehrheit zu analysieren. Von primärem Interesse für uns ist es, den NSDAP-Anteil von Kreisen gleicher konfessioneller Färbung und Verstädterungsrate mit einem über- und unterdurchschnittlichen Prozentsatz von Angestellten miteinander zu vergleichen. Dabei zeigt sich, daß in den überwiegend evangelischen Kreisen im städtischen Bereich bis 1930 kein nennenswerter statistischer Zusammenhang zwischen den beiden Merkmalen besteht; ab Juli 1932 ist er sogar, ebenso wie im ländlichen Bereich, eindeutig negativ, während er in den überwiegend katholischen Stadtregionen bei allen hier betrachteten Wahlen positiver Natur ist.

Übersicht 7.5: Der Einfluß des Angestelltenanteils auf die Wahlerfolge der NSDAP-Stimmen im Kontrastgruppenvergleich

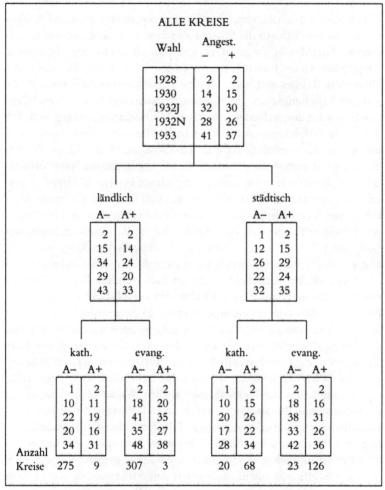

(A-) Kreise mit einem unterdurchschnittlichen Angestelltenanteil.
(A+) Kreise mit einem überdurchschnittlichen Angestelltenanteil.
Lesebeispiel: In evangelisch-städtischen Kreisen mit überdurchschnittlichem Angestelltenanteil erhielt die NSDAP im Juli 1932 von rund 31 Prozent der Wahlberechtigten die Stimme, in evangelisch-städtischen Kreisen mit einem unterdurchschnittlichen Angestelltenanteil hingegen stimmten rund 38 Prozent für sie.

7.3.3. Angestellte haben vermutlich nicht überdurchschnittlich häufig NSDAP gewählt

Um das Bild nochmals weiter zu differenzieren, richten wir unser Augenmerk ausschließlich auf die Erhebungseinheiten, in denen es eine ausreichende Anzahl von Angestellten gab, die so etwas wie ein eigenes Angestelltenmilieu bilden konnten. Es handelt sich um die Städte des Deutschen Reiches mit mehr als 20000 Einwohnern, die wir auf der zweiten Aufteilungsebene des Kontrastgruppenvergleichs nach drei Größenkategorien unterschieden haben (vgl. Übersicht 7.6). Es zeigt sich, daß das NSDAP-Wahlergebnis im evangelischen Bereich sehr viel stärker von der Stadtgröße beeinflußt wird als im katholischen Bereich, wobei für überwiegend protestantische Städte die Regel gilt, daß die Nationalsozialisten in den kleineren Gemeinden im Schnitt bessere Wahlerfolge verzeichnen konnten als in den Mittelstädten und in diesen wiederum deutlich höhere Stimmenanteile zu erzielen vermochten als in den Großstädten. Unübersehbar ist aber auch wieder, daß in jeder einzelnen Stadtkategorie die NSDAP in den überwiegend evangelischen Kommunen im allgemeinen weitaus erfolgreicher war als in den entsprechenden katholischen Gemeinden. Entscheidend für die hier verfolgte Fragestellung ist natürlich das unterschiedliche Abschneiden der NSDAP in Gemeinden mit einem über- oder unterdurchschnittlichen Angestelltenanteil. In den überwiegend evangelischen Städten besteht weitgehend unabhängig von der Stadtgröße entweder gar kein oder ein – schwacher – negativer Zusammenhang zwischen dem Anteil der Angestellten und dem Prozentsatz der NSDAP-Stimmen: Wo überdurchschnittlich viele Angestellte lebten, tendierten die nationalsozialistischen Wahlerfolge dazu, etwas niedriger auszufallen als dort, wo nicht so viele Angestellte wohnten. Im katholischen Bereich gilt wie schon in Tabelle 7.8 eher das Gegenteil. Hier liegt der Prozentsatz der NSDAP-Stimmen in Kommunen mit einem überdurchschnittlichen Angestelltenanteil im allgemeinen leicht über dem der Städte mit einem niedrigeren Angestelltenanteil, wobei diese Tendenz in den Gemeinden zwischen 50 und 100000 Einwohnern am stärksten ausgeprägt ist. Allerdings handelt es sich dabei nur um insgesamt sieben Gemeinden.

Mit anderen Worten: Die Sicherheit wächst, daß Angestellte insgesamt keineswegs eine besondere NSDAP-Anfälligkeit aufwiesen, ja sogar eher seltener als der Durchschnitt aller Wahlberechtigten für die Nationalsozialisten stimmten. Darauf deuten nicht nur die im Anhang wiedergegebenen Ergebnisse verschiedener multipler Regressionsanalysen hin, die bei ganz unterschiedlichen Modellannahmen immer wieder negative Koeffi-

Übersicht 7.6: Der Einfluß von Konfession, Stadtgröße und Angestelltenanteil auf die Wahlergebnisse der NSDAP in den Städten des Deutschen Reiches – Ein Kontrastgruppenvergleich (Angaben in Prozent der Wahlberechtigten)

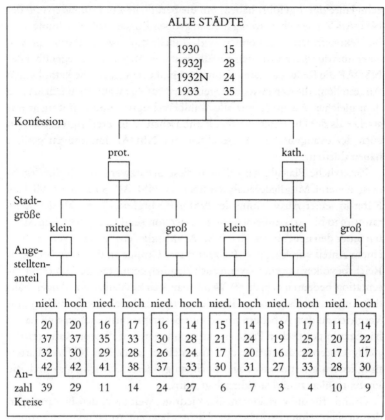

Angestelltenanteil nach Volks- und Berufszählung 1933 (erwerbslose und erwerbstätige Angestellte in Prozent der Gesamtbevölkerung). „NIED" zeigt einen unter-, „HOCH" einen überdurchschnittlichen Angestelltenanteil an. Stadtgröße „KLEIN" 20000 bis 50000 Einwohner, „MITTEL" 50000 bis 100000 Einwohner, „GROSS" über 100000 Einwohner. Konfession: „PROT" über 50 Prozent der Einwohner sind Nicht-Katholiken, „KATH" über 50 Prozent Katholiken.
Lesebeispiel: In den 27 evangelischen Großstädten mit einem überdurchschnittlichen Angestelltenanteil wurde die NSDAP 1933 im Schnitt von 33.9 Prozent der Wahlberechtigten gewählt, in den evangelischen Großstädten mit einem unterdurchschnittlichen Angestelltenanteil dagegen von 36.5 Prozent.

zienten für den Zusammenhang zwischen dem Angestellten- und NSDAP-Anteil in den Kreisen ergeben[294], sondern auch die Resultate diverser ökologischer Regressionsanalysen, die wir während der letzten zehn Jahre durchgeführt haben, um die berufliche Zusammensetzung der NSDAP-Wählerschaft wenigstens in groben Zügen größenordnungsmäßig rekonstruieren zu können (vgl. Tabelle 7.9). Wenn überhaupt von einer überdurchschnittlichen Anfälligkeit von Angestellten gegenüber der NSDAP die Rede sein kann, dann beschränkt sie sich auf die katholischen Angestellten, die sich unseren Ergebnissen zufolge wahrscheinlich in etwa dem gleichen Ausmaße wie alle Wahlberechtigten, und damit nicht nur stärker als der Durchschnitt aller katholischen Wahlberechtigten, sondern auch der evangelischen Angestellten, zur NSDAP hingezogen gefühlt haben dürften.

Zusätzliche Plausibilität erhalten diese Schätzwerte durch die Ergebnisse neuerer Mitgliederanalysen über die NSDAP. So kommt Michael Kater in seiner Auswertung der NSDAP-Mitgliederkartei für den Zeitraum 1930 bis 1932 auf einen Prozentsatz von rund 12 Prozent Angestellten unter den neueintretenden NSDAP-Mitgliedern, was im Vergleich zu einem Anteil von knapp 13 Prozent dieser Gruppe an der erwerbstätigen Reichsbevölkerung eine – wenn auch ziemlich geringfügige – Unterrepräsentation bedeuten würde.[295] Wenn man sich zusätzlich vor Augen hält, daß Angestellte, begünstigt durch eine etwas höhere formale Bildung, im Vergleich zu den Arbeitern im Schnitt partizipationsfreudiger und damit häufiger in politischen Parteien aktiv sind, gewinnt die von Kater festgestellte Unterrepräsentation der Angestellten unter den NSDAP-Parteimitgliedern interpretativ sogar noch ein größeres Gewicht, als durch die Prozentzahlen zunächst nahegelegt wird.

Gründe für die verhältnismäßig niedrige, weit unter den Erwartungen der meisten zeitgenössischen Beobachter liegende Anfälligkeit der Angestellten gegenüber dem Nationalsozialismus lassen sich ebenso leicht nennen, wie von den Zeitgenossen und modernen Sozialhistorikern plausibel klingende Erklärungen für das gegenteilige Phänomen gefunden wurden. So ließe sich beispielsweise argumentieren, daß angesichts der erwähnten sozialen Spannweite der Angestelltenkategorie kaum von gemeinsamen wirtschaftlichen oder sozialen Interessen ausgegangen werden könne und daher ein einheitliches politisches Verhalten der Angestellten eher unwahrscheinlich sei. Darauf deutet auch die zwar bekannte, in der Argumentation zugunsten einer hohen NSDAP-Anfälligkeit der Angestellten aber vernachlässigte Tatsache hin, daß es noch Anfang der 30er Jahre drei nahezu gleichgroße Angestelltengewerkschaften mit unterschiedlicher politischer Ausrichtung gab. Auch darf nicht übersehen

Tabelle 7.9: Die Affinität von Angestellten zur NSDAP

	1928	1930	1932J	1932N	1933
Angestellte ingesamt	2	16	29	25	35
Katholische Angestellte	3	19	31	26	39
Nichtkatholische Angestellte	2	12	26	23	31
NSDAP insgesamt	2	15	31	27	39

Werte ermittelt durch multiple ökologische Regressionen.
Angaben in Prozent der wahlberechtigten Angestellten.
Lesebeispiel: 1930 wurde die NSDAP von jedem sechsten Angestellten gewählt.
Dies entspricht in etwa dem Durchschnitt aller Wahlberechtigten. Von den
katholischen Angestellten stimmte 1930 ungefähr jeder fünfte für die Nationalso-
zialisten, von den nicht-katholischen Angestellten rund jeder achte.

werden, daß der Angestellten-Anteil innerhalb der SPD sowohl auf der
Mitglieder- als auch auf der Wählerebene seit der Jahrhundertwende
ständig wuchs, während gleichzeitig die klassischen Mittelschichtparteien
nicht nur von Beamten und Angestellten, sondern auch von Selbständigen
und Arbeitern unterstützt wurden.[296] Auch wurde in der Diskussion
gerne außer acht gelassen, daß ja ein nicht geringer Teil der Angestelltenschaft durchaus noch zum Arbeitermilieu gezählt werden konnte; so
stammten nicht wenige Angestellte von Arbeitern ab. Hunderttausende,
wenn nicht Millionen wohnten nach wie vor in den klassischen Arbeitervierteln der deutschen Großstädte. So war zwischen 1925 und 1933 in den
„typischen" Berliner Arbeiterbezirken im Schnitt jeder fünfte Erwerbstätige ein Angestellter. Viele von ihnen waren mit „Proletariern" verschwi-
stert, verschwägert oder verheiratet. Durchaus nicht untypisch für die
Weimarer Zeit ist etwa die Kombination: Mann = Facharbeiter, Ehefrau
= Verkäuferin oder Bürogehilfin. Angesichts der Tatsache, daß das
Wahlverhalten von Familienangehörigen, Freunden und Arbeitskollegen
(in dieser Reihenfolge) tendenziell übereinstimmt, könnte dies durchaus
auf ein stark ausdifferenziertes Wahlverhalten der deutschen Angestellten
hindeuten.

Ferner hatten die Angestellten als Sozialgruppe weniger Grund zu
politischem Protest als beispielsweise die Arbeiterschaft. Denn Arbeiter

waren, wie die neuere wirtschafts- und sozialgeschichtliche Forschung belegt, im Durchschnitt sehr viel härter von der Weltwirtschaftskrise betroffen als Angestellte. Dies wird beispielsweise anhand der Arbeitslosenquote deutlich: Relativ gesehen waren rund doppelt so viele Arbeiter wie Angestellte ohne Arbeit, ja eine Reihe von Angestellten erlebte während der Großen Depression sogar einen Anstieg der Realeinkommen, da die Gehaltskürzungen nicht selten geringer ausfielen als die von der Deflation bewirkte Kaufkraftsteigerung der Reichsmark.[297] Schließlich dürfte sich eine Anzahl von Angestellten nicht eben von der häufig „mit proletarischem Pinselstrich" (Paul) versehenen Agitation der NSDAP gegen die Warenhäuser, Konsumvereine oder das sogenannte Doppelverdienertum, wovon gerade weibliche Angestellte betroffen waren, angezogen gefühlt haben. Zu den Hauptzielgruppen der nationalsozialistischen Wahlpropaganda zählten Angestellte jedenfalls nicht: 1928 waren es die Arbeiterschaft und das nationalistische Bürgertum, 1930 die Arbeiterschaft und die SPD, im Präsidentschaftswahlkampf 1932 die Jugend, die Sozialdemokraten und die bürgerliche Mitte, im Juli 1932 die SPD und das Zentrum und im März 1933 schließlich die Frauen und die Nichtwähler.[298] Die untergeordnete Rolle der Angestellten im nationalsozialistischen Propaganda-Kalkül belegt endlich auch ein Blick auf die Wahlkampfplakate der Bewegung. Angestellte tauchen hier allenfalls in der Kombination „Kopf- und Handarbeiter" (1928) oder „Arbeiter der Stirn – der Faust" (1932) auf, jedoch so gut wie nie allein.

Gründe gibt es also genug, die vermutlich unterdurchschnittliche Affinität der Angestelltenschaft zum Nationalsozialismus vor 1933 verständlich zu machen. Eine systematische Erklärung dafür jedoch fehlt noch. Sie kann auch hier nicht geleistet werden. Uns geht es in erster Linie um eine möglichst abgesicherte Rekonstruktion dessen, was war, denn ohne Kenntnis der historischen Tatbestände bleiben auch die elegantesten sozialhistorischen Erklärungen nur theoretische Spielerei.

7.4. Die Beamten

Anders als bei den Angestellten verzeichnen die neueren Organisationsuntersuchungen über die NSDAP für die Jahre 1928 bis 1933 bei den Beamten einen in den unteren Gruppen leicht und in den höheren Besoldungsgruppen deutlich überdurchschnittlichen Zustrom von neuen Parteimitgliedern.[299] Auch die amtliche Parteistatistik belegt, daß „die Beamten schon vor dem 1. September 1930 in der Mitgliedschaft der NSDAP als Berufsgruppe überrepräsentiert waren".[300] Im Jahre 1933 finden wir

dann unter den sogenannten Märzgefallenen, also denjenigen Parteimitgliedern, die erst nach der Machtergreifung und den Reichstagswahlen
vom 5. März in die Partei eingetreten sind, nochmals einen erheblich
verstärkten Zustrom von kleineren und höheren Beamten. Wir wollen im
folgenden untersuchen, ob sich diese stärkere Mitgliederrekrutierung
unter den Beamten auch im Wahlverhalten dieser Berufsgruppe niederschlägt oder ob dahinter lediglich eine größere Partizipationsfreudigkeit
kleinerer Teile der Beamtenschaft steht; denn die einer bestimmten Berufsgruppe angehörenden Parteimitglieder machten bei der NSDAP wie
auch bei allen übrigen politischen Bewegungen immer nur einen Bruchteil der aus dieser Gruppe stammenden Wähler aus.

Insgesamt gab es in der Weimarer Republik viel weniger Beamte als
Angestellte. 1933 beispielsweise waren etwa 1,5 Millionen Erwerbstätige
Beamte oder Berufssoldaten, das sind rund 5 Prozent der Erwerbspersonen oder 3,3 Prozent der Wahlberechtigten. Wie bei den Angestellten war
die Spannweite der Positionen und Gehälter groß. Vom Amts- oder
Postboten mit einem monatlichen Brutto-Endgehalt von 180.– RM bis
zum Ministerialrat oder Direktor einer Reichsmittelbehörde mit einem
Monatsgehalt von 928.– RM reichte die Gehaltsskala der planmäßigen
Reichsbeamten im Jahre 1932.[301] Damit lagen die niedrigen Beamten-
ränge deutlich hinter dem Einkommen von Facharbeitern oder Bankan-
gestellten zurück, die höheren noch sehr viel weiter hinter den Einkünften
der leitenden Angestellten. Hinzu kam, daß während der Weltwirtschaftskrise die Beamten spürbare Einkommenseinbußen hinnehmen mußten.
Zwar verloren sie – im Gegensatz zu den Inflationsjahren 1923 und 1924,
wo fast 750000 Angehörige des Öffentlichen Dienstes in den vorzeitigen
Ruhestand geschickt wurden – diesmal nicht ihren Arbeitsplatz, doch
verringerte sich ihr Nominaleinkommen durch Ergänzungsabgaben auf
die Beamtengehälter und drastische Gehaltskürzungen innerhalb von drei
Jahren um mehr als ein Fünftel. Stellt man dem jedoch den deflationsbe-
dingten Rückgang der Lebenshaltungskosten oder, anders ausgedrückt,
den Kaufkraftanstieg der Reichsmark gegenüber, der im gleichen Zeitraum rund 17 Prozent betrug, so nehmen sich diese Einkommenseinbußen wesentlich weniger dramatisch aus, als es anscheinend den Betroffenen selbst vorgekommen ist[302].

Trotz der relativen Sicherheit ihres Arbeitsplatzes und des vergleichsweise geringen Rückgangs der Realeinkommen kam es zu empörten
Protesten und Unmutsbezeugungen der Betroffenen: Brünings wirtschaftliche Maßnahmen waren innerhalb des Beamtentums zutiefst unpo-
pulär[303]. Befürchtungen, mit Fortdauer der Krise würde es auch im
öffentlichen Dienst wieder, wie schon in den Inflationsjahren, zu Massen-

entlassungen kommen, mischten sich mit dem Unwillen darüber, daß es
der Regierung anscheinend nicht gelang, im öffentlichen Leben Ruhe und
Ordnung zu garantieren. Nach Polizeiberichten waren auf den Wahlver-
anstaltungen der NSDAP besonders viele Finanz-, Post-, Bahn- und
Zollbeamte zu sehen, gaben nicht zuletzt auch Polizeibeamte in zunehmendem Maße Sympathien für den Nationalsozialismus zu erkennen,
eine Entwicklung, die den Nationalsozialisten naturgemäß nicht verbor-
gen geblieben war. Sie nutzten die „tiefgreifende Vertrauenskrise zwischen Beamtenschaft und Staat", um sich „als Verteidiger der Beamten-
rechte" zu profilieren.[304] Schon 1930 und verstärkt noch einmal 1932
richtete sich die Agitation der NSDAP deshalb verstärkt auf die Beamten,
wurde nicht nur die Zurücknahme der aktuellen Gehaltskürzungen,
sondern ganz generell eine Beendigung der allmählichen Auszehrung des
Berufsbeamtenstatus gefordert.[305] Daß diese Agitation auf fruchtbaren
Boden fiel, belegen die referierten Parteieintritte von Beamten nach 1930.
Daneben gelang es der NSDAP in den letzten Jahren der Weimarer
Republik, auch im Deutschen Beamtenbund einen starken Einfluß zu
gewinnen. Insgesamt, so Hans Mommsen in seiner Untersuchung über
das Beamtentum im Dritten Reich, sei daher „die Vermutung nicht von
der Hand zu weisen, daß der im Vergleich zu anderen Berufsgruppen
extrem hohe Prozentsatz der Parteieintritte von Beamten nach dem 30.
Januar 1933 nicht allein auf einen äußeren Gleichschaltungsprozeß zurückgeführt werden darf, sondern auch darauf, daß zahlreiche Sympathisie-
rende vorher aus äußeren Gründen von dem Eintritt in die NSDAP
abgesehen hatten".[306]

Läßt sich auf der Wählerebene eine vergleichbare Affinität der Beamten
zum Nationalsozialismus nachweisen wie auf der Mitgliederebene? In der
einfachen Zusammenhangsanalyse, in der wir keine möglichen weiteren
Einflüsse in die statistische Betrachtung mit einbeziehen, scheint dies für
die Jahre 1928 und 1930 der Fall zu sein, auch wenn die Beziehung
zwischen den beiden Merkmalen weder besonders stark ausgeprägt ist
noch eindeutig verläuft (vgl. Tabelle 7.10). Tatsächlich weist die NSDAP
zwischen 1928 und 1930 in Gebieten mit einem höheren Beamtenanteil ein
geringfügig stärkeres Wachstum auf als in Kreisen mit einem unter dem
Reichsdurchschnitt liegenden Prozentsatz an Beamten. Doch ist der Unterschied derart gering, daß sich daraus kaum weiterreichende Folgerungen ziehen lassen. Der Zusammenhang im Juli und November 1932
nähert sich – bei inzwischen negativem Vorzeichen – dem Wert Null. Und
selbst 1933 ist die (wiederum negativ ausfallende) statistische Beziehung
zwischen beiden Merkmalen an der Grenze des gerade noch Interpretierbaren. Für das Wachstum der NSDAP endlich gilt, daß es sowohl

Tabelle 7.10: Der Zusammenhang zwischen Beamten- und NSDAP-Anteil bei den Reichstagswahlen 1928–1933

Alle Beamten	Reichsdurch-schnitt	Quartile				Korrelations-koeffizient
		1	2	3	4	
NSDAP-Anteil		% NSDAP				
1928	2.0	1.9	1.7	1.7	2.5	19
1930	14.9	14.4	14.4	14.1	16.0	24
1932J	31.0	33.5	31.3	30.0	30.7	−03
1932N	26.5	28.7	27.1	25.6	25.9	−05
1933	38.7	43.4	39.8	37.2	37.4	−11
NSDAP-Zuwachs		Prozentveränderung NSDAP				
1928/30	12.9	12.5	12.7	12.4	13.5	10
1930/32J	16.1	19.1	16.9	15.9	15.7	−16
1932J/32N	−4.5	−4.8	−4.2	−4.4	−4.8	−10
1932N/33	12.2	14.7	12.7	11.6	11.5	−15
Quartilsbreite		0.9–2%	2–2.4	2.4–3.6	3.6–33%	

Lesebeispiel: Im Juli 1932 fiel der NSDAP-Anteil der Tendenz nach umso niedriger aus, je mehr Beamte in einem Kreis lebten. Eine analoge Tendenz gilt auch für den Stimmenanstieg der NSDAP zwischen 1930 und Juli 1932.

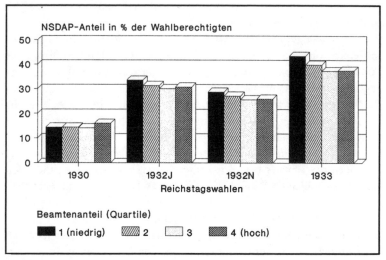

Der NSDAP-Anteil und der Anteil der Beamten. Grafik zu Tabelle 7.10.

zwischen 1930 und Juli 1932 als auch zwischen November 1932 und März
1933 dort tendenziell niedriger ausfällt, wo überdurchschnittlich viele
Beamte wohnen.

Solche bivariaten statistischen Beziehungen bieten bekanntlich viel
Spielraum für Scheinkorrelationen oder, genauer, scheinbare Kausalbe-
ziehungen, denn es handelt sich bei ihnen immer um tatsächliche, wenn
auch zu kausalen Fehlinterpretationen animierende statistische Zusammenhänge. So sind Beamte, ähnlich wie Angestellte, sehr viel häufiger in
Städten als auf dem Land anzutreffen, was bedeuten könnte, daß wir in der
bivariaten Zusammenhangsanalyse gar nicht den Einfluß des Beamtenanteils, sondern der Urbanisierung oder anderer damit verbundener Merkmale wie etwa des Angestelltenanteils erfassen. Wir sollten daher auch bei
den Beamten wieder den Grad der Verstädterung der Kreise kontrollieren. Daneben ist nicht auszuschließen, daß die Konfession, wie schon im
Falle der Angestellten, einen eigenen Einfluß auf die Beziehung zwischen
dem Beamten- und NSDAP-Anteil ausübt, so daß außerdem der Konfessionsfaktor in die statistische Betrachtung mit einbezogen werden sollte.
Dies erfolgt in Übersicht 7.7, wo wir uns wiederum des Kontrastgruppenvergleichs bedienen wollen, um den Einfluß, den der Beamten- auf
den NSDAP-Anteil in den Kreisen des Deutschen Reiches bei der jeweiligen Reichstagswahl nach Kontrolle des möglichen Effektes von Katholikenanteil und Verstädterungsgrad ausgeübt hat, in den Griff zu bekommen.

Ohne Konstanthaltung von Urbanisierung und Konfession bestehen,
wie gezeigt, zwischen dem Beamtenanteil und dem Prozentsatz der
NSDAP-Stimmen nur geringe, ab Juli 1932 sogar negativ verlaufende
Zusammenhänge: Der NSDAP-Anteil unterscheidet sich also in Kreisen
mit einem überdurchschnittlichen Prozentsatz von Beamten nicht oder
nur gering von dem in Kreisen mit einem unterdurchschnittlichen Prozentsatz von Beamten. Daß sich dahinter ganz unterschiedliche, gegenläu-
fige Beziehungen zwischen den beiden Merkmalen verbergen, beweist die
Aufgliederung der Kreiseinheiten nach überwiegend städtischen und
ländlichen Regionen auf der zweiten Ebene des Kontrastgruppenvergleichs in Übersicht 7.7. Hier zeigt sich, daß in den stärker urbanisierten
Regionen des Reiches bei allen zwischen 1928 und 1933 stattfindenden
Reichstagswahlen der NSDAP-Anteil dort zwischen drei und sechs Prozentpunkten höher ausfällt, wo überdurchschnittlich viele Beamte leben.
In den überwiegend ländlichen Kreisen dagegen bleibt die für die Reichsebene insgesamt gemessene Beziehung erhalten. Dieses Muster setzt sich
auch auf der dritten Aufteilungsebene des Kontrastgruppenbaumes fort.
In den evangelischen, vor allem aber in den katholischen Stadtgebieten ist

Übersicht 7.7: Der Einfluß des Beamtenanteils auf die Wahlerfolge der NSDAP im Kontrastgruppenvergleich

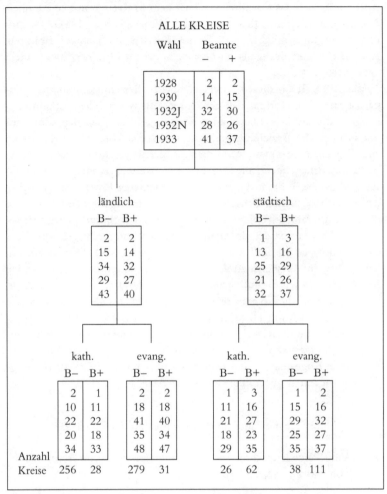

ALLE KREISE

Wahl	Beamte −	+
1928	2	2
1930	14	15
1932J	32	30
1932N	28	26
1933	41	37

ländlich

B−	B+
2	2
15	14
34	32
29	27
43	40

städtisch

B−	B+
1	3
13	16
25	29
21	26
32	37

kath.

B−	B+
2	1
10	11
22	22
20	18
34	33

evang.

B−	B+
2	2
18	18
41	40
35	34
48	47

kath.

B−	B+
1	3
11	16
21	27
18	23
29	35

evang.

B−	B+
1	2
15	16
29	32
25	27
35	37

Anzahl Kreise

kath. B−	B+	evang. B−	B+	kath. B−	B+	evang. B−	B+
256	28	279	31	26	62	38	111

(B−) Kreise mit einem unterdurchschnittlichen Beamtenanteil;
(B+) Kreise mit einem überdurchschnittlichen Beamtenanteil.
Lesebeispiel: In evangelisch-städtischen Kreisen mit überdurchschnittlichem Beamtenanteil erhielt die NSDAP im Juli 1932 von rund 32 Prozent der Wahlberechtigten die Stimme, in evangelisch-städtischen Kreisen mit einem unterdurchschnittlichen Angestelltenanteil hingegen stimmten nur rund 29 Prozent für sie.

der NSDAP-Anteil erkennbar höher, wo 1933 überdurchschnittlich viele
Beamte wohnen. In den eher ländlichen Regionen des Reiches dagegen
trifft tendenziell das Gegenteil zu: Hier liegt in Kreisen mit einem überdurchschnittlich hohen Beamtenanteil der Prozentsatz der NSDAP-Stimmen geringfügig niedriger als in den Kreisen mit weniger Beamten.
Katholische und evangelische Gebiete unterscheiden sich hierin nicht
nennenswert.

Was läßt sich aus diesen unterschiedlichen Beziehungen ablesen? Zunächst einmal rein formal, daß sich hinter statistischen Nicht-Zusammen-
hängen, die auf der Ebene aller Kreise gemessen wurden, durchaus
unterschiedliche Beziehungsgeflechte verbergen können, die erst dann
zum Vorschein kommen, wenn man die hierfür verantwortlichen Merkmale, im vorliegenden Falle also die Urbanisierung, kontrolliert.[307] Substantiell bedeuten die in Übersicht 7.7 berichteten Prozentverteilungen,
daß unter bestimmten Umständen, d. h. hier: im städtischen Kontext, in
dem Beamte zahlenmäßig ja überhaupt erst eine Rolle zu spielen vermögen, der Prozentsatz der Beamten unter den Wahlberechtigten durchaus
einen spürbaren Einfluß auf die Wahlerfolge der NSDAP auszuüben
vermochte. Im Vergleich zu den etwa von der Konfession ausgehenden
Effekten ist dieser Einfluß sicherlich von nicht allzu großem Gewicht.
Daß er aber über diese beiden primären Effekte hinaus überhaupt wirksam
ist, was sich auch mit Hilfe entsprechender komplexerer Auswertungsverfahren nachweisen läßt[308], sollte als Indiz für einen echten Zusammenhang interpretiert werden, hinter dem möglicherweise – ganz im Gegensatz zu den Angestellten – tatsächlich eine überdurchschnittliche Anfälligkeit von Beamten gegenüber der NSDAP steht.

7.5. Die Selbständigen und Angehörigen der Freien Berufe

7.5.1. Vom Parzellenpächter bis zum Stahlmagnaten – Ein Berufsstand von enormer sozialer Spannweite

Weit extremer noch als bei den Angestellten und Beamten ist die soziale
und wirtschaftliche Spannweite der Selbständigen und Freien Berufe:
Vom Kioskbesitzer und Hausgewerbetreibenden[309] über freiberuflich
tätige Ärzte, Rechtsanwälte und Architekten bis zu Großindustriellen wie
Krupp, Thyssen oder Siemens, vom Parzellenlandwirt und Pächter einer
Kleinbauernstelle über den Inhaber eines mittleren Bauernhofes bis zum
Ritterguts- und fürstlichen Domänenbesitzer reichte die Skala der Selbständigenberufe.[310] Hinzu kamen in der Statistik des Deutschen Reiches
die unter Hinweis auf ihre Dispositionsbefugnisse ja ebenfalls zu den

Selbständigen gerechneten leitenden Beamten, Direktoren und Geschäftsführer größerer Betriebe.

Es dürfte einleuchten, daß angesichts dieser Vielgestaltigkeit hinter dem Begriff des Selbständigen in der Weimarer Republik noch weniger als heute gemeinsame Lebensumstände oder gar ein einheitliches Berufsbild standen. Gemeinsam ist allen Selbständigen – mit Ausnahme der unechten, d. h. beamteten oder angestellten „Selbständigen" – allenfalls, daß sie Wirtschaftssubjekte „mit eigenem Produktionsapparat und ... Herren ihres Arbeitslebens" und hauptsächlich aus diesem Grunde „von den entlohnten Arbeitskräften zu unterscheiden" sind.[311] Eine weitere, aus dem Charakter der meisten Selbständigenberufe herrührende Gemeinsamkeit ist ihr deutlich über dem der anderen Berufsgruppen liegendes Durchschnittsalter: Es gab so gut wie keine Selbständigen unter 20 Jahren, da die meisten Selbständigenexistenzen entweder durch Erbe, durch eine längere formale Ausbildung oder durch wenigstens rudimentäre Investitionen begründet wurden. Ob diese doch sehr formalen Gemeinsamkeiten genügten, eine eigene, schichttypische Mentalität zu entwickeln, durch die sich die Selbständigen von den Nichtselbständigen schwerpunktmäßig unterschieden, ist zweifelhaft. Sicherlich nicht minder plausibel ist die Annahme, daß die Spannweite der politischen Präferenzen und sozialen Verhaltensweisen innerhalb der Selbständigenkategorie in der Weimarer Republik nicht wesentlich geringer war als die zwischen den verschiedenen sozialen Schichten, nachdem ja selbst die Arbeiterschaft und die Angestellten bzw. Beamten keine einheitlichen politischen Verhaltensweisen aufwiesen, wie wir gesehen haben.

Wirtschaftlich und sozial also erstreckte sich die Kategorie der Selbständigen von proletaroiden Existenzen bis zu den Spitzenverdienern der Weimarer Gesellschaft. Etwa 40 Prozent aller Selbständigen kamen dabei aus der Land- und Forstwirtschaft, jeweils rund 30 Prozent aus den Bereichen „Industrie und Handwerk" und „Dienstleistungen". Die weitaus meisten Landwirte waren Klein- und Mittelbauern: Ungefähr 40 Prozent der Betriebe hatten eine Fläche von weniger als fünf Hektar, nur knapp 12 Prozent eine Fläche von mehr als 20 Hektar. Dies schlägt sich auch in der Beschäftigungsstruktur nieder. So gab es 1933 im Agrarsektor fast doppelt soviele mithelfende Familienangehörige wie betriebsfremde Arbeitskräfte, eine Relation, die auf die Vorherrschaft des bäuerlichen Familienbetriebs hinweist. Auch unter den Selbständigen der anderen beiden Wirtschaftssektoren dominierten die kleineren mittelständischen Existenzformen. Den rund 1,5 Millionen Selbständigen des sekundären Sektors standen zwar rund zehn Millionen Arbeiter gegenüber, doch wiesen über 40 Prozent der knapp zwei Millionen industriellen und handwerklichen Betriebe weniger als zehn Beschäftigte auf, so daß die mittlere Betriebsgröße hier (1933) nur zwischen vier und fünf Beschäftigte betrug. Noch niedriger lag die durchschnittliche Betriebsgröße im tertiären Sektor. Nicht viel anders als in der Neuen Mittelschicht der Angestellten und Beamten setzte sich mithin auch der Alte Mittelstand der Selbständigen und Freien Berufe hauptsächlich aus proletaroiden und kleinbürgerlichen Existenzen zusammen.

Häufig werden in wahlhistorischen Untersuchungen die rund 5,3 Millionen mithelfenden Familienangehörigen der Gruppe der Selbständigen hinzugerechnet. Empirisch ist dies unbedenklich, da sich die statistischen Zusammenhänge zwischen den Wahlerfolgen der Nationalsozialisten auf der einen und dem Prozentsatz der Selbständigen bzw. Selbständigen und Mithelfenden auf der anderen Seite nicht nennenswert unterscheiden. Aus theoretischer Perspektive jedoch erscheint diese Praxis als nicht sehr sinnvoll. Denn von den – zu 75 Prozent weiblichen – mithelfenden Familienangehörigen war 1933 jede(r) vierte unter 20 Jahren und damit noch nicht wahlberechtigt, 60 Prozent waren Ehefrauen von Selbständigen. Im Falle der simplen Addition beider Berufskategorien würde dies dem Alten Mittelstand gegenüber den anderen sozialen Gruppen rein rechnerisch ein Übergewicht verleihen, weil dadurch die meisten Selbständigenhaushalte gewissermaßen doppelt gezählt würden. Tatsächlich stellt der Prozentsatz der Mithelfenden in erster Linie wohl einen Indikator für eine bestimmte mittelständische Wirtschaftsweise dar, den bäuerlichen, handwerklichen oder gewerblichen Familienbetrieb, der zwar durchaus typisch für Teile des Alten Mittelstandes ist, ihn aber natürlich nicht vollständig beschreibt: „Die Mitarbeit der Familienangehörigen ist in allen Wirtschaftszweigen von Bedeutung, in denen die kleineren Betriebe in hoher Zahl vorhanden sind, und wo die räumliche Verbindung der Wohnung mit der Betriebsstätte und die Art der zu leistenden Arbeit die Mithilfe der Ehefrauen und der Söhne und Töchter erleichtert. Das gilt am ausgedehntesten für die Landwirtschaft und für alle Gewerbezweige, in denen der Verkauf der hergestellten Waren unmittelbar an den Konsumenten üblich ist. Außer im Handel und der Gastwirtschaft sind infolgedessen besonders im Bäckerei- und Schlächtereigewerbe die mithelfenden Angehörigen sehr zahlreich."[312] Man könnte das Zitat ergänzen: In anderen Sparten hingegen nicht.

7.5.2. Evangelische Selbständige: Die Gruppe mit der höchsten NSDAP-Affinität

Im folgenden werden wir die NSDAP-Affinität der Selbständigen zunächst zum Zwecke der Vergleichbarkeit mit anderen Untersuchungen unter Hinzunahme der mithelfenden Familienangehörigen analysieren (vgl. Tabelle 7.11), danach aber die Mithelfenden nur noch dann in die Betrachtung mit einbeziehen, wenn es um die Bestimmung des Einflusses spezifisch familienbetrieblicher Wirtschaftsformen geht. Wie aus Tabelle 7.11 hervorgeht, war die NSDAP vor 1933 sowohl in Kreisen mit hohem als auch in solchen mit niedrigem Selbständigenanteil erfolgreich. Der Selbständigenanteil wurde hierbei auf die Wahlberechtigten des jeweiligen Kreises bezogen, da es sich bei den „Selbständigen" von Tabelle 7.11 um sogenannte Erwerbspersonen handelt, also um Erwerbstätige und ihre mithelfenden Familienangehörigen ohne eigenen Hauptberuf. Doch bleibt auch bei Veränderung der Prozentuierungsbasis (etwa auf Berufs- oder Erwerbspersonen) diese Beziehung erhalten. Der statistische Zusammenhang zwischen dem Prozentsatz der Selbständigen und mithelfenden Familienangehörigen auf der einen und der NSDAP-Stimmen auf der anderen Seite ist folglich insgesamt zwar positiv, verläuft aber erstaunlich unregelmäßig. Zunächst ist er recht schwach ausgeprägt. Erst 1933 nimmt er etwas aussagekräftigere Werte an. Doch selbst bei dieser Wahl beträgt die NSDAP-Differenz zwischen den Kreisen mit dem höchsten und dem niedrigsten Selbständigenanteil „nur" knapp acht Prozentpunkte, während der Selbständigenanteil um mehr als 40 Prozentpunkte differiert. 1930 besteht noch gar keine, bei den beiden Wahlen von 1932 eine nichtlineare Beziehung, da im vierten Quartil der Prozentverteilung der in den ersten drei Merkmalsquartilen mehr oder minder klar ansteigende NSDAP-Anteil wieder merklich absinkt.

Dies könnte daran liegen, daß wir es im Falle des Merkmals „Selbständige und mithelfende Familienangehörige" mit zwei recht unterschiedlichen Gruppen zu tun haben, nämlich den Bauern und den in Handel, Handwerk, Gewerbe oder im Dienstleistungssektor tätigen Selbständigen. Tatsächlich belegt die Aufgliederung der Prozentauszählungen nach diesen beiden Selbständigenkategorien in Tabelle 7.11 einen gegenläufigen Trend: Während die Beziehung zwischen dem Prozentsatz der NSDAP-Stimmen und der landwirtschaftlichen Selbständigen allmählich zunimmt (noch 1930 ist sie leicht negativ), geht sie im Falle der gewerblichen Selbständigen zurück und ist 1933 sogar schwach negativ. Ab 1932 beschränkt sich der positive Zusammenhang mit den NSDAP-Anteilen mithin auf die Selbständigen und mithelfenden Familienangehörigen im Agrarsektor, was

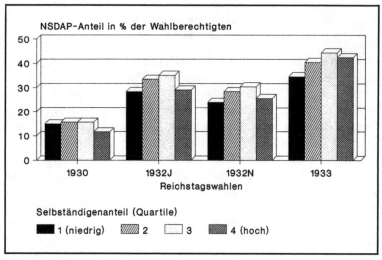

Der NSDAP-Anteil und der Anteil der Selbständigen. Grafik zu Tabelle 7.11.

jedoch weiterhin nichts am Abfall der NSDAP-Werte im 4. Selbständigenquartil ändert, wo im November 1932 immerhin eine Differenz von
rund fünf Prozentpunkten zum 3. Selbständigenquartil auftritt.

Solche unregelmäßig verlaufenden Zusammenhänge deuten auf den
Einfluß mindestens eines weiteren Faktors hin. Es könnte sich hierbei um
die Konfession oder um den Verstädterungsgrad handeln. Einerseits
besteht zwischen dem Prozentsatz der Katholiken und dem Anteil der
Selbständigen und Mithelfenden in der Landwirtschaft ein leicht positiver
statistischer Zusammenhang, was bedeutet, daß es innerhalb des katholischen Bevölkerungsteils relativ mehr Selbständige gab als unter den
Protestanten. Andererseits sind Selbständige stärker auf dem Lande und in
kleineren Städten als in den großen Industriezentren zu finden. Der
Kontrastgruppenvergleich (vgl. Übersicht 7.8) belegt, daß sich der für den
Durchschnitt aller Untersuchungseinheiten ermittelte positive Zusammenhang zwischen Selbständigen- und NSDAP-Anteil weitgehend auf
die evangelischen Kreise beschränkt. Ab 1932 ist hier eine deutliche, 1933
sogar eine starke Korrelation zwischen beiden Merkmalen zu beobachten.[313] Der Unterschied im NSDAP-Wahlergebnis zwischen den Kreisen
mit unter- und überdurchschnittlichem Selbständigenanteil beträgt im
evangelischen Sektor 1933 immerhin 12 Prozentpunkte. In den überwiegend katholischen Gebieten hingegen tritt überhaupt erst 1933 eine nennenswerte Beziehung auf, die überdies mit einer NSDAP-Stimmendifferenz von nur drei Prozentpunkten sehr niedrig ausfällt. Die nochmalige

Tabelle 7.11: Die NSDAP-Wahlerfolge in Kreisen mit einem unterschiedlichen Prozentsatz an Selbständigen

	Durch-schnitt	Quartile 1	Quartile 2	Quartile 3	Quartile 4	Korre-lation
Alle Selb-ständigen		% NSDAP				
1928	2.0	2.0	2.0	1.9	2.0	01
1930	14.9	14.9	15.6	15.6	11.6	−09
1932J	31.0	28.4	33.5	35.1	29.1	12
1932N	26.5	24.0	28.4	30.4	25.6	15
1933	38.7	34.6	40.5	44.4	42.5	36
Quartilsbreite		6–17%	17–32%	32–49%	49–81%	
Landwirtschaftl. Selbständige		% NSDAP				
1928	2.0	2.0	1.9	1.9	2.1	−02
1930	14.9	14.8	15.9	15.3	11.4	−13
1932J	31.0	28.2	33.7	35.1	28.3	09
1932N	26.5	23.8	28.7	30.3	24.8	12
1933	38.7	34.5	40.1	44.2	42.0	33
Quartilsbreite		0–6%	6–22%	22–39%	39–68%	
Gewerbliche Selbständige		% NSDAP				
1928	2.0	1.2	1.7	2.0	2.5	25
1930	14.9	13.8	14.5	14.6	15.8	17
1932J	31.0	30.8	31.9	31.2	30.6	02
1932N	26.5	26.3	27.6	26.5	25.9	01
1933	38.7	40.5	40.7	38.3	36.9	−11
Quartilsbreite		5–10%	10–12%	12–14%	14–45%	

Selbständige jeweils einschließlich mithelfende Familienangehörige. „Alle Selbständigen" lt. Berufszählung 1933; Prozentuierungsbasis: Wahlberechtigte. Landwirtschaftliche und gewerbliche Selbständige lt. Berufszählung 1925; einschließlich mitarbeitende und nichtarbeitende Familienangehörige; Prozentuierungsbasis: Wohnbevölkerung.
Lesebeispiel: 1933 wurde die NSDAP in Kreisen mit wenig Selbständigen (1. Quartil) von 34.6 Prozent der Wahlberechtigten, in Kreisen mit vielen Selbständigen (4. Quartil) dagegen von 42.5 Prozent gewählt.

Übersicht 7.8: Der Einfluß des Selbständigenanteils auf die Wahlerfolge der NSDAP

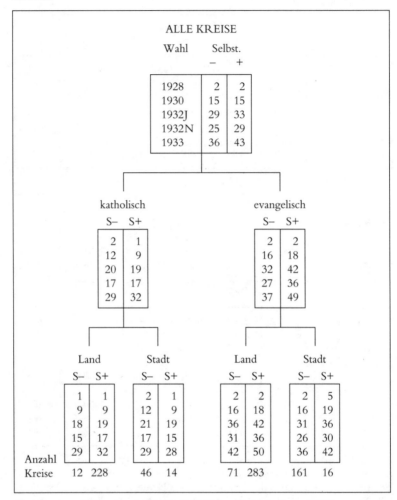

(S–) Kreise mit einem unterdurchschnittlichen Selbständigenanteil.
(S+) Kreise mit einem überdurchschnittlichen Selbständigenanteil.
„Selbständige": Selbständige (ohne mithelfende Familienangehörige) laut Berufszählung 1933 in Prozent der Wahlberechtigten 1933.
Lesebeispiel: In evangelisch-ländlichen Kreisen mit überdurchschnittlichem Selbständigenanteil erhielt die NSDAP im Juli 1932 von rund 42 Prozent der Wahlberechtigten die Stimme, in evangelisch-ländlichen Kreisen mit einem unterdurchschnittlichen Selbständigenanteil hingegen stimmten rund 36 Prozent für sie.

Aufteilung nach dem Grad der Verstädterung zeigt ferner, daß sich diese letztere Beziehung auf die katholischen Landregionen beschränkt, während in den überwiegend evangelischen Kreisen sowohl in der Stadt als auch auf dem Land – dort aber erneut etwas stärker – der beobachtete Zusammenhang zwischen Selbständigen- und NSDAP-Anteil auftritt. Die in Übersicht 7.8 nicht mehr dargestellte, aber dennoch für die Zwecke dieser Analyse erfolgte Zerlegung der Kreise nach der dominierenden Wirtschaftsabteilung weist schließlich im katholischen Bereich auf eine unregelmäßige, in den evangelischen Kreisen auf eine regelmäßig verlaufende Beziehung zwischen dem Prozentsatz der Selbständigen und den NSDAP-Wahlerfolgen hin. Dabei ist der Zusammenhang im allgemeinen dort etwas stärker, wo die jeweils „typische" Wirtschaftsabteilung, also auf dem Land der Agrarsektor, in der Stadt der Industriesektor, überdurchschnittlich vertreten ist.[314]

Der Einfluß des Selbständigenanteils auf die Wahlerfolge der NSDAP wird deutlicher, wenn man zwischen landwirtschaftlichen und gewerblichen Selbständigen differenziert. Dies belegt eine Reihe von multiplen Regressionsanalysen, deren Ergebnisse im Anhang wiedergegeben sind. Mit Hilfe dieses statistischen Instruments ist es möglich, den relativen Einfluß verschiedener Merkmale unter Berücksichtigung des Effekts, der von den jeweils anderen, gleichzeitig betrachteten Faktoren ausgeübt wird, zu bestimmen. Es zeigt sich, daß auch nach der statistischen Kontrolle des Einflusses der Konfessionsfärbung und der Urbanisierung die in Tabelle 7.11 gemessene Beziehung zwischen dem Anteil der gewerblichen und insbesondere der agrarischen Selbständigen und den NSDAP-Wahlerfolgen grundsätzlich erhalten bleibt.[315] Ist noch bei den Reichstagswahlen 1928 und 1930 der Einfluß des Anteils der gewerblichen Selbständigen an den Wahlberechtigten auf den Prozentsatz der NSDAP-Stimmen stärker als der des Anteils der agrarischen Selbständigen, so dreht sich dieses Verhältnis im Juli 1932 um. Bereits bei der ersten Reichstagswahl von 1932 ist der vom Anteil der landwirtschaftlichen Selbständigen ausgehende Effekt – nach dem anscheinend die NSDAP-Stärke immer und überall dominierenden Konfessionsfaktor – der zweitstärkste Bestimmungsfaktor des NSDAP-Stimmenanteils. Der relative Einfluß des Anteils der nichtlandwirtschaftlichen Selbständigen läßt dabei zwar in der Wirkung deutlich nach, bleibt aber dennoch bis 1933 erhalten. Untersucht man nicht die prozentuale Stärke der NSDAP, sondern deren Veränderung von Wahl zu Wahl, so gilt: Je höher der Anteil der gewerblichen bzw. landwirtschaftlichen Selbständigen, desto ausgeprägter der Stimmenanstieg der NSDAP zwischen Mai 1928 und September 1930; und je höher der Prozentsatz der landwirtschaftlichen Selbständigen, desto stärker das Wachstum der NSDAP im Juli 1932 und März 1933, wobei für die Märzwahl von 1933 der Prozentsatz der im Agrarsektor tätigen Selbständigen sogar den Katholikenanteil vom ersten Platz unter den Einflußfaktoren des NSDAP-Stimmenanstiegs verdrängt.[316]

Insgesamt ergibt sich aus der Analyse des Zusammenhangs zwischen Selbständigenanteil und Wahlerfolgen der NSDAP, daß anfangs der Prozentsatz der gewerblichen Selbständigen, später der Prozentsatz der landwirtschaftlichen Selbständigen stärker das Abschneiden der NSDAP beeinflußt hat. Sowohl im Juli 1932 als auch im März 1933 wuchs die NSDAP vor allem dort überproportional stark an, wo viele landwirtschaftliche Selbständige lebten. Diese Beziehung tritt in der gemessenen Stärke allerdings nur dann auf, wenn man den Katholikenanteil bei den Berechnungen mitberücksichtigt. Dieser relativ starke Einfluß des Merkmals „Selbständige im Agrarsektor" legt es nahe, die Erfolge der NSDAP im ländlichen Bereich intensiver zu betrachten.

7.5.3. Landbevölkerung und NSDAP-Wahl: Ein Exkurs

In seiner klassischen, auch heute noch wegen ihrer Verbindung von soziographischem Zugang und intimer Landeskenntnis höchst lesenswerten Untersuchung des Aufstieges der NSDAP in Schleswig-Holstein stieß Rudolf Heberle auf eine klare Beziehung zwischen Landwirtschaft und Nationalsozialismus: Je stärker der Anteil der landwirtschaftlichen Bevölkerung, so sein Ergebnis, desto erfolgreicher die NSDAP (S. 107); „je mehr Mittel- und Kleinbauerntum, desto besser die Chancen für die Nationalsozialisten" (S. 111); und komplementär dazu: je geringer die Belegschaftsgröße in der Land- und Forstwirtschaft, desto erfolgreicher die NSDAP (S. 112). Er faßte diese Untersuchungsergebnisse schließlich in dem Satz zusammen: „Ganz klar zeigt sich, daß die Erfolge der NSDAP umso größer gewesen sind, je stärker der Anteil der in klein- und mittelbäuerlichen Betrieben beschäftigten Personen war, und um so geringer, je mehr es sich um Großbetriebe, d. h. sowohl großbäuerliche, als vor allem Gutsbetriebe und Arbeiterstellen handelte" (S. 116).[317]

Daß Heberles Befund nicht ohne nähere Qualifikation auf das Reich als Ganzes übertragen werden darf, obwohl man das häufig genug getan hat, belegt die nachfolgende Gegenüberstellung: Die extremsten NSDAP-Hochburgen liegen, wie wir schon in Kapitel 6.3 gesehen haben, ab 1932 in der Tat fast ausnahmslos in überwiegend agrarischen Kreisen; bei der Juliwahl 1932 zum Beispiel waren die „Rekordkreise" Rothenburg ob der Tauber, Uffenheim, Schotten, Neustadt/Aisch und Alsfeld (vgl. Tabelle 6.7). Aber auch die extreme Diaspora war in landwirtschaftlich geprägten

Kreisen beheimatet: in Büren, Landau an der Isar, Aschaffenburg/Land, Vechta, Aschendorf und Olpe. Was die Hochburgen von der Diaspora vor allem unterschied, war die konfessionelle Färbung der Kreise. Erstere waren zu über 90 Prozent evangelisch, letztere fast rein katholisch. Je nach Konfession wirkte sich der landwirtschaftliche Charakter der Kreise also einmal NSDAP-fördernd, das andere Mal NSDAP-hemmend aus.

Wir wollen im folgenden untersuchen, ob es auch im Reichsdurchschnitt tatsächlich eher klein- und mittelbäuerliche Strukturen waren, die innerhalb der durch die Konfession gesetzten Grenzen den NSDAP-Erfolg begünstigten, und ob sich die NSDAP wirklich wie in Schleswig-Holstein in den stärker von Großbauerntum und Großgrundbesitz bestimmten Landstrichen im Durchschnitt schwerer tat. Bevor wir uns dieser Frage zuwenden, erscheint es sinnvoll, einige Informationen über das agrarische Deutschland während der Weimarer Republik zusammenzustellen.

Zwar hatte die Landflucht schon im 19. Jahrhundert begonnen, und natürlich war die Weimarer Republik ein vorwiegend industrieller Staat. Dennoch war das Gewicht der landwirtschaftlichen Bevölkerung noch beträchtlich. Über 14 Millionen Personen, also ein knappes Viertel der Wohnbevölkerung, lebten 1925 von der Landwirtschaft (in der Bundesrepublik waren es 1985, bei annähernd gleicher Bevölkerungszahl, wenn auch nahezu halbiertem Gebiet, nur noch 5,5 Prozent). Zahlenmäßig dominierten im Deutschen Reich die Klein- und Mittelbetriebe. Fast 90 Prozent der etwa drei Millionen Höfe wiesen eine landwirtschaftliche Betriebsfläche zwischen 0,5 und 20 Hektar auf, rund 10 Prozent der Betriebe waren mittlere und größere Höfe zwischen 20 und 100 Hektar. Auf sie entfiel rund ein Drittel der landwirtschaftlich genutzten Fläche. Die rund 34000 landwirtschaftlichen Großbetriebe endlich machten nur rund ein Prozent aller land- und forstwirtschaftlichen Betriebe aus, umfaßten aber immerhin 20 Prozent der gesamten landwirtschaftlichen Nutzfläche des Reiches. Hierunter fallen auch landwirtschaftliche Güter mit mehr als 1000 Hektar Betriebsfläche. Diese jedoch spielen quantitativ in unseren Berechnungen keine Rolle; denn es gab im gesamten Deutschen Reich im Jahre 1933 nur rund 1700 solcher agrarischen Großbetriebe, fast alle lagen in Ostpreußen, Pommern und Mecklenburg. Naturgemäß wurden die weitaus meisten der kleinen und mittleren Höfe als Familienbetriebe geführt. Diese machten 77 Prozent aller landwirtschaftlichen Betriebe aus, in der Größenklasse unter 5 Hektar sogar über 90 Prozent. Sie waren für Süd- und Westdeutschland die typische Betriebsform: „Einen besonders hohen Anteil an Familienbetrieben weisen die Provinzen Oberschlesien und Hessen-Nassau, die Länder Württemberg..., Baden... und Thüringen auf."[318] Vollbeschäftigte familienfremde Arbeitskräfte dagegen gab es – mit Ausnahme der besonders personalintensiven Gartenbaubetriebe – hauptsächlich in den größeren landwirtschaftlichen Betrieben über 20 Hektar. Auch hier traten wieder erhebliche regionale Unterschiede auf: „Die Zahl der vollbeschäftigten fremden Arbeitskräfte je Betrieb ist im Norden und Osten wesentlich höher als im Süden und Westen des Reiches."[319]

Um die Erfolge des Nationalsozialismus in den landwirtschaftlichen Gebieten zu untersuchen, steht in unseren Datensätzen eine ganze Reihe von Indikatoren zur Verfügung. Es handelt sich hierbei neben anderen um die landwirtschaftliche Betriebsfläche und die Zahl der mithelfenden Familienangehörigen und der familienfremden Arbeitskräfte. Erstere geben einen Hinweis auf die Existenz bäuerlicher Familienbetriebe, letztere stellen ein Indiz für eine eher großbäuerliche Struktur der Kreise dar. Ferner liegen Daten über die Mechanisierung der Landwirtschaft und die Zahl der hauptberuflichen Inhaber land- und forstwirtschaftlicher Betriebe in jedem Kreis sowie schließlich Informationen über die vorherrschende Form der Bodennutzung vor.

Tabelle 7.12 belegt, daß zwischen dem Prozentsatz der in der Landwirtschaft tätigen Wahlberechtigten bzw. der Inhaber von landwirtschaftlichen Betrieben und den Wahlerfolgen der NSDAP zwischen Juli 1932 und März 1933 ein positiver, zunehmend stärker ausgeprägter korrelativer Zusammenhang besteht: Je höher der Anteil der Agrarbevölkerung, desto stärker im Durchschnitt auch die NSDAP. Mit dem Prozentsatz der mithelfenden Familienangehörigen weisen die NSDAP-Erfolge allerdings erst im März 1933 eine interpretierbare – und selbst dann noch recht schwach ausgeprägte – Beziehung auf. Daß auf der Ebene aller Stadt- und Landkreise ein statistischer Zusammenhang zwischen Landbevölkerung und Nationalsozialismus erst ab Juli 1932 nachweisbar ist, dürfte für alle, die Heberles Untersuchung über Schleswig-Holstein kennen, ebenso eine Überraschung darstellen wie die insgesamt äußerst schwache Korrelation von mithelfenden Familienangehörigen und NSDAP-Stimmenanteilen. Denn Heberle wies in seiner Analyse zweifelsfrei nach, daß die NSDAP in Schleswig-Holstein bereits sehr früh, nämlich spätestens 1930, unter der Landbevölkerung Fuß fassen konnte. Andere Untersuchungen über den Zusammenhang von Landwirtschaft und NSDAP-Erfolgen deuteten darauf hin, daß das Vorherrschen bäuerlicher Familienbetriebe die Wahlerfolge der NSDAP begünstigt hat. Stellt Schleswig-Holstein einen zu Unrecht verallgemeinerten Einzelfall dar? Oder haben wir es hier wieder einmal mit der Wirkung von Drittfaktoren wie etwa der Konfession oder der Struktur der Landwirtschaft zu tun, welche die für das gesamte Reichsgebiet ermittelten Zusammenhänge verzerren?

Tabelle 7.12: Der Zusammenhang zwischen NSDAP-Wahlerfolgen und einigen landwirtschaftlichen Strukturmerkmalen (Korrelationskoeffizienten × 100)

Merkmal	RTW 1928	1930	1932J	1932N	1933
Landwirtsch. Bevölkerung	−06	−01	+22	+23	+45
Landwirt. Betriebsinhaber	−01	−12	+10	+12	+34
mithelfde. Familienangeh.	+02	−14	+05	+08	+15
Familienfremdes Personal	−08	+16	+32	+30	+47
Landwirtschaftl. Arbeiter	−10	+22	+34	+32	+47
Landw. Angestellte/Beamte	−11	+24	+36	+34	+45
durchschnittl. Hofgröße	−03	+22	+21	+18	+17
Anteil Höfe unter 20 ha	+05	−14	−15	−11	−17
Anteil Höfe 20 bis 50 ha	−03	+09	+13	+09	+15
Anteil Höfe 50 bis 100 ha	−05	+12	+10	+06	+11
Anteil Höfe über 100 ha	−08	+21	+18	+14	+17

Es handelt sich um sogenannte Produkt-Moment-Korrelationskoeffizienten. Ein positives Vorzeichen weist auf einen positiven, ein negatives Vorzeichen auf einen negativen Zusammenhang zwischen dem jeweiligen Merkmal und dem NSDAP-Anteil hin. Je höher der Koeffizient, desto stärker, je niedriger, desto geringer der gemessene (negative oder positive) Zusammenhang. Werte unter ±20 werden gewöhnlich als Null-Korrelation, d. h. als Nicht-Zusammenhang interpretiert. *Lesebeispiel:* Je höher der Anteil der landwirtschaftlichen Bevölkerung eines Kreises, desto höher im Schnitt auch der Prozentsatz der NSDAP-Stimmen der Reichstagswahl 1933; je niedriger der Anteil der landwirtschaftlichen Bevölkerung eines Kreises, desto schwächer im Schnitt die NSDAP. Ein negatives Vorzeichen ist wie folgt zu interpretieren: Je höher der Anteil kleiner Höfe unter 20 Hektar, desto niedriger tendenziell der NSDAP-Stimmenanteil von 1933.

Für letzteres spricht zunächst einmal, daß die NSDAP dort tendenziell erfolgreicher war, wo größere Höfe dominierten, der Anteil der familienfremden Arbeitskräfte über dem Durchschnitt lag, wo also besonders viele landwirtschaftliche Arbeiter und Angestellte lebten. Im Gegenzug schnitten die Nationalsozialisten bei allen Wahlen zwischen 1928 und 1933 im Durchschnitt etwas schlechter ab, wenn kleine Höfe mit weniger als 20 Hektar Betriebsfläche überwogen. Diese aber dominierten nicht zuletzt in den überwiegend katholischen Agrargebieten Süd- und Westdeutschlands, während in den evangelischen Regionen Nord- und vor allem Ostdeutschlands eher große Höfe mit vielen familienfremden Arbeitskräften zu finden waren. Deshalb ist es auch hier wieder notwendig, die Konfessionsstruktur zu kontrollieren, die sich immer mehr als der wichtigste Bestimmungsfaktor für die Wahlerfolge der Nationalsozialisten herauskristallisiert, durch den alle anderen Einflüsse modifiziert, ja manchmal geradezu – je nach der konfessionellen Zusammensetzung der Kreise – in ihr Gegenteil verkehrt werden können.

Auf den ersten Blick ergeben sich zwischen den verschiedenen Agrarvariablen und den NSDAP-Wahlerfolgen in den überwiegend evangelischen und katholischen Gebieten ganz unterschiedliche Zusammenhänge. So lagen die NSDAP-Anteile in den überwiegend evangelischen Regionen im Durchschnitt umso höher, je mehr Wähler im Agrarsektor tätig waren, während in den überwiegend katholischen Kreisen vor 1933 tendenziell das Gegenteil der Fall war.[320] Vergleicht man jedoch die Entwicklung über die Zeit, ergeben sich erstaunliche Parallelen: Einer zunehmenden Durchdringung der protestantischen Agrarregionen durch den Nationalsozialismus steht ein allmählicher Abbau der Widerstände gegen die NSDAP auf dem katholischen Land gegenüber, so daß schließlich bei der Märzwahl 1933 die NSDAP auch in den katholischen Agrargebieten leicht über dem Durchschnitt aller katholischen Kreise liegende (wenn auch immer noch viel schwächer als in den evangelischen Agrarkreisen ausfallende) Wahlerfolge verzeichnen konnte.

Diese parallele Entwicklung auf unterschiedlichem Ausgangsniveau wird besonders deutlich, wenn man nicht die prozentualen Stimmenanteile der NSDAP, sondern deren Veränderung von Wahl zu Wahl in die statistische Analyse einbezieht, wie dies im rechten Feld von Tabelle 7.13 erfolgt. In den evangelischen Kreisen ist die Beziehung zwischen dem Anteil der landwirtschaftlichen Bevölkerung und dem NSDAP-Anstieg durchweg positiv, wenn man einmal von der Novemberwahl 1932 absieht, wo die NSDAP in den evangelischen Agrargebieten überdurchschnittlich viele Stimmen einbüßte. In den überwiegend katholischen Kreisen dagegen ist sie zunächst negativ, d. h. die NSDAP weist 1930 hier im Schnitt unterdurchschnittliche Stimmenzuwächse auf; doch schon bei der Juliwahl 1932 wird der Zusammenhang positiv (und bleibt es bis zur Märzwahl 1933). Der NSDAP gelingt es folglich nach 1930, in den katholischen Agrargebieten schneller Fuß zu fassen als in den nicht-landwirtschaftlichen Kreisen des katholischen Deutschland. Bemerkenswert ist dabei, daß der Stimmenrückgang der Nationalsozialisten im November 1932 in den katholischen Kreisen im Schnitt umso geringer ausfiel, je mehr Bauern unter den Wahlberechtigten waren. Zwischen November 1932 und März 1933 schließlich ist der starke Anstieg der NSDAP-Stimmen in den katholischen Agrarregionen unübersehbar.

Die manchmal behauptete überdurchschnittliche Anfälligkeit nicht nur der großagrarischen, sondern vor allem der durch bäuerliche Familienbetriebe geprägten Landregionen gegenüber dem Nationalsozialismus beschränkt sich unseren Daten zufolge weitgehend auf den evangelischen

Tabelle 7.13: Der Zusammenhang zwischen den NSDAP-Wahlerfolgen und landwirtschaftlichen Strukturmerkmalen in überwiegend evangelischen und katholischen Kreisen (Korrelationskoeffizienten × 100)

Merkmal	NSDAP-Anteil					NSDAP-Veränderg.			
	1928	1930	1932J	1932N	1933	28/30	30/32	32/32	32/33
überwiegend evangelisch									
Landwirtsch. Bevölkerung	02	25	61	57	74	27	66	−30	55
Landwirt. Betriebsinhaber	11	20	60	57	73	19	69	−25	51
mithelfde. Familienangeh.	16	03	29	31	35	−04	39	−00	17
Familienfremdes Personal	−07	30	50	44	59	38	46	−35	45
Landwirtschaftl. Arbeiter	−10	29	43	37	51	38	37	−31	43
Landw. Angestellte/Beamte	−11	29	44	39	50	38	38	−29	35
durchschnittl. Hofgröße	−11	09	06	04	09	15	01	−09	15
Anteil Höfe unter 20 ha	06	−24	−28	−21	−27	−30	−20	31	−19
Anteil Höfe 20 bis 50 ha	−03	22	28	22	26	26	21	−27	14
Anteil Höfe 50 bis 100 ha	−04	21	23	17	23	26	15	−28	19
Anteil Höfe über 100 ha	−13	14	10	05	12	22	02	−21	20
überwiegend katholisch									
Landwirtsch. Bevölkerung	−18	−44	−15	−03	28	−44	23	42	50
Landwirt. Betriebsinhaber	−15	−42	−18	−06	27	−44	17	42	51
mithelfde. Familienangeh.	−41	−41	−06	05	05	−27	32	39	01
Familienfremdes Personal	−15	−45	−24	−16	21	−47	12	31	56
Landwirtschaftl. Arbeiter	−16	−37	−14	−08	26	−38	18	21	52
Landw. Angestellte/Beamte	−17	−29	−08	−03	13	−26	18	17	25
durchschnittl. Hofgröße	16	−08	−05	−06	07	−20	01	01	18
Anteil Höfe unter 20 ha	03	17	21	27	14	19	13	16	−15
Anteil Höfe 20 bis 50 ha	−02	−20	−20	−24	−09	−24	−07	−09	19
Anteil Höfe 50 bis 100 ha	−07	−07	−21	−29	−23	−05	−21	−23	04
Anteil Höfe über 100 ha	08	16	03	−04	−07	16	−12	−23	−07

Anmerkungen wie zu Tabelle 7.12.

Teil Deutschlands. In den überwiegend katholischen Kreisen läßt sich die vermutete Beziehung nicht feststellen. Von Interesse dürfte in diesem Zusammenhang auch sein, daß die ursprüngliche, in Tabelle 7.12 wiedergegebene positive Korrelation zwischen der durchschnittlichen Hofgröße eines Kreises und den NSDAP-Wahlerfolgen nach Kontrolle des Konfessionsfaktors weitgehend verschwindet. Sie repräsentiert sichtlich eine statistische Scheinbeziehung, die in erster Linie darauf zurückzuführen sein dürfte, daß in der Weimarer Republik die Bauernhöfe in den prote-

Übersicht 7.9: Ein Kontrastgruppenvergleich des Einflusses des Landwirtschaftsanteils auf den Stimmenanstieg der NSDAP

ALLE KREISE

	−	+
1928	2	2
1930	15	15
1932J	29	33
1932N	·25	29
1933	35	43

kath. Kreise		evang. Kreise	
−	+	−	+
2	1	2	2
12	9	16	18
21	19	31	41
17	17·	27	35
29	32	37	49

Höfe groß		Höfe klein		Höfe groß		Höfe klein	
−	+	−	+	−	+	−	+
5	2	2	1	1	2	2	3
13	8	12	10	14	20	16	16
22	16	20	20	30	42	33	40
17	14	17	18	26	36	28	35
32	31	29	32	36	50	38	48

Einheitswert				Einheitswert				Einheitswert				Einheitswert			
hoch		gering		hoch		gering		hoch		gering		hoch		gering	
−	+	−	+	−	+	−	+	−	+	−	+	−	+	−	+
6	2	5	2	1	1	3	1	1	4	1	2	2	2	4	3
20	6	13	8	12	10	13	9	14	21	16	19	15	16	19	16
28	11	21	16	20	22	20	20	28	42	34	42	31	38	37	42
24	10	17	14	16	19	18	17	24	37	28	36	26	32	32	37
35	36	32	31	28	33	30	32	34	46	40	51	37	45	42	50
2	1	6	93	31	30	24	113	45	18	26	151	75	60	69	86

Zur Interpretation: In den mit (+) überschriebenen Spalten stehen jeweils die Kreise mit einem überdurchschnittlichen Anteil der landwirtschaftlichen Bevölkerung, in den mit (−) überschriebenen Spalten die Kreise mit einem unterdurchschnittlichen Anteil der landwirtschaftlichen Bevölkerung.

stantischen Gegenden im Schnitt etwas größer waren als in den katholischen Regionen.[321] Zusätzlich ergibt sich aus Tabelle 7.13, daß die NSDAP im evangelischen Sektor dort tendenziell etwas erfolgreicher war, wo mittelgroße bis große Höfe (aber eben nicht landwirtschaftliche Großbetriebe über 100 Hektar) dominierten, während in den katholischen Gebieten eher kleinbäuerliche Strukturen die NSDAP begünstigt zu haben scheinen. Doch sind in beiden Fällen die statistischen Zusammenhänge nicht so stark ausgeprägt, als daß man darauf historische Erklärungen stützen könnte.

Deutlicher werden diese Zusammenhänge nochmals im Kontrastgruppenvergleich, in dem wir, aufgegliedert nach der vorherrschenden Konfession, der durchschnittlichen Hofgröße und dem mittleren Einheitswert, die Kreise des Deutschen Reiches mit einem überdurchschnittlichen Anteil landwirtschaftlicher Bevölkerung den Kreisen mit einem unterdurchschnittlichen Prozentsatz landwirtschaftlicher Bevölkerung gegenüberstellen (vgl. Übersicht 7.9). Im Durchschnitt aller Kreise ergibt sich 1928 und 1930 noch kein meßbarer Einfluß der Landwirtschaft auf das Abschneiden der NSDAP; im Juli 1932 jedoch erreicht die NSDAP in Kreisen mit einem überdurchschnittlichen Prozentsatz landwirtschaftlicher Bevölkerung schon 33 Prozent der dort lebenden Wahlberechtigten, während es in den Kreisen mit einem geringeren Agraranteil nur 29 Prozent sind. Dieser Vorsprung in den stärker landwirtschaftlich strukturierten Kreisen dehnt sich bis zum März 1933 dann auf immerhin acht Prozentpunkte aus.

Wie die nächste Aufteilungsstufe des Kontrastgruppenbaums belegt, ist der für die Wahlerfolge der Nationalsozialisten günstige Einfluß des Agrarfaktors vor 1933 auf die überwiegend evangelischen Kreise begrenzt. Was die katholischen Regionen betrifft, so fallen die nationalsozialistischen Wahlerfolge in den stärker landwirtschaftlich geprägten Landkreisen sogar etwas niedriger aus als in den Kreisen mit einem unter dem Reichsdurchschnitt liegenden Agraranteil. In den vorwiegend evangelischen Kreisen dagegen erweist sich schon 1930 eine agrarische Struktur als eher förderlich für die nationalsozialistischen Wahlerfolge. Im Juli 1932 beträgt die Differenz des NSDAP-Wähleranteils zwischen landwirt-

Lesebeispiel zu Übersicht 7.9: In überwiegend evangelischen Kreisen mit überdurchschnittlicher Hofgröße und einem im Vergleich zum Reich über dem Durchschnitt liegenden Pro-Hektar-Einheitswert der Höfe wurde die NSDAP im Juli 1932 von rund 38 Prozent der Wahlberechtigten gewählt, falls der Anteil der landwirtschaftlichen Bevölkerung über dem Reichsdurchschnitt lag; lag er darunter, stimmten nur 31 Prozent für die NSDAP.

schaftlich und nicht-landwirtschaftlich strukturierten Gebieten hier bereits 10 Prozentpunkte, im März 1933 wächst sie sogar auf 12 Prozentpunkte. Obwohl sich in den katholischen Kreisen mit einem überdurchschnittlichen Agraranteil die NSDAP zwischen November 1932 und
März 1933 mit einem Zuwachs von 15 Prozentpunkten erkennbar stärker
steigern kann als in den konfessionell gleichstrukturierten Gebieten mit
einem unterdurchschnittlichen Anteil landwirtschaftlicher Bevölkerung,
bleibt sie damit nicht nur weit hinter den evangelischen Agrarregionen,
sondern auch hinter den übrigen Kreisen mit einer evangelischen Bevölkerungsmehrheit zurück. Die Prozentverteilungen des Kontrastgruppenbaums entsprechen in dieser Beziehung vollständig den Korrelationskoeffizienten von Tabelle 7.13.

Die weitere Aufgliederung der Kreise nach der mittleren Hofgröße und
dem durchschnittlichen Einheitswert der landwirtschaftlichen Betriebe je
Hektar ändert an dieser Beziehung substantiell nur wenig. Allerdings
scheint von beiden Faktoren ein – wenn auch schwacher – eigenständiger
Einfluß auf die Wahlresultate der NSDAP ausgegangen zu sein. So sind in
den überwiegend evangelischen Gebieten die Nationalsozialisten dort
etwas schwächer, wo die Höfe – gemessen am Reichsdurchschnitt –
kleiner sind, während in den katholischen Landkreisen eher das Gegenteil
der Fall zu sein scheint. Ferner dürfte in den evangelischen Regionen ein
unter dem Reichsdurchschnitt liegender Einheitswert die NSDAP begünstigt haben. Doch sind diese Effekte sehr gering.

Zusätzlich durchgeführte Regressionsanalysen, deren Ergebnisse im
Anhang (Tabelle A11) wiedergegeben sind, untermauern und ergänzen
die obenstehenden Resultate. Als Erklärungsfaktoren enthalten sie die
gleichen Einflußmerkmale wie der Kontrastgruppenvergleich in Übersicht 7.9. Sie zeigen, daß bereits bei der Reichstagswahl 1930 ein – wenn
auch noch schwach ausgeprägter – Einfluß des Anteils der landwirtschaftlichen Bevölkerung auf die Wahlerfolge der Nationalsozialisten bestand.
Ferner belegen sie, daß der NSDAP-Stimmenanstieg zwischen 1928 und
1930 zu einem nicht geringen Teil vom Agrarfaktor beeinflußt worden ist.
Ab Juli 1932 ist dann die Beziehung zwischen dem Prozentsatz der
NSDAP-Stimmen und der im primären Wirtschaftssektor tätigen Personen auch im Vergleich zum Einfluß der Konfession deutlich erkennbar.
Bei der Märzwahl 1933 schließlich erreicht der Einfluß der Landwirtschaftsvariablen größenordnungsmäßig sogar fast die Einflußwirkung
des Konfessionsfaktors. Was die Steigerung des NSDAP-Anteils angeht,
wird 1933 erwartungsgemäß der Konfessions- vom Landwirtschaftsfaktor übertroffen. Auch nach Kontrolle des möglicherweise konkurrierenden Einflusses der Konfession, der Hofgröße und des durchschnittlichen

Einheitswertes der landwirtschaftlichen Betriebe war der Anstieg der NSDAP zwischen November 1932 und März 1933 vor allem dort besonders ausgeprägt, wo ein hoher Prozentsatz der Bevölkerung in der Landwirtschaft tätig war.

Wir wollen den Exkurs mit einem Blick auf die überwiegend landwirtschaftlichen Regionen des Reiches abschließen und hierbei besonders darauf achten, ob bestimmte Strukturen wie beispielsweise ein hoher Anteil an landwirtschaftlichen Familienbetrieben, eine unter- oder überdurchschnittliche Hofgröße oder ein unter- oder überdurchschnittlicher Einheitswert der Höfe die NSDAP begünstigten. Als überwiegend landwirtschaftlich geprägte Regionen definieren wir dabei diejenigen 395 Landkreise, in denen die Beschäftigten im Agrarsektor und ihre Familienangehörigen im Vergleich zu den Beschäftigten in den beiden anderen Wirtschaftsabteilungen eine (mindestens relative) Mehrheit bildeten. Im Durchschnitt dieser Kreise beträgt der Anteil der landwirtschaftlichen Bevölkerung rund 51 Prozent, vom äußeren Erscheinungsbild wie von der dominierenden Wirtschaftsstruktur her handelt es sich also tatsächlich um echte Agrarregionen, wie sie es in der (alten) Bundesrepublik kaum noch gibt. Als Kontrollmerkmal führen wir wie üblich die Konfession der jeweiligen Kreiseinheiten ein.

Wie Übersicht 7.10 belegt, ist in den evangelischen Kreisen ab Juli 1932 ein leichter, bis 1933 noch zunehmender Einfluß des Mithelfendenanteils zu beobachten. Wo überdurchschnittlich viele Mithelfende leben, fallen die NSDAP-Wahlerfolge demnach im Schnitt höher aus als dort, wo weniger Mithelfende zu finden waren. In den katholischen Agrarregionen tritt, wenn überhaupt, ein Zusammenhang zwischen Mithelfenden- und NSDAP-Anteil erst 1933 auf, doch bleibt hier der Unterschied zwischen Kreisen mit hohem und niedrigem Mithelfendenanteil mit zwei Prozentpunkten äußerst gering. Von der Hofgröße schließlich geht ebensowenig ein systematischer, eindeutig interpretierbarer Effekt aus wie vom durchschnittlichen Einheitswert. Dies bedeutet, daß zwar der Anteil der landwirtschaftlichen Bevölkerung und, wenn auch sehr viel schwächer, der bäuerlichen Familienbetriebe, nicht aber die durchschnittliche Hofgröße oder der Einheitswert den Aufstieg der NSDAP begünstigt hat. Daß dieser Einfluß des Agrarfaktors vor der Machtübernahme durch die Nationalsozialisten auf die überwiegend evangelischen Gebiete begrenzt war, ist als weiterer Beleg dafür zu werten, daß in den katholischen Regionen die üblichen Erklärungsfaktoren der NSDAP-Wahlerfolge bestenfalls eingeschränkt Geltung besaßen.

Übersicht 7.10: Die Wahlerfolge der NSDAP in Agrargebieten unterschiedlicher landwirtschaftlicher Struktur (Angaben: Prozent NSDAP)

ALLE KREISE

1930	15%
1932J	31%
1932N	26%
1933	39%

kath. Kreise	evang. Kreise
9	20
20	44
18	38
34	53

Mithelfende wenige	Mithelfende viele	Mithelfende wenige	Mithelfende viele
10	8	21	18
20	20	43	46
18	18	37	40
33	35	51	56

Hofgröße klein	groß	Hofgröße klein	groß	Hofgröße klein	groß	Hofgröße klein	groß
9	11	9	5	19	21	18	18
19	24	21	13	43	43	46	46
16	21	19	11	37	37	41	39
32	36	36	27	49	51	56	57

Einheitswert –	+	–	+	Einheitswert –	+	–	+	Einheitswert –	+	–	+	Einheitswert –	+	–	+
10	8	12	7	9	9	13	9	18	19	20	23	17	19	18	18
17	21	25	20	20	22	20	20	42	43	42	46	48	45	46	51
14	18	22	16	17	20	18	17	36	38	35	40	42	40	39	39
29	35	36	33	34	38	30	32	51	49	51	51	57	55	57	58
13	17	14	4	69	67	13	2	9	14	58	23	31	35	25	1

Berücksichtigt sind nur die 395 Kreise, in denen eine relative Mehrheit der Bevölkerung in der Landwirtschaft tätig war.

Lesebeispiel: In überwiegend evangelischen Kreisen mit vielen mithelfenden Familienangehörigen in der Landwirtschaft und einer überdurchschnittlichen Hofgröße sowie einem im Vergleich zum Reich über dem Durchschnitt liegenden Pro-

7.6. Rentner, Pensionäre und Hausfrauen

7.6.1. Die Rentner, Pensionäre und Altenteiler

Bisher haben wir uns in diesem Kapitel nur mit der erwerbstätigen Bevölkerung beschäftigt. Nicht berücksichtigt wurden in unserer Analyse die Rentner, Pensionäre und Altenteiler sowie die in der Statistik des Deutschen Reiches nur als Restkategorie auftauchenden Hausfrauen und sonstigen Familienangehörigen ohne eigenen Hauptberuf.[322] Sich mit diesen beiden Gruppen, die von der historischen Wahlforschung über den Nationalsozialismus bisher eher links liegen gelassen worden sind[323], näher zu beschäftigen, erscheint nicht zuletzt auch deshalb als geboten, weil sie in der Weimarer Republik jeweils einen beträchtlichen Teil der Wahlberechtigten stellten. So fielen rund 5,8 Millionen Personen bei der Volks- und Berufszählung von 1933 unter die Kategorie der „Berufslosen Selbständigen", ein bereits damals antiquierter Terminus für Rentner, Pensionäre und Altenteiler sowie einige kleinere, numerisch unbedeutende, von der Berufszählungssystematik nicht erfaßte Gruppen. Einschließlich ihrer Familienangehörigen ohne eigenen Hauptberuf umfaßten die „Berufslosen Selbständigen" im Jahre 1933 rund 8 Millionen Einwohner oder etwas mehr als 13 Prozent der Bevölkerung des Deutschen Reiches. Damit war diese Gruppe, von deren Mitgliedern wegen des Altersaufbaus der „Berufslosen Selbständigen" die weitaus meisten wahlberechtigt waren, zahlenmäßig gewichtiger als beispielsweise die Angestellten, die Beamten oder auch die Kategorie der mithelfenden Familienangehörigen. Die Hausfrauen und sonstigen Familienangehörigen ohne eigenen Hauptberuf schließlich machten noch einmal gut 14 Prozent aller Wahlberechtigten aus, auch dies also eine keineswegs von vorneherein zu vernachlässigende Kategorie.

Die von der Statistik des Deutschen Reiches in der Wirtschaftsabteilung 7 zusammengefaßten „Berufslosen Selbständigen" setzten sich 1933 zu fast 90 Prozent aus Rentnern, Pensionären und Altenteilern zusammen. Jeder zwanzigste war Rentier im klassischen Sinne, also ein vom eigenen Vermögen lebender, sozusagen echter „berufsloser Selbständiger". Den zahlenmäßig unbedeutenden Rest bildeten kleinere Gruppen wie die Insassen von Armenhäusern, Irren- und Strafanstalten, nicht in ihrer

Hektar-Einheitswert der Höfe wurde die NSDAP im Juli 1932 von rund 51 Prozent der Wahlberechtigten gewählt, in gleichstrukturierten Kreisen mit einem unter dem Reichsdurchschnitt liegenden Einheitswert dagegen nur von 46 Prozent.

Familie lebende Studenten, Schüler und Lehrlinge sowie nichttätige Referendare und Versorgungsanwärter.

Über 90 Prozent aller „Berufslosen Selbständigen" waren älter als 50 Jahre, etwa 50 Prozent hatten 1933 das 65. Lebensjahr bereits überschritten, waren also noch vor der Reichsgründung im Jahre 1870 geboren. Erzogen und politisch sozialisiert wurden diese „Berufslosen" fast alle noch im 19. Jahrhundert. Ihre Lebenserfahrung war geprägt durch die relativ lange Zeit des Friedens und wirtschaftlichen Aufschwungs vor 1914, aber auch durch die obrigkeitsstaatlichen Traditionen des wilhelminischen Reiches, die Kriegsteilnahme im Ersten Weltkrieg, die Novemberrevolution und die militärische Niederlage von 1918 sowie die drohende Anarchie der ersten Nachkriegsjahre und nicht zuletzt die Inflation, in der nicht wenige Rentiers ihr – größtenteils mühsam erarbeitetes – Geldvermögen verloren. Man sollte meinen, daß die Wahlpropaganda der NSDAP bei dieser Sozialgruppe auf besonders fruchtbaren Boden fiel.

Erstaunlicherweise war die Gruppe der Berufslosen innerhalb der NSDAP-Mitglieder jedoch deutlich unterrepräsentiert. Zwar kann dies aus den neueren Mitgliederstudien nicht direkt abgelesen werden, da weder J. Paul Madden noch Michael Kater in ihren Untersuchungen die Kategorie der „Berufslosen" oder die Rentner und Pensionäre explizit berücksichtigen. Aus der offiziellen NSDAP-Parteistatistik von 1935, die auch Aussagen über die Zusammensetzung der Partei vor der Machtübernahme ermöglicht und nach unseren heutigen Erkenntnissen erheblich exakter ist, als ihr viele Zeithistoriker ursprünglich zubilligen wollten, geht jedoch hervor, daß nur rund zwei Prozent der NSDAP-Parteimitglieder (gegenüber etwa 13 Prozent der wahlberechtigten Bevölkerung) Rentner oder Pensionäre waren.[324] Indirekt wird dieses Resultat durch andere Ergebnisse Michael Katers und J. Paul Maddens bestätigt, die für die Periode von der Neugründung der Partei im Jahre 1925 bis zur Machtergreifung 1933 eine klare, durchgängige Unterrepräsentation von Personen über 60 Jahren unter den Neueintretenden ermittelten.[325] Von ihren Mitgliedern her gesehen war die NSDAP eine ausgesprochen jugendliche Partei; das Durchschnittsalter ihrer Mitglieder lag vor der sogenannten Machtergreifung knapp über 30 Jahren und damit erheblich unter dem der übrigen Parteien.

Doch gilt diese Unterrepräsentation der „Berufslosen" auch für die Wähler der NSDAP? Diese Frage ist anhand der verfügbaren statistischen Informationen nur schwer zu beantworten. Denn Berufslose gibt es (ebenso wie Junge und Alte) überall. Kreise ohne Rentner oder Pensionäre existierten in der Weimarer Republik naturgemäß ebenso wenig wie Gebietseinheiten, die sich ganz überwiegend aus diesen Sozialgruppen

Tabelle 7.14: Die durchschnittlichen NSDAP-Anteile in Kreisen mit einem unterschiedlichen Prozentsatz an Berufslosen

| | Reichsdurch-schnitt | Terzil | | | Korrelations-koeff. |
		1	2	3	
Alle Kreise		% NSDAP			
1928	2.0	2	2	2	09
1930	14.9	13	15	17	25
1932J	31.0	29	31	33	14
1932N	26.5	25	26	28	12
1933	38.7	38	38	40	07
Städt. Kreise		% NSDAP			
1928	2.1	2	2	2	24
1930	14.9	12	15	17	30
1932J	28.4	29	36	36	21
1932N	24.1	25	31	31	20
1933	34.9	40	45	45	25
Ländliche Kreise		% NSDAP			
1928	1.9	2	3	2	09
1930	14.9	13	15	17	23
1932J	33.6	27	29	31	23
1932N	28.9	22	25	27	20
1933	42.6	38	35	38	17
Quartilsbreite		4–12%	12–14%	14–40%	

Angaben in Prozent der Wahlberechtigten.

zusammengesetzt hätten. Es fehlt also, wie auch bei manchen anderen Merkmalen, die für bestimmte statistische Analysen notwendige Variation zwischen den Gebietseinheiten, wie sie etwa im Falle der Konfession oder der Verstädterung bis heute vorliegt. Dennoch gibt es natürlich auch bei den „Berufslosen" Schwankungen zwischen den Gebietseinheiten: Der minimale Prozentsatz innerhalb unseres Kreisdatensatzes liegt bei etwa über 4 Prozent, der höchste Anteil beträgt immerhin rund 40 Prozent; die weitaus meisten Kreise jedoch weisen einen Berufslosenanteil zwischen 10 und 16 Prozent der Wahlberechtigten auf.

Der statistische Zusammenhang zwischen Berufslosen- und NSDAP-Anteil ist durchweg positiv, wenn auch recht schwach ausgeprägt. Den-

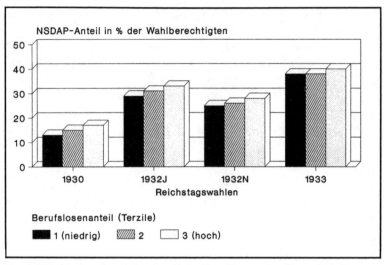

Der NSDAP-Anteil und der Anteil der Berufslosen. Grafik zu Tabelle 7.14.

noch konnten die Nationalsozialisten bei allen fünf hier untersuchten Reichstagswahlen in Kreisen mit einem höheren Berufslosenanteil im Durchschnitt etwas besser abschneiden als in Kreisen mit einem niedrigeren Prozentsatz von Berufslosen (vgl. Tabelle 7.14). Im September 1930 und Juli 1932 beträgt die Differenz der NSDAP-Stimmenanteile zwischen dem Drittel der Kreiseinheiten mit dem niedrigsten und dem Drittel mit dem höchsten Berufslosenanteil immerhin vier Prozentpunkte, ein Wert, der in den städtisch strukturierten Untersuchungsgebieten mit fünf bzw. sieben Prozentpunkten sogar noch etwas höher ausfällt als im Reichsdurchschnitt. Dies läßt es sinnvoll erscheinen, dem Zusammenhang zwischen beiden Merkmalen im Kontrastgruppenvergleich weiter nachzugehen.

Der Kontrastgruppenvergleich belegt, daß der Stimmenanteil der NSDAP auch dann noch mit dem Prozentsatz der Berufslosen zunimmt, wenn man die Konfession als zusätzlichen Kontrollfaktor in die Betrachtung einbezieht (vgl. Übersicht 7.11). Wieder fällt auf, wie schon so oft, daß in überwiegend katholischen Gebieten der Zusammenhang zwischen beiden Merkmalen sehr viel schwächer ausgeprägt ist als in den evangelischen Kreiseinheiten. Generell ist jedoch davon auszugehen, daß zumindest auf Gebietsebene eine – wenn auch insgesamt schwache – positive statistische Beziehung zwischen dem Anteil der Berufslosen und den Wahlerfolgen der Nationalsozialisten besteht. Dort, wo der Anteil der Rentner, Pensionäre und Altenteiler über dem Durchschnitt lag, fiel auch

Übersicht 7.11: Der Einfluß des Anteils der Rentner und Pensionäre auf die Wahlerfolge der NSDAP im Kontrastgruppenvergleich

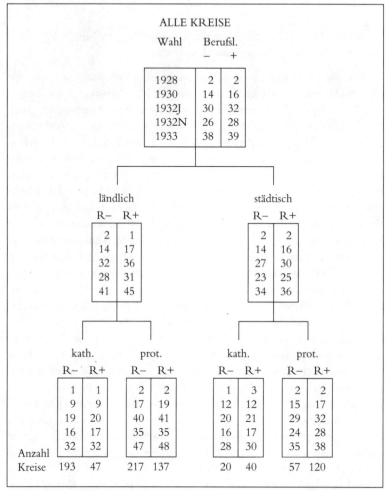

(R−) Kreise mit einem unterdurchschnittlichen Rentner- und Pensionärsanteil.
(R+) Kreise mit einem überdurchschnittlichen Rentner- und Pensionärsanteil.
„Rentner und Pensionäre": Berufslose (ohne mithelfende Familienangehörige) laut Berufszählung 1933 in Prozent der Wahlberechtigten 1933.
Lesebeispiel: In evangelisch-städtischen Kreisen mit überdurchschnittlichem Berufslosenanteil erhielt die NSDAP im Juli 1932 von rund 32 Prozent der Wahlberechtigten die Stimme, in evangelisch-städtischen Kreisen mit einem unterdurchschnittlichen Berufslosenanteil hingegen stimmten rund 29 Prozent für sie.

der Prozentsatz der für die NSDAP abgegebenen Stimmen tendenziell
überdurchschnittlich aus und umgekehrt.[326] Eine solche Verteilung ist
zwar nicht als Beweis, aber doch als Indiz für eine höhere Affinität von
Berufslosen zur NSDAP zu werten.

7.6.2. Die Hausfrauen und sonstigen wahlberechtigten Familien-angehörigen ohne eigenen Hauptberuf

So gut wie keine Rolle in wahlhistorischen Untersuchungen (nicht nur
über die NSDAP) spielt die Parteiaffinität der Hausfrauen und der übrigen
wahlberechtigten Familienangehörigen ohne eigenen Hauptberuf. Auch
hier handelt es sich, wie gezeigt, keineswegs um eine kleine, von vorneherein vernachlässigbare Personengruppe. So gab es 1933 rund 6,5 Millionen Personen im Wahlalter, das sind fast 15 Prozent aller Wahlberechtigten, die weder erwerbstätig noch erwerbslos oder „berufslos" waren,
sondern Ehefrauen oder sonstige Angehörige ohne Hauptberuf (häufig
erwachsene Kinder ohne eigenen Hausstand, die meisten davon wiederum Frauen). Daß diese Personengruppe durch das Raster der meisten
wahlhistorischen Untersuchungen hindurchfällt, ist wohl zum einen auf
die Tatsache zurückzuführen, daß sie von der offiziellen Berufszählung
auf der Ebene der kleineren Verwaltungseinheiten nicht ausdrücklich
erwähnt werden, sondern vom Sozialforscher (wie auch hier geschehen)
anhand der Differenz zwischen der Zahl aller Wahlberechtigten und der
Summe aus Erwerbspersonen und Berufslosen ermittelt werden müssen.[327] Zum anderen ist sicherlich auch die Überlegung von Bedeutung,
daß – selbst heute noch – Eheleute dazu neigen, für die gleichen Parteien
und Kandidaten zu stimmen. Hierfür dürfte eine Vielzahl von Faktoren
verantwortlich sein: die Gemeinsamkeit der Lebenslage, die bei Eheleuten
häufig recht ähnliche regionale, konfessionelle und soziale Herkunft und,
dadurch bedingt, eine inhaltlich gleichgelagerte politische Sozialisation,
aber auch die gegenseitige politische Beeinflussung innerhalb der Familie
und eine (damals stärker als heute wirksame) rollenspezifische Dominanz
des Ehemannes in politischen Fragen.[328]

Andererseits wissen wir anhand der Sonderauszählungen nach dem
Geschlecht, daß die Übereinstimmung vermutlich nicht vollständig war.
Bestimmte Parteien wie etwa die beiden katholischen Gruppierungen
oder der evangelische Christlich-Soziale Volksdienst wurden nämlich
eindeutig von Frauen, andere wie etwa die KPD oder (vor 1930) die
NSDAP ebenso eindeutig von Männern bevorzugt. Auch ist zu bedenken, daß die Zahl der wahlberechtigten Familienangehörigen ohne eigenen Hauptberuf zwischen den einzelnen sozialen Schichten erheblich

Tabelle 7.15: Die durchschnittlichen NSDAP-Anteile in Kreisen mit einem unterschiedlichen Prozentsatz an Hausfrauen und sonstigen nicht-berufstätigen Familienangehörigen

	Reichsdurch-schnitt	Terzil			Korrela-tionskoeff.
		1	2	3	
Alle		% NSDAP			
Kreise					
1928	2.0	2	2	2	−07
1930	14.9	15	16	14	02
1932J	31.0	32	33	28	−14
1932N	26.5	28	28	24	−15
1933	38.7	43	39	34	−35
Städt.		% NSDAP			
Kreise					
1928	2.1	5	2	2	−34
1930	14.9	17	16	14	−21
1932J	28.4	27	30	28	−15
1932N	24.1	23	26	23	−16
1933	34.9	35	36	32	−20
Ländliche		% NSDAP			
Kreise					
1928	1.9	2	2	2	06
1930	14.9	14	15	15	18
1932J	33.6	33	35	32	12
1932N	28.9	28	30	27	11
1933	42.6	44	41	38	−08
Quartilsbreite		−11%	11−20%	> 20%	

„Hausfrauen und sonstige nicht-berufstätige Familienangehörige" = Wahlberechtigte − (Erwerbstätige + Erwerbslose + Berufslose).
Angaben in Prozent der Wahlberechtigten.
Lesebeispiel: 1933 wurde die NSDAP in den 277 Kreiseinheiten mit dem niedrigsten Prozentsatz an Hausfrauen (1. Terzil) von 43 Prozent, in den 277 Kreiseinheiten mit dem höchsten Hausfrauenanteil dagegen nur von 34 Prozent der Wahlberechtigten gewählt.

differierte. Dies läßt sich anhand der Berufstätigkeit der Ehefrauen belegen: Waren 1925 nur zehn Prozent der Ehefrauen von Angestellten und Beamten berufstätig, so waren es beispielsweise bei den Arbeitern 22 Prozent, bei den Selbständigen sogar über die Hälfte (die meisten der letzteren allerdings als mithelfende Familienangehörige).[329] Auch waren

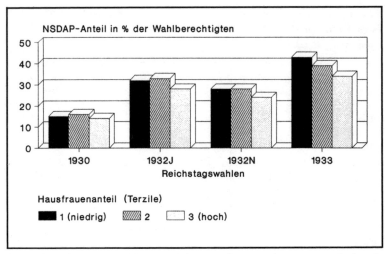

Der NSDAP-Anteil und der Anteil der Hausfrauen und sonstigen nicht-berufs-tätigen Familienangehörigen. Grafik zu Tabelle 7.15.

nicht nur, wie weiter oben erwähnt, die Bildungschancen zwischen den Geschlechtern, sondern auch zwischen den Frauen unterschiedlicher sozialer Schichten höchst ungleich verteilt: Nur zwischen 10 und 15 Prozent der Studenten waren Frauen[330], die weitaus meisten von ihnen stammten aus der Oberschicht und dem akademischen Bürgertum. Die Chance eigener, nicht durch den Ehemann oder den Haushaltungsvorstand gefilterter politischer Erfahrungen außerhalb der Familie, am Arbeitsplatz oder in der Universität war also für die Frauen der verschiedenen Sozialschichten sehr ungleich verteilt. All das zusammengenommen läßt es sinnvoll erscheinen, auch die nicht durch die Berufssystematik erfaßte Kategorie der Ehefrauen und Angehörigen ohne eigenen Hauptberuf (darunter auch selbstverständlich Männer, beispielsweise wahlberechtigte Schüler, Studenten und Lehrlinge ohne eigenen Hausstand) im folgenden derselben Analyse zu unterziehen wie in den vorangegangenen Teilen die einzelnen Berufsgruppen.

Wie die Prozentverteilungen und Korrelationskoeffizienten von Tabelle 7.15 zeigen, besteht auf der Ebene aller Kreise zwischen den Wahlerfolgen der NSDAP und dem Anteil der nicht-berufstätigen Familienangehörigen, von denen die weitaus meisten Ehefrauen gewesen sein dürften, zunächst kein nennenswerter statistischer Zusammenhang. Zwischen Juli 1932 und März 1933 jedoch tritt eine deutlichere statistische Beziehung auf, wobei das negative Vorzeichen der Korrelationskoeffizienten in der letzten Spalte von Tabelle 7.17 darauf hinweist, daß der Prozentsatz der

NSDAP-Stimmen mit zunehmendem Hausfrauenanteil der Tendenz nach zuerst leicht, dann schon recht spürbar abnimmt. So erzielte die NSDAP in Gebieten mit niedrigerem Hausfrauenanteil im März 1933 immerhin einen Wähleranteil von 43 Prozent, während er in dem Drittel der Kreise mit dem höchsten Prozentsatz von nicht-berufstätigen Haushaltsangehörigen nur 34 Prozent betrug. Da der Hausfrauenanteil jedoch über die verschiedenen Kreise hinweg sehr unterschiedlich verteilt ist (er korreliert beispielsweise relativ hoch mit dem Angestellten- und Beamtenanteil, wohl ein Ergebnis der insgesamt niedrigeren Berufstätigkeit von Beamten- und Angestelltenehefrauen), empfiehlt sich ein Blick auf den Zusammenhang beider Merkmale in eher städtischen und ländlichen Kontexten. In den städtisch strukturierten Kreisen bleibt die statistische Beziehung zwischen beiden Merkmalen negativ, während sie in den ländlich geprägten Kreisen – mit Ausnahme der Märzwahl 1933 – ein positives Vorzeichen annimmt. Die Prozentverteilungen verlaufen dabei jedoch wenig eindeutig, so daß sich kein klarer, unzweideutiger Zusammenhang ergibt.

Dies ändert sich auch im Kontrastgruppenvergleich, in dem zusätzlich zur Konfession und zur Urbanisierung diesmal der Anteil der Angestellten und Beamten als Kontrollmerkmal aufgenommen worden ist, nicht grundsätzlich (vgl. Übersicht 7.12). Auch hier gilt wieder, daß in den überwiegend katholischen Kreisen geringere Unterschiede zwischen den Gebietseinheiten mit überdurchschnittlich vielen und wenigen Hausfrauen bestehen als in den evangelischen Kreisen.[331] Deutlich erkennbar tritt in letzteren in sämtlichen Verzweigungen des Kontrastgruppenbaumes ein negativer Effekt des Hausfrauenanteils hervor. So liegen in den meisten evangelischen Kreiseinheiten mit einem hohen Hausfrauenanteil die NSDAP-Werte deutlich unter denen mit einem niedrigen Hausfrauenanteil. Da diese negative statistische Beziehung auch nach Kontrolle der Merkmale „Urbanisierung" und „Neue Mittelschicht" auftritt, kann man wohl von einem „echten" Zusammenhang ausgehen, was auch durch die Ergebnisse einer parallel dazu durchgeführten multiplen Regressionsanalyse bestätigt wird.[332] Vermutlich schlägt sich in dieser negativen, die Ausbreitung der NSDAP potentiell hemmenden Wirkung des Faktors „Hausfrauenanteil" die in Kapitel 6.1 herausgearbeitete Tatsache nieder, daß die NSDAP bei Wahlen Frauen zunächst weniger stark anzog als Männer, ein Faktum, das sich nach der „Machtergreifung" den Aussagen vieler Augenzeugen zufolge sehr schnell und nachhaltig ändern sollte.[333]

Übersicht 7.12: Der Einfluß des Anteils der Haushaltsangehörigen ohne eigenen Hauptberuf auf die Wahlerfolge der NSDAP im Kontrastgruppenvergleich

ALLE KREISE

− %	RTW	+ %
2	1928	2
11	1930	15
26	1932J	31
23	1932N	27
40	1933	37

KONFESSION

überwiegend katholisch		überwiegend evangelisch	
−	+	−	+
2	1	2	2
10	11	18	16
19	20	41	31
17	17	35	27
32	29	48	37

URBANISIERUNG

überwiegend ländlich		überwiegend städtisch		überwiegend ländlich		überwiegend städtisch	
−	+	−	+	−	+	−	+
1	1	6	1	2	2	3	2
9	11	14	11	18	16	17	16
19	20	20	21	42	36	34	30
16	17	17	17	36	31	29	26
32	29	30	29	49	42	40	36

ANGESTELLTE/BEAMTE

wenig		viel		wenig		viel		wenig		viel		wenig		viel	
−	+	−	+	−	+	−	+	−	+	−	+	−	+	−	+
1	1	2	3	1	1	7	1	2	2	1	2	3	1	3	2
9	11	12	15	5	9	17	12	18	16	14	16	20	14	16	16
19	20	18	28	11	17	23	22	42	36	37	32	40	28	31	30
17	17	15	28	9	14	19	18	36	31	32	27	34	25	27	26
32	29	30	37	20	26	33	30	50	42	42	36	44	34	38	36

| N 219 | 16 | 4 | 1 | 6 | 8 | 15 | 31 | 293 | 54 | 3 | 4 | 15 | 14 | 21 | 127 |

(−) Kreise mit einem unterdurchschnittlichen Hausfrauenanteil.
(+) Kreise mit einem überdurchschnittlichen Hausfrauenanteil.

7.7. Die relative Anfälligkeit der verschiedenen Berufsgruppen gegenüber dem Nationalsozialismus
Eine Zusammenfassung

In diesem Kapitel haben wir eine Reihe von Informationen über die Wirkung sozialstruktureller Einflußfaktoren auf das Abschneiden der NSDAP und die Anfälligkeit der verschiedenen Berufsgruppen gegenüber dem Nationalsozialismus erarbeitet, Informationen, durch die frühere Einsichten teilweise bestätigt wurden, teilweise aber auch revidiert werden mußten. Bestätigt werden konnte beispielsweise die Auffassung, daß die NSDAP-Wahlerfolge in Gebieten mit vielen Selbständigen, vor allem vielen Bauern, und in Kreisen mit vielen Beamten über dem Durchschnitt lagen. Nicht bestätigen konnten wir dagegen die lange Zeit als nahezu unumstößlich angesehene Ansicht, die Arbeitergebiete seien insgesamt oder doch zum weitaus größten Teil gegenüber dem Nationalsozialismus immun gewesen, während die NSDAP in Kreisen mit vielen Angestellten besonders viele Anhänger gefunden habe. Die Ergebnisse dieses Kapitels legen vielmehr eine ganz andere Interpretation nahe: Kreise mit vielen Arbeitern, einer Berufsgruppe, die schon in der Weimarer Republik sozial durchaus recht heterogen war, zeigten sich in ihrer Gesamtheit zwar weniger NSDAP-anfällig als der Durchschnitt aller Kreise, keineswegs aber waren sie resistenter als Gebiete mit vielen Angestellten. Die immer wieder unterstellte Immunität von Arbeitern gegenüber dem Nationalsozialismus beschränkte sich weitestgehend auf das (vermutlich stärker sozialistisch und gewerkschaftlich organisierte) Industriearbeitermilieu, das auch für die Zeit vor 1933 nicht als typisch für die Gesamtarbeiterschaft der Weimarer Republik angesehen werden kann. Überraschend ist, daß es die Nationalsozialisten in Gebieten mit einem hohen Angestelltenanteil unerwartet schwer hatten. In Kreisen mit einem überdurchschnittlichen Anteil an Berufslosen schließlich lagen die Wahlergebnisse der NSDAP leicht über, in Kreisen mit einem hohen Prozentsatz von Hausfrauen und sonstigen Familienangehörigen ohne eigenen Hauptberuf dagegen merklich unter dem Reichsdurchschnitt.

Wir wollen diese Ergebnisse in Tabelle 7.16 noch einmal zusammenfassen. Wiedergegeben ist in dieser Tabelle der besseren Übersichtlichkeit halber – in Form der Vorzeichen der entsprechenden Regressionskoeffizienten[334] – lediglich die Richtung des vom jeweiligen Berufsmerkmal auf den NSDAP-Stimmenanteil ausgeübten Einflusses. Ein negatives Vorzeichen zeigt an, daß der NSDAP-Anteil tendenziell unter dem Reichsdurchschnitt lag, wo viele Arbeiter oder Angestellte lebten; ein positives

Tabelle 7.16: Die Richtung der Beeinflussung des NSDAP-Anteils durch die verschiedenen Berufsmerkmale nach Kontrolle von Konfession und Verstädterung

%NSDAP	Arbeiter	Angestellte	Beamte	Selbständige	Berufslose
1928	–	–	+	+	+
1930	–	–	+	+	+
1932J	–	–	+	+	+
1932N	–	–	+	+	+
1933	–	–	+	+	+

+/–: Vorzeichen der Regressionskoeffizienten für die jeweilige Berufsvariable. Neben dem jeweiligen Berufsanteil gingen in die Regressionsgleichung als Kontrollfaktoren noch die Konfession und die Urbanisierung der Kreise ein (= jeweils drei Prädiktoren je Gleichung). Abhängiges Merkmal ist der NSDAP-Anteil bei der jeweiligen Wahl.

Vorzeichen weist darauf hin, daß der NSDAP-Erfolg im Schnitt über dem Reichsdurchschnitt lag, wo viele Beamte, Selbständige oder Berufslose wohnten.

Über die Stärke des jeweiligen Einflusses ist in Tabelle 7.16 ebensowenig etwas ausgesagt wie über die relative Bedeutung der einzelnen Faktoren für die Höhe der NSDAP-Wahlerfolge. Interessanter als die isolierte Betrachtung jedes einzelnen Merkmals dürfte denn auch der Versuch sein, den relativen Einfluß der verschiedenen Sozialstrukturfaktoren auf die Wahlergebnisse der NSDAP zu ermitteln. Denn dies ist in der bisherigen Analyse nur am Rande erfolgt. Hierzu ist es notwendig, das Zusammenspiel der verschiedenen, bisher im Prinzip getrennt analysierten Einflüsse zu untersuchen. Zunächst soll dies wiederum mit Hilfe eines Kontrastgruppenvergleichs erfolgen, in dem die Kreise – neben der nahezu schon obligatorischen Aufspaltung nach der Konfession – entsprechend ihrer jeweiligen beruflichen Zusammensetzung aufgegliedert worden sind (vgl. Übersicht 7.13).

Von Bedeutung für uns ist bei der Interpretation dieses Kontrastgruppenvergleichs in erster Linie die unterschiedliche Differenzierungsfähigkeit jedes einzelnen Merkmals hinsichtlich des NSDAP-Anteils. Schon ein flüchtiger Blick belegt, daß von der Konfession der weitaus größte Einfluß auf die nationalsozialistischen Wahlerfolge ausgegangen ist. Dieser Einfluß bleibt auch dann erhalten, wenn man die Berufsfaktoren statistisch kontrolliert, also in den Verästelungen des Kontrastgruppenbaums weiter hinabsteigt.[335] An zweiter Stelle folgt der vom Alten Mittelstand der Selbständigen in Handel, Gewerbe, Dienstleistungen und

Landwirtschaft ausgehende Effekt, der allerdings bei jeder der hier betrachteten Wahlen weit hinter dem der Konfession zurücksteht. Dagegen ist die vom Anteil der Arbeiter und der Neuen Mittelschicht der Angestellten und Beamten ausgeübte Wirkung auf das Abschneiden der NSDAP schon fast vernachlässigbar gering.

Besseren, da sowohl adäquat gewichteten als auch numerisch genau spezifizierten Aufschluß über die unterschiedliche Einflußstärke der untersuchten Sozialmerkmale gibt uns die multiple Regressionsanalyse; sie ermöglicht es uns überdies, weitere Faktoren in die Betrachtung mit einzubeziehen. Hierbei handelt es sich um den Verstädterungsgrad und den Prozentsatz der „Berufslosen", zwei Merkmale, die aus Gründen der Übersichtlichkeit nicht in den Kontrastgruppenvergleich von Übersicht 7.13 aufgenommen worden waren. Die Ergebnisse zweier multipler Regressionsanalysen sind in Tabelle 7.17 dargestellt. Aus dem Vorzeichen der jeweiligen Koeffizienten ergibt sich wiederum die von dem betreffenden Merkmal ausgehende Wirkungsrichtung; es zeigt an, ob mit einem wachsenden Prozentsatz von Katholiken, Arbeitern etc. der NSDAP-Anteil in den Kreisen bei einer gegebenen Wahl tendenziell zu- (+) oder abnimmt (-). Die Höhe der jeweiligen Koeffizienten gibt an, wie stark der Zusammenhang ist; der relative Einfluß eines Merkmals endlich ist anhand des Vergleichs zwischen den Koeffizienten einer Wahl zu erkennen: vom Merkmal mit dem numerisch höchsten Regressionskoeffizienten wird – unabhängig vom Vorzeichen – der NSDAP-Anteil der jeweiligen Reichstagswahl am stärksten beeinflußt, von dem mit dem niedrigsten Regressionskoeffizienten am geringsten etc. [336]

Aus der vorstehenden multiplen Regressionsanalyse resultieren gegenüber der getrennten Analyse der gleichen Sozialmerkmale kaum substantielle Änderungen. Eine Ausnahme stellt lediglich die Verstädterung dar, deren Bedeutung gegen Null tendiert, wenn man den gleichzeitigen Einfluß der verschiedenen Berufsfaktoren berücksichtigt. Vermutlich bildet „Verstädterung" doch in erster Linie einen Indikator für eine bestimmte Berufszusammensetzung unserer Gebietseinheiten, der dann an Bedeutung für die NSDAP-Wahl verliert, wenn man diese Berufszusammensetzung in seiner Analyse explizit berücksichtigt. Ansonsten behalten der Prozentsatz der Katholiken sowie der Angestellten- und Arbeiteranteil ihren weiter oben herausgearbeiteten, wenn auch im Falle der Arbeiter extrem schwachen negativen, der Prozentsatz der Selbständigen sowie der Beamten- und Berufslosenanteil ihren durchweg positiven Einfluß auf die Wahlerfolge der NSDAP bei. Die stärkste Wirkung geht bei sämtlichen Reichstagswahlen nach 1928 vom Katholikenanteil aus. Mit weitem Abstand folgen, wenn auch mit unterschiedlichen Vorzei-

Übersicht 7.13: NSDAP-Wahlerfolg und Berufsstruktur der Kreise

ALLE KREISE

NS	1928	2%
NS	1930	15%
NS	1932J	31%
NS	1932N	26%
NS	1933	39%

	kath. Kreise	evang. Kreise
1928	2	2
1930	10	17
1932J	20	35
1932N	17	30
1933	31	42

	Arbeiter wenige	Arbeiter viele	Arbeiter wenige	Arbeiter viele
1928	2	1	2	2
1930	11	10	17	16
1932J	20	19	36	35
1932N	17	16	30	30
1933	32	29	42	41

	neue Mittelsch. wenige	viele	neue Mittelsch. wenige	viele	neue Mittelsch. wenige	viele	neue Mittelsch. wenige	viele
1928	1	3	1	2	3	2	2	2
1930	9	14	9	12	19	16	17	15
1932J	19	21	17	22	44	31	37	30
1932N	17	17	15	18	38	26	32	26
1933	33	30	27	31	52	37	44	36

	alte Mittelsch. −	+	alte Mittelsch. −	+	alte Mittelsch. −	+	alte Mittelsch. −	+	alte Mittelsch. −	+	alte Mittelsch. −	+	alte Mittelsch. −	+	alte Mittelsch. −	+
1928	1	1	4	2	1	1	2	5	2	3	2	3	2	2	3	3
1930	10	9	15	11	8	9	12	26	19	19	16	19	16	18	15	17
1932J	25	19	21	21	16	19	22	35	41	44	31	36	35	40	30	39
1932N	21	17	17	17	13	16	18	32	36	38	26	30	30	34	26	34
1933	36	33	30	31	25	30	30	50	46	52	36	41	41	47	36	48
Kreise	3	183	24	12	17	45	14	1	7	175	88	12	81	113	53	2

Angaben: NSDAP-Anteil in Prozent der jeweils Wahlberechtigten.

Tabelle 7.17: *Der relative Einfluß der verschiedenen Sozialmerkmale auf die Wahlerfolge der NSDAP zwischen 1928 und 1933 – Eine multiple Regressionsanalyse auf Kreisebene*

NSDAP-Anteil	% Kathol.	+ % Stadt	+ % Selb	+ % Ang	+ % Bea	+ % Arb	+ % Berufsl.	R^2
1928	−.107	.301	.395	−.069	.207	.083	.057	9%
1930	−.517	.035	.126	−.181	.197	−.010	.166	33%
1932J	−.762	−.086	.179	−.328	.185	−.048	.119	65%
1932N	−.721	−.096	.157	−.345	.158	−.084	.113	59%
1933	−.634	−.075	.382	−.345	.190	−.011	.153	63%

NSDAP-Anstieg	% Kathol.	+ % Stadt	+ % Selb	+ % Ang	+ % Bea	+ % Arb	+ % Berufsl.	R^2
1928/30	−.545	−.085	−.020	−.178	.139	−.023	.165	36%
1930/32J	−.726	−.157	.167	−.346	.118	−.081	.045	65%
1932/32N	.491	−.005	−.168	.066	−.187	−.126	.072	29%
1932N/33	.220	.051	.564	−.001	.079	.183	.100	34%

Standardisierte Regressionskoeffizienten; 831 mit der durchschnittlichen Wahlberechtigtenzahl gewichtete Kreiseinheiten. Alle Berufsmerkmale auf Wahlberechtigte prozentuiert; Katholiken- und Stadtbevölkerungsanteil auf die jeweilige Wohnbevölkerung der Kreiseinheiten. Ein Regressionsmodell, bei dem der Prädiktor „Verstädterung" weggelassen wurde, bringt größenordnungsmäßig gleiche Ergebnisse wie das hier wiedergegebene Modell.

chen, der Angestellten- und der Selbständigenanteil sowie der Prozentsatz der Beamten und der Berufslosen. Der Effekt der Verstädterung und des Arbeiteranteils schließlich ist außerordentlich gering und rangiert größenordnungsmäßig denn auch an letzter Stelle.

Recht ähnlich, allerdings nicht identisch, ist der relative Einfluß der verschiedenen Sozialvariablen auf die Veränderung des NSDAP-Anteils von Wahl zu Wahl. Bemerkenswert ist hier sicherlich der vergleichsweise hohe positive Koeffizient des Katholikenanteils bei den letzten beiden Wahlpaaren 1932 und 1933. Inhaltlich bedeutet er, daß – nach Kontrolle der übrigen im Modell berücksichtigten Faktoren – der Rückgang der NSDAP im November 1932 im Schnitt umso schwächer ausfiel und daß 1933 die Nationalsozialisten im allgemeinen umso stärker zunahmen, je

Lesebeispiel zu Übersicht 7.13: Im Juli 1932 wurde die NSDAP in katholischen Kreisen mit unterdurchschnittlichem Arbeiter-, Angestellten- und Beamtenanteil von 19 Prozent der Wahlberechtigten gewählt, in gleichstrukturierten evangelischen Kreisen hingegen von 44 Prozent.

mehr Katholiken in den Kreisen lebten. Dies belegt, daß die vergleichsweise starke Resistenz der katholischen Gebiete gegenüber dem Nationalsozialismus nicht erst nach der Machtergreifung Ende Januar 1933, sondern bereits in der zweiten Hälfte des Jahres 1932 nachließ. Allerdings ist
dieser relative Erfolg der NSDAP, wie wir gesehen haben, weniger mit
einem Einbruch der Nationalsozialisten in die Gefolgschaft des politischen Katholizismus verbunden gewesen als vielmehr mit einer Art
Nachholeffekt bei den nicht mit dem Zentrum oder der BVP verbundenen Einwohnern überwiegend katholischer Gebiete. Erwähnenswert ist
schließlich auch noch ein überproportionales Anwachsen der NSDAP im
Jahre 1933 in einer Reihe von Kreisen mit einem hohen Anteil an Arbeitern.

Fassen wir noch einmal zusammen: Auch bei gleichzeitiger Betrachtung des Einflusses der verschiedenen Berufsvariablen auf die Wahlerfolge der NSDAP schlägt bei allen Wahlen immer wieder der Konfessionsfaktor durch, während der vom Verstädterungsgrad der Kreise
ausgehende Effekt nahezu verschwindet. Bemerkenswert ist sicherlich
der geringe Einfluß des Arbeiteranteils auf das Abschneiden der NSDAP;
er ist zwar durchweg negativ, fällt aber sehr viel schwächer aus als der
Effekt anderer Berufsmerkmale. Fast noch mehr aber dürfte der recht
stark ausgeprägte negative Einfluß erstaunen, der vom Angestelltenanteil
auf die Wahlergebnisse der NSDAP ausgegangen zu sein scheint. Dieser
Effekt bleibt aus derart vielen verschiedenen Untersuchungsperspektiven
bestehen, daß man wohl tatsächlich entgegen der lange Zeit vorherrschenden Meinung von einem „echten" hemmenden Einfluß ausgehen muß:
Ein hoher Angestelltenanteil hat der Tendenz nach im allgemeinen nicht
die NSDAP-Wahlerfolge begünstigt, sondern ganz im Gegenteil abgeschwächt. Durch einen überdurchschnittlichen Beamtenanteil dagegen
wurden sie ebenso gefördert wie durch einen überdurchschnittlichen
Prozentsatz von Selbständigen oder Rentnern und Pensionären. Zumindest ein Teil der historischen Überlieferung zur Wählerschaft des Nationalsozialismus erscheint im Lichte dieser Untersuchungsergebnisse als
revisionsbedürftig.

Dies gilt unseren Ergebnissen zufolge nicht nur für die territoriale,
sondern auch für die individuelle Ebene, wie die nachstehende Tabelle, in
der noch einmal die Resultate der verschiedenen ökologischen Regressionsanalysen zusammenfassend dargestellt werden, nahelegt. Selbständige sowie Rentner und Pensionäre wählten ab 1930 deutlich überdurchschnittlich NSDAP, Arbeiter und Neuer Mittelstand dagegen stimmten –
übrigens erstaunlich einheitlich – erheblich seltener als der Durchschnitt
aller Wahlberechtigten für die Nationalsozialisten. Hausfrauen endlich

Tabelle 7.18: Die NSDAP-Wahl der sozialen Gruppen zwischen 1928 und 1933 (Angaben in Prozent der Wahlberechtigten der jeweiligen Gruppe)

	1928	1930	1932J	1932N	1933
Selbständ./Mithelfd.	2	17	39	33	49
Angestellte/Beamte	2	13	24	21	32
Arbeiter	2	12	27	24	33
Berufslose	2	20	42	35	48
Hausfrauen etc.	2	15	31	26	36
Alle Wahlberechtigten	2	15	31	26	39

Ergebnisse errechnet aufgrund sogenannter ökologischer Regressionen. Konfession und Urbanisierung kontrolliert.

Lesebeispiel: Im März 1933 stimmten 49 Prozent der wahlberechtigten Selbständigen und mithelfenden Familienangehörigen, aber nur ein Drittel der Arbeiter und der Angehörigen der Neuen Mittelschicht für die NSDAP.

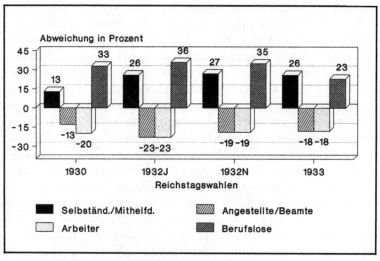

Relative Abweichungen der NSDAP-Anteile bei den sozialen Gruppen vom jeweiligen Gesamtergebnis der NSDAP. Grafik zu Tabelle 7.18.

Tabelle 7.19: Die NSDAP-Wahl der sozialen Gruppen zwischen 1928 und 1933 nach der Konfession

| | 1930 | | 1932J | | 1932N | | 1933 | |
	Kath	Prot	Kath	Prot	Kath	Prot	Kath	Prot
Selbständ./Mithelfd.	8	23	13	61	11	49	24	67
Angestellte/Beamte	11	13	17	24	14	24	29	31
Arbeiter	9	13	13	29	11	26	23	36
Berufslose	9	27	15	59	14	48	28	60
Hausfrauen etc.	8	18	14	39	13	32	25	42
Alle	9	18	16	38	14	33	28	44

Angaben: NSDAP-Stimmen in Prozent der Wahlberechtigten der jeweiligen Gruppe. Ergebnisse errechnet aufgrund ökologischer Regressionen. Grad der Urbanisierung statistisch kontrolliert.
Lesebeispiel: Im Jahre 1933 stimmten 24 Prozent der katholischen und 67 Prozent der evangelischen Selbständigen für die NSDAP.

verhielten sich – mit Ausnahme von 1933 – unseren Schätzungen nach gegenüber der NSDAP in etwa so wie die Gesamtheit aller Wahlberechtigten. Die Unterschiede im Wahlverhalten der Sozialgruppen sind also in der Tat beträchtlich. Allerdings belegt Tabelle 7.18, daß es den Nationalsozialisten dennoch gelang, in alle Volksschichten einzudringen. Zwar scheint ungefähr jeder zweite Selbständige und Berufslose im März 1933 der NSDAP seine Stimme gegeben zu haben, doch konnten die Nationalsozialisten auch jeden dritten Arbeiter und Angehörigen der Neuen Mittelschicht mobilisieren. Stärker als jede andere Partei der Weimarer Republik näherte sich die NSDAP von der Sozialstruktur ihrer Anhänger her dem Idealtypus der Massenintegrations- oder Volkspartei, in der über die traditionellen Spannungslinien der deutschen Parteienlandschaft hinweg Angehörige aller Berufsgruppen und Schichten versammelt waren.

Keine Gruppe erwies sich folglich als vollständig resistent gegenüber dem Nationalsozialismus, eine Tatsache, die ebenso schlecht in die Konzeption des Extremismus der Mittelklasse hineinpaßt wie die von der Mittelschichttheorie nicht vorgesehene relative Immunität der meisten kirchengebundenen Katholiken gegenüber der NSDAP, von denen gerade auch die Angehörigen der Alten Mittelschicht ihren traditionellen Parteien bis 1933 verbunden blieben (vgl. Tabelle 7.19). Es ist auffällig, daß in allen Berufsgruppen und bei allen Wahlen Katholiken weniger NSDAP-anfällig gewesen zu sein scheinen als Nichtkatholiken. Die oben festgestellte überdurchschnittliche NSDAP-Wahl der Selbständigen und der Berufslosen beschränkt sich unseren Ergebnissen zufolge auf den nicht-katholischen Bevölkerungsteil. Dagegen tendierten Arbeiter beider Konfessionen erkennbar weniger zur NSDAP als der Bevölkerungsdurchschnitt. Katholische Angestellte und Beamte stimmten unseren statistischen Schätzungen zufolge in leicht überdurchschnittlichem, evangelische Wähler aus der Neuen Mittelschicht hingegen in deutlich unterdurchschnittlichem Maße für die NSDAP. Hausfrauen und sonstige Familienangehörige ohne eigenen Hauptberuf schließlich votierten mit etwa der gleichen Wahrscheinlichkeit für die NSDAP wie ihre übrigen Glaubensgenossen. Insgesamt weisen die Prozentschätzungen der ökologischen Regressionsanalyse denn auch eine recht gute Übereinstimmung mit den Ergebnissen der Einzeluntersuchungen und der multiplen Regressionsanalysen auf Gebietsebene auf. Dies kann als Indiz für ihre Stichhaltigkeit gewertet werden.

7.8. Die soziale Zusammensetzung der NSDAP-Wählerschaft

Mit diesen Erkenntnissen über die relative Affinität von Gebieten unterschiedlicher Sozialstruktur zur NSDAP und die Empfänglichkeit der einzelnen Berufsgruppen gegenüber dem Nationalsozialismus wurden allerdings bestenfalls indirekt Aussagen über die Zusammensetzung der NSDAP-Wählerschaft gemacht. Denn es wäre ja durchaus vorstellbar, daß zwar nahezu alle Wahlberechtigten irgendeiner Verzweigung eines der vorstehenden Kontrastgruppenbäume NSDAP gewählt hätten, aber innerhalb der NSDAP-Wählerschaft mangels Masse keine besondere Rolle spielten. Um darüber zu informieren, aus welchen sozialen Kontexten die Anhänger der NSDAP stammten, ist es nötig, die bisher eingeschlagene Perspektive umzudrehen und nicht mehr nach der Tendenz von sozialstrukturell unterschiedlichen Gebietseinheiten oder von Berufsgruppen zu fragen, nationalsozialistisch zu wählen, sondern von der NSDAP-Wählerschaft selbst auszugehen und sie nach ihrer beruflichen und sozialräumlichen Herkunft aufzugliedern. Wieder soll hierbei zuerst das Instrument des Kontrastgruppenvergleichs zum Einsatz kommen, da es plastischer als andere Untersuchungsformen die Darstellung der Überlagerung und Überkreuzung sozialer Einflußfaktoren erlaubt (vgl. Übersicht 7.14).

Der erste Eindruck ist der einer außerordentlich hohen Stabilität der NSDAP-Wählerstruktur.[337] Nach 1930 änderte sich die soziale Herkunft der NSDAP-Wählerschaft nicht mehr sonderlich stark. Lediglich ihr überdurchschnittliches Wachstum in den evangelischen Landgebieten im

Übersicht 7.14: Die sozialgeographische Herkunft der NSDAP-Wähler

ALLE KREISE
(WBR = 100%)

NS 1928	100%
NS 1930	100%
NS 1932J	100%
NS 1932N	100%
NS 1933	100%

WBR	kath. Kreise (27)	evang. Kreise (73)
1928	24	76
1930	19	81
1932J	18	82
1932N	17	83
1933	22	78

WBR	Arbeiter wenige (16)	Arbeiter viele (11)	Arbeiter wenige (37)	Arbeiter viele (36)
1928	16	7	41	35
1930	12	7	42	39
1932J	11	7	42	40
1932N	11	7	43	40
1933	14	8	40	38

	neue Mittelsch.		neue Mittelsch.		neue Mittelsch.		neue Mittelsch.	
WBR	wenige (11)	viele (5)	wenige (6)	viele (5)	wenige (13)	viele (23)	wenige (23)	viele (13)
1928	8	8	3	4	17	24	21	13
1930	7	5	4	4	17	25	26	13
1932J	7	3	4	3	19	23	28	12
1932N	7	3	4	3	19	23	28	12
1933	10	4	5	4	18	22	26	12

	alte Mittelsch.		alte Mittelsch.		alte Mittelsch.		alte Mittelsch.	
	− +	− +	− +	− +	− +	− +	− +	− +
WBR	1 11	4 1	3 3	4 0	1 13	22 1	11 12	12 0
1928	0 8	8 1	1 2	4 0	1 17	22 2	9 12	13 1
1930	0 6	4 1	2 2	4 0	1 16	23 2	12 14	13 0
1932J	0 7	3 1	2 2	3 0	1 18	21 1	13 16	11 0
1932N	0 7	3 1	1 2	3 0	1 18	22 1	13 15	12 0
1933	1 9	3 1	2 3	4 0	1 17	21 1	12 14	11 0
Kreise	3 183	24 12	17 45	14 1	7 175	88 12	81 113	53 2

Juli 1932 und ihr überproportionaler Anstieg in katholischen Agrargebieten im März 1933 sticht ins Auge. Auffällig, wenn auch nach den bisherigen Ausführungen alles andere als überraschend jedoch ist der äußerst niedrige Anteil von Wählern aus überwiegend katholischen Kreisen: Noch 1932 kam nur jeder sechste NSDAP-Anhänger aus Kreisen mit einem Katholikenanteil von mindestens 50 Prozent; dagegen stammten im Schnitt vier von fünf NSDAP-Wählern aus überwiegend protestantischen Gebieten. Erst bei der Reichstagswahl 1933 erfolgte eine etwas stärkere Durchdringung der katholischen Kreise durch die NSDAP, wobei dieser Einbruch, wie wir gesehen haben, weitgehend auf die katholischen Landgebiete beschränkt blieb. Im Gegensatz zum Konfessionsfaktor gab es zwischen Kreisen mit über- und unterdurchschnittlichem Arbeiteranteil, wie aufgrund unserer weiter oben geschilderten Auszählungsergebnisse ja auch nicht anders zu erwarten, innerhalb der NSDAP-Wählerschaft kaum nennenswerte Unterschiede. So lebte im Juli 1932 fast genau die Hälfte der NSDAP-Wähler in Regionen mit einem überdurchschnittlichen Arbeiteranteil, davon wiederum eine knappe Hälfte in eher ländlichen und etwas mehr als die Hälfte in eher städtischen Gebieten. Dabei waren im Vergleich zur Herkunft aller Wahlberechtigten im protestantischen Bereich die NSDAP-Wähler aus Arbeiterbezirken leicht über-, im katholischen Bereich dagegen deutlich unterrepräsentiert. Wähler aus Kreisen mit einem über dem Reichsdurchschnitt liegenden Anteil der Neuen Mittelschicht waren innerhalb der NSDAP-Anhängerschaft im Vergleich zu allen Wahlberechtigten leicht unter-, Wähler aus Gebieten mit einem überdurchschnittlichen Prozentsatz von Angehörigen der Alten Mittelschicht dagegen leicht überrepräsentiert.

Auf der Individualebene ergibt sich ein ähnliches Bild: nur geringe Veränderungen von Wahl zu Wahl in der sozialen Zusammensetzung der Wählerschaft der Partei[338], zwischen drei Viertel und vier Fünftel aller NSDAP-Anhänger Protestanten oder „Nicht-Katholiken", ein gutes Viertel Selbständige oder Mithelfende, ein weiteres Viertel Arbeiter, etwa jeder zehnte NSDAP-Wähler ein Angehöriger der Neuen Mittelschicht, und jeder Sechste Rentner und Pensionär oder Hausfrau (vgl. Tabelle 7.20). Von ihren Wählern her gesehen war die NSDAP zwar eine klar evangelisch geprägte, ansonsten aber sozial recht heterogen zusammenge-

Angaben zur Übersicht 7.14: Prozent der NSDAP-Wähler, die aus der jeweiligen Kreiskategorie kamen.
Lesebeispiel: 1930 kamen 26 Prozent der NSDAP-Wähler aus überwiegend evangelischen Kreisen mit einem überdurchschnittlichen Arbeiter- und Angestellten- bzw. Beamtenanteil.

Tabelle 7.20: Die soziale Zusammensetzung der NSDAP-Wählerschaft zwischen 1928 und 1933

	1928	1930	1932J	1932N	1933	Alle
Selbständ./Mithelfd.	26	27	31	30	31	24
Angestellte/Beamte	12	13	11	12	12	15
Arbeiter	30	26	25	26	26	32
Berufslose	13	17	17	17	16	13
Hausfrauen etc.	17	17	16	16	16	17
Alle*	98	100	100	100	101	101

Angaben: Prozent der NSDAP-Wähler der jeweiligen Wahl, die aus der jeweiligen Sozialschicht kommen.
* Spaltenprozent; kleinere Abweichungen von 100 aufgrund von Rundungsfehlern. Ergebnisse anhand der gleichen ökologischen Regressionen wie in Tabelle 7.18 errechnet.

setzte Partei. Keine Berufsgruppe dominierte eindeutig, trotz aller geschilderten Über- und Unterrepräsentationen. Die Mittelschichtwähler stellten zwar mit rund 40 Prozent aller Wähler das Gros der Parteianhänger, doch bildeten Arbeiter eine so bedeutsame Untergruppe, daß von einer reinen oder doch weit überwiegenden Mittelstandsbewegung nicht die Rede sein kann.

Dies wird besonders deutlich, wenn man die Hausfrauen und Berufslosen proportional auf die drei Sozialschichten aufteilt und das gleiche Wahlverhalten unterstellt wie das für die hauptberuflich Tätigen der jeweiligen Schicht ermittelte. Es ist zwar nicht auszuschließen, daß die Realität durch diese Aufteilungsprozedur verzerrt wird, weil die Ehefrauen von Arbeitern häufiger selbst berufstätig waren als die Ehefrauen von Angestellten und Beamten; zumindest teilweise dürfte das aber wieder dadurch ausgeglichen werden, daß unter den Rentnern, Pensionären und Altenteilern angesichts der Neuheit vieler Angestellten- und Beamtenberufe vermutlich weniger Angehörige der Neuen Mittelschicht waren als unter den Berufstätigen. Erwerbstätige, erwerbslose und im Ruhestand lebende Arbeiter sowie ihre Angehörigen hätten dann – so das Ergebnis dieser Aufteilungsprozedur – im Jahre 1933 knapp 40 Prozent aller NSDAP-Wähler (bei einem Anteil an allen Wahlberechtigten von maximal 45 Prozent) gestellt, die Angehörigen der Alten Mittelschicht rund 45 Prozent und die Berufszugehörigen der Neuen Mittelschicht etwa 17 Prozent. Eine überdurchschnittliche Repräsentation von Wählern aus der Mittelschicht ist folglich nicht zu übersehen. Dies hat bis heute wohl auch noch niemand bestritten. Andererseits erscheint es jedoch kaum länger vertretbar, angesichts eines so hohen Anteils von Wählern aus der Arbeiterschaft noch von einer Mittelschichtpartei zu sprechen. Die Wahlerfolge der Nationalsozialisten speisten sich aus so vielen unterschiedlichen Quellen, daß man die NSDAP am adäquatesten wohl tatsächlich mit Thomas Childers als Sammlungsbewegung des Protests charakterisiert. Im Vergleich zu den anderen großen Parteien der Weimarer Republik war sie trotz der angesprochenen Unter- und Überrepräsentationen einzelner Berufsgruppen sozial derart ausgeglichen zusammengesetzt, daß sie in Bezug auf die Herkunft ihrer Wähler bereits ab 1930 stärker als jede andere große Partei der damaligen Zeit Volksparteicharakter trug. Die sozialgeschichtliche Theoriebildung ist aufgefordert, Erklärungen für die nationalsozialistischen Wahlerfolge vor 1933 zu entwickeln, die dieses Faktum berücksichtigen und begreiflich machen, warum sich so viele Angehörige unterschiedlicher sozialer Gruppen zur NSDAP hingezogen fühlten. Die bisher angebotenen Erklärungen jedenfalls greifen zu kurz.

8. Arbeitslosigkeit und Verschuldung

8.1. Das Zusammenspiel statischer und dynamischer Faktoren

Wir haben uns in den letzten Kapiteln fast ausschließlich mit statischen Erklärungsfaktoren wie Konfession und Beruf, Wohnortgröße und dominierendem Wirtschaftssektor oder Herkunftsregion und Alter befaßt. Mit solchen über den kurzen Beobachtungszeitraum hinweg praktisch unveränderten Merkmalen lassen sich ohne zusätzliche äußere Einflüsse dynamische Ereignisse wie der Aufstieg des Nationalsozialismus von einer Splitterpartei zu einer Massenbewegung nicht erklären.[339] Vielmehr benötigt man hierzu nicht nur über den Raum, also querschnittlich, sondern über die Zeit, d. h. längsschnittlich variierende Erklärungsmerkmale. Deshalb unterstellen praktisch alle bisher berücksichtigten sozialhistorischen Erklärungsversuche der NSDAP-Wahlerfolge eine Beeinflussung der Wähler durch bestimmte wirtschaftliche, soziale oder politische Entwicklungserscheinungen, wobei die statischen Merkmale gewissermaßen als Filter oder Katalysator der von den dynamischen Faktoren ausgehenden Einflüsse zu verstehen sind.[340]

So sei die gleichsam strukturell vorhandene Proletarisierungsfurcht von Teilen des Neuen Mittelstandes zunächst durch die Inflation, dann durch die Weltwirtschaftskrise derart verstärkt worden, daß eine politische Radikalisierung die geradezu zwangsläufige Folge gewesen sei. Diese Radikalisierung sei entsprechend den politischen Traditionen der deutschen Angestelltenschaft vor allem den Parteien des rechten Spektrums zugute gekommen; letzten Endes habe davon die NSDAP profitiert.[341] Ähnlich läßt sich mit Seymour Martin Lipset und anderen der Extremismus des Alten Mittelstandes auf dessen wirtschaftliche Misere, insbesondere seine steigende Verschuldung während der Agrarkrise und der Großen Depression zurückführen, könnte die häufig unterstellte politische Radikalisierung vieler Arbeitsloser durch deren akute existentielle Bedrohung nach 1930 begründet werden. Gemeinsam ist all diesen Erklärungsversuchen der Verweis auf die politischen Folgen von Inflation und/ oder Weltwirtschaftskrise. Dies gilt nicht zuletzt auch für die massentheoretische Position, die ja davon ausgeht, daß eine immer größere Zahl von Wählern durch die verschiedenen gesellschaftlichen Großkrisen des ersten Drittels des 20. Jahrhunderts aus ihren traditionellen sozialen und politischen Bindungen herausgerissen und den extremen Kräften in die Arme getrieben worden sei. Was die massentheoretischen von den verschiedenen schichtungs- oder klassentheoretischen Erklärungsmodellen in erster Linie unterscheidet, ist die von letzteren unterstellte, von der massentheoretischen Sichtweise aber geleugnete Filterwirkung der Schicht- und Berufsmerkmale.

Daß praktisch sämtliche Erklärungsversuche der nationalsozialistischen Wahlerfolge so stark den Einfluß der Weltwirtschaftskrise herausstreichen, ist nicht verwunderlich. Schließlich handelt es sich hierbei um ein außerordentlich weitreichendes und tiefgreifendes Ereignis, durch das zwischen 1929 und 1933 praktisch das gesamte öffentliche und private Leben geprägt wurde. Keine soziale Schicht blieb von den Folgen der Wirtschaftskrise verschont: Millionen Arbeiter und Angestellte wurden arbeitslos, mehr noch mußten sich vom Schicksal der Arbeitslosigkeit bedroht fühlen. Viele der weiterbeschäftigten Arbeiter erlitten empfindliche Einkommenseinbußen durch Kurzarbeit. Gleichzeitig wurden die Beamten- und Angestelltengehälter schrittweise gesenkt. Auch nahmen die Konkurse und Zwangsversteigerungen, unter denen der Alte Mittelstand zu leiden hatte, ab 1929 sprunghaft zu. Sie gingen Jahr für Jahr in die Zehntausende. Kurz: es gab wohl kaum eine Familie in Deutschland, die nicht direkt oder zumindest indirekt, über Verwandte, Freunde oder Nachbarn, von den Folgen der Weltwirtschaftskrise betroffen wurde.

Andere Staaten wie etwa die USA, Schweden oder Österreich wurden allerdings in kaum geringerem Maße, wenn nicht sogar noch stärker von der Krise heimgesucht. Jede Erklärung der nationalsozialistischen Wahlerfolge muß dieses Faktum berücksichtigen und verständlich machen, warum es nicht auch in diesen Ländern zu einer so massiven Radikalisierung des Wählerverhaltens kam wie in der Weimarer Republik. Aus dem Verlauf und der Schwere der Krise allein läßt sich dies nicht begründen. Vielmehr müssen daneben nur für Deutschland geltende Einflüsse wirksam (oder im Sinne einer Immunisierung unwirksam) gewesen sein, die im Zusammenspiel mit der Krise zu der spezifisch deutschen Erscheinungsform des politischen Massenprotestes (in Form der Wahl der NSDAP) geführt haben. Diese aufzudecken ist Aufgabe der vergleichenden Forschung. Im Rahmen einer auf ein einziges Land bezogenen Fallstudie ist dies nicht möglich. Untersuchen läßt sich jedoch, ob von der allgemeinen Wirtschaftskrise besonders stark Betroffene überdurchschnittlich häufig NSDAP wählten. Zunächst wollen wir im ersten Teil dieses Kapitels den Zusammenhang zwischen Arbeitslosigkeit und NSDAP-Wahl analysieren, um uns dann im zweiten Teil dem Einfluß der Verschuldung auf die nationalsozialistischen Wahlerfolge zuzuwenden.

8.2. Arbeitslosigkeit und NSDAP-Wahlerfolge

Keine andere Folge der Weltwirtschaftskrise griff tiefer in das Leben der Bürger ein als die Massenarbeitslosigkeit, von der während der Winter 1931/32 und 1932/33 jeweils fast 40 Prozent aller Arbeiter und Angestellten erfaßt wurden. Lag die Zahl der Arbeitslosen zum Zeitpunkt der letzten unter halbwegs „normalen" Umständen stattfindenden Reichstagswahl im Jahre 1928 noch bei „nur" gut einer Million, so betrug sie vier Jahre später auf dem Höhepunkt der Wirtschaftskrise laut der offiziellen Arbeitslosenstatistik rund sechs Millionen. Tatsächlich dürfte es um die Jahreswende 1932/33 sogar etwa acht Millionen Erwerbslose gegeben haben, da bei weitem nicht alle betroffenen Personen Anspruch auf staatliche oder kommunale Unterstützung hatten und viele sich mangels Aussicht auf Erfolg nicht freiwillig als Arbeitssuchende bei den Arbeitsämtern meldeten; sie wurden dann natürlich auch nicht in den offiziellen Statistiken geführt.[342] In vielen Sparten, vor allem im produzierenden Gewerbe, war Arbeitslosigkeit zum Dauerproblem geworden. Hinzu kamen weitere knapp drei Millionen Kurzarbeiter, die ebenfalls empfindliche Einkommenseinbußen hinnehmen mußten. Hoffnung auf Besserung bestand so gut wie keine. Die Lebensumstände der Betroffenen wurden ständig bedrückender, nachdem immer wieder Leistungskürzungen auf allen drei Stufen der Arbeitslosigkeit notwendig wurden. Bei diesen drei Stufen handelte es sich (a) um die sogenannten Hauptunterstützungsempfänger, die vom Status her gesehen, wenn auch nicht von der Länge oder von der Höhe der Versorgung, in etwa den heutigen Arbeitslosengeldbeziehern vergleichbar waren, (b) die sogenannten Krisenfürsorgeempfänger (nach heutiger Nomenklatur: die Bezieher von Arbeitslosenhilfe) und (c) die Wohlfahrtserwerbslosen (heute würde man sagen: die von der Sozialhilfe unterstützten Dauerarbeitslosen). Das Zahlenverhältnis zwischen diesen drei Kategorien verschob sich im Verlauf der Krise immer stärker zur dritten hin. Schon 1932 fiel etwa die Hälfte aller offiziell als arbeitslos gemeldeten Arbeiter und Angestellten unter die Wohlfahrtserwerbslosen, also unter jene Gruppe, der es – örtlich variierend – am weitaus schlechtesten ging.

Die nüchternen Zahlen der Statistik vermögen das wirtschaftliche, soziale und psychische Elend der Betroffenen, die Verunsicherung und Angst der noch in einem festen Arbeitsverhältnis stehenden Personen in keiner Weise wiederzugeben. Der Kampf um die nackte Existenz, das Ringen um das Überleben der Familie, die Verzweiflung und die Apathie, die durch das Schicksal der Dauerarbeitslosigkeit ausgelöst wurden, entziehen sich den Darstellungsmöglichkeiten einer generalisierenden, vom Einzelschicksal notwendigerweise abstrahierenden wissenschaftlichen Betrachtungsweise.[343] Sehr viel deutlicher wird die damalige Situation von einem amerikanischen Journalisten geschildert, der an vielen Beispielen das ganze Ausmaß der bedrückenden Not jener Jahre deutlich macht. So führt Hubert Renfro Knickerbocker eine Berliner Wohlfahrtserwerbslosenfamilie an, die bei einer monatlichen Unterstützung von 51.– Reichsmark nach Abzug der Kosten für Miete, Beleuchtung, Brennmaterial usw. monatlich noch über 18.50 RM verfügen konnte. „Mit diesem Betrag konnte sich die Familie (in Berlin) pro Person folgende Tagesrationen leisten: 6 kleine Kartoffeln, 5 mitteldicke Scheiben Brot, 1 kleines Stück Kohl, ein Stückchen Margarine (16 ccm), für die Erwachsenen an drei, für das Kind an jedem Sonntag zusätzlich 1 Hering, außerdem täglich 1/2 Liter Milch für das Kind."[344] Dabei handelte es sich weder um ein Einzelschicksal noch auch nur um einen besonders krassen Fall. Für Millionen war dies die tägliche „Normalität". Vielen, etwa in den sächsischen und thüringischen Notstandsgebieten, ging es noch deutlich schlechter. Unterstützungssätze von nur fünf bis sechs Reichsmark pro Woche (für eine ganze Familie!) waren nicht selten. Angesichts dieser sich nahezu täglich verschärfenden Not – die kärgliche Substanz, sofern überhaupt vorhanden, war schnell aufgezehrt – und der sie begleitenden öffentlichen Unordnung wird die politische Radikalisierung der Wähler verständlicher. Kein Wunder, daß bereits früh auf eine ursächliche Beziehung zwischen Wirtschaftskrise und NSDAP-Wahlerfolgen geschlossen wurde.

Trägt man die Entwicklung der Arbeitslosenzahlen und der NSDAP-Stimmen in einer Grafik nebeneinander auf, so besteht zwischen beiden Zahlenreihen in der Tat eine derart enge Übereinstimmung, daß man nahezu zwangsläufig dazu neigt, von einer kausalen Beziehung zwischen beiden Merkmalen auszugehen (vgl. die folgende Abbildung): Bis zum Juli 1932 steigen Arbeitslosenquote und NSDAP-Stimmenanteil in nahezu perfekter Parallelität an, um dann im November 1932 beide gleichlaufend abzunehmen und bis zum März 1933 wieder zuzunehmen. Schon die Zeitgenossen betrachteten die Arbeitslosigkeit als einen, wenn nicht den wichtigsten Bestimmungsgrund der nationalsozialistischen Wahlerfolge.[345] Daran hat sich bis heute wenig geändert. Offen bleibt jedoch bei den meisten Interpretationen, wie denn genau die ursächliche Beziehung zwischen Arbeitslosigkeit und NSDAP-Wahlerfolgen ausgesehen haben könnte. Falls in dieser Hinsicht überhaupt explizite Annahmen formuliert werden, sind diese im allgemeinen recht vage gehalten. Einigkeit herrscht lediglich darüber, daß die Wirtschaftskrise im allgemeinen und die daraus resultierende Massenarbeitslosigkeit im besonderen den Aufstieg des

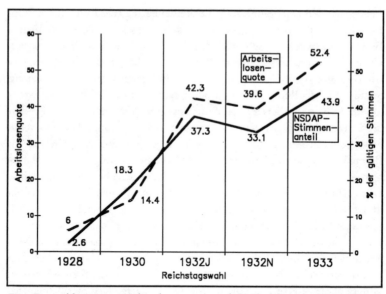

Die Entwicklung von Arbeitslosenquote und NSDAP-Stimmenanteil zwischen 1928 und 1933.

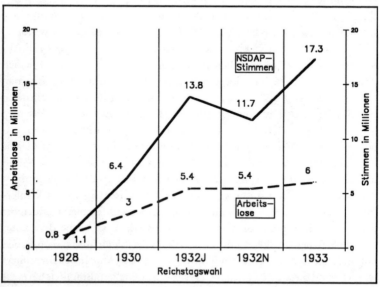

Der Anstieg der Arbeitslosigkeit und der NSDAP-Stimmen 1928–1933 (in Millionen Personen).

Nationalsozialismus begünstigt, wenn nicht sogar verursacht habe. Unklar aber ist, ob die Arbeitslosen selbst sich der Hitlerbewegung in großer Zahl angeschlossen haben oder ob vielleicht eher Personen, die nur indirekt, durch Familienmitglieder, Nachbarn oder Arbeitskollegen, von der Arbeitslosigkeit betroffen waren, für die NSDAP gestimmt haben. Oder bezog die NSDAP ihre stärkste Unterstützung etwa vor allem von Bürgern, die sich durch die Arbeitslosigkeit zwar auf die eine oder andere Weise bedroht fühlten, selbst aber weder direkt noch indirekt mit ihr in Berührung kamen?[346] Wir werden im folgenden alle drei Möglichkeiten ins Auge fassen, wobei wie gewohnt schrittweise von der einfachen zur komplexen Zusammenhangsanalyse und von der territorialen zur individuellen Ebene vorgegangen werden soll.

Zunächst aber wollen wir noch einen zweiten Blick auf den Zusammenhang zwischen dem Verlauf der Arbeitslosigkeit und der NSDAP-Stimmen auf Reichsebene werfen. Denn die in der ersten der beiden vorstehenden Abbildungen unterstellte Parallelität von Arbeitslosenquote und NSDAP-Stimmenentwicklung ist ein wenig ein Kunstprodukt des gewählten Abbildungsmaßstabes. Zum einen ist die Arbeitslosenquote kein besonders guter Indikator für das tatsächliche Ausmaß der Arbeitslosigkeit, da sie nach oben keine fest definierte Grenze hat[347] und überproportional ansteigt, je mehr Arbeitslose es gibt. Zum anderen sind der Anstieg der Arbeitslosenquote und des NSDAP-Stimmenanteils wegen der unterschiedlichen Berechnungsbasis (hier Erwerbstätige, dort gültige Stimmen) nur begrenzt miteinander vergleichbar. Wie aus der zweiten Abbildung erkennbar wird, ist die Übereinstimmung beider Entwicklungsverläufe weniger stark ausgeprägt, wenn man nicht die Arbeitslosenquote und den NSDAP-Stimmenanteil, sondern Absolutzahlen miteinander vergleicht. Es zeigt sich dann, daß die NSDAP-Stimmen nach 1928 erheblich schneller gestiegen sind als die Arbeitslosenzahlen. Statistisch gesehen ist der Zusammenhang beider Merkmale über die Zeit auf Reichsebene zwar immer noch positiv, aber bei weitem nicht mehr so klar ausgeprägt, wie zunächst hervorzugehen schien. Schließlich gilt es zu berücksichtigen, daß natürlich auch in diesem Falle aus der Beziehung zweier Merkmale auf Reichsebene weder auf ihren statistischen Zusammenhang auf Kreis- und Gemeindeebene noch gar auf das Wahlverhalten der Arbeitslosen selbst geschlossen werden darf. Ableiten läßt sich aus den beiden vorstehenden Abbildungen lediglich, daß der Anstieg des Nationalsozialismus und die Zunahme der Arbeitslosigkeit in einem gewissen, wenn auch beileibe nicht perfekten Ausmaße parallel zueinander verliefen.

8.2.1. Der Zusammenhang zwischen Arbeitslosigkeit und NSDAP-
Wahlerfolgen auf Kreis- und Gemeindeebene

Lange Zeit galt es für die meisten Zeithistoriker und Sozialhistoriker als
ausgemacht, daß die NSDAP von der Arbeitslosigkeit direkt profitiert
habe, indem sie in Kreisen mit einem überdurchschnittlichen Arbeitslosenanteil mehr Stimmen gewinnen konnte als in Kreisen mit einem
unter dem Reichsdurchschnitt liegenden Arbeitslosenanteil.[348] Doch waren diese Ergebnisse zumeist weder reichsweit anhand aller Kreise oder
Gemeinden ermittelt, noch basierten sie auf adäquaten statistischen Auswertungsverfahren.[349] Dennoch wurde der Konsens angesichts der auf
Reichsebene so überaus suggestiven Beziehung beider Merkmale von der
Wissenschaft erst relativ spät in Frage gestellt, auch wenn in der Literatur
natürlich hie und da Überlegungen geäußert wurden, möglicherweise
hätten die Kommunisten stärker als die Nationalsozialisten aus der Arbeitslosigkeit Gewinn gezogen, ja sie seien die eigentliche Arbeitslosenpartei gewesen.[350]

Hierfür hätte auch ein Blick auf die Extremkreise mit sehr hoher und
sehr niedriger Arbeitslosigkeit gesprochen. Die – auf die Wahlberechtigten bezogen – prozentual wenigsten Arbeitslosen gab es in einigen württembergischen und bayerischen Landkreisen, in denen laut Volkszählung
1933 nur rund zwei Prozent der Erwachsenen als arbeitslos gemeldet
waren. Je nach der konfessionellen Färbung und den lokalen Politiktradi-
tionen erwies sich die NSDAP hier im Juli 1932 als weit überdurchschnittlich (Rothenburg o. d. T., Bremervörde) oder weit unterdurchschnittlich
(Vilsbiburg, Pfullendorf, Künzelsau) erfolgreich, während die KPD ohne
Erfolg blieb (vgl. Tabelle 8.1). Die prozentual höchste Arbeitslosigkeit
trat in den Berliner Innenstadtbezirken und einigen Kreisen des sächsisch-
thüringischen Industriegebietes auf. Hier erreichte die NSDAP im allgemeinen nur unterdurchschnittliche Ergebnisse, während die KPD von
den Wählern meist weit über ihrem Reichsergebnis liegende Unterstützung erfuhr: So wurde sie im Berliner Wedding, wo 1932/33 über 26
Prozent aller Wahlberechtigten arbeitslos waren, von fast 39 Prozent der
Wahlberechtigten gewählt, in Friedrichshain von etwas mehr als 35
Prozent, in Gladbeck von knapp 24 Prozent etc.[351]

Weder durch derartige Vergleiche von Extremfällen noch durch reine
Überlegung aber ist eine erfahrungswissenschaftliche Überprüfung historischer Annahmen zu ersetzen. Die empirische Analyse jedoch belegt, daß
querschnittlich auf der Ebene aller Kreise oder Gemeinden zwischen
Arbeitslosigkeit und NSDAP-Wahlerfolgen zu keiner Zeit der erwartete
positive, sondern ein negativer, bis 1933 in der Stärke sogar zunehmender

Tabelle 8.1: Die Wahlerfolge von NSDAP und KPD in Gebieten mit extrem hoher und extrem niedriger Arbeitslosigkeit

Kreis/ Bezirksamt	Arbeits- lose	NSDAP 1930	NSDAP 1932J	NSDAP 1933	KPD 1932N
Neustadt b. Coburg	30	37	45	48	13
Berlin-Mitte	27	11	22	30	27
Berlin-Wedding	26	8	16	23	39
Berlin-Friedrichshain	26	9	18	25	35
Bochum (Stadt)	25	16	26	33	20
Nördlingen (Land)	2	10	43	55	1
Königshofen/Grabfeld	2	18	37	52	1
Gerabronn	2	12	46	64	2
Rothenburg/T. (Land)	2	29	76	79	0
Marktoberdorf	2	10	31	50	1

Angaben jeweils in Prozent der Wahlberechtigten; auf- und abgerundet.

Tabelle 8.2: Die Wahlerfolge von NSDAP und KPD in Gebieten mit unterschiedlichem Arbeitslosenanteil

	NSDAP					KPD				
	1	2	3	4	r	1	2	3	4	r
1930	15	16	15	14	−06	4	8	13	17	75
1932J	34	33	29	28	−25	6	10	14	18	77
1932N	29	28	25	24	−24	7	11	16	20	78
1933	45	40	36	34	−45	5	9	13	17	78
Quartils- grenzen	−9%	−13%	−17%	>17%		−9%	−13%	−17%	>17%	

Kreisdaten; Angaben in Prozent der Wahlberechtigten. Arbeitslosenanteil ebenfalls auf Wahlberechtigtenbasis ermittelt. „r" = Korrelationskoeffizient ($\times$ 100). *Lesebeispiel:* In den 208 Kreisen mit dem niedrigsten Arbeitslosenanteil (1. Quartil) wurde die NSDAP im Juli 1932 von 34 Prozent der Wahlberechtigten gewählt, in den 207 Kreisen mit dem höchsten Arbeitslosenanteil (4. Quartil) nur von 28 Prozent. Dies entspricht einem Korrelationskoeffizienten von r = −0.25. Berechnungen mit anderen Prozentuierungsbasen des Arbeitslosenanteils erbrachten ausnahmslos analoge Resultate. Vgl. Falter u. a., Arbeitslosigkeit und Nationalsozialismus, S. 530; Falter, Unemployment and the Radicalisation of the German Electorate, S. 190f.

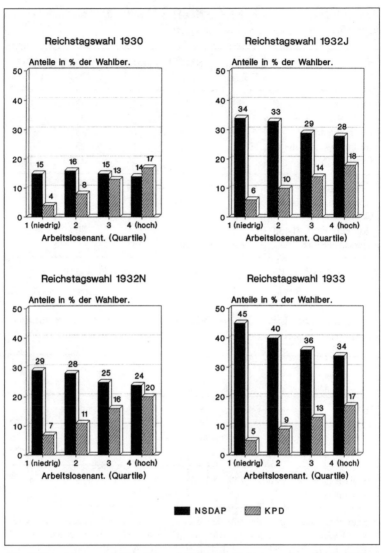

Die Wahlerfolge von NSDAP und KPD in Gebieten mit unterschiedlichem Arbeitslosenanteil. Grafik zu Tabelle 8.2.

statistischer Zusammenhang vorliegt: In allen Reichstagswahlen nach 1930 erzielte die NSDAP im Schnitt umso bessere Ergebnisse, je niedriger der Arbeitslosenanteil lag, während sie in Kreisen mit überdurchschnittlicher Arbeitslosigkeit tendenziell schlechter als im Reichsmittel abschnitt. So lag das NSDAP-Wahlergebnis im März 1933 in dem Viertel der Kreise mit dem höchsten Arbeitslosenanteil mit 34 Prozent um 11 Prozentpunkte niedriger als in dem Viertel der Kreise mit dem niedrigsten Arbeitslosenanteil, wo sie von 45 Prozent der Wahlberechtigten die Stimme erhielt. Dagegen nahmen die Wahlergebnisse der KPD in der Tat bei allen hier betrachteten Reichstagswahlen deutlich mit dem Arbeitslosenanteil zu, was sich auch in einem sehr hohen positiven Korrelationskoeffizienten niederschlägt (vgl. Tabelle 8.2).[352] Ferner ist aus der gleichen Tabelle abzulesen, daß die NSDAP zwischen September 1930 und Juli 1932 sowie zwischen November 1932 und März 1933 im Durchschnitt umso niedrigere Zuwachsraten erzielte, je höher der Anteil der im jeweiligen Kreis gemeldeten Arbeitslosen war, während ihr Stimmenrückgang zwischen Juli und November 1932 in keinem systematischen Zusammenhang mit dem Grad der Arbeitslosigkeit stand.[353]

Nun hatten wir ja in Kapitel 6 gesehen, daß die NSDAP in den Städten tendenziell schlechter abschnitt als auf dem Land, während die KPD bekanntlich eine vor allem in den dichtbesiedelten Industriegebieten erfolgreiche Partei war und sich in den agrarischen Regionen im allgemeinen sehr schwer tat. Da auch der Arbeitslosenanteil im Schnitt mit dem Grad der Verstädterung zunimmt, könnte sich theoretisch hinter den einfachen statistischen Beziehungen von Tabelle 8.2 durchaus ein Effekt der Verstädterung oder der Gemeindegröße verbergen, der sowohl für die negative Beziehung von NSDAP- und Arbeitslosenanteil als auch für den positiven Zusammenhang zwischen den KPD-Stimmen und dem Ausmaß der Erwerbslosigkeit verantwortlich sein könnte. Aus diesem Grunde soll im nächsten Schritt unserer Analyse noch einmal nach der Beziehung zwischen Arbeitslosigkeit und NSDAP-Wahlerfolgen in den am stärksten urbanisierten Gebieten des Deutschen Reiches geschaut werden. Treten hier immer noch der Tendenz nach die gleichen statistischen Beziehungen auf wie in der einfachen Zusammenhangsanalyse auf der Ebene des Gesamtreiches, dürfen wir relativ sicher sein, daß die gemessenen Zusammenhänge „echt“ sind, d. h. keine durch das Merkmal „Verstädterung“ verursachten Scheinbeziehungen darstellen. Dies ist in der Tat der Fall. Auch nach Kontrolle der Urbanisierung bleiben die für das Gesamtreich gemessenen Zusammenhänge zwischen dem Ausmaß der Arbeitslosigkeit und den NSDAP- bzw. KPD-Stimmen erhalten. So beträgt bei der Juliwahl 1932 das NSDAP-Stimmengefälle zwischen dem

Viertel der Kreise mit der niedrigsten und der höchsten Arbeitslosenrate rund sieben Prozentpunkte, ist der KPD-Anteil in den Kreisen mit dem höchsten Arbeitslosenanteil sogar um zwölf Prozentpunkte höher als in den Kreisen mit dem niedrigsten Arbeitslosenanteil, Differenzen, die sich auch im Vorzeichen und in der Höhe der Korrelationskoeffizienten niederschlagen (vgl. Tabelle 8.3).

Die zunächst einmal entgegen der Erwartung verlaufende negative Beziehung zwischen NSDAP- und Arbeitslosenanteil bleibt also erhalten: Nicht nur für das Deutsche Reich insgesamt, sondern auch für seine am meisten verstädterten Gebiete gilt, daß die NSDAP im Schnitt umso schlechter abschnitt, je höher die Arbeitslosigkeit war, während für die KPD das Gegenteil zutrifft. Nun verbergen sich hinter den globalen Arbeitslosenzahlen im Einzelfall durchaus recht differenzierte Informationen. So weist die Statistik des Deutschen Reiches, der die meisten der hier verwendeten Arbeitslosigkeitsindikatoren entnommen sind, neben den Hauptunterstützungsempfängern, d. h. den erst seit kürzerer Zeit arbeitslosen, von der Arbeitslosenversicherung unterstützten Personen, auch die sogenannten Wohlfahrtserwerbslosen aus. Hierunter ist die seit 1929 ständig wachsende Zahl der Langzeitarbeitslosen zu verstehen, die – angesichts der finanziellen Überforderung der Arbeitslosenversicherung aus deren Förderung ausgesteuert – am äußersten Rande des Existenzminimums von der kommunalen Fürsorge leben mußten.[354] Zählten Mitte 1930 nur knapp zehn Prozent aller Erwerbslosen zu dieser Gruppe, so waren es zwei Jahre später schon rund 50 Prozent. Diese Entwicklung brachte die Sozialetats der Gemeinden schnell in die Gefahr eines totalen Zusammenbruchs, was notwendigerweise weitere Leistungsverschlechterungen nach sich zog. Die Lebensumstände dieser aus dem Arbeitsleben praktisch ausgeschiedenen etwa drei Millionen Arbeiter und Angestellten wurden dadurch im Verlaufe der Wirtschaftskrise ständig bedrückender. Man sollte meinen, daß diese Situation einen vorzüglichen Nährboden für den Nationalsozialismus gebildet habe. Doch selbst in Gebieten mit hohem Wohlfahrtserwerbslosenanteil schnitten die Nationalsozialisten im Mittel merklich schlechter ab als in Kreisen, in denen die Langzeitarbeitslosigkeit nicht so ausgeprägt war.[355] Die KPD dagegen scheint speziell von der Wohlfahrtserwerbslosigkeit stärker profitiert zu haben als jede andere Partei.

8.2.2. Unterschiede zwischen erwerbslosen Arbeitern und Angestellten

Die Angaben der Berufszählungsstatistik von 1933 teilen die Erwerbslosen nach der sozialen Stellung im Beruf ein. Arbeiter machten den weitaus

Tabelle 8.3: Die Beziehung zwischen Arbeitslosigkeit und NSDAP- bzw. KPD-Wahlerfolgen in städtischen Regionen

	NSDAP					KPD				
	1	2	3	4	r	1	2	3	4	r
1930	18%	15	14	13%	−38	10%	14	16	21%	70
1932J	32	27	27	25	−37	10	15	17	22	73
1932N	27	22	22	21	−30	12	17	18	24	75
1933	38	34	33	31	−41	10	14	15	21	74
Quartils-grenzen	−15% −17% −19% >19%					−15% −17% −19% >19%				

Nur Kreise mit mehr als 90 Prozent Stadtbewohnern. Gruppenspezifische, d. h. auf diese Kreise bezogene Quartilsgrenzen. Lesebeispiel analog zu Tabelle 8.2.

Tabelle 8.4: Die Wahlerfolge der NSDAP in Gebieten mit einem unterschiedlichen Anteil erwerbsloser Arbeiter und Angestellter (Quartile)

	Erwerbslose Arbeiter					Erwerbsl. Angest.				
	1	2	3	4	r	1	2	3	4	r
1930	15%	16	15	14%	−08	14%	15	15	15%	00
1932J	23	34	29	28	−24	33	34	29	28	−22
1932N	28	29	25	24	−22	29	29	25	24	−23
1933	44	41	36	34	−43	44	40	36	34	−39
Quartils-grenzen	−8% −12% −14% >14%					−1% −2% −3% >3%				

Kreisdaten; Angaben in Prozent der Wahlberechtigten. Anteil der arbeitslosen Arbeiter und Angestellten ebenfalls auf Wahlberechtigtenbasis ermittelt. Andere Prozentuierungsbasen führen zu keinen substantiellen Veränderungen.

größten Teil der Arbeitslosen aus: Über 80 Prozent der 5,8 Millionen Arbeitslosen von 1933 waren in versicherungsrechtlichem Sinne Arbeiter, knapp 15 Prozent oder 0,88 Millionen Angestellte und etwa drei Prozent Hausangestellte. Nicht nur die Arbeitslosenstatistik insgesamt, sondern auch die statistischen Auswertungen in den Tabellen 8.1 und 8.2 beziehen sich folglich in erster Linie auf erwerbslose Arbeiter. Es ist gut denkbar, daß für arbeitslose Angestellte etwas andere Zusammenhänge gelten. Wir wollen daher in Tabelle 8.4 noch einmal die in Tabelle 8.2 wiedergegebenen Zusammenhänge zwischen Arbeitslosigkeit und NSDAP-Wahler-

Tabelle 8.5: Die Wahlerfolge der NSDAP in den am stärksten verstädterten Kreisen nach dem Anteil erwerbsloser Arbeiter und Angestellter (Quartile)

| | Erwerbslose Arbeiter | | | | | Erwerbsl. Angest. | | | | |
	1	2	3	4	r	1	2	3	4	r
1930	17%	15	15	12%	−31	16%	15	15	14%	−08
1932J	31	27	29	23	−25	30	28	26	27	−07
1932N	26	22	24	20	−22	25	23	22	23	−07
1933	37	34	35	30	−29	36	34	33	33	−11
Quartils-grenzen	−12%	−14%	−16%	>16%		−2%	−3%	−4%	>4%	

Kreisdaten; Angaben in Prozent der Wahlberechtigten. Anteil der arbeitslosen Arbeiter und Angestellten ebenfalls auf Wahlberechtigtenbasis ermittelt.

folg nach der beruflichen Stellung der Erwerbslosen aufgliedern. Auf der einfachen Zusammenhangsebene treten allerdings keine nennenswerten Differenzen zwischen den beiden Erwerbslosenkategorien auf. So besteht 1930 weder zwischen dem Anteil der erwerbslosen Arbeiter (inklusive der Hausangestellten) und dem Prozentsatz der NSDAP-Stimmen noch zwischen dem Ausmaß der (allerdings auch nur relativ wenige Wahlberechtigte betreffenden) Arbeitslosigkeit der Angestellten und dem NSDAP-Anteil eine nennenswerte systematische statistische Beziehung. Die NSDAP-Wahlerfolge schwanken bei dieser Wahl praktisch unabhängig vom Ausmaß der Arbeiter- und Angestelltenarbeitslosigkeit. Dies ändert sich jedoch schon im Juli 1932 (und bleibt dann so bis zum März 1933), als die Wahlerfolge der NSDAP im Schnitt umso niedriger ausfallen, je höher der Anteil der erwerbslosen Angestellten oder Arbeiter ist.[356]

Wieder allerdings erscheint es sinnvoll zu überprüfen, ob die Parallelität dieser Beziehung auch dann erhalten bleibt, wenn man den Verstädterungsgrad kontrolliert. Denn gerade die arbeitslosen Angestellten waren hauptsächlich in den Städten ansässig, so daß geklärt werden muß, ob die negative Beziehung zwischen dem Anteil der erwerbslosen Angestellten und den NSDAP-Wahlerfolgen nicht doch das Ergebnis einer sogenannten Scheinkorrelation darstellt, für die als gemeinsamer Faktor die Urbanisierung verantwortlich sein könnte. Tabelle 8.5 gibt für die am stärksten verstädterten Kreise des Reiches die Beziehung zwischen Arbeiter- und Angestelltenarbeitslosigkeit auf der einen und den NSDAP-Wahlerfolgen auf der anderen Seite wieder. In der Tat verliert der auf der Ebene aller Stadt- und Landkreise gemessene negative Zusammenhang zwischen Angestelltenerwerbslosigkeit und NSDAP-Wahlerfolgen in den Stadtregionen erheblich an Stärke, ja er tendiert streng genommen so deutlich gegen Null, daß man innerhalb der verstädterten Regionen des Deutschen Reiches eher von einer statistischen Nicht-Beziehung beider Merkmale als von einem klar interpretierbaren Zusammenhang sprechen sollte. Hier scheint wirklich eine sogenannte Scheinkorrelation vorgelegen zu haben. Dagegen bleibt der auf der Ebene aller Kreiseinheiten festgestellte negative Zusammenhang zwischen dem Anteil der erwerbslosen Arbeiter und den NSDAP-Stimmen weitgehend erhalten[357], was angesichts der in Tabelle 8.3 ermittelten Beziehung auch nicht anders zu erwarten war, da ja die weitaus meisten Arbeitslosen aus der Arbeiterschaft kamen.

8.2.3. Der Einfluß der Arbeitslosigkeit auf die Wahl von NSDAP und KPD in Gebieten unterschiedlicher sozialer Zusammensetzung

Bevor wir diese Resultate als gesicherte Erkenntnis ansehen und voraussetzen können, daß die nationalsozialistischen Wahlerfolge in den Kreisen mit dem Ausmaß der Arbeitslosigkeit tatsächlich eher negativ zusammenhängen, ist es nötig, weitere potentielle Störfaktoren zu kontrollieren. Dies soll wiederum mit Hilfe eines Kontrastgruppenvergleichs erfolgen, der es erlaubt, das komplexe Zusammenspiel verschiedener Einflußfaktoren des nationalsozialistischen Wählerverhaltens in nachvollziehbarer Form darzustellen. Als Aufgliederungskriterien ziehen wir die im jeweiligen Kreis überwiegende Konfession, den Grad der Verstädterung und die dominierende Wirtschaftsabteilung heran.[358] Daraus geht hervor, daß die in den vorangegangenen Abschnitten herausgearbeitete negative statistische Beziehung zwischen dem Ausmaß der Arbeitslosigkeit und den NSDAP-Wahlerfolgen fast vollständig auf den evangelischen Zweig des Kontrastgruppenbaums beschränkt bleibt, wobei im Gedächtnis behalten werden sollte, daß es sich hierbei um etwa vier Fünftel aller Stadt- und Landkreise handelt. In den überwiegend evangelischen (oder genauer: nicht-katholischen) Kreiseinheiten ist die NSDAP fast überall stärker, wo die Arbeitslosigkeit unter dem Reichsdurchschnitt liegt (vgl. Übersicht 8.1). Dies trifft für 23 von 28 möglichen Fallgruppen zu; in weiteren vier Fällen ist die NSDAP in ansonsten gleich definierten Kreisen mit über- und unterdurchschnittlicher Arbeitslosenquote gleich stark; und nur in einem einzigen Fall, den evangelisch-ländlichen Kreisen mit einem relativen Übergewicht des Landwirtschaftssektors, zeigt sich bei der Reichstagswahl 1930 die NSDAP dort geringfügig stärker, wo mehr Arbeitslose als im Durchschnitt lebten. In den überwiegend katholischen Kreisen ergibt sich kein derart eindeutiges Bild. Hier gibt es sogar geringfügig mehr Fälle, in denen ein überdurchschnittlicher NSDAP-Anteil mit einem über

Übersicht 8.1: Der Einfluß der Arbeitslosigkeit auf den Stimmenanteil der NSDAP 1928–1933 im Kontrastgruppenvergleich

ALLE KREISE

RTW	–	+
1928	2	2
1930	15	15
1932J	33	29
1932N	29	24
1933	43	35

kath. Kreise		evang. Kreise	
–	+	–	+
2	2	2	2
9	12	18	16
19	20	40	31
17	17	34	27
32	29	47	37

Land		Stadt		Land		Stadt	
–	+	–	+	–	+	–	+
1	1	3	2	2	2	3	2
9	11	12	12	18	15	16	16
19	20	21	21	41	37	33	30
17	17	18	17	35	32	27	26
32	31	31	29	49	42	38	36

Wirtschaftsabt. Landw.		Wirtschaftsabt. Andere Produz.		Dienstl.		Wirtschaftsabt. Landw.		Andere		Wirtschaftsabt. Produz.		Dienstl.	
–	+	–	+	–	+	–	+	–	+	–	+	–	+
1	1	2	2	2	1	4	4	2	2	2	2	3	2	2	2
8	7	14	15	8	11	14	15	19	20	16	16	15	15	19	16
19	18	25	27	18	20	24	21	44	43	35	32	32	30	34	31
16	15	21	23	15	17	20	16	38	38	29	27	27	26	28	26
33	32	34	34	27	29	33	30	54	51	42	38	38	36	39	37
175	6	87	50	10	24	19	7	132	82	147	75	36	92	25	24

Zur Interpretation: In den mit (+) überschriebenen Spalten stehen jeweils die Kreise mit einem überdurchschnittlichen Anteil von Arbeitslosen (lt. BZ 1933), in den mit (–) überschriebenen Spalten die Kreise mit einem unterdurchschnittlichen Anteil arbeitsloser Arbeiter und Angestellter.

dem Reichsmittel liegenden Arbeitslosenanteil Hand in Hand geht. Allerdings sind die Differenzen des NSDAP-Stimmenanteils zwischen den Kreisen mit einem über- und unterdurchschnittlichen Prozentsatz an Arbeitslosen hier äußerst gering. Offenkundig haben wir es wieder einmal mit dem schon mehrfach konstatierten neutralisierenden, sozialstrukturelle Einflüsse auf die NSDAP-Wahl tendenziell ausgleichenden Einfluß der katholischen Konfession oder des politischen Katholizismus zu tun. Weitere Klarheit kann uns hier nur die multiple Regressionsanalyse liefern.

Bevor wir uns dieser zuwenden, wollen wir jedoch noch einen Blick auf die Veränderung des NSDAP-Stimmenanteils von Wahl zu Wahl in den unterschiedlich definierten Kontrastgruppen werfen. Ein neuer Kontrastgruppenbaum ist hierzu nicht notwendig, da sich die Dynamik der NSDAP-Entwicklung aus den Prozentpunktdifferenzen der jeweiligen Wahlpaare innerhalb der verschiedenen Kontrastgruppen leicht ablesen läßt. Trotz der veränderten Perspektive ergibt sich das gleiche Bild: Auf der Ebene aller Kreise ist der NSDAP-Anstieg in Regionen mit unterdurchschnittlicher Arbeitslosigkeit nach 1930 stärker ausgeprägt als in Gebieten mit einer überdurchschnittlichen Arbeitslosigkeit. Dieses Muster setzt sich in den vorwiegend evangelischen Kreisen fort, während in den überwiegend katholischen Landstrichen eine etwas unregelmäßig verlaufende Gleichverteilung im NSDAP-Anstieg zwischen den Kreisen mit über- und unterdurchschnittlicher Arbeitslosigkeit zu beobachten ist.

Mit Hilfe von Übersicht 8.2, wo der gleiche Kontrastgruppenvergleich für die KPD durchgeführt wird, soll die These überprüft werden, die „eigentliche" Arbeitslosenpartei sei die KPD gewesen. Für die Wähleranteile der KPD ergibt sich eine sehr viel klarere, eindeutiger verlaufende Beziehung mit dem Grad der Arbeitslosigkeit. Im gesamten Kontrastgruppenvergleich tritt keine einzige Abweichung vom generellen Muster auf! In allen Fallgruppen ist die KPD in Kreisen mit einem überdurchschnittlichen Arbeitslosenanteil erheblich erfolgreicher als in Kreisen mit einem unter dem Reichsdurchschnitt liegenden Arbeitslosenanteil. Die KPD scheint in der Tat – anders als die NSDAP – direkt von der Arbeitslosigkeit profitiert zu haben. Unabhängig von der sozialen Gliederung der Kreise gelang es den Kommunisten in allen Gebietskategorien im Durchschnitt deutlich höhere Wahlerfolge zu erzielen, wenn ein hoher Prozentsatz von Arbeitslosen im Kreis lebte. Zwischen 1928 und 1930

Lesebeispiel zu Übersicht 8.1: In den evangelischen städtischen Kreiseinheiten mit einem Übergewicht des Dienstleistungssektors wurde die NSDAP im Juli 1932 bei überdurchschnittlichem Arbeitslosenanteil von 31 Prozent der Wahlberechtigten gewählt, bei unterdurchschnittlichem Arbeitslosenanteil dagegen von 34 Prozent.

scheint es ihnen überdies gelungen zu sein, in Kreisen mit einem hohen Arbeitslosenanteil ihren Stimmenanteil überdurchschnittlich zu steigern. Dagegen fiel der Stimmenanstieg der NSDAP im Schnitt dort höher aus, wo relativ wenige Arbeitslose lebten.

Zugleich lehrt uns ein genauerer Blick auf Übersicht 8.2, daß die KPD bereits 1928, also vor dem Ausbruch der Weltwirtschaftskrise und dem Beginn der Massenarbeitslosigkeit, in Gebieten, in denen zwischen 1931 und 1933[359] besonders viele Arbeitslose lebten, weit überdurchschnittliche Wahlerfolge zu erzielen vermochte. Nachdem kausale Einflüsse per definitionem nicht zeitlich rückwärts gerichtet wirken können, ist diese Tatsache als Anhaltspunkt dafür zu werten, daß die gleichen Bedingungen, die für die überdurchschnittlichen Arbeitslosenanteile verantwortlich waren, auch den Wahlerfolg der KPD begünstigt (und zwischen 1928 und 1930 den Zuwachs der KPD-Stimmen überproportional beschleunigt) haben. Im Gegenzug erwiesen sich eben diese Bedingungen auf Kreis- und Gemeindebene als eher NSDAP-hemmend denn fördernd.

Das Ergebnis von Analysetechniken wie dem Kontrastgruppenvergleich hängt im vorliegenden Falle nicht nur von der Struktur der Daten selbst, sondern zu einem gewissen Teil auch von den Schnittpunkten zwischen den einzelnen Kontrastgruppen ab, die sich ja nicht von selbst ergeben, sondern durch den Forscher bestimmt werden. Deshalb empfiehlt es sich auch hier, die vorliegenden Ergebnisse mit Hilfe anderer multivariater, mehrere Einflüsse gleichzeitig berücksichtigender Analyseverfahren zu überprüfen.[360] Die Resultate der multiplen Regressionsanalyse bestätigen die zuvor erarbeiteten Ergebnisse. Auch nach der statistischen Kontrolle des Katholikenanteils, der Urbanisierungsrate und des Arbeiter- und Angestelltenanteils gilt, daß die NSDAP-Stimmenanteile im Schnitt umso niedriger ausfielen, je höher die Arbeitslosenrate war, und daß umgekehrt die NSDAP tendenziell am besten dort abschnitt, wo der Anteil der Erwerbslosen unter dem Reichsdurchschnitt lag. Dabei erweist sich 1930 und 1933 die Arbeitslosigkeit nach der Konfession sogar als zweitstärkster Einflußfaktor des jeweiligen Erklärungsmodells. Die Aussage, daß Arbeitslosigkeit und NSDAP-Wahlerfolge negativ miteinander zusammenhängen, trifft endlich auch für die Stimmenveränderungen der NSDAP von Wahl zu Wahl zu: So fiel bei sämtlichen Wahlpaaren zwischen 1928 und 1933 die Zunahme der NSDAP-Stimmen dort im Schnitt niedriger aus, wo überdurchschnittlich viele Arbeitslose gemeldet waren.[361] Sollte also der lange Zeit vermutete, zunächst so sehr einleuchtende Einfluß der Arbeitslosigkeit auf die Ausbreitung der NSDAP genau umgekehrt verlaufen sein, wie von den meisten Zeitgenossen und vielen Historikern unterstellt worden ist?

Übersicht 8.2: Der Einfluß der Arbeitslosigkeit auf die Wahlerfolge der KPD 1928—1933 im Kontrastgruppenvergleich

ALLE KREISE

RTW	–	+
1928	4	11
1930	6	15
1932J	8	16
1932N	9	18
1933	7	15

kath. Kreise		evang. Kreise	
–	+	–	+
2	10	5	12
4	14	7	15
6	16	8	16
7	17	10	18
4	13	7	15

Land		Stadt		Land		Stadt	
–	+	–	+	–	+	–	+
2	6	3	11	5	11	6	12
4	9	6	15	7	14	9	15
5	11	7	18	8	15	10	16
6	12	9	18	10	17	12	18
4	8	6	15	7	15	10	15

Wirtschaftsabt. Landw.		Wirtschaftsabt. Andere		Wirtschaftsabt. Produz.		Wirtschaftsabt. Dienstl.		Wirtschaftsabt. Landw.		Wirtschaftsabt. Andere		Wirtschaftsabt. Produz.		Wirtschaftsabt. Dienstl.	
–	+	–	+	–	+	–	+	–	+	–	+	–	+	–	+
2	6	4	9	4	13	3	7	3	4	6	10	7	13	5	10
3	10	6	12	7	18	5	10	4	6	8	13	10	16	7	13
4	12	8	13	9	19	6	14	6	8	10	14	11	17	8	13
5	11	9	14	11	19	8	15	7	9	11	16	13	19	9	15
3	7	7	12	8	16	5	12	4	6	9	13	12	17	8	13
175	6	87	50	10	24	19	7	132	82	147	75	36	92	25	24

Für Details s. Übersicht 8.1.

8.2.4. Die Entwicklung der Arbeitslosenzahlen und der Stimmenanstieg der NSDAP – Auf Kreis- und Gemeindeebene ein eher negativer Zusammenhang

Bevor wir diese Frage zu beantworten versuchen, erscheint es sinnvoll, nicht nur die Entwicklung der NSDAP-Stimmen, sondern auch die Veränderung der Arbeitslosigkeit in die Analyse mit einzubeziehen, also die dynamische Betrachtungsweise[362] auf den Einflußfaktor „Arbeitslosenanteil" auszudehnen. Hierzu liegen uns ausreichend weit zurückreichende Daten auf Kreisebene seit Dezember 1930 vor, als die Arbeitslosigkeit „nur" bei 2,8 Millionen lag. Hinzu kamen weitere 475 000 Wohlfahrtserwerbslose, die bereits aus der Arbeitslosenversicherung ausgesteuert waren und von gemeindlicher Fürsorgeunterstützung leben mußten. Ein Jahr später betrug die Zahl der Arbeitslosen dann bereits 5,7 Millionen, um schließlich im Januar 1933 den offiziellen Höchststand von etwas über 6 Millionen zu erreichen.

Die Entwicklung der Arbeitslosigkeit verlief keineswegs überall gleich. Es ist durchaus vorstellbar, daß ungeachtet der im zeitlichen Querschnitt negativen Beziehung zwischen Arbeitslosenanteil und NSDAP-Wahlerfolgen in Gebieten mit einer überdurchschnittlichen Zunahme der Arbeitslosenzahlen die NSDAP besser abschneiden konnte als in Kreisen mit einer unterdurchschnittlichen Steigerung des Erwerbslosenanteils.[363] Allerdings deutet schon ein erster Blick auf die Extremkreise mit dem höchsten und niedrigsten Arbeitslosenanstieg zwischen 1930 und 1933 darauf hin, daß vermutlich nur ein geringer – und wohl eher sogar ein negativer – Zusammenhang besteht: In den Kreisen mit dem geringsten Arbeitslosenzuwachs lag der NSDAP-Anstieg in sechs von zehn Untersuchungseinheiten über dem Reichsdurchschnitt von 23,9 Prozentpunkten, während er in den Kreisen mit den höchsten Arbeitslosigkeitszuwachsraten in sechs von zehn Einheiten unter diesen Durchschnitt fiel.[364] Tabelle 8.6 belegt, daß tatsächlich auch zwischen der Zunahme der Arbeitslosigkeit und dem Wachstum der NSDAP-Stimmen ein negativer statistischer Zusammenhang zu beobachten ist: Wo die Arbeitslosigkeit überdurchschnittlich wuchs, lag der Stimmenanstieg der NSDAP im Schnitt niedriger als dort, wo die Erwerbslosenzahlen geringer als im Reichsdurchschnitt stiegen (vgl. Tabelle 8.6 und die dazugehörige Abbildung).

Es bleibt nachzuprüfen, ob dieser Zusammenhang „echt" ist oder das Ergebnis einer statistischen Scheinbeziehung darstellt, da in den Städten und in den anderen Kreisen, in denen viele Arbeiter lebten, im Schnitt die Arbeitslosigkeit höher und der NSDAP-Stimmenanteil niedriger lagen

Tabelle 8.6: Die Entwicklung der NSDAP in Gebieten mit einem unterschiedlichen Anstieg der Arbeitslosigkeit (Quartile)

| | Veränderung Arbeitslose | | | | |
	1	2	3	4	r
Veränderung der NSDAP-Stimmen					
1930/1932J	18	17	15	15	−13
1932J/1932N	−5	−5	−5	−4	02
1932N/1933	15	12	12	11	−38
1930/1933	28	24	22	21	−37
Quartilsgrenzen	−2	−4	−6	>6	

Lesebeispiel: In den Kreisen mit dem geringsten Anstieg der Arbeitslosigkeit (1. Quartil) nahm die NSDAP zwischen 1930 und 1933 um 28 Prozentpunkte zu, in den Kreisen mit dem stärksten Anstieg der Arbeitslosenzahlen (4. Quartil) dagegen nur um 21 Prozentpunkte. Dies entspricht einem Korrelationskoeffizienten von r = −0.37.

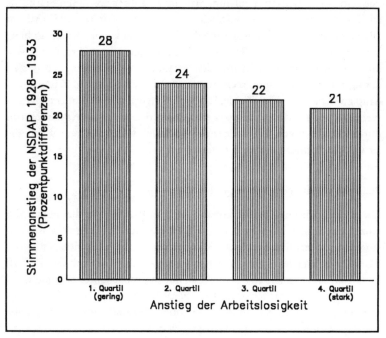

Die Stimmentwicklung der NSDAP in Regionen mit einem unterschiedlichen Anstieg der Arbeitslosigkeit. Grafik zu Tabelle 8.6.

als im übrigen Reich. Es empfiehlt sich daher, die Haltbarkeit der Beziehung durch die Kontrolle dieser Faktoren so zu überprüfen, daß deren möglicher Störeinfluß neutralisiert wird. Das geeignete statistische Verfahren hierfür ist wieder die multiple Regressionsanalyse. Bezeichnenderweise ändert sich an dem festgestellten statistischen Zusammenhang nichts Grundsätzliches: Auch unter Berücksichtigung der unterschiedlichen Konfession, des verschieden hohen Arbeiteranteils und des jeweiligen Verstädterungsgrades bleibt die Gleichung erhalten, daß ein überdurchschnittliches Wachstum der Arbeitslosenquote tendenziell von einem geringeren Anstieg der NSDAP-Wahlerfolge begleitet wurde. Hohe Arbeitslosigkeit führte zwischen 1930 und 1933 folglich sowohl in statisch-querschnittlicher als auch in dynamisch-quer-längsschnittlicher Betrachtungsweise eher zu niedrigeren als zu höheren Stimmenanteilen der NSDAP.[365]

Nicht nur zwischen der Höhe, sondern auch der Entwicklung der Erwerbslosigkeit und den Wahlerfolgen der NSDAP in den Reichstagswahlen von 1930–33 besteht, dies kann aufgrund der in diesem Abschnitt vorgelegten Resultate kaum noch in Zweifel gezogen werden, ein negativer statistischer Zusammenhang. Sowohl von ihrer absoluten Stärke als auch von ihrem Stimmenzuwachs her gesehen war die NSDAP im allgemeinen dort erfolgreicher, wo die Arbeitslosigkeit niedriger lag bzw. langsamer zunahm als im Reichsdurchschnitt und umgekehrt. Auf Kreis- und Gemeindeebene[366] ist mit den verfügbaren Daten folglich der so häufig nicht hinterfragte, recht unspezifisch vorausgesetzte Zusammenhang zwischen NSDAP-Wahlerfolgen und Arbeitslosigkeit nicht nachzuweisen. Für die Märzwahl 1933 gilt sogar, daß der NSDAP-Anteil um durchschnittlich ein halbes Prozent abnimmt, wenn in einem Kreis die Erwerbslosenquote um ein Prozent steigt.

8.2.5. Das Wahlverhalten der Arbeitslosen

Diese territorialen Zusammenhänge scheinen auch für die Ebene der einzelnen Wähler zu gelten. Den Resultaten der ökologischen Regressionsanalyse nach haben sich Arbeitslose in der Weltwirtschaftskrise überdurchschnittlich häufig der KPD zugewandt, während die NSDAP in den Jahren 1932 und 1933 von ihnen nur schwache Unterstützung fand. Erwerbslose Arbeiter scheinen dabei besonders häufig für die Kommunisten und, etwas seltener, für die SPD votiert zu haben; ihre Stimmabgabe für die Nationalsozialisten fiel dagegen deutlich schwächer aus als im Reichsmittel. Arbeitslose Angestellte haben unseren statistischen Schätzungen zufolge häufiger NSDAP als KPD gewählt, obwohl auch die KPD

Tabelle 8.7: Das Wahlverhalten der Arbeitslosen 1932 und 1933

| | % NSDAP | | | % KPD | | |
	1932J	1932N	1933	1932J	1932N	1933
Erwerbslose insges.	16	16	17	26	31	27
davon: Arbeiter	13	12	10	29	34	30
davon: Angestellte	28	30	43	13	16	14
Alle Wähler	31	27	39	12	14	11

Werte ermittelt durch multiple ökologische Regressionsanalyse mit Konfession und Urbanisierung als Kontrollmerkmalen. Erwerbslosendaten laut Volks- und Berufszählung 1933.
Lesebeispiel: Im Juli 1932 stimmte jeder sechste Arbeitslose für die NSDAP, jeder vierte für die KPD. Verglichen mit allen Wählern bedeutete dies im Falle der NSDAP eine stark unterdurchschnittliche, im Falle der KPD eine ebenso stark überdurchschnittliche Affinität von Arbeitslosen zur jeweiligen Partei.

von der Arbeitslosigkeit der Angestellten leicht profitieren konnte (vgl. Tabelle 8.7). Die Radikalisierung der deutschen Wählerschaft in der Weltwirtschaftskrise erfolgte mithin stärker im Sinne klientenorientierten Verhaltens als in der Form von Belohnung oder Bestrafung der Regierung. Die Wähler wandten sich in ihrer Not bevorzugt denjenigen extremistischen Parteien zu, die ihren eigenen politischen Traditionen und Denkweisen am nächsten standen. So erstaunlich diese Ergebnisse auf den ersten Blick anmuten, so eng decken sie sich mit den Untersuchungsresultaten auf der Aggregatebene. Hohe Arbeitslosigkeit in einem Kreis oder einer Gemeinde führte tendenziell zu einer Abschwächung der nationalsozialistischen Wahlerfolge, was mit hoher Wahrscheinlichkeit auf das Wahlverhalten der Arbeitslosen selbst zurückzuführen ist, deren große Mehrheit auch 1933 noch nicht für Adolf Hitler und seine Bewegung gestimmt haben dürfte.

Andererseits aber gewann die NSDAP zwischen 1928 und 1933 auf Reichsebene unzweifelhaft umso mehr Stimmen, je stärker die Arbeitslosenzahlen zunahmen. Der Zusammenhang zwischen Arbeitslosigkeit und NSDAP-Wahlerfolgen ist mithin widersprüchlich, je nachdem, ob man ihn global über die Zeit, also längsschnittlich, oder über die räumliche Gliederung hinweg, also querschnittlich, analysiert. Sowohl die festgestellte negative Beziehung zwischen Arbeitslosen- und NSDAP-Anteil als auch die Schätzergebnisse der ökologischen Regressionsanalyse sprechen gegen die Möglichkeit, daß Arbeitslose selbst überdurchschnittlich häufig NSDAP gewählt haben. Die substantielle Interpretation dieser Ergeb-

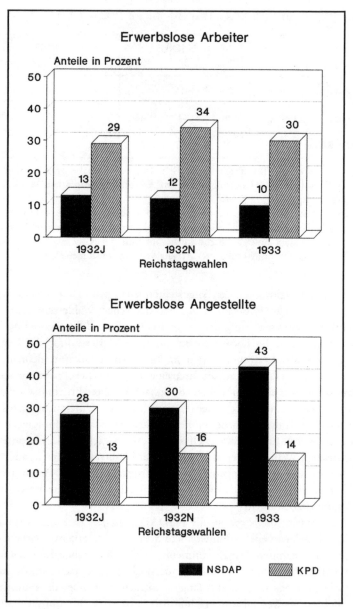

Das Wahlverhalten der Erwerbslosen. Grafik zu Tabelle 8.7.

nisse[367] hängt letztlich davon ab, ob die festgestellten Beziehungen primär auf Individual- oder eher auf Kontexteffekten beruhen, d. h. ob es tatsächlich Arbeitslose waren, die eher KPD als NSDAP wählten, oder ob es sich hierbei in erster Linie um Personen handelte, die sich durch Arbeitslosigkeit und Wirtschaftskrise zwar bedroht gefühlt haben, selbst aber gar nicht arbeitslos waren, ja vielleicht noch nicht einmal ohne weiteres arbeitslos werden konnten.

Derartige Kontexteffekte können auf dreierlei Weise zustandekommen: a) durch den direkten Kontakt mit erwerbslosen Personen; b) durch indirekte wirtschaftliche Betroffenheit, wie sie etwa Kaufleute, Handwerker oder Gastwirte in Gebieten mit hoher Arbeitslosigkeit durch Umsatzeinbußen erfahren; c) durch einen Vertrauensverlust, den Regierung und Parteien auch bei solchen Wählern erleiden können, die (im oben genannten Sinne) weder direkt noch indirekt von der Arbeitslosigkeit betroffen sind, aber unter dem Druck der Wirtschaftslage an der Problemlösungskompetenz der staatlichen Institutionen und politischen Entscheidungsträger zu zweifeln beginnen.

Lediglich im Falle eines sogenannten Kontrasteffektes, also einer Überkompensation einer hohen NSDAP-Affinität von Arbeitslosen durch eine besonders geringe NSDAP-Neigung von Nichtarbeitslosen wäre es denkbar, daß sich hinter einem negativen statistischen Zusammenhang auf Gebietsebene, wie wir ihn praktisch durchgängig festgestellt haben, ein positiver Zusammenhang auf der Ebene der einzelnen Wähler verbirgt. Die Resultate der ökologischen Regressionsanalyse, die ja ebenfalls auf Aggregatdaten beruhen, sind nicht geeignet, diese Möglichkeit zweifelsfrei auszuschließen. Dennoch erscheint angesichts der Konsistenz der gemessenen Zusammenhangsmuster ein Kontrasteffekt durch Überkompensation als wenig wahrscheinlich. Kontexteffekte der ersten und zweiten Art dagegen sind mit unseren Ergebnissen nicht vereinbar, da sonst die festgestellten statistischen Beziehungen zwischen Arbeitslosigkeit und NSDAP-Wahlerfolgen positiv sein müßten. Nennenswerte Ansteckungsprozesse, durch die selbst nicht arbeitslose, aber doch von der Erwerbslosigkeit direkt oder indirekt betroffene Wähler politisch radikalisiert worden wären, können folglich nicht stattgefunden haben.

Tatsächlich scheinen die von der Erwerbslosigkeit ausgehenden Einflüsse auf den Erfolg der NSDAP höchst mittelbarer Natur gewesen zu sein: Ohne Zweifel trugen sie zum allgemeinen Klima der Angst und der Hoffnungslosigkeit bei, von dem auch Wähler in Regionen erfaßt worden sind, die von der Geißel der Arbeitslosigkeit (wenn auch nicht unbedingt von den Folgen der allgemeinen Wirtschaftskrise) eher verschont blieben. Aufgrund der sozialstrukturellen Gegebenheiten und der – zumindest in

den protestantischen Landgebieten dominierenden – „rechten" politischen Traditionen neigten deren Einwohner dazu, ihr erschüttertes Vertrauen in die wirtschaftliche Problemlösungskompetenz der Parteien
durch die Wahl der für sie in Frage kommenden Opposition zu manifestie-
ren. Diese wurde am Ende der Weimarer Republik von einer so radikalen
antiparlamentarischen Alternative wie der NSDAP, also der „rechten"
Antisystempartei schlechthin, verkörpert. Die politischen Konsequenzen
der Massenerwerbslosigkeit am Ende der Weimarer Republik waren
beträchtlich, sie verliefen aber keineswegs so einheitlich, wie dies oft
behauptet wird.

8.3. Der Einfluß der Verschuldung in Landwirtschaft und Gewerbe auf die Wahlerfolge der NSDAP

8.3.1. Die Verschuldung in Landwirtschaft und Gewerbe: Ein Indikator der Wirtschaftskrise

Die langandauernde, nicht nur durch Arbeitslosigkeit, sondern auch
durch Betriebszusammenbrüche, Umsatzeinbußen, Kurzarbeit und
Zwangsversteigerungen die Menschen in ihrer Existenz bedrohende
Wirtschaftskrise erschütterte zunächst das Vertrauen einer Mehrheit der
Wähler in die etablierten Parteien und schließlich in das politische System
der Weimarer Republik insgesamt. Immer mehr Menschen zweifelten an
der Fähigkeit der politischen Eliten, der wirtschaftlichen und politischen
Krise Herr zu werden. Die daraus resultierende Radikalisierung der
Wählerschaft erfolgte, das zeigen unsere Untersuchungsergebnisse sehr
deutlich, entlang den vorgegebenen regionalen und schichtungsmäßigen
politischen Traditionen: Großstadtbewohner und Arbeitslose wählten
überwiegend den Extremismus der Linken als politische Alternative, die
protestantische Landbevölkerung und die Selbständigen dagegen radikalisierten sich vornehmlich zur NSDAP hin.[368] Im folgenden wird es
darum gehen, den möglichen Einfluß typisch mittelständischer Krisenin-
dikatoren wie der Verschuldung in Handel, Gewerbe und Landwirtschaft
auf den nationalsozialistischen Stimmenanteil zu untersuchen.

Wie gezeigt erzielte die NSDAP ihre bei weitem besten Wahlergebnisse
in den protestantischen Agrarregionen des Reiches, wo sie im Juli 1932 die
Stimmen von immerhin 41 Prozent aller Wahlberechtigten erhielt, während sie im Reichsdurchschnitt bei dieser Wahl nur auf 31 Prozent und in
den ländlichen katholischen Kreisen sogar nur auf 18 Prozent kam. Dabei
wurde sie unseren ökologischen Regressionschätzungen zufolge von 42
Prozent aller Selbständigen und sogar von 55 Prozent der nicht-katholi-

schen Selbständigen (einschließlich der mithelfenden Familienangehörigen) gewählt. Wir wollen im folgenden untersuchen, welche Rolle die
Folgen der Wirtschaftskrise für diese – im Vergleich zur übrigen Bevölkerung außerordentlich starke – Empfänglichkeit der Alten Mittelschicht
für den Nationalsozialismus spielte.

Im allgemeinen waren weder die landwirtschaftlichen noch die nicht-
landwirtschaftlichen Selbständigen direkt von Arbeitslosigkeit bedroht.
Allerdings wurden sie von der Wirtschaftskrise indirekt durch fallende
Preise, nachlassende Geschäftstätigkeit und geringere Einkommen be-
troffen. Wachsende Verschuldung, ein starker Anstieg von Konkursen,
Hofzusammenbrüchen und Zwangsversteigerungen bildeten im Falle der
Alten Mittelschicht die funktionalen Äquivalente zu Arbeitslosigkeit und
Kurzarbeit der Arbeiter und Angestellten. So sank zwischen 1925 und
1933 das jährliche Einkommen der Selbständigen von 3.540.– auf rund
2.500.– Reichsmark, während das der abhängig Beschäftigten im gleichen
Zeitraum „nur" von 1.710.– auf 1.520.– Reichsmark zurückging. Es
verwundert angesichts dieser Zahlen nicht, daß beispielsweise im Jahre
1932 rund 18.400 Bauernhöfe zahlungsunfähig wurden – das waren mehr
als jemals zuvor –, zwischen 1930 und 1932 fast 50000 Handelsunterneh-
men und Handwerksbetriebe Konkurs anmelden mußten und von den
übrigen Bauern, Handwerkern und Kaufleuten viele nicht mehr das
einnahmen, was sie für Hypotheken, Darlehen und Anschaffungen auf-
wenden mußten.

Vor allem die in den östlichen und nördlichen Gebieten des Deutschen
Reiches lebenden Bauern hatten in weniger als einem Jahrzehnt unter den
Folgen gleich zweier tiefgreifender Krisen zu leiden: zunächst unter
der nach 1925 ausbrechenden Agrarkrise und dann, ab 1929, unter der
Weltwirtschaftskrise. Im Gefolge dieser beiden Krisen verließen sie
zunächst ihre traditionellen Parteien, vor allem die DNVP, um sich
agrarischen Interessengruppierungen anzuschließen, die wiederum für
viele ländliche Wähler eine Art Zwischenstation auf dem Wege zur
NSDAP darstellten. Außerhalb des Agrarsektors verließen viele Wähler
der Alten Mittelschicht nach der Inflation ihre angestammte liberale oder
konservative Heimat und schlossen sich einer Vielzahl neugegründeter
Interessenparteien an.

Spielten wirtschaftliche Belastungen bei dieser Wanderung früherer
konservativer und liberaler Wähler zur NSDAP eine bedeutsame Rolle?
Leider weist die Statistik des Deutschen Reiches auf der Ebene der Kreise
oder gar Gemeinden keine Zahlen über die Zwangsversteigerungen von
Bauernhöfen oder die Konkurse von Handels- und Handwerksunterneh-
men aus. Allerdings gibt es Informationen auf Kreis- und Finanzamts-

Tabelle 8.8: Die Wahlerfolge der NSDAP in Gebieten mit extrem hohem und niedrigem Verschuldungsgrad

Kreis/ Bezirksamt	Verschul- dungsgrad	NSDAP 1930	NSDAP 1932J	NSDAP 1932N	NSDAP 1933
a) Landwirtschaftlicher Verschuldungsgrad je Hektar					
Wanzleben	960.–	15	34	29	38
Bernburg	940.–	13	36	31	39
Mansfelder Seekreis	920.–	20	35	26	38
Eisleben	920.–	24	39	29	44
Eberswalde	.	23	41	36	44
Forst (Lausitz)	.	18	34	27	38
Vegesack	.	13	36	31	40
Prüm (Eifel)	20.–	3	11	8	25
b) Gewerbliche Verschuldung					
Neuburg (Donau)	94%	17	25	26	40
Bad Kissingen	92%	26	35	32	50
Heilsberg	92%	4	14	11	30
Labiau	92%	15	37	28	49
Sensburg	92%	25	45	39	60
Straubing (Land)	6%	6	11	10	36
Ansbach (Land)	10%	17	66	57	70
Landsberg/Lech	13%	9	21	17	42
Scheinfeld	16%	21	50	46	61
Goslar (Land)	17%	18	41	38	46

Landwirtschaftliche Verschuldung: durchschnittliche Verschuldung eines Kreises je Hektar Betriebsfläche (in Reichsmark; Reichsmittel: 310.–).
Gewerbliche Verschuldung: Prozentsatz der verschuldeten Betriebe an allen Gewerbebetrieben (1931; Reichsmittel: 62.5%).

ebene über die Einheitswerte und das Ausmaß der Verschuldung der landwirtschaftlichen Betriebe und der kaufmännischen und produzierenden Unternehmungen. Wir wollen uns in diesem Abschnitt auf die Frage konzentrieren, ob sich ein Einfluß der wachsenden Verschuldung auf die Wahlerfolge der NSDAP nachweisen läßt, wie verschiedentlich angenommen wurde.[369]

Von der offiziellen Statistik werden die Betriebsschulden im agrarischen und nicht-agrarischen Bereich für die Ebene der Kreise und Finanzämter in Reichsmark ausgewiesen. Daneben liegen für den landwirtschaftlichen

Sektor Informationen über die Zahl der verschuldeten Bauernhöfe, deren Größe (in Hektar) und deren Einheitswert vor. Für den nichtagrarischen Bereich weist die amtliche Statistik sowohl die Zahl als auch den Einheitswert der verschuldeten Betriebe sowie die Zahl aller Betriebe aus. Normalerweise wird in statistischen Untersuchungen über die Weimarer Zeit der relative Verschuldungsgrad eines Kreises entweder als Anteil der Schulden am Einheitswert der verschuldeten Bauernhöfe und nicht-landwirtschaftlichen Unternehmen oder als Schulden je Hektar angegeben.[370] Sieht man sich die „Spitzenreiter" und „Tabellenletzten" in der landwirtschaftlichen und gewerblichen Verschuldung an (vgl. Tabelle 8.8), so ergibt sich kein klarer Zusammenhang mit den NSDAP-Stimmen. Weder in den Kreisen mit extrem hoher noch in den Kreiseinheiten mit extrem niedriger landwirtschaftlicher Verschuldung gibt es stark ausgeprägte NSDAP-Hochburgen. Dagegen treten in der Gruppe der Land- und Stadtkreise mit einem sehr geringen Anteil an verschuldeten Betrieben einige solcher Hochburgen, aber auch wieder ausgesprochene „Diasporagebiete" auf, so daß aus der Extremgruppenbetrachtung kein Hinweis auf einen Zusammenhang zwischen Verschuldungsgrad und NSDAP-Wahlerfolgen gewonnen werden kann. Auch hier ist nur die systematische, sich über alle Kreise des Deutschen Reiches erstreckende Analyse geeignet, stichhaltige Resultate zu erbringen.

8.3.2. In stärker verschuldeten Regionen hatte es die NSDAP etwas leichter

Im ersten Schritt wollen wir untersuchen, ob die Wahlerfolge der NSDAP in irgendeiner Weise mit der Verschuldung der Bauernhöfe pro Hektar bzw. Einheitswert schwankt. Dies erfolgt zunächst für alle Kreise des Reichs gemeinsam (vgl. Tabelle 8.9), dann nach dem Anteil der in den Kreisen lebenden landwirtschaftlichen Bevölkerung getrennt (vgl. Tabelle 8.10). Zwischen 1930 und 1933 hängen die relative Intensität der landwirtschaftlichen Verschuldung und der Prozentsatz der NSDAP-Stimmen sowohl auf der Ebene aller Kreise als auch innerhalb der drei nach dem Agraranteil gebildeten Kreiskategorien positiv zusammen: Wo die Verschuldung der Höfe relativ hoch ist, schneidet die NSDAP leicht überdurchschnittlich ab, und wo die landwirtschaftliche Verschuldung relativ niedrig ist, liegt auch der NSDAP-Anteil im Schnitt recht niedrig. Diese Beziehung gilt auch für den Zusammenhang zwischen landwirtschaftlichem Verschuldungsgrad und der Zu- bzw. Abnahme der NSDAP-Stimmen von Wahl zu Wahl. In den agrarisch strukturierten Kreisen ist diese Beziehung besonders ausgeprägt: Je höher die landwirt-

Tabelle 8.9: Der statistische Zusammenhang zwischen NSDAP-Stimmenanteil und landwirtschaftlichen bzw. nicht-landwirtschaftlichen Schulden

Alle Kreise	NSDAP-Stimmenanteil					NSDAP-Veränderung			
	1928	30	32J	32N	33	28/30	30/32	32/32	32/33
Landw. Schulden									
1. Schuld./Einhwert	−12	27	29	26	32	36	22	−24	14
2. Schuld./Hektar	−08	24	21	18	11	31	13	−25	−16
Gewerbl. Schulden									
1. Schuld./Einhwert	01	05	−11	−12	−16	05	−21	02	−09
2. % verschuld. Betr.	05	22	11	07	03	23	−02	−21	−09

Korrelationskoeffizienten × 100. „% verschuld. Betr." = Prozentsatz der gewerblichen Betriebe mit Schulden an allen gewerblichen Betrieben.

schaftliche Verschuldung, desto größer im allgemeinen auch der Stimmenzuwachs der NSDAP zwischen 1928 und 1930 und desto stärker umgekehrt der Rückgang der Partei im November 1932. Dagegen besteht zwischen dem Ausmaß der nicht-landwirtschaftlichen Verschuldung, die wir als Anteil der Schulden eines Betriebes an seinem Umsatz gemessen haben, und dem NSDAP-Anteil eine bei weitem nicht so stark ausgeprägte statistische Beziehung wie im Falle der Agrarschulden.

Diese ersten Analyseresultate scheinen einige der früheren Annahmen zu bestätigen. Doch ist es zweifelhaft, ob die üblichen, auch in den beiden angesprochenen Tabellen benutzten Verschuldungsmaße aus wahlhistorischer Perspektive wirklich gute Indikatoren des Verschuldungsgrades einer Gemeinde oder eines Kreises darstellen. Denn die Pro-Hektar-Verschuldung und der Prozentsatz der verschuldeten Betriebe an allen Betrieben können durchaus zu künstlichen Resultaten in Form statistischer Scheinbeziehungen führen, da die relative Bedeutung des Agrarsektors oder des Handwerks und Kleinhandels innerhalb der Land- und Stadtkreise nicht berücksichtigt wird. So könnte man sich vorstellen, daß es in einem gegebenen Kreis nur eine Handvoll Bauernhöfe gibt; falls eine Mehrheit davon erheblich verschuldet wäre, würde dies zu einer sehr hohen Ausprägung des Verschuldungsmaßes führen, obwohl in Wirklichkeit nur ganz wenige Wahlberechtigte unter dieser Verschuldung zu leiden hätten. Andererseits ist es nicht ausgeschlossen, daß in einem überwiegend landwirtschaftlich geprägten Kreis eine Mehrheit der Höfe leicht verschuldet ist, was zu einem recht niedrigen Wert des Verschuldungsindikators führen würde, obwohl hier ein erheblicher Teil der Wähler von der Verschuldung betroffen wäre. Dem Prinzip nach gilt dies

Tabelle 8.10: Der statistische Zusammenhang zwischen agrarischen bzw.
nicht-agrarischen Schulden und den NSDAP-Wahlerfolgen in überwiegend
agrarischen, gemischten und nicht-agrarischen Gebieten

Agrarische Kreise	NSDAP-Stimmenanteil					NSDAP-Veränderung			
	1928	30	32J	32N	33	28/30	30/32	32/32	32/33
Landwirt. Schulden									
1. Schuld./Einhwert	−29	38	31	28	34	48	19	−33	11
2. Schuld./Hektar	−20	33	24	21	23	41	11	−25	02
3. % verschuld. Höfe	00	05	03	05	10	05	01	05	12
Nichtlandw. Schuld.									
1. Schuld./Einhwert	−15	26	25	21	24	32	19	−29	02
2. % verschuld. Bet.	−22	23	20	16	19	31	13	−27	04
Gemischte Kreise									
Landwirt. Schulden									
1. Schuld./Einhwert	−03	31	30	26	30	36	21	−30	05
2. Schuld./Hektar	05	27	27	23	20	28	19	−28	−14
Nichtlandw. Schuld.									
1. Schuld./Einhwert	−01	02	−09	−08	−08	02	−15	06	00
2. % verschuld. Bet.	−01	12	11	07	13	14	08	−21	12
Städtische Kreise									
Landwirt. Schulden									
1. Schuld./Einhwert.	−08	21	28	27	28	29	24	−15	−00
2. Schuld./Hektar	−16	21	30	26	25	35	27	−28	−06
Nichtlandw. Schuld.									
1. Schuld./Einhwert	03	02	−17	−17	−16	10	−28	06	07
2. % verschuld. Bet.	15	31	24	20	26	30	09	−27	17

Korrelationskoeffizienten × 100.

auch für die Messung der nicht-landwirtschaftlichen Verschuldung auf
der Basis des Einheitswerts oder des Umsatzes der Betriebe. In beiden
Fällen beschreiben die üblichen Verschuldungsmaße nicht in angemessener Weise die tatsächliche, für die Gesamtzahl der Wahlberechtigten einer
Gebietseinheit relevante Verschuldung.

Da wir nicht die Struktur der Landwirtschaft oder die Gewerbesitua-
tion eines Kreises beschreiben wollen, sondern vergangenes Wahlverhalten mit Hilfe des Ausmaßes der landwirtschaftlichen bzw. nicht-landwirtschaftlichen Verschuldung eines Kreises zu erklären versuchen, erscheint
es sinnvoll, ein Verschuldungsmaß zu konstruieren, das in der Lage ist, die

zahlenmäßige Betroffenheit der Wählerschaft durch Schulden zu erfassen. Es geht also um die relative numerische Bedeutung von Schulden für die Wahlberechtigten. Im folgenden wollen wir diese mit Hilfe der Relation von verschuldeten Betrieben zu den Wahlberechtigten eines Kreises messen.

Vergleichen wir die so definierte relative Verschuldung mit dem Prozentsatz der NSDAP-Stimmen, ergibt sich für einige Wahlen und soziale Kontexte eine positive Beziehung zwischen beiden, während für andere Wahlen kein erkennbarer statistischer Zusammenhang ermittelt werden kann (vgl. die Übersichten 8.3 und 8.4). Im Gegensatz zu der positiven Beziehung zwischen nichtagrarischen Schulden und NSDAP-Wahlerfolgen tritt zwischen der landwirtschaftlichen Verschuldung und dem NSDAP-Stimmenanteil von 1928 und 1930 nun kein interpretierbarer statistischer Zusammenhang mehr auf. Nach 1930 dagegen sind die NSDAP-Wahlerfolge im Schnitt dort etwas höher, wo es gemessen an der Zahl der Wahlberechtigten mehr verschuldete Höfe gibt. Allerdings dürfte es sich bei letzterem um eine Scheinkorrelation handeln, da die Beziehung verschwindet, sobald man auf der zweiten Stufe des Kontrastgruppenvergleichs die 831 Kreiseinheiten danach aufteilt, ob sie stärker ländlich oder städtisch sind. In den stärker ländlich geprägten Regionen tendiert die auf der Ebene aller Kreise festgestellte positive Korrelation gegen Null, während der Zusammenhang zwischen den nicht-landwirtschaftlichen Schulden und den NSDAP-Stimmen sogar noch anwächst. Dieser Scheinzusammenhang erklärt sich möglicherweise daraus, daß sowohl der Verschuldungsgrad als auch der NSDAP-Stimmenanteil in den evangelischen Kreisen deutlich höher liegen als in den katholischen.

Aus diesem Grunde werden im nächsten Schritt die städtischen und ländlichen Kreise nach der vorherrschenden Konfession aufgespalten.[371] Es zeigt sich, daß in den katholischen Agrarkreisen mit Ausnahme der Märzwahl 1933 keine eindeutige statistische Beziehung zwischen der landwirtschaftlichen Verschuldung und den nationalsozialistischen Wahlerfolgen besteht. Dagegen ist in den überwiegend evangelischen Agrargebieten ein recht stark ausgeprägter Zusammenhang zwischen beiden Merkmalen festzustellen. In den städtischen Kreisen, in denen wir die Beziehung zwischen der nicht-landwirtschaftlichen Verschuldung und den NSDAP-Wahlerfolgen untersuchen, macht die Konfessionsfärbung der Kreise keinen solchen Unterschied.

Im letzten Schritt des Kontrastgruppenvergleichs teilen wir die verschiedenen Kreistypen in den landwirtschaftlich geprägten Einheiten nach einer über- oder unterdurchschnittlichen Hofgröße und in den eher städtischen Gebietseinheiten nach der durchschnittlichen Gemeindegröße

Übersicht 8.3: Ein Kontrastgruppenvergleich der Beziehung zwischen dem Verschuldungsgrad und dem NSDAP-Stimmenanteil in unterschiedlichen sozialen Kontexten

ALLE KREISE

	Landw. Schuld −	Landw. Schuld +	Andere Schuld −	Andere Schuld +
1928	2	4	2	2
1930	15	15	14	16
1932J	29	34	18	34
1932N	25	29	24	29
1933	36	43	37	41

Land −	Land +	Stadt −	Stadt +
2	2	2	2
15	15	14	16
32	34	26	31
28	29	22	26
40	43	33	37

kath. −	kath. +	prot. −	prot. +	kath. −	kath. +	prot. −	prot. +
2	2	2	2	1	2	2	2
12	12	15	17	9	12	16	18
20	22	28	34	19	20	36	42
16	18	24	28	16	18	31	36
28	31	34	39	32	30	42	49

Hofgröße klein −	+	Hofgröße groß −	+	Hofgröße klein −	+	Hofgröße groß −	+	Stadtgröße klein −	+	Stadtgröße groß −	+	Stadtgröße klein −	+	Stadtgröße groß −	+
1	1	6	2	3	3	1	2	1	3	2	1	1	3	2	2
11	9	17	8	16	16	16	19	7	13	13	11	13	19	16	16
20	20	23	17	38	41	34	43	14	22	20	22	25	37	30	31
18	17	19	14	33	35	28	36	12	18	16	18	22	31	26	26
30	32	35	32	44	48	40	50	23	31	29	31	32	41	36	37
24	135	1	80	40	139	26	148	8	36	9	7	33	112	17	16

Merkmalsdefinitionen, Schnittpunkte und Lesebeispiele s. Anmerkung 371.

Übersicht 8.4: Ein Kontrastgruppenvergleich des Zusammenhangs zwischen Verschuldung und NSDAP-Stimmenentwicklung in unterschiedlichen sozialen Kontexten (Kreisdaten; Prozentpunktdifferenzen Wahl 2 – Wahl 1)

ALLE KREISE

	Landw. Schuld		Andere Schuld	
	–	+	–	+
1928/1930	13	13	12	14
1930/1932J	14	19	14	18
1932J/1932N	–4	–4	–4	–5
1932N/1933	11	14	13	12

Land		Stadt	
–	+	–	+
13	13	12	14
17	19	12	15
–4	–5	–4	–5
12	14	11	11

kath.		prot.		kath.		prot.	
–	+	–	+	–	+	–	+
10	8	14	16	10	10	13	15
8	10	20	24	8	10	13	17
–2	–3	–5	–6	–4	–4	–4	–6
12	16	11	13	12	13	10	11

Hofgröße klein		Hofgröße groß		Hofgröße klein		Hofgröße groß		Stadtgröße klein		Stadtgröße groß		Stadtgröße klein		Stadtgröße groß	
–	+	–	+	–	+	–	+	–	+	–	+	–	+	–	+
10	8	11	6	15	17	15	17	6	10	11	10	12	16	14	14
9	11	6	9	18	24	18	24	7	9	7	11	12	18	14	15
–2	–3	–4	–3	–6	–7	–6	–7	–2	–4	–4	–4	–3	–6	–4	–5
12	15	16	18	12	14	12	14	11	13	13	13	10	10	10	11
24	135	1	80	40	139	26	148	8	36	9	7	33	112	17	16

Gleiche Merkmalsdefinitionen und Schnittpunkte wie in Übersicht 8.3.
Lesebeispiel: Zwischen der Septemberwahl 1930 und der Juliwahl 1932 betrug der NSDAP-Anstieg in den überwiegend ländlichen und evangelischen Kreisen mit einer überdurchschnittlichen Verschuldung 24 Prozentpunkte, während er in der gleichen Kreiskategorie mit unterdurchschnittlicher Verschuldung nur bei 20 Prozentpunkten lag.

auf. In den vorwiegend katholischen Agrargebieten macht die Hofgröße kaum einen Unterschied; in den vorwiegend evangelischen Kreisen mit überdurchschnittlich großen Höfen dagegen war die NSDAP im allgemeinen dort etwas erfolgreicher, wo die landwirtschaftliche Verschuldung über dem Reichsdurchschnitt lag. In den eher städtischen Kreiseinheiten endlich ist der (meistens positive) Zusammenhang zwischen gewerblicher Verschuldung und NSDAP-Anteil in den kleineren Gemeinden erheblich stärker als in den größeren Städten, und zwar gilt dies unabhängig von der konfessionellen Zusammensetzung der Kreise.

Lenken wir unsere Aufmerksamkeit noch für einen Augenblick auf die prozentuale Veränderung des NSDAP-Stimmenanteils bei aufeinanderfolgenden Wahlen. Wie aus Übersicht 8.4 hervorgeht, waren die relativen Stimmengewinne der NSDAP im Juli 1932 und März 1933 in Gebieten mit überdurchschnittlicher landwirtschaftlicher Verschuldung etwas höher, in Gebieten mit unterdurchschnittlicher agrarischer Verschuldung dagegen etwas niedriger als im Mittel aller Kreise. Das gleiche gilt für den Zusammenhang zwischen nicht-landwirtschaftlichen Schulden und nationalsozialistischen Stimmengewinnen im September 1930 und Juli 1932. Zwar sind die Unterschiede zwischen Kreisen mit einem über- und unterdurchschnittlichen Auftreten von Schulden nicht besonders ausgeprägt, aber sie sind von der ersten bis zur letzten Aufteilungsstufe des Kontrastgruppenbaums einheitlich. In der Größenordnung lassen sie sich durchaus mit der von vielen anderen Erklärungsfaktoren der nationalsozialistischen Wahlerfolge ausgehenden Einflußwirkung vergleichen, wie wir im Zusammenhang mit dem Arbeiteranteil, der Arbeitslosenzahl, dem Prozentsatz der Beamten etc. feststellen konnten. Nur die Konfession übt, vor allem im Zusammenspiel mit der Verstädterung, einen deutlich stärkeren Effekt aus.

Als vorläufiges Fazit kann festgehalten werden, daß vom Verbreitungsgrad der landwirtschaftlichen und nicht-landwirtschaftlichen Schulden ein von anderen Faktoren unabhängiger Einfluß auf die Wahlerfolge der Hitlerbewegung ausgegangen ist. Dies wird auch durch die Resultate der multiplen Regressionsanalyse bestätigt, die belegt, daß die relative numerische Bedeutung von Schulden im agrarischen und nichtagrarischen Sektor tatsächlich den durchschnittlichen NSDAP-Stimmenanteil in die Höhe getrieben hat (vgl. Anhang Tabelle A15). In den stärker verstädterten Regionen ging von der nicht-landwirtschaftlichen Verschuldung bei den Reichstagswahlen 1930 und 1933 sogar in etwa die gleiche Wirkung aus wie von der Konfession! Man könnte argumentieren, daß der Einfluß der verschiedenen Verschuldungsindikatoren das Ergebnis ihrer starken Korrelation mit dem Selbständigenanteil oder dem Prozentsatz der landwirtschaftlichen Bevölkerung darstellte. Eine Einbeziehung dieser beiden potentiellen Störmerkmale in das Regressionsmodell führt jedoch zu keiner substantiellen Änderung der gemessenen Zusammenhänge, so daß davon auszugehen ist, daß wir es in der Tat im Falle der Verschuldung mit einem weiteren „echten" Einflußfaktor der nationalsozialistischen Wahlerfolge zu tun haben.[372]

Wo mehr Wahlberechtigte von der Verschuldung betroffen waren, schnitt die NSDAP folglich tendenziell besser ab als in Kreisen mit einem niedrigeren Ausmaß an Verschuldung. Wirtschaftliche Not scheint, wie schon häufig unterstellt, nie aber zufriedenstellend belegt worden ist, zu einer Art bereichsspezifischer Radikalisierung der Wählerschaft geführt zu haben, wobei von Arbeitslosigkeit betroffene Wähler eher für linksradikale Parteien gestimmt haben, während der ja in erster Linie durch die wachsende Verschuldung betroffene Alte Mittelstand stärker zur NSDAP gewandert ist. Indem sie sich von den mehr oder weniger demokratischen Weimarer Parteien abwandten, scheinen große Teile des Alten Mittelstandes (und viele Wähler anderer Sozialschichten) eine Art Bestrafungsverhalten ausgeübt zu haben, mit dem zuerst die etablierten politischen Kräfte und wenig später das gesamte politische System dafür belangt wurden, daß sie offenkundig nicht in der Lage waren, mit den drängenden Problemen der sozialen und ökonomischen Krise der dreißiger Jahre fertig zu werden. Wäre die Folge weniger schrecklich gewesen, würde man vermutlich diese Bestrafungsaktion als „rationalen" politischen Akt im Sinne der modernen politischen Ökonomie apostrophieren.[373]

9. Der Einfluß von Presseklima und Parteiorganisation auf das Wachstum der NSDAP

9.1. Die gängigen Erklärungsmodelle sind unvollständig

Wir haben gesehen, daß die Wahlchancen der NSDAP von der Konfession erheblich stärker beeinflußt werden als von den Merkmalen „Beruf" oder „Schicht", ja, daß der Einfluß der Berufsstruktur oder der sozialen Schichtung in den katholischen Regionen sogar dazu tendiert, ganz und gar zu verschwinden. Nur in den größeren Städten verringern sich die konfessionell bestimmten Affinitätsunterschiede gegenüber der NSDAP, wobei allerdings nicht die Resistenz in den katholischen Städten, sondern die Anfälligkeit in den evangelischen Städten nachläßt. Klassen- oder schichtungstheoretische Ansätze bieten demnach nur eine geringe Erklärungsleistung. Es erscheint wenig sinnvoll, die Mittelschichthypothese durch immer neue nachträgliche Modifikationen zu retten, wie dies eine Zeitlang geschehen ist. Fruchtbarer ist es zweifellos, nach anderen, erklärungskräftigeren Theorien der NSDAP-Wahl zu suchen.

Ein solcher Versuch wurde vor einigen Jahren von dem amerikanischen Soziologen Richard Hamilton unternommen, der zunächst mehrere „erklärende Fragen" formulierte, die angesichts der vielen Anomalien der Mittelschictthese beantwortet werden müßten. Zunächst sei zu klären, warum die NSDAP in evangelischen Dörfern und Kleinstädten so erfolgreich gewesen sei. Eine zweite, damit zusammenhängende Frage sei, warum es die NSDAP in katholischen Dörfern und Kleinstädten so überaus schwer gehabt habe. Ein dritter Fragenkomplex müsse sich mit den Ursachen der vergleichsweise niedrigen NSDAP-Wahlerfolge in den protestantischen Großstädten beschäftigen.[374] Weiter sei zu klären, warum die NSDAP bei der Oberschicht und oberen Mittelschicht so viele Wähler gefunden habe. Ferner müsse gefragt werden, ob die Wähler der unteren Mittelschicht, die – wenn auch nicht in so hohem Maße wie ursprünglich angenommen – der NSDAP ihre Stimme gegeben hätten, dies aus Proletarisierungsfurcht oder aus anderen Gründen getan hätten. Analog sei schließlich zu klären, was nicht-sozialistische Arbeiter dazu bewegt habe, die NSDAP unterstützen.

Bei seinem Erklärungsversuch setzt Hamilton voraus, die politischen

Vorlieben und Abneigungen des einzelnen Wählers seien auch im Kaiserreich und der Weimarer Republik im Verlaufe von primären und sekundären Sozialisationsprozessen, d. h. durch das Elternhaus und durch spätere,
modifizierende Einflüsse, etwa das vielzitierte Schützengrabenerlebnis
der Frontgeneration, geprägt worden. Anders als beispielsweise in den
USA oder Großbritannien habe es nach dem Ersten Weltkrieg in Deutschland wegen der Diskontinuität des Regierungs- und Parteiensystems aber
keine einfache Weitergabe bestimmter Parteiloyalitäten von der Eltern-
auf die Kindergeneration gegeben, sondern nur die Vermittlung allgemei-
nerer politischer Tendenzen. Wenn nun Parteien im Gefolge der für die
Weimarer Republik typischen politisch-gesellschaftlichen Großkrisen an
Bedeutung verloren hätten, sei die Suche nach parteipolitischen Alternativen, also ein Parteiwechsel, im allgemeinen auf Organisationen begrenzt
gewesen, die die gleiche generelle Orientierung aufwiesen.

Solche Parteiwechsel seien nicht nur aufgrund persönlicher Bewertun-
gen politischer Ereignisse durch den einzelnen Wähler zustandegekom-
men, sondern durch eine Reihe richtungweisender Einflüsse kanalisiert
worden. Der bedeutendste direkt auf den einzelnen Wähler wirkende
Einfluß sei von den Nationalsozialisten selbst als der mit weitem Abstand
aktivsten politischen Kraft der späten Weimarer Republik ausgegangen.
Daneben sei die Beeinflussung von Parteipräferenzen durch die Massenmedien, in erster Linie die Presse, von großer Bedeutung für die politische
Meinungsbildung der Bevölkerung gewesen.[375] Schließlich habe zu den
wichtigen Beeinflussungsfaktoren jener Jahre noch die Orientierung an
bestimmten Meinungsführern, im allgemeinen traditionellen Honoratioren, gehört, also Personen mit hohem Sozialstatus und entsprechender
lokaler oder überörtlicher Sichtbarkeit. Neben diesen direkt wirksamen
Beeinflussungsmechanismen habe es auch eher indirekt, im Sinne eines
Zweistufenmodells der Meinungsbeeinflussung verlaufende Einwir-
kungsprozesse gegeben, wenn sich etwa bestimmte Wähler zunächst
aufgrund der Beeinflussung durch Massenmedien oder NSDAP-Aktivi-
sten politisch umorientiert und dann ihren Meinungswandel an dritte
weitergegeben hätten.[376]

Nach Hamilton sind die Wählerreaktionen der frühen 30er Jahre also in
erster Linie durch zwischenmenschliche Beeinflussungsprozesse und Me-
dieneinfluß geprägt worden. Wichtig sei daher eine Untersuchung der
Träger dieser Beeinflussungsprozesse. Für die örtlichen Meinungsführer
geht dies natürlich nur mit den Mitteln der lokalen Einzelfallstudie nach
Art der außerordentlich informativen und lesenswerten Untersuchung
des NSDAP-Aufstiegs in Northeim am Harz durch den amerikanischen
Historiker William Sheridan Allen. Diesem gelingt es in höchst plausibler

Weise die Vorbildwirkung herauszuarbeiten, die von der frühen Konversion eines angesehenen Buchhändlers zu den Nationalsozialisten ausging.[377] Inzwischen liegen viele weitere Fallstudien über einzelne, zumeist kleinere Städte, vor, die, wenn auch in unkoordinierter und unsystematischer Weise, unser Wissen über die lokalen Bedingungen der NSDAP-Wahlerfolge bereichert haben.[378] Ihre Resultate unterstützen mehr oder minder Hamiltons Hypothese von der Einflußwirkung lokaler Meinungsführer, doch bedarf es weiterer, besser koordinierter, einem gemeinsamen analytischen Schema verpflichteter Gemeindestudien, um seine These empirisch zufriedenstellend abzusichern.

Dagegen liegen bisher weder systematische oder gar flächendeckende Untersuchungen über die Wirkung des Medieneinflusses noch Analysen über den Effekt lokaler Parteiaktivitäten der Nationalsozialisten auf die Wahl der NSDAP vor, wenn man einmal von den eigenen, auf einige Großstädte bezogenen und daher notgedrungen eher pointilistisch verfahrenden Bemühungen Hamiltons absieht. Diese Forschungslücke ist nicht verwunderlich, da der Versuch, sie zu schließen, erheblichen empirischen und konzeptionellen Schwierigkeiten begegnet. Im Falle der Medienwirkungsanalyse beginnt dies bereits mit der Feststellung, welche Zeitung in den Untersuchungsgemeinden gelesen wird, welche Zeitungen als NSDAP-freundlich, neutral oder NSDAP-feindlich zu klassifizieren sind, wie das Verteilungsverhältnis von lokaler, regionaler und überregionaler Presse in einem gegebenen lokalen Kontext ist etc. Aber selbst wenn sich dies alles zufriedenstellend klären ließe, bliebe ein weiteres gravierendes Analyseproblem bestehen: Was ist im Falle eines nachgewiesenen Zusammenhangs zwischen der politischen Färbung der lokalen Presseorgane und NSDAP-Wahlerfolgen Ursache und Wirkung? Ist die Presse am Ort nationalsozialistisch, weil es die meisten ihrer Leser auch sind, oder verläuft die Kausalität eher umgekehrt? Der historische Wahlforscher steht hier vor erheblichen, angesichts der Materiallage häufig nur schwer lösbaren Problemen.

9.2. Hat die politische Färbung der Tages- und Wochenpresse einen meßbaren Einfluß auf die nationalsozialistischen Wahlerfolge ausgeübt?[379]

9.2.1. Die Presselandschaft am Ende der Weimarer Republik

1932 (erste Jahreshälfte) gab es dem Deutschen Institut für Zeitungskunde zufolge im Deutschen Reich rund 4.700 Zeitungen, von denen knapp die

Hälfte Parteizeitungen oder Blätter mit expliziter Parteirichtung waren. Rund 120 davon gehörten der NSDAP oder standen ihr zumindest nahe.[380] Dagegen wiesen die konservativen, zumeist deutschnational orientierten Tages- und Wochenzeitungen einen hohen Verbreitungsgrad auf. Nach Schätzung des Zeitungswissenschaftlers Kurt Koszyk erschienen 1932 rund 500 der DNVP nahestehende Blätter. Die Flaggschiffe waren die KREUZZEITUNG, die DEUTSCHE TAGESZEITUNG und DER TAG. Mit zunehmendem Zerfall der Republik zeigten sich diese Blätter immer NSDAP-freundlicher; Kritik wurde in diesen konservativ-nationalistischen Blättern zumeist nur an der sozialistischen Komponente der NSDAP geübt.

Zahlenmäßig bedeutsam waren am Ende der Weimarer Republik aber auch noch die liberalen Tageszeitungen, zu denen so bekannte Blätter zählten wie das Berliner TAGEBLATT, die VOSSISCHE ZEITUNG, die FRANKFURTER ZEITUNG oder – bis etwa 1930 – die DEUTSCHE ALLGEMEINE ZEITUNG, die nach 1930 allerdings immer stärker einen DNVP-freundlichen Kurs einschlug. Der politische Katholizismus war mit rund 600 Parteirichtungszeitungen repräsentiert, die häufig eine katholisch-konservative Linie vertraten und im allgemeinen einen klar anti-nationalsozialistischen Kurs verfolgten. Daneben gab es rund 125 naturgemäß ebenfalls NSDAP-kritische sozialdemokratische Parteizeitungen und eine – auflagenmäßig gewichtige – Gewerkschaftspresse sowie knapp 50 Tages- und Wochenzeitungen der KPD.[381]

Auch als die NSDAP schon von mehr als einem Drittel aller Wähler unterstützt wurde, war folglich der Anteil der nationalsozialistischen Zeitungen – gemessen an der gesamten damals existierenden Partei- und Parteirichtungspresse – relativ niedrig. Von den rund 4700 im Handbuch der deutschen Tagespresse von 1932 aufgeführten Tages- und Wochenzeitungen, von denen knapp 70 Prozent täglich erschienen, waren ca. 25 Prozent Partei- und Parteirichtungsblätter. Von diesen waren fast drei Viertel entweder einer der beiden katholischen Parteien oder der SPD verbunden; nur 12 Prozent der Parteizeitungen gehörten der NSDAP oder bekannten sich offen zu deren Zielen. Auf alle Zeitungen prozentuiert bedeutet dies, daß nur 2,5 Prozent aller Blätter offen nationalsozialistisch waren.[382] Doch ist es zweifellos möglich, daß die Sache des Nationalsozialismus auch von nicht offen der NSDAP verbundenen Organen gefördert worden ist, wie Hamilton dies unterstellt.

Im folgenden soll zunächst ein genaueres Bild der Presselandschaft am Ende der Weimarer Republik gezeichnet werden. Zu diesem Zwecke wird auf mehrere Datensätze zurückgegriffen, die im Rahmen des NS-Projektes anhand des zwischen 1928 und 1931 erschienenen „Jahrbuchs

Tabelle 9.1: *Die politische Ausrichtung der Weimarer Presse 1928 und 1932*

politische Ausrichtung	Jahr 1928	Jahr 1932	Änderung 1928–1932
NSDAP/völkisch	0.3	4.2	+1300%
rechts/national	18.9	18.2	− 4%
interessenorientiert	0.6	0.8	+ 33%
bürgerlich	7.0	5.8	− 17%
Zentrum/katholisch	11.4	13.5	+ 18%
liberal	10.3	4.6	− 55%
sozialdemokratisch	5.8	4.8	− 17%
kommunistisch	1.4˙	1.4	0%
neutral	44.3	46.4	+ 5%
Summe	100.0%	100.0%	
Zahl der Zeitungen	n = 566	n = 765	

Zeitungen ohne Angabe der politischen Richtung (1928 = 36.6%; 1932 = 7.2%) proportional aufgeteilt auf die einzelnen Richtungen.

der Tagespresse" und des „Handbuchs der deutschen Tagespresse" von 1932 sowie des Gemeindewahldatensatzes erstellt worden sind. Zu diesem Zwecke wurden für eine rund 20 Prozent aller Stadt- und Landkreise des Deutschen Reiches umfassende Zufallsstichprobe zunächst die Gemeinden mit mehr als 2000 Einwohnern und für diese wiederum die dort veröffentlichten Zeitungen von 1928 und 1932 erfaßt. Dabei wurden für beide Erhebungszeitpunkte der Erscheinungsort, die Erscheinungshäufigkeit, die Auflage und die politische Ausrichtung jeder Zeitung sowie für 1932 zusätzlich noch der Leserkreis aufgenommen.[383] Dieser Datensatz ist mit Ausnahme des Merkmals „Leserkreis" repräsentativ für die 1928 existierenden Stadt- und Landkreise des Reiches sowie für die Gemeinden mit mehr als 2000 Einwohnern.[384]

In einem ersten Analyseschritt empfiehlt es sich, die politische Ausrichtung der Weimarer Presse zu rekonstruieren, um festzustellen, ob überhaupt eine Basis für die Hypothese Hamiltons gegeben ist, Umorientierungen in der Presse hätten zum Aufstieg der NSDAP beigetragen. Hierzu war es nötig, die vielfältigen Positionsangaben der beiden Jahrbücher zu größeren politischen Richtungen zusammenzufassen.[385] Tabelle 9.1 zeigt, daß den ausgewerteten Quellen zufolge sich im Jahre 1928 nur 0,2 Prozent der gesamten Weimarer Presseorgane als nationalsozialistisch bezeichneten; 1932 waren es bereits knapp vier Prozent[386]. Dies bedeutet einen starken relativen Zuwachs, während beispielsweise die liberale

Presse während des Beobachtungszeitraums um rund die Hälfte zurückging. Die deutschnational orientierten Zeitungen dagegen blieben mit
rund 18 Prozent weitgehend konstant. Sie sind nach den sich selbst als
„neutral" charakterisierenden Zeitungen, die fast die Hälfte aller Presseorgane umfassen, der am häufigsten auftretende Zeitungstyp jener Jahre.
Von der Auflage her gesehen waren 1932 rund sieben Prozent unserer
Zeitungsstichprobe offen nationalsozialistisch oder völkisch, weitere 18
Prozent bezeichneten sich als national oder rechtsgerichtet und etwa 15
Prozent als liberal. Allerdings lag der Anteil der nicht täglich erscheinenden NSDAP-Blätter mit rund einem Drittel weit über dem Durchschnitt
der Stichprobe von zehn Prozent.

Bei den Verschiebungen von Tabelle 9.1. handelt es sich nur um
Änderungen im Aggregat, d. h. um bereits gegeneinander aufgerechnete
(Netto-)Fluktuationen zwischen den verschiedenen politischen Richtungen. Betrachtet man in einer echten Fluktuationstabelle die Bruttoveränderungen zwischen den unterschiedlichen Richtungen, so wird deutlich,
daß der Zuwachs an nationalsozialistisch orientierten Zeitungen von 1932
fast vollständig auf Neugründungen nach 1928 zurückzuführen ist. Von
den 30 nationalsozialistischen bzw. völkischen Tages- oder Wochenzeitungen von 1932 war lediglich je eine vom deutschnationalen und vom
liberalen Lager zur NSDAP geschwenkt (vgl. Tabelle 9.2). Vor allem fällt
in der Fluktuationstabelle die starke Besetzung der Diagonalen auf, in der
die Haltequoten der einzelnen Richtungen wiedergegeben sind. Die bürgerlichen und die liberalen Zeitungen von 1928 weisen mit Abstand die
geringsten Haltequoten oder, anders ausgedrückt, die höchste Instabilität
auf, wobei in beiden Fällen ein „Rechtsschwenk" unübersehbar ist. Bei
den sozialdemokratischen, kommunistischen und katholischen, aber auch
den „neutralen" Zeitungen dominiert dagegen die Konstanz der politischen Ausrichtung zwischen den beiden Erhebungszeitpunkten. Alles
zusammengerechnet jedenfalls herrschen Wanderungsgewinne der rechten Presse und der Neutralkategorie vor, wobei zwischen diesen besonders starke Austauschbeziehungen in beiden Richtungen zu beobachten
sind. Dies deutet darauf hin, daß in der Tat auch ein bedeutender Teil der
als neutral firmierenden Blätter stärkere Affinitäten nach rechts zeigte.
Hamiltons Ausgangsthese wird folglich von unseren Daten sowohl hinsichtlich der unterstellten allgemeinen Rechtstendenz als auch bezüglich
der parteipolitischen Präferenzen „neutraler" Zeitungen bestätigt.

In einem weiteren Untersuchungsschritt wollen wir überprüfen, ob die
von der NSDAP getragenen oder ihr nahestehenden Zeitungen tatsächlich vor allem auf dem protestantischen Land zuhause waren. Wie aus
Tabelle 9.3 zu erkennen ist, wurden die kommunistischen, sozialdemo-

Tabelle 9.2: Die Veränderung der politischen Selbsteinstufung der Weimarer Zeitungen zwischen 1928 und 1932 (Zeilen- und Spaltenprozent)

1928 \ 1932	nicht ersch	ns/ völk	rechts nation	inter- ess.	bür- gerl.	zent. kath.	libe- ral	sozi- aldem.	kom- mun.	neu- tral	keine Antw.	Zahl (n)
nicht erschienen	11 / 90	11 / 22	1 / 33	1 / 29	11 / 27	2 / 12	3 / 21	2 / 50		42 / 31	13 / 60	248
ns/ völkisch	100 / 3											1
rechts/ national	6 / 8	2 / 3	79 / 42			3 / 2				9 / 2	2 / 2	68
interes- senorient.				100 / 33								2
bürgerlich	8 / 4		28 / 5		48 / 29	4 / 1				12 / 1		25
zentrum/ katholisch	7 / 6					93 / 40	·					41
liberal	5 / 4	3 / 3	5 / 2		11 / 10		60 / 67			16 / 2		37
sozialde- mokratisch								95 / 59		5 / 1		21
kommuni- stisch								20 / 3	80 / 40			5
neutral	8 / 27		6 / 8		3 / 10	1 / 1				81 / 39	1 / 2	159
keine Angabe	12 / 51		14 / 22	1 / 33	4 / 22	14 / 29	3 / 21	3 / 18	1 / 10	39 / 25	10 / 36	207
Zahl (n)	49	30	129	6	41	96	33	34	10	331	55	814

Jeweils erste Zeile = Zeilenprozent; jeweils zweite Zeile = Spaltenprozent.
Lesehilfe: Von den zwischen 1928 und 1932 neu gegründeten Zeitungen bezeichneten sich rund 11 Prozent als nationalsozialistisch oder völkisch, das sind 90 Prozent aller nationalsozialistischen oder völkischen Zeitungen von 1932.

Tabelle 9.3: Die Weimarer Presse nach der Einwohnerzahl der Gemeinden
1932

	9.3A: Zeitungstyp nach Gemeindegrößenklasse (Zeilenprozent)				9.3B: Zeitungstyp innerhalb d. Größenklassen (Spaltenprozent)			
	Landstädte	Kleinstädte	Mittelstädte	Großstädte	Landstädte	Kleinstädte	Mittelstädte	Großstädte
NSDAP/völkisch	10	20	43	27	1	3	12	12
rechts/national	34	41	19	6	16	21	21	12
interessengebd.	50	20	0	30	1	1	0	3
bürgerlich	27	54	17	2	4	9	6	2
Zentrum/kathol.	41	36	15	9	14	14	13	12
liberal	22	25	28	25	3	3	8	12
sozialdemokrat.	9	21	49	21	1	3	14	11
kommunistisch	0	10	30	60	0	1	3	9
neutral	51	36	8	5	60	46	23	26
keine Angabe	38	40	11	13	.	.	.	.
Durchschnitt	39	36	16	10	100	100	100	100

Landstädte: 2000–5000, Kleinstädte: 5000–20000, Mittelstädte: 20000–100000,
Großstädte: über 100000 Einwohner.
Lesehilfe für Tabelle 9.3A: Von 100 NSDAP-Zeitungen erschienen 1932 zehn in
Landstädten, 27 in Großstädten etc.
Lesehilfe für Tabelle 9.3B: Von allen in Mittelstädten publizierten Tages- und
Wochenzeitungen waren 12 Prozent NSDAP-Blätter, 21 Prozent rechts oder
national etc.

kratischen und „liberalen" Blätter, aber auch die nationalsozialistischen
und völkischen Zeitungen in erster Linie in den größeren Städten publiziert. Dagegen erschienen nicht nur die „neutralen", „bürgerlichen" und
„interessenorientierten" Blätter, sondern auch die katholischen und rechts
bzw. national orientierten Zeitungen hauptsächlich auf dem Lande und in
kleineren Städten (vgl. Tabelle 9.3 A). Prozentuiert man anders herum,
blickt man also auf die Verteilung der Presseorgane innerhalb der jeweiligen Größenklassen, so zeigt sich, daß 1932 in den Landgemeinden sowie
in den Klein- und Mittelstädten die „neutralen" Zeitungen, gefolgt von
den rechts oder national orientierten Blättern, dominierten. Die nationalsozialistische und völkische Presse spielt hier keine Rolle, die übrigen
Zeitungen, mit Ausnahme der Zentrumsblätter, sind ebenfalls von untergeordneter Bedeutung. Die NSDAP-Presse im engeren Sinne war lediglich in den Mittel- und Großstädten wichtig. Das gleiche trifft für die
sozialdemokratischen und kommunistischen Blätter zu, während die

Tabelle 9.4: Die Weimarer Presse nach der Konfessionsfärbung der Gemeinden 1932

	9.4A: Zeitungstyp und dominierende Konfession (Zeilenprozent)			9.4B: Zeitungstyp innerhalb der Konfess.-Klassen (Spaltenprozent)		
	evangelisch	konfess. gemischt	katholisch	evangelisch	konfess. gemischt	katholisch
NSDAP/völkisch	69	7	24	5	4	4
rechts/national	89	4	8	26	9	5
interessengeb.	17	0	83	1	0	3
bürgerlich	79	9	12	7	6	2
Zentrum/kathol.	9	19	81	2	19	43
liberal	63	13	25	5	9	5
sozialdemokrat.	83	7	10	6	4	2
kommunistisch	70	10	20	2	2	1
neutral	69	8	23	47	47	35
keine Angabe	70	8	22	.	.	.
Durchschnitt	65	8	28	100	100	100

Evangelisch: unter 33% Katholiken; katholisch: mehr als 66% Katholiken; konfessionell gemischt: zwischen 33 und 66% Katholiken. N = 765.
Lesehilfe für Tabelle 9.4A: Von 100 NSDAP-Zeitungen erschienen 1932 rund 24 in überwiegend katholischen Gemeinden, 69 in überwiegend evangelischen Gemeinden und etwa 7 in konfessionell gemischten Orten.
Lesehilfe für Tabelle 9.4B: Von allen in überwiegend evangelischen Gemeinden publizierten Tages- und Wochenzeitungen waren rund 26 Prozent „rechte" bzw. nationale Blätter, 5 Prozent NSDAP-Zeitungen etc.

Zentrumszeitungen in allen vier Größenklassen in etwa von gleicher Bedeutung waren. Insgesamt herrschte in den Groß- und Mittelstädten im Gegensatz zu den Land- und Kleinstädten kein bestimmter Zeitungstyp vor. Das Zeitungsklima war dort im allgemeinen eher pluralistisch, während es in der Provinz relativ stark von rechten und neutralen Organen, von denen nicht wenige ebenfalls eher rechts orientiert gewesen sein dürften, bestimmt war (vgl. Tabelle 9.3 B).

Gliedert man ferner die Zeitungen unserer Stichprobe nach der Konfessionsstruktur der Gemeinden auf, in denen sie erschienen, so zeigt sich, daß fast 90 Prozent der national bzw. rechts orientierten Blätter und rund 70 Prozent der offen als nationalsozialistisch oder völkisch firmierenden Zeitungen in überwiegend evangelischen Gemeinden erschienen. Dagegen stammten vier von fünf Zentrumsblättern aus katholischen Orten (vgl. Tabelle 9.4 A). Fragt man umgekehrt nach der Verteilung der einzelnen Zeitungstypen in den unterschiedlichen Konfessionsgebieten, so zeigt sich, daß innerhalb der evangelischen Konfessionsgebiete die Presselandschaft von neutralen und, für die These Hamiltons wichtig, rechten Blättern dominiert wurde, während in den katholischen Gebieten naturgemäß Zentrumszeitungen und sich als neutral charakterisierende Organe, von denen viele aber dennoch dem politischen Katholizismus nahestanden, vorherrschten. Lediglich die konfessionellen Mischgebiete wurden von keinem einzelnen Zeitungstyp geprägt (vgl. Tabelle 9.4 B). Berücksichtigt man, daß viele der „neutralen" und „bürgerlichen" Zeitungen in den evangelischen Gebieten ebenfalls deutschnationale Positionen vertraten, so wird auch durch diese Auszählung die Vermutung Hamiltons bestätigt, in den protestantischen Landgebieten und Kleinstädten habe ein Presseklima geherrscht, das als NSDAP-freundlich oder zumindest als nicht gerade NSDAP-feindlich charakterisiert werden kann.[387]

9.2.2. Ein „rechtes Presseklima" hat den Aufstieg der NSDAP begünstigt

Nachdem die Untersuchung der Grundlagen der These Hamiltons, eine nach rechts gedriftete bürgerliche und konservative Presse habe vor allem auf dem evangelischen Lande den Boden für die Wahlerfolge des Nationalsozialismus bereitet, ein positives Ergebnis erbracht hat, sind wir nun in der Lage, den im Mittelpunkt der Meinungsklima-Hypothese stehenden Zusammenhang zwischen Presseklima und Wahlerfolgen der NSDAP zu analysieren. Zu fragen ist, ob ein „rechtes" Presseklima die NSDAP-Wahl begünstigt hat. Zur Beantwortung dieser Frage ist es notwendig, die Beobachtungsebene zu wechseln und nun nicht mehr die Zeitungen, sondern die Gemeinden als Untersuchungseinheiten zu analysieren. Die ja anhand einer Kreisstichprobe gewonnenen Untersuchungsgemeinden sind für die Orte des Deutschen Reiches mit mehr als 2000 Einwohnern hinreichend repräsentativ.[388] In jeder zweiten Gemeinde der Stichprobe erschien im Untersuchungszeitraum mindestens eine Zeitung. Die Bestimmung des Presseklimas in Gemeinden mit nur einer Zeitung war unproblematisch. Dagegen mußte für das Drittel der Orte mit mehr als einem Blatt durch Mittelwertbildung aus den vertretenen Zeitungstypen ein Näherungsmaß für das dominierende Presseklima konstruiert werden.[389] Der Einfluß überörtlicher Zeitungen konnte mangels Informationen über deren Verbreitung nicht kontrolliert werden.

Der Vergleich der Presselandschaft von 1928 und 1932 offenbart, daß in der Gemeindestichprobe der Anteil der Gemeinden mit einem „rechten"

Tabelle 9.5: Der statistische Zusammenhang zwischen Presseklima und NSDAP-Wahlerfolgen bei den Reichstagswahlen 1928 und 1933

Presseklima	NSDAP 1928	NSDAP 1933
alle Gemeinden		
Presse 1928	15	–
Presse 1932	–	30
Gemeinden mit nur einer Zeitung		
rechts/national	06	18
bürgerlich	11	10
liberal	11	05
Zentrum/katholisch	−01	−20
neutral	−05	13

Korrelationskoeffizienten (× 100). Die Koeffizienten im oberen Teil der Tabelle sind ab +/− 10, die im unteren Teil der Tabelle ab +/− 16 bei einer einprozentigen Fehlerwahrscheinlichkeit signifikant.

Presseklima während des Untersuchungszeitraums von 16 auf rund 22 Prozent wächst. Soll die Meinungsklima-Hypothese zutreffen, ist zu erwarten, daß in Gemeinden mit einem „rechten Presseklima" tendenziell höhere NSDAP-Anteile beobachtet werden können als im Landesdurchschnitt oder in Gemeinden mit einem nicht-rechten Presseklima. Ferner müßte eine Veränderung des Presseklimas nach rechts im Mittel von einem überdurchschnittlichen Anstieg der NSDAP-Stimmenanteile begleitet werden, während andere Parteien keinen derartigen Anstieg verzeichnen sollten.

Die Korrelationsrechnung ergibt auf der Ebene aller Gemeinden zunächst einen recht schwachen, dann aber etwas stärker ausgeprägten positiven Zusammenhang zwischen einem „rechten" Presseklima und dem Anteil der NSDAP-Stimmen (1928: r = 0.15; 1932/33: r = 0.30). Die NSDAP war folglich in der Tat im Schnitt dort etwas erfolgreicher, wo eine rechte, neutrale oder bürgerliche Presse vorherrschte (vgl. Tabelle 9.5). Dagegen besteht mit der liberalen Presse kein statistisch signifikanter Zusammenhang; die Beziehung mit der Existenz katholischer Blätter 1933[390] endlich ist negativ. Da ferner die – hier nicht berichtete – Korrelation zwischen rechtem Presseklima und den Wahlerfolgen der übrigen Parteien – mit Ausnahme der DNVP – sowohl 1928 als auch 1933 negativ ist oder gegen Null tendiert, läßt sich festhalten, daß auf der einfachen Zusammenhangsebene unsere Daten die Meinungsklima-Hypothese zu unterstützen scheinen.

Dabei muß jedoch berücksichtigt werden, daß – wie erwähnt – sowohl die Existenz eines rechten Presseklimas als auch die Wahlerfolge der NSDAP und der DNVP mit dem Katholikenanteil und mit der Gemeindegröße negativ zusammenhängen. Es kann daher nicht ausgeschlossen werden, daß die statistische Beziehung zwischen Presseklima und NSDAP-Wahl durch beide oder zumindest einen dieser beiden „Störfaktoren" bedingt ist. Aus diesem Grunde ist es sinnvoll, den möglichen Einfluß beider Merkmale durch Konstanthaltung zu neutralisieren, wofür sich einmal mehr das Instrument des Kontrastgruppenvergleichs anbietet.

Er differenziert das Bild etwas stärker (vgl. Übersicht 9.1). Für die Reichstagswahl 1928 läßt sich – unabhängig von der jeweiligen konfessionellen Färbung – in den Land- und Kleinstädten ein positiver Zusammenhang zwischen dem dominierenden Presseklima und den NSDAP-Wahlerfolgen nachweisen. Ein „rechtes" Presseklima führt hier zu einer überdurchschnittlichen Wahl der NSDAP. Für die katholischen und evangelischen Landstädte sowie für die evangelischen Mittelstädte gilt diese Verbindung auch 1933. In den übrigen Kontrastgruppen hingegen ist keine statistisch signifikante Beziehung festzustellen; hierüber lassen sich folglich keine Aussagen treffen. Für die protestantischen Landstädte kann daher die These Hamiltons als im Kerne bestätigt angesehen werden. Auf der Ebene aller Gemeinden jedoch ist kein systematischer Zusammenhang nachzuweisen.

Allerdings bezieht sich die Meinungsklima-Hypothese nicht nur auf querschnittliche Zusammenhänge („ein rechtes Presseklima begünstigt die NSDAP"), sondern auch auf eine längsschnittliche Beziehung: eine Verschiebung des Presseklimas nach rechts führt zu einem überdurchschnittlichen Wachstum der NSDAP. Tatsächlich läßt sich in rund zehn Prozent aller Untersuchungsgemeinden eine derartige Klimaverschiebung nach rechts beobachten. Vergleicht man das NSDAP-Wachstum in diesen Gemeinden mit dem in Orten ohne eine solche Verschiebung, so ergibt sich der vorausgesagte positive Zusammenhang: In den 63 Gemeinden unserer Stichprobe mit einer Veränderung des Presseklimas nach rechts kann sich die NSDAP zwischen 1928 und 1933 um rund 42 Prozentpunkte steigern, während sie im gleichen Zeitraum in den übrigen Gemeinden nur um etwa 37 Prozentpunkte zunimmt. Allerdings ist dieser Zusammenhang wohl eher das Ergebnis einer sogenannten Scheinkorrelation, da die Beziehung verschwindet, wenn man die Konfession und die Gemeindegröße konstant hält. Denn innerhalb der überwiegend evangelischen Gemeinden macht es keinerlei Unterschied für das Wachstum der NSDAP, ob sich zwischen 1928 und 1932 das Presseklima nach rechts verschob oder nicht.

Übersicht 9.1: Die NSDAP-Wahlergebnisse 1928 und 1933 in Gemeinden unterschiedlicher Konfession und Größe nach dem dominierenden Presseklima

	ALLE STÄDTE	
	–	+
1928	2	3
1933	40	46

Groß		Mittel		Klein		Land	
–	+	–	+	–	+	–	+
2	–	3	3	2	4	3	5
38	–	40	46	42	44	42	51

kath.		prot.		kath.		prot.		kath.		prot.		kath.		prot.	
–	+	–	+	–	+	–	+	–	+	–	+	–	+	–	+
2	–	2	–	5	3	3	3	2	1	2	4	2	7	3	5
33	–	40	–	31	30	42	49	33	–	46	45	34	56	48	51

| N | 2 | 0 | 7 | 0 | 8 | 1 | 27 | 5 | 40 | 1 | 86 | 20 | 140 | 5 | 205 | 12 |
| N | 2 | 0 | 7 | 0 | 8 | 1 | 26 | 4 | 38 | 0 | 76 | 26 | 136 | 2 | 184 | 25 |

Stadtgröße: Definitionen s. Tabelle 9.3. Konfession: rk = Gemeinden mit mehr als 50 Prozent Katholiken; ev = Gemeinden mit weniger als 50 Prozent Katholiken. (+) Gemeinden mit „rechtem Presseklima"; (–) Gemeinden mit nicht-rechtem Presseklima.
Lesebeispiel: In den evangelischen Landstädten mit „rechtem Presseklima" erzielte die NSDAP im März 1933 rund 51 Prozent der gültigen Stimmen, in evangelischen Landstädten ohne „rechtes Presseklima" dagegen nur 48 Prozent.

Bezieht man weitere mögliche Einflüsse wie etwa den Arbeiteranteil oder die Wahlbeteiligung in die statistische Betrachtung mit ein, was am besten in Form einer multiplen Regressionsanalyse geschieht, so bleibt ein zwar schwacher, aber doch statistisch signifikanter, hypothesenkonform verlaufender Effekt des Presseklimas für die Reichstagswahlen von 1928 und 1933 erhalten: Auch unter Berücksichtigung der Tatsache, daß eine Vielzahl von Einflußfaktoren für die Wahlergebnisse der Nationalsozialisten verantwortlich sind, liegen die NSDAP-Resultate in Gemeinden mit einem „rechten" Presseklima deshalb tendenziell ein klein wenig höher als in Gemeinden ohne ein solches Klima. Allerdings bewegen sich die gemessenen statistischen Zusammenhänge am Rande des gerade noch Nachweisbaren.[391]

Übersicht 9.2: Der Einfluß des Presseklimas auf die Wahlerfolge der NSDAP im März 1933 – ein Pfadmodell

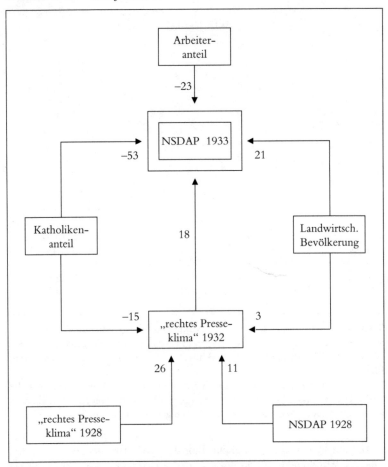

Die Berechnung der Pfadkoeffizienten ist mit Hilfe des Programms LVPLS erfolgt. Für Einzelheiten vgl. Torsten Schneider, Das Massenmedium Tageszeitung am Ende der Weimarer Republik, S. 163ff. Durch das Modell werden zwölf Prozent der Variation des NSDAP-Anteils erklärt.

Lesehilfe: Die Wahlerfolge der NSDAP im März 1933 wurden positiv von der Existenz eines „rechten Presseklimas" und vom Anteil der landwirtschaftlichen Bevölkerung beeinflußt, negativ hingegen vom Arbeiteranteil und vom Prozentsatz der Katholiken. Das „rechte Presseklima" selbst hing wiederum negativ mit dem Katholikenanteil und positiv mit der Existenz eines „rechten Presseklimas" im Jahre 1928 sowie den NSDAP-Wahlerfolgen 1928 zusammen.

Ein Pfadmodell, das ist ein statistisches Kausalmodell mit mehreren erklärenden Merkmalen, soll hier abschließend weitere Klarheit bringen. Als erklärende Merkmale werden in diesem Modell neben dem Presseklima der Katholikenanteil, der Prozentsatz der landwirtschaftlichen Bevölkerung und der Arbeiteranteil sowie die Wahl der NSDAP 1928 einbezogen. Übersicht 9.2 zeigt, daß die Wahl der NSDAP 1933 negativ vom Katholikenanteil und vom Anteil der Arbeiter in den Gemeinden, positiv hingegen vom Prozentsatz der landwirtschaftlichen Bevölkerung und von einem (1932) „rechten" Presseklima beeinflußt wird. Dieses hängt wiederum negativ mit dem Katholikenanteil und positiv mit der Existenz eines „rechten" Presseklimas im Jahre 1928 sowie einer „rechten" Vorprägung der Gemeinde, die wir im Modell durch die Wahl der NSDAP 1928 messen, zusammen. Weder die Vorzeichen, d. h. die von den einzelnen Erklärungsmerkmalen ausgehende Einflußrichtung, noch die relative Stärke der einzelnen Pfadkoeffizienten, die ähnlich wie Regressionskoeffizienten zu interpretieren sind, fallen aus dem Rahmen der in der vorliegenden Untersuchung erarbeiteten Befunde. Wichtig für unsere Fragestellung ist jedoch ist die Tatsache, daß die NSDAP-Wahlerfolge anscheinend *auch* von einem „rechten" Presse- oder Meinungsklima im Sinne der Klimahypothese Hamiltons beeinflußt worden sind: Selbst nach Berücksichtigung der Konfessionsfärbung, des Arbeiteranteils und der Wirtschaftsstruktur der Untersuchungsgemeinden führt die Existenz eines „rechten" Presseklimas bei der Wahl im März 1933 zu leicht erhöhten NSDAP-Anteilen. Insofern kann Hamiltons Klimahypothese vorläufig akzeptiert werden. Nicht übersehen werden sollte jedoch, daß dieser Einfluß des Presseklimas weniger hoch ist, als Hamilton vorauszusetzen scheint. Das mag an den verfügbaren Daten, der gewählten Operationalisierung des Presseeinflusses oder an dem gewählten Erklärungsmodell liegen. Es könnte aber auch sein, und bis zum Beweis des Gegenteils müssen wir wohl von dieser Möglichkeit ausgehen, daß das Presseklima zwar durchaus einen gewissen Beitrag zur Erklärung der nationalsozialistischen Wahlerfolge vor 1933 leistet, daß aber im Vergleich beispielsweise zur Konfession auch dieser Einfluß wie so viele andere, die wir in diesem Buch bisher untersucht haben, nur von zweitrangiger Bedeutung ist.

9.3. Der Zusammenhang von Mitgliederzuwachs und Wahlentwicklung

Hamiltons These, Parteiaktivitäten hätten die Wahlerfolge der NSDAP in beträchtlichem Maße beeinflußt, muß vor einer Überprüfung näher spezifiziert werden. So ließe sich zunächst mit Carl Mierendorff, dem sozialdemokratischen Politiker und Wahlanalytiker der frühen dreißiger Jahre, argumentieren, vor allem die organisatorische Konsolidierung und Ausbreitung der NSDAP nach 1928 habe zu dem beschleunigten Wachstum der Partei geführt.[392] Denkbar wäre es aber auch, die Wahlerfolge der Nationalsozialisten nach 1928 durch die Art und den Inhalt der Wahlkampfführung der Partei oder die Anstrengungen einzelner lokaler Parteiaktivisten zu erklären. Schließlich ist es vorstellbar, daß das NSDAP-Wachstum eher indirekt von der Aktivität der Partei beeinflußt worden ist, etwa aufgrund der Unterwanderung bestimmter berufsständischer Organisationen und Vereine. Natürlich ist ohne genauere Prüfung nicht auszuschließen, daß sämtliche Ausdifferenzierungen der Aktivitätshypothese zumindest der Tendenz nach zutreffen. Hierzu fehlen uns leider jedoch – mit einer Ausnahme – die dazu notwendigen Informationen. Persönliche Anstrengungen einzelner Parteiaktivisten sind, wenn überhaupt, nur auf der lokalen Ebene erfaßbar; sie entziehen sich einer auf die gesamtstaatlichen Zusammenhänge ausgerichteten Untersuchung wie der vorliegenden. Über die Zahl, den Besuch und die Wirkung der zahlreichen Wahlkampfveranstaltungen liegen noch keine systematischen, über einzelne Gemeinden oder kleinere Gebiete hinausreichenden Analysen vor, so daß diese Ausprägung der Aktivitätshypothese bisher ebenfalls nicht mit den Mitteln der historischen Wahlforschung überprüft werden kann. Im Kern gilt dies auch für die Inhalte der nationalsozialistischen Wahlkampagnen, obwohl hier im Verlauf der letzten zehn Jahre mehrere Teilstudien vorgelegt wurden, von denen jedoch keine sich das Potential einer systematischen, quantitativ vorgehenden Inhaltsanalyse zunutze macht.[393] Selbst die Unterwanderung und Instrumentalisierung einzelner berufsständischer Organisationen wie etwa der regionalen und örtlichen Bauernverbände oder bestimmter eigentlich unpolitischer Vereine durch die Nationalsozialisten ist noch nicht so breit untersucht, daß die historische Wahlforschung systematisch, d. h. in mehr als illustrativer Absicht darauf zurückgreifen könnte. Anhand der verfügbaren Daten kontrollierbar ist daher zur Zeit nur die Mierendorffsche Konsolidierungsannahme, der wir uns im folgenden denn auch etwas ausführlicher widmen wollen.

9.3.1. Wahl- und Organisationsentwicklung beeinflussen sich
gegenseitig

Die Informationen, auf die sich die nachfolgenden Ausführungen stützen,
entstammen einer von Michael Kater im Berliner Document Center aus
der dort aufbewahrten NSDAP-Mitgliederkartei gezogenen Stichprobe.
Durch Verknüpfung der in der Mitgliederstichprobe auftretenden Ortsgruppen mit den Gemeinden des Wahldatensatzes wurden Mitglied-
schafts- und Wahl- sowie Sozialdaten zu einem gemeinsamen Datensatz
kombiniert, mit dessen Hilfe einerseits der Zusammenhang von Organi-
sations- und Wahlentwicklung statistisch analysiert und andererseits Einflüsse des sozialen Kontextes auf das Wachstum der NSDAP erforscht
werden können. Im folgenden wollen wir den ersten dieser beiden
Aspekte untersuchen: die Frage, ob – wie von der Aktivitätshypothese
vermutet – ein überdurchschnittlicher Mitgliederzuwachs zu einer Steigerung der NSDAP-Wahlerfolge geführt hat oder nicht.

Zunächst muß jedoch geprüft werden, ob auf der Ebene des Deutschen
Reiches das Mitgliederwachstum und der Wählerzuwachs der NSDAP
miteinander im vorausgesagten Sinne schwanken, um dann der Frage
nachzugehen, ob die NSDAP in den durch die Mitgliederstichprobe
ermittelten Gemeinden mit einem überdurchschnittlichen Wählerwachstum mehr Mitgliederneuzugänge zu verzeichnen hatte als in den Gemeinden mit einem durchschnittlichen oder gar unterdurchschnittlichen Wählerwachstum.[394] Auf Reichsebene hinkte die Mitglieder- zunächst der
Wahlentwicklung klar hinterher (vgl. die nachstehende Abbildung). Weder ging dem Anstieg der NSDAP-Stimmen zwischen 1928 und 1930 eine
entsprechende Welle von Neueintritten voraus, noch wurde sie von einem
entsprechenden Anstieg der Parteieintritte begleitet. Erst 1931 ist eine
überproportionale Zunahme der NSDAP-Eintritte zu beobachten. Während sich zwischen 1930 und Mitte 1932 die Wähleranteile der NSDAP
verdoppeln, verfünffachen sich während dieses Zeitraums die Mitgliederzahlen. Von 1932 bis 1933 steigen Mitglieder- und Wählerzahlen dann –
fast im Gleichklang – nochmals um etwa ein Viertel bis ein Fünftel an. Auf
Reichsebene geht demnach der erste große Wahlerfolg der NSDAP im
Jahre 1930, bei dem sie ihren Stimmenanteil gegenüber 1928 um fast 700
Prozent steigern konnte, dem ersten quantitativ bedeutsamen Anstieg der
Mitgliederzahlen um ein bis zwei Jahre voraus. Da ein Ereignis zeitlich
niemals vor seiner Ursache auftreten kann, müssen wir davon ausgehen,
daß auf Reichsebene zumindest für die erste Wahl-Aufschwungperiode
der von der Konsolidierungsversion der Aktivitätshypothese behauptete
Zusammenhang nicht nachgewiesen worden ist.[395] Dagegen ist aufgrund

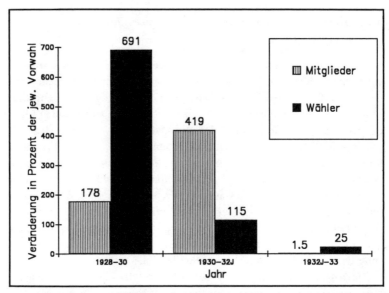

Die Mitglieder- und Wählerentwicklung der NSDAP zwischen 1928 und
1933. Grafik zu Tabelle 9.6.

der in der vorangegangenen Abbildung wiedergegebenen Beziehung eine
Beeinflussung der NSDAP-Wahlerfolge von 1932 durch die 1931 und
1932 erfolgende organisatorische Ausdehnung der NSDAP nicht auszuschließen, wenn auch noch keineswegs durch diese zunächst bloß zeitliche
Verbindung beider Ereignisse bewiesen.

   Hinter diesen Aggregatbeziehungen auf sozusagen allerhöchstem Be-
obachtungsniveau können sich auf der Ebene der Ortsgruppen natürlich
recht unterschiedliche Zusammenhänge verbergen. Analysiert man jedoch in den Gemeinden der Mitgliederstichprobe die Beziehung zwischen
dem Prozentsatz der in einem bestimmten Zeitraum eingetretenen Parteimitglieder und dem Stimmenanstieg der NSDAP, so zeigen sich teils
ähnliche, teils abweichende Korrelationen wie auf Reichsebene. So existiert zwischen dem Wachstum der NSDAP-Wähler 1928–1930 und dem
Anteil der zwischen 1925 und 1930 in die Partei eintretenden Personen
eine klare positive statistische Beziehung in der von der Konsolidierungs-
hypothese vorausgesagten Richtung. Der Tendenz nach gilt: Wo sich
vergleichsweise viele Neumitglieder der Partei anschlossen, taten das auch
viele neue Wähler. Dieser Zusammenhang gilt auf der Mitgliederebene
für alle Eintrittsjahre vor 1933 und auf der Wählerebene sowohl für das
Wahlpaar 1928/30 als auch für die beiden künstlichen Wahlpaare 1928/33

Tabelle 9.6: Der Zusammenhang zwischen dem Anteil der Neueintritte in die NSDAP und dem Wählerwachstum der NSDAP

NSDAP-Anstieg	Quartile für NSDAP-Wählerwachstum				Korrelationskoeff.
	1.	2.	3.	4.	
	(a) Neueintritte 1925–1930				
1928/30	6.8	11.6	14.1	22.7	24
1930/33	9.3	13.6	16.1	13.4	21
1928/33	10.9	11.9	16.2	18.4	28
	(b) Neueintritte 1931				
1928/30	8.2	14.0	19.7	30.1	30
1930/33	11.6	17.8	21.9	24.6	35
1928/33	9.8	13.4	24.6	18.4	42
	(c) Neueintritte 1932				
1928/30	11.8	19.4	21.3	25.6	31
1930/33	17.7	17.8	20.4	25.5	24
1928/33	16.0	15.2	21.3	30.7	34
	(d) Neueintritte 1933				
1928/30	72.5	77.7	81.3	81.8	04
1930/33	76.6	78.6	76.7	85.8	09
1928/33	70.5	80.7	79.0	87.4	09

Neueintritte je zehntausend Wahlberechtigte.
Lesebeispiel: In dem Viertel der Gemeinden, in denen der NSDAP-Anstieg zwischen 1928 und 1930 am niedrigsten war, schlossen sich zwischen 1925 und 1930 von zehntausend Wahlberechtigten rund 7 der NSDAP an, in den beiden Vierteln der Gemeinden, in denen der NSDAP-Anstieg mittelstark war, 12 bzw. 14 und in dem Viertel der Gemeinden, in denen der NSDAP-Anstieg sehr stark war, etwa 23. Dies entspricht einem Korrelationskoeffizienten von 0.24.

und 1930/33.[396] So schließen sich in den Gemeinden der Stichprobe, in denen der Anteil der Wählerstimmen zwischen den Reichstagswahlen 1928 und 1930 nur schwach stieg, von zehntausend Wahlberechtigten lediglich 6.8 zwischen 1925 und 1930 der NSDAP an, während in den Gemeinden mit einem überdurchschnittlich starken Anstieg der Wählerstimmen der Anteil der Neueintritte im gleichen Zeitraum 22.7 beträgt (vgl. Tabelle 9.6). Für die Wahlentwicklung 1930–1933 und 1928–1933 auf der einen und die Eintrittsjahre 1931 und 1932 auf der anderen Seite gilt im Prinzip die gleiche Beziehung. Eine Ausnahme stellt hier nur das Eintrittsjahr 1933 dar, in dem sich die Parteimitgliedschaft aufgrund der vielen „Märzgefallenen", d. h. der nach der Machtergreifung und der Märzwahl dieses Jahres eingetretenen Mitglieder, fast verdreifachte.

Allerdings läßt sich auch zwischen dem Prozentsatz der Neumitglieder des Jahres 1931 und 1932 und dem NSDAP-Anstieg von 1930 durchaus eine positive statistische Beziehung beobachten. So beträgt 1931 der Anteil der Neueintritte je zehntausend Wahlberechtigte in den Gemeinden, wo das Wählerwachstum zwischen 1928 und 1930 schwächer war, nur 8.2, in den Gemeinden mit einer starken Zunahme von NSDAP-Wählern dagegen 30.1. Noch deutlicher ist dieser zeitversetzte Zusammenhang zwischen Wählerwachstum und Anteil der Parteieintritte im Jahre 1932, wo der Anteil der Neueintritte sogar stärker mit der Wahlentwicklung 1928–1930 als mit der Zunahme der NSDAP-Wähler 1930–1933 schwankt. Dies bedeutet, daß die NSDAP in den Jahren 1931 und 1932 in jenen Gemeinden besonders viele neue Mitglieder hinzugewinnen konnte, in denen sie zwischen 1928 und 1930 ihren Stimmenanteil überdurchschnittlich zu steigern vermochte. Die korrelativen Beziehungen von Tabelle 9.6 deuten folglich darauf hin, daß es zwischen Wählerwachstum und Parteieintritten möglicherweise zwei Arten von kausalen Zusammenhängen gab: Einerseits scheinen beide zumindest Hand in Hand gegangen zu sein, was die Konsolidierungsthese stützen würde, andererseits scheint aber auch ein überdurchschnittlicher Wahlerfolg tendenziell eine überproportionale organisatorische Ausdehnung der Partei nach sich gezogen zu haben, was zwar von der Konsolidierungsthese nicht ausgeschlossen wird, aber auch von ihr nicht vorgesehen ist. Wir wollen im folgenden zunächst prüfen, ob die gleichen sozialgeographischen Merkmalskombinationen für die Wahlerfolge und das Organisationswachstum der NSDAP ausschlaggebend waren, um dann in einem zweiten Schritt zu untersuchen, ob der Anstieg der NSDAP auf der Wählerebene primär eine Folge der Neueintritte oder umgekehrt die Neueintritte eine Funktion der Wahlerfolge waren, wobei zur Klärung dieser Frage die wichtigsten für beide Erscheinungen verantwortlichen Sozialfaktoren statistisch zu kontrollieren sind.

9.3.2. Der Zusammenhang zwischen Wahl- und Mitgliederentwicklung bleibt auch nach Kontrolle anderer Einflußfaktoren erhalten

Das zeitliche Hand-in-Hand-Gehen von Mitgliederzulauf und Wahlentwicklung auf Gemeindebene könnte darauf zurückzuführen sein, daß die gleichen Strukturmerkmale für beide Phänomene verantwortlich waren, daß also beispielsweise in katholischen Gemeinden sowohl die Parteiorganisation als auch der Wahlerfolg der NSDAP begrenzt waren, während in evangelischen Landgemeinden nicht nur die Wahlerfolge, sondern auch der Mitgliederzulauf weit über dem Reichsdurchschnitt lagen. Um diese

Möglichkeit zu überprüfen, wollen wir in einem Kontrastgruppenvergleich die Mitglieder- und Wählerstärke der Partei in Gemeinden unterschiedlicher Konfessions- und Wirtschaftsstruktur einander gegenüberstellen.[397] Wie schon in Tabelle 9.6 basiert der Kontrastgruppenvergleich auf den durch die Stichprobe von Michael Kater erfaßten Gemeinden des Deutschen Reiches mit 5000 und mehr Einwohnern sowie auf den zusammengefaßten „Restgemeinden" der rund 1000 Landkreise. Allerdings werden nun Eintrittsjahre mit Wahljahren und nicht mit der Wahlentwicklung verglichen, da es sich bei dieser Art von Sozialstrukturanalyse im Prinzip um eine querschnittliche Betrachtungsweise handelt.

Zunächst einmal belegt der Kontrastgruppenvergleich, daß in der Tat der Zustrom von Neumitgliedern und der Wahlerfolg der NSDAP von den gleichen Merkmalen und Merkmalskombinationen bestimmt wurde: Wo die NSDAP überdurchschnittliche Wahlerfolge erzielen konnte, gelang es ihr auch, zwischen 1925 und 1933 überproportional viele neue Mitglieder zu rekrutieren. Und wo sie es, wie etwa in den katholischen Landgebieten, bei Wahlen schwer hatte, stießen auch deutlich weniger Mitglieder zu ihr. So kamen im Beobachtungszeitraum weniger als zehn Prozent der Mitgliederneuzugänge und der NSDAP-Wähler aus katholischen Gemeinden unter 5000 Einwohnern; aus den evangelischen Landgemeinden stammten dagegen zwischen einem Viertel und einem Drittel aller Neumitglieder und Wähler. Ferner fällt auf, daß im Vergleich zu den Wählern etwas weniger Neumitglieder aus Landgemeinden und dafür etwas mehr aus der Stadt kamen, was nicht verwunderlich ist, da die Partei ihre Organisation zunächst in den größeren Gemeinden, insbesondere den Kreis- und Regierungsbezirkshauptstädten ausbaute, bevor sie sich auf dem Land auszubreiten begann. Ungeachtet dieser Ungleichgewichte ergibt sich aus dem Kontrastgruppenvergleich jedoch erneut eine erstaunlich gleichmäßige Verteilung der NSDAP-Wähler über sämtliche Gemeindetypen hinweg, wenn man die unterschiedliche Größe der einzelnen Kontexte mitberücksichtigt, wobei diese Gleichverteilung auch für die Herkunft der Parteimitglieder zu gelten scheint (vgl. Übersicht 9.3).

Um zu klären, ob die festgestellten Zusammenhänge zwischen Parteieintritten und Wählerwachstum auch dann noch gelten, wenn man die beiden zugrundeliegenden sozialstatistischen Merkmale kontrolliert, empfiehlt es sich, wieder auf die Ergebnisse einer multiplen Regressionsanalyse zurückzugreifen. Abhängiges, d. h. zu erklärendes Merkmal ist einmal der Wähleranteil der NSDAP in den Gemeinden der Mitgliederstichprobe; Erklärungsfaktoren sind hier der Katholikenanteil, verschiedene Berufsmerkmale und der Prozentsatz der Neumitglieder der NSDAP.[398] Für die beiden Reichstagswahlen von 1928 und 1930 erweist

Übersicht 9.3: Die Mitglieder und Wähler der NSDAP im Vergleich zu den Wahlberechtigten in Gemeinden unterschiedlicher Sozialstruktur

Alle			Urbanisierung			Konfession				Domin. Wirtschaftssektor			
Mitgl. 25–33	Wähler 1933	WBR 1933	Mitgl. 25–33	Wähl. 1933	WBR 1933	Mitgl. 25–33	Wähl. 1933	WBR 1933			Mitgl. 25–33	Wähl. 1933	WBR 1933
						evangelisch			A	25	27	21
						29	32	24	B	4	4	4
									C	0	0	0
			Land			gemischt			A	6	6	6
			44	47	42	6	7	6	B	1	1	1
									C	0	0	0
						katholisch			A	8	9	11
						8	9	11	B	0	0	0
100	100	100							C	0	0	0
						evangelisch			A	0	0	0
						35	33	34	B	9	9	9
									C	26	24	25
			Stadt			gemischt			A	0	0	0
			57	53	58	13	13	15	B	6	6	8
									C	7	7	8
						katholisch			A	0	0	0
						8	7	9	B	2	2	3
									C	6	5	6

Mitglieder = NSDAP-Neuzugänge 1925–1933; Wähler = NSDAP-Wähler der Reichstagswahl vom März 1933; WBR = Wahlberechtigte 1933. Da die Verteilung der Wahlberechtigten über die Zeit nur unwesentlich schwankt, konnte die Verteilung von 1933 als Vergleichsmaßstab herangezogen werden.
Lesebeispiel: Von den 5841 in der Stichprobe erfaßten NSDAP-Neumitgliedern, die zwischen 1925 und 1933 in die Partei eingetreten waren, kamen rund 44 Prozent aus ländlichen Gemeinden, davon rund zwei Drittel (= 29 Prozent aller Neumitglieder) aus überwiegend evangelischen Orten etc. Im Vergleich dazu kamen 42 Prozent der NSDAP-Wähler aus ländlichen Gemeinden, 30 Prozent aus evangelischen Landgemeinden etc. Da nur 24 Prozent der Wahlberechtigten aus diesem Gemeindetypus stammen, waren folglich Personen aus evangelischen Landgemeinden innerhalb der Wählerschaft und unter den neuen Mitgliedern überrepräsentiert.

sich, daß der NSDAP-Anteil auch unter Berücksichtigung der Konfes-
sions- und Berufsstruktur einer Gemeinde, durch die bekanntlich die
Wahlerfolge der NSDAP in erheblichem Maße beeinflußt werden, im
Schnitt umso höher liegt, je größer der Anteil neuer Parteimitglieder an
den Wahlberechtigten einer Gemeinde ist. Insgesamt bestätigt die Regressionsanalyse hinsichtlich der anderen im Regressionsmodell berücksichtigen Merkmale die schon bekannten Zusammenhänge: Der Katholikenanteil beeinflußt die Wahlerfolge der NSDAP durchweg negativ, der Selb-
ständigen-, Beamten und Hausangestelltenanteil[399] hingegen positiv,
während der Arbeiteranteil zwar ebenfalls mit den Wahlerfolgen der
NSDAP negativ zusammenhängt; im Vergleich zu Merkmalen wie der
Konfession, dem Selbständigen- oder auch dem Angestelltenanteil[400] ist
seine Einflußwirkung jedoch ausgesprochen schwach (vgl. Tabelle A17).
Die in den vorangegangenen Kapiteln erarbeiteten Zusammenhänge erweisen sich mithin in zweierlei Hinsicht als ausgesprochen robust: Zum
einen wird die Wahl der NSDAP durch die Konfessions- und Berufsstruktur auch dann noch in statistischem Sinne positiv oder negativ
beeinflußt, wenn weitere, bisher nicht berücksichtigte Faktoren in das
jeweilige Erklärungsmodell mit einbezogen werden; zum anderen sind sie
in ganz unterschiedlichen Kontexten wirksam, nämlich, wie in den vorangegangenen Kapiteln ausgeführt, auf der Ebene der Stadt- und Landkreise
wie auch, das hat sich in diesem Kapitel gezeigt, auf der der einzelnen
Gemeinden des Reiches.

Wichtig für unsere Argumentation ist aber hier vor allem der Nachweis
eines statistisch signifikanten, d. h. mit hoher Wahrscheinlichkeit nicht
durch Stichprobenfehler zustandegekommenen Einflusses der organisatorischen Ausbreitung der NSDAP auf ihren Wahlerfolg: Wo sich zwischen 1925 und 1930 überdurchschnittlich viele neue Mitglieder der
Bewegung anschlossen, fiel selbst nach Kontrolle der üblichen Einflußfaktoren das Wachstum der NSDAP bei den Reichstagswahlen von 1928
und 1930 stärker aus als in Gemeinden mit einem niedrigeren Anteil von
NSDAP-Eintritten. Mit Abstrichen gilt dies auch für den Zusammenhang zwischen den Parteieintritten 1931 und 1932 und den Wahlerfolgen
der Nationalsozialisten. Die Resultate der Regressionsanalyse scheinen
mithin die Konsolidierungs- und Aktivierungshypothese zu bestätigen.
Doch wird hierdurch die umgekehrte These eines gewissermaßen eigendynamischen Prozesses, derzufolge sich Wähler- und Mitgliederwachstum gegenseitig in die Höhe getrieben haben, nicht widerlegt. In den
Untersuchungsgemeinden ist der Anteil der Parteieintritte des Jahres 1931
auch durch das Wachstum der NSDAP bei der Septemberwahl von 1930
beeinflußt worden: In Gemeinden mit einem überproportionalen Wachs-

tum ihres Stimmenanteils gelang es der Hitlerbewegung im darauffolgenden Jahr, überdurchschnittlich viele neue Mitglieder zu gewinnen. Der
bereits im Sommer 1930 von Carl Mierendorff als Vorbote kommender
großer Wahlerfolge hervorgehobene Organisationserfolg der Partei nach
1928 war also nicht nur einer der Väter ihrer Wahlerfolge, sondern
umgekehrt scheint der eminente Wahlerfolg der Nationalsozialisten von
1930 auch ihren weiteren organisatorischen Aufschwung vorangetrieben
zu haben, durch den, wie wir gesehen haben, wiederum ihr Wahlergebnis
im März 1933 positiv beeinflußt worden ist. Insofern hat wohl auch in
diesem Punkte Hamilton auf eine richtig wahrgenommene, von der
historischen Wahlforschung bisher weitgehend unbeachtete Tendenz hingewiesen. Es wird die Aufgabe künftiger Forschung sein, mit geeignete-
ren Datensätzen, die genauere Informationen über Eintritts- und Aus-
trittsaktivitäten enthalten, diesen eigendynamischen Prozeß näher zu
analysieren.[401]

9.4. Der Einfluß von Milieu und Tradition

Hamilton ist es mit seiner Hervorhebung alternativer, von den wahlhistorischen Untersuchungen über den Nationalsozialismus bisher vernachläs-
sigter Faktoren gelungen, den Blick auf Einflüsse zu lenken, die sich
jenseits der üblichen sozialstrukturellen Bestimmung der NSDAP-Wahlerfolge als durchaus erklärungsrelevant erweisen. Allerdings hat sich in
den beiden vorangegangenen Abschnitten der Einfluß der Presse und der
Parteiorganisation als weniger stark erwiesen, als Hamilton voraussetzt.
Weder verschwinden die statistischen Zusammenhänge zwischen Konfession, Urbanisierung und Berufsstruktur auf der einen und dem Stimmenanteil der NSDAP auf der anderen Seite, wenn man Zeitungs- und
Organisationsvariablen in die üblichen Analysemodelle zusätzlich ein-
führt, noch weisen sie in diesen Modellen die stärkste Erklärungskraft auf.
Schließlich steigt auch deren Gesamterklärungskraft nicht so stark an, wie
man aufgrund der Überlegungen Hamiltons eigentlich erwarten müßte.
Dies könnte darauf hindeuten, daß es nicht geglückt ist, mit den verfügbaren sozialstatistischen Informationen diese Einflüsse hinreichend genau in
den Griff zu bekommen. Denkbar ist aber auch, daß die Wahlerfolge der
Nationalsozialisten noch von weiteren, selbst von den ergänzten Erklärungsmodellen unberücksichtigt gelassenen Einflüssen bestimmt wurden. Beide Möglichkeiten schließen einander selbstverständlich nicht aus.
Solange die Erklärungsmodelle nicht aussagekräftiger sind, erscheint es
daher sinnvoll, sowohl nach besseren Indikatoren des Medien- und Orga-

nisationseinflusses als auch nach weiteren potentiell erklärungskräftigen Einflußfaktoren der NSDAP-Wahl Ausschau zu halten.

Als Ausgangspunkt kann uns die Überlegung dienen, daß – wie schon Hamilton hervorhebt – neben den üblicherweise zur Erklärung historischen Wählerverhaltens benutzten sozialstrukturellen und konjunkturellen Faktoren besondere lokalspezifische Einflüsse für den Wahlerfolg der NSDAP (wie auch aller anderer Parteien) innerhalb der einzelnen Gemeinden verantwortlich waren. Der Einfluß der Presse und der örtlichen Parteiorganisation sind nur zwei davon. Daneben müssen weitere für den jeweiligen Ort oder das betreffende Gebiet kennzeichnende, von der Volkszählungs- oder Wirtschaftsstatistik nicht erfaßte Einflußfaktoren von Bedeutung gewesen sein. Hierunter fallen das Wirken einflußreicher lokaler Persönlichkeiten, bestimmter, oft schon jahrhundertealter historischer Traditionen (z. B. die laizistisch-antiklerikale Komponente im ansonsten rein katholisch-agrarischen Allgäu[402]), die Existenz oder Abwesenheit politischer und vor allem auch vorpolitischer Organisationen, die Hilflosigkeit und Ineffizienz der potentiellen politischen Konkurrenten etc. So war es wohl kein Einzelfall, daß sich in bestimmten Gemeinden schon relativ früh angesehene Bürger wie der bereits zitierte Northeimer Buchhändler der NSDAP anschlossen und durch ihr Vorbild und ihre persönlichen Kontakte die Partei hoffähig machten, während in anderen Gemeinden dies nicht der Fall war. Vorstellbar ist auch, daß sich in einigen Orten besonders organisationsbegabte und dynamische NSDAP-Anhänger zusammenfanden, um eine überdurchschnittlich aktive Ortsgruppe ins Leben zu rufen, die in der Lage war, einen im Vergleich zu anderen Gemeinden mit gleichviel Parteimitgliedern außergewöhnlich effizienten Wahlkampf zu führen. Möglich ist es endlich auch, daß aufgrund historischer oder auch biographischer Zufälle der NSDAP in bestimmten Orten von den übrigen Parteien weniger Widerstand entgegengesetzt wurde als in anderen Gemeinden, sei es, weil die Führung der konkurrierenden Parteien hoffnungslos überaltert, sei es, daß sie schlecht organisiert oder mutlos war. In wieder anderen Gemeinden saßen die republiktreuen Parteien schon seit Jahrzehnten organisatorisch fest im Sattel, beherrschten die lokalen Vereine und unterwarfen sich der NSDAP nicht kampflos.

Derartige lokale und regionale Besonderheiten könnten erklären, warum in sozialstrukturell ansonsten gleichartigen oder doch sehr ähnlichen Gebieten erhebliche Schwankungsbreiten in der Stärke der NSDAP auftreten. Solche Faktoren lassen sich angemessen nur durch Lokal- und Regionalstudien aufdecken. Die hier betriebene quantitative, flächendeckende Form der historischen Wahlforschung kann dazu nur den Rahmen setzen, innerhalb dessen dann das Besondere vom Allgemeinen unter-

schieden und die tatsächlich objektspezifischen Eigenschaften des Unter-
suchungsgegenstandes herausgearbeitet werden können.[403] Insofern kon-
kurrieren reichsweite Durchschnittsstudien und lokale Einzelfalluntersu-
chungen nicht miteinander, sondern sie ergänzen sich. Es existieren
jedoch auch innerhalb der für die vorliegende Untersuchung verwendeten
Datensätze Näherungsmerkmale, die es erlauben, den Einfluß derartiger
ungemessener (und im Rahmen einer reichsweiten Studie auch aus forschungspraktischen Gründen unmeßbar bleibender) Faktoren zu berücksichtigen. Mit ihrer Hilfe ist es möglich, einerseits zusätzliches Licht auf
die These Richard Hamiltons zu werfen und gleichzeitig den potentiellen
Einfluß weiterer Faktoren zu messen. Dies soll zunächst durch einen Blick
auf die Hochburgengebiete der NSDAP und in einem zweiten Schritt
durch die Einbeziehung der politischen Vorprägung der Untersuchungseinheiten erfolgen.

9.4.1. Die Hochburgen der NSDAP als möglicher Indikator für die Wirksamkeit lokal- und regionalspezifischer Einflüsse

Seit der Reichsgründung erzielen einige Parteien in bestimmten Gebieten
weit überdurchschnittliche Wahlergebnisse und bleiben in anderen Gebieten erheblich unter ihrem Reichs- bzw. Bundesdurchschnitt. So erreichte
das Zentrum in den Reichstagswahlen 1920 bis 1928 in manchen Kreisen
der Eifel (Prüm, Daun, Monschau) und Südoldenburgs (Vechta, Cloppenburg) Stimmenanteile von 90 Prozent und mehr. Auf vergleichbare
Wahlerfolge kamen am Anfang der Weimarer Republik nur noch die
Deutschnationalen in einigen Kreisen Mittelfrankens (Rothenburg, Ansbach-Land, Gunzenhausen) und Pommerns (Stolp, Schlawe, Saatzig)
sowie am Ende der Weimarer Republik die Nationalsozialisten (Rothenburg o. d. T., Schotten, Neustadt/Aisch). Diese Hochburgen und Diasporagebiete einer Partei bleiben im allgemeinen über einen längeren Zeitraum hinweg die gleichen. So zählen die beiden im oldenburgischen
Münsterland gelegenen Kreise Vechta und Cloppenburg nicht nur in der
Weimarer Republik, sondern auch noch in der Bundesrepublik zu den
extremen Hochburgen des in der Weimarer Zeit vom Zentrum, in der
Bundesrepublik von Teilen der CDU/CSU repräsentierten politischen
Katholizismus, war die rechtsradikale NPD in der zweiten Hälfte der
sechziger Jahre nicht zuletzt in denjenigen mittelfränkischen Landkreisen
erfolgreich, in denen 35 bis 40 Jahre zuvor erst die DNVP und dann die
NSDAP mit bis zu 83 Prozent der gültigen Stimmen so überwältigende
Wahlerfolge erzielen konnten.

Solche Hochburgen- und Diasporagebiete zeichnen sich meistens durch die starke Verdichtung bzw. fast vollständige Abwesenheit bestimmter sozialer Faktoren aus, von denen die einzelnen Parteien begünstigt oder benachteiligt werden. Im Falle des Zentrums ist dies bekanntlich vor allem der Konfessions- in Verbindung mit dem Landwirtschaftsfaktor, im Falle der DNVP eine analoge, konfessionell aber natürlich umgekehrt verlaufende Faktorenüberlagerung von Landwirtschaft und Protestantismus. Bei den zwei linken Parteien sind es die Merkmale Urbanisierung und Industrialisierung. Doch stellen längst nicht alle Untersuchungseinheiten, die eine derartige Verdichtung von sozialen Bestimmungsfaktoren des Wahlverhaltens aufweisen, Hochburgen dar. Dazu werden Gebietseinheiten vermutlich erst durch den die sozialstrukturellen Gegebenheiten verstärkenden Einfluß zusätzlicher, lokal- oder regionalspezifisch wirksamer Faktoren. Insofern ist die Analyse von Parteihochburgen ein erster Schritt, den Einfluß etwa der Aktivität lokaler politischer Eliten oder bestimmter politischer Traditionen auf den Aufstieg der NSDAP zu untersuchen.

Unter etwas anderem Blickwinkel repräsentieren Hochburgen bestimmte Ausprägungsformen sogenannter soziopolitischer oder sozialmoralischer Milieus. Lepsius, der diesen Begriff in die sozialgeschichtliche Diskussion eingeführt hat, versteht darunter lokal oder regional begrenzte soziale Einheiten, „die durch die Koinzidenz mehrerer Strukturdimensionen wie Religion, regionale Tradition, wirtschaftliche Lage, kulturelle Orientierung, schichtspezifische Zusammensetzung der intermediären Gruppen, gebildet werden".[404] Die Parteien stellen seiner Ansicht nach die politischen Aktionsausschüsse dieser Milieus dar.[405] Solche sozialmoralischen Milieus sind definitionsgemäß innerhalb eines lokalen oder bestenfalls regionalen Kontextes angesiedelt. Sie zeichnen sich durch eine „große Dichte informeller sozialer Beziehungen, die für die jeweilige soziale Gruppierung ein Gefühl der Zusammengehörigkeit fördert"[406], aus. Die Milieunormen werden in der Regel denn auch durch direkte soziale Interaktion weitergegeben.[407] Gegenüber konkurrierenden Konzeptionen wie dem „politischen Lager" Burnhams oder den politischen Konfliktlinien Lipsets und Rokkans kann das Milieukonzept hinsichtlich des Wahlverhaltens nur dann einen überschießenden theoretischen Anspruch erheben, wenn die Angehörigen eines sozialmoralischen Milieus entweder eine höhere als die durchschnittliche, auf alle Merkmalsgleichen bezogene Wahrscheinlichkeit besitzen, für die jeweilige Milieupartei zu stimmen oder zumindest eine ausgeprägtere Persistenz im Wahlverhalten, d. h. eine geringere Neigung zum Parteiwechsel aufweisen. Andernfalls würde in wahlhistorischer Perspektive die Konzeption des sozialmoralischen Milieus nur ein Etikett für die in der Realität zwar anzutreffende, das

Wahlverhalten aber bestenfalls additiv, d. h. als Summe der Einzelein-
flüsse prägende lokale Zusammenballung bestimmter reichsweit wirksamer Sozialmerkmale bilden.

Hochburgen stellen einen Indikator für das Vorhandensein sozialmoralischer Milieus dar. In ihnen überlagern sich solche reichsweit wirksamen
Einflüsse, die aber zusätzlich der Verstärkung durch regionale oder lokale
politische Traditionen, eine bestimmte Medienlandschaft oder organisatorische Faktoren bedürfen, um überhaupt im Sinne einer Hochburgen-
bildung wirksam zu werden. Durch die Untersuchung der Persistenz und
des Verfalls von Hochburgen angesichts des aufkommenden Nationalsozialismus erhalten wir mithin Hinweise auf die Wirkung solcher lokalspe-
zifischer, anders nur schwer meßbarer Einflußfaktoren der NSDAP-
Wahl.[408]

Der Schritt von der theoretischen zur empirischen Definition einer
„Hochburg" erfordert eine Entscheidung über konkrete Meßbedingun-
gen, denn der Terminus „Hochburg" repräsentiert in der sozialwissenschaftlichen Literatur bisher kein ausformuliertes Konzept. Entsprechend
ist er auch nicht eindeutig definiert. So wird „Hochburg" in der empirischen Wahlforschung entweder im Sinne von überdurchschnittlicher
Repräsentation einer Partei in einer Gemeinde, einem Verwaltungskreis,
einem Wahlkreis, einer Gegend oder als Überschreiten eines bestimmten
Prozentwertes, z. B. 30 Prozent der gültigen Stimmen, verstanden. Wir
wollen im Sinne unserer Fragestellung unter Hochburg im folgenden
jeden Kreis verstehen, in dem die NSDAP bei den jeweiligen Wahlen ein
deutlich über dem Reichsdurchschnitt liegendes Ergebnis erzielte, wobei
wir letzteres wiederum dann als gegeben ansehen, wenn eine Kreiseinheit
zu den 15 Prozent mit den höchsten NSDAP-Anteilen einer Wahl zählt.[409]

Für die so definierten NSDAP-Hochburgen soll eingangs ihr Sozialprofil bestimmt werden. Zur Verdeutlichung wird dabei die Entwicklung
der NSDAP-Hochburgen über die Zeit untersucht. Die Hochburgen der
NSDAP vor 1930 weisen, wie aus Tabelle 9.7 hervorgeht, einen durchschnittlichen Katholikenanteil, einen ebenfalls durchschnittlichen Urbanisierungsgrad, ja überhaupt äußerst durchschnittliche Werte aus. Die
frühe NSDAP war zumindest aus der Warte ihrer Hochburgen eine
sozialstrukturell nicht sonderlich ausgeprägte Partei. Nach 1928 änderte
sich das deutlich. Die Hochburgen der Partei von 1930 zeichneten sich
durch einen sehr geringen Katholikenanteil, eine unterdurchschnittliche
Urbanisierung, eine über dem Reichsdurchschnitt liegende Bedeutung
des Agrarsektors und eine entsprechend geringere Rolle des sekundären
und tertiären Wirtschaftssektors aus. Entsprechend den in früheren Kapiteln erarbeiteten Zusammenhängen liegt hier zwar der Arbeitslosenanteil,

Tabelle 9.7: Das Sozialprofil der jeweiligen NSDAP-Hochburgen im Zeitvergleich (in Prozent der Einwohner etc.)

Merkmal	1924M	1924D	1928	1930	1932J	1932N	1933	REICH
% Katholiken	30	23	32	11	7	9	7	32
% Stadtbewohner	55	49	53	39	23	22	16	54
% Agrarbevölk.	32	36	30	46	54	51	60	31
% Industriebev.	39	36	42	31	28	31	24	41
% Dienstleistg.	24	23	23	18	14	14	12	23
% Selbst/Mith.	28	30	29	34	42	41	45	28
% Beamte	5	5	5	4	3	3	2	4
% Angestellte	8	8	8	6	4	5	4	12
% Arbeiter	27	27	26	28	26	26	26	27
% Hausangest.	3	3	3	3	2	2	2	3
% ErlosAngest.	2	2	2	1	1	1	1	2
% ErlosArbeiter	11	10	11	9	8	9	7	13

Hochburg = 85 bis 100stes Perzentil der jeweiligen Wahl; n = 124.
Katholiken = % Katholiken unter der Wohnbevölkerung; Stadtbewohner = Anteil von Personen in Gemeinden über 5000 Einwohnern; Agrarbevölk. = Anteil der im Agrarsektor Tätigen an den Erwerbstätigen (lt. VZ 1925); Industriebev. = Anteil der in Industrie und Handwerk Tätigen an den Berufszugehörigen; Dienstleistg. = Anteil der in allen übrigen Wirtschaftsabteilungen Tätigen an den Berufszugehörigen; Selbst/Mith = Anteil der Selbständigen und Mithelfenden an den Berufspersonen (= Erwerbstätige, Erwerbslose und Berufslose); Beamte bzw. Angestellte = Anteil der Beamten und Angestellten an den Berufspersonen; Arbeit = Anteil der Arbeiter an den Berufspersonen; Hausangest. = Anteil der Hausangestellten an den Berufspersonen; ErlosAngest. = Anteil der 1933 arbeitslosen Angestellten an den Berufspersonen; ErlosArbeiter = Anteil der 1933 arbeitslosen Arbeiter an den Berufspersonen.

nicht aber der Prozentsatz der Arbeiter insgesamt unter dem Reichsdurchschnitt. In ihren Diasporagebieten, wo sie von maximal 6,8 Prozent der Wahlberechtigten gewählt wurde, fällt ein weit überdurchschnittlicher Katholikenanteil, eine erheblich unter dem Reich liegende Urbanisierungsrate und ein starker Agraranteil mit entsprechend unter dem Durchschnitt liegenden Werten für den Industrie- und Dienstleistungssektor auf. Dies ist natürlich auf die an anderer Stelle ausgeführte hohe Resistenz vor allem der katholischen Agrarregionen gegenüber dem Nationalsozialismus zurückzuführen. Bei den Reichstagswahlen von 1932 und 1933 wurden die Hochburgen der NSDAP im Vergleich zu 1930 immer „evangelischer", weniger verstädtert und, was zwar damit korreliert, aber nicht dasselbe ist, agrarischer, wobei jedoch beim Arbeiteranteil erstaun-

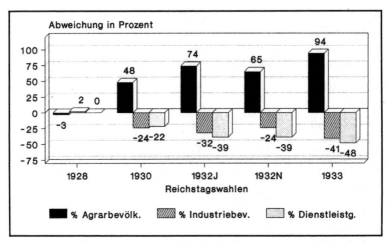

Die relativen Abweichungen der NSDAP-Hochburgen vom Reichsdurchschnitt bezüglich des Anteils der drei Wirtschaftsabteilungen. Grafik zu Tabelle 9.7.

licherweise kaum Veränderungen auftraten. Konnte die NSDAP von 1930 selbst in ihren Hochburgen noch als sozialstrukturell relativ ausgeglichene Partei gelten (im Reichsdurchschnitt war sie dies sogar stärker als jede andere große Partei der Weimarer Republik[410]), so lagen 1933 ihre Hochburgen eindeutig in überwiegend evangelischen, wenig urbanisierten und industrialisierten Agrargebieten. Was den sozialen Charakter der Hochburgen betrifft, hatte damit die NSDAP das Erbe der DNVP angetreten, von der sie auch eine Reihe früherer Zentren (wie beispielsweise Rothenburg ob der Tauber, Ansbach-Land oder Uffenheim[411]) direkt oder vermittelt durch sogenannte Zwischenwirte übernehmen konnte.[412]

Gehen wir davon aus, daß Parteihochburgen gegenüber sonst strukturgleichen oder doch zumindest sehr ähnlich strukturierten Untersuchungseinheiten eine besonders günstige Faktorenkonstellation für die jeweilige Hochburgenpartei aufweisen, und unterstellen wir weiter, daß es sich bei diesen Faktoren in erster Linie um ungemessene und auf Reichsebene auch nachträglich nur schwer bestimmbare Merkmale wie etwa die Existenz einer hitlerfreundlichen Tageszeitung, den außergewöhnlichen Elan von Parteiaktivisten oder eine „rechte" politische Tradition eines Ortes oder Kreises handelt, sollte sich mit Hilfe des Merkmals „NSDAP-Hochburg" die Erklärungskraft unserer Modelle nochmals steigern lassen. Ausgangsüberlegung ist auch hier, daß in der Realität soziale Merkmale von Gebietseinheiten natürlich, genauso wie bei Einzelpersonen, nicht isoliert, sondern stets nur in Kombination auftreten. So sind die Stadt- und

Landkreise des Deutschen Reiches nicht nur überwiegend katholisch oder evangelisch, sondern auch eher ländlich oder städtisch geprägt, dominiert in ihnen die eine oder die andere Wirtschaftsabteilung etc. Um diese Verschränkung von Merkmalen in ihrer Wirkung auf das Wahlverhalten darzustellen, soll wieder auf das Mittel des Kontrastgruppenvergleichs, das in seiner Form einer sogenannten mehrdimensionalen Kreuztabellierung und in seinen Ergebnissen weitestgehend den Resultaten einer multiplen Regressionsanalyse entspricht, zurückgegriffen werden.

In der Tat bestehen auch nach Kontrolle der Wirkung der üblichen Erklärungsfaktoren zwischen den Hochburgen der NSDAP und den übrigen Kreisen beträchtliche Unterschiede in den NSDAP-Stimmen: Wie aus Übersicht 9.4 abzulesen ist, liegt der Prozentsatz der Nationalsozialisten in ihren (gruppenspezifisch definierten) Hochburgen bei gleicher oder zumindest ähnlicher Sozialstruktur, d. h. nahezu identischer Konfessionsverteilung, in etwa demselben Verstädterungsgrad und vergleichbar hohem Arbeiteranteil im Schnitt um rund zehn, in einigen Kontrastgruppen sogar um fast 20 Prozentpunkte höher als in den restlichen 85 Prozent der Kreiseinheiten. Die stärksten Unterschiede treten in Landkreisen mit einer evangelischen Bevölkerungsmehrheit und einem niedrigen Arbeiteranteil auf, wo beispielsweise bei der Märzwahl von 1933 in den Hochburgen exakt zwei Drittel, in den restlichen Kreisen hingegen „nur" knapp 50 Prozent aller Wahlberechtigten für die NSDAP stimmten.[413] In den katholischen Kreisen dagegen gelang es der NSDAP bis 1933 selbst in ihren Hochburgen im Schnitt nicht, eine Mehrheit der Wahlberechtigten zu sich herüberzuziehen oder auch nur annäherungsweise an derartige Rekordwerte heranzukommen.

Im Vergleich zu den gängigen sozialstrukturellen Erklärungsmerkmalen erweist sich das Charakteristikum „Hochburg" bei den Reichstagswahlen von 1930 bis 1933 neben bzw. nach der Konfession somit als einer der stärksten Prädiktoren der nationalsozialistischen Wahlerfolge überhaupt. Im gewählten Regressionsmodell ist es im September 1930 für über ein Drittel, bei den übrigen Wahlen für ein Fünftel bis ein Sechstel der insgesamt beachtlichen Erklärungsleistung des Modells verantwortlich, obwohl bei der gewählten Form der Regressionsanalyse auf das Merkmal „Hochburg" nur noch die von den anderen Prädiktoren nicht verbrauchte Erklärungsleistung entfällt (vgl. Tabelle A 18 im Anhang). Dieses Resultat liefert einen zwar indirekten, aber doch numerisch wie theoretisch eindrucksvollen zusätzlichen Beleg für die These, daß sich die Leistungsfähigkeit der gängigen Erklärungsmodelle durch die Einbeziehung bisher unberücksichtigt gebliebener lokal- und regionalspezifischer Einflüsse, für die der Hochburgencharakter ja nur einen Indikator darstellt, noch

Übersicht 9.4: Der Anteil der NSDAP-Stimmen nach der Konfession, dem Urbanisierungsgrad, dem Arbeiteranteil und den Hochburgen der NSDAP – Ein Kontrastgruppenvergleich

ALLE KREISE	
NS 1930	15%
NS 1932J	31%
NS 1932N	26%
NS 1933	39%

	kath. Kreise	evang. Kreise
1930	10	17
1932J	20	35
1932N	17	30
1933	31	42

	Stadt	Land	Stadt	Land
1930	12	9	16	17
1932J	21	19	31	40
1932N	17	17	26	35
1933	29	32	37	48

	Arbeiteranteil		Arbeiteranteil		Arbeiteranteil		Arbeiteranteil	
	niedrig	hoch	niedrig	hoch	niedrig	hoch	niedrig	hoch
1930	14	11	9	10	16	14	18	17
1932J	21	20	19	18	32	29	44	39
1932N	17	17	17	16	27	25	39	33
1933	30	29	33	30	37	35	51	46

Hoch-burg	−	+	−	+	−	+	−	+	−	+	−	+	−	+	−	+
1930	14	21	10	19	8	16	9	16	16	27	14	24	17	26	16	25
1932J	21	30	20	29	18	32	17	31	31	46	28	46	42	60	37	49
1932N	16	27	17	25	15	30	14	28	26	39	24	41	36	55	31	43
1933	29	39	29	35	31	43	28	42	37	49	31	48	49	66	44	57
	29	5	22	4	151	26	54	9	91	16	60	10	123	21	179	31

NSDAP-Anteile in Prozent der Wahlberechtigten der jeweiligen Kontrastgruppe. Konfession: „kath." = mehr als 50% der Einwohner eines Kreises sind katholisch; „evang." = weniger als 50% sind katholisch. Urbanisierung: „LAND" weniger als 55% der Einwohner eines Kreises leben in Gemeinden mit 5000 Einwohnern und mehr; STADT = mehr als 55% leben in Gemeinden mit 5000 Einwohnern und mehr. Arbeiteranteil „hoch": überdurchschnittlicher Arbeiteranteil; „niedrig": unterdurchschnittlicher Arbeiteranteil (Prozentuierungsbasis: Wahlberechtigte).

erheblich steigern läßt.[414] Zugleich unterstreicht es die Notwendigkeit, nach anderen Ursachen der NSDAP-Wahlerfolge zu suchen.

Hilfreich ist hier fast immer ein Blick auf andere Faktoren, die mit dem betreffenden Merkmal statistisch in Beziehung stehen. Im Falle der NSDAP-Hochburgen sind das erwartungsgemäß auf der Ebene der Sozialstrukturmerkmale der Katholikenanteil und, wenn auch sehr viel schwächer, der Prozentsatz der Landbewohner sowie einige Landwirtschaftsvariablen. Auf der Ebene der Parteianteile ist es vor allem der Prozentsatz der DNVP-Stimmen bei den Reichstagswahlen 1920 bis 1928 sowie, mit negativem Vorzeichen, der Zentrumsanteil. Am stärksten von allen in diesem Fragenkontext gemessenen statistischen Zusammenhängen jedoch ist die Verbindung von NSDAP-Hochburgen und dem Stimmenanteil für Paul von Hindenburg im Jahre 1925: Wo Hindenburg im zweiten Durchgang der Reichspräsidentenwahlen von 1925 weit überdurchschnittliche Wahlerfolge verzeichnen konnte, entstanden später fast ausnahmslos Hochburgen der NSDAP. Wir wollen zunächst klären, ob diese Beziehung auch noch nach Kontrolle anderer Faktoren erhalten bleibt.

9.4.2. Der Einfluß linker und rechter politischer Traditionen auf das Abschneiden der NSDAP

Hierzu bedienen wir uns wieder des Kontrastgruppenvergleichs und untersuchen zunächst, in welchen Kontrastgruppen sich die NSDAP-Hochburgen häufen. Daß so viele NSDAP-Hochburgen in überwiegend evangelischen Kreisen lagen, verwundert nicht (vgl. Übersicht 9.5). Zum einen ist dies natürlich darauf zurückzuführen, daß bei der Konfessionsverteilung im Deutschen Reich – nur ein knappes Drittel der Reichsbevölkerung war katholisch, zwei Drittel waren evangelisch – die meisten Kreise eine evangelische Bevölkerungsmehrheit aufwiesen. Zum anderen waren die überwiegend katholischen Kreise noch vom Kaiserreich her mit seinem absoluten Mehrheitswahlsystem politisch gewissermaßen von Zentrum und Bayerischer Volkspartei besetzt. Andere Parteien hatten es nach dem Ersten Weltkrieg zunächst einmal außerordentlich schwer, dort Fuß zu fassen. Dennoch ist es auffällig, daß 94% aller NSDAP-Hochburgen in überwiegend protestantischen Kreisen beheimatet waren.

Auf der zweiten Verzweigungsebene des Kontrastgruppenvergleichs erscheint bemerkenswert, wieviele nationalsozialistische Hochburgen von 1930 in eher städtisch geprägten Gebieten lagen. Nur eine der 124 nationalsozialistischen Hochburgen fiel in die Gruppe der katholisch-ländlichen Kreise. Ein Blick auf die dritte Verästelung des Kontrastgrup-

Übersicht 9.5: Die Verteilung der Wählerhochburgen der NSDAP von 1930

Alle	Konfession	Urbanisierung	Wirtschaftsabt.	Hindenburg-stimmen	
			(A) 1	(−)	0
				(+)	1
		(I) 1	(B) 0	(−)	0
				(+)	0
			(C) 0	(−)	−
				(+)	0
	rk. 7		(A) 0	(−)	0
				(+)	−
		(II) 6	(B) 3	(−)	0
				(+)	3
			(C) 3	(−)	0
				(+)	3
			(A) 74	(−)	1
				(+)	73
		(I) 80	(B) 5	(−)	0
				(+)	5
			(C) 1	(−)	−
				(+)	0
	ev. 117		(A) 1	(−)	−
				(+)	1
		(II) 37	(B) 29	(−)	2
				(+)	27
			(C) 7	(−)	0
				(+)	7
124	124	124	124	124	

Wirtschaftsabteilung: A = mehr Personen stammen aus dem Forst- und Agrarsektor als aus den beiden anderen Wirtschaftsabteilungen B und C etc. Hindenburg (+) = über dem Reichsdurchschnitt liegendes Wahlergebnis Hindenburgs 1925;

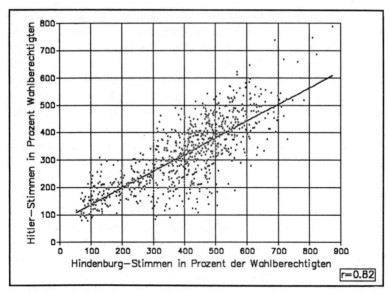

Der Zusammenhang zwischen den Hindenburg-Stimmen von 1925 und den Hitler-Stimmen von 1932. Grafik zu Übersicht 9.6.

penvergleichs belegt, daß die meisten Hochburgen der NSDAP in agrarisch oder industriell geprägten Kreisen zu finden waren; nur elf lagen in Gebieten mit einem (relativen) Übergewicht der dritten Wirtschaftsabteilung, also des sogenannten Dienstleistungssektors.

Auf der vierten Aufteilungsstufe des Kontrastgruppenvergleichs wurden in Übersicht 9.5 die Kreise danach unterschieden, ob in ihnen Paul von Hindenburg im zweiten Wahlgang der Reichspräsidentenwahl von 1925 über- oder unterdurchschnittlich gut abschnitt. Dieser Indikator wurde gewählt, weil durch seine Einbeziehung auch nach statistischer Kontrolle der Konfession, der Urbanisierung und der Berufs- bzw. Wirtschaftsstruktur der Kreise die Erklärungskraft des Kontrastgruppenmodells nochmals beträchtlich gesteigert werden kann. Auch hinsichtlich der NSDAP-Hochburgen wird dieser Zusammenhang deutlich. Nur drei der 124 NSDAP-Hochburgen von 1930 repräsentieren Kreise, in denen Hindenburg 1925 ein unterdurchschnittliches Wahlergebnis erzielen konnte.

(−) = unterdurchschnittliches Ergebnis. Urbanisierung I = ländliche Kreise; Urbanisierung II = städtische Kreise.
Lesebeispiel: 117 der 124 NSDAP-Hochburgen von 1930 lagen in überwiegend evangelischen Kreisen, davon 80 in ländlichen Gebieten, 37 in eher städtischen Regionen etc.

Alle übrigen liegen in Gebieten, in denen Hindenburg 1925 überdurchschnittlich erfolgreich war. Diese enge Beziehung zwischen dem Merkmal „Hochburg" und dem Ergebnis der Reichspräsidentenwahl 1925 deutet darauf hin, daß für beide Erscheinungen möglicherweise die gleiche Ursache verantwortlich ist. Daher wollen wir abschließend die relative Einflußstärke des Faktors „Hindenburgwahl" bestimmen. Dies erfolgt, indem wir einen Blick auf die Stimmenanteile der NSDAP in Untersuchungseinheiten mit einem über- und unterdurchschnittlichen Wahlerfolg des alten Feldmarschalls werfen (vgl. Übersicht 9.6). Die Hindenburgwahl dient dabei analog zum Merkmal „Hochburg" als Näherungsvariable für einen bisher noch nicht ausdrücklich in unserer Untersuchung berücksichtigten Einflußfaktor, den man vielleicht im Sinne einer spezifischen lokalen oder regionalen politischen Tradition – die selbst wiederum das Ergebnis bestimmter Organisationsfaktoren, historischer Vorprägungen und Persönlichkeitselemente darstellen dürfte – interpretieren könnte. Die Wahl Hindenburgs als eine Art Stellvertretervariable für derartige ungemessene, bestenfalls in qualitativer Form für einige wenige Kreise verfügbare, aber dennoch vermutlich milieurelevante, wenn nicht sogar milieukonstituierende Einflußfaktoren auszuwählen bietet sich an, da kaum ein anderes Datum einen derart starken statistischen Zusammenhang mit den Wahlergebnissen der NSDAP von 1932 und 1933 aufweist wie der Anteil der Hindenburg-Stimmen von 1925, wie man an dem vorstehenden Streudiagramm erkennen kann.

Der Befund ist eindeutig: In allen Kontrastgruppen, in denen Hindenburg bei den Reichspräsidentenwahlen von 1925 ein überdurchschnittliches Wahlergebnis erzielen konnte, gleich ob in katholischen oder evangelischen Regionen, eher städtischen oder ländlichen Kreisen, Arbeiter- oder Mittelstandsgebieten, fielen zwischen 1930 und 1933 die NSDAP-Ergebnisse deutlich besser aus als in der „Hindenburg-Diaspora". So stimmten im Juli 1932 in den katholisch-ländlichen Untersuchungseinheiten mit einem überdurchschnittlichen Arbeiteranteil nur 18 Prozent der Wahlberechtigten für die NSDAP, falls die Stimmabgabe für Hindenburg im Jahre 1925 unterdurchschnittlich gewesen war; wo sie hingegen überdurchschnittlich ausgefallen war, wählten 28 Prozent NSDAP. Noch ausgeprägter ist die Differenz in evangelisch-städtischen Kreisen mit einem überdurchschnittlich hohen Arbeiteranteil. Dieser Kontrast zwischen Kreisen mit über- und unterdurchschnittlichem Hindenburganteil, der über sämtliche Verzweigungen und Wahlen hinweg zu beobachten ist, erscheint umso bemerkenswerter, als ja in Übersicht 9.6 der Effekt der wichtigsten sozialstrukturellen Bestimmungsfaktoren statistisch kontrolliert wird.[415]

Übersicht 9.6: Der Stimmenanteil der NSDAP nach der Konfession, der Gemeindegröße, der dominierenden Wirtschaftsabteilung und dem Abschneiden Hindenburgs bei der Reichspräsidentenwahl 1925 — Ein Kontrastgruppenvergleich

ALLE KREISE

NS 1930 15%
NS 1932J 31%
NS 1932N 26%
NS 1933 39%

	kath. Kreise	evang. Kreise
1930	10	17
1932J	20	35
1932N	17	30
1933	31	42

	Stadt	Land	Stadt	Land
1930	12	9	16	17
1932J	21	19	31	40
1932N	17	17	26	35
1933	29	32	37	48

	Arbeiteranteil		Arbeiteranteil		Arbeiteranteil		Arbeiteranteil	
	niedrig	hoch	niedrig	hoch	niedrig	hoch	niedrig	hoch
1930	14	11	9	10	16	14	18	17
1932J	21	20	19	18	32	29	44	39
1932N	17	17	17	16	27	25	39	33
1933	30	29	33	30	37	35	51	46

Hindenburg 25	−	+	−	+	−	+	−	+	−	+	−	+	−	+	−	+
1930	11	18	11	18	8	11	10	16	14	19	13	19	14	19	14	17
1932J	20	24	20	21	18	22	18	28	28	36	26	37	36	44	34	39
1932N	17	20	16	19	16	20	15	25	24	29	23	32	33	38	30	33
1933	30	35	28	28	31	37	28	35	35	41	32	41	44	53	40	45
Kreise	13	21	23	4	160	55	19	5	16	67	39	56	15	169	24	145

Gleiche Merkmalsdefinitionen wie in Übersicht 9.4.

Übersicht 9.7: Die Stimmenanteile der NSDAP nach dem Ausgang der Volksabstimmung über die Fürstenenteignung 1926 – Ein Kontrastgruppenvergleich

	ALLE KREISE						
	NS 1930 15%						
	NS 1932J 31%						
	NS 1932N 26%						
	NS 1933 39%						
	kath. Kreise				evang. Kreise		
	Stadt		Land		Stadt		Land	
	Arbeiteranteil niedrig hoch		Arbeiteranteil niedrig hoch		Arbeiteranteil niedrig hoch		Arbeiteranteil niedrig hoch	

Fürsten-enteignung	−	+	−	+	−	+	−	+	−	+	−	+	−	+	−	+
1930	14	15	10	11	8	9	11	11	20	14	19	12	20	17	19	15
1932J	22	22	20	20	19	19	21	18	36	29	35	26	47	40	41	36
1932N	19	18	16	16	16	16	18	15	30	24	31	22	41	35	35	30
1933	33	32	28	28	34	30	32	26	42	35	40	31	56	48	48	41
Kreise	25	9	13	14	136	79	10	14	64	19	58	37	107	77	90	79

Gleiche Merkmalsdefinitionen wie in Übersicht 9.4. Fürstenenteignung (−): Ja-Stimmen zum Referendum liegen unter dem Reichsdurchschnitt; Fürstenenteignung (+): Ja-Stimmen liegen über dem Reichsdurchschnitt.

Dagegen scheint das Merkmal „linke politische Tradition", das wir danach bestimmen, ob in den Kreiseinheiten die Ja-Stimmen zum Referendum über die entschädigungslose Fürstenenteignung im Jahre 1926 über oder unter dem jeweiligen Durchschnitt liegen, die Wahlerfolge der NSDAP nur in den überwiegend evangelischen Regionen nennenswert beeinflußt zu haben (vgl. Übersicht 9.7). Im katholischen Bereich dagegen treten zwischen den Kreisen mit über- und unterdurchschnittlicher Zustimmung zur Fürstenenteignung kaum Unterschiede auf. Bei den Reichstagswahlen von 1930 und 1932 sind sogar einige, wenn auch schwach ausgeprägte, kontrahypothetische Ausreißer festzustellen. Anscheinend hat innerhalb der katholischen Regionen weniger ein spezifisch

„linker" Milieueffekt die nationalsozialistischen Wahlerfolge begrenzt, als
daß sie vielmehr ein – auch in evangelischen Gebieten wirksamer –
„rechter" Traditionseffekt nach 1928 zusätzlich zu den bekannten Einflußfaktoren in die Höhe getrieben hat. Man müßte also möglicherweise von
einer komplementären Erklärungsfigur zu Burnham ausgehen: Die quasi
„normale", d.h. durchschnittliche Anfälligkeit der Wähler gegenüber
dem Nationalsozialismus wäre dann nicht nur durch bestimmte Resi-
stenzfaktoren, insbesondere die (katholische) Konfession, tendenziell vermindert, sondern auch durch eine Reihe von „Ansteckungsfaktoren", die
wir mit Hilfe des Merkmals „rechte politische Tradition" zu erfassen
versucht haben, sozusagen sozialstrukturübergreifend in ihrem Effekt
erheblich verstärkt worden.

Die Hindenburgwahl und, mit Einschränkungen, auch das Abstimmungsverhalten über die Fürstenenteignung scheinen folglich zwei weitere, im Sinne Hamiltons eigenständige, Erklärungsfaktoren (oder besser:
ein ganzes Konglomerat anderer, ungemessener und in vielen Fällen auch
nachträglich gar nicht mehr meßbarer Faktoren) zu repräsentieren. Sichtlich handelte es sich bei den Hindenburg-Wählern von 1925 um eine erste
erfolgreiche Zusammenfassung der republikfeindlichen und republik-
skeptischen Kräfte, aus denen sich einige Jahre später jene Wählerkoalition
bilden sollte, die von der NSDAP als Sammlungsbewegung des bürgerlich-protestantischen Wählerlagers so erfolgreich für ihre Zwecke mobilisiert werden konnte. Hier weiterzuforschen ist für künftige Untersuchungen eine wichtige Aufgabe.

10. Fazit und Ausblick

10.1. Die NSDAP: Eine „Volkspartei des Protests"

Wie wir gesehen haben, wurden in der Wissenschaft zunächst zwei unterschiedliche Erklärungsansätze über die NSDAP-Wahlerfolge entwickelt, die auf den Extremismus der Mittelschicht abzielende klassentheoretische und die eher auf die Radikalisierung der Unpolitischen gemünzte massentheoretische Hypothese. Daneben spielt in der Diskussion über die Wählerschaft der Nationalsozialisten eine weitere, gewissermaßen zwischen beiden stehende Theorieversion, die sich stärker mit der Nicht-Anfälligkeit bestimmter sozialer Gruppen beschäftigt, eine Rolle, die Theorie über die immunisierende Funktion des „politischen Konfessionalismus". Ich will im folgenden diese drei sich teilweise überschneidenden, teilweise widersprechenden Erklärungshypothesen über die Wähler der NSDAP, die in den vorangegangenen Kapiteln als eine Art Leitfaden der Analyse gedient haben, noch einmal in Tabellenform zusammengefaßt wiedergeben, um auf diese Weise einen Ausgangspunkt für ein Fazit der bisher erarbeiteten Erkenntnisse zu gewinnen (vgl. Tabelle 10.1).

Sowohl der Hauptvertreter der Mittelschichthypothese, Seymour Martin Lipset, als auch Reinhard Bendix als Vertreter der Massenhypothese gehen von einer Mehrstufentheorie der Wählerbewegungen zum Nationalsozialismus aus. Beide stimmen darin überein, ebenso wie Walter Dean Burnham, von dem die Theorie des politischen Konfessionalismus stammt, daß die NSDAP-Gewinne von Anhängern der bürgerlichen Mittelparteien wie von früheren Nichtwählern herrühren. Uneinigkeit besteht zwischen Lipset und Bendix über den Zeitpunkt, zu dem sich beide Wählergruppen der NSDAP zuwandten, und über die NSDAP-Affinität von Wählern der nationalistischen Rechtsparteien, insbesondere der DNVP, während Burnham eher eine zeitliche Parallelität des Übergangs beider Wählergruppen zur NSDAP voraussetzt. Über die Novemberwahl 1932 und über die Märzwahl 1933 scheint zwischen den drei Positionen Einigkeit zu bestehen. Selbst über die Wahl vom Juli 1932 herrscht vermutlich zwischen Lipset, Bendix und Burnham kaum Dissens; „vermutlich" deshalb, weil Lipset über die Juliwahl von 1932 ebensowenig explizite Aussagen macht wie über die Novemberwahl des gleichen Jahres, sondern nur behauptet, daß die NSDAP erst nach 1930 bei den bisherigen Nichtwählern Erfolg hatte. Uneinigkeit zwischen den Positionen Lipsets und Bendix hinsichtlich der Juliwahl 1932 scheint es lediglich über die ehemaligen DNVP-Wähler zu geben. Bei Burnham spielen diese bestenfalls indirekt eine Rolle, wenn er, ähnlich wie Lipset, von einer etwas geringeren Anfälligkeit der bürgerlichen Oberschicht gegenüber der NSDAP ausgeht.[416]

Die Differenzen zwischen dem klassen- und dem massentheoretischen Ansatz beziehen sich also vorrangig auf die Frage, worauf der schnelle Aufschwung der NSDAP bei der Reichstagswahl 1930 zurückzuführen sei: auf die Radikalisierung von Mittelschichtwählern, die bisher für die bürgerlichen liberalen Parteien oder regionale Gruppierungen gestimmt hatten, wie Lipset annimmt, oder auf den Zustrom von ehemaligen Nichtwählern und Jungwählern ohne ausgeprägtes Sozialprofil sowie von radikalisierten früheren DNVP-Wählern, wie Bendix vermutete. Dagegen setzt Burnham voraus, daß vor 1933 die Gewinne der Nationalsozialisten unter den Nichtwählern vermutlich nicht viel stärker als unter den Wählern der bürgerlichen, konservativen, partikularistischen und interessenorientierten Mittelklasseparteien gewesen seien. Zu überprüfen waren also in dieser Studie vor allem zwei Fragen: die nach der parteipolitischen Herkunft und die nach dem sozialen Hintergrund der NSDAP-Wähler zwischen 1930 und 1933.[417]

Die Untersuchung dieser Fragen hat gezeigt, daß nicht nur die Wählerbewegungen zur NSDAP erheblich komplexer verliefen, als alle drei Positionen voraussetzen, sondern daß auch die Anfälligkeit der verschiedenen Sozialgruppen sehr viel differenzierter war, als angenommen. Der NSDAP gelang es 1930, nicht nur von der gestiegenen Wahlbeteiligung und vom Verlust der liberalen Mittelparteien, sondern auch vom Rückgang der DNVP zu profitieren. Nach den in Kapitel 5 vorgelegten Ergebnissen wechselte 1930 wahrscheinlich jeder dritte DNVP-Wähler, jeder vierte DDP- oder DVP-Wähler, jeder siebte Nichtwähler und jeder zehnte SPD-Wähler der Vorwahl zur NSDAP. Unter den NSDAP-Zuwanderern von 1930 stellten damit Nichtwähler und DNVP-Wähler vor den Wählern der beiden liberalen Parteien das stärkste Kontingent. Im Juli 1932 ist vermutlich ferner jeder zweite Wähler der Splitterparteien, jeder dritte Wähler der Liberalen und der Deutschnationalen, jeder fünfte Nichtwähler sowie jeder siebte SPD-Wähler von 1930 zu den Nationalsozialisten gestoßen. Dies würde bedeuten, daß bei dieser Wahl ehemalige Anhänger der Splitterparteien für rund 30 Prozent der NSDAP-Gewinne verantwortlich wären. Wechselwähler von den Deutschnationalen und den Liberalen machten schätzungsweise zwischen 10 und 13 Prozent der

NSDAP-Zuwanderer dieser Wahl aus, SPD-Abwanderer sogar mehr als 15 Prozent. Aber auch das Zentrum und die BVP, ja sogar die KPD scheinen, wenngleich in etwas geringerem Maße als die anderen Parteien, im Juli 1932 Wähler an die NSDAP verloren, im Gegenzug aber auch von

Tabelle 10.1: Die Hypothesen des klassen-, des massen- und des konfessions-theoretischen Erklärungsversuchs über die parteipolitische und soziale Herkunft der NSDAP-Zuwanderer

	Der klassentheoretische Erklärungsversuch nach Lipset u. a.	Der massentheoretische Erklärungsversuch nach Bendix u. a.	Der konfessionstheoretische Erklärungsansatz nach Burnham
Grund-annahmen	a) Sozialstruktur, politische Ideologie und Parteiensystem entsprechen sich; b) jede Schicht hat ihre eigene politische Ausdrucksform; c) Faschismus als Extremismus d. Mitte mit gleicher Ideologie wie der Liberalismus; d) Modernisierungstheorie nach Marx und Trow: Mittelstand durch Industrialisierung und Konzentrationsprozesse strukturell bedroht, daher objektiv reaktionäre Funktion.	a) Atomisierung/Isolierung von Individuen bzw. sozialen Gruppen führen zu Massifizierung u. politischem Extremismus; b) Radikalisierung verläuft stufenweise: zuerst Loslösung von alten politischen u. sozialen Bindungen; dadurch Orientierungslosigkeit u. Hinwendung zu Extremismus c) Einbindung in Großorganisationen (Kirche, Gewerkschaften etc.) extremismushemmend	a) Bindungen an traditionelle politische Parteien immunisieren gegen politischen Extremismus; parteipolitisch Ungebundene sind anfälliger; b) wichtiger als die Länge ist für Immunität die Intensität der politischen Bindungen; Immunisierung wird gefördert durch Einbindung in das kathol./sozialistische Milieu c) Klassen- und Konfessionsgrenzen wichtiger f. NSDAP-Erfolg als polit. Ideologie.
Hilfsannahmen/ Zusatz-hypo-thesen	a) DNVP-Anhänger = Oberschicht; b) DDP- und DVP-Anhänger sozialstrukturell weitgehend gleich c) SPD reine Arbeiterpartei, immun gegenüber Nationalsozial. d) Regionalparteien = Mittelklasseparteien; e) NSDAP-Wähler sozialstrukturell gleich Mitglieder.	a) Weimarer Gesellschaft atomisiert; b) NSDAP-Wähler aus allen Schichten; c) Jung- u. Nichtwähler gehen bevorzugt zur NSDAP; d) NSDAP-Wähler weniger organisiert/sozial isolierter als Wähler anderer Parteien.	a) Mittelschicht geht seltener zur Wahl als Arbeiterschaft; b) nach 1928 selektive Ansteckung d. „polit. unchurched"; c) Großbürger weniger extremismusanfällig als Kleinbürger; d) NSDAP-Wähler entstammen der nicht-katholischen Mittelschicht.

	Der klassentheoretische Erklärungsversuch nach Lipset u. a.	Der massentheoretische Erklärungsversuch nach Bendix u. a.	Der konfessionstheoretische Erklärungsansatz nach Burnham
Wahlpaar 1928/1930	NSDAP-Aufstieg Folge des Rückgangs der liberalen Parteien u. der Regionalparteien, nicht jedoch der DNVP. NSDAP-Wähler primär Selbständige, Mittelschicht.	NSDAP-Aufstieg Folge des Anstiegs der Wahlbeteiligung, d. DNVP-Verluste u. d. Jungwählerpräferenzen. NSDAP-Wähler ohne besondere sozialstrukturelle Merkmale.	NSDAP-Aufstieg Folge des Anstiegs der Wahlbeteiligung und d. Verluste der bürgerlichen, konservativen etc. Parteien; NSDAP-Wähler fast ausschließl. aus Mittelschicht/Kleinbauern.
1930/ 1932J	NSDAP-Aufstieg Folge des weiteren Rückgangs d. Mittelparteien u. vermutlich des Zustroms bisheriger Nichtwähler, nicht jedoch von DNVP-Wählern.	NSDAP-Aufstieg Folge des weiteren Wahlbeteiligungsanstiegs u. des Verlustes d. Rechtsparteien. Nun auch Verluste der Mittelklasseparteien an NSDAP.	NSDAP-Aufstieg Folge des weiteren Wahlbeteiligungsanstiegs u. des Verlustes d. nichtkonfessionellen bürgerlichen Parteien; Z/BVP und SPD/KPD immun.
1932J/ 1932N	Keine Aussagen bei Lipset.	NSDAP-Verluste Folge d. Rückgangs d. Wahlbeteiligung u. des Wiedererstarkens der DNVP.	über die Novemberwahl keine expliziten Aussagen bei Burnham.
1932 N/ 1933	NSDAP-Gewinne Folge d. gestiegenen Wahlbeteiligung. Keine weitergehenden Aussagen über andere Quellen.	NSDAP-Gewinne Folge der gestiegenen Wahlbeteiligung. Keine weiteren Aussagen über mögliche andere Quellen.	NSDAP-Gewinne Folge der gestiegenen Wahlbeteiligung. Keine weiteren Aussagen über mögliche andere Quellen.

ihr zurückgewonnen zu haben. Relativ starke, nicht vollständig von entsprechenden Gegenbewegungen aufgefangene Verluste an die NSDAP haben im November 1932 die beiden katholischen Parteien erlitten, wobei diese Nettoverluste allerdings auf die Bayerische Volkspartei beschränkt blieben. Dagegen konnten die übrigen Parteien, vor allem die Deutschnationalen und das Nichtwählerlager, im Saldo von den NSDAP-Verlusten profitieren. 1933 schließlich entstammten die weitaus meisten, nämlich rund 60 Prozent der NSDAP-Zuwanderer, dem Nichtwählerlager, obwohl auch die – nun allerdings schon arg dezimierten – anderen Parteien zum Teil nochmals einen kräftigen Aderlaß zugunsten der Nationalsozialisten zu verzeichnen hatten.

Bendix und mit ihm die Massentheorie scheint folglich recht zu behalten, wenn er von einer starken Tendenz ehemaliger Nichtwähler und DNVP-Anhänger ausgeht, bereits im Jahre 1930 NSDAP zu wählen.

Doch stellen die ehemaligen Nichtwähler keineswegs, wie er meint, die Hauptquelle der ersten NSDAP-Anstiegswelle dar. Nur jeder fünfte NSDAP-Wähler von 1930 hat sich unseren Ergebnissen zufolge 1928 der Stimme enthalten. Lipset und die von ihm vertretene klassentheoretische Erklärung der NSDAP-Wahlerfolge scheint dagegen die Rolle ehemaliger liberaler Wähler sehr viel korrekter einzuschätzen als Bendix. Aber auch sie stellten nach den hier vorgestellten Berechnungen nur rund jeden fünften NSDAP-Wähler von 1930. Mit seinen Annahmen über die relative Immunität von DNVP- und Nichtwählern gegenüber der nationalsozialistischen Ansteckung im Jahre 1930 hat Lipset hingegen sowohl auf der Ebene der Aggregatbeziehungen als auch auf der der individuellen Wähler unrecht. Die Splitterparteien schließlich verloren entgegen Lipsets Vorstellung erst im Juli 1932 in nennenswertem Maße Wähler an die NSDAP. Beide Thesen, die massen- wie die klassentheoretische, werden demzufolge der Komplexität der realen Wählerwanderungen zur NSDAP nur unvollkommen gerecht. Auch Burnham verfehlt mit seiner Immunisierungstheorie die Vielschichtigkeit der Realität beträchtlich, wenn er unterstellt, daß 1930 wie 1932 der NSDAP-Aufstieg ausschließlich eine Folge der gestiegenen Wahlbeteiligung und des Verlustes der „nichtkonfessionellen" bürgerlichen, konservativen, partikularistischen und interessenorientierten Parteien dargestellt habe.

Dagegen dürfte seine These, daß die Wählerwanderungen primär blockintern verlaufen seien, die Wähler des Nationalsozialismus also mehr oder minder ausschließlich dem evangelisch-bürgerlichen Lager entstammten, die historische Realität zwar nicht vollständig, aber doch deutlich besser abbilden als die klassen- und die massentheoretische Erklärungsvariante. Das sozialistische und das katholische Lager weisen den Ergebnissen der vorliegenden Untersuchung zufolge die höchsten Haltequoten auf. Dagegen übte das sogenannte bürgerlich-protestantische Lager nach 1924 nur noch eine relativ geringe Bindewirkung aus: Im Durchschnitt aller Wahlen stimmte nach unseren statistischen Schätzergebnissen nur jeweils ein Drittel seiner Anhänger für eine andere bürgerlich-protestantische Gruppierung. Als besonders gering erwiesen sich innerhalb dieses Lagers die durchschnittlichen Haltequoten der liberalen Teilkultur und der diversen interessenbezogenen und partikularistischen Gruppierungen, während die DNVP trotz beträchtlicher Fluktuationen zwischen 1928 und Juli 1932 im Schnitt eine deutlich stabilere Stammwählerschaft aufwies als die übrigen Parteien dieses Lagers. Betrachtet man als komplementäres Phänomen die blockübergreifenden Wanderungen, so wies das sozialistische vor dem katholischen Lager zwar die augenscheinlich niedrigsten Werte auf; bezieht man jedoch in den evangelisch-bürger-

lichen Block die Nationalsozialisten mit ein, wie Burnham dies tut, sind
bei diesem Wählerlager die geringsten blockübergreifenden Wählerwanderungen zu beobachten. Burnham erfährt durch dieses Resultat eine
zumindest relative Bestätigung, obwohl auch er den Austausch der übrigen Lager mit dem Nationalsozialismus vermutlich unterschätzt.

Betrachtet man schließlich die Netto-Fluktuationen zur NSDAP, d. h.
den absoluten Beitrag, den die einzelnen politischen Lager zu den Wahlerfolgen der NSDAP geleistet haben[418], so zeigt sich, daß in der Summe
aller zwischen 1928 und 1933 stattfindenden Reichstagswahlen das Nichtwählerlager mit fast 14 Prozentpunkten wahrscheinlich der mit Abstand
stärkste Spender war. In erster Linie ist dies auf die enorme Mobilisierung
bisheriger Nichtwähler zugunsten der NSDAP bei der Märzwahl von
1933 zurückzuführen. Von erheblicher Bedeutung war auch der Beitrag
der Interessen- und Regionalparteien des bürgerlich-protestantischen Lagers. Die mit großem Abstand geringste Nettofluktuationsrate zur
NSDAP hin hatte wie erwartet das katholische Lager zu verzeichnen.
Überraschen dürfte, daß die Nettofluktuation vom sozialistischen Lager
zur NSDAP nach den hier angestellten Berechnungen praktisch genauso
hoch ausfiel wie die der liberalen oder der deutschnationalen Teilkultur,
was natürlich nicht primär auf eine größere Anfälligkeit der Wähler dieses
Lagers, sondern vor allem auf die Tatsache zurückzuführen ist, daß die
beiden sozialistischen Parteien zusammengenommen erheblich mehr
Wähler auf sich vereinigen konnten als das katholische Lager oder die
Liberalen und die Deutschnationalen allein. Der Nettogewinn der
NSDAP von der SPD betrug unseren Schätzungen zufolge etwas über
zwei Millionen Stimmen. Im Falle der KPD scheint der Nettogewinn der
NSDAP rund 350 000 und im Falle der beiden katholischen Parteien
knapp 600 000 Stimmen ausgemacht zu haben. Von einem erhöhten
Wähleraustausch zwischen den beiden in diesem Zusammenhange gern
als „totalitär" charakterisierten extremistischen Flügelparteien des Weimarer Systems, der KPD und der NSDAP, kann aufgrund dieser Ergebnisse folglich kaum gesprochen werden. Im Vergleich zum bürgerlich-
protestantischen Lager und zu den Nichtwählern sind die Wählerbewegungen vom katholischen und sozialistischen Block zum Nationalsozialismus eher gering. Von den liberalen, konservativen und interessenorientierten Parteien gelang es der NSDAP zwischen 1928 und 1933 im Saldo
wahrscheinlich rund 7,5 Millionen Wähler und aus dem Nichtwählerlager
nochmals fast 6 Millionen Stimmen zu sich herüberzuziehen.

Zusammenfassend bleibt festzuhalten, daß in der Weimarer Republik
blockinternes Wählen in der Tat sehr viel häufiger auftrat als blockübergreifende Stimmabgabe. Innerhalb einer sehr kurzen Zeitspanne wurde

das liberale Segment nach 1924 fast vollständig und die deutschnational-konservative Teilkultur zu einem beträchtlichen Teil aufgerieben. Die meisten ihrer Anhänger stießen, teilweise auf dem Weg über neugegründete Interessengruppierungen, zu der neuen Sammlungsbewegung des bürgerlich-protestantischen Lagers, der NSDAP. Von der Wahlperspektive her betrachtet war es vor allem die Fragmentierung des bürgerlich-protestantischen Lagers und damit das Fehlen einer expliziten, sozial verbindlichen Wahlnorm, durch die der Vormarsch des Nationalsozialismus begünstigt wurde. Auch in dieser Hinsicht entbehrt Burnhams Theorie des politischen Konfessionalismus nicht der empirischen Plausibilität, auch wenn der in der Literatur gern übersehene Anteil des sozialistischen Lagers am Netto-Gesamtgewinn der NSDAP durchaus eine nennenswerte Größe darstellt und sich auch die beiden katholischen Parteien als nicht vollständig immun erwiesen.

Lipset und Bendix behalten folglich in ihren positiven Aussagen weitgehend recht; in ihren negativen Aussagen, also dem was sie ausschließen, stimmen sie dagegen mit den hier erarbeiteten Untersuchungsergebnissen nicht überein. Weder die massen- noch die klassentheoretische Position scheinen im Hinblick auf die Wählerwanderungen zur NSDAP von den Daten vollständig getragen oder total widerlegt zu werden. Dies gilt auch, trotz ihrer insgesamt etwas größeren Realitätsnähe, für die von Walter Dean Burnham vorgelegte Theorie der Immunisierung durch politischen Konfessionalismus. Alles in allem stellen sich die Wählerwanderungen am Ende der Weimarer Republik als sehr viel komplexer und differenzierter dar, als dies von den vorgestellten Erklärungsversuchen vorgesehen wird.

Dies trifft im Kern auch für die unterschiedlichen Hypothesen über die soziale Basis der NSDAP-Wählerschaft zu. Wie wir gesehen haben, war die soziale Zusammensetzung der NSDAP-Wählerschaft wesentlich geringer ausgeprägt, als von der Mittelschichthypothese unterstellt wird. Lediglich im Hinblick auf die Konfession, deren wahlverhaltensregulierende Bedeutung jedoch von Lipset nur in Fußnoten thematisiert wird, obwohl sie eine ernsthafte Anomalie seiner Theorie darstellt, gibt es klare Unterschiede in der Anfälligkeit gegenüber der NSDAP. So entschied sich unseren Resultaten zufolge im Juli 1932 nur jeder siebte katholische Wahlberechtigte für die NSDAP, während fast 40 Prozent der Nicht-katholiken für die Nationalsozialisten gestimmt hatten. Bei der letzten, zumindest noch halbfreien, Wahl vom März 1933 begann diese katholische Resistenz zwar etwas nachzulassen, aber selbst noch zu diesem Zeitpunkt war die relative Affinität von Nichtkatholiken zum Nationalsozialismus fast doppelt so hoch wie die der Katholiken. Wenn wir berücksichtigen, daß das Sozialmerkmal „katholisch" neben gläubigen auch nicht-gläubige und neben praktizierenden auch nichtpraktizierende Mitglieder der katholischen Kirche umfaßt, gewinnen wir eine etwas bessere Vorstellung von der durch Burnham zu Recht hervorgehobenen starken immunisierenden Funktion, die vom politischen Katholizismus gegenüber dem Nationalsozialismus ausging.

Die Mittelschichthypothese setzt eine starke Disparität der Wahlentscheidung von Arbeitern und Mittelschichtwählern zugunsten des Nationalsozialismus voraus. Unsere statistischen Schätzungen ergaben in der Tat eine etwas geringere Anfälligkeit von Arbeiterwählern gegenüber der NSDAP. Allerdings ist der Unterschied zwischen den sozialen Schichten sehr viel kleiner, als man auf Grund der Mittelschichthypothese, der in diesem Punkte auch Burnham zuzurechnen ist, erwarten sollte. Zwischen 1930 und 1933 zeigten unseren Schätzergebnissen zufolge nicht nur Arbeiter, sondern auch Angestellte entgegen den Annahmen der Mittelschichttheoretiker eine unterdurchschnittliche Sympathie für den Nationalsozialismus. Die Unterschiede zwischen diesen beiden Gruppen sind unbedeutend. Die einzige soziale Schicht mit einer starken Abweichung von der durchschnittlichen NSDAP-Wahlbereitschaft war die alte Mittelschicht der selbständigen Geschäftsleute, Handwerker und Bauern. Zumindest im Hinblick auf diese Gruppe besitzt die These vom Extremismus des Mittelstandes Gültigkeit, ist aber auch hier wieder, wie dies Burnham zutreffend herausarbeitet, weitestgehend auf den nicht-katholischen Bevölkerungsteil begrenzt. Auch votierte vor 1933 zwar eine Mehrheit, aber bei weitem nicht die Gesamtheit aller Angehörigen dieser Sozialschicht für den Nationalsozialismus.

Faßt man alte und neue Mittelschicht zusammen, so kamen aus der Mittelschicht insgesamt rund 60 Prozent der NSDAP-Wähler, ein Anteil, der über die fünf im Brennpunkt des Interesses stehenden Reichstagswahlen hinweg bemerkenswert stabil blieb. Wähler aus der Arbeiterschaft oder aus Arbeiterhaushalten dagegen stellten bis zu 40 Prozent der NSDAP-Wählerschaft. Selbst wenn wir berücksichtigen, daß die Arbeiterkategorie der deutschen Volks- und Berufszählung nicht nur Industriearbeiter, sondern auch einen hohen Prozentsatz von Landarbeitern, Arbeitern im Handwerk und im sonstigen Gewerbe umfaßt, so erscheint dieser Anteil doch als viel zu hoch, als daß man noch länger von der NSDAP als einer reinen oder zumindest weit überwiegenden Mittelschichtbewegung sprechen könnte. Sie war von der sozialen Zusammensetzung ihrer Wähler her am ehesten eine Volkspartei des Protestes oder, wie man es wegen des nach wie vor überdurchschnittlichen, aber eben nicht erdrückkenden Mittelschichtanteils unter ihren Wählern in Anspielung auf die daraus resultierende statistische Verteilungskurve formulieren könnte, eine „Volkspartei mit Mittelstandsbauch".

Nicht im Widerspruch zu diesem Befund steht die Feststellung, daß vermutlich innerhalb der Wählerschaft der NSDAP das kleinbürgerliche und proletaroide Element – unabhängig von der jeweiligen versicherungsrechtlichen Zuordnung der sozialen Schichten – überwog. Diese Behauptung impliziert keineswegs eine weit überdurchschnittliche Empfänglichkeit dieser Bevölkerungsgruppe für den Nationalsozialismus, wie dies von verschiedenen Spielarten der Mittelschichtthese unterstellt wurde. Denn angesichts ihrer konkreten wirtschaftlichen Lage führten in der Weimarer Republik nicht nur die weitaus meisten Angestellten und Beamten, sondern auch viele Selbständige und „atypische" Arbeiter eine kleinbürgerliche oder proletaroide Existenz. Eine Massenintegrationspartei wie die NSDAP, deren Wählerbasis nicht primär das industrielle Proletariat darstellte, rekrutierte sich daher gewissermaßen automatisch vor allem aus kleinbürgerlichen und proletaroiden Kreisen. Durchaus damit vereinbar (und in diametralem Widerspruch zur Hypothese von der „unteren" Mittelschicht oder dem Kleinbürgertum als anfälligstem Segment der deutschen Gesellschaft) ist die Entdeckung Richard Hamiltons, daß in den überwiegend protestantischen Großstädten die NSDAP nicht etwa in den typisch kleinbürgerlichen Wohnbezirken, sondern in den gut- und großbürgerlichen Vierteln die besten und in den Arbeitervierteln die schwächsten Wahlresultate erzielte.[419] Diese Beobachtung macht es wahrscheinlich, daß im protestantischen Deutschland zwischen sozialer Schicht und NSDAP-Wahl ein positiver statistischer Zusammenhang bestand, was in individuelles Wahlverhalten übersetzt bedeuten würde, daß die NSDAP im Schnitt von evangelischer Oberschicht und oberem Mittelstand häufiger gewählt wurde als von mittlerem und unterem Mittelstand, und von diesem wiederum häufiger als von der Unterschicht.[420] Diesem Resultat entsprechen bemerkenswert gut die Erkenntnisse neuerer Mitgliederuntersuchungen über die NSDAP, denen zufolge Angehörige der Oberschicht und der oberen Mittelschicht innerhalb der NSDAP-Neueintritte auch vor 1933 weit überrepräsentiert waren, während Arbeiter trotz ihrer – finanziell und bildungsmäßig bestimmten – allgemein geringeren Partizipationsfreudigkeit unter den neueintretenden NSDAP-Mitgliedern zwischen 1928 und 1933 zwar unterdurchschnittlich stark vertreten waren, aber immerhin rund ein Drittel aller Neuzugänge stellten.[421]

Auch hinsichtlich der Anfälligkeit der unterschiedlichen Sozialschichten ist somit unverkennbar, daß die Klassen- ebenso wie die Massen- und die Konfessionalismustheorie jeweils nur einen bestimmten Teil des

Phänomens, nicht aber das nationalsozialistische Wählerverhalten in seiner Gesamtheit in den Griff bekommt. In den vorliegenden Formulierungen stellen vor allem die beiden erstgenannten Ansätze Erklärungsversuche dar, deren meiste Prämissen falsch oder fraglich sind und deren Hypothesen teils zutreffen, teils nicht mit den Daten übereinstimmen. Indem sie jeweils einen richtig erkannten Aspekt verabsolutieren, den sie überhell beleuchten, werden andere, komplementäre Aspekte des gleichen Phänomens in umso tiefere Schatten getaucht. Beide Theorieansätze sind daher in der vorliegenden Form ungeeignet, um das Phänomen der nationalsozialistischen Wahlerfolge vor 1933 zu erklären.[422]

Allen drei Erklärungsansätzen gemeinsam ist der allerdings nur allgemeingehaltene Verweis auf die Bedeutung von Krisen, denen die Weimarer Republik in ihrer kurzen Geschichte mehrfach ausgesetzt war. Insbesondere die Weltwirtschaftskrise mit ihrer langanhaltenden Massenarbeitslosigkeit, ihrer Verelendung weiter Kreise und der damit einhergehenden allgemeinen Verunsicherung wird als Katalysator der politischen Radikalisierung ins Feld geführt. Die wahlhistorische Analyse zeigte jedoch, daß Arbeitslosigkeit direkt nicht die NSDAP, sondern in erster Linie die KPD gestärkt hat. In Kreisen und Gemeinden mit hoher Arbeitslosigkeit schnitt die NSDAP insgesamt schlechter ab als in Gebieten mit geringerer Arbeitslosigkeit. Arbeitslose wählten weit überdurchschnittlich den Extremismus der Linken, nicht den der Rechten oder der Mitte als Instrument ihres politischen Protestes. Lediglich die Minderheit der erwerbslosen Angestellten scheint unseren Ergebnissen zufolge etwas häufiger für die Nationalsozialisten gestimmt zu haben. Die fast perfekte zeitliche Beziehung von Arbeitslosenquote und NSDAP-Wahlerfolg muß daher durch andere Faktoren als durch das Verhalten der Arbeitslosen selbst erklärt werden. Sichtlich verloren gerade auch Wähler, die selbst nicht durch Arbeitslosigkeit bedroht waren, zunächst den Glauben an die Kompetenz der systemtragenden Parteien, mit den wirtschaftlichen und sozialen Problemen der frühen dreißiger Jahre fertig zu werden; sie büßten dann in einem weiteren Schritt das Vertrauen in die Lösungsfähigkeit des Weimarer Systems allgemein ein, worauf sie sich verstärkt der NSDAP anschlossen. In dieser und nur in dieser Hinsicht wird die These vom radikalisierenden Effekt der Massenarbeitslosigkeit von der wahlhistorischen Analyse getragen. Dagegen scheint die ebenfalls häufig vertretene Auffassung, die wachsende Verschuldung habe den alten Mittelstand und vor allem die Bauern in die Arme der NSDAP getrieben, von unseren Daten wenigstens der Tendenz nach gedeckt. In Gebieten mit einer höheren landwirtschaftlichen oder gewerblichen Verschuldung konnte die NSDAP etwas besser abschneiden als in Gebieten mit unterdurchschnittlichem Verschuldungsgrad. Diese Beziehung bleibt auch nach Kontrolle der konfessionellen und demographischen Zusammensetzung der Kreiseinheiten erhalten.

10.2. Perspektiven zukünftiger Forschung

Insgesamt aber erweisen sich die gängigen schichtungs- oder klassentheo- retischen Erklärungsansätze der nationalsozialistischen Wahlerfolge als unbefriedigend. Hamilton schlägt aus diesem Grunde vor, das Augen- merk der Forschung auf andere Einflüsse wie das lokale Presseklima und die Organisationsentwicklung der NSDAP zu richten. Beide Faktoren scheinen nach unserer Beobachtung tatsächlich zu den Wahlerfolgen der Nationalsozialisten beigetragen zu haben. Die Existenz eines „rechten Presseklimas" wie auch einer überdurchschnittlich starken Parteiorgani- sation haben jenseits der von der Sozialstruktur gesetzten Grenzen den Vormarsch der NSDAP begünstigt. Allerdings ist die Erklärungsleistung dieser zwei Merkmale sehr viel geringer, als Hamilton wohl voraussetzt. Dagegen wurde der Wahlerfolg der NSDAP von zwei weiteren Elemen- ten, der Existenz eines bestimmten sozialmoralischen Milieus, das wir mit Hilfe des Indikators „Parteihochburg" zu messen versuchten, und einer „rechten" politischen Tradition sehr stark beeinflußt. Beide Faktoren dienen als Annäherungsmaße für nicht erfaßte und auf Reichsebene aus forschungspraktischen Gründen auch nicht erfaßbare, von den üblichen Sozialstrukturmodellen unberücksichtigte lokale und regionale Beson- derheiten wie etwa die Tätigkeit erfolgreicher Politiker, die örtliche Wirksamkeit von Organisationen des politischen und vorpolitischen Raumes, die Existenz fördernder oder hemmender Wahlnormen etc. Insbesondere die mit Hilfe der Wahlentscheidung zugunsten Paul von Hindenburgs im Jahre 1925 gemessene „rechte politische Tradition" erwies sich hierbei als ein außerordentlich erklärungsmächtiger Einfluß- faktor: Wo Hindenburg 1925 überdurchschnittlich erfolgreich war, konnte die NSDAP ab 1930 unabhängig von der jeweiligen sozialstruktu- rellen Färbung der Untersuchungsgebiete beträchtlich höhere Wahler- folge erzielen als dort, wo Hindenburg bei der ersten Reichspräsidenten- wahl unter dem Durchschnitt geblieben war.

Am Beispiel dieses Erklärungsmerkmals zeigen sich die noch nicht gänzlich ausgeschöpften Erkenntnismöglichkeiten, aber auch die Grenzen reichsweiter, mit Durchschnittswerten operierender Studien wie der vor- liegenden. Die Tatsache, daß Tradition und Milieu noch einmal die Erklärungskraft der gängigen Modelle beträchtlich zu steigern vermögen, legt es nahe, den von ihnen repräsentierten Einflüssen in künftigen Untersuchungen intensiver nachzugehen. Dies jedoch kann zunächst nur in systematisch angelegten Lokal- und Regionalstudien erfolgen, die heute einen größeren Erkenntnisfortschritt hinsichtlich der Entstehungs- und Durchsetzungsbedingungen des Nationalsozialismus bei Wahlen versprechen als reichsweit vorgehende Analysen, deren Potential gegenwärtig nahezu ausgereizt sein dürfte.[423] Zu einem späteren Zeitpunkt, wenn genügend Erkenntnisse über solche lokal- und regionalspezifischen Einflüsse vorliegen, so daß sie sich systematisch zusammenfassen lassen, könnten ihre Resultate dann in einem weiteren Untersuchungsschritt wieder für reichsweite Wahlstudien nutzbar gemacht werden.

Anmerkungen

1 Diese Bezeichnung tauchte auch ganz offiziell auf den Stimmzetteln zu den Reichstagswahlen auf.

2 Vgl. hierzu u. a. Eberhard Kolb, Die Weimarer Republik, München 1984, S. 209.

3 Vgl. Karl Dietrich Bracher, Stufen der Machtergreifung, S. 63 (Teil I von ders., Wolfgang Sauer und Gerhard Schulz, Die nationalsozialistische Machtergreifung. Studien zur Errichtung des totalitären Herrschaftssystems in Deutschland 1933/34. Köln und Opladen 1962. Hier zitiert nach der Taschenbuchausgabe, Frankfurt/Berlin 1974); Arthur Rosenberg, Geschichte der Weimarer Republik, Frankfurt 1961, S. 211.

4 Der 8. Reichstag hatte 647 gesetzliche Mitglieder, von denen mindestens zwei Drittel, d. h. 432, bei der Abstimmung über das Ermächtigungsgesetz anwesend sein mußten. Insgesamt 107 Abgeordnete der KPD und der SPD wurden durch Verfolgungsmaßnahmen jedoch daran gehindert, an der Sitzung teilzunehmen, so daß die Zahl der tatsächlich anwesenden Abgeordneten 540 betrug, von denen zwei Drittel, also 360, für eine Annahme der Gesetzesvorlage ausgereicht hätten, eine Mehrheit, die im Prinzip auch ohne die 79 Zentrums- und DDP-Abgeordneten erreichbar gewesen wäre. Vgl. auch Eberhard Jäckel, Hitlers Herrschaft. Vollzug einer Weltanschauung. Stuttgart 1986, S. 46 f.

5 Allerdings ist letzteres nach Augenzeugenberichten in einer Reihe von kleineren, bereits von den Nationalsozialisten dominierten Gemeinden nicht mehr vollständig gewährleistet gewesen. Unregelmäßigkeiten bei der Stimmenauszählung dagegen scheinen nur selten vorgekommen zu sein, worauf ja auch das für die NSDAP schlechter als erhofft ausgefallene Wahlergebnis hindeutet. Vgl. hierzu Karl Dietrich Bracher, Wolfgang Sauer und Gerhard Schulz, Die nationalsozialistische Machtergreifung. Studien zur Errichtung des totalitären Herrschaftssystems in Deutschland 1933/34. Köln und Opladen 1960. Hier zitiert nach der Ullstein-Taschenbuchausgabe, Frankfurt/Berlin 1974, Teil I: Stufen der Machtergreifung, S. 143 ff.

6 Horst Möller, Weimar. Die unvollendete Demokratie. München ²1987, S. 36.

7 Bereits vorher fanden in einigen Reichsländern Wahlen zu deren verfassunggebenden Versammlungen statt, und zwar in: Anhalt (15. 12. 1918), Baden (5. 1. 1919), Bayern (12. 1. 1919), Braunschweig (22. 12. 1918), Mecklenburg-Strelitz (15. 12. 1918) und Württemberg (12. 1. 1919). In diesen Wahlen schnitten die Parteien der Weimarer Koalition tendenziell sogar noch etwas besser ab als in der Wahl zur Nationalversammlung.

8 Die Gesamtzahl der Reichstagsmandate hing von der Zahl der abgegebenen Stimmen und damit sowohl von der zahlenmäßigen Stärke des Wahlkörpers als auch der Höhe der Wahlbeteiligung ab. Sie schwankte daher beträchtlich

von Wahl zu Wahl. So betrug sie im November 1932 584 Abgeordnete, 1933 dagegen 647 Abgeordnete.

9 Ohne Volksabstimmung mußten Elsaß-Lothringen, fast ganz Posen und Westpreußen, das an der Grenze zur Tschechoslowakei gelegene Hultschiner Ländchen und das Memelgebiet abgetreten werden. Abstimmungen sollten über das Schicksal von Nordschleswig, der Regierungsbezirke Allenstein und Marienwerder in Ostpreußen, der Kreise Eupen und Malmedy an der Grenze zu Belgien und Oberschlesiens entscheiden. Im Saargebiet sollte nach 15 Jahren eine Abstimmung über die weitere Zugehörigkeit zum Reich stattfinden.

10 So behandelt beispielsweise Thomas Childers in seiner wahlhistorischen Untersuchung über die Wählerschaft des Nationalsozialismus DVFP, NSFB und NSDAP als eine Partei. Vgl. ders., The Nazi Voter. The Social Foundations of Fascism in Germany, 1919–1933. Chapel Hill 1983.

11 Die Rote Fahne v. 6. 5. 1924, S. 1; Vossische Zeitung v. 6. 5. 1924, S. 1.

12 Vgl. Heinrich August Winkler, Der Schein der Normalität. Arbeiter und Arbeiterbewegung in der Weimarer Republik 1924 bis 1930, Berlin/Bonn 1985, S. 178–181 und die dort referierte Literatur, insbes. Charles S. Maier, Recasting Bourgeois Europe. Stabilization in France, Germany, and Italy in the Decade after World War I, Princeton 1975, S. 450–455 sowie Amrei Stupperich, Volksgemeinschaft oder Arbeitersolidarität. Studien zur Arbeitnehmerpolitik in der Deutschnationalen Volkspartei 1918–1933, Göttingen 1982, S. 34 ff.

13 „... der Spuk ist verflogen. Die Diktaturanwärter und ihr aus dunklen Kanälen genährter wilder Troß sind fortgefegt... Aus dem völkischen Sektor... ist wieder ein Grüppchen bedeutungsloser Radaumacher geworden... Sie haben ausgespielt... Es bleibt ihnen nichts als die Rückkehr zum Bürgerbräukeller, wo ihr kurzer Siegeslauf begann", so die VOSSISCHE Zeitung in ihrer Ausgabe vom 9. 12. 1924, S. 1, weiter.

14 Der Angriff vom 21. 5. 1928, S. 1. Ähnlich auch der VÖLKISCHE BEOBACHTER vom 22. 5. 1928 (Bayernausgabe), der „als erstes Ergebnis der Wahl" die Tatsache hervorhebt, „daß es von nun ab nur eine einzige völkische Bewegung geben wird und gibt, die Nationalsozialistische Deutsche Arbeiter-Partei".

15 Daß das Wahlergebnis von der NSDAP-Führung nicht so sehr als vernichtende Niederlage, sondern eher als eine Etappe auf dem Wege der organisatorischen Konsolidierung und Durchsetzung wahrgenommen wurde, belegen neben den zitierten Kommentaren des ANGRIFFS und des VÖLKISCHEN BEOBACHTERS sowohl Tagebucheintragungen Goebbels vom 21. 5. 1928 („Ein schöner Erfolg") als auch entsprechende Äußerungen Hitlers vor Parteigremien. Vgl. Rainer Zitelmann, Adolf Hitler. Eine politische Biographie. Göttingen und Zürich 1989, S. 51–53.

16 Daß sich dies nicht analog in entsprechenden Mandatsanteilen niederschlug, ist auf – in der Literatur häufig übersehene – Eigentümlichkeiten der Stimmenverrechnung innerhalb des Weimarer Verhältniswahlsystems zurückzuführen. Vgl. hierzu genauer Bernhard Vogel, Dieter Nohlen und Rainer-Olaf Schultze, Wahlen in Deutschland, Berlin und New York 1971, S. 289 f.

17 Diese mußten allerdings, ebenso wie die „Sonstigen", trotz des absoluten Stimmenanstiegs einen Rückgang ihres Stimmenanteils hinnehmen, da ihr relativer Wählerzuwachs niedriger ausfiel als der Anstieg der Wahlbeteiligung.

18 Vgl. Heinrich Brüning, Memoiren 1918–1934, Stuttgart 1970, S. 186. Im übrigen rechnete Brüning aufgrund seiner Wahlkampfbeobachtung sogar mit einer Verzehnfachung der NSDAP-Mandate auf 120, womit er zwar nicht allein stand, aber eine verschwindend kleine Minderheit der damaligen Beobachter repräsentierte.

19 Vgl. John Toland, Adolf Hitler, New York 1976, S. 330. Laut Toland war das Wahlergebnis ein derart schwerer Schlag für die Opposition, daß sie es erst nach mehrfacher Überprüfung auf Rechenfehler hin zu akzeptieren bereit war. Joachim Fest berichtet dagegen in seiner Biographie, Hitler habe lediglich „mit fünfzig, in überschwenglichen Stimmungen auch mit sechzig bis achtzig Mandaten" gerechnet. (Joachim C. Fest, Hitler. Eine Biographie. Frankfurt etc. 1973, S. 400).

20 Der Angriff vom 18. 9. 1930, S. 1. Völkischer Beobachter vom 17. 9. 1930, S. 3. Ähnlich schon am 16. 9. 1930, S. 1: „Was sich am 14. September 1930 in Deutschland abgespielt hat, das war keine Reichstagswahl, sondern das war ein Volksentscheid, ein Volksentscheid, wie er in der Parteigeschichte... noch nicht dagewesen ist."

21 Tatsächlich scheint Goebbels wenige Tage vor der Wahl mit nur 250000 Stimmen in Berlin gerechnet zu haben, wie er seinem Tagebuch vom 12. 9. 1930 anvertraute.

22 Gerhard Schulz, Aufstieg des Nationalsozialismus. Krise und Revolution in Deutschland, Frankfurt usw. 1975, S. 585.

23 Arthur Dix, Die deutschen Reichstagswahlen 1871–1930 und die Wandlungen der Volksgliederung (Recht und Staat in Geschichte und Gegenwart, 77), Tübingen 1930, S. 33.

24 Die Rote Fahne v. 16. 9. 1930, S. 1 f.

25 Werner Stephan, Zur Soziologie der Nationalsozialistischen Deutschen Arbeiterpartei. In: Zeitschrift für Politik, 20, 1931, S. 794.

26 Hans Jäger, Wer wählte Hitler? In: Der rote Aufbau, 3, 1930, S. 529.

27 Georg Decker, Das unbekannte Volk. In: Die Gesellschaft, VII.b, 1930, S. 298.

28 Berücksichtigt sind wegen des verfügbaren statistischen Materials nur Gemeinden über 2000 Einwohnern, da in der Statistik des Deutschen Reiches die Wahlergebnisse von Gemeinden unter 2000 Einwohnern nicht aufgeführt sind. Für 1932 wurden von der amtlichen Statistik keine Gemeindeergebnisse ausgewiesen.

29 Technisch gesprochen wird der Trendverlauf durch die Regressionsgerade beschrieben. Eine gute Darstellung der zwischen 1928 und 1930 erfolgten Landtags- und Kommunalwahlen findet sich, wenn auch mit anfechtbaren Schlußfolgerungen, bei Jerzy Holzer, Parteien und Massen. Die politische Krise in Deutschland 1928–1930. Wiesbaden 1975.

30 Vgl. David Hackett, The Nazi Party in the Reichstag Election of 1930. Unveröffentlichte Ph.D.-Arbeit, Dept. of History, University of Wisconsin, 1971, S. 332, 340; ferner, wenn auch ohne genauere Belege, Fest (Hitler), S. 403.

31 Vgl. etwa Werner Stephan, Zur Soziologie der Nationalsozialistischen Deut-
schen Arbeiterpartei. In: Zeitschrift für Politik, 20, 1931, S. 793–800; Hans
Neisser, Sozialstatistische Analyse der Wahlergebnisse. In: Die Arbeit, 7, 1931,
S. 654–659; Hans Jäger, Wer wählte Hitler? In: Der rote Aufbau, 3, 1930,
S. 529–535.

32 Gemeindeergebnisse können von den 1932 stattfindenden Wahlen flächendeckend nicht berichtet werden, da angesichts der durch die Wirtschaftskrise
angeschlagenen Staatsfinanzen, aber auch der Tatsache, daß die Wahlergebnisse erst zusammen mit denen der Märzwahl von 1933 nach der Etablierung
des Dritten Reiches in den Heften der Statistik des Deutschen Reiches publiziert worden sind, auf eine Ausweisung von Gemeinderesultaten verzichtet
wurde.

33 Vorwärts v. 3. oder 4. 8. 1932, S. 1; Vossische Zeitung v. 1. 8. 1932, S. 1; Joseph
Goebbels, Tagebücher, Teil 1, Band 2, S. 211. Die im Gegensatz zu Goebbels
eher auf Außenwirkung abzielende Pressestelle der Reichsleitung der NSDAP
merkt dagegen laut VÖLKISCHEM BEOBACHTER zum Wahlergebnis an,
daß es „von der NSDAP mit größter Befriedigung aufgenommen (wird)".

34 Vorwärts v. 14. 11. 1932, S. 1; Vossische Zeitung v. 7. 11., S. 1; DAZ v.
7. 11. 1932, S. 1.

35 Vgl. Völkischer Beobachter vom 8. 11. 1932, S. 2; Goebbels, Tagebücher, Teil
I, Band 2, S. 272.

36 Goebbels notiert in seinem Tagebuch unter dem Datum vom 6. 12. 1932: „Die
Lage im Reich ist katastrophal. In Thüringen haben wir seit dem 31. Juli
nahezu 40 Prozent Verluste erlitten." Daß dies kein vorübergehendes Stim-
mungstief des Tagebuchschreibers Goebbels ist, belegt die Eintragung vom
8. 12. 1932: „In der Organisation herrscht schwere Depression. Die Geldsor-
gen machen jede zielbewußte Arbeit unmöglich." Vgl. Goebbels, Tagebücher,
Teil I, Band 2, S. 295 (sog. Kaiserhof-Version).

37 Vgl. etwa die Belege bei Rainer Hambrecht, Der Aufstieg der NSDAP in
Mittel- und Oberfranken (1925–1933). Nürnberg 1976, S. 394–397.

38 Dies gilt sowohl für die vergleichsweise frühen Wahlanalysen von Striefler,
Pratt und Heberle als auch für neuere Studien wie die von Meckstroth,
Waldman, Hamilton oder Childers. Lediglich die leider viel zu wenig zur
Kenntnis genommene Analyse von Dirk Hänisch, Sozialstrukturelle Bestimmungsgründe des Wahlverhaltens in der Weimarer Republik, Duisburg 1983
hält sich nicht an diese stillschweigende Beschränkung der historischen Wahlforschung.

39 Goebbels, Tagebücher, Teil I, Band 2, S. 387, Eintragung vom 5. 3. 1933.

40 Vgl. DAZ v. 6. 3. 1933, S. 2. Ganz ähnlich die Schlagzeile im VÖLKISCHEN
BEOBACHTER vom 6. 3. 1933: „Ein ungeheurer Sieg ist errungen... Die
Vollmacht zum Handeln ist erteilt."

41 Es handelt sich bei den in diesem Kapitel erwähnten Gemeinden stets um Orte
mit mehr als 2000 Einwohnern; die Prozentwerte beziehen sich im Falle der
Stadt- und Landkreise auf gültige Stimmen, im Falle der Gemeinden auf die
ortsansässigen Wahlberechtigten.

42 Vgl. hierzu u. a. Sebastian Haffner, Anmerkungen zu Hitler, München 1978,
S. 36, 41 ff., 46 (wenn auch ohne nähere Belege); ferner einige wenige Stim-

mungsbilder in den Deutschland-Berichten der SOPADE, vor allem aus den Jahren 1935 und 1936; vgl. für weitere Hinweise auch Thomas Schnabel, Württemberg zwischen Weimar und Bonn 1928–1945/54, Berlin usw. 1986, S. 520 ff. sowie Gunther Mai, „Warum steht der deutsche Arbeiter zu Hitler?" Zur Rolle der Deutschen Arbeitsfront im Herrschaftssystem des Dritten Reiches. In: Geschichte und Gesellschaft, 12, 1986 und Ian Kershaw, Popular Opinion and Political Dissent in the Third Reich. Bavaria 1933–1945. Oxford 1983.

43 Es handelt sich hierbei um das sogenannte Hempel-Oppenheim-Schema der Erklärung, d. h. um ein deduktiv-nomologisches Erklärungsmodell, wie es implizit den meisten erfahrungswissenschaftlich orientierten Untersuchungen mit theoretischem Anspruch zugrundeliegt. Vgl. hierzu die Rekonstruktion bei Wolfgang Stegmüller, Probleme und Resultate der Wissenschaftstheorie und Analytischen Philosophie, Band I: Wissenschaftliche Erklärung und Begründung, Heidelberg/New York 1969, S. 72 ff.

44 Vgl. Hendrik de Man, Sozialismus und Nationalfascismus (sic!). Berlin 1931.

45 Zitate aus Theodor Geiger, „Panik im Mittelstand". In: Die Arbeit 7, 1930, S. 643–652.

46 Walther Scheunemann, Der Nationalsozialismus. Quellenkritische Studie seiner Staats- und Wirtschaftsauffassung. Berlin 1931, S. 22.

47 Vgl. zum Folgenden Seymour Martin Lipset, „Fascism" – Left, Right, and Center. In: ders.: Political Man – The Social Bases of Politics. Garden City 1960, S. 127–179. Deutsche Fassung: Nationalsozialismus – ein Faschismus der Mitte. In: ders.: Soziologie der Demokratie. Neuwied 1962, S. 131 ff. Die folgende Referierung der Position Lipsets verwendet Formulierungen der entsprechenden Partien meines Aufsatzes „Radikalisierung des Mittelstandes oder Mobilisierung der Unpolitischen? Die Theorien von Seymour Martin Lipset und Reinhard Bendix über die Wählerschaft der NSDAP im Lichte neuerer Forschungsergebnisse". In: Peter Steinbach (Hrsg.), Probleme politischer Partizipation im Modernisierungsprozeß. Stuttgart 1982, S. 438–469.

48 Vgl. Martin Trow, „Small Businessmen, Political Tolerance, and Support for McCarthy". In: American Journal of Sociology, 64, 1958, S. 279–280 (hier referiert nach Lipset, Political Man, S. 134).

49 Vgl. Lipset, Political Man, S. 101 ff.

50 Ich habe dies an anderer Stelle ausführlich getan: Vgl. hierzu meinen in Fußnote 47 zitierten Aufsatz.

51 Vgl. Lipset, Political Man, S. 148; S. 178 f.

52 Die nachstehende Referierung der massentheoretischen Position benutzt Formulierungen meines in Fußnote 47 zitierten Aufsatzes. Vgl. Reinhard Bendix, „Social Stratification and Social Power". In: American Political Science Review 46, 1952, S. 357–375; William S. Kornhauser, The Politics of Mass Society, Glencoe/Ill. 1959; Hannah Arendt, Origins of Totalitarianism, New York 1950; ferner Emil Lederer, State of the Masses, New York 1940; Sigmund Neumann, Permanent Revolution, New York 1942. Eine ausführliche (kritische) Darstellung dieser vier Autoren bei Bernt Hagtvet, „The Theory of Mass Society and the Collapse of the Weimar Republik. A Re-

Examination". In: ders. u.a., Who Were the Fascists. The Social Roots of European Fascism. Oslo/New York 1980, S. 66–117.

53 Bei der Darstellung der Rekonstruktion der NSDAP-Wählerschaft aus der Sicht der Massentheorie stütze ich mich im folgenden zwar hauptsächlich auf den in den dreißiger Jahren aus Deutschland in die USA emigrierten Soziologen Reinhard Bendix. Es ist jedoch notwendig, daneben auf die erheblich expliziteren Ausführungen William S. Kornhausers und Hannah Arendts zurückzugreifen, da Bendix die massentheoretische Position eher im Sinne einer Gegenposition zu den sozialstrukturellen Erklärungsversuchen politischen Verhaltens, wie sie die Klassentheorie zu geben versucht, andeutet, sich ansonsten aber auf eine Analyse der Wählerbewegungen zum Nationalsozialismus beschränkt.

54 Vgl. Walter Dean Burnham, „Political Immunization and Political Confessionalism. The United States and Weimar Germany". In: Journal of Interdisciplinary History, 3, 1972, S. 1–30. Die nachstehende Referierung lehnt sich in der Formulierung an entsprechende Passagen eines früheren Aufsatzes an; vgl. Jürgen W. Falter/Dirk Hänisch, „Die Anfälligkeit von Arbeitern gegenüber der NSDAP bei den Reichstagswahlen 1928–1933". In: Archiv für Sozialgeschichte XXVI, 1986, S. 181–183.

55 Hierin unterscheidet sich Burnham beispielsweise von Lipset, der den Konservativen, also der DNVP, höhere Widerstandsfähigkeit gegenüber dem Nationalsozialismus zuspricht als den Wählern von DDP und DVP und den Anhängern der Regional- und Interessenparteien.

56 Manfred Küchler, „Die Wahlerfolge der NSDAP bis 1932 im Lichte der modernen Wahlforschung". Referat im Rahmen der Ad-Hoc Gruppe „Soziologie des Nationalsozialismus" auf dem 24. Deutschen Soziologentag, 4.–7.Oktober 1988 in Zürich, Schweiz, S. 13.

57 „Aggregatdaten" sind zumeist auf Gebietsebene zusammengefaßte („aufaggregierte") Informationen über Wahlergebnisse, die Konfessions- und Berufsstruktur etc., wie sie uns von der amtlichen Statistik zur Verfügung gestellt werden. So wissen wir aus der Statistik des Deutschen Reiches, wieviele Katholiken oder Arbeitslose im Jahre 1933 in einem bestimmten Landkreis ansässig waren; wir wissen jedoch im allgemeinen nicht, wieviele der Katholiken arbeitslos und wieviele der Arbeitslosen katholisch waren, da diese Informationen in statistisch unverknüpfter Form überliefert sind. Bei „Individualdaten" dagegen verfügen wir über Informationen auf der Ebene der einzelnen Individuen, also etwa der Befragten einer demoskopischen Untersuchung, was beliebige Verknüpfungen zwischen den erhobenen Merkmalen (etwa zwischen Beruf und Wahlverhalten) ermöglicht.

58 Eine weitere Schwierigkeit liegt in der unvollkommenen Quellenlage. So liegen wie erwähnt auf Gemeindeebene keine flächendeckenden Informationen über die Reichstagswahlen von 1932 und die beiden Reichspräsidentenwahlen von 1925 und 1932 vor.

59 Bei der multiplen Regressionsanalyse handelt es sich um ein statistisches Verfahren zur Bestimmung der Zusammenhänge zwischen mehreren unabhängigen (= erklärenden) und einem abhängigen (= zu erklärenden) Untersuchungsmerkmal. Eine gute und vor allem auch verständliche Einführung in

diese statistische Technik bei Manfred Küchler, Multivariate Analyseverfahren, Stuttgart 1979.

60 Vgl. hierzu ausführlicher meinen Beitrag „Wählerbewegungen zur NSDAP 1924–1933. Methodische Probleme – Empirisch abgesicherte Erkenntnisse – Offene Fragen". In: Otto Büsch (Hrsg.), Wählerbewegungen in der europäischen Geschichte. Ergebnisse einer Konferenz. Berlin 1980, S. 159–202.

61 Die folgenden Ausführungen stützen sich auf Formulierungen aus meinem in der vorstehenden Anmerkung zitierten Aufsatz „Wählerbewegungen zur NSDAP 1924–1933".

62 Vgl. für einige gelungene Beispiele derartiger ökologischer Studien, die lediglich Aussagen verwenden, welche sich auf der Ebene von Gebietseinheiten bewegen, u.a. Klaus G. Troitzsch, Sozialstruktur und Wählerverhalten. Möglichkeiten und Grenzen ökologischer Wahlanalyse, dargestellt am Beispiel der Wahlen in Hamburg von 1949 bis 1974. Meisenheim a. Glan 1976; Heinz Sahner, Politische Tradition, Sozialstruktur und Parteiensystem in Schleswig-Holstein. Meisenheim a. Glan 1972; Hans Setzer, Determinanten der Wählerentscheidung. Frankfurt/New York 1974.

63 Sie sind als sogenannte ökologische Fehlschlüsse in die statistische Literatur eingegangen. Vgl. W. S. Robinson, „Ecological Correlations and the Behavior of Individuals". In: American Sociological Review, 44, 1950, S. 351–357.

64 An dieser Stelle sei stellvertretend für viele andere lediglich ein (allerdings immer noch häufig zitiertes) Beispiel für solche naiven Disaggregationen genannt, nämlich Alfred Milatz, Wahlen und Wähler in der Weimarer Republik (Schriftenreihe der Bundeszentrale für politische Bildung, H. 66). Bonn 1965, insbesondere S. 130–150.

65 Ausnahmen von dieser Regel und Gründe dafür bei Franz Urban Pappi, „Aggregatdatenanalyse". In: Jürgen van Koolwijk und Maria Wieken-Mayser (Hrsg.), Techniken der empirischen Sozialforschung, Band 7, München 1977, S. 78–110, hier S. 96f.

66 Kevin R. Cox, „Geography, Social Context, and Voting Behavior in Wales, 1861–1951". In: Erik Allardt/Stein Rokkan (Hrsg.), Mass Politics. New York/London 1970, S. 157 (meine Übersetzung).

67 Vgl. Erwin K. Scheuch, „Cross-National Comparisons Using Aggregate Data: Some Substantive and Methodological Problems". In: Richard L. Merritt und Stein Rokkan (Hrsg.), Comparing Nations. New Haven 1966, S. 131–167, hier S. 151.

68 Vgl. hierzu meinen Beitrag „Wählerbewegungen zur NSDAP 1924–1933. Methodische Probleme – Empirisch abgesicherte Erkenntnisse – Offene Fragen". In: Otto Büsch, Hrsg., Wählerbewegungen in der europäischen Geschichte. Ergebnisse einer Konferenz. Berlin 1980, S. 159–202.

69 Vgl. hierzu die Darstellung bei Franz Urban Pappi, „Aggregatdatenanalyse", und die dort aufgelistete Literatur.

70 Dies ist methodisch bestenfalls dann gerechtfertigt, wenn man die für seine Überlegungen ungünstigen Fälle herausgreift und seine Annahmen daran überprüft.

71 Um Roß und Reiter beim Namen zu nennen seien stellvertretend für eine Reihe weiterer, ebenso verfahrender Untersuchungen wenigstens zwei häufi-

ger zitierte Beispiele einer derartigen Vorgehensweise aufgeführt. Es handelt sich zum einen um das Standardwerk zur Weimarer Republik von Karl Dietrich Bracher, Die Auflösung der Weimarer Republik. Eine Studie zum Problem des Machtzerfalls in der Demokratie. Villingen 1955, insbes. S. 148/ 49, zum anderen um das häufig als Beleg für die Auswirkungen der Wirtschaftskrise auf den Aufstieg des Nationalsozialismus angeführte Buch von Werner Kaltefleiter, Wirtschaft und Politik in Deutschland. Köln/Opladen 1966, insbes. S. 30 ff.

72 Dies gilt streng genommen auch für das durchaus innovative, zu neuen Erkenntnissen führende Buch von Richard Hamilton, Who Voted for Hitler? Princeton 1982, der am Beispiel von insgesamt 14 Großstädten (später kam in einem Zeitschriftenartikel noch eine 15. hinzu) eindrucksvolle Belege dafür vorlegt, daß zumindest die evangelische Oberschicht und obere Mittelschicht wohl häufiger NSDAP gewählt hat, als dies bisher angenommen worden war. Fraglich jedoch ist auch hier, wie verallgemeinerungsfähig seine Ergebnisse (die allerdings in den Resultaten der NS-Mitgliederforschung eine zusätzliche Stütze finden) sind. Vgl. zur Mitgliederstatistik der NSDAP Michael Kater, The Nazi Party. A Social Profile of Members and Leaders, 1919–1945. Cambridge, Mass. 1983.

73 So ist es ja nicht von vornherein auszuschließen, daß Katholiken in homogen katholischen Regionen und in der Diaspora weniger anfällig gegenüber der NSDAP waren als in konfessionellen Mischgebieten. Eine bloße Intrapolation von den Extremen auf die dazwischenliegenden Untersuchungseinheiten würde diesen Zusammenhang verdecken.

74 Eine Art Mittelposition nimmt hier das vor allem in der englischsprachigen Fachliteratur häufig zitierte Werk von Thomas Childers, The Nazi Voter. Chapel Hill 1983, ein, der als Basis seiner Untersuchung insgesamt 212 Gemeinden und 266 ländliche Kreise verwendet, die nach seinen Angaben zwar über die Hälfte der wahlberechtigten Bevölkerung der Weimarer Republik umfassen, aber weder flächendeckend sind, noch Überschneidungen ausschließen. Childers analysiert seine Daten mit Hilfe umfangreicher multipler Regressionsgleichungen, deren Prädiktoren jedoch statistisch teilweise so eng miteinander zusammenhängen, daß zumindest ein Teil der berichteten Schätzergebnisse buchstäblich unbrauchbar ist. So ermittelt er beispielsweise, daß der NSDAP-Anteil sowohl mit dem Katholiken- als auch mit dem Protestantenanteil zunehme, was angesichts der Tatsache, daß beide Konfessionen zusammen in fast jedem Kreis über 95 Prozent der Bevölkerung stellten, schlichtweg ein unsinniges Ergebnis ist.

75 Küchler, Die Wahlerfolge der NSDAP, S. 16 f.

76 Vgl. Eric A. Hanushek, John E. Jackson und John F. Kain, „Model Specification, Use of Aggregate Data and the Ecological Correlation Fallacy". In: Political Methodology 1, 1974, S. 89–107.

77 Dies ist ein etwas unglücklich gewählter Ausdruck, da der gemessene statistische Zusammenhang ja durchaus tatsächlich auftritt, aber nur scheinbar eine Kausalbeziehung repräsentiert, die in Wirklichkeit durch Drittfaktoren – im vorliegenden Fall den Industriearbeiteranteil – verursacht wird. Berühmt geworden ist in der statistischen Methodenliteratur die (positive) Korrelation

zwischen der Zahl der Störche und der Neugeborenen, die sich dann auflöst, wenn man die gemeinsamen Verursachungsfaktoren, etwa die ländliche Lebensweise, die Kenntnis über Möglichkeiten der Empfängnisverhütung etc. in die statistische Analyse einbezieht.

78 „Historische Wahlforschung (wie im Fall der Weimarer Republik) ist . . . darauf angewiesen, aus Daten und Fakten ganz unterschiedlicher Art ein Gesamtbild zu generieren. Angesichts der Heterogenität der ‚Daten‘ lassen sich Analysestrategien nicht vollständig kodifizieren. Qualitative und quantitative Elemente müssen in innovativer Weise verknüpft werden." Küchler, Die Wahlerfolge der NSDAP, S. 2 f.

79 Sahner, Politische Tradition, und Pappi, „Aggregatdatenanalyse", S. 96 f. weisen jedoch nach, daß diese Tendenz nicht mit Notwendigkeit erfolgt, sondern nur dann zu beobachten ist, „wenn die durch ‚Störfaktoren‘ verursachte Streuung durch die Aggregation in einer der beiden Variablen stärker als in der anderen reduziert wird" (Sahner, Politische Tradition, S. 13), was für Aggregationen nach räumlicher Nähe jedoch häufig der Fall ist.

80 Dies ist noch aus einem zweiten Grunde notwendig: Da man in der historischen Wahlforschung aus guten Gründen nicht mit Absolutzahlen, sondern mit Anteilswerten, also etwa dem Prozentsatz der Katholiken, dem Anteil der NSDAP an den Wahlberechtigten etc. arbeitet, erhielte man bei Verwendung der üblichen Statistikprogramme (etwa dem Programmpaket SPSS) ohne geeignete Gewichtungsprozedur bei der Mittelwertberechnung im Rahmen von Korrelations- und Regressionsanalysen Werte, die zugunsten der ländlichen Regionen verzerrt wären, wodurch die Korrelations- und Regressionskoeffizienten erheblich beeinflußt werden können.

81 Es handelt sich um eine Arbeit des amerikanischen Politikwissenschaftlers Courtney Brown aus dem Jahre 1982: „The Nazi Vote: A National Ecological Study". In: American Political Science Review 76, 1982, S. 285–302.

82 Des Problems bewußt ist sich beispielsweise die bereits zitierte Untersuchung von Thomas Childers, The Nazi Voter, Chapel Hill 1983, S. 278, doch läßt Childers diejenigen Städte und Landkreise aus der Analyse herausfallen, die aufgrund von Verwaltungsreformen „bedeutsamen Bevölkerungsveränderungen unterlagen". Auf diese Weise nimmt er Verzerrungen seiner Erhebungseinheiten in Kauf, deren Effekte sich aufgrund seiner Veröffentlichung nicht kontrollieren lassen. Adäquat gelöst wird das Problem in der vorliegenden publizierten Literatur zum Thema meiner Kenntnis nach lediglich bei Dirk Hänisch, Sozialstrukturelle Bestimmungsgründe des Wahlverhaltens in der Weimarer Republik. Eine Aggregatdatenanalyse der Ergebnisse der Reichstagswahlen 1924 bis 1933. Duisburg 1983 sowie in einer unveröffentlichten amerikanischen Dissertation aus dem Jahre 1973 von K. L. Waldman. Vgl. zu diesem Problem insgesamt und seiner Behandlung in der Literatur Jürgen W. Falter und Wolf D. Gruner, „Minor and Major Flaws of a Widely Used Data Set: The ICPSR ‚German Weimar Republic Data 1919–1933‘ Under Scrutiny". In: Historical Social Research 1981, Heft 20, S. 4–26.

83 Aus Zeit- und Personalmangel, aber auch aus Gründen erheblicher territorialer Inkompatibilitäten konnte die katholische Kirchgangsstatistik (Osterkommunionen 1926 und 1931) bisher noch nicht entsprechend gebietsmäßig angepaßt

werden, weshalb im Rahmen dieser Arbeit bedauerlicherweise nicht auf ihre Informationen zurückgegriffen werden kann.

84 Ganz selten trifft man dennoch auf Untersuchungen, die mit Absolutwerten arbeiten, so etwa die unveröffentlichte Dissertation von Dee Richard Wernette, Political Violence and German Elections: 1930 and July, 1932. Ph.D.-Diss. University of Michigan (Sociology), Ann Arbor 1974. Dies ist jedoch ein ungeeignetes Verfahren, „weil sonst zusätzlich die Größe der Aggregateinheit statistisch kontrolliert werden muß, was sowohl Analyse wie anschließende verbale Interpretation erschwert." Küchler, „Die Wahlerfolge der NSDAP bis 1932", S. 16.

85 Sie müßte sonst zusätzlich statistisch kontrolliert werden, was meines Wissens so gut wie nie erfolgt.

86 So war es bis 1933 üblich, die Arbeitslosigkeit in Form einer Quote, nämlich des Verhältnisses von arbeitslosen zu abhängig beschäftigten Personen (ohne Beamte), auszudrücken, was genau dann einen Wert von 100 ergab, wenn eine gleiche Anzahl von Personen einer Gemeinde arbeitslos und beschäftigt war; diese Quote ist aus mathematischen Gründen nach oben offen und besitzt kein definiertes Maximum. Im Jahre 1933 wurde dann die Berechnung der Arbeitslosenrate auf Anteilswerte umgestellt, indem die Zahl der Arbeitslosen auf die Zahl aller abhängig Beschäftigten, d. h. der erwerbstätigen wie der erwerbslosen, prozentuiert wurde. Ein Wert von 100 gab dann an, daß alle in Frage kommenden Personen einer Gemeinde arbeitslos waren, während eine gleichgroße Zahl von Beschäftigten und Arbeitslosen einen Wert von 50 ergäbe etc.

87 „Ist eine zumindest gute Annäherung aufgrund der Datenlage nicht möglich, sollte die Auswirkung unterschiedlicher Operationalisierungen durch Parallelauswertung überprüft werden", was in der wahlhistorischen Literatur allerdings so gut wie nie erfolgt. S. Küchler, „Die Wahlerfolge der NSDAP bis 1932", S. 16.

88 Gemeint ist hier die theoretische Signifikanz oder substantielle Bedeutsamkeit. Da die Datenbasis der vorliegenden Arbeit keine Stichprobe, sondern eine Vollerhebung sämtlicher Stadt- und Landkreise bzw. aller Gemeinden des Deutschen Reiches darstellt, ist die Argumentation mit statistischen Signifikanzkriterien m. E. nicht sinnvoll. Alle gemessenen Zusammenhänge, selbst die ganz kleinen, sind bei Vollerhebungen in statistischem Sinne signifikant. Wenn ich also im folgenden von Signifikanz rede, dann stets im Sinne theoretischer Bedeutsamkeit. Eine Ausnahme stellen die Ausführungen in Kapitel 9.2. und 9.3. dar, wo mit einer Gemeinde- bzw. Mitgliederstichprobe gearbeitet wird.

89 Die dazugehörigen Regressionsgleichungen werden am Schluß des Buches in einem gesonderten Anhang wiedergegeben, so daß auch der „Spezialist" auf seine Kosten kommt.

90 Vossische Zeitung vom 9. 12. 1924, S. 2 (meine Hervorhebung); vgl. auch Vorwärts v. 9. 12. 1924, S. 1.

91 Der Angriff v. 18. 9. 1930, S. 1.

92 Der Abend vom 16. 9. 1930, S. 3.

93 Theodor Geiger, Panik im Mittelstand. In: Die Arbeit 7, 1930, S. 637–654.

94 Die Rote Fahne v. 16. 9. 1930, S. 2.

95 Werner Stephan, Grenzen des nationalsozialistischen Vormarsches. In: Zeitschrift für Politik 21, 1931, S. 577.

96 Walther Scheunemann, Der Nationalsozialismus. Quellenkritische Studie seiner Staats- und Wirtschaftsauffassung,Berlin 1931, S. 19.

97 Hans Jäger, Wer wählte Hitler? In: Der rote Aufbau 1930, S. 535.

98 Arthur Dix, Die deutschen Reichstagswahlen 1871–1930 und die Wandlungen der Volksgliederung, Tübingen 1930, S. 37. Statt einer Rekonstruktion der Wählerbewegungen bietet die bürgerlich-liberale Vossische Zeitung schließlich Erklärungen für den unerwarteten Wahlerfolg der Nationalsozialisten an: „All dies ist eine Folge der augenblicklichen unglücklichen Wirtschaftslage, der großen Arbeitslosigkeit, ... , und, alles in allem, eine Auswirkung des Versailler Vertrages, der das Maß des noch eben Erträglichen hat überlaufen lassen." Vossische Zeitung v. 16.9.1930, S. 1.

99 Die Rote Fahne vom 11.8.1932, S. 15.

100 Joseph Griesmeier, Statistische Regelmäßigkeiten bei den politischen Wahlen und ihre Ursachen. In: Allgemeines Statistisches Archiv 23, 1933/34, S. 12.

101 Werner Stephan, Die Reichstagswahlen vom 31. Juli 1932. Eine Analyse der Wahlziffern. In: Zeitschrift für Politik 22, 1932, S. 353–360. Über die nur wenige Wochen zuvor stattfindenden Landtagswahlen in Preußen, Bayern, Württemberg, Anhalt und Hamburg schreibt Stephan: „Es kann kein Zweifel darüber bestehen: was aus den zum Teil schon früher recht schmalen Bächen und Flüssen der zahlreichen und zersplitterten alten Mittel- und Rechtsgruppen fortströmt, vereinigt sich in der Nationalsozialistischen Partei zu einem Strom gewaltigen Ausmaßes. Darin ist seit dem Jahre 1931 keine erhebliche Veränderung eingetreten." Daneben aber bleibe „ein beträchtlicher Rest, der von den sozialistischen Parteien zum Nationalsozialismus gewandert sein muß", ja, der Nationalsozialismus habe „über den Zuwachs hinaus, den er aus den alten Bürgerparteien und aus der erhöhten Wahlbeteiligung zog, die Mehrzahl der bei den Sozialisten abgewanderten Wähler aufgenommen." Werner Stephan, Die Parteien nach den großen Frühjahrswahlkämpfen. Eine Analyse der Wahlziffern des Jahres 1932. In: Zeitschrift für Politik 22, 1932, S. 112f. bzw. S. 116f.

102 Vossische Zeitung v. 1.8.1932, S. 2.

103 Vossische Zeitung v. 7.11.1932, S. 1f.

104 DAZ v. 7.11.1932, S. 1.

105 Joseph Griesmeier, Statistische Regelmäßigkeiten bei den politischen Wahlen und ihre Ursachen. In: Allgemeines Statistisches Archiv 23, 1933/34, S. 17.

106 Vossische Zeitung v. 6.3.33, S. 1f. und v. 7.3.33, S. 1f.

107 Karl Dietrich Bracher, Stufen der Machtergreifung, S. 139.

108 Bracher, Stufen der Machtergreifung, S. 142.

109 Eine Analyse der Wahlberichterstattung in der Londoner Times, dem Daily Herald, der Washington Post, der New York Times und der Neuen Zürcher Zeitung förderte keinerlei Berichte über direkte Wahlmanipulationen zutage, wohl aber Belege für die Einschüchterung und Verfolgung politischer Gegner durch die Nationalsozialisten einerseits, die dennoch fortbestehende formale Wahlfreiheit andererseits. So kommentiert die New York Times vom 12.3.1933: „While one factor of the Hitler victory was the muzzling of the

opposition by prohibiting its newspapers and keeping its speakers from the platform and the radio, the voting was secret and the electorate could have found means of resisting government coercion." Ähnlich die Neue Zürcher Zeitung des gleichen Tages, die hervorhebt: „Wer wählen wollte, konnte es frei, geheim und ungehindert tun". Auch die Londoner Times vom 7. März berichtet über die Wahl in Berlin: „... the actual vote was conducted in an orderly manner".

110 Bracher, Stufen der Machtergreifung, S. 143 f.

111 Erik Reger, Naturgeschichte des Nationalsozialismus. In: Vossische Zeitung v. 30. 8. 1931, hier zitiert nach Nikolaus Hovorka (Hrsg.), Zwischenspiel Hitler. Ziele und Wirklichkeit des Nationalsozialismus. Sonderabdruck der Berichte zur Kultur- und Zeitgeschichte (im folgenden zitiert als „Berichte"), Wien/Leipzig 1932, S. 99.

112 Kurt Hirche, Nationalsozialistischer Hochschulsommer. In: Die Hilfe XXXVII v. 15.8.31, hier zitiert nach „Berichte", S. 101.

113 René Lauret, Européen. Hier zitiert nach „Berichte", S. 129, die sich wiederum auf Der Gral XXV/6 v. 1931 berufen.

114 Fritz Wittels, Politischer Radikalismus. In: Psychoanalytische Bewegung III/5, 1931, hier zitiert nach „Berichte", S. 129.

115 de Man, Sozialismus und Nationalfascismus, Berlin 1931, S. 44 f.

116 Ludwig Stahl, Die Sturmvögel, zitiert nach „Berichte", S. 97.

117 Hans Jäger, Wer wählte Hitler? In: Der rote Aufbau, Jg. 3, 1930, S. 529 ff.

118 Vgl. dazu ausführlicher u. a. David Butler/Donald Stokes, Political Change in Britain, London 1969, S. 275 ff.; Peter Hoschka, Wählerbewegungen in der Bundesrepublik – Politische Gewinn- und Verlustrechnung. In: Klaus Liepelt und Alexander Mitscherlich (Hrsg.), Thesen zur Wählerfluktuation, Frankfurt/Main 1968.

119 Hier sei nur ein, allerdings häufig zitiertes Beispiel aus der deutschen Geschichtsschreibung genannt: Alfred Milatz, Wahlen und Wähler in der Weimarer Republik, der den Anspruch erhebt, durch eine bloße Globalinspektion der Reichstagswahlergebnisse 1930 und 1932 die damaligen Wählerwanderungen numerisch genau spezifizieren zu können. Vgl. ausführlicher hierzu meinen Aufsatz „Wählerbewegungen zur NSDAP 1924–1933", S. 171–173.

120 Daß diese Problematik durchaus schon den statistisch vorgebildeten Zeitgenossen geläufig war, belegt das nachstehende Zitat: „Zwischen zwei Wahlen treten in der Zahl der Stimmberechtigten dreierlei Veränderungen ein: 1. Durch die inzwischen erfolgten Sterbefälle... 2. Durch das Aufrücken junger Jahrgänge in das stimmberechtigte Alter... 3. Durch den leider gänzlich unbekannten Einfluß der Binnenwanderung." S. Erwin Lind, Die Wähler der N.S.D.A.P. – Eine statistische Untersuchung der Wahlergebnisse in Hessen. In: Frankfurter Zeitung Nr. 896 v. 2. 12. 1930, S. 1.

121 Vgl. Institut für angewandte Sozialwissenschaft, Wahlen in Nordrhein-Westfalen – Wählerbewegungen. Bad Godesberg 1966.

122 Striefler, Deutsche Wahlen in Bildern und Zahlen, S. 16.

123 Vgl. hierzu Ralf-Rainer Lavies, Nichtwählen als Kategorie des Wahlverhaltens. Düsseldorf 1973.

124 Die Zellen der Fluktuationstabelle enthalten Informationen über einerseits die

in der Diagonalen wiedergegebene Stabilität und andererseits die von den Feldern ober- und unterhalb der Diagonalen repräsentierten Zu- und Abwanderungen von Wählern der einzelnen Parteien.

125 Die Tabellen 5.7 und 5.9 sowie 5.10 geben die Ergebnisse von derartigen Rekonstruktionsversuchen der Zellbesetzungen einer solchen Wanderungstabelle wieder. Werden die in den Zeilen der Wanderungstabelle enthaltenen Parteianteile durch sozialstatistische Merkmale ersetzt, so handelt es sich um den analogen Fall einer Schätzung der sozialen Herkunft der Parteiwähler.

126 Prozentpunkte beziehen sich auf die absolute Differenz zwischen Prozentwerten. So würde der Stimmenzuwachs einer Partei von 5 auf 10 Prozent der gültigen Stimmen fünf Prozentpunkte oder 100 Prozent (des Ausgangswertes) betragen; dagegen würde der Stimmenzuwachs einer anderen Partei von 50 auf 55 Prozent zwar ebenfalls fünf Prozentpunkte, aber nur zehn Prozent ausmachen.

127 Vgl. u. a. Samuel Pratt, The Social Basis of Nazism and Communism in Urban Germany. M.A.-Arbeit, Michigan State University, East Lansing 1948; Karl O'Lessker, Who Voted for Hitler? A New Look at the Class Basis of Nazism. In: American Journal of Sociology, 70, 1968/69, S. 63–69; Alexander Weber, Die sozialen Merkmale der NSDAP-Wähler, Phil. Diss., Freiburg 1969.

128 Walter Dean Burnham, Political Immunization and Political Confessionalism, S. 13 f. Ähnlich unbestimmt äußert sich auch der amerikanische Politologe Phillips Shively, Party Identification, Party Choice and Voting Stability – The Weimar Case. In: American Political Science Review, 66, 1972, S. 121–126, für ihn ist die NSDAP „im wesentlichen nicht die Partei der neuen und randständigen Teilnehmer".

129 Die Zahl derjenigen Personen, die 1928 wie 1930 wahlberechtigt waren, sich aber nur 1930 an der Wahl beteiligten, liegt niedriger als die in Tabelle 5.4 unter „Wahlbeteiligung" angegebenen 2,327 Millionen, weil darin auch diejenigen erstmals Wahlberechtigten enthalten sind, die 1930 nicht zur Wahl gegangen sind.

130 Ich bin bei dieser Schätzung von einer überdurchschnittlichen Wahlenthaltung (25%) der Erstwähler ausgegangen. Dies ist normalerweise der Fall, trifft aber möglicherweise für die letzten Jahre der Weimarer Republik nicht zu. Wenn man unterstellt, daß es sich bei den vorliegenden vereinzelten Ergebnissen von Sonderauszählungen der Wahlbeteiligung nach dem Alter um verallgemeinerungsfähige Resultate handelt, haben die Erstwähler sich zwar immer noch unterdurchschnittlich, aber nicht so selten wie üblich, an den Wahlen beteiligt. Bei gleicher durchschnittlicher Wahlbeteiligung wie die Gesamtwählerschaft (84%) würde der Anteil der Erstwähler sogar knapp 2/3 des Anstiegs der gültigen Stimmen ausmachen. Vgl. zu den Sonderauszählungen nach dem Alter Herbert Tingsten, Political Behavior. Studies in Election Statistics. London 1937, S. 96 f.

131 Eine Annäherung ist durch den Rückgriff auf die in der Volkszählungsstatistik von 1925 und 1933 ausgewiesenen Altersgruppen möglich. Vgl. hierzu die Ausführungen in Kapitel 6.2.

132 Deshalb werden im Anhang, Tabelle A 1, die Korrelationskoeffizienten für alle fünf Betrachtungsweisen wiedergegeben.

133 So stimmen häufig inhaltliche Interpretation und Daten nicht überein, da die Vorzeichen nicht selten kontraintuitiv ausgelegt werden müssen, also negative Korrelationen im Sinne eines positiven Zusammenhangs etc.

134 Es sei daran erinnert, daß für die Wahlpaare ab 1930 keine Gemeindedaten vorliegen.

135 Aus statistischer Sicht ist dies ein Beleg für die in historischen Wahlstudien oft vernachlässigte Tatsache, daß Korrelationskoeffizienten die Analyse von Streudiagrammen und Prozentverteilungen nach Art von Tabelle 5.5 nicht zu ersetzen vermögen.

136 1925 addierten sich in der Weimarer Republik der katholische und der evangelische Bevölkerungsteil im Reichsdurchschnitt auf fast 97 Prozent, so daß „nicht-katholisch" für alle praktischen Zwecke mit „evangelisch" gleichgesetzt werden kann.

137 Daß derartige, je nach Kontext variierende Zusammenhänge auch im Falle der anderen Wahlpaare gelten, zeige ich in meinem Aufsatz „The National Socialist Mobilisation of New Voters", S. 208 ff.

138 Dennoch wird dieser Fehlschluß immer wieder begangen, wenn etwa die Resultate der brillanten Schleswig-Holstein-Studie Rudolf Heberles oder der nicht minder lesenswerten Lokalanalyse William Sheridan Allens über Northeim a. Harz von manchen Historikern als repräsentativ für die ganze Weimarer Republik oder alle Klein- und Mittelstädte des Reiches angesehen und dementsprechend verallgemeinert werden.

139 Sie wurden hier der besseren Übersichtlichkeit wegen unter „Sonstige" zusammengefaßt.

140 Die substantielle Interpretation der Korrelation von Veränderungsvariablen hängt einerseits vom Vorzeichen des Korrelationskoeffizienten und andererseits von der Tatsache, ob die beiden miteinander korrelierten Variablen zu- oder abgenommen haben, ab. Vgl. hierzu das im Anhang abgedruckte Interpretationsschema (Tabelle A19).

141 Die erwähnte Ausnahme bezieht sich auf das Wahlpaar 1928/1930, wo nun, anders als im Reichsmittel, der NSDAP-Anteil innerhalb der Kreisgruppen mit unterdurchschnittlichem DNVP-Rückgang mit ansteigender Wahlbeteiligung leicht, d. h. von 10 Prozentpunkten im ersten auf 12 Prozentpunkte im dritten Terzil, zunimmt. Dagegen bleibt er in den Kreisgruppen mit überproportionalem DNVP-Rückgang über alle drei Wahlbeteiligungsterzile hinweg konstant.

142 Vgl. die im Anhang in den Tabellen A4 und A5 abgedruckten Regressionsgleichungen. Für weitere Einzelheiten vgl. meinen Beitrag „The National Socialist Mobilisation of New Voters: 1928–1933". In: Thomas Childers (Hrsg.), The Formation of the Nazi Constituency 1919–1933, London/Sidney 1986, S. 202–231.

143 Diese Resultate stimmen bemerkenswert gut mit den von Hänisch und Brown – mit Hilfe unterschiedlicher Datensätze und teilweise anders spezifizierter statistischer Modelle erarbeiteten – Forschungsergebnisse überein. Vgl. Dirk Hänisch, Sozialstrukturelle Bestimmungsgründe des Wahlverhaltens in der Weimarer Republik. Eine Aggregatdatenanalyse der Ergebnisse der Reichstagswahlen 1924 bis 1933. Duisburg 1983, S. 211; Courtney Brown, „The Nazi

Vote: A National Ecological Study". In: American Political Science Review, 76, 1983, S. 285–302.

144 Eine knappe Skizzierung dieses nicht unkomplizierten statistischen Verfahrens findet sich in meinem Aufsatz „Politische Konsequenzen von Massenerwerbslosigkeit". In: Politische Vierteljahresschrift, 25, 1984, S. 275–295. Vgl. für Einzelheiten und die hier zugrundegelegte multivariate Weiterentwicklung der Methode das Buch von Jan-Bernd Lohmöller und Hartmut Bömermann, Aggregatdatenanalyse. Stuttgart 1991, das sich in seinen Rechenbeispielen auf die Daten des NSDAP-Wählerprojekts stützt.

145 Korrelationskoeffizienten vermischen diese drei Perspektiven miteinander, weil sie keine quantitativen Proportionen zulassen, sondern nur Informationen über die Stärke und die Richtung linearer Zusammenhänge liefern.

146 Es sei daran erinnert, daß es sich bei dieser Gruppe nicht nur um ehemalige Nichtwähler handelt, sondern auch um erstmals Wahlberechtigte, die sich nicht an der Wahl beteiligen. Letztere sind auf der Kreis- und Gemeindeebene allerdings nur als Saldoziffer aus erstmals Wahlberechtigten und Verstorbenen verfügbar (vgl. dazu Tabelle 5.4).

147 Die vorangegangenen drei Absätze greifen auf Formulierungen eines Aufsatzes von mir zurück. Vgl. J. W. Falter, „Wahlen und Wählerverhalten unter besonderer Berücksichtigung des Aufstiegs der NSDAP nach 1928", In: K. D. Bracher, M. Funke und H.-A. Jacobsen (Hrsg.), Die Weimarer Republik 1918–1933. Politik – Wirtschaft – Gesellschaft. Bonn 1987, S. 484–504, hier: S. 485–488.

148 Vgl. zu den Regressionskoeffizienten die Tabellen A4 und A5 im Anhang sowie meine beiden Aufsätze „The National Socialist Mobilisation of New Voters: 1928–1933" und „The First German Volkspartei: The Social Foundations of the NSDAP". In: Karl Rohe (Hrsg.), Elections, Parties and Political Traditions. Social Foundations of German Parties and Party Systems, 1867–1987. New York/Oxford/München 1990, S. 53–81.

149 Unter „Netto-Fluktuation" wird hier der auf alle Wahlberechtigten bezogene Saldo aus den gegenseitigen Austauschbeziehungen einer Partei mit der NSDAP, d. h. also die Summe aus den Zu- und Abwanderungen bei einem gegebenen Wahlpaar, verstanden. Die Werte der letzten Spalte von Tabelle 5.10C ergeben aufsummiert den Anteil der NSDAP an allen Wahlberechtigten vom März 1933, eine Operation, die arithmetisch natürlich nicht legitim ist, da sich die Werte für die einzelnen Wahlen jeweils auf andere Wahlberechtigtenzahlen beziehen; aus heuristischen Gründen wollen wir den Summenwert trotz dieser Bedenken referieren.

150 Daß die relativ hohe Nettofluktuation vom sozialistischen zum nationalsozialistischen Lager in erster Linie auf Wählerabwanderungen aus der sozialdemokratischen Teilkultur zurückzuführen ist, belegen die Daten in Tab. 5.9.

151 Nur für die NSDAP wurden die Hochburgen auf der Basis der Reichstagswahlergebnisse von 1930 definiert. Vgl. hierzu und zum Folgenden eingehender die Ausführungen in Kapitel 9.4.1. sowie Jürgen W. Falter/Hartmut Bömermann, Die Entwicklung der Weimarer Parteien in ihren Hochburgen und die Wahlerfolge der NSDAP. In: Heinrich Best (Hrsg.), Politik und

Milieu. Wahl- und Elitenforschung im historischen und interkulturellen Vergleich. St. Katharinen 1989. S. 92–118.

152 Daß der Anstieg der NSDAP in den sozialdemokratischen Hochburgen überdurchschnittlich ausfiel, könnte theoretisch als eine Art Kontrasteffekt im Sinne einer verstärkten Radikalisierung nicht-sozialdemokratischer Wähler in den SPD-Hochburgen gedeutet werden. Ein mögliches Indiz für die Richtigkeit einer solchen Interpretation wäre ein geringerer Rückgang der SPD-Wähleranteile in den Hochburgen als im Reichsdurchschnitt. Das Gegenteil ist jedoch der Fall. Sowohl im September 1930 als auch im Juli 1932 fiel der Rückgang der sozialdemokratischen Wahlberechtigtenanteile in den Hochburgen höher aus als im Reichsdurchschnitt, was als weiterer Hinweis auf die oben herausgearbeiteten Wählerwanderungen von der SPD zur NSDAP gedeutet werden kann.

153 Vgl. Karl-Heinz Naßmacher, Zerfall einer liberalen Subkultur – Kontinuität und Wandel des Parteiensystems in der Region Oldenburg. In: Herbert Kühr (Hrsg.), Vom Milieu zur Volkspartei. Funktionen und Wandlungen der Parteien im kommunalen und regionalen Bereich. Königstein 1979, S. 29–134.

154 Vgl. Ferdinand Hermens, Demokratie und Anarchie. Untersuchung über die Verhältniswahl. Frankfurt/M. 1951. Karl Dietrich Bracher, Probleme der Wahlentwicklung in der Weimarer Republik, Münster 1964, S. 58; Thomas von der Vring, Reform oder Manipulation? Zur Diskussion des neuen Wahlrechts. Frankfurt 1968, S. 161.

155 So der Trierer Politologe Eckhard Jesse in einer allerdings nur teilweise berechtigten Kritik einer entsprechenden Passage meines Buches „Wahlen und Abstimmungen in der Weimarer Republik" (S. 24 f.), wo ich unter Berufung auf die in der vorangehenden Anmerkung genannten Autoren am Rande ebenfalls diese Auffassung vertrete, die sich allerdings im Wortlaut eben nur auf die Existenz einer Fünfprozent-Klausel und nicht auf die Alternativklausel der drei Direktmandate bezieht. Vgl. Eckhard Jesse, Wahlen und Wählerverhalten in der Weimarer Republik. In: Zeitschrift für Parlamentsfragen, 19, 1988, S. 153.

156 Vgl. z. B. Eberhard Schanbacher, Parlamentarische Wahlen und Wahlsystem in der Weimarer Republik. Düsseldorf 1982.

157 Selbstverständlich wäre es mit Hilfe der hier verwendeten Datensätze auch möglich, die zusätzliche Auswirkung einer Drei-Mandate-Regelung zu untersuchen. Vgl. zu den im Verlauf des NS-Wählerprojektes erstellten und hier verwendeten Datensätzen meinen Aufsatz „Arbeiter haben erheblich häufiger, Angestellte dagegen sehr viel seltener NSDAP gewählt als wir lange Zeit angenommen haben: Ein Rückblick auf das Projekt Die Wähler der NSDAP 1928–1933". In: Geschichte und Gesellschaft, 16, 1990 S. 536–552. Technische Einzelheiten zu einem der beiden hier verwendeten Datensätze und den darin enthaltenen Variablen bei Dirk Hänisch, „Inhalt und Struktur der Datenbank ‚Wahl- und Sozialdaten der Kreise und Gemeinden des Deutschen Reiches von 1920 bis 1933'". In: Historical Social Research, 14, 1989, S. 39–67.

158 Allerdings erscheint ein solch jäher Wechsel eher als unwahrscheinlich; wer hätte denn im September 1930 oder Juli 1932 eine Partei gewählt, die bis dahin

nicht im Reichstag vertreten und damit auf der politischen Bühne kaum sichtbar war?

159 Die BVP wurde hier zu den Weimarer Koalitionsparteien gerechnet, weil sie im März und April 1932 mit diesen zusammen die Wiederwahl Paul von Hindenburgs unterstützt hatte und in scharfer Gegnerschaft zu NSDAP und KPD stand.

160 Vgl. für das wissenschaftliche Schrifttum stellvertretend für andere die zwar bedauerlicherweise schwer zugängliche, dennoch aber häufig zitierte Untersuchung von Samuel Pratt, The Social Basis of Nazism and Communism in Urban Germany. A Correlational Study of the July 31, 1932 Reichstag Election in Germany. Magister-Arbeit, Michigan State University, East Lansing 1948, S. 244 f.

161 Vgl. die Entwicklung und Überprüfung dieses Arguments bei W. Phillips Shively, „Party Identification, Party Choice, and Voting Stability: The Weimar Case". In: American Political Science Review, 66, 1972, S. 1203–1225. Shively kommt zu dem Ergebnis, daß Frauen zunächst weniger, später aber genauso stark wie Männer NSDAP wählten.

162 Ein weiteres Beispiel aus der wissenschaftlichen Diskussion macht dies besonders deutlich: „Now, it is established that there was a widespread trend, after 1928, for women to switch over to the NSDAP, especially in Protestant areas." Ellsworth Faris, Takeoff Point for the National Socialist Party: The Landtag Election in Baden, 1929. In: Central European History, 8, 1975, S. 169.

163 Hendrik de Man, Nationalfascismus, S. 9.

164 Theodor Geiger, Panik im Mittelstand. In: Die Arbeit, 7, 1930, S. 650.

165 Heinrich Striefler, Deutsche Wahlen in Bildern und Zahlen. Eine soziografische Studie über die Reichstagswahlen der Weimarer Republik. Düsseldorf 1946, S. 20 f.

166 Die folgenden Ausführungen stützen sich u. a. auf Rosa Kempf, Die deutsche Frau nach der Volks-, Berufs- und Betriebszählung von 1925, Mannheim etc. 1932; ferner auf die entsprechenden Textbände der Statistik des Deutschen Reiches zu den jeweiligen Zählungen.

167 Vgl. hierzu auch Marianne Weber, Die soziale Not der berufstätigen Frau. In: Schriftenreihe des Gewerkschaftsbundes der Angestellten, Die soziale Not der weiblichen Angestellten (GDA-Schrift Nr. 43), Berlin 1928.

168 Vgl. hierzu Dietmar Petzina, Werner Abelshauser und Anselm Faust, Sozialgeschichtliches Arbeitsbuch, Band III: Materialien zur Statistik des Deutschen Reiches 1914–1945. München 1978, S. 169.

169 Vgl. Heinrich Zurkuhlen, Wie wählen die Frauen? Religiös, national und konservativ. In: Die Tat 1932/33, II. Bd., Jena 1933, S. 544 ff.

170 Jos. Griesmeier, Statistische Regelmäßigkeiten bei den Wahlen und ihre Ursachen. In: Allgemeines Statistisches Archiv, 23, 1933/34, S. 11.

171 Hans Beyer, Die Frau in der politischen Entscheidung. Eine Untersuchung über das Frauenwahlrecht in Deutschland. Stuttgart 1933, S. 82. Das Zitat bezieht sich auf die Wahlen von 1928 und 1930.

172 Beyer, Die Frau in der politischen Entscheidung, S. 77.

173 Die entsprechenden Sonderauszählungen für die Reichspräsidentenwahlen 1932 (2. Wahlgang) sehen wie folgt aus:

	Männer	Frauen	Tingstenindex
Thälmann	15.4%	10.4%	67.5
v. Hindenburg	48.7%	56.0%	115
Hitler	35.9%	33.6%	93.6
Anteil der erfaßten Wahlberechtigten	5.4%		

Weitere Sonderauszählungen bei Falter u. a., Wahlen und Abstimmungen in der Weimarer Republik, München 1986, S. 83 ff.

174 Vgl. hierzu W. Phillips Shively, Party Identification, Party Choice, and Voting Stability: The Weimar Case. In: American Political Science Review, 66, 1972, S. 1203–1225.

175 Vgl. Ralf Dahrendorf, Gesellschaft und Demokratie in Deutschland, München 1971 (Taschenbuchausgabe), S. 125, der für 1932 und 1933 nicht von einem gleichen, sondern von einem höheren Anteil der Frauen unter den Wählern der NSDAP ausgeht.

176 Unter den Mitgliedern der NSDAP lag der Frauenanteil zwischen 1930 und 1933 nur bei rund 5–7% (Vgl. Michael Kater, The Nazi Party, Cambridge/ Mass. 1983, S. 254). Allerdings kennen auch alle übrigen Parteien der damaligen Zeit eine derartige (wenn auch nicht immer so ausgeprägte) Unterrepräsentation von Frauen, so lag der Frauenanteil unter den SPD-Mitgliedern bei 20 Prozent, unter den KPD-Mitgliedern bei 15–17 Prozent.

177 Diese geschlechtsspezifischen Wahldaten auf Gemeindeebene wurden dann in einem relativ aufwendigen Prozeß mit den Informationen des Gemeindewahldatensatzes verschmolzen, um auf diese Weise eine Kombination der Informationen aus beiden Datensätzen zu ermöglichen.

178 Gabriele Bremme, Die politische Rolle der Frau in Deutschland. Göttingen 1956, S. 73. Mit ihrem letzten Satz hat die Verfasserin allerdings bestenfalls bedingt recht, da angesichts der größeren Zahl weiblicher Wahlberechtigter das Verhältnis von Männern und Frauen innerhalb der NSDAP-Wählerschaft bereits 1930 nahezu ausgeglichen war und schon 1932 absolut gesehen mehr weibliche als männliche Wähler für die NSDAP gestimmt haben dürften.

179 Karl Dietrich Bracher, Die Auflösung der Weimarer Republik. Eine Studie zum Problem des Machtverfalls in der Demokratie. Villingen 1955, S. 476 (Fußnote 132).

180 Herbert Tingsten, Political Behavior, Stockholm 1937, S. 59 (wie bei allen aus dem Englischen hier übertragenen Zitaten meine Übersetzung).

181 Vgl. J. Paul Madden, The Social Composition of the Nazi Party 1919–1930, Ph.D.-Dissertation, University of Oklahoma, 1976, S. 261. Zur SA vgl. Conan Fischer, Stormtroopers. A Social, Economic and Ideological Analysis, 1929–1935. London 1983; zur NSDAP Michael Kater, The Nazi Party, Cambridge/Mass. 1983 und Richard Hamilton, Who Voted for Hitler?, Princeton 1982, Kap. 13 sowie inbesondere auch die sogenannte Partei-

Statistik, Band 1, herausgegeben vom Reichsorganisationsleiter der NSDAP, Stand 1. Januar 1935, o. O. und o. J. (Abschnitt 5 „Parteimitglieder nach ihrem Alter"), S. 167 f.

182 Vgl. zur SS Gunnar Charles Boehnert, A Sociography of the SS Officer Corps, 1925–1939. Ph.D.-Diss., University of London 1977.

183 Heinrich Zurkuhlen, Wie wählen die Frauen? In: Die Tat 1932/33, S. 545.

184 Die einzige mir bekannte statistische Analyse wird in der M.A.-Arbeit von Samuel Pratt, The Social Bases of Nazism and Communism in Urban Germany, Michigan State University 1948, unternommen. Pratt kommt jedoch zu seinem eigenen Erstaunen zwar zu der erwarteten negativen Korrelation zwischen Alter und KPD-Stimmenanteil, für die NSDAP ermittelt er aber eine positive statistische Beziehung, derzufolge der NSDAP-Stimmenanteil mit dem Prozentsatz älterer Personen zunehmen würde.

185 Vgl. Herbert Tingsten, Political Behavior. Stockholm 1937, S. 97. Bei den Erhebungsorten von 1930 handelt es sich um Nürnberg, Hamburg und Ludwigshafen.

186 Die Mittelgruppe der 25- bis 64-Jährigen wurde anhand der Differenz zwischen der Summe aus „Alt" und „Jung" und der Gesamtzahl aller Wahlberechtigten jedes Kreises ermittelt.

187 Vgl. Monika Neugebauer-Wölk, Wählergenerationen in Preußen zwischen Kaiserreich und Republik. Versuch zu einem Kontinuitätsproblem des protestantischen Preußen in seinen Kernprovinzen. Berlin 1987, S. 3 f.

188 Letzteres mag der bessere Indikator sein, da bei wahlpaarbezogenem Anstieg immer nur ein Teil der „Jungwähler" tatsächlich ins Wahlalter kam, während ein weiterer Teil dies entweder erst zu einem späteren Zeitpunkt tat oder (bei den späteren Wahlen) bereits wahlberechtigt war. Der festgestellte „Nicht-Zusammenhang" könnte daher durchaus auch eine Konsequenz der partiellen Ungleichzeitigkeit von abhängiger und unabhängiger Variablen sein, was aber auch bei Betrachtung des gesamten NSDAP-Anstiegs auf der Ebene aller Stadt- und Landkreise nicht der Fall zu sein scheint.

189 Die entsprechenden standardisierten Regressionskoeffizienten für die Zielvariable NSDAP-Anstieg 1928–1933 lauten für die verschiedenen Kreisgruppen:

	%Katholiken	%Jungwähler	%Ältere	R2
Ländliche Kreise	−0.576	−0.012	0.278	53%
Städtische Kreise	−0.420	0.130	0.293	33%

190 Schon in einer früheren Analyse des Problems, in der ich mit einer etwas anderen, indirekteren Jungwählervariablen und einem unterschiedlich spezifizierten Regressionsmodell arbeitete, ergab sich für die stärker verstädterten Kreise des Reiches ein positiver Zusammenhang zwischen dem Jungwähleranteil und dem NSDAP-Anstieg. Vgl. hierzu meinen Aufsatz „The National Socialist Mobilisation of New Voters: 1928–1933". In: Thomas Childers (Hrsg.), The Formation of the Nazi Constituency 1919–1933, London/Sidney 1986, S. 202–231. Da es sich im Gegensatz zum hier herangezogenen Merkmal „Jung" nur um eine Näherungsvariable handelte (die Altersgruppen zwischen

14–16 und 16–18 der Volkszählung 1925), hätte es sich bei diesem Ergebnis allerdings gut um ein Forschungsartefakt handeln können; dieser Verdacht ist durch die Wiederholung des gleichen Resultats mit der direkteren Jungwähler-variablen wohl ausgeräumt.

191 Mit diesem selten gebrauchten Ausdruck wollen wir, ebenso wie mit dem Begriff „Diasporagebiet", Kreise oder Gemeinden bezeichnen, in denen Parteien weit unterdurchschnittliche Wahlergebnisse erzielen. Vgl. für eine entsprechende Verwendung von „Tiefburg" Werner Kaltefleiter/Peter Nißen, Empirische Wahlforschung. Eine Einführung in Theorie und Technik. Paderborn etc. 1980, S. 95.

192 Auch dies kann als ein Beleg für den an anderer Stelle (vgl. Kapitel 1) betonten Koalitionscharakter der Nationalsozialistischen Freiheitsbewegung gewertet werden, in der die Völkischen gegenüber den Nationalsozialisten ein klares Übergewicht besaßen.

193 Diese Auszählungen sind nur auf der Ebene der Gemeinden über 2000 Einwohnern durchführbar (und selbst hier nicht für die Wahlen von 1932), da in der Statistik des Deutschen Reiches die Wahlergebnisse von Gemeinden unter 2000 Einwohnern nicht aufgeführt sind.

194 Gemeindeergebnisse können – mit Ausnahme der Länder Baden und Hessen – von den 1932 stattfindenden Wahlen nicht berichtet werden, da angesichts der Wirtschaftskrise, aber auch der Tatsache, daß die Wahlergebnisse erst zusammen mit denen der Märzwahl von 1933 nach der Etablierung des Dritten Reiches in den Heften der Statistik des Deutschen Reiches publiziert worden sind, auf eine Ausweisung von Gemeinderesultaten verzichtet wurde.

195 Erwin Lind, Die Wähler der N.S.D.A.P. Eine statistische Untersuchung der Wahlergebnisse in Hessen. In: Frankfurter Zeitung v. 2. 12. 1930 (1. Morgenblatt), S. 2. Vgl. auch Landesstatistisches Amt Hessen, Die Ergebnisse der Reichstagswahl im Volksstaat Hessen vom 14. September 1930 nach einzelnen Gemeinden und Wahlbezirken. Darmstadt 1930.

196 Werner Stephan, Zur Soziologie der Nationalsozialistischen Deutschen Arbeiterpartei. In: Zeitschrift für Politik, 20, 1931, S. 794.

197 Rudolf Heberle, Landbevölkerung und Nationalsozialismus. Eine soziologische Untersuchung der politischen Willensbildung in Schleswig-Holstein 1918–1932. Stuttgart 1963, S. 39.

198 Vossische Zeitung v. 1. 8. 1932, S. 2.

199 Ein solches Ersatzverfahren stellt etwa eine entsprechende statistische Behandlung des Kreisdatensatzes dar, indem für jeden einzelnen Kreis aus seiner Einwohnerzahl und der Zahl der Gemeinden je Kreis die durchschnittliche, für diesen Kreis typische Gemeindegröße berechnet wird. Die Kreise lassen sich dann analog zum Gemeindedatensatz nach der durchschnittlichen Einwohnerzahl ihrer Gemeinden einteilen, für welche die durchschnittlichen Wähleranteile je Größenklasse berechnet werden. Vgl. dazu näher Jürgen W. Falter u. a., Wahlen und Abstimmungen in der Weimarer Republik. Materialien zum Wahlverhalten 1919–1933, München 1986, S. 171–175.

200 Da die amtliche Statistik aber auch für die angeführten Reichstagswahlen nur die Wahlergebnisse der Gemeinden mit 2000 und mehr Einwohnern ausweist, wurde für die übrigen Ortschaften der Stimmenanteil der NSDAP usw. durch

Bildung sogenannter synthetischer Restgemeinden errechnet. Hierzu wurden
für jeden einzelnen Kreis die von der Statistik ausgewiesenen NSDAP-
Stimmen etc. der Gemeinden mit mehr als 2000 Einwohnern aufaddiert und
die Summe vom (ebenfalls bekannten) Gesamtergebnis des jeweiligen Kreises
abgezogen. Als Resultat dieser Rechenoperation ergibt sich der Durchschnittswert der Stimmen für eine gegebene Partei für den jeweiligen Restkreis, der ja
der Logik des Verfahrens nach nur noch aus Gemeinden mit weniger als 2000
Einwohnern besteht. Leichte Abweichungen von den beispielsweise vom
Statistischen Reichsamt für 1920 durchgeführten Sonderauszählungen nach
verschiedenen Gemeindegrößenklassen ergeben sich aufgrund von Rundungsfehlern bzw. bestimmten Besonderheiten des Berechnungsverfahrens.
Sie sind jedoch substantiell unerheblich.

201 Vgl. hierzu Karl Schmitt, Konfession und Wahlverhalten in der Bundesrepublik Deutschland. Berlin 1989 und die darin ausgewertete Literatur sowie,
neben anderen, Walter Kappmeier, Konfession und Wahlverhalten – untersucht am Beispiel der Bundestagswahl 1976 und der Landtagswahl 1975 im
Saarland. Frankfurt/Bern/New York 1984.

202 Ulrich von Hehl schätzt unter Berufung auf Johannes Schauff (Das Wahlverhalten der deutschen Katholiken im Kaiserreich und in der Weimarer Republik, Neuausgabe Mainz 1975), daß selbst 1933 „immer noch zwei Drittel der
bekenntnistreuen, d. h. praktizierenden Katholiken" Zentrum oder BVP
wählten. Ulrich v. Hehl, „Staatsverständnis und Strategie des politischen
Katholizismus in der Weimarer Republik". In: Karl Dietrich Bracher u. a.
(Hrsg.), Die Weimarer Republik 1928–1933. Politik – Wirtschaft – Gesellschaft. Düsseldorf 1988, S. 241. Vgl. zum Anteil der Zentrum, BVP oder
andere Parteien wählenden Katholiken auch meinen Aufsatz „Die Wählerpotentiale politischer Teilkulturen 1920–1933". In: Detlef Lehnert/Klaus Megerle (Hrsg.), Politische Identität und nationale Gedenktage. Zur politischen
Kultur in der Weimarer Republik. Opladen 1989, S. 281–305.

203 Daß Marx in den katholischen Kreisen nicht noch mehr Stimmen auf sich
vereinigen konnte, liegt nicht zuletzt an der Wahlempfehlung, welche die
katholische Schwesterpartei des Zentrums, die BVP, ihren Wählern zugunsten
von Hindenburg gegeben hatte. Durch diese, wie wir heute wissen höchst
folgenschwere, Wahlempfehlung wurde die Wahl Hindenburgs vermutlich
überhaupt erst ermöglicht. Nach meinen an anderer Stelle durchgeführten
Berechnungen kamen dadurch Hindenburg ziemlich genau jene 500000 Stimmen aus dem katholischen Lager zugute, die sonst Wilhelm Marx den Sieg
beschert hätten. Vgl. hierzu meine Untersuchung „The Two Hindenburg
Elections of 1925 and 1932. A Statistical Analysis". In: Central European
History 1991 (im Druck).

204 Diese Aufteilung nach dem Protestantenanteil erfolgt deshalb, weil sich unter
den „Nichtkatholiken" fast 5 Prozent „Sonstige", also Juden, Mohammeda-
ner, kirchlich nicht Gebundene etc. verbergen. Die höheren Korrelationskoeffizienten belegen, daß der Protestantenanteil statistisch mit den NSDAP-
Wahlerfolgen noch enger zusammenhängt als der damit zwar hoch korre-
lierende, aber eben nicht völlig deckungsgleiche Anteil der Nicht-Katholiken.

205 Wähler, die keiner Religionsgemeinschaft angehörten, scheinen überdurchschnittlich häufig der KPD die Stimme gegeben zu haben.

206 Irreführend deshalb, weil die Korrelation ja tatsächlich existierte, nur die
unterstellte kausale Beziehung würde nicht zutreffen.

207 Tatsächlich gelang der NSDAP in Hessen bereits bei der Landtagswahl vom
November 1931 eine merklich stärkere Durchsetzung in den evangelischen
und gemischt konfessionellen Landgemeinden. Abweichende Prozentsätze bei
Lind (1930) sind auf die Tatsache zurückzuführen, daß Lind auf die gültigen
Stimmen, wir hingegen auf Wahlberechtigte prozentuieren.

208 Die Unterschiede werden stärker, wenn man nicht nur wie in Tabelle 6.15 eher
ländliche und eher städtische Kreise unterscheidet, sondern die Kreiseinheiten
feiner nach der durchschnittlichen Gemeindegrößenklasse aufgliedert. Vgl.
dazu Falter/Lindenberger/Schumann, Wahlen und Abstimmungen in der
Weimarer Republik, München 1986, S. 178.

209 Kundgebung der Bischöfe der Oberrheinischen Kirchenprovinz vom
19. 3. 1931. In: Akten deutscher Bischöfe, Bd. 1, S. 824–828.

210 Zitat nach Joachim Köhler, Die katholische Kirche in Baden und Württemberg
in der Endphase der Weimarer Republik und zu Beginn des Dritten Reiches.
In: Thomas Schnabel (Hrsg.), Die Machtergreifung in Südwestdeutschland.
Das Ende der Weimarer Republik in Baden und Württemberg 1928–1933.
Stuttgart etc. 1982, S. 273.

211 Alle Zitate dieses Absatzes nach Nikolaus Hovorka (Hrsg.), Zwischenspiel
Hitler. Ziele und Wirklichkeit des Nationalsozialismus (Sonderabdruck der
Berichte zur Kultur- und Zeitgeschichte), Wien/Leipzig ²1932, S. 264 bis
267.

212 „Daß Zentrum und Kommunisten für uns nicht in Frage kommen, versteht
sich von selbst", so Otto Dibelius in einem Wahlaufruf vom 14. 9. 1930 in:
Berliner evangelisches Sonntagsblatt, Jg. 52, 1930, Nr. 37. Hier zitiert nach
Kurt Nowak, Evangelische Kirche in der Weimarer Republik. Zum politischen Weg des deutschen Protestantismus zwischen 1918 und 1932. Göttingen
1981, S. 294, Fußn. 5.

213 Erik Reger, Naturgeschichte des Nationalsozialismus. Vossische Zeitung v.
31. 8. 1930, S. 1.

214 Berliner evangelisches Sonntagsblatt, Jg. 52 (1930). Nr. 31 vom 3. 8. 1930. Hier
zitiert nach Kurt Nowak, Evangelische Kirche in der Weimarer Republik,
S. 294.

215 So der „als Nazi bekannte Soldiner Dompfarrer Dr. Wieneke" in einem Artikel
„Die Stellung des Nationalsozialismus zum Christentum" in Deutsches Pfarrerblatt, 34. Jg., 1930. S. 709–711. Zitiert nach Nowak, Evangelische Kirche in
der Weimarer Republik, S. 298.

216 Berliner evangelisches Sonntagsblatt, Jg. 52, 1930, Nr. 39 vom 29. 9. 1930.
Hier zitiert nach Nowak, Evangelische Kirche in der Weimarer Republik,
S. 297.

217 Hermann Kremers, Nationalsozialismus und Protestantismus. Berlin 1931.
Hier zitiert nach Hovorka, Zwischenspiel Hitler, S. 282.

218 So unter der Überschrift „Hakenkreuz und Christentum sind keine Gegensätze" das in Mannheim erscheinende, evangelisch und sozialistisch ausgerich-

tete „Sonntagsblatt des arbeitenden Volkes" in seiner Ausgabe vom 14.12.
1930 (hier zitiert nach Hovorka, Zwischenspiel Hitler), S. 283.

219 Vgl. oben, Fußn. 209; weiter Walter Kappmeier, Konfession und Wahlverhalten – untersucht am Beispiel der Bundestagswahl 1976 und der Landtagswahl
1975 im Saarland. Diss. Rechts- und Wirtschaftswissenschaftliche Fakultät des
Saarlandes, Saarbrücken 1982; ferner die bei Karl Schmitt, Konfession und
Wahlverhalten in der Bundesrepublik Deutschland. Berlin 1989, zitierte Literatur.

220 Daß Katholiken deswegen nicht demokratischer eingestellt gewesen sein oder
ideologisch den Nationalsozialisten ferner gestanden haben müssen als Protestanten, ist oft genug in der Literatur betont worden, so daß wir hier nicht
näher darauf eingehen müssen. Vgl. hierzu beispielsweise die Ausführungen
bei M. Rainer Lepsius, Extremer Nationalismus. Strukturbedingungen vor
der nationalsozialistischen Machtergreifung. Stuttgart 1966, und die dort vor
allem in Anlehnung an den zeitgenössischen linkskatholischen Publizisten
Walter Dirks vorgebrachten Argumente.

221 Alexander Schiffrin, „Gegenrevolution in Europa". In: Die Gesellschaft VIII/
1, 1931, hier zitiert nach Nikolaus Hovorka (Hrsg.), Zwischenspiel Hitler.
Ziele und Wirklichkeit des Nationalsozialismus (Sonderabdruck der Berichte
zur Kultur- und Zeitgeschichte), Wien/Leipzig ²1932 (im folgenden zitiert als
„Berichte"), S. 62.

222 Geiger, „Panik im Mittelstand", S. 648.

223 Hans Neisser, „Sozialstatistische Analyse des Wahlergebnisses". In: Die Arbeit
7, 1930, S. 659. Die erwähnte Ausnahme bezieht sich auf den Anteil der
Industriearbeiter unter den NSDAP-Wählern, den Neisser auf 15 bis 20
Prozent schätzt, während Geiger dies „als viel zu hoch gegriffen" betrachtet.
Geiger stimmt hierin mit Werner Stephan überein, der in seiner vielzitierten
Analyse der Reichstagswahl von 1930 (S. 798 f.) formuliert: „Es ergibt sich
danach aus der Untersuchung mit völliger Klarheit, daß die nationalsozialistischen Wähler erst in letzter Linie dem Proletariat entstammen. Es ist schon
zweifelhaft, ob die Arbeiterstimmen, die für die Hitlerpartei abgegeben worden sind, auch nur ausgereicht hätten, um die zwölf Handarbeiter, die sich
unter den 107 nat. soz. Reichstagsabgeordneten befinden, in den Reichstag zu
entsenden." Werner Stephan, „Zur Soziologie der Nationalsozialistischen
Deutschen Arbeiterpartei". In: Zeitschrift für Politik, 20, 1931, S. 793–800.
Dies würde allerdings bedeuten, daß nur knapp drei Prozent der Arbeiter 1930
NSDAP gewählt hätten.

224 Vgl. Arthur Dix, „Die deutschen Reichstagswahlen 1871–1930 und die Wandlungen der Volksgliederung. (Recht und Staat in Geschichte und Gegenwart,
77). Tübingen 1930, S. 38. Nur wenige Seiten weiter schreibt Dix allerdings:
„Andererseits lehrt nicht nur der Augenschein bei Versammlungen und
Umzügen, daß die Nationalsozialisten unter der jüngeren Arbeiterschaft
reichlichen Zuzug haben". Ebda., S. 50.

225 Hendrik de Man, Sozialismus und Nationalfascismus, Potsdam 1931,
S. 7 f.

226 Svend Riemer, „Zur Soziologie des Nationalsozialismus". In: Die Arbeit 9,
1932, S. 103.

227 Carl Mierendorff, „Überwindung des Nationalsozialismus". In: Sozialistische Monatshefte 37, 1931, S. 225–229.

228 Rudolf Küstermeier, „Die Mittelschichten und ihr politischer Weg", Potsdam 1933, S. 47.

229 Ludwig Stahl, „Das Dritte Reich und die Sturmvögel des Nationalsozialismus". In: Hochland XXVIII/9, 1931, hier zitiert nach „Berichte", S. 181.

230 Julius Elbau, „Zwischenspiel im Zwielicht". In: Vossische Zeitung v. 10. 11. 1931, S. 1; hier zitiert nach „Berichte", S. 91.

231 S. Die Internationale XIV/7, 1931, hier zitiert nach „Berichte", S. 96f. Schon Scheunemann 1932, S. 20, war sich sicher, daß die Gewinne der Nationalsozialisten nicht aus der Arbeiterschaft stammen konnten: „Daß die N.S.D.A.P. keine Industriearbeiter zu sich heranziehen konnte, wurde nachgewiesen. Die Landarbeiterschaft scheint in gewissem Umfang ... zur N.S.D.A.P. abgeschwenkt zu sein."

232 Über die von ihm untersuchten stärker katholischen Gebiete führt Herz aus: „In den Gebieten der Abteilung II stellt sich jedoch ein wesentlich anderes Bild dar... Es wird ... die klassenmäßige Gliederung als ursächliches Moment für den Wahlausfall in den Hintergrund gedrängt." Heinz Herz, Über Wesen und Aufgaben der politischen Statistik. Eine statistische Studie. Waldenburg 1932, S. 96.

233 Herz, Wesen und Aufgaben der politischen Statistik. S. 95 f.

234 Georg Decker. In: Der Abend v. 16. 9. 1930.

235 Die Rote Fahne v. 16. 9. 1930, S. 2.

236 Die Rote Fahne v. 11. 8. 1932, S. 15.

237 Vossische Zeitung v. 1. 8. 1932, S. 2.

238 Zahl der wahlberechtigten Arbeiter über 20 Jahre berechnet nach StDR, Bd. 451, 2 und 453, 3, S. 16. Werte extrapoliert auf den Anteil ehemaliger Arbeiter und ihrer Angehörigen unter den Berufslosen sowie auf Angehörige von Arbeiterhaushalten ohne eigenen Hauptberuf (StDR, Bd. 407,1). Die Neue Mittelschicht der Angestellten und Beamten umfaßt analog ca. 20 Prozent der Wählerschaft, die Alte Mittelschicht der Selbständigen etwa 30 Prozent.

239 Es handelt sich hierbei um eine Minimalschätzung, die unterstellt, daß sämtliche für die SPD oder KPD abgegebenen Stimmen aus der Arbeiterschaft stammten. Daß dies eine unrealistische Annahme ist, legt die Mitgliederzusammensetzung der SPD nahe, die am Ende der Weimarer Republik längst keine reine Arbeiterpartei mehr war, sondern auch Angehörige anderer Sozialschichten umfaßte. So waren 1930 knapp 20 Prozent der SPD-Mitglieder Angestellte, Beamte oder Selbständige, weitere 22 Prozent waren Hausfrauen oder Berufslose. Vgl. hierzu Jürgen W. Falter und Dirk Hänisch, „Die Anfälligkeit von Arbeitern gegenüber der NSDAP bei den Reichstagswahlen 1928–1933". In: Archiv für Sozialgeschichte, XXVI, 1986, S. 179–216, auf dessen Ergebnisse und Formulierungen sich Teile des vorliegenden Kapitels stützen.

240 Vgl. hierzu als bislang methodisch und datenmäßig beste wahlhistorische Analyse der sozialistischen Wählerschaft des ausgehenden Kaiserreichs und der frühen Weimarer Republik die Untersuchung von Jürgen Winkler, „Die

soziale Basis der sozialistischen Parteien in Deutschland vom Ende des Kaiser-reichs bis zur Mitte der Weimarer Republik 1912–1924". In: Archiv für Sozialgeschichte, XXIX, 1989, S. 137–171, insbes. S. 169 f.

241 Vgl. StDR 453,2 sowie Dietmar Petzina, Werner Abelshauser und Anselm Faust, Sozialgeschichtliches Arbeitsbuch, Band III: Materialien zur Statistik des Deutschen Reiches 1914–1945. München 1978, S. 64. Abweichende Zah-len bei Heinrich August Winkler, Der Schein der Normalität. Arbeiter und Arbeiterbewegung in der Weimarer Republik 1924–1930. Berlin/Bonn 1985, S. 18–24, resultieren zum einen daraus, daß Winkler sich auf die Berufs- und Betriebszählung von 1925 stützt, während die von mir referierten Werte sich auf die Zählung von 1933 beziehen; zum anderen ist zu berücksichtigen, daß in der Betriebszählung natürlich nur erwerbstätige Arbeiter berücksichtigt wer-den, d. h. die Arbeitslosen nicht gezählt werden.

242 Diese Zahlen beziehen sich auf die Berufszählung von 1925. Vgl. StDR 408, S. 119.

243 Winkler, Der Schein der Normalität, S. 25.

244 Um sozusagen Gleichheit der Bezugsbasen bei den abhängigen Variablen (dem NSDAP-Stimmenanteil) und den unabhängigen Variablen (dem Arbei-teranteil) herzustellen, sind beide auf die im jeweiligen Kreis wahlberechtigten Personen bezogen. Daß es sich hierbei nicht um ein Operationalisierungsarte-fakt handelt, belegen die ebenfalls gegen Null tendierenden Korrelationskoef-fizienten bei anderen Bezugsbasen (Wohnbevölkerung oder Berufspersonen statt Wahlberechtigte). Vgl. hierzu Jürgen W. Falter und Dirk Hänisch, Die Anfälligkeit von Arbeitern gegenüber der NSDAP bei den Reichstagswahlen 1928–1933. In: Archiv für Sozialgeschichte, XXVI, 1986, S. 191 ff.

245 Sowohl Rudolf Heberles zu Recht gerühmte Schleswig-Holstein-Studie als auch William Sheridan Allens klassische lokale Fallstudie über den Aufstieg der NSDAP in dem Städtchen Thalburg (Northeim am Harz), die beide die Mittelstandsthese voll und ganz zu stützen scheinen, sind prominente Opfer dieser fatalen Verallgemeinerungspraxis. Vgl. Rudolf Heberle, Landbevölke-rung und Nationalsozialismus. Eine soziologische Untersuchung der politi-schen Willensbildung in Schleswig-Holstein 1928–1932. Stuttgart 1963; Wil-liam Sheridan Allen, „Das haben wir nicht gewollt!" Die nationalsozialistische Machtergreifung in einer Kleinstadt 1930–1932. Gütersloh 1966. Daß sich die Befunde Heberles und Allens nicht ohne weiteres auf andere Regionen und Kommunen übertragen lassen, belegen die Untersuchungen von Jürgen W. Falter, „Der Aufstieg der NSDAP in Franken bei den Reichstagswahlen 1924–1933. Ein Vergleich mit dem Reich unter besonderer Berücksichtigung landwirtschaftlicher Einflußfaktoren". In: German Studies Review, 1986, S. 319–359 und Fritz Hasselhorn, Wie wählte Göttingen? Wahlverhalten und soziale Basis der Parteien in Göttingen 1924–1933. Göttingen 1983.

246 Dies gilt gerade für die Untersuchung der Wahlerfolge der NSDAP. Vgl. hierzu die Ausführungen in Jürgen W. Falter/Dirk Hänisch, Die Anfälligkeit von Arbeitern gegenüber der NSDAP bei den Reichstagswahlen 1928–1933. S. 190 ff., insbesondere Tabelle 2. Ein analoges Phänomen tritt in der Umfra-geforschung auf, wo bisweilen geringfügige Veränderungen des Wortlauts einer Interviewfrage zu ganz unterschiedlichen Antworten führen.

247 Unter Heranziehung der in der Statistik des Deutschen Reiches auf Provinze-
ebene ausgewiesenen Informationen über die Altersverteilung der verschiedenen Berufsgruppen kann dieses Ziel zumindest approximiert werden.

248 Der Struktur unseres Datensatzes entsprechend muß dabei auf Daten der
Volks- und Betriebszählung von 1925 zurückgegriffen werden. Arbeiter
werden dort als sogenannte Berufszugehörige, d. h. einschließlich ihrer Angehörigen ohne eigenen Hauptberuf, definiert. Erwerbslose Arbeiter werden
mitgezählt. Entsprechend der Faustregel, daß bei Anteilsvariablen der Zähler im Nenner mitenthalten sein sollte, dient die Zahl aller Berufszugehörigen, d. h. die Einwohnerzahl der 831 Kreiseinheiten, als Prozentuierungsbasis.

249 Vgl. Falter/Hänisch, Die Anfälligkeit von Arbeitern, S. 195 f.

250 Daß die Korrelationskoeffizienten leicht unter denen für die Arbeiter des
gesamten sekundären Sektors von Tabelle 7.2 liegen ist auf die Tatsache
zurückzuführen, daß in Tabelle 7.2 gemäß den Informationen der Volks- und
Berufszählung 1925 erwerbstätige und erwerbslose Arbeiter gemeinsam erfaßt sind, während sich Tabelle 7.3 entsprechend den Daten der Betriebszählung 1933 nur auf die erwerbstätigen Arbeiter bezieht, von denen wir ja in
Tabelle 7.1 gesehen hatten, daß ihr Anteil mit dem Prozentsatz der NSDAP-
Stimmen eine leicht positive statistische Beziehung aufweist.

251 Ein großer Teil der wissenschaftlichen Literatur scheint hier folglich von der
falschen Voraussetzung ausgegangen zu sein, daß ganz generell zwischen dem
Arbeiteranteil und den NSDAP-Wahlerfolgen eine klar negative Beziehung
bestehe; zum Teil beruht diese Grundannahme auf der Verwendung theoretisch wenig sinnvoller Bezugsbasen, teilweise stellt sie das Resultat vorschnel-
ler Verallgemeinerungen regional begrenzter Forschungsergebnisse auf der
Reichsebene dar. Vgl. auch hierzu Falter/Hänisch, Die Anfälligkeit von Arbeitern gegenüber der NSDAP, S. 185 – 193.

252 Hierfür spricht auch der vergleichsweise starke statistische Zusammenhang
zwischen der durchschnittlichen Betriebsgröße und den NSDAP-Wahlerfolgen. In Kreisen mit einer geringen durchschnittlichen Betriebsgröße lag der
NSDAP-Anteil im März 1933 bei immerhin 44,9 Prozent der Wahlberechtigten, in den Kreisen mit einer hohen durchschnittlichen Betriebsgröße dagegen
betrug er nur 30,2 Prozent. Vgl. Falter/Lindenberger/Schumann, Wahlen und
Abstimmungen in der Weimarer Republik, S. 189.

253 Als „überwiegend katholisch" bezeichnen wir hier Kreise mit mehr als zwei
Drittel katholischer, als „überwiegend evangelisch" Kreise mit mehr als zwei
Drittel nicht-katholischer Bevölkerung.

254 Der besseren Übersichtlichkeit wegen wurden der Einfluß der Urbanisierung
und der Konfession auf das Abschneiden der NSDAP nicht noch einmal
gesondert dargestellt. Der vollständige Kontrastgruppenvergleich samt der
Wahlen 1924M bis 1928 ist in Falter u. a., Wahlen und Abstimmungen in der
Weimarer Republik, München 1986, S. 200, wiedergegeben. Auf die Wieder-
gabe der Wahl 1928 wurde in der vorstehenden Übersicht verzichtet, weil der
NSDAP-Anteil 1928 in praktisch allen Kontrastgruppen bei zwei Prozent
liegt. Die NSDAP war damals eine sozialstrukturell noch sehr unausgeprägte
Partei.

255 Die Wirtschaftsabteilungen konnten wegen sogenannter Mulitkollinearitäts-
probleme, d. h. zu hoher und damit statistisch „schädlicher" Interkorrelation
der unabhängigen Variablen nicht gleichzeitig in das Regressionsmodell mit
aufgenommen werden.

256 Vgl. zur Traditionsvariablen, die durch den Anteil der Hindenburgstimmen
bei der Reichspräsidentenwahl 1925 gemessen wurde, Kapitel 9.4.

257 Als „Stadtregionen" wurden diejenigen Kreise klassifiziert, in denen 1925
mehr als zwei Drittel der Kreisbevölkerung in Gemeinden mit mehr als 5000
Einwohnern lebten und deren Einwohnerzahl über 20000 lag.

258 Der Versuch, auf einer vierten Aufteilungsebene die Stadtkreise nochmals
nach einer relativen Mehrheit von Industrie- und Handwerksarbeitern aufzugliedern, brachte keinen zusätzlichen Differenzierungseffekt. Die außerdem
durchgeführte, hier im einzelnen nicht dargestellte multiple Regressionsanalyse offenbart die Ursachen dieser mangelnden Differenzierungsfähigkeit des
Industrie- und Handwerksarbeiteranteils: Wenn man die Konfession und den
Arbeitslosenanteil statistisch kontrolliert, verschwinden in den 183 Stadtregionen eventuelle, im einfachen Korrelationsmodell auftretende Effekte des
Anteils der (im Jahre 1933 beschäftigten) Arbeiter im industriellen, handwerklichen und tertiären Wirtschaftssektor auf den NSDAP-Anteil, d. h. diese drei
Faktoren üben dann kaum noch einen meßbaren Einfluß auf die abhängige
Variable aus. Vgl. hierzu Falter/Hänisch, „Die Anfälligkeit von Arbeitern
gegenüber der NSDAP", Tabelle 7.

259 Hierzu zählt auch Walter Dean Burnham, nach dem sich der „politische
Konfessionalismus" der Linken durch die Existenz eines sozialistischen Arbeitermilieus erklärt.

260 Die von Erich Fromm 1929/30 erhobenen Umfragedaten sind wegen des
leider für die hier untersuchte Fragestellung etwas zu früh liegenden Erhe-
bungszeitraums, vor allem aber wegen beträchtlicher Repräsentativitätspro-
bleme der Stichprobe und des unkontrollierten Rücklaufs der Fragebögen für
unsere Zwecke nicht brauchbar. Vgl. Erich Fromm, Arbeiter und Angestellte
am Vorabend des Dritten Reiches, München 1983.

261 Die Aufnahme oder das Weglassen eines einzigen weiteren unabhängigen
Merkmals gegenüber dem ursprünglichen Regressionsmodell kann ebenso
bereits zu abweichenden Schätzergebnissen führen wie etwa eine Veränderung
der Prozentuierungsbasis oder der Gewichtungsprozedur. Abweichende, gegenüber den nachstehenden Resultaten etwas niedriger ausfallende Schätzungen der NSDAP-Anfälligkeit von Arbeitern stellen denn auch vermutlich das
Kunstprodukt einer derartigen anderen Prozentuierungsbasis dar, nachdem
meine Mitarbeiter und ich in früheren Analysen die verschiedenen Berufsgruppen i.a. auf Erwerbspersonen statt auf Wahlberechtigte prozentuiert und
noch nicht altersbereinigt hatten, wie wir dies seit etwa Mitte der 80er Jahre
praktizieren.

262 Vgl. Jürgen W. Falter/Reinhard Zintl, „The Economic Crisis of the 1930's and
the Nazi Vote". In: Journal of Interdisciplinary History 2/1988, S. 55–85;
Falter/Hänisch, „Die Anfälligkeit von Arbeitern gegenüber der NSDAP";
Jürgen W. Falter, „Neue Ergebnisse zum parteipolitischen und sozialstrukturellen Hintergrund der NSDAP-Wählerschaft 1928–1933". In: Wolfgang

Michalka (Hrsg.), Die nationalsozialistische Machtergreifung 1933, München 1984, S. 47–59.

263 Hierfür spricht nicht nur die schon erwähnte Tatsache, daß unterschiedliche Regressionsmodelle zu den gleichen oder zumindest nahe beieinanderliegenden Resultaten geführt haben, sondern auch die weiter oben dargestellte (statistisch vergleichsweise sichere) Beziehung zwischen Arbeiteranteil und NSDAP-Wahlerfolgen auf der Kreisebene.

264 Die entsprechenden Schätzwerte für die Wahl von SPD und KPD durch Arbeiter lauten:

	1928	1930	1932J	1932N	1933
SPD	31	26	23	20	21
KPD	12	17	20	22	17

Werte nach Falter/Hänisch, Die Anfälligkeit von Arbeitern gegenüber der NSDAP 1928–1933, S. 215.

265 Vgl. hierzu ausführlicher Jürgen W. Falter, „War die NSDAP die erste deutsche Volkspartei?" In: Michael Prinz/Rainer Zitelmann (Hrsg.), Nationalsozialismus und Modernisierung. Darmstadt 1991, S. 21–47.

266 Siegmund Neumann, Die Parteien der Weimarer Republik. Stuttgart 1932 (Neuauflage 1965 mit einer Einleitung von Karl Dietrich Bracher).

267 Vgl. Michael Kater, The Nazi Party. A Social Profile of Members and Leaders 1919–1945. Cambridge, Mass. 1983, S. 250 f.

268 Anhand dieser neuen Stichprobe ist es nun auch möglich, die von Manstein in seiner Sekundäranalyse des Schrifttums erhobene Forderung, Vergleiche zwischen den Wählern und Mitgliedern der NSDAP müßten hinsichtlich des Zeitpunktes, des geographischen Bezugs und der verwendeten Berufs- oder Schichtkategorien übereinstimmen, besser einzulösen. (Vgl. Peter Manstein, Die Mitglieder und Wähler der NSDAP 1919–1933. Untersuchungen zu ihrer schichtmäßigen Zusammensetzung. Frankfurt 1988, S. 194 ff.). Erste Auswertungen dieser neuen Stichprobe deuten darauf hin, daß sich schichtungsmäßig in der Tat die Wähler und Mitglieder der NSDAP relativ gut entsprechen, was die Ergebnisse eines früheren Beitrags von mir zu dieser Problematik bestätigen würde (vgl. Jürgen W. Falter, „Warum die deutschen Arbeiter während des ‚Dritten Reiches' zu Hitler standen". In: Geschichte und Gesellschaft, 13, 1987, S. 217–231). Eine Publikation hierzu ist in Vorbereitung.

269 Vgl. J. Paul Madden, The Social Composition of the Nazi Party, 1919–1930. Ph.D.-Diss. University of Oklahoma 1976; ferner Werner Studentkowski, von dem eine entsprechende, bei Kater (S. 244 f.) ausgewertete, im Bundesarchiv Koblenz (Schumacher/376) aufbewahrte zeitgenössische Auswertung der NSDAP-Mitgliederkartei stammt. Nach einer brieflichen Mitteilung der Witwe von Studentkowski an den Verfasser aus dem Jahre 1983 beabsichtigte dieser mit einer auf seinen Auszählungen basierenden Dissertation bei dem Soziologen Hans Freyer in Leipzig zu promovieren.

270 Vgl. Peter D. Stachura, „Der kritische Wendepunkt? Die NSDAP und die Reichstagswahlen vom 20. Mai 1928". In: Vierteljahreshefte für Zeitge-

schichte, 26, 1978, S. 66–69. Stachura geht hierbei von der vermutlich falschen Prämisse aus, daß die NSDAP das Wahlergebnis von 1928 als vernichtende Niederlage interpretiert und daher ihre Wahlstrategie grundlegend geändert habe. Sowohl aus den Goebbels-Tagebüchern als auch aus den überlieferten Äußerungen Hitlers aus dieser Zeit geht jedoch eher das Gegenteil hervor: Man betrachtete das Wahlergebnis als einen Beweis der organisatorischen Konsolidierung der Partei. Als wichtigster Triumph wurde gewertet, daß man die verhaßten Völkischen, die Koalitionspartner von 1924, vernichtend geschlagen hatte. Vgl. hierzu Rainer Zitelmann, Hitler. Selbstverständnis eines Revolutionärs. Stuttgart 21989, S. 183 f. Vgl. zur Wahlkampfführung der NSDAP Max Kele, Nazis and Workers. National Socialist Appeals to German Labor 1919–1933. Chapel Hill 1972, S. 129 ff. sowie die Darstellung der Wahlkampfführung 1924–1933 bei Thomas Childers, The Nazi Voter. The Social Foundations of Fascism in Germany 1919–1933. Chapel Hill 1983. Besonders aufschlußreich sind in dieser Frage die Untersuchung von David Hackett, The Nazi Party in the Reichstag Election of 1930. Ph.D.-Diss. University of Wisconsin 1971, S. 230 f., S. 274 f., S. 284 ff. etc. und vor allem die neue Studie von Gerhard Paul, Aufstand der Bilder, Die NS-Propaganda vor 1933, Bonn 1990.

271 Rede vom 30.11.1928; hier zitiert nach Rainer Zitelmann, Hitler. Selbstverständnis eines Revolutionärs. Stuttgart ²1989, S. 178.

272 Hackett, The Nazi Party, S. 284.

273 Gerhard Paul, Aufstand der Bilder. Die NS-Propaganda vor 1933. Bonn 1990, S. 92.

274 Vgl. Paul, Aufstand der Bilder, Plakat Nr. 63.

275 Reichstagswahlen. Die Generalabrechnung mit dem System. In: Unser Wille und Weg 2, 1932, S. 6; hier zitiert nach Paul, Aufstand der Bilder, S. 102.

276 Vgl. Paul, Aufstand der Bilder, S. 106.

277 Abbildung der Plakate bei Paul, Aufstand der Bilder.

278 Paul, Aufstand der Bilder, S. 256.

279 Paul, Aufstand der Bilder, S. 257.

280 Vgl. Statistik des Deutschen Reiches 453,3, S. 18 ff.

281 Von der amtlichen Statistik wurde bei den Volks- und Berufszählungen von 1925 und 1933 ein Teil der Angestellten, nämlich die 1,5 Prozent „Angestellten in leitender Stellung", wegen ihrer dispositiven Befugnisse als Selbständige gezählt. In unseren statistischen Berechnungen beschränkt sich die Angestelltenkategorie daher auf die 98,5 Prozent „nicht-leitenden" Angestellten, was jedoch angesichts der geringen Zahl von „fehlklassifizierten" Angestellten (61.262 bei der VZ 1933) für die gemessenen Zusammenhänge ohne substantielle Folgen ist.

282 Vgl. Sandra Jean Coyner, Class Patterns of Family Income and Expenditure During the Weimar Republic: German White-Collar Employees as Harbingers of Modern Society. Ph.D.-Diss., Rutgers University 1975, S. 68.

283 Vgl. auch Hans Speier, Die Angestellten vor dem Nationalsozialismus, Göttingen 1977 (hier zitiert nach der Taschenbuchausgabe Frankfurt 1989), S. 73 f., der unter Berufung auf eine GdA-Erhebung anhand etwas anderer Zurechnungskriterien als Geiger 16% der Angestellten zur Oberschicht, 42% zur

Mittelschicht und 42% zur Unterschicht zählt, diese Zahlen aber selbst nur als Anhaltspunkt auffaßt: „Die unteren Gruppen sind in Wirklichkeit stärker, die oberen schwächer besetzt".

284 Theodor Geiger, Die soziale Schichtung des deutschen Volkes. Stuttgart 1932, S. 102.

285 Vgl. Max Rössiger, Der Angestellte von 1930. Berlin 1930, S. 29 ff. In dieser im Auftrag der GdA durchgeführten Erhebung unter rund 100000 Angestellten errechnet der Verfasser (1929) ein monatliches Durchschnittsgehalt der Angestellten von 239 Mark; 45% bezogen ein Gehalt von weniger als 200 Mark im Monat. Er kommt daher zu dem Schluß, „daß ein erheblicher Teil der Angestellten bereits proletarisiert ist", wenn man nur die Einkommenszahlen zugrunde legte (S. 72).

286 Theodor Geiger, „Panik im Mittelstand". In: Die Arbeit, 7, 1930, S. 651.

287 Geiger, Panik im Mittelstand, S. 653 f.

288 Vgl. Geiger, Die soziale Schichtung des deutschen Volkes, S. 109 ff.

289 Vgl. beispielsweise Jürgen Kocka, Angestellte in der deutschen Geschichte 1850–1980. Vom Privatbeamten zum angestellten Arbeitnehmer. Göttingen 1981; ders., „Zur Problematik der deutschen Angestellten 1914–1933". In: Hans Mommsen, Dieter Petzina und Bernd Weisbrod (Hrsg.), Industrielles System und politische Entwicklung in der Weimarer Republik. Düsseldorf 1977, 2. Bd., S. 792–811.

290 Dies gilt beispielsweise für die Ausführungen von Hans Neisser über die Wählerschaft des Nationalsozialismus im Jahre 1930 („Sozialstatistische Analyse des Wahlergebnisses". In: Die Arbeit, 7, 1930, S. 654–659) und die schon eher strengeren methodischen Maßstäben genügende Analyse von Samuel A. Pratt, The Social Basis of Nazism and Communism in Urban Germany. MA-Arbeit, Michigan State University, East Lansing 1948. Zur Kritik beider Arbeiten in diesem Punkte vgl. Richard Hamilton, „Germany's White Collar Employees and National Socialism: Some Comments and Hypotheses". Vortrag auf der Konferenz „Angestellte Mittelschichten seit dem 19. Jahrhundert im europäischen Vergleich". Bielefeld, Juni 1980.

291 Dirk Hänisch, Sozialstrukturelle Bestimmungsgründe des Wahlverhaltens in der Weimarer Republik. Eine Aggregatdatenanalyse der Ergebnisse der Reichstagswahlen 1924 bis 1933. Duisburg 1983, S. 180.

292 In Tabelle 7.8 umfassen „Angestellte" sowohl die erwerbstätigen und erwerbslosen Angestellten als auch die Hausangestellten laut Volks- und Berufszählung 1933. Versicherungsrechtlich waren Hausangestellte zwar Arbeiter, mentalitätsmäßig aber wohl eher Angestellte. Angesichts ihrer relativ geringen Zahl ist es für die Auszählungsergebnisse jedoch von untergeordneter Bedeutung, ob man sie der einen oder anderen Sozialkategorie zurechnet.

293 Erst der Bielefelder Historiker Michael Prinz rückt von dieser in der deutschen Geschichtswissenschaft lange Zeit geradezu selbstverständlichen Praxis in einer kürzlich vorgelegten Untersuchung über die soziale Lage der Angestellten in der Weimarer Zeit und im Dritten Reich ab. (Vom neuen Mittelstand zum Volksgenossen. Die Entwicklung des sozialen Status der Angestellten von der Weimarer Republik bis zum Ende der NS-Zeit. München 1986, S. 77 ff.). Verstärkt tut er dies in seinem Aufsatz „Ein Bilderbuchverhalten an

Mäßigung?" Kritische Fragen zu den Angestellten in Weimar. In: Tel Aviver Jahrbuch für deutsche Geschichte, XVII, 1988, S. 83–106, in dem er die Ergebnisse der historischen Wahlforschung zu diesem Thema mit neueren sozialgeschichtlichen Befunden zu verbinden sucht.

294 Vgl. dazu die Regressionsgleichung mit den Erklärungsvariablen Konfession, Urbanisierung, Angestellten- und Arbeiteranteil im Anhang, Tabelle A7.

295 Vgl. Michael Kater, The Nazi Party, S. 250f.

296 Vgl. hierzu Jürgen W. Falter unter Mitarbeit von Hartmut Bömermann, „Die Wählerpotentiale politischer Teilkulturen 1920–1933". In: Detlef Lehnert/ Klaus Megerle (Hrsg.), Politische Identität und nationale Gedenktage. Zur politischen Kultur in der Weimarer Republik, Opladen 1989, S. 282 bis 305.

297 Vgl. hierzu Hamilton, „Germany's White Collar Employees" und vor allem Prinz, Vom neuen Mittelstand zum Volksgenossen, S. 59–65 sowie ders., „Bilderbuchverhalten", S. 89.

298 Vgl. hierzu Gerhard Paul, Aufstand der Bilder. Die NS-Propaganda vor 1933. Bonn 1990.

299 Vgl. J. Paul Madden, The Social Composition of the Nazi Party, S. 215f., 237–239; Michael Kater, The Nazi Party, S. 250–252.

300 Hans Mommsen, Beamtentum im Dritten Reich. Mit ausgewählten Quellen zur nationalsozialistischen Beamtenpolitik. Stuttgart 1966 (Schriftenreihe der Vierteljahreshefte für Zeitgeschichte, 13), S. 21. Allerdings bezieht sich die von Mommsen benutzte, vom Reichsorganisationsleiter herausgegebene NSDAP-Parteistatistik von 1935 nur auf die am Stichtag der Mitgliedererhebung, dem 1. 1. 1935, in der Partei befindlichen Parteimitglieder, während sich die Untersuchungen von Madden, Kater u. a. auf die Neueintritte des jeweils untersuchten Zeitraumes beziehen! Mögliche Diskrepanzen zwischen der Parteistatistik und den neueren Mitgliederuntersuchungen, wie sie etwa im Falle der Angestellten auftreten, können daher auf unterschiedlichen Austrittsraten beruhen.

301 Vgl. Statistisches Jahrbuch für das Deutsche Reich, 53. Jahrgg., Berlin 1934, S. 296. Wiedergegeben sind hier die Endgehälter für einen verheirateten Beamten in der Ortsklasse B, Stand: 1. Januar 1932. Die Anfangsgehälter lagen naturgemäß erheblich niedriger, insbesondere, wenn auch noch der Verheiratetenzuschlag wegfiel. Im Falle eines ledigen Postboten betrugen sie in der gleichen Ortsklasse unter Einrechnung des Wohnungsgeldzuschusses ganze 119 Mark monatlich, im Falle eines unverheirateten Ministerialrats 605 Mark.

302 Vgl. Statistisches Jahrbuch, 1934, S. 296; Petzina et al., Sozialgeschichtliches Arbeitsbuch III, S. 107.

303 Zu den Reaktionen der Beamtenschaft und der nationalsozialistischen Agitation gegen die Gehaltskürzungen und Ergänzungsabgaben für Beamte vgl. Childers, The Nazi Voter, S. 166ff. und insbesondere S. 228ff.

304 Mommsen, Beamtentum, S. 26.

305 Vgl. Childers, The Nazi Voter, S. 230–232; Hackett, The Nazi Party, a. a. O.

306 Mommsen, Beamtentum, S. 29.

307 Man spricht in diesem Zusammenhang auch von „scheinbaren Nonkorrelationen".

308 Vgl. das Regressionsmodell mit den Erklärungsvariablen Konfession, Urbanisierung, Beamten- und Arbeiteranteil im Anhang, Tabelle A8.

309 Bei der Volks- und Berufszählung 1933 wurden die Hausgewerbetreibenden und Heimarbeiter anders als 1925 nicht zu den Selbständigen, sondern zu den Arbeitern gezählt. Auch wurden die „Selbständigen" unter den leitenden Angestellten und Beamten etwas enger definiert als 1925.

310 In diesem Abschnitt werden, der Berufssystematik der amtlichen Statistik folgend, der alte Mittelstand und die Oberschicht gemeinsam behandelt. Zahlenmäßig spielen die Angehörigen der Oberschicht in Analysen von politischem Massenverhalten naturgemäß keine Rolle.

311 Theodor Geiger, Die soziale Schichtung des deutschen Volkes. Stuttgart 1932, S. 25.

312 StDR 408, S. 137.

313 Der Korrelationskoeffizient zwischen Selbständigen- und NSDAP-Anteil beträgt in den überwiegend evangelischen Kreisen 0.22 bei der Reichstagswahl 1930, 0.50 im Juli 1932, 0.55 im November 1932 und 0.70 im März 1933. In den überwiegend katholischen Kreisen dagegen erreicht er erst 1933 mit 0.34 eine interpretierbare Größenordnung; für die Wahlen davor ist er schwach negativ bzw. nahe bei Null.

314 Vgl. das Regressionsmodell mit den Erklärungsvariablen Konfession, Urbanisierung, Wirtschaftsabteilung und Selbständigenanteil im Anhang, Tabelle A9.

315 Vgl. Anhang, Tabelle A10.

316 Dies hat natürlich in erster Linie damit zu tun, daß es der NSDAP nach der Machtergreifung gelang, in den katholischen Regionen überproportional viele Stimmen hinzuzugewinnen.

317 Rudolf Heberle, Landbevölkerung und Nationalsozialismus. Eine soziologische Untersuchung der politischen Willensbildung in Schleswig-Holstein 1918–1932. Stuttgart 1963, S. 107–116. Analoge Resultate für andere deutsche Agrargebiete bei Charles P. Loomis und J. Allan Beegle, „The Spread of German Nazism in Rural Areas". In: American Sociological Review, 11, 194, S. 724–734.

318 StDR 461,1, S. 10f.

319 StDR 461,1, S. 20.

320 Auch ist die NSDAP in den evangelischen Kreisen 1932 und 1933 dort umso stärker, wo vergleichsweise viele mithelfende Familienangehörige oder familienfremde Arbeitskräfte leben, während in den katholischen Kreisen in beiden Fällen wiederum eher das Gegenteil zutrifft.

321 Tatsächlich fällt der Korrelationskoeffizient zwischen Hofgröße und Katholikenanteil auf der Ebene aller Kreise mit r = − 0.17 zwar negativ, in der Stärke aber geringer als erwartet aus; doch ist bei seiner Interpretation zu berücksichtigen, daß in die Berechnung ja auch die eher kleinbäuerlich strukturierten protestantischen Agrargebiete Württembergs, Badens, Frankens, Hessens und Thüringens einfließen.

322 Den ebenfalls bisher nur am Rande behandelten Erwerbslosen ist wegen der Wichtigkeit der Arbeitslosigkeit für den Zusammenbruch der Weimarer Republik ein eigenes Teilkapitel dieses Buches (Kap. 8.2.) gewidmet.

323 Eine Ausnahme stellt hier Thomas Childers, The Nazi Voter. Chapel Hill 1983 dar, der die sogenannten Berufslosen in seine Analyse mit einbezieht, sie aber unverständlicherweise nicht nur als „Rentnermittelstand" apostrophiert, sondern sie auch mit dieser ja nur ein schmales Segment aller „Berufslosen" darstellenden Sozialgruppe gleichsetzt.

324 Vgl. NSDAP-Parteistatistik, Band 1.

325 Vgl. Michael Kater, The Nazi Party. Cambridge/Mass. 1983, S. 68–70.

326 Vgl. für die Regressionsanalyse der in Übersicht 7.7 berücksichtigten Einflußfaktoren Anhang, Tabelle A12.

327 Durch dieses Verfahren ist garantiert, daß nur wahlberechtigte Ehefrauen und sonstige Haushaltsangehörige ohne eigenen Hauptberuf in die Analyse einbezogen werden.

328 So waren im Jahre 1925 zwar zwei Drittel der Männer, aber nur ein Drittel der Frauen erwerbstätig; von diesen waren wiederum über ein Drittel sogenannte mithelfende Familienangehörige, weitere elf Prozent waren Hausangestellte.

329 Zahlen nach Rosa Kempf, Die deutsche Frau nach der Volks-, Berufs- und Betriebszählung von 1925. Mannheim etc. 1931.

330 Vgl. Marianne Weber, Die Not der weiblichen Angestellten (Schriftenreihe des Gewerkschaftsbundes der Angestellten, Nr. 43). Berlin-Zehlendorf 1928, S. 169.

331 Der einzelne städtische Kreis mit überdurchschnittlich vielen Katholiken, einem über dem Reichsdurchschnitt liegenden Anteil von Beamten und Angestellten und vielen nicht-berufstätigen Haushaltsangehörigen sollte bestenfalls als Anomalie, nicht jedoch als Gegenbeweis gewertet werden, da es sich bei ihm um einen statistischen Ausreißer handeln kann.

332 Vgl. die multiplen Regressionskoeffizienten für die Hausfrauenvariable in Tabelle A13 im Anhang.

333 Vgl. hierzu beispielsweise die autobiographischen Ausführungen des amerikanischen Journalisten William L. Shirer, Das Jahrzehnt des Unheils. Meine Erlebnisse und Erfahrungen in Deutschland und Europa 1930–1940. München 1986, S. 72 etc.

334 Technisch gesprochen handelt es sich um die Vorzeichen der Regressionskoeffizienten des jeweiligen Merkmals, die sich nach Kontrolle des Katholikenanteils und der Verstädterung ergeben.

335 Berechnet man auf der letzten Verzweigungsebene die Summe der Unterschiede in den NSDAP-Wahlerfolgen zwischen – beispielsweise – den Kreisen mit viel und wenig Katholiken, Arbeitern etc. und bildet daraus den (ungewichteten) Mittelwert, so ergeben sich die folgenden (gerundeten) mittleren Differenzen:

Wahl	Katholiken	Selbständige	Angest./ Beamte	Arbeiter
1930	− 5	+2	+3	+0.4
1932J	−15	+4	−0.6	−0.3
1932N	−13	+4	−0.6	+0.1
1933	−10	+7	−1	+0.5

336 Abweichungen gegenüber den Koeffizienten der verschiedenen im Anhang berichteten Regressionsrechnungen rühren von der Tatsache her, daß es sich um jeweils anders spezifizierte Modelle handelt. Diese Differenzen sind jedoch, mit einer nennenswerten Ausnahme, dem Urbanisierungsgrad, ohne substantielle Bedeutung.

337 Im Gegensatz zu den bisher dargestellten Kontrastgruppenvergleichen addieren sich in Übersicht 7.14 jedoch die Zeilen nun jeweils auf 100, wenn man von kleineren Rundungsfehlern absieht. In Klammern ist überdies für jede einzelne Kontrastgruppe der auf sie entfallende Wahlberechtigtenanteil angegeben, so daß man leicht erkennen kann, welche Gruppen innerhalb der NSDAP-Wählerschaft zwischen 1928 und 1933 über- oder unterrepräsentiert waren.

338 Daß sich zwischen den einzelnen Wahlen trotz Schwankungen in der Wahlbereitschaft für die Nationalsozialisten nur geringe Veränderungen in der sozialen Zusammensetzung der NSDAP-Wählerschaft ergeben, ist (ebenso wie im Kontrastgruppenvergleich von Übersicht 7.14) ein Resultat der Tatsache, daß bei dieser Betrachtungsweise die (ja konstantbleibende) Größe der einzelnen sozialen Gruppen eine entscheidende Rolle spielt.

339 Lediglich die Resistenz bestimmter Bevölkerungsgruppen gegenüber dem Nationalsozialismus läßt sich mit Hilfe solcher eher statisch definierter Merkmale begründen.

340 Explizit formuliert dies beispielsweise Kaltefleiter, Wirtschaft und Politik, S. 46–56.

341 Wir haben weiter oben gesehen, daß diese Annahme wohl in dieser Form grundlegend revidiert werden muß.

342 Vgl. Ludwig Preller, Sozialpolitik in der Weimarer Republik, Stuttgart 1949, S. 165 f.; Statistische Beilage zum Reichsarbeitsblatt 1932 und 1933; Statistik des Deutschen Reiches, NF, Bde. 421 und 453–456; Willi Hemmer, Die unsichtbaren Arbeitslosen. Statistische Methoden, soziale Tatsachen. Zeulenroda 1935; Heinrich August Winkler, Der Weg in die Katastrophe. Arbeiter und Arbeiterbewegung in der Weimarer Republik 1930 bis 1933. Berlin/Bonn 1987, S. 19–99.

343 Dieser und der vorangehende Absatz greifen auf einige Formulierungen aus einer früheren Aufsatzpublikation zurück. S. Falter u. a., Arbeitslosigkeit und Nationalsozialismus, S. 525 f.

344 H. R. Knickerbocker, Deutschland so oder so. Berlin 1932, S. 14 f. Hier zitiert nach Heinrich Bennecke, Wirtschaftliche Depression und politischer Radikalismus 1928–1938. München/Wien 1970, S. 139 f.

345 Vgl. beispielsweise Heinrich Striefler, Deutsche Wahlen in Bildern und Zahlen, Düsseldorf 1946, S. 63; ferner die bei Wolfram Pyta, Gegen Hitler und für die Republik. Die Auseinandersetzung der deutschen Sozialdemokratie mit der NSDAP in der Weimarer Republik, Düsseldorf 1989, S. 130–33, genannten sozialdemokratischen Interpretationen, die anscheinend überwiegend davon ausgingen, „daß sehr viele der besonders hart getroffenen Arbeitslosen die Hitler-Partei wählten" (S. 130).

346 Man kann mit Blick auf die Wähler der NSDAP folglich zwischen einem „individuellen", einem „kontextuellen" und einem Transfer-Effekt der Arbeitslosigkeit unterscheiden. Vgl. Reinhard Zintl, Zur politischen Wirkungs-

weise von makroökonomischen Variablen: Ein Problemaufriß. In: Dieter Oberndörfer, Hans Rattinger und Karl Schmitt (Hrsg.), Wirtschaftlicher Wandel, religiöser Wandel und Wertewandel, Berlin 1985, S. 45–59.

347 Bis 1933 wurde die Arbeitslosenquote als Relation der erwerbslosen Arbeiter und Angestellten zu den erwerbstätigen Arbeitern und Angestellten ausgedrückt (was einen Wert von 100 genau dann ergibt, wenn die Zahl der Arbeitslosen und Erwerbstätigen gleich groß ist). Seit 1933 wird die relative Arbeitslosigkeit als Anteil der erwerbslosen Arbeiter und Angestellten an allen Arbeitern und Angestellten berechnet, d. h. als Prozentsatz, der zwischen 0 und 100 liegen kann.

348 Vgl. Pratt, The Social Basis of Nazism and Communism, S. 175 ff.; Waldman, Models of Mass Movements, S. 70 und 74; D. Richard Wernette, Political Violence and German Elections: 1930 and July, 1932. Phil. Diss. University of Michigan 1974, S. 63; Kaltefleiter, Wirtschaft und Politik in Deutschland, S. 21 ff.

349 Vgl. zur Kritik Jürgen W. Falter u. a., Arbeitslosigkeit und Nationalsozialismus, S. 528.

350 Vgl. beispielsweise R. J. McKibbin, The Myth of the Unemployed: Who Voted for Hitler? In: Australian Journal of Politics and History, 15, 1969, S. 25–40.

351 Erinnert sei daran, daß es sich nicht um gültige Stimmen, sondern um auf Wahlberechtigte prozentuierte Stimmen handelt. Bei einer Prozentuierung auf gültige Stimmen läge der KPD-Anteil noch erheblich höher.

352 Daß es sich hierbei nicht um ein Kunstprodukt der gewählten Arbeitslosenvariablen (der Arbeitslosigkeit laut Berufszählung 1933) handelt, beweist die Analyse des Zusammenhangs zwischen den jeweiligen zeitspezifischen Arbeitslosigkeitsindikatoren und den NSDAP-Anteilen. Mit Ausnahme der (noch vergleichsweise niedrigen) Arbeitslosendaten vom Dezember 1930 bleibt das negative Vorzeichen der Korrelationskoeffizienten erhalten.

Wahl- termin	Stichtag der Arbeitslosenstatistik					
	12/30	12/31	7/32	10/32	12/32	4/33
1930	03					
1932J	07	−09	−14			
1932N	07	−09	−14	−17	−13	
1933	04	−31	−36	−39	−34	−38

Vgl. für weitere Einzelheiten (insbes. die Merkmalsdefinitionen) Jürgen W. Falter, „Unemployment and the Radicalisation of the German Electorate 1928–1933: An Aggregate Data Analysis with Special Emphasis on the Rise of National Socialism". In: Peter Stachura (Hrsg.), Unemployment and the Great Depression in Weimar Germany. Houndmills/London 1986, S. 187–208, hier S. 190 f.

353 Vgl. für die entsprechenden Korrelationskoeffizienten Falter, Unemployment and the Radicalisation of the German Electorate, S. 191.

354 Nach heutiger Terminologie handelt es sich um Sozialhilfeempfänger, d. h.

um Personen, die weder Arbeitslosengeld noch Arbeitslosenhilfe beziehen, weil sie wegen der Dauer ihrer Arbeitslosigkeit aus beiden Versicherungssystemen ausgesteuert worden sind.

355 Entsprechend fallen wiederum die Korrelationskoeffizienten aus:

Wohlfahrts-erwerbslose	NSDAP				KPD			
	1930	1932J	1932N	1933	1930	1932J	1932N	1933
1930	06	−14	−14	−32	55	54	56	59
1932	−	−20	−19	−41	−	72	72	73

356 Daß zwischen den Quartilen mit einer bestimmten Angestellten- und Arbeitererwerbslosigkeit keine nennenswerten Unterschiede hinsichtlich der NSDAP-Anteile bestehen, ist vermutlich auf die Tatsache zurückzuführen, daß beide Merkmale recht hoch miteinander korrelieren (r = 0.63), daß also die Kreise mit hoher Angestellten- und Arbeitererwerbslosigkeit teilweise identisch sind.

357 Dies gilt auch für die in Tabelle 8.4 der Übersichtlichkeit halber nicht gesondert dargestellte statistische Beziehung zwischen den beiden Arbeitslosigkeitsmerkmalen auf der einen und den KPD-Stimmen auf der anderen Seite.

358 Die Kreise wurden danach aufgeteilt, ob mehr oder weniger als die Hälfte der Kreisbevölkerung katholisch sind, mehr oder weniger als die Hälfte in Gemeinden mit mehr als 5000 Einwohnern leben und in welcher der drei Wirtschaftsabteilungen die meisten Personen tätig sind.

359 Zwar ist in den Tabellen 8.4 und 8.5 lediglich die Arbeitslosigkeit vom Juni 1933 berücksichtigt, die im Gegensatz zu den Veröffentlichungen im Reichsarbeitsblatt auf Kreisebene ausgewiesen wurde, doch hängen die Arbeitslosenanteile von 1931, 1932 und 1933 derart eng statistisch miteinander zusammen, daß getrost die Arbeitslosenzahlen von 1933 als Indikatoren der Arbeitslosigkeit von 1931 und 1932 verwendet werden können.

360 Vgl. Tabelle A14 im Anhang.

361 Lediglich der Stimmenrückgang der Nationalsozialisten zwischen Juli und November 1932 fällt etwas aus diesem ansonsten so konsistenten Muster heraus: Er war im Mittel umso höher, je weniger Arbeitslose in den Kreisen lebten, während ein hohes Maß an Arbeitslosigkeit tendenziell einen unterdurchschnittlichen Stimmenrückgang bedeutete.

362 Strenggenommen handelt es sich nach wirtschaftswissenschaftlicher Terminologie nicht um eine echte dynamische, sondern um eine „komparativstatische" Perspektive.

363 Die Steigerung des Arbeitslosenanteils wurde anhand der Differenz zwischen den Arbeitslosenzahlen im Januar 1933 und im Dezember 1930 gemessen (Quelle: Statistische Beilage zum Reichsarbeitsblatt 1932, Nr. 13 ff. und 1933, Nr. 4 ff.; Arbeitsamtdaten, umgerechnet auf Stadt- und Landkreise).

364 Die geringste Steigerung der Arbeitslosigkeit (d. h. gegenüber 1930 praktisch gleichbleibende Arbeitslosenraten) wiesen die Kreiseinheiten Pirmasens (Stadt), Reichenbach, Landau i. d. Pfalz (Stadt) und Amberg (Stadt) auf, die

höchsten Zuwachsraten (mit 11 bis 13 Prozentpunkten) die Kreiseinheiten Plauen (Stadt), Wanne-Eickel, Chemnitz (Stadt), Hindenburg und Wurzen.

365 Die entsprechende Regressionsgleichung lautet:

NSDAP-Veränd.	%Verändg. A'losigkt	+ %Ka-tho-liken	+ %Stadt-bewohn.	+ %Ar-bei-ter	R2
30/33	−123	−440	−598	−143	73%

366 Die analoge Regressionsgleichung für die Städte des Deutschen Reiches mit mehr als 25000 Einwohnern lautet:

NSDAP-Veränd.	%Verändg. A'losigkt	+ %Katho-liken	+ Stadt-größe	R2
30/33	−159	−425	−229	26%

Katholikenanteil durch Zentrumsanteil, Stadtgröße durch Einwohnerzahl gemessen.

367 Tatsächlich handelt es sich um sogenannte Aggregationseffekte, d. h. Arte-fakte der gewählten Analyseebene. Vgl. Jürgen W. Falter u. a., Hat Arbeitslo-sigkeit tatsächlich den Aufstieg des Nationalsozialismus bewirkt? Eine Über-prüfung der Analyse von Frey und Weck. In: Jahrbücher für Nationalökono-mie und Statistik 200/2, 1985, S. 121–136.

368 Ein Beleg hierfür ist das in einem früheren Kapitel schon einmal kurz ange-sprochene Untersuchungsergebnis, daß die Wahl Hindenburgs 1925 als Indi-kator für eine „rechte" politische Tradition zusätzlich zu den üblichen Einfluß-größen wie Konfession, Urbanisierung oder Arbeiteranteil noch einmal einen bedeutenden Erklärungsbeitrag für die nationalsozialistischen Stimmenanteile leistet. Vgl. hierzu eingehender Jürgen W. Falter/Dirk Hänisch, Die Anfällig-keit von Arbeitern gegenüber der NSDAP 1928–1933. In: Archiv für Sozialge-schichte 26, 1986, S. 177–216 sowie Kapitel 9.4.

369 Vgl. u. a. Werner Kaltefleiter, Wirtschaft und Politik in Deutschland. Kon-junktur als Bestimmungsfaktor des Parteiensystems. Köln/Opladen 1966; Rudolf Heberle, Landbevölkerung und Nationalsozialismus. Eine soziologi-sche Untersuchung der politischen Willensbildung in Schleswig-Holstein 1918–1932. Stuttgart 1943, S. 120ff.

370 Dieses Verschuldungsmaß wird beispielsweise von Kaltefleiter, Heberle und dem amerikanischen NS-Forscher Waldman in ihren Untersuchungen über die Wählerschaft der NSDAP verwendet. Alle drei finden in der Tat eine positive Beziehung zwischen dem Ausmaß der landwirtschaftlichen Verschul-dung und den Wahlerfolgen der Nationalsozialisten. Allerdings beziehen sich Heberles Erkenntnisse nur auf eine einzige Region, Schleswig-Holstein, bleibt Kaltefleiters Analyse auf die Gegenüberstellung einiger Extremfälle be-schränkt, während Waldman seine Untersuchung auf der Ebene der 26

Landesfinanzamtsbezirke durchführt. Dagegen liegen über den möglichen Einfluß der landwirtschaftlichen Verschuldung bisher keine Analysen auf der Ebene aller Kreise des Reiches vor, während der Effekt der nicht-landwirtschaftlichen Verschuldung unter wahlhistorischen Aspekten noch gar nicht untersucht worden ist.

371 Merkmalsdefinitionen und Schnittpunkte von Übersicht 8.3: Ländlicher Zweig = landwirtschaftliche Schulden; städtischer Zweig = nicht-landwirtschaftliche Schulden. „Landwirtschaftl. Schulden" = Zahl der verschuldeten Höfe pro Wahlberechtigte * 100. „Nicht-landwirtschaftliche Schulden" = Zahl der verschuldeten Betriebe pro Wahlberechtigte * 100. „Land" = weniger als 56 Prozent/„Stadt" = mehr als 56 Prozent der Einwohner eines Kreises leben in Gemeinden mit über 5000 Einwohnern. „Katholisch" = mehr als 50 Prozent/„Protestantisch" = weniger als 50 Prozent der Kreisbewohner sind katholisch. Hofgröße „klein" = durchschnittliche Hofgröße eines Kreises liegt unter/ Hofgröße „groß" = durchschnittliche Hofgröße eines Kreises liegt über dem Reichsdurchschnitt. Stadtgröße „klein" = weniger als 50 Prozent/ Stadtgröße „groß" = mehr als 50 Prozent der Kreisbewohner leben in Städten mit über 20000 Einwohnern. + = Schulden über dem Reichsdurchschnitt; − = Schulden unter dem Reichsdurchschnitt.

Lesebeispiel: Im März 1933 wurde die NSDAP von 50 Prozent der Wahlberechtigten der überwiegend evangelischen ländlichen Kreise mit einer überdurchschnittlichen Hofgröße und einer über dem Reichsdurchschnitt liegenden Häufigkeit verschuldeter Höfe gewählt; in den evangelisch-ländlichen Kreisen mit überdurchschnittlicher Hofgröße und unterdurchschnittlicher Verschuldungshäufigkeit wurde die NSDAP hingegen von nur 40 Prozent der Wahlberechtigten gewählt.

372 Dies gilt auch für die Einbeziehung anderer möglicher Störgrößen und die Überprüfung der gemessenen Zusammenhänge mit Hilfe komplexerer statistischer Analysetechniken wie der Pfadanalyse mit latenten Variablen.

373 Dies tun beispielsweise vor der Folie eines formalen, den Wirtschaftswissenschaften entlehnten Rationalitätsbegriffs die beiden Schweizer Ökonomen Bruno S. Frey und Hannelore Weck in ihrem Beitrag „Hat Arbeitslosigkeit den Aufstieg des Nationalsozialismus bewirkt?". In: Jahrbücher für Nationalökonomie und Statistik, 196, 1981, S. 1–31.

374 Hamilton stellt in einer geradezu vernichtenden, aber nicht unberechtigten Kritik am klassen- oder schichtungstheoretischen Erklärungsansatz in diesem Zusammenhang weiter die Frage, warum die Nationalsozialisten in katholischen Städten größere Wahlerfolge erzielt hätten, als auf dem katholischen Land. Diese Frage beruht jedoch auf einer falschen Prämisse: Tatsächlich gibt es, wie wir gesehen haben, zwischen katholisch-ländlichen und katholischstädtischen Gebieten nur unbedeutende Unterschiede in der NSDAP-Wahl. Vgl. Richard F. Hamilton, Hitler's Electoral Support: Recent Findings and Theoretical Implications. In: Canadian Journal of Sociology 11, 1986, S. 1–34.

375 Den Einfluß der lokalen bzw. regionalen Presse wie auch der lokalen Honoratioren betont im Zusammenhang mit dem Aufstieg des Nationalsozialismus schon Rudolf Heberle, Landbevölkerung und Nationalsozialismus. Stuttgart 1963.

376 Vgl. Hamilton, Hitler's Electoral Support, S. 10.

377 Vgl. William Sheridan Allen, Das haben wir nicht gewollt. Gütersloh 1966 (eine erweiterte und ergänzte Neuauflage erschien unter dem Titel „The Nazi Seizure of Power: The Experience of a Single German Town, 1922–1945". New York 1984).

378 Erwähnt seien nur einige wenige Untersuchungen wie die von Rudi Koshar, Social Life, Local Politics, and Nazism. Marburg, 1880–1935.Chapel Hill 1986; Eike Hennig (Hrsg.), Hessen unterm Hakenkreuz. Studien zur Durchsetzung der NSDAP in Hessen. Frankfurt 1983; Klaus Tenfelde, Proletarische Provinz. Radikalisierung und Widerstand in Penzberg/Oberbayern 1900–1945. München 1982; Herbert Kühr, Parteien und Wahlen im Stadt- und Landkreis Essen in der Zeit der Weimarer Republik. Düsseldorf 1973; Volker Franke, Der Aufstieg der NSDAP in Düsseldorf. Die nationalsozialistische Basis in einer katholischen Großstadt. Essen 1987; Fritz Hasselhorn, Wie wählte Göttingen? Wahlverhalten und soziale Basis in Göttingen 1924–1933. Göttingen 1983; ferner verschiedene Lokalstudien in Martin Broszat u. a. (Hrsg.), Bayern in der NS-Zeit. 6 Bände, München 1977 ff. und ganz besonders die sehr informative Untersuchung des Kreises Günzburg in Bayern durch Zdenek Zofka, Die Ausbreitung des Nationalsozialismus auf dem Lande, München 1979.

379 Die Ausführungen dieses Abschnitts stützen sich auf die Ergebnisse einer an meinem Lehrstuhl entstandenen Diplomarbeit in Politikwissenschaft von Torsten Schneider, Das Massenmedium Tageszeitung am Ende der Weimarer Republik: Historisch-empirische Analysen zur politischen Ausrichtung, dem Leserkreis und dem eventuellen Einfluß dieses Mediums auf die Wahlerfolge der NSDAP 1928 und 1933. Fachbereich 15 der Freien Universität Berlin, 1988.

380 Von deutlich höheren Zahlen geht eine neuere Untersuchung aus, die von insgesamt 261 NSDAP-Zeitungen im Jahre 1932 spricht. Vgl. Peter Stein, Die NS-Gaupresse 1925–1933. Forschungsbericht – Quellenkritik – neue Bestandsaufnahme. München etc. 1987, S. 170. Falls sich jedoch die Zahlenrelationen zwischen nationalsozialistischer und nicht-nationalsozialistischer Presse dadurch nicht nennenswert verschieben, sind diese unterschiedlichen Ausgangswerte, die überdies auf anderen Erhebungskriterien beruhen, für die nachfolgende statistische Analyse unerheblich.

381 Vgl. zu diesen Angaben Kurt Koszyk, Deutsche Presse 1914–1945. Geschichte der deutschen Presse, Teil III, Berlin 1979; Peter de Mendelssohn, Menschen und Mächte in der Geschichte der deutschen Presse, Frankfurt 1982; Deutsches Institut für Zeitungskunde (Hrsg.), Handbuch der deutschen Tagespresse, Berlin 1932.

382 Die Auflagenstärke ist hierbei allerdings nicht berücksichtigt. Die Gesamtauflage aller Tages- und Wochenzeitungen der damaligen Zeit dürfte bei etwa 40 Millionen Exemplaren gelegen haben, d. h. die Durchschnittsauflage betrug 8.850 Exemplare je Zeitung. Praktisch jeder Haushalt hatte folglich eine täglich oder mindestens einmal pro Woche erscheinende Zeitung.

383 Es handelt sich bei all diesen Angaben um Selbstauskünfte der Zeitungsverlage.

384 Die Angaben für den Leserkreis beruhen auf Selbsteinschätzungen der Verlage und dürften lediglich – wenn überhaupt – im Sinne von Größenordnungshinweisen interpretiert werden. Nicht repräsentativ sind sie, da sie auf einer Totalerhebung aller in die Gemeindestichprobe aufgenommenen Blätter beruhen, die überhaupt hierzu eine Angabe gemacht haben. Aus diesen beiden Gründen wird im folgenden nicht weiter auf das Merkmal „Leserkreis" eingegangen.

385 Es handelt sich um die Kategorien kommunistisch, sozialdemokratisch, liberal, bürgerlich, rechts oder national, Zentrum oder katholisch, nationalsozialistisch oder völkisch sowie interessenorientiert und neutral. Die genauen Operationalisierungen finden sich bei Schneider, S. 76/77 (Fußnote).

386 Dies Zahl weicht von der oben für 1932 genannten von 2,5 Prozent wegen der proportionalen Aufteilung von Zeitungen ohne politische Richtungsangabe ab.

387 Es handelt sich bei diesen Auszählungen um eine Aufgliederung nach der Zahl der einzelnen Presseorgane, nicht nach der Auflagenzahl. Es wäre sinnvoll, in einer Spezialstudie dies nachzuholen, da die Auflagenzahl naturgemäß für unsere Fragestellung aussagekräftiger ist als die Zahl der Zeitungen.

388 Vgl. für nähere Einzelheiten der Stichprobe Schneider, S. 115 f., S. 120 f.

389 Die Operationalisierung sah folgendermaßen aus: Zuerst wurden alle Zeitungen nach ihrer jeweiligen Richtung auf einer Links-Rechts-Skala verortet und dann ein Durchschnittswert für jeden Ort mit mehreren Zeitungen gebildet. Um uninterpretierbare Mischwerte zu vermeiden, geschah dies nur aufgrund der „rechten" Blätter. Eine an sich sinnvolle Gewichtung durch die Auflage war nicht möglich, da im Handbuch der deutschen Tagespresse für 1928 gar keine und für 1932 nur in der Hälfte der Fälle Angaben gemacht wurden. Für Einzelheiten s. Schneider, S. 121 ff.

390 Da von der offiziellen Reichsstatistik für die beiden Reichstagswahlen des Jahres 1932 nicht für alle Gemeinden Wahlergebnisse ausgewiesen sind, ist es nötig, auf die Reichstagswahl 1933 auszuweichen, was aber angesichts der unmittelbaren zeitlichen Nähe keine Probleme bereiten sollte.

391 Vgl. für die entsprechenden Regressionsgleichungen Tabelle A16 im Anhang.

392 Vgl. Carl Mierendorff, Gesicht und Charakter der Nationalsozialistischen Bewegung. In: Die Gesellschaft, 7, 1930, S. 489–504.

393 Vgl. u. a. David A. Hackett, The Nazi Party in the Reichstag Election of 1930. Diss. University of Wisconsin. Madison 1971; Thomas Childers, The Nazi Voter. The Social Foundations of Fascism in Germany, 1919–1933. Chapel Hill 1983; Michaela Richter-Wenninger, The National Socialist Electoral Breakthrough: Opportunities and Limits in the Weimar Party System. A Regional Case Study of Franconia. Diss. City University of New York. New York 1982; Gerhard Paul, Aufstand der Bilder. Die NSDAP-Propaganda vor 1933. Habilitationsschrift Freie Universität Berlin, Berlin 1990.

394 Bei den Untersuchungsgemeinden handelt es sich in diesem Falle weder um die Gesamtheit aller Gemeinden über 2000 oder 5000 Einwohner noch um eine echte Zufallsstichprobe der Gemeinden, sondern um Gemeinden, die als eine Art Abfallprodukt der Mitgliederstichprobe ermittelt worden sind. Aus diesem Grunde ist es auch nicht möglich, die Veränderung der Mitgliederzahlen

mit dem Wählerwachstum in einer repräsentativen, flächendeckenden Analyse in Beziehung zu setzen.

395 Diese Zusammenhänge gelten unabhängig davon, ob wir nur die Neueintritte absolut oder relativ, die Entwicklung der tatsächlichen Mitgliederzahlen oder irgendwelche Veränderungsraten betrachten.

396 Künstlich deswegen, da zwischen 1930 und 1933 ja noch die beiden Reichstagswahlen von 1932 lagen, für die auf Gemeindeebene jedoch nicht in ausreichender Weise Wahlergebnisse veröffentlicht worden sind.

397 Als „Land" werden die Gemeinden mit weniger als 5000 Einwohnern definiert, als „katholisch" Gemeinden mit mehr als 75 Prozent Katholiken, als „evangelisch" Gemeinden mit weniger als 25 Prozent Katholiken etc. Wirtschaftssektor A = Land- und Forstwirtschaft, Wirtschaftssektor B = Industrie und Handwerk; Wirtschaftssektor C = Handel, Verkehr und andere Dienstleistungen. Auswahlkriterium ist hier, ob eine relative Mehrheit der Erwerbsbevölkerung in einem der drei Wirtschaftssektoren tätig war.

398 Die Ergebnisse der Regressionsanalyse sind im Anhang, Tabelle A17, wiedergegeben.

399 Daß der Anteil der Hausangestellten auf Gemeindeebene das Abschneiden der NSDAP positiv beeinflußt, kann als ein Indiz dafür gewertet werden, daß die von Hamilton für insgesamt 14 Großstädte des Deutschen Reiches herausgearbeiteten Wahlerfolge der Nationalsozialisten bei der Oberschicht und oberen Mittelschicht auch für den Durchschnitt aller Gemeinden gelten dürften.

400 Daß der Angestelltenanteil im Verhältnis zu den anderen Faktoren so stark ausgeprägt ist, dürfte an der Tatsache liegen, daß in Tabelle A17 die Urbanisierung bzw. Einwohnerzahl nicht berücksichtigt wurde, um keine Multikollinearität zu produzieren.

401 Der hier benutzte Mitgliederdatensatz Katers weist lediglich Eintrittsjahre statt Monate und Tage aus und enthält überdies keine Austrittsdaten. Eine umfangreichere Analyse aufgrund einer neuen, insgesamt etwa 44000 Personen umfassenden Stichprobe aus der NSDAP-Mitgliederkartei, die auch die entsprechenden Ein- und Austrittsdaten enthält, ist in Kooperation mit William Brustein, University of Minnesota, in Vorbereitung.

402 Vgl. Dietrich Thränhardt, „Regionale historische Wahlanalysen: Erkenntnisinteressen und Validität". In: Otto Büsch (Hrsg.), Wählerbewegungen in der europäischen Geschichte, Berlin 1980, S. 485–507 (insbes. S. 503 f.).

403 Vgl. zu dieser Begrifflichkeit Conrad M. Arensberg, Die Gemeinde als Objekt und als Paradigma. In: René König (Hrsg.), Handbuch der empirischen Sozialforschung, Band 4, Stuttgart ³1974, S. 82–116. Ein interessanter Versuch einer Verbindung beider Betrachtungsweisen bei Eike Hennig, „Die Wahlentwicklung im Landkreis Kassel (1928–1933). Ein Hinweis zur Diskussion der politischen Kultur im ‚roten Landkreis‘". In: Zeitschrift des Vereins für hessische Geschichte und Landeskunde 92, 1987, S. 205–245.

404 Vgl. M. Rainer Lepsius, „Parteiensystem und Sozialstruktur. Zum Problem der Demokratisierung der deutschen Gesellschaft". In: W. Abel u. a. (Hrsg.), Wirtschaft, Geschichte und Wirtschaftsgeschichte. Festschrift zum 65. Geburtstag von Friedrich Lütge. Stuttgart 1966, S. 383.

405 Vgl. M. R. Lepsius, Extremer Nationalismus. Strukturbedingungen vor der nationalsozialistischen Machtergreifung. Stuttgart 1966, S. 27 ff.

406 Franz Urban Pappi, Sozialstruktur und politische Konflikte in der Bundesrepublik. Individual- und Kontextanalysen der Wahlentscheidung, Köln o. J. (unveröffentl. Habilitationsschrift, Wirtschafts- und Sozialwissenschaftliche Fakultät der Universität zu Köln 1976), S. 617.

407 Dagegen können die Verhaltensgleichförmigkeiten der politischen Lager Burnhams und der Cleavagegruppen Lipsets auch durch die bloße Identifikation mit den politischen Zielen und Verhaltensnormen der jeweiligen Bezugsgruppe erfolgen, der man sich zwar zugehörig fühlt, mit deren Angehörigen man aber mangels vorhandener „Gelegenheitsstruktur" keine alltäglichen, informellen Interaktionen pflegen kann. „Personen, die sich in derselben Klassenlage befinden, können aus Gründen der individuellen Interessenwahl dieselbe Partei wählen, ohne daß ein Gruppierungseinfluß vorliegt." Pappi, Sozialstruktur, S. 500.

408 Leider ist der hier verwendete Datensatz wie schon im Falle der Überprüfung der Medien- und Parteiaktivitätshypothese besser geeignet, bestimmte Indizien hierfür zu ermitteln als die Wirksamkeit solcher Faktoren gewissermaßen in chemisch reiner Form zu analysieren. Denn die Ebene der Stadt- und Landkreise dürfte vermutlich in den meisten Fällen, außer bei sehr homogenen katholisch- und evangelisch-agrarischen Einheiten und bestimmten industriell geprägten Kreisen zu hoch gegriffen sein, um solche lokalspezifischen Eigenarten wirklich analytisch in den Griff zu bekommen.

409 Diese Operationalisierung stellt eine Annäherung an die gelegentlich formulierte Regel dar, als Hochburg jene Einheiten zu definieren, die mehr als eine Standardabweichung über dem Reichsmittelwert der jeweiligen Partei liegen.

410 Vgl. Falter/Hänisch, Die Anfälligkeit von Arbeitern gegenüber dem Nationalsozialismus, S. 207 f.

411 Vgl. hierzu Falter u. a., Wahlen und Abstimmungen in der Weimarer Republik, S. 132 f.

412 Vgl. hierzu ausführlicher Jürgen Falter/Hartmut Bömermann, „Die Entwicklung der Weimarer Parteien in ihren Hochburgen und die Wahlerfolge der NSDAP". In: Heinrich Best (Hrsg.), Politik und Milieu. Wahl- und Elitenforschung im historischen und interkulturellen Vergleich. St. Katharinen 1989, S. 92–118.

413 Kleinere Abweichungen der NSDAP-Werte im Vergleich zu anderen Kontrastgruppenvergleichen bei den ersten drei Verzweigungen des Kontrastgruppenbaums resultieren aus Rundungsfehlern bzw. leicht voneinander abweichenden Schnittpunkten.

414 Einen eigenständigen Erklärungsfaktor kann das Merkmal „Hochburg" schon deshalb nicht darstellen, da es durch die gewählte Definition nicht unabhängig vom NSDAP-Anteil ist. Eine solche Erklärung wäre zirkulär. Es repräsentiert jedoch einen Indikator für ein ganzes Konglomerat ungemessener Einflüsse im oben ausgeführten Sinn.

415 Auf eine entsprechende Regressionsanalyse mußte wegen der extremen Multikollinearitätsprobleme, d. h. wegen zu hoher Interkorrelationen zwischen den Erklärungsfaktoren, verzichtet werden.

416 Burnham stützt sich dabei unter Berufung auf Bracher (Die Auflösung der Weimarer Republik, S. 644 ff.) und Stephan („Zur Soziologie der N.S.D.A.P.") auf das Berliner Bezirksamt Zehlendorf und auf die Villenviertel der Stadt Bremen, in denen die NSDAP deutlich unterdurchschnittliche Ergebnisse erzielt habe. Richard Hamilton (Who Voted for Hitler?) hat jedoch mit überzeugenden Argumenten nachweisen können, daß beide Beispiele unzutreffend sind.

417 Vgl. hierzu ausführlicher meinen Aufsatz „Radikalisierung des Mittelstandes oder Mobilisierung der Unpolitischen", S. 460. Die Annahmen Burnhams entsprechen, wie gezeigt, mit Ausnahme der DNVP-Abwanderer und der Nichtwähler, die bei Burnham allerdings nur am Rande eine Rolle spielen, denen Lipsets.

418 Nettofluktuationen errechnen sich aus dem Saldo der Stimmengewinne und -verluste, die zwei Parteien miteinander aufweisen.

419 Vgl. Richard F. Hamilton, Who Voted for Hitler? Princeton 1982.

420 Mit den Mitteln der reichsweiten, flächendeckenden statistischen Wahlanalyse läßt sich dieses Ergebnis nicht nachrechnen, da die verfügbaren statistischen Daten keine hierfür geeigneten Informationen über die soziale Schichtung der Bevölkerung enthalten. Hamilton macht jedoch sein Ergebnis hinreichend plausibel, so daß es wohl verallgemeinerbar ist.

421 Vgl. Michael Kater, The Nazi Party. A Social Profile of Members and Leaders, 1919–1945. Cambridge, Mass. 1983, S. 245 und 250. Ferner neuerdings Detlef Mühlberger, Hitler's Followers. Studies in the Sociology of the Nazi Movement. London 1990.

422 Vgl. für eine geradezu vernichtende, aber nicht unberechtigte Kritik am klassen- oder schichtungstheoretischen Erklärungsansatz Richard F. Hamilton, „Hitler's Electoral Support: Recent Findings and Theoretical Implications". In: Canadian Journal of Sociology 11, 1986, S. 1–34.

423 Diese Aussage gilt natürlich nicht für die Wählerschaft der anderen Parteien der Weimarer Republik und des Kaiserreiches, über die bisher kaum wahlhistorisch fundierte Untersuchungen vorliegen. Hier fehlt es sowohl an reichsweiten als auch an systematisch argumentierenden lokalen Wahlanalysen.

Verzeichnis der Tabellen und Übersichten

*Die Ziffern vor dem Dezimalpunkt bezeichnen das Kapitel, zu dem die Tabelle gehört;
die Ziffern nach dem Dezimalpunkt stellen eine Numerierung innerhalb des
jeweiligen Kapitels dar.*

Tabellen im Anhang

Übersichten

426   *Verzeichnis der Tabellen und Übersichten*

Tabellen-Anhang

Tabelle A1: Der korrelative Zusammenhang zwischen Wahlbeteiligung und NSDAP-Wahlerfolgen unter fünf verschiedenen Blickwinkeln

Wahl bzw. Wahlpaar	%WBTt_2 %NSDAPt_2	%WBTt_1 %NSDAPt_2	%WBTt_1 %NSDAPt_1/t_2	%WBTt_1/t_2 %NSDAPt_2	%WBTt_1/t_2 %NSt_1/t_2
1920/24M	03	10	10	−08	−08
1924M/24D	17	09	03	07	−26
1924D/28	00	04	−16	−06	01
1928/30	14	11	12	−00	−02
1930/32J	38	05	−04	45	46
1932J/32N	44	39	−11	25	26
1932N/33	23	15	−71	−05	74

831 Kreiseinheiten; Fälle mit der Wahlberechtigtenzahl gewichtet. Zahlen: Produkt-Moment-Korrelationskoeffizient ($\times$ 100).
NSDAPt_1/t_2 bzw. WBTt_1/t_2 = Prozentpunktdifferenz 2. Wahl − 1. Wahl.
Wegen der unterschiedlichen Gewichtung (Wahlberechtigte statt Einwohner) treten minimale Abweichungen gegenüber meinem Aufsatz aus dem Jahre 1986 „The National Socialist Mobilisation of New Voters: 1928–1933" auf.
Lesebeispiel: Die NSDAP war 1930 dort etwas erfolgreicher, wo die Wahlbeteiligung 1930 über dem Durchschnitt lag (r = 0.14). Dagegen besteht weder zwischen dem Anstieg der Wahlbeteiligung 1928/30 und den NSDAP-Erfolgen 1930 noch zwischen dem Anstieg der Wahlbeteiligung und dem Anstieg der NSDAP 1928/30 ein substantiell interpretierbarer systematischer Zusammenhang (r = −0.00 bzw, −0.02).

Tabelle A 2: Die Korrelation von NSDAP-Stimmenanteil und den Anteilen ausgewählter Parteien

	DNVP 20 24M 28			DVP 20 24M 28			DDP 20 24M 28			SPD 20 24M 28			SONSTIGE 24M 28 30		
NSDAP															
1930	36	50	44	42	26	33	29	13	09	36	32	32	−08	−08	−08
1932J	61	62	50	40	28	31	32	18	07	36	33	33	−02	19	29
1932N	56	59	46	37	24	26	28	15	04	36	32	32	−01	18	27
1933	64	61	51	21	09	11	23	05	−04	23	13	13	18	32	41
1928/33	67	65	54	20	11	11	18	05	−06	24	12	12	20	33	40

Korrelationskoeffizienten (× 100). Kreisdaten. Fälle gewichtet mit der durchschnittlichen Wahlberechtigtenzahl.
Lesebeispiel: Je höher im Jahre 1920 der DVP-Anteil, desto höher im Jahre 1930 der NSDAP-Anteil. Die gleiche Beziehung gilt prinzipiell auch für den DVP-Anteil vom Mai 1924 und 1928, ist aber deutlich schwächer ausgeprägt.

Tabelle A 3: Das Stimmenwachstum der NSDAP und mögliche „Zwischenwirte"

NSDAP	1928/30	1930/32J	1932N/33	1928/33
DNVP				
1920	42	62	19	67
1924M	60	53	06	65
1928	51	39	13	54
DVP				
1920	44	25	−39	20
1924M	33	21	−37	11
1928	37	20	−38	11
DDP				
1920	22	25	−14	18
1924M	14	16	−25	05
1928	09	04	−22	−06
SPD				
1920	42	25	−33	24
1924M	32	35	−47	19
1928	33	25	−48	12

NSDAP	1928/30	1930/32J	1932N/33	1928/33
SONST				
1924M	−09	21	27	20
1928	−10	35	35	33
1930	−13	50	34	40
NICHTW				
1924M	−27	−26	33	−15
1928	−12	−03	36	08
1930	−15	03	48	17
PRÄSID 25				
HIND	59	69	16	77
THÄLM	−05	−11	−33	−24
MARX	−34	−44	−33	−56
VOLKSABST				
1926 Ja	−09	−18	−56	−39
1929 Ja	55	66	17	74

Produkt-Moment-Korrelationskoeffizienten × 100.
Lesebeispiel: Je höher der Stimmenanteil für Paul von Hindenburg im 2. Wahlgang
der Reichspräsidentenwahl von 1925, desto größer im allgemeinen das NSDAP-
Wachstum zwischen 1928 und 1933.

*Tabelle A4: Multiple Regressionsanalyse des Einflusses der Gewinne und
Verluste ausgewählter Parteien auf die Stimmenentwicklung der NSDAP*

Abhängiges Merkmal: %ΔNSDAP =	Unabhängige (erklärende) Merkmale				R^2
	%Δ WAHLBET	+ %Δ DNVP	+ %Δ DVP/DDP	+ %Δ ANDERE	
1928–30	.184	−.512	−.487	−	49%
1930–32J	.392	−.492	−.421	−.797	81%
1932J–32N	.469	−.687	−.122	−.094	59%
1932N–33	.785	−.170	−.021	−.061	59%
R^2-Veränderung					
1928–30	0.1%	26%	23%	−	49%
1930–32J	21%	2%	6%	52%	81%
1932J–32N	7%	50%	2%	1%	59%
1932N–33	55%	4%	0%	0.3%	59%

Hierarchische Regressionsanalyse sogenannter Veränderungsvariablen. 831 mit ihrer Bevölkerung gewichtete Kreiseinheiten. 1928–30: „ANDERE" nicht in die Regressionsgleichung aufgenommen, um mögliche Multikollinearität zu minimieren. Angaben: Standardisierte Regressionskoeffizienten.

Tabelle A5: Multiple Regressionsanalyse des Einflusses der Gewinne und Verluste der wichtigsten Parteien auf die Veränderung des NSDAP-Stimmenanteils

Erklärende Merkmale	Abhängiges Merkmal: NSDAP−Veränderung			
	1928–30	1930–32J	1932J–32N	1932N–1933
Nichtwähler	−.52 3%	−.62 21%	.90 20%	−.90 55%
DNVP	−.45 24%	−.16 2%	−.65 35%	−.17 3%
DVP	−.37 17%	−.18 2%	−.22 5%	−.11 1%
Z/BVP	−.30 3%	−.29 22%	−.61 13%	−.41 19%
DDP	−.25 5%	−.15 2%	−.08 1%	−.09 1%
SPD	−.37 6%	−.48 7%	−.60 5%	−.36 9%
KPD	−.40 2%	−.33 10%	−.55 15%	−.28 5%
R^2	61%	65%	95%	92%

Schrittweise Regressionsanalyse der Prozentpunktveränderung der angegebenen Parteien von Wahl zu Wahl. 831 mit ihrer Einwohnerzahl gewichtete Kreiseinheiten. „Andere" nicht berücksichtigt, um Multikollinearität zu vermeiden; in einem etwas anders spezifizierten Regressionsmodell ist die Veränderung der Splitterparteien beim Wahlpaar 1930/1932J für über 50 Prozent der Gesamterklärungsleistung des Regressionsmodells verantwortlich (vgl. hierzu Falter 1986 in Childers, S. 216). Erste Spalte jedes Wahlpaars: Standardisierte Regressionskoeffizienten; zweite Spalte: die zusätzliche Erklärungsleistung des jeweiligen Merkmals.

Tabelle A6: Multiple Regressionsanalyse der Kontrastgruppenmerkmale von Übersicht 7.2

Zielvariable % NSDAP =	Konfession + (% r.-kath)	Urbanisierung + (% Stadtbev.)	Arbeiter (% WBR)	R^2 %
1928	−10	10	−17	3%
1930	−54	00	−15	28%
1932J	−76	−29	−16	61%
1932N	−71	−30	−16	55%
1933	−63	−42	−25	58%
1928−1933	−63	−46	−22	59%

Standardisierte Regressionskoeffizienten (× 100). Gleiche Merkmalsdefinitionen wie in Übersicht 7.2. In der letzten Zeile ist die Zielvariable der NSDAP-Anstieg 1928−1933.

Tabelle A7: Multiple Regressionsanalyse des Einflusses des Angestellten-, Katholiken- und Arbeiteranteils sowie der Urbanisierung auf die NSDAP-Wahlerfolge

% NSDAP =	% Angest. +	% Katholiken +	% Urbanisierung	% + Arbeiter	R^2
1928	063	−084	−008	−084	2%
1930	−042	−538	−009	−115	27%
1932J	−226	−767	−132	−181	62%
1932N	−254	−721	−117	−182	56%
1933	−272	−635	−251	−249	57%

Standardisierte Regressionskoeffizienten (× 1000).

Tabelle A8: Der Einfluß des Beamtenanteils auf die Wahlerfolge der NSDAP – Eine multiple Regressionsanalyse

% NSDAP =	% Beamte +	% Katholiken +	% Urbanisierung	% + Arbeiter	R^2
1928	226	−075	−088	−024	5%
1930	216	−524	−176	−035	30%
1932J	151	−746	−421	−084	62%
1932N	123	−700	−414	−088	55%
1933	152	−611	−580	−142	57%

Standardisierte Regressionskoeffizienten (× 1000).

Tabelle A9: Der Zusammenhang zwischen dem Selbständigenanteil und dem Prozentsatz der NSDAP-Stimmen im multiplen Regressionsmodell

% NSDAP =	% . Selbst +	% Katholiken +	% Urbanisierung	% + WirtAbt2	R^2
1928	459	−141	328	119	6%
1930	−085	−506	−005	−234	29%
1932J	111	−749	−212	−082	60%
1932N	133	−705	−225	−042	54%
1933	222	−622	−246	−163	58%

Standardisierte Regressionskoeffizienten (× 1000).

Tabelle A10: Der relative Einfluß des Anteils der landwirtschaftlichen und der nicht-landwirtschaftlichen Selbständigen auf die NSDAP-Stimmen – eine multiple Regressionsanalyse

% NSDAP =	% AgrSelb +	% GewSelb +	% Katholiken +	% Urbanisierung	R^2
1928	100	330	−087	−041	10%
1930	070	188	−523	−062	29%
1932J	333	101	−802	−069	57%
1932N	346	106	−759	−069	52%
1933	549	081	−715	−053	53%
%NSDAP-Anstieg =	% AgrSelb +	% GewSelb +	% Katholiken +	% Urbanisierung	R^2
1928/30	−038	077	−559	−054	31%
1930/32	444	−001	−784	−053	58%
1932/32	−086	−021	517	029	24%
1932/33	506	−063	115	041	33%

Abhängige Variable in der oberen Tabellenhälfte ist der Prozentsatz der NSDAP-Stimmen unter den Wahlberechtigten; abhängige Variable in der unteren Tabellenhälfte ist die Veränderung der NSDAP zwischen den angegebenen Reichstagswahlen in Prozentpunkten. %AgrSelb = Prozentsatz der landwirtschaftlichen Selbständigen; %GewSelb = Prozentsatz der nicht-landwirtschaftlichen Selbständigen unter den Wahlberechtigten. Die angegeben Zahlen stellen standardisierte Regressionskoeffizienten (× 1000) dar.

Tabelle A11: Der relative Einfluß des Anteils der landwirtschaftlichen Bevölkerung auf die NSDAP-Stimmen – eine multiple Regressionsanalyse

% NSDAP =	% AgrBev	+ Hofgröße	+ Einheitswert	+ % Katholiken	R^2
1928	−100	−070	−131	−077	02%
1930	056	015	−051	−520	27%
1932J	336	−061	−049	−761	60%
1932N	333	−073	−058	−716	54%
1933	520	−055	−089	−630	58%
% NSDAP-Anstieg =	% AgrBev	+ Hofgröße	+ Einheitswert	+ % Katholiken	R^2
1928/30	105	046	−003	−561	32%
1930/32	459	−103	−033	−723	60%
1932/32	−153	−024	−016	508	26%
1932/33	467	045	−078	219	36%

Abhängige Variable in der oberen Tabellenhälfte ist der Prozentsatz der NSDAP-Stimmen unter den Wahlberechtigten; abhängige Variable in der unteren Tabellenhälfte ist die Veränderung der NSDAP zwischen den angegebenen Reichstagswahlen in Prozentpunkten. %AgrBev = Prozentsatz der in der Landwirtschaft Beschäftigten und ihrer Angehörigen an der Gesamtbevölkerung eines Kreises; Hofgröße = durchschnittliche Hofgröße eines Kreises in Hektar; Einheitswert = durchschnittlicher Hektareinheitswert der Höfe eines Kreises. Die angegebenen Zahlen stellen standardisierte Regressionskoeffizienten (× 1000) dar.

Tabelle A12: Der relative Einfluß des Anteils der Berufslosen auf die NSDAP-Stimmen – eine multiple Regressionsanalyse

%NSDAP =	% Berufslose +	% Katholiken +	%Stadtbevölk.	R^2
1928	.079	−.059	.048	1%
1930	.209	−.487	−.124	30%
1932J	.150	−.709	−.390	61%
1932N	.138	−.664	−.395	55%
1933	.165	−.561	−.558	55%

Standardisierte Regressionskoeffizienten; 831 Kreiseinheiten.

Tabelle A13: Multiple Regressionsgleichung der in Übersicht 7.12 berücksichtigten Einflußfaktoren

% NSDAP =	% Hausfr.	+ % Kathol.	+ % Stadtbe.	+ % Angest/Bea	R² %
kathol. Kreise					
1928	−.57	−.10	.13	.55	25
1930	−.05	−.35	−.37	.70	32
1932J	−.12	−.63	−.50	.48	31
1932N	−.16	−.61	−.48	.37	25
1933	−.33	−.27	−.39	.32	14
protest. Kreise					
1928	−.14	.01	.03	.04	01%
1930	−.17	−.09	−.13	.08	06%
1932J	−.17	−.17	−.50	.06	40%
1932N	−.16	−.11	−.46	.02	34%
1933	−.27	−.12	−.54	.08	51%

Standardisierte Regressionskoeffizienten; 831 Kreiseinheiten.Erste Tabelle: überwiegend katholische Gebiete; zweite Tabelle: überwiegend evangelische Kreise.

Tabelle A14: Der Einfluß der Arbeitslosigkeit auf die Wahlerfolge der NSDAP im multiplen Regressionsmodell

NSDAP-Anteil	%Arbeitslose	+ %Katholiken	+ %Stadtbewohn.	+ %Arbeiter	+ %Angestellte	R²
1928	−166	−085	110	−043	039	2%
1930	−220	−539	178	−043	−102	28%
1932J	−246	−774	019	−114	−262	63%
1932N	−188	−731	−028	−141	−282	57%
1933	−376	−638	−031	−127	−288	60%
NSDAP Veränd.						
28/30	−181	−578	157	−031	−133	32%
30/32J	−193	−727	−116	−136	−310	64%
32J/32N	347	503	−201	−063	025	30%
32N/33	−470	237	−008	036	−014	33%

Standardisierte Regressionskoeffizienten (× 1000).

Tabelle A15: Eine multiple Regressionsanalyse des Zusammenhangs zwischen Verschuldungsgrad und NSDAP-Wahlerfolgen

1. Alle Kreise

% NSDAP	% SCHU	KATH	% STÄD	% SELB	ERKL	% VERÄ	% SCHU	KATH	% STÄD	% SELB	ERKL
1928	14	−11	30	18	3%						
1930	15	−52	05	−02	27%	1928/30	12	−55	−07	−10	31%
1932J	25	−75	−10	05	62%	1930/32	25	−71	−19	09	64%
1932N	23	−71	−10	08	56%	1932/32	−19	49	04	10	26%
1933	30	−63	−09	21	59%	1932/33	17	19	03	32	29%

2. Überwiegend ländliche Kreise

% NSDAP	% AGRS	KATH	% HGRÖ	SELB	ERKL	% VERÄ	% AGRS	KATH	% HGRÖ	% SELB	ERKL
1928	07	−25	−08	08	5%						
1930	06	−61	08	−03	40%	1928/30	05	−58	12	−06	40%
1932J	18	−88	−01	06	70%	1930/32	22	−87	−06	12	65%
1932N	19	−83	−02	06	61%	1932/32	−00	61	−10	−02	39%
1933	22	−87	04	26	64%	1932/33	02	04	13	47	27%

3. Überwiegend städtische Kreise

% NSDAP	% INDS	KATH	% SGRÖ	SELB	ERKL	% VERÄ	% INDS	KATH	% SGRÖ	% SELB	ERKL
1928	15	12	−04	27	13%						
1930	19	−25	−06	24	22%	1928/30	15	−37	−06	14	23%
1932J	34	−50	−05	08	46%	1930/32	36	−56	−02	−12	45%
1932N	27	−50	−06	08	39%	1932/32	−39	22	−00	−03	24%
1933	31	−38	−05	13	33%	1932/33	11	39	02	13	17%

Gleiche Definition der Verschuldung wie in den Übersichten 8.6 und 8.7.
SCHU = landwirtschaftliche und nicht-landwirtschaftliche Schulden; AGRS = landwirtschaftliche Schulden; INDS = nicht-landwirtschaftliche Schulden; STÄD = Anteil der Kreisbevölkerung in Gemeinden über 5000 Einwohnern; SGRÖ = Anteil der Kreisbevölkerung in Gemeinden über 20000 Einwohnern; HGRÖ = Hofgröße (in Hektar); SELB = Anteil der Selbständigen und mithelfenden Familienangehörigen an den Wahlberechtigten; ERKL = prozentuale Erklärungsleistung des Regressionsmodells; %VERÄ = Prozentpunktveränderung der NSDAP (2. Wahl − 1. Wahl jedes Wahlpaares); %NSDAP = Anteil der NSDAP an den Wahlberechtigten der jeweiligen Wahl.
Standardisierte Regressionskoeffizienten × 100.

Tabelle A16: Der Einfluß eines „rechten Presseklimas" auf die Wahlerfolge der NSDAP bei dem Wahlen 1928 und 1933.

Zielvariable	KATH. +	ARB +	LAND +	WBT +	ALOS +	PRESSE
NSDAP 1928	–	−16	–	–		14
R^2	–	3%	–	–		5%
t	+0.2	−3.7	−0.1	−1.2		3.4
NSDAP 1933	−49	−17	21	–	−13	20
R^2	23%	26%	28%	–	38%	41%
t	−13.7	−4.8	5.2	−0.3	−3.1	5.6

Standardisierte Regressionskoeffizienten (× 100). Abhängiges Merkmal: NSDAP/gültige Stimmen. Alle Zahlen sind signifikant auf dem 95%-Niveau. Näheres bei Torsten Schneider, Das Massenmedium Tageszeitungen am Ende der Weimarer Republik, S. 152 u. S. 158.

Tabelle A17: Der Einfluß des Anteils der Parteieintritte auf die Wahlerfolge der NSDAP 1928–1933 im multivariaten Erklärungsmodell (standardisierte Reressionskoeffizienten × 1000)

(A) NSDAP-Wahlerfolge als Funktion der Neueintritte

erklärendes Merkmal	abhängiges Merkmal = NSDAP-Anteil			
	1928	1930	1933	1933
Parteieintritte 25−30	167★	179★	–	–
1931	–	–	077★	–
1932	–	–	–	051★
Katholikenanteil	−112	−501	−591	−597
Arbeiteranteil	−001	−014	−029	−024
Selbständigenanteil	421	054	283	285
Beamtenanteil	194	176	172	176
Angestelltenanteil	−052	−346	−551	−563
Hausangestelltenanteil	164	246	157	159
Anteil Industrie/Handwerk	239	−038	−074	−072
Erklärungsleistung	13%	33%	64%	63%

(B) Die Parteieintritte als Funktion der NSDAP-Wahlerfolge

erklärendes Merkmal	abhängiges Merkmal = Parteieintritte			
	1925–30	1931	1932	1933
NSDAP-Anstieg 1928–30	010*	145*	−001	−
bei d. Wahlen 1930–33	−	−	−	029
Katholikenanteil	−074	−120	−161	−001
Arbeiteranteil	−001	−021	−025	011
Selbständigenanteil	405	289	304	164
Beamtenanteil	274	158	145	205
Angestelltenanteil	−626	−651	−648	−394
Hausangestelltenanteil	343	291	445	245
Anteil Industrie/Handwerk	277	262	209	161
Erklärungsleistung	30%	31%	22%	7%

★ Es handelt sich um einen statistisch signifikanten Zusammenhang (95%-Niveau).
Die Zahlen stellen standardisierte Regressionskoeffizienten dar, bei denen ein negatives Vorzeichen auf einen mindernden Einfluß des jeweiligen Merkmals auf das NSDAP-Wachstum hinweist, während die Höhe des Koeffizienten Auskunft über die relative Einflußwirkung des Koeffizienten im Vergleich zu den anderen in der gleichen Regressionsgleichung berücksichtigten Erklärungsmerkmalen gibt.

Tabelle A18: Der Einfluß des Hochburgenfaktors auf die Wahlerfolge der NSDAP 1930–1933 im multivariaten Erklärungsmodell

erklärendes Merkmal	NSDAP-Anteil				NSDAP-Veränderung			
	1930	1932J	1932N	1933	28/30	30/32J	32/32N	32/33
Hochburg ja/nein	489	402	440	410	408	209	−001	−077
Katholikenanteil	−355	−623	−569	−489	−419	−649	485	205
Urbanisierungsgrad	071	−099	−079	−228	031	−205	123	−373
Arbeiteranteil	−000	−079	−096	−129	019	−116	−037	−081
Angestelltenanteil	062	−122	−142	−167	052	−233	−033	−061
Erklärung Hochburg	17%	12%	14%	12%	12%	3%	0%	1%
Erklärung insgesamt	45%	73%	71%	69%	43%	66%	25%	24%

Standardisierte Regressionskoeffizienten × 1000. „Hochburg ja" = Kreis zählt zu den 15 Prozent der Untersuchungseinheiten, die im Mittel der Wahlen 1930–1933 die höchsten NSDAP-Anteile aufweisen. Hierarchische Regressionsanalyse; „Hochburg" als letztes in die Erklärungsgleichung eingeführtes Merkmal.

Tabelle A19: Zur Interpretation korrelativer Zusammenhänge zwischen Veränderungsvariablen (Stimmenverschiebungen von Wahl zu Wahl)

	Ausgangssituation		Ergebnisinterpretation			
Korre-lation: Vor-zeichen	Unabhäng. Variable	Abhängige Variable	Unabhängige Variable		Abhängige Variable	
			An-stieg	Rück-gang	An-stieg	Rück-gang
a)	+	A	A	>		>	
b)	+	A	R	>			<
c)	+	R	A		>	<	
d)	+	R	R		>	>	
e)	−	A	A	>		<	
f)	−	A	R	>			>
g)	−	R	A		>	>	
h)	−	R	R		>		<

Abhängige/Unabhängige Variable: A = Anstieg von t_1 nach t_2, bei Parteien also
Stimmengewinne zwischen zwei Wahlen, R = Rückgang, d. h. Stimmenverluste
der jeweils betrachteten Partei.
Zur Ergebnisinterpretation: Ein Größerzeichen (>) bei der Unabhängigen Variablen ist zu lesen als „Je höher der Anstieg (bzw. Rückgang) des unabhängigen
Merkmals, desto höher (im Falle eines Größerzeichens) oder niedriger (im Falle
eines Kleinerzeichens) der Anstieg oder Rückgang des abhängigen Merkmals".
Lesebeispiele (anhand der in Tabelle 5.8 enthaltenen Zahlenwerte):
1) Je höher im Jahre 1930 der Rückgang der DNVP, desto höher der NSDAP-
Zuwachs (Fall (g): UV = R; AV = A; Korrelation = −0.49).
2) Je höher die Stimmengewinne des Zentrums 1930, desto niedriger der Anstieg
der NSDAP (Fall (e): UV = A; AV = A; Korrelation = −0.33).
3) Je höher im November 1932 der Stimmenrückgang der NSDAP, desto geringer
die Verluste der BVP (Fall (h): UV = R; AV = R; Korrelation = −0.60).
4) Je stärker im März 1933 der Rückgang der DVP, desto niedriger im Durchschnitt der Stimmengewinn der NSDAP (Fall (c): UV = R; AV = A; Korrelation
= +0,13).

Anhang zur Methode

Die „Ökologische Regression"

Die Daten des historischen Wahl- und Sozialforschers liegen im allgemeinen nur auf der Ebene von Gebietseinheiten (etwa der rund 1200 Kreise des Deutschen Reiches oder der ca. 6000 Gemeinden mit mehr als 2000 Einwohnern) vor. Die daraus errechneten Zusammenhänge – beispielsweise zwischen Katholiken- und NSDAP-Anteil – beziehen sich zunächst nur auf diese Ebene. Sie haben folglich die Form: „Der Prozentsatz der NSDAP-Stimmen nimmt mit steigendem Katholikenanteil deutlich ab"; oder: „Je höher der Protestantenanteil, desto höher ist der durchschnittliche NSDAP-Anteil" etc. Obwohl derartige Aussagen in der Literatur häufig so interpretiert werden, als informierten sie direkt über die Resistenz oder Anfälligkeit von Katholiken und Protestanten gegenüber der NSDAP, geben sie in Wirklichkeit nur Auskunft über das Verhältnis zweier oder – in multivariaten Analysen – mehrerer Anteilsvariablen auf Gebietsebene. Ob tatsächlich Katholiken seltener NSDAP gewählt haben als Protestanten und gar mit welchem Prozentsatz, läßt sich daraus nicht ohne Weiteres ablesen. Der Schluß von der territorialen auf die individuelle Ebene ist mit enormem Fehlerrisiko behaftet und daher, außer in extremen Ausnahmefällen, unstatthaft. Man sollte daher stets peinlich genau zwischen den Aussageebenen unterscheiden und auf der Aggregatebene nachgewiesene Zusammenhänge nicht im Sinne von Individualbeziehungen interpretieren.

Da jedoch praktisch alle Erklärungsversuche der nationalsozialistischen Wahlerfolge mit Annahmen über Individualverhalten arbeiten (Mittelschichtangehörige, nicht: Bewohner von überwiegend mittelständischen Stadtbezirken, neigten besonders stark zum Faschismus; Arbeiter, nicht: Bewohner aus Arbeitervierteln, erwiesen sich als weitestgehend resistent), derartige Individualdaten aber für die Weimarer Republik nicht verfügbar sind, versucht man mit Hilfe geeigneter statistischer Instrumente aus den verfügbaren Aggregatinformationen die den territorialen Beziehungen zugrundeliegenden individuellen Zusammenhänge zu schätzen. Ein hierfür geeignetes Verfahren ist die mit relativ restriktiven Verteilungsannahmen operierende ökologische Regressionsanalyse, die es unter bestimmten Umständen ermöglicht, aus den verfügbaren Informationen über den Zusammenhang zwischen – beispielsweise – Katholiken- und NSDAP-Anteil das Wahlverhalten der Katholiken und Nicht-Katholiken zu bestimmen.

Einen intuitiven Eindruck von diesem relativ komplexen Verfahren, das hier nur in den Grundzügen skizziert werden kann, gewinnt man durch das folgende Beispiel: Angenommen, wir wollen ermitteln, wie hoch der Prozentsatz der Katholiken ist, die im Juli 1932 NSDAP gewählt haben. Anhand der vorliegenden Daten läßt sich feststellen, wie hoch der Anteil der NSDAP-Stimmen in den (fast) rein katholischen Kreisen oder Gemeinden des Reiches war. Da definitionsgemäß alle Bewohner dieser praktisch vollständig homogenen Gebietseinheiten katholisch sind, können wir ohne Schwierigkeiten die Wahrscheinlichkeit bestimmen, mit der ein einzelner Katholik in diesen Untersuchungseinheiten für die NSDAP gestimmt hat. Die NSDAP ist hier, wie wir in Kapitel 6 gesehen haben, von etwa 15 Prozent der Wahlberechtigten gewählt worden. Somit beträgt die Wahrscheinlichkeit, daß ein einzelner Katholik in diesen Gebietseinheiten für die NSDAP gestimmt hat, genau 0.15. Geht man nun davon aus, daß Katholiken überall, also auch in den gemischt-konfessionellen und den überwiegend protestantischen Gebieten, die gleiche Tendenz aufwiesen, NSDAP zu wählen (dies ist eine der weiter oben als „restriktiv" apostrophierten Verteilungsannahmen), so beträgt der Anteil der NSDAP wählenden Katholiken im Reichsdurchschnitt folglich 15 Prozent. Die Affinität von Protestanten gegenüber dem Nationalsozialismus läßt sich auf die gleiche Weise bestimmen. Sie hat bei der Juliwahl 1932 rund 0.39 betragen, was implizieren würde, daß rund 39 Prozent der Protestanten (oder besser: Nicht-Katholiken) NSDAP gewählt hätten.

Mit Hilfe der Regressionsanalyse ist es möglich, auch in weniger eindeutigen Fällen, wo derartig homogene Gebietseinheiten nicht vorliegen, solche Prozentwerte zu berechnen. Technisch gesehen geht die (einfache, „bivariate") ökologische Regressionsanalyse so vor, daß zuerst für die Wertepaare zweier Anteilsvariablen (also in unserem Beispiel des Katholiken- und NSDAP-Anteils) für die 831 Kreiseinheiten die Regressionsgleichung errechnet wird, die im vorliegenden Falle lautet: %NSDAP = 0.39 – 0.24 · %Katholiken. Dies bedeutet, daß der NSDAP-Stimmenanteil um 0.24% sinkt, wenn der Katholikenanteil um 1% steigt. Extrapoliert man nun diesen Zusammenhang in die Extreme, so gelangt man zu folgenden Beziehungen: Ist ein Kreis zu 100% katholisch, ist ein Stimmenanteil von Y = 0.39 – 0.24 · 1 (= 15%) zu erwarten. Ist ein Kreis hingegen zu 0% katholisch, ist ein NSDAP-Stimmenanteil von Y = 0.39 – 0.24 · 0 (= 39%) zu erwarten. Diese erwarteten Wahrscheinlichkeiten in den Extremen gelten dann auch für die Individuen, da ja in den Extremen nur Katholiken (oder Nicht-Katholiken) leben. Verhalten sich nun wie gesagt Katholiken und Protestanten überall gleich, d. h. wählen sie zu 15 bzw. 39% NSDAP, unabhängig wie die religiöse Zusammensetzung der Kreise aussieht, kann man anhand dieser extrapolierten Werte in der Tat von der Kreis- auf die Individualebene schließen.

Die wichtigste Grundannahme hierbei ist, wie erwähnt, daß die individuellen Korrelationen innerhalb der einzelnen Gebietseinheiten im Mittel gleich sind, d. h. daß keine systematischen Kontexteffekte vorliegen, sondern lediglich Zufallsschwankungen, die sich definitionsgemäß im Mittel wieder aufheben. Zusätzliche Bedingungen für die Berechnung von ökologischen Regressionsanalysen sind die üblichen Voraussetzungen, die für lineare Regressionen gelten, also: Linearität, keine Gruppierung nach der abhängigen Variablen; ferner sollten keine negativen Prozentschätzwerte oder Prozentwerte über 100 auftreten. Sind diese und die weiter oben genannten Voraussetzungen gegeben, ist der Schluß von der Aggregat- auf die Individualebene ohne weiteres zulässig, dann liefern die Schätzungen der ökologischen Regressionsanalyse tatsächlich unverzerrte Resultate. Allerdings läßt sich aufgrund von Aggregatdaten allein, und nur diese stehen dem historischen Wahlforscher ja zur Verfügung, nicht mit letzter Sicherheit entscheiden, ob alle Modellannahmen von den Daten gedeckt werden. Insofern ist die Schätzung immer mit einem gewissen Fehlschlußrisiko behaftet.

Auch dürfte die Forderung nach kontextueller Unabhängigkeit der individuellen Zusammenhänge in vielen Fällen unrealistisch sein. Aus diesem Grunde stützen sich die Schätzresultate dieses Buches auf eine Erweiterung des klassischen ökologischen Regressionsmodells, das potentielle Verzerrungsfaktoren (in der Regel Konfession und Urbanisierung) im Schätzmodell explizit berücksichtigt. Bei negativen Schätzwerten erfolgt eine Bereinigung durch ein iteratives proportionales Anpassungsverfahren. Einzelheiten zur ökologischen Regressionsanalyse und ihrer Erweiterung in Hartmut Bömermann/Jan-Bernd Lohmöller, Aggregatdatenanalyse. Stuttgart 1991 (im Druck).

Buchanzeige

Wahlgeschichte und Sozialgeschichte in Zahlen

Gerhard A. Ritter (Hrsg.)
Wahlgeschichtliches Arbeitsbuch
Materialien zur Statistik des Kaiserreichs 1871–1918
Unter Mitarbeit von Merith Niehuss
1980. 204 Seiten. Broschiert

Gerhard A. Ritter
Merith Niehuss
Wahlen in Deutschland 1946–1990
Ein Handbuch
1991. Etwa 240 Seiten mit Graphiken und Tabellen. Leinen

Ralf Rytlewski
Manfred Opp de Hipt
Die Bundesrepublik Deutschland in Zahlen
1945/49–1980
Ein sozialgeschichtliches Arbeitsbuch
1987. 257 Seiten. Broschiert

Ralf Rytlewski
Manfred Opp de Hipt
Die Deutsche Demokratische Republik in Zahlen
1945/49–1980
Ein sozialgeschichtliches Arbeitsbuch
1987. 182 Seiten. Broschiert

Verlag C. H. Beck München

Geschichte des Dritten Reiches

Martin Broszat/Horst Möller (Hrsg.)
Das Dritte Reich
Herrschaftsstruktur und Geschichte
2., verbesserte Auflage. 1985. 286 Seiten. Paperback
(Beck'sche Reihe, Band 280)

Norbert Frei/Johannes Schmitz
Journalismus im Dritten Reich
2. Auflage. 1989. 224 Seiten. Paperback
(Beck'sche Reihe, Band 376)

Renate Jäckle
Die Ärzte und die Politik
1930 bis heute
1988. 187 Seiten, 3 Abbildungen. Paperback
(Beck'sche Reihe, Band 361)

Peter Longerich
Die braunen Bataillone
Geschichte der SA
1989. 285 Seiten, 31 Abbildungen. Gebunden

Ger van Roon
Widerstand im Dritten Reich
Ein Überblick
Aus dem Niederländischen übertragen von
Marga E. Baumer-Thierfelder
5., durchgesehene Auflage. 1990. 253 Seiten
Paperback
(Beck'sche Reihe, Band 191)

Verlag C.H. Beck München